经时济世
继往开来
贺教育部
重大攻关项目
成果出版

季羡林
时年九十有八

教育部哲学社会科学研究重大课题攻关项目

“十四五”时期国家重点出版物出版专项规划项目

推进以保障和改善民生为重点的社会体制改革研究——以城市社会体制改革为例

ADVANCING SOCIAL SYSTEMS TO SECURE AND IMPROVE LIVELIHOODS: LESSONS FROM URBAN SOCIAL REFORMS

范明林 等著

中国财经出版传媒集团

经济科学出版社
Economic Science Press

·北京·

图书在版编目（CIP）数据

推进以保障和改善民生为重点的社会体制改革研究：以城市社会体制改革为例/范明林等著. --北京：经济科学出版社，2024.11

教育部哲学社会科学研究重大课题攻关项目 “十四五”时期国家重点出版物出版专项规划项目

ISBN 978 -7 -5218 -3353 -9

Ⅰ.①推… Ⅱ.①范… Ⅲ.①社会保障-体制改革-研究-中国 Ⅳ.①D632.1

中国版本图书馆 CIP 数据核字（2021）第 268257 号

责任编辑：孙丽丽 撖晓宇
责任校对：郑淑艳
责任印制：范 艳

推进以保障和改善民生为重点的社会体制改革研究
——以城市社会体制改革为例
范明林 等著
经济科学出版社出版、发行 新华书店经销
社址：北京市海淀区阜成路甲 28 号 邮编：100142
总编部电话：010 -88191217 发行部电话：010 -88191522
网址：www. esp. com. cn
电子邮箱：esp@ esp. com. cn
天猫网店：经济科学出版社旗舰店
网址：http：//jjkxcbs. tmall. com
北京季蜂印刷有限公司印装
787 ×1092 16 开 28.25 印张 540000 字
2024 年 11 月第 1 版 2024 年 11 月第 1 次印刷
ISBN 978 -7 -5218 -3353 -9 定价：115.00 元

总 序

哲学社会科学是人们认识世界、改造世界的重要工具，是推动历史发展和社会进步的重要力量，其发展水平反映了一个民族的思维能力、精神品格、文明素质，体现了一个国家的综合国力和国际竞争力。一个国家的发展水平，既取决于自然科学发展水平，也取决于哲学社会科学发展水平。

党和国家高度重视哲学社会科学。党的十八大提出要建设哲学社会科学创新体系，推进马克思主义中国化、时代化、大众化，坚持不懈用中国特色社会主义理论体系武装全党、教育人民。2016 年 5 月 17 日，习近平总书记亲自主持召开哲学社会科学工作座谈会并发表重要讲话。讲话从坚持和发展中国特色社会主义事业全局的高度，深刻阐释了哲学社会科学的战略地位，全面分析了哲学社会科学面临的新形势，明确了加快构建中国特色哲学社会科学的新目标，对哲学社会科学工作者提出了新期待，体现了我们党对哲学社会科学发展规律的认识达到了一个新高度，是一篇新形势下繁荣发展我国哲学社会科学事业的纲领性文献，为哲学社会科学事业提供了强大精神动力，指明了前进方向。

高校是我国哲学社会科学事业的主力军。贯彻落实习近平总书记哲学社会科学座谈会重要讲话精神，加快构建中国特色哲学社会科学，高校应发挥重要作用：要坚持和巩固马克思主义的指导地位，用中国化的马克思主义指导哲学社会科学；要实施以育人育才为中心的哲学社会科学整体发展战略，构筑学生、学术、学科一体的综合发展体系；要以人为本，从人抓起，积极实施人才工程，构建种类齐全、梯队衔接的高校哲学社会科学人才体系；要深化科研管理体制改革，发挥高校人才、智力和学科优势，提升学术原创能力，激发创新创造活力，建设中国特色新型高校智库；要加强组织领导、做好统筹规划、营造良好学术生态，形成统筹推进高校哲学社会科学发展新格局。

哲学社会科学研究重大课题攻关项目计划是教育部贯彻落实党中央决策部署的一项重大举措，是实施“高校哲学社会科学繁荣计划”的重要内容。重大攻关项目采取招投标的组织方式，按照“公平竞争，择优立项，严格管理，铸造精品”的要求进行，每年评审立项约40个项目。项目研究实行首席专家负责制，鼓励跨学科、跨学校、跨地区的联合研究，协同创新。重大攻关项目以解决国家现代化建设过程中重大理论和实际问题为主攻方向，以提升为党和政府咨询决策服务能力和推动哲学社会科学发展为战略目标，集合优秀研究团队和顶尖人才联合攻关。自2003年以来，项目开展取得了丰硕成果，形成了特色品牌。一大批标志性成果纷纷涌现，一大批科研名家脱颖而出，高校哲学社会科学整体实力和社会影响力快速提升。国务院副总理刘延东同志做出重要批示，指出重大攻关项目有效调动各方面的积极性，产生了一批重要成果，影响广泛，成效显著；要总结经验，再接再厉，紧密服务国家需求，更好地优化资源，突出重点，多出精品，多出人才，为经济社会发展做出新的贡献。

作为教育部社科研究项目中的拳头产品，我们始终秉持以管理创新服务学术创新的理念，坚持科学管理、民主管理、依法管理，切实增强服务意识，不断创新管理模式，健全管理制度，加强对重大攻关项目的选题遴选、评审立项、组织开题、中期检查到最终成果鉴定的全过程管理，逐渐探索并形成一套成熟有效、符合学术研究规律的管理办法，努力将重大攻关项目打造成学术精品工程。我们将项目最终成果汇编成“教育部哲学社会科学研究重大课题攻关项目成果文库”统一组织出版。经济科学出版社倾全社之力，精心组织编辑力量，努力铸造出版精品。国学大师季羡林先生为本文库题词：“经时济世　继往开来——贺教育部重大攻关项目成果出版”；欧阳中石先生题写了“教育部哲学社会科学研究重大课题攻关项目”的书名，充分体现了他们对繁荣发展高校哲学社会科学的深切勉励和由衷期望。

伟大的时代呼唤伟大的理论，伟大的理论推动伟大的实践。高校哲学社会科学将不忘初心，继续前进。深入贯彻落实习近平总书记系列重要讲话精神，坚持道路自信、理论自信、制度自信、文化自信，立足中国、借鉴国外，挖掘历史、把握当代，关怀人类、面向未来，立时代之潮头、发思想之先声，为加快构建中国特色哲学社会科学，实现中华民族伟大复兴的中国梦做出新的更大贡献！

教育部社会科学司

前　言

自2006年党的十六届六中全会报告《中共中央关于构建社会主义和谐社会若干重大问题的决定》中首次正式提出“坚持社会主义市场经济的改革方向，适应社会发展要求，推进经济体制、政治体制、文化体制、社会体制改革和创新”以来，社会建设和社会体制改革就成为党和政府与经济建设和经济体制改革同等重要的建设任务，党中央每一次重要会议和重要文件都不断强调社会体制及其改革在社会主义现代化建设中的重要地位与不可忽视的作用。2007年，党的十七大报告《高举中国特色社会主义伟大旗帜　为夺取全面建设小康社会新胜利而奋斗》中指出：“必须在经济发展的基础上，更加注重社会建设，着力保障和改善民生，推进社会体制改革，扩大公共服务，完善社会管理，促进社会公平正义，努力使全体人民学有所教、劳有所得、病有所医、老有所养、住有所居，推动建设和谐社会。”2012年党的十八大报告《坚定不移沿着中国特色社会主义道路前进　为全面建成小康社会而奋斗》又一次强调：“加强社会建设，必须加快推进社会体制改革。要围绕构建中国特色社会主义社会管理体系，加快形成党委领导、政府负责、社会协同、公众参与、法治保障的社会管理体制，加快形成政府主导、覆盖城乡、可持续的基本公共服务体系，加快形成政社分开、权责明确、依法自治的现代社会组织体制，加快形成源头治理、动态管理、应急处置相结合的社会管理机制。”2013年，党的十八届三中全会报告《中共中央关于全面深化改革若干重大问题的决定》重申：紧紧围绕更好保障和改善民生、促进社会公平正义，深化社会体制改革，改革收入分配制度，促进共同富裕，推进社会领域制度创新，推进基本公共服务均等化，加快形成科学有效的社会治理体制，确保社会既充满活力又和谐有序。2020年党的十九届五中全会报告《中共中央关于制定国民经济和社会发展第十四个五年规划和二〇三五年远景目标的建议》明确表示要“坚持把实现好、维护好、发展好最广大人民根本利益作为发展的出发点和落脚点，尽力而为、量力而行，健全基本公共服务体系，完善共建共治共享的社会治理制度，扎实推动共同富裕，不断增强人民群众获得感、幸福感、安全感，促进人的全面发展和社会全面进步”。党的重要文件不仅重申社会体制改革的重要性和迫切性，而且清晰地指出社会体制的主要内容或对象，即包括：教育体制、就业体制、收入分配体制、医疗卫生体制、社会保障体系、基本公共服务体系以及社会治理体制，等等，这些体制或制度都与广大人民群众的生存、生活与发展息息相关，更是构建既充满活力又和谐有序的新时代具有中国特色的社会主义社会的重要基石。

党中央关于以民生为重点的社会体制改革的战略部署和重要指示，为建设社会主义和谐社会以及国家经济、政治、文化与社会协调发展提出了许多重大现实课题，也极大地推动了国内学界对社会体制及其改革的深入与具体的研究，近年来涌现出许多优秀成果，它们对社会体制改革的理论创新和实践探索带来了很大的促进作用。

本书依据党中央关于社会体制改革的指示精神，采用质性研究和定量研究相互结合的研究方法，聚焦于“推进以保障和改善民生为重点的社会体制改革研究”，但是，本书研究的核心内容及由此形成的论述体例与其他相关的研究成果有所不同。其他相关的研究成果大多采用全景式的研究思路，将以民生为重点的社会体制及其改革的内容，包括从教育体制、就业体制、医疗卫生体制、社会保障体系、收入分配体制、公共服务体系，到社会治理体制，等等，逐一加以论述和分析。这样的讨论优点是论述全面，体例完整，议题之间内在逻辑性强，但明显的不足之处在于，面面俱到的阐述势必造成在研究的深入程度上有所欠缺，而且容易陷入人云亦云的窠臼。基于此，本书从专题式研究思路出发，在以民生为重点的社会体制改革的组成内容中，探寻重要的、急需解决的和还未被关注的议题加以深入探讨和研究，如，作为社会体制的重要组成部分——社会政策及其价值取向分析以及对和谐社会建设的意义研究；又如，在公共服务体系改革领域，公共服务体系本身包含的内容固然重要，但对城市社会而言，公共服务输送的运行架构和组织体系同样居于重要地位；再如，社会治理体制应该包括社会组织体制，并且随着社会的快速发展，枢纽型社会组织的作用越来越显现，而社会治理体制也应该对不断出现的社会性危机事件予以高度关注并探索符合中国特色的危机治理与处置的有效应对方案和措施。

基于上述考量，本书着重探讨社会体制建设及改革的核心主题包括：有关民生的社会政策及其蕴含的价值取向的变迁、城市社会管理体制改革及组织架构转变分析、枢纽型社会组织社会参与机制研究，以及社会危机事件应急管理处置机制研究（社会危机事件生成演化机理研究与社会危机事件处置机制研究），等等。

经过深入研究，基本上获得以下研究发现或研究结论，即：

第一，在社会政策领域，基于民本主义、官本主义、人本主义和事本主义构建的政策价值四维度的分析框架，发现已有的相关的社会政策，如社会救助政策、廉租房政策，等等，在政策制定及实施的过程中都体现了上述民本、官本、人本或事本的价值理念，都经历了从民本主义到官本主义、从人本主义到事本主义的价值取向转换的过程，有些甚至至今还停留在官本主义和事本主义的价值取向中，或者在民本主义与官本主义、人本主义与事本主义的不同价值倾向之间徘徊。

第二，在城市社会管理体制改革和组织架构建设的研究领域，研究发现，在社会结构发展驱动、制度改善动因和精英推动动因等因素的共同作用下，推动城市社会体制改革的主要路径之一就是通过城市组织结构转变和运行机制的改变。中国一些地区的区直管社区正是这一方向的有益尝试，它们的成功经验和实践探索，对在保证国家治理目标的实现情况下，组织社区各类治理主体对资源的分配方案、分配方式和机制进行协商，商定公共资源的使用和分配结构，保证多元主体参与决策的权利，提升自治权力和能力，等等，都具有很大的启示意义。

第三，在社会组织尤其是枢纽型社会组织社会参与的研究领域，基于法团主义的理论视角，研究发现，从授权、控制和垄断等维度来考量，现有的枢纽型社会组织大多表现出了国家法团主义的基本特征，并且由于程度不同和社会组织成熟性的差异，它们与政府呈现出了不同的法团主义式的相互关系。此外，枢纽型社会组织在社会治理领域的存在，不仅有利于重塑基层治理机制，有利于增强治理的有效性，同时也为间接地协助政府控制基层社会组织提供了可操作的路径。

第四，在社会危机事件应急管理处置机制的研究领域，通过对公共卫生突发事件和社会安全突发事件的深入研究发现，其一，在社会危机事件或突发事件的发生和演化过程中，无论个人、群体还是事件本身都有一个潜伏、爆发、高潮、缓解和消退的变化阶段，因此，在不同的危机阶段，需要政府和相关部门制定具有针对性的应急机制与干预措施；其二，依据国外的先进经验和模式，基于事件应对功能的模块化—功能实现组织的网络化—组织网络的模体化的思想，研究建立健全应急功能网络的组织指挥和支持，构建一个基于功能、成于模体的全面整合的应急组织网络，实现国家应急管理从被动应付型向主动保障型转变，推动应急管理体制常态化、规范化、制度化。概括而言，在公共安全和社会安全的预防和干预的处置与应对机制建设上，迫切需要从传统的事件型应急组织网络向先进的功能型应急组织网络优化。

以民生为重点的社会体制改革无疑是一项超级复杂和超级精细的系统工程，无论是全景式的研究还是专题式的研究，都无法穷尽其中涉及的方方面面的研究问题，就当下而言，除了系统地研究教育体制、就业体制、医疗卫生体制、社会保障体系、收入分配体制、公共服务体系，到社会治理体制及其改革以外，还有一些重要议题与以民生为重点的社会体制改革密切相关，或者说这些议题本身就是以民生为重点的社会体制改革的有机组成部分，但目前它们仍然未引起足够的重视与关注，研究成果和研究领域依然有进一步丰富和拓展的空间。这些与以民生为重点的社会体制及其改革有关的议题至少包括下述几方面的内容，即：

第一，以民生为重点的社会体制及其改革的价值取向、原则、路径与方法；

第二，以民生为重点的社会体制及其改革相配套的公共财政体制的改革与完善；

第三，以民生为重点的社会体制改革的成效与评价体系；

第四，以民生为重点的社会体制改革与围绕公共产品公平正义分配而构建的不同利益主体之间沟通协商制度建设的相互关系；

第五，以民生为重点的社会体制改革与相关社会政策的普惠型、服务的均等化以及基本公共服务提供多元主体协同参与格局的建立和完善；

第六，以民生为重点的社会体制改革与公民和社会组织参与机制建设，包括参与的原则、渠道、路径、形式，等等。

类似的议题尚有许多，并且随着改革的逐步深化，相关的研究议题还会不断涌现，但是可以相信，在实践深化和研究深入的双重推动下，中国以民生为重点的社会体制改革一定会取得丰硕的成果。

摘 要

在20世纪80年代改革开放以来取得的巨大成就的推动下，中国的经济体制改革逐渐成熟，并逐步形成了与社会主义市场经济相匹配的经济体制，而新时期中国特色社会主义现代化建设急切需要相适应的社会体制，所以，自2006年党中央正式提出“社会体制改革”以来，每一次重要会议都再三强调“社会体制改革”的重要性和迫切性。2007年党的十七大报告指出：必须在经济发展的基础上，更加注重社会建设，着力保障和改善民生，推进社会体制改革，扩大公共服务，完善社会管理，促进社会公平正义，努力使全体人民学有所教、劳有所得、病有所医、老有所养、住有所居，推动建设和谐社会。2012年党的十八大强调：加强社会建设，必须加快推进社会体制改革。要围绕构建中国特色社会主义社会管理体系，加快形成党委领导、政府负责、社会协同、公众参与、法治保障的社会管理体制，加快形成政府主导、覆盖城乡、可持续的基本公共服务体系，加快形成政社分开、权责明确、依法自治的现代社会组织体制，加快形成源头治理、动态管理、应急处置相结合的社会管理机制。2020年《中共中央关于制定国民经济和社会发展第十四个五年规划和二〇三五年远景目标的建议》重申，改善人民生活品质，提高社会建设水平。

因此，本书依据党中央关于社会体制改革的指示精神和战略部署，聚焦于“推进以保障和改善民生为重点的社会体制改革研究”，采用质性研究和定量研究相互结合的研究方法，从专题式研究思路出发，着重探讨社会体制建设及改革的核心，主题包括：有关民生的社会政策及其蕴含的价值取向的变迁、城市社会管理体制改革及组织架构转变分析、枢纽型社会组织社会参与机制研究，以及社会危机事件应急管理处置机制研究（社会危机事件生成演化机理研究与社会危机事件处置机制研究），等等。

经过深入研究，基本上获得以下研究发现或研究结论，即：

第一，在社会政策领域，基于民本主义、官本主义、人本主义和事本主义构建的政策价值四维度的分析框架，发现已有的相关的社会政策，如社会救助政策、廉租房政策，等等，在政策制定及实施的过程中都体现了上述民本、官本、人本或事本的价值理念，都经历了从民本主义到官本主义、从人本主义到事本主义的价值取向转换的过程，有些甚至至今还停留在官本主义和事本主义的价值取向中，或者在民本主义与官本主义、人本主义与事本主义的不同价值倾向之间徘徊。

第二，在城市社会管理体制改革和组织架构建设的研究领域，研究发现，在社会结构发展驱动、制度改善动因和精英推动动因等因素的共同作用下，推动城市社会体制改革的主要路径之一就是通过城市组织结构转变和运行机制的改变。中国一些地区的区直管社区正是这一方向的有益尝试，它们的成功经验和实践探索，对在保证国家治理目标的实现情况下，组织社区各类治理主体对资源的分配方案、分配方式和机制进行协商，商定公共资源的使用和分配结构，保证多元主体参与决策的权利，提升自治权力和能力，等等，都具有很大的启示意义。

第三，在社会组织尤其是枢纽型社会组织社会参与的研究领域，基于法团主义的理论视角，研究发现，从授权、控制和垄断等维度来考量，现有的枢纽型社会组织大多表现出了国家法团主义的基本特征，并且由于程度不同和社会组织的成熟性的差异，它们与政府呈现了不同的法团主义式的相互关系。此外，枢纽型社会组织在社会治理领域的存在，不仅有利于重塑基层治理机制，有利于增强治理的有效性，同时也为间接地协助政府控制基层社会组织提供了可操作的路径。

第四，在社会危机事件应急管理处置机制的研究领域，通过对公共卫生突发事件和社会安全突发事件的深入研究发现，其一，在社会危机事件或突发事件的发生和演化过程中，无论个人、群体还是事件本身都有一个潜伏、爆发、高潮、缓解和消退的变化阶段，因此，在不同的危机阶段，需要政府和相关部门制定具有针对性的应急机制与干预措施；其二，依据国外的先进经验和模式，基于事件应对功能的模块化—功能实现组织的网络化—组织网络的模体化的思想，研究建立健全应急功能网络的组织指挥和支持，构建一个基于功能、成于模体的全面整合的应急组织网络，实现国家应急管理从被动应付型向主动保障型转变，推动应急管理体制常态化、规范化、制度化。概括而言，在公共安全和社会安全的预防和干预的处置与应对机制建设上，迫切需要从传统的事件型应急组织网络向先进的功能型应急组织网络优化。

Abstract

Driven by the tremendous achievements made since the reform and opening up in the 1980s, China's economic system reform has gradually matured and formed an economic system that matches the socialist market economy. However, in the new era, the socialist modernization with Chinese characteristics urgently needs a suitable social system. Therefore, since the Party Central Committee formally proposed "social system reform" in 2006, every important meeting has repeatedly emphasized the importance and urgency of "social system reform" . The report to the 17th National Congress of the Communist Party of China in 2007 pointed out that on the basis of economic development, we must pay more attention to social construction, focus on guaranteeing and improving people's livelihood, promote social system reform, expand public services, improve social management, promote social fairness and justice, and strive to give all people education, work income, medical care for sickness, support for the elderly, and housing for the people, so as to promote the construction of a harmonious society. In 2012, the 18th National Congress of the Communist Party of China emphasized: to strengthen social construction, we must accelerate the reform of the social system. Focus on building a socialist social management system with Chinese characteristics, and accelerate the formation of a social management system featuring party committee leadership, government responsibility, social coordination, public participation, and legal protection, accelerate the formation of a government-led, covering urban and rural areas, sustainable basic public service system, accelerate the formation of a modern social organization system with separation of government and society, clear powers and responsibilities, and autonomy in accordance with the law, accelerate the source governance, dynamic management, a social management mechanism that combines emergency response and disposal. In 2020, the Proposal of the CPC Central Committee on Formulating the Fourteenth Five – Year Plan for National Economic and Social Development and the Vision Goals for the Year 2035 reiterated to improve people's quality of life and raise the level of social construction.

Therefore, in accordance with the Party Central Committee's directive spirit and strategic deployment on social system reform, this book focuses on "promoting research on social system reform focusing on safeguarding and improving people's livelihoods", using research methods that combine qualitative and quantitative research. Starting from the topic-based research ideas, it focuses on the core themes of social system construction and reform including: social policies related to people's livelihood and changes in value orientation, urban social management system reform and organizational structure transformation analysis, research on the social participation mechanism of hub-type social organizations, and research on emergency management and handling mechanisms of social crisis event (social crisis event generation and evolution mechanism and social crisis disposal mechanism studies), etc.

After in-depth research, the following research findings or conclusions were basically obtained, namely:

First, in the field of social policy, based on the four-dimensional analysis framework of policy value constructed based on democratism, officialism, humanism, and facts-basedism, it has discovered relevant social policies, such as social assistance policies, low-rent housing policies, etc. In the process of policy formulation and implementation, the above-mentioned values of people-oriented or official-oriented or human-oriented or things-oriented have been embodied, and they have experienced values from people-oriented to official-oriented, and from human-oriented to fact-oriented. In the process of orientation conversion, some of them still remain in the value orientation of officialism and fact-basedism or linger between the different value orientations of civilism, officialism, humanism, and fact-basedism.

Second, in the research field of urban social management system reform and organizational structure construction, research has found that under the combined effects of factors such as the development of social structure, the motivation of system improvement, and the motivation of elites, one of the main paths to promote the reform of the urban social system is through the transformation of urban organizational structure and changes in operating mechanisms. The district-administered communities in some regions of China are just a useful attempt in this direction. Their successful experience and practical exploration are useful for organizing the allocation plan and method of resource allocation by various governance entities in the community while ensuring the realization of national governance goals, negotiating with the mechanism, agreeing on the use and distribution structure of public resources, ensuring the rights of multiple subjects to participate in decision-making, and enhancing the power and ability of autonomy, etc., are of great enlightenment.

Third, in the field of research on social participation in social organizations, especially hub-type social organizations, based on the theoretical perspective of corporatism, the research found that from the perspective of authorization, control, and monopoly, most of the existing hub-type social organizations show the basic characteristics of national corporatism are revealed, and due to the difference in degree and maturity of social organizations, they and the government present different corporatism-like mutual relations. In addition, the existence of pivotal social organizations in the field of social governance is not only conducive to reshaping the grassroots governance mechanism and enhancing the effectiveness of governance, but also indirectly assisting the government to control grassroots social organizations and provide an operable path.

Fourth, in the research field of emergency management and handling mechanisms for social crisis events, through in-depth research on public health emergencies and social security emergencies, it is found that first, in the occurrence and evolution of social crisis events or emergencies regardless of individuals, groups, or the event itself, there is a change stage of latency, eruption, climax, mitigation and subsidence, therefore, in different crisis stages, the government and relevant departments need to formulate targeted emergency response mechanisms and intervention measures; second, based on advanced foreign experience and models, based on the modularization of incident response functions—the realization of the function of the organization network—the modalization of the organization network, study the establishment of organizational command and support for the establishment of a sound emergency function network, and build a fully integrated emergency organization network based on functions and motifs, realizes the transformation of national emergency management from a passive response type to an active support type, and promotes the normalization, standardization and institutionalization of the emergency management system. In a nutshell, there is an urgent need to optimize from the traditional event-based emergency organization network to the advanced functional emergency organization network in terms of public safety and social security prevention and intervention treatment and response mechanisms.

目录

Contents

Contents

第一章

绪　论

全面推进社会体制改革是中国特色社会主义现代化建设面临的重大议题，也是党中央在党的十九届五中全会提出的“十四五”时期我国经济社会发展“六个新”的主要目标中的重要任务之一，因此，全面而深入地理解和分析中国社会体制改革及其未来发展趋势，无论是在理论还是在实践层面上都具有极其重要的意义。

第一节　社会体制改革研究的重要性和必要性

随着经济快速发展和社会转型的加剧，和谐社会建设的议题便必然地突显出来，为此，党中央和各级政府在不同场合都表达了对社会体制改革的高度重视。

一、党中央关于社会体制及其改革的论述脉络

在改革开放的强力推动下，党和中央政府开始关注经济社会协调发展的问题，社会体制及其改革越来越成为重要的日常工作议程，并且随着发展的深入，对社会体制及其改革的认识与论述也越来越全面和清晰（见表 1 - 1）。

表 1-1　　党和政府关于社会体制及其改革的论述梳理

时间	文件名	内容概要
2006 年	《中共中央关于构建社会主义和谐社会若干重大问题的决定》 党的十六届六中全会通过	(1) 以解决人民群众最关心、最直接、最现实的利益问题为重点，着力发展社会事业、促进社会公平正义、建设和谐文化、完善社会管理、增强社会创造活力，走共同富裕道路，推动社会建设与经济建设、政治建设、文化建设协调发展。 (2) 坚持社会主义市场经济的改革方向，适应社会发展要求，推进经济体制、政治体制、文化体制、社会体制改革和创新。 (3) 更加注重解决发展不平衡问题，更加注重发展社会事业，推动经济社会协调发展
2007 年	《高举中国特色社会主义伟大旗帜　为夺取全面建设小康社会新胜利而奋斗》 党的十七大报告	(1) 要健全党委领导、政府负责、社会协同、公众参与的社会管理格局，健全基层社会管理体制。最大限度激发社会创造活力，最大限度增加和谐因素，最大限度减少不和谐因素。 (2) 社会建设与人民幸福安康息息相关。必须在经济发展的基础上，更加注重社会建设，着力保障和改善民生，推进社会体制改革，扩大公共服务，完善社会管理，促进社会公平正义，努力使全体人民学有所教、劳有所得、病有所医、老有所养、住有所居，推动建设和谐社会
2008 年	《关于 2008 年深化经济体制改革工作的意见》 国务院常务会议通过	加快社会体制改革。深化收入分配制度改革；进一步完善社会保障制度；加快推进医药卫生体制改革；深化科技、教育、文化体制改革
2010 年	《中共中央关于制定国民经济和社会发展第十二个五年规划的建议》 党的十七届五中全会报告	(1) 改革是加快转变经济发展方式的强大动力，必须以更大决心和勇气全面推进各领域改革，大力推进经济体制改革，积极稳妥推进政治体制改革，加快推进文化体制、社会体制改革，使上层建筑更加适应经济基础发展变化，为科学发展提供有力保障。 (2) 要坚持和完善基本经济制度，推进行政体制改革，加快财税体制改革，深化金融体制改革，深化资源性产品价格和要素市场改革，加快社会事业体制改革

续表

时间	文件名	内容概要
2012 年	《坚定不移沿着中国特色社会主义道路前进　为全面建成小康社会而奋斗》 党的十八大报告	加强社会建设，必须加快推进社会体制改革。要围绕构建中国特色社会主义社会管理体系，加快形成党委领导、政府负责、社会协同、公众参与、法治保障的社会管理体制，加快形成政府主导、覆盖城乡、可持续的基本公共服务体系，加快形成政社分开、权责明确、依法自治的现代社会组织体制，加快形成源头治理、动态管理、应急处置相结合的社会管理机制
2013 年	《中共中央关于全面深化改革若干重大问题的决定》 党的十八届三中全会报告	（1）紧紧围绕更好保障和改善民生、促进社会公平正义，深化社会体制改革，改革收入分配制度，促进共同富裕，推进社会领域制度创新，推进基本公共服务均等化，加快形成科学有效的社会治理体制，确保社会既充满活力又和谐有序。 （2）推进社会事业改革创新。实现发展成果更多更公平惠及全体人民，必须加快社会事业改革，解决好人民最关心最直接最现实的利益问题，努力为社会提供多样化服务，更好满足人民需求。 （3）创新社会治理体制。创新社会治理，必须着眼于维护最广大人民根本利益，最大限度增加和谐因素，增强社会发展活力，提高社会治理水平，全面推进平安中国建设，维护国家安全，确保人民安居乐业、社会安定有序
2015 年	《中共中央关于制定国民经济和社会发展第十三个五年规划的建议》 党的十八届五中全会报告	（1）统筹推进经济建设、政治建设、文化建设、社会建设、生态文明建设和党的建设，确保如期全面建成小康社会。 （2）创新公共服务提供方式，能由政府购买服务提供的，政府不再直接承办；能由政府和社会资本合作提供的，广泛吸引社会资本参与。加快社会事业改革
2017 年	《决胜全面建成小康社会　夺取新时代中国特色社会主义伟大胜利》 党的十九大报告	（1）建立健全城乡融合发展体制机制和政策体系，加快推进农业农村现代化。 （2）要满足人民过上美好生活的新期待，必须提供丰富的精神食粮，要深化文化体制改革，完善文化管理体制，加快构建把社会效益放在首位、社会效益和经济效益相统一的体制机制。 （3）要破除妨碍劳动力、人才社会性流动的体制机制弊端，使人人都有通过辛勤劳动实现自身发展的机会。 （4）要坚持按劳分配原则，完善按要素分配的体制机制，促进收入分配更合理、更有序

续表

时间	文件名	内容概要
2020 年	《中共中央关于制定国民经济和社会发展第十四个五年规划和二〇三五年远景目标的建议》党的十九届五中全会报告	改善人民生活品质，提高社会建设水平。坚持把实现好、维护好、发展好最广大人民根本利益作为发展的出发点和落脚点，尽力而为、量力而行，健全基本公共服务体系，完善共建共治共享的社会治理制度

资料来源：研究者根据相关文件整理。

从表 1－1 简略的梳理中，至少可以显示出以下两点，即：

第一，党中央对社会体制及其改革的认识越来越清晰。在 2006 年党的十六届六中全会通过的《中共中央关于构建社会主义和谐社会若干重大问题的决定》中，首次在党的文件里提出“社会体制改革”的表述，到了 2012 年的党的十八大报告《坚定不移沿着中国特色社会主义道路前进　为全面建成小康社会而奋斗》中，则明确提出“加强社会建设，必须加快推进社会体制改革”的清晰论述，视社会体制改革为社会建设的重要部分。而至此开始，每一次党的重要会议和重要文件都越来越明确地设计和部署了社会体制改革的方向与具体领域，如 2015 年党的十八届五中全会报告《中共中央关于制定国民经济和社会发展第十三个五年规划的建议》明确提出“加快社会事业改革”；2017 年党的十九大报告《决胜全面建成小康社会　夺取新时代中国特色社会主义伟大胜利》则清晰地提出十次“机制体制改革”，其中大部分都与社会体制改革密切相关，这些无疑表明党中央对社会体制改革的认识随着社会主义现代化建设的深入而不断深化、全面、科学与完整。

第二，党中央始终对社会体制及其改革的重要性予以高度重视。其实，早在改革开放初期，邓小平同志就曾指出，在社会主义现代化建设过程中两手都要抓，两手都要硬。所以，在经济快速增长和社会急剧转型的推动下，2006 年党的十六届六中全会通过《中共中央关于构建社会主义和谐社会若干重大问题的决定》，不仅正式提出“社会体制改革”的表述与思想，而且一开始就在“坚持社会主义市场经济的改革方向，适应社会发展要求”的前提条件下，把它与经济体制、政治体制、文化体制改革与创新相提并论并加以论述，其目的在于推动社会建设与经济建设、政治建设、文化建设协调发展。显然，从一开始党中央就将社会体制改革放在一个非常重要的位置，彰显出它的重要性、紧迫性。随着党的十九大确立了当前新时代我国社会主要矛盾是人民日益增长的美好生活需要和不平衡不充分的发展之间的矛盾，以及习近平同志“必须坚持以人民为中心”的发展思想和不断促进人的全面发展、全体人民共同富裕的理念的倡导和传播，我国社会体制改革的推进则更上一个重要层面，进一步将围绕解决社会主要矛盾来重点推进体制机制改革。

二、关于社会体制及其改革的研究状况分析

自2006年在党的十六届六中全会上通过的《中共中央关于构建社会主义和谐社会若干重大问题的决定》中提出了“社会体制改革”的设想和战略部署以后，国内学界对此的深入研究便拉开了序幕。

（一）早期的相关研究

早在20世纪八九十年代开始就有学者具备对社会体制及其改革的敏感性和对社会发展未来趋势的洞悉力，便开始着眼于社会体制及改革的研究。1995年，杨彬在较为深入地比较了社会体制与社会制度以及社会体制与政治体制、经济体制的联系与区别之后，认为，社会体制也是一种制度，但它不是那种以意识形态原则为前提并反映国家政权、阶级性质的制度，而是把社会各领域、各系统统一协调在一个和谐有序的社会空间结构之内，加以操作和控制，使其能够协调有效运行的规则系统。[①] 2005年，徐永祥发表文章认为，“社会体制”即为“社会管理体制”，这是一个区别于国家（政府）、市场的第三部门（也称第三域）的概念，包含了政府社会职能、社会政策、社会治理、社会保障、社会福利、社会服务、非政府组织、非营利组织以及国家与社会关系等基本要素。“社会体制”本质上体现的是国家（政府）与社会（非政府、非营利组织及其所代表或服务的社会群体）之间的现实关系架构，形式上反映的则是一个国家、地区或城市的民众组织化与社会服务社会化的程度。社会体制的正功能，一方面受制于市场经济的发育程度，另一方面则通过社会与国家的关系渠道为实现一定的社会公平、社会文明、社会稳定以及防止社会过度分化提供一种有效的制度保障。[②]

显然，早期学者的研究已经敏锐地指出社会体制是不同于政治权利和政治体制，也不同于市场利益和经济体制的另外一种促进社会和谐发展的不可或缺的重要力量，然而，当时的研究不仅数量较少而且对于该主题探讨的深度远远落后于经济社会发展的实际状态（见图1-1、图1-2），直至党的十六届六中全会通过

① 杨彬：《社会体制初论》，载于《学习与探索》1995年第4期。

② 徐永祥：《社会体制改革与和谐社会建构》，载于《学习与探索》2005年第6期。

了《中共中央关于构建社会主义和谐社会若干重大问题的决定》，这种研究状况才极大地改变。2006 年，李培林提出，积极稳妥地推进社会体制改革，就是根据新的发展阶段的变化特征提出的和谐社会建设的重要任务。我们要充分认识社会体制改革的重大意义和紧迫性，加强社会建设，加快社会体制改革，调整社会结构，调节社会利益关系，促使我国经济和社会协调发展。要通过社会体制的改革，努力协调好各种社会利益关系，解决好关系人民群众切身利益的就业、社会保障、收入分配、教育、医疗、住房、安全生产、社会治安等方面的问题，这是构建社会主义和谐社会的重点和入手点。①

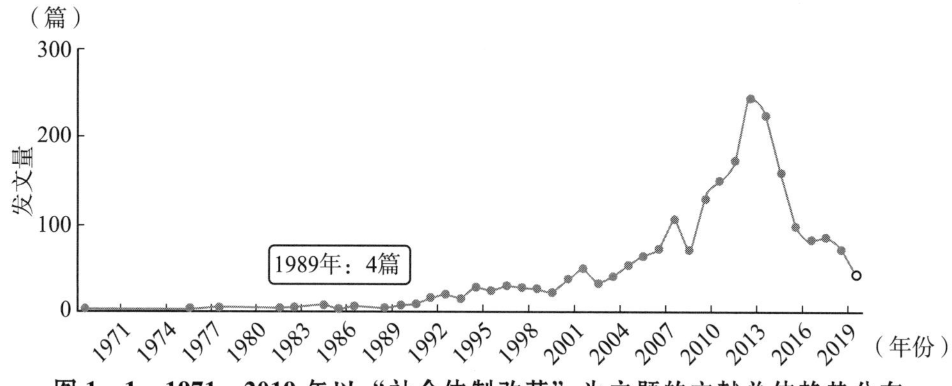

图 1－1　1971～2019 年以“社会体制改革”为主题的文献总体趋势分布

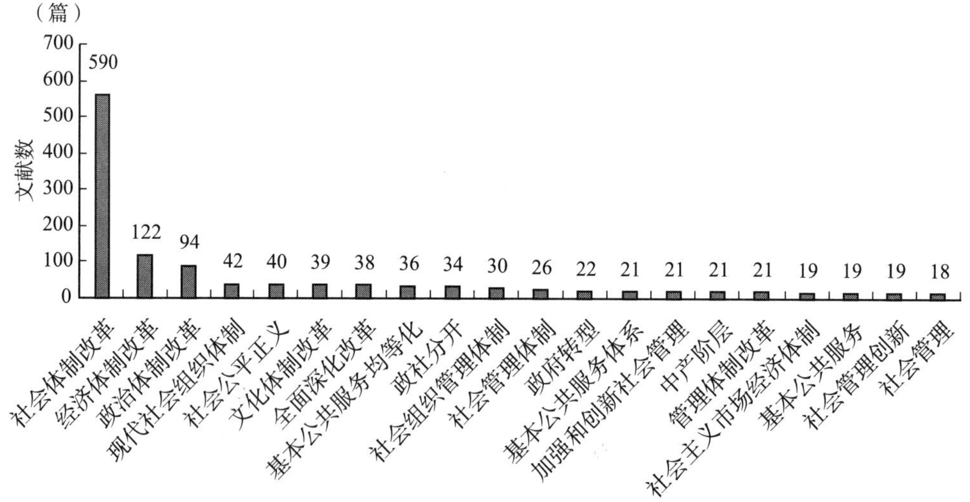

图 1－2　“社会体制改革”和相关主题研究论文发表数量分布

① 李培林：《重视推进社会管理体制改革》，载于《人民论坛》2005 年第 10 期。

2008年，针对学界提出的关于“社会体制”的两种基本观点，即：观点之一是，认为社会体制主要涉及社会事务管理的相关体制及公共政策，是介于经济与政治之间，又同经济与政治紧密相关，既相互促进又相互制约的相关体制①；观点之二是，将社会体制理解为区别于国家（政府）、市场的第三部门的概念②。李友梅认为上述两种观点对社会体制本身的基本内涵、存在意义及其运作过程中可能出现的权力再生产等复杂问题的考量仍有较大不足，故而提出理想的社会体制应该是围绕着公共产品的公平正义分配而构建的不同利益主体之间的交往和协商制度③。至此开始，有关社会体制议题的讨论进入一个新的阶段，不仅发表的研究成果数量激增，而且相关的研究主题也有较大的拓展（见图1-1、图1-2）。

图1-1表明，在1989年发表的有关“社会体制”的研究成果仅4篇，而到了2008年则激增至120余篇，2013年前后更翻了1倍，增加到了240余篇，探讨的议题也具有更加广泛与深入的特点。

（二）2013年开始的相关研究

诚如上所述，2013年及以后有关“社会体制”的研究急剧增多，其中，秦德君从社会建设的角度强调社会建设的核心是要解决关键的“体制性”瓶颈。他认为一个社会的结构性合理问题与体制的改革和完善关系密切，它从本原上推进社会的发展和进步，要真正有效地解决现阶段诸多的社会问题，就必须解决社会体制问题，从而才能有效地从整体上推进中国的社会建设。因此，现阶段中国的社会建设必须在社会体制上谋篇布局，取得根本性的突破④。他进一步指出，社会体制建设和创新的空间方位，首先来自经济—政治—文化—社会“四大建设”的总体框架；其次来自社会体制建设与相关体制建设的平行关系；最后来自小康社会→法治社会→和谐社会演进的历史逻辑⑤。

从社会发展新阶段的层面，丁元竹认为，发展社会事业，促进社会公正，加强社会管理、完善社会体制是新的历史阶段社会建设的重要任务。构建社会主义和谐社会对社会体制改革提出的基本要求是：探索社会主义初级阶段社会体制的基本内容和主要特点；建立确保社会体制运行的法律法规和政策；明确社会体制的责任主体，建立各类主体积极参与的社会治理体制，为人民生活幸福提供有力的制度保障⑥。根据上述思路，2017年丁元竹又提出社会体制改革目标设计要与

---

① 李培林：《加强社会建设理论和经验的研究》，载于《社会学研究》2007年第2期。

② 徐永祥：《社会体制改革与和谐社会建构》，载于《学习与探索》2005年第6期。

③ 李友梅：《关于社会体制基本问题的若干思考》，载于《探索与争鸣》2008年第8期。

④⑤ 秦德君：《从社会体制上推进社会建设》，载于《探索与争鸣》2011年第2期。

⑥ 丁元竹：《当前社会体制改革的意义与重点》，载于《行政管理改革》2011年第1期。

国家相关发展目标及政策互相配套的思想，包括社会体制改革总体目标设计要衔接全面深化改革总目标，要纳入国家治理体系，要围绕当前社会问题，以及要建立和完善与社会体制改革总体目标相适应的价值体系[①]。显然，作者认为价值体系建设在社会体制建设与完善的过程中同样具有重要的意义，这是作者基于改革开放以来社会建设的种种曲折而获得的思考与结论。

邢伟从我国社会体制的主要特征和社会体制改革的目标来论述社会体制建设，他认为，社会主义社会体制主要有以下几个基本特征：（1）坚持以人为本的制度构建理念；（2）城乡居民公平享受基本公共服务；（3）以政社分开为核心加强政府与社会组织的分工与合作；（4）实现德治与法治相结合的善治格局；（5）公共服务和社会管理是宏观调控的两大手段[②]。上述论述虽然给人以重要启示，但是，仍有两个需要做出“区分”的地方，一是要对社会体制的主要特征和建设的内容做出区分，二是要对社会体制建设的“实然”特征和“应然”特征做出区分。相反，邢伟有关社会体制改革的目标和任务的论述，对深入开展这个议题的研究具有较大的参考意义。他认为，社会体制改革的目标是建立健全有中国特色的社会主义社会体制，其基本框架包括，政府切实履行社会服务和管理职责，公众积极参与各项社会事务，“自治”和“他治”协调配合，法治保障坚实有力。社会体制改革的主要任务有，健全基本公共服务体制，构建新型社区管理体制，建立现代社会组织体制，完善公共安全管理体制，健全社会诚信机制[③]。

截至2015年，学界对社会体制改革形成了多种观点，有学者对此进行了概括，即中国社会体制改革应涉及五个主要问题：一是理清国家（政府）与社会的关系。二是使社会组织具有相对独立性。我国的社会组织依附于经济系统，虽然已基本解决了社企不分的问题，但是市场经济、全社会的趋利导向在某种意义上吞噬着社会组织，在此条件下，社会体制改革和创新则无从谈起。三是社会体制要健全三个系统，即与政府相关的组织系统（承担社会管理职能的组织体系）、与经济（市场）相关的社会组织体系、“纯社会”的组织体系（公共服务、社会服务、社会福利服务体系）。四是从民间、公共服务、社会服务的角度建构社会组织体系，认定社会领域；可从民间治理（自治）和公共、社会服务两个角度来建构社会领域，并以此为基础建构新的社会体制。五是社会体制改革的现实选择是加强社会服务体系（制度、机制）的建设，完善社会保障（社会福利）制度建设，政府购买社会组织的公共服务和社会服务。建立现代社会福利和社会服务

---

① 丁元竹、江汛清：《社会体制改革目标设计及配套政策研究》，载于《新疆师范大学学报》（哲学社会科学版）2017年第1期。

②③ 邢伟：《明确社会体制改革的目标和主要任务》，载于《中国发展观察》2013年第10期。

制度，通过保障和服务来促进社会组织体系和制度的发展[①]。

但从图 1－1 可以看到，自 2014 年、2015 年起，关于社会体制改革研究的文献开始逐渐下降，至 2019 年发表量已经跌至 40 篇左右，究其原因，一是有关社会体制改革主题的研究进入了更加具体的研究内容领域，如现代社会组织体制、基本公共服务、创新社会治理、社会管理体制，等等（见图 1－2），从而分散了以“社会体制改革”为“关键词”的研究成果发表数量；二是以往的历史经验表明，社会体制改革的难度绝对不亚于经济体制改革、文化体制改革等社会构成的其他系统改革的难度，因此，社会体制改革越往后越艰难，成效越难显现，进而影响对它的研究和研究成果的发表数量。

第二节 社会体制改革内容和以民生为重点的社会体制改革

通过以上梳理，可以发现社会体制及其改革与以民生为重点的社会体制及其改革，它们两者在涵义及内容上仍有差异，对此进行深入探讨，无疑对研究的拓展大有裨益。

一、社会体制和党中央论述社会体制

（一）社会体制及其包含内容

从上述对研究的爬梳中，虽然，学界对“社会体制”的内涵和确切定义并没有一个统一的说法，如，有人认为社会体制主要涉及社会事务管理的相关体制及公共政策[②]，有人提出“社会体制”即为“社会管理体制”，这是一个区别于国家（政府）、市场的第三部门（也称第三域）的概念[③]，有人指出社会体制是以人们的狭义的社会生活（日常生活）为核心而形成的民众之间、社会组织之间、民众与社会组织之间的社会关系体系、制度及其运行的基本机制。社会体制有两个方面：一是作为结构的“体”的方面，它是关系体系和制度；二是运行机制，

① 李利平：《社会体制改革与社会治理创新的观点综述》，载于《中国机构改革与管理》2015 年第 1 期。

② 黄石生：《社会体制改革，路在何方》，载于《南方》2004 年第 5 期。

③ 徐永祥：《社会体制改革与和谐社会建构》，载于《学习与探索》2005 年第 6 期。

它是这种关系体系和制度运行的逻辑和规则。社会体制是一体两面的，是社会关系体系、制度及其运行的不可分离的结合①。龚维斌归纳了学术界对社会体制的概念界定的四种主要观点，即：（1）从社会事业的角度，把社会体制等同于社会事业体制，包括劳动就业体制、社会保障体制、收入分配体制、教育医疗体制等；（2）把社会体制等同于社会管理体制，两者只是表述不同，内涵没有区别；（3）把社会体制界定为公共服务体制加社会管理体制；（4）把社会体制界定为社会利益分配和社会参与体制。

在此基础上，作者提出了自己的定义和与相关观念的区别，他认为，社会体制是满足社会需求、规范社会行为、协调利益关系的制度体系，社会体制是围绕社会权利构建的一套制度体系。社会体制有不同的层次，基层社区就是社会体制作用的着力点和社会体制特征的集中表现区。社会体制与社会结构紧密相连，两者既有联系也有区别，社会结构是构成社会的诸要素之间的分布及其关系状态，而社会体制则是构成社会诸要素及其关系被安排和调整的制度体系。社会管理体制是社会体制的主要组成部分，但又不是社会体制的全部内容，两者不能完全等同。社会体制既包括社会管理体制的全部内容，也包括通常意义上的社会事业体制和公共服务体制，是一个积极主动的制度安排体系，体现的是满足需求、激发活力与维系秩序、保持稳定的统一。社会体制与社会政策也有密切的关系，社会政策本身不是社会体制，它是社会体制的重要内容，也是社会体制形成和变化的重要影响因素。社会政策与其他相关的社会保护、协调利益关系的公共政策、实现这些政策的组织机构共同构成了社会体制，社会体制不仅需要社会政策，还需要伦理道德、法律制度等多种社会规范来建构和维系。社会体制的本质是围绕社会成员的社会性权利而形成的一套制度体系，体现着一个社会的伦理观、权利观和价值观②。随着探讨的深入，越来越多的学者逐渐认同“社会体制就是关乎‘国计民生’中的‘民生’部分的制度安排”③，其宗旨在于建构社会秩序，促进社会和谐。

显然，研究者基于自己的学科背景、个人的思考角度与立场对“社会体制”的确切内涵给出了各不相同的意见，有的甚至差异甚大，但是，对于社会体制究竟包含哪些内容，大家的意见和论述又具有较高的相似性或者各自互补，如，黄石生认为，社会体制包括就业、收入分配、社会保障、教育、医疗、住房、安全生产、社会治安等整个社会领域，与社会保障和社会福利等民生问题密切相关④。

---

① 王思斌：《社会体制改革创新的含义及切入点》，载于《中国机构改革与管理》2015 年第 2 期。

② 龚维斌：《社会体制的溯源及其内涵》，载于《中国行政管理》2013 年第 10 期。

③ 陈成文、高小枚：《加快推进以改善民生为重点的社会建设——学习胡锦涛同志的社会建设理论》，载于《湖北社会科学》2009 年第 6 期。

④ 黄石生：《社会体制改革，路在何方》，载于《南方》2004 年第 5 期。

徐永祥认为，社会体制包括政府社会职能、社会政策、社会治理、社会保障、社会福利、社会服务、非政府组织、非营利组织以及国家与社会关系等基本要素[①]。王思斌指出，基本的衣食住行、就业、医疗、养老和社会参与等活动形成的社会关系体系和制度，是社会体制的基础[②]。

周本顺从社会体制改革和建设的角度论述了社会体制的组成部分，它们包括：党委领导、政府负责、社会协同、公众参与、法治保障的社会管理体制；政府主导、覆盖城乡、可持续的基本公共服务体系；政社分开、权责明确、依法自治的现代社会组织体制；源头治理、动态管理、应急处置相结合的社会管理机制[③]。李友梅则从更深一个层次指出，社会体制就是实现社会的理想目标的一种制度方式，其结构和运行逻辑就是与社会到理想目标相适应的运行逻辑。进而言之，理想的社会体制应该是围绕公共产品的公平正义分配而构建的不同利益主体之间的交往和协商制度，通过这样一种协商制度的推进，公共产品能够得到较为公平的分配，不同的社会主体在协商中能够得到基本的利益满足[④⑤]。而陈成文则直接指出，社会体制主要包括教育体制、就业体制、收入分配体制、社会保障体制、住房体制、医疗卫生体制、基本公共服务体制和社会治理体制[⑥]。

（二）党中央相关文件对社会事业及其内容的表述

其实，社会体制包含的具体内容或对象，自 2006 年党中央文件首次提出“社会体制”概念以来之后的党中央和国务院相关重要文件都有论述，只不过这些论述随着社会建设的发展与变化而不断予以深化（见表 1－2）。

表 1－2　　党中央相关文件对社会事业建设与改革的表述

文件名称	公布时间	相关的主要内容摘要
《中共中央关于构建社会主义和谐社会若干重大问题的决定》	2006 年	三、坚持协调发展，加强社会事业建设 社会要和谐，首先要发展。社会和谐在很大程度上取决于社会生产力的发展水平，取决于发展的协调性。必须坚持用发展的办法解决前进中的问题，大力发展社会生产力，不断为社会和谐创造雄厚的物质基础。同时，更加注重解决发展不平衡问题，更加注重发展社会事业，推动经济社会协调发展。

① 徐永祥：《社会体制改革与和谐社会建构》，载于《学习与探索》2005 年第 6 期。

② 王思斌：《社会体制改革创新的含义及切入点》，载于《中国机构改革与管理》2015 年第 2 期。

③ 周本顺：《加快推进社会体制改革加强和创新社会管理》，载于《人民日报》2012 年 12 月 10 日第 6 版。

④⑤ 李友梅：《关于社会体制基本问题的若干思考》，载于《探索与争鸣》2008 年第 8 期。

⑥ 陈成文：《社会体制改革与改善民生》，人民出版社 2006 年版，第 48 页。

续表

文件名称	公布时间	相关的主要内容摘要
《中共中央关于构建社会主义和谐社会若干重大问题的决定》	2006 年	（一）扎实推进社会主义新农村建设，促进城乡协调发展。 （二）落实区域发展总体战略，促进区域协调发展。 （三）实施积极的就业政策，发展和谐的劳动关系。把扩大就业作为经济社会发展和调整经济结构的重要目标，实现经济发展和扩大就业良性互动。 （四）坚持教育优先发展，促进教育公平。全面贯彻党的教育方针，大力实施科教兴国战略和人才强国战略，全面实施素质教育，深化教育改革，提高教育质量，建设现代国民教育体系和终身教育体系，保障人民享有接受良好教育的机会。 （五）加强医疗卫生服务，提高人民健康水平。坚持公共医疗卫生的公益性质，深化医疗卫生体制改革，强化政府责任，严格监督管理，建设覆盖城乡居民的基本卫生保健制度，为群众提供安全、有效、方便、价廉的公共卫生和基本医疗服务。 （六）加快发展文化事业和文化产业，满足人民群众的文化需求。 （七）加强环境治理保护，促进人与自然相和谐。 四、加强制度建设，保障社会公平正义 社会公平正义是社会和谐的基本条件，制度是社会公平正义的根本保证。必须加紧建设对保障社会公平正义具有重大作用的制度，保障人民在政治、经济、文化、社会等方面的权利和利益，引导公民依法行使权利、履行义务。 …… （四）完善公共财政制度，逐步实现基本公共服务均等化。健全公共财政体制，调整财政收支结构，把更多财政资金投向公共服务领域，加大财政在教育、卫生、文化、就业再就业服务、社会保障、生态环境、公共基础设施、社会治安等方面的投入。 （五）完善收入分配制度，规范收入分配秩序。坚持按劳分配为主体、多种分配方式并存的分配制度，加强收入分配宏观调节，在经济发展的基础上，更加注重社会公平，着力提高低收入者收入水平，逐步扩大中等收入者比重，有效调节过高收入，坚决取缔非法收入，促进共同富裕。 （六）完善社会保障制度，保障群众基本生活。适应人口老龄化、城镇化、就业方式多样化，逐步建立社会保险、社会救助、社会福利、慈善事业相衔接的覆盖城乡居民的社会保障体系。 ……

续表

文件名称	公布时间	相关的主要内容摘要
《中共中央关于构建社会主义和谐社会若干重大问题的决定》	2006 年	六、完善社会管理，保持社会安定有序 加强社会管理，维护社会稳定，是构建社会主义和谐社会的必然要求。必须创新社会管理体制，整合社会管理资源，提高社会管理水平，健全党委领导、政府负责、社会协同、公众参与的社会管理格局，在服务中实施管理，在管理中体现服务。 （一）建设服务型政府，强化社会管理和公共服务职能。 （二）推进社区建设，完善基层服务和管理网络。 （三）健全社会组织，增强服务社会功能。 （四）统筹协调各方面利益关系，妥善处理社会矛盾。 （五）完善应急管理体制机制，有效应对各种风险。 （六）加强社会治安综合治理，增强人民群众安全感。 （七）加强国家安全工作和国防建设，保障国家稳定安全
《高举中国特色社会主义伟大旗帜　为夺取全面建设小康社会新胜利而奋斗》	2007 年	八、加快推进以改善民生为重点的社会建设 社会建设与人民幸福安康息息相关。必须在经济发展的基础上，更加注重社会建设，着力保障和改善民生，推进社会体制改革，扩大公共服务，完善社会管理，促进社会公平正义，努力使全体人民学有所教、劳有所得、病有所医、老有所养、住有所居，推动建设和谐社会。 （一）优先发展教育，建设人力资源强国。 （二）实施扩大就业的发展战略，促进以创业带动就业。 （三）深化收入分配制度改革，增加城乡居民收入。 （四）加快建立覆盖城乡居民的社会保障体系，保障人民基本生活。 （五）建立基本医疗卫生制度，提高全民健康水平。 （六）完善社会管理，维护社会安定团结
《关于 2008 年深化经济体制改革工作的意见》	2008 年	（八）加快社会体制改革 深化收入分配制度改革。进一步完善社会保障制度。加快推进医药卫生体制改革。深化科技、教育、文化体制改革

续表

文件名称	公布时间	相关的主要内容摘要
《中共中央关于制定国民经济和社会发展第十二个五年规划的建议》	2010年	八、加强社会建设，建立健全基本公共服务体系 着力保障和改善民生，必须逐步完善符合国情、比较完整、覆盖城乡、可持续的基本公共服务体系，提高政府保障能力，推进基本公共服务均等化。加强社会管理能力建设，创新社会管理机制，切实维护社会和谐稳定。 (31) 促进就业和构建和谐劳动关系。实施更加积极的就业政策，大力发展劳动密集型产业、服务业和小型微型企业，多渠道开发就业岗位，鼓励自主创业，促进充分就业。 (32) 合理调整收入分配关系。坚持和完善按劳分配为主体、多种分配方式并存的分配制度。初次分配和再分配都要处理好效率和公平的关系，再分配更加注重公平。 (33) 健全覆盖城乡居民的社会保障体系。坚持广覆盖、保基本、多层次、可持续方针，加快推进覆盖城乡居民的社会保障体系建设。 (34) 加快医疗卫生事业改革发展。按照保基本、强基层、建机制的要求，增加财政投入，深化医药卫生体制改革，调动医务人员积极性，把基本医疗卫生制度作为公共产品向全民提供，优先满足群众基本医疗卫生需求。 (35) 全面做好人口工作。坚持计划生育基本国策，逐步完善政策，促进人口长期均衡发展。提高生殖健康水平，改善出生人口素质，遏制出生人口性别比偏高趋势。 (36) 加强和创新社会管理。按照健全党委领导、政府负责、社会协同、公众参与的社会管理格局的要求，加强社会管理法律、体制、能力建设。 …… 十、加快改革攻坚步伐，完善社会主义市场经济体制 (45) 加快社会事业体制改革。积极稳妥推进科技、教育、文化、卫生、体育等事业单位分类改革。培育扶持和依法管理社会组织，支持、引导其参与社会管理和服务。改革基本公共服务提供方式，引入竞争机制，扩大购买服务，实现提供主体和提供方式多元化。推进非基本公共服务市场化改革，增强多层次供给能力，满足群众多样化需求

续表

文件名称	公布时间	相关的主要内容摘要
《坚定不移沿着中国特色社会主义道路前进 为全面建成小康社会而奋斗》	2012 年	七、在改善民生和创新管理中加强社会建设 加强社会建设，是社会和谐稳定的重要保证。必须从维护最广大人民根本利益的高度，加快健全基本公共服务体系，加强和创新社会管理，推动社会主义和谐社会建设。 加强社会建设，必须以保障和改善民生为重点。 （一）努力办好人民满意的教育。 （二）推动实现更高质量的就业。 （三）千方百计增加居民收入。 （四）统筹推进城乡社会保障体系建设。 （五）提高人民健康水平。 （六）加强和创新社会管理
《中共中央关于全面深化改革若干重大问题的决定》	2013 年	十二、推进社会事业改革创新 实现发展成果更多更公平惠及全体人民，必须加快社会事业改革，解决好人民最关心最直接最现实的利益问题，努力为社会提供多样化服务，更好满足人民需求。 （42）深化教育领域综合改革。 （43）健全促进就业创业体制机制。 （44）形成合理有序的收入分配格局。 （45）建立更加公平可持续的社会保障制度。 （46）深化医药卫生体制改革。 十三、创新社会治理体制 创新社会治理，必须着眼于维护最广大人民根本利益，最大限度增加和谐因素，增强社会发展活力，提高社会治理水平，全面推进平安中国建设，维护国家安全，确保人民安居乐业、社会安定有序。 （47）改进社会治理方式。 （48）激发社会组织活力。 （49）创新有效预防和化解社会矛盾体制。 （50）健全公共安全体系

续表

文件名称	公布时间	相关的主要内容摘要
《中共中央关于制定国民经济和社会发展第十三个五年规划的建议》	2015 年	七、坚持共享发展，着力增进人民福祉 按照人人参与、人人尽力、人人享有的要求，坚守底线、突出重点、完善制度、引导预期，注重机会公平，保障基本民生，实现全体人民共同迈入全面小康社会。 （一）增加公共服务供给。坚持普惠性、保基本、均等化、可持续方向，从解决人民最关心最直接最现实的利益问题入手，增强政府职责，提高公共服务共建能力和共享水平。 （二）实施脱贫攻坚工程。农村贫困人口脱贫是全面建成小康社会最艰巨的任务。必须充分发挥政治优势和制度优势，坚决打赢脱贫攻坚战。 （三）提高教育质量。全面贯彻党的教育方针，落实立德树人根本任务，加强社会主义核心价值观教育，培养德智体美全面发展的社会主义建设者和接班人。深化教育改革，把增强学生社会责任感、创新精神、实践能力作为重点任务贯彻到国民教育全过程。 （四）促进就业创业。坚持就业优先战略，实施更加积极的就业政策，创造更多就业岗位，着力解决结构性就业矛盾。完善创业扶持政策，鼓励以创业带就业，建立面向人人的创业服务平台。 （五）缩小收入差距。坚持居民收入增长和经济增长同步、劳动报酬提高和劳动生产率提高同步，持续增加城乡居民收入。调整国民收入分配格局，规范初次分配，加大再分配调节力度。 （六）建立更加公平更可持续的社会保障制度。实施全民参保计划，基本实现法定人员全覆盖。坚持精算平衡，完善筹资机制，分清政府、企业、个人等的责任。适当降低社会保险费率。完善社会保险体系。 （七）推进健康中国建设。深化医药卫生体制改革，实行医疗、医保、医药联动，推进医药分开，实行分级诊疗，建立覆盖城乡的基本医疗卫生制度和现代医院管理制度。 （八）促进人口均衡发展。坚持计划生育的基本国策，完善人口发展战略。全面实施一对夫妇可生育两个孩子政策。提高生殖健康、妇幼保健、托幼等公共服务水平。帮扶存在特殊困难的计划生育家庭。注重家庭发展

续表

文件名称	公布时间	相关的主要内容摘要
《决胜全面建成小康社会夺取新时代中国特色社会主义伟大胜利》	2017 年	八、提高保障和改善民生水平，加强和创新社会治理 坚持人人尽责、人人享有，坚守底线、突出重点、完善制度、引导预期，完善公共服务体系，保障群众基本生活，不断满足人民日益增长的美好生活需要，不断促进社会公平正义，形成有效的社会治理、良好的社会秩序，使人民获得感、幸福感、安全感更加充实、更有保障、更可持续。 （一）优先发展教育事业。建设教育强国是中华民族伟大复兴的基础工程，必须把教育事业放在优先位置，深化教育改革，加快教育现代化，办好人民满意的教育。 （二）提高就业质量和人民收入水平。就业是最大的民生。要坚持就业优先战略和积极就业政策，实现更高质量和更充分就业。 （三）加强社会保障体系建设。按照兜底线、织密网、建机制的要求，全面建成覆盖全民、城乡统筹、权责清晰、保障适度、可持续的多层次社会保障体系。 （四）坚决打赢脱贫攻坚战。动员全党全国全社会力量，坚持精准扶贫、精准脱贫，确保到 2020 年我国现行标准下农村贫困人口实现脱贫，贫困县全部摘帽，解决区域性整体贫困，做到脱真贫、真脱贫。 （五）实施健康中国战略。人民健康是民族昌盛和国家富强的重要标志。要完善国民健康政策，为人民群众提供全方位全周期健康服务。 （六）打造共建共治共享的社会治理格局。加强社会治理制度建设，完善党委领导、政府负责、社会协同、公众参与、法治保障的社会治理体制，提高社会治理社会化、法治化、智能化、专业化水平。 （七）有效维护国家安全。国家安全是安邦定国的重要基石，维护国家安全是全国各族人民根本利益所在

续表

文件名称	公布时间	相关的主要内容摘要
《中共中央关于制定国民经济和社会发展第十四个五年规划和二〇三五年远景目标的建议》	2020年	十二、改善人民生活品质，提高社会建设水平 坚持把实现好、维护好、发展好最广大人民根本利益作为发展的出发点和落脚点，尽力而为、量力而行，健全基本公共服务体系，完善共建共治共享的社会治理制度，扎实推动共同富裕，不断增强人民群众获得感、幸福感、安全感，促进人的全面发展和社会全面进步。 42. 提高人民收入水平。坚持按劳分配为主体、多种分配方式并存，提高劳动报酬在初次分配中的比重，完善工资制度，健全工资合理增长机制，着力提高低收入群体收入，扩大中等收入群体。 43. 强化就业优先政策。千方百计稳定和扩大就业，坚持经济发展就业导向，扩大就业容量，提升就业质量，促进充分就业，保障劳动者待遇和权益。 44. 建设高质量教育体系。全面贯彻党的教育方针，坚持立德树人，加强师德师风建设，培养德智体美劳全面发展的社会主义建设者和接班人。 45. 健全多层次社会保障体系。健全覆盖全民、统筹城乡、公平统一、可持续的多层次社会保障体系。 46. 全面推进健康中国建设。把保障人民健康放在优先发展的战略位置，坚持预防为主的方针，深入实施健康中国行动，完善国民健康促进政策，织牢国家公共卫生防护网，为人民提供全方位全周期健康服务。 47. 实施积极应对人口老龄化国家战略。制定人口长期发展战略，优化生育政策，增强生育政策包容性，提高优生优育服务水平，发展普惠托育服务体系，降低生育、养育、教育成本，促进人口长期均衡发展，提高人口素质。 48. 加强和创新社会治理。完善社会治理体系，健全党组织领导的自治、法治、德治相结合的城乡基层治理体系，完善基层民主协商制度，实现政府治理同社会调节、居民自治良性互动，建设人人有责、人人尽责、人人享有的社会治理共同体

资料来源：根据相关文件整理。

对上述文件的梳理及其表述的分析，能够比较清晰地看到以下几点，即：

第一，从最初2006年在《中共中央关于构建社会主义和谐社会若干重大问题的决定》中首次提出“社会体制”概念，并将“社会体制”建设和改革放在“坚持协调发展，加强社会事业建设”“加强制度建设，保障社会公平正义”“完善社会管理，保持社会安定有序”三大部分来论述，到2007年在《高举中国特色社会主义伟大旗帜　为夺取全面建设小康社会新胜利而奋斗》的文件中，有关“社会体制”的论述已经集中在“加快推进以改善民生为重点的社会建设”部分集中予以阐述，再到2020年在《中共中央关于制定国民经济和社会发展第十四个五年规划和二〇三五年远景目标的建议》的文件中，同样集中在“改善人民生活品质，提高社会建设水平”这一部分并在具体内容上给予了更加完整的阐述。这个变化无疑表明，党中央对社会建设及社会体制的含义有了更加清晰的认识，对社会建设及社会体制建设的思路更加明确，目标更加聚焦，论述也更加全面、完整和科学。

第二，就社会建设具体内容而言，在2006年公布的《中共中央关于构建社会主义和谐社会若干重大问题的决定》中，具体包括新农村建设和城乡协调发展、区域协调发展、积极的就业政策、教育优先发展、加强医疗卫生服务、发展文化事业和文化产业、加强环境治理保护、完善公共财政制度和逐步实现基本公共服务均等化、完善收入分配制度、完善社会保障制度、建设服务型政府和强化社会管理和公共服务职能、推进社区建设和完善基层服务和管理网络、健全社会组织、妥善处理社会矛盾、完善应急管理体制机制、加强社会治安综合治理，以及加强国家安全工作和国防建设，等等。

显然，在上述的论述中，有关社会事务方面的内容非常广阔，包含了新农村建设、区域协调发展、就业、教育、医疗卫生、文化事业、环境保护、公共财政制度、收入分配、社会保障、政府职能、社区建设、社会组织、应急管理体制机制、社会治安综合治理、国家安全和国防建设，等等。实际上以上表述进一步可以细分为四大块内容，即农村和城乡建设、公共财政建设、国家安全建设和社会事务建设，显然最后一大块内容才是纯粹的社会事业，虽然其他几大块内容多多少少也与社会事业建设、发展和改革具有密切的关系。因此，2007年在《高举中国特色社会主义伟大旗帜　为夺取全面建设小康社会新胜利而奋斗》的党的十七大报告的第八部分题为“加快推进以改善民生为重点的社会建设”中，已经明确将社会建设或社会事务的内容归结为教育、就业、城乡居民收入分配、社会保障、医疗卫生，以及社会管理，等等。自此以后党中央和国务院相关重要文件如涉及“社会建设”或“社会事务”的内容都以此为基调，如，在2013年公布的《中共中央关于全面深化改革若干重大问题的决定》的第十二部分“推进社会事业改革创新”和第十三部分“创新社会治理体制”中，非常清晰地界定了上述两大部分的内容：教育、就业、收入、社会保障、医药卫生、社会治理、社会组织、社会矛盾化解、公共安全体系等，到了2017年党的十九大报告《决胜全面建成小康社会　夺取新时代中国特色社会主义伟大胜利》中，已经把上述内容合在一个标题中来加以论述，即“提高保障和改善民生水平，加强和创新社会治理”，具体内容包括教育、就业和人民收入、社会保障、脱贫攻坚、健康中国战略、共建共治共享的社会治理格局、国家安全，等等。党中央文件非常明确地划定了社会事业建设的内容和范围，也为相关的学术研究指明了路径与方向。

第三，上述文件有关社会事业建设的论述都是在“社会体制”的总论述下来展开阐述，所以，作为社会体制的组成部分，教育、就业、社会保障、医疗卫生、社会治理，等等，都有一个体制或机制问题，都有进一步建设和完善的任务；上述文件有关社会事业建设的论述也都是在“社会体制改革”的总论述下来展开阐述，所以，教育、就业、社会保障、医疗卫生、社会治理，等等，都有一个体制或机制改革的问题。

二、社会体制改革研究和以民生为重点的社会体制改革

（一）社会体制改革的相关研究论述

自2006年党中央文件首次提出“社会体制”概念以来，有关社会体制改革的研究便已展开，上文提及社会体制涵义及对象、内容的讨论都是在“社会体制改革”的背景下进行的。对此，更深入的研究尚有许多，其中，杨宜勇认为，当前中国社会改革的重要任务就是给社会组织赋权，在权力下放的同时，先赋权，再赋能。作者进一步认为，建构先赋权后赋能的目标模式，有如下几个层次，即：第一，要建立党委领导、政府负责、社会协同、公众参与、法治保障的社会管理体制。而目前党委领导、政府负责都做得很好，最薄弱的就是社会协同、公众参与、法治保障，他们迫切需要予以大力建设和加强。第二，要建立政府主导、覆盖城乡、可持续的基本服务体系。在这个体系中必须全面贯彻以人为本的理念，即在基本公共服务面前人人平等。第三，要加快政社分开，建设权责明确、依法自治的现代社会组织体制。第四，要建立源头治理、动态管理、应急处置相结合的社会管理机制，特别要充分体现善治的思想。第五，要加快关于社会治理方面的立法。国外有社会法，有社会组织法①。

龚维斌、张林江、马福云提出了社会体制改革和创新的三个思路，即：第一，以“好社会”为目标建构中国特色的社会体制。在未来的改革中，政府应该

① 杨宜勇：《社会体制改革：现代社会治理的基础》，载于《华中科技大学学报》（社会科学版）2015年第4期。

继续加大力度，按照“放管服”的总体部署持续推进行政体制改革。在社会领域，则要集中精力改善民生，确保财政收入主要向民生及公共服务投入常态化、法治化、机制化，提高基本公共服务水平。同时，要加快群团改革，推动社会组织健康发展，推进社会治理体系现代化。第二，以建设“橄榄型”社会结构为重点创新社会体制。需要在原有工作的基础上，提高社会政策的协同性和关联度，促进城乡、地区、群体、职业、收入分配的协调和均衡。党中央决定稳步扩大中等收入群体，已经为优化社会阶层结构开出大的药方。但是，仍然需要进一步细化政策举措，畅通社会中下层向上的社会流动渠道，避免社会两极分化，避免落入“中等收入陷阱”。第三，以“共建共治共享”为立足点推进社会治理现代化。一方面，要解决好一些突出的民生问题，如就业、收入分配、社会保障、教育和卫生健康等方面的问题与矛盾，实现社会矛盾、社会问题的源头治理。另一方面，要抓住社会治理的突出问题，通过社会治理社会化、法治化、专业化和精细化来维护公共安全与社会稳定①。

邢伟对此进行了更加深入的探讨，他认为社会体制改革主要有以下几个方面。第一，健全基本公共服务体制，其中包括加大公共服务政府投入力度、建立健全鼓励社会力量参与公共服务发展的良好机制、统筹优化公共服务资源配置、深化公共服务管理体制改革，等等。第二，构建新型社区管理体制，包括整体设计社区管理体制改革、发展社区管理体制改革多样化模式、转变基层政府职能推动社区管理体制改革、妥善解决资源配置这一社区管理体制改革的关键，等等。第三，建立现代社会组织体制，包括制定分层分类的服务和管理政策、培育社会组织参与公共服务的供给、加快制定《社会组织法》，等等。第四，完善公共安全管理体制，其中包括食品药品安全、生产安全、社会治安防控和突发事件应急管理等。第五，健全社会诚信机制，包括建立国家信用管理体系、深化国家信用建设、健全企业诚信机制和个人诚信机制，以及营造和弘扬诚信社会氛围，等等②。在此基础上，邢伟建构了一个社会体制建设和改革的模型（见图 1－3）。

上述框架具有三个明显的特色，其一，试图打破政府“一统天下”的局面，由政府、社会组织和公众一起参与共同成为社会体制建设和改革的主体；其二，社会体制建设和改革的任务可以划分为多个层次，最低的层次是提供社会服务，较高的层次是化解社会矛盾、规范社会行为，等等，再高一层次则是协调社会关系；其三，社会体制建设和改革不仅仅指向降低社会风险，最高的目标是建立公

① 龚维斌、张林江、马福云：《2016 年社会体制改革进展及未来展望》，载于《中共中央党校学报》2017 年第 2 期。

② 邢伟：《明确社会体制改革的目标和主要任务》，载于《中国发展观察》2013 年第 10 期。

正平等、共荣共生以及共治共享的社会生活共同体。

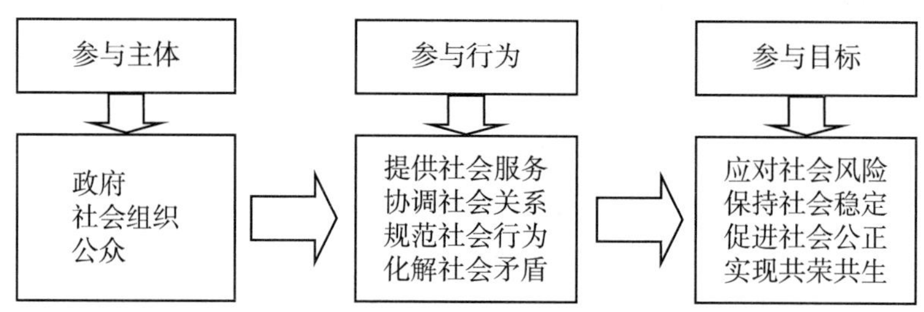

图1-3　社会体制建设逻辑框架

资料来源：邢伟：《明确社会体制改革的目标和主要任务》，载于《中国发展观察》2013年第10期。

此外，也有不少研究从不同的层面和角度探讨了社会体制改革这一重大话题，如，丁元竹认为，中国社会体制改革有两个重要的基本路径，即：其一，通过顶层设计和创新建立中国社会体制的“宏观调控与微观搞活”制度环境；其二，通过“优化利益格局、重塑微观主体、创新运行方式”建构社会体制的运行机制①。李培林指出，要加快推进社会体制改革必须处理以下三个方面的核心议题，即：第一，正确处理政府、市场和社会的关系；第二，社会体制改革要以民生建设为基础；第三，社会体制改革要注重加强和创新社会管理。而改革的具体内容包括：（1）加快形成全覆盖、保基本、多层次、可持续的社会保障体系。（2）加快形成政府主导、覆盖城乡、可持续的基本公共服务体系。（3）加快形成促进社会和谐、维护公平正义、激发社会活力的社会利益调节机制。（4）加快形成政社分开、权责明确、依法自治的现代社会组织体制。（5）加快形成党委领导、政府负责、社会协同、公众参与、法治保障的社会管理体制②。

上述研究无论从深邃度、宽阔度，还是从操作性和研究的进入路径等多方面，都极大地启发了本研究的开展和研究方向，对进一步的深入研究也带来了很大的参考价值。

（二）以民生为重点的社会体制改革

仔细阅读和分析上述党中央的相关文件，不难发现强调以“民生”为重点的社会建设或社会体制时，与非强调以“民生”为重点时的表述和指称的内容有细

① 丁元竹：《中国社会体制改革的目标模式和基本路径》，载于《学习时报》2012年9月17日第4版。

② 李培林：《加快社会体制改革和创新》，学术前沿论坛，2011年。

微差别，例如，在2007年党的十七大报告《高举中国特色社会主义伟大旗帜为夺取全面建设小康社会新胜利而奋斗》中的第八部分“加快推进以改善民生为重点的社会建设”明确指出：“社会建设与人民幸福安康息息相关。必须在经济发展的基础上，更加注重社会建设，着力保障和改善民生，推进社会体制改革，扩大公共服务，完善社会管理，促进社会公平正义，努力使全体人民学有所教、劳有所得、病有所医、老有所养、住有所居，推动建设和谐社会。”而社会建设的具体内容则包括发展教育、扩大就业、增加城乡居民收入、建立覆盖城乡居民的社会保障体系、建立基本医疗卫生制度、完善社会管理等。在2012年党的十八大报告《坚定不移沿着中国特色社会主义道路前进　为全面建成小康社会而奋斗》中第七部分“在改善民生和创新管理中加强社会建设”中也有与党的十七大非常相近的表述社会建设的内容，即：“加强社会建设，是社会和谐稳定的重要保证。必须从维护最广大人民根本利益的高度，加快健全基本公共服务体系，加强和创新社会管理，推动社会主义和谐社会建设。加强社会建设，必须以保障和改善民生为重点。加强社会建设，必须加快推进社会体制改革。”社会建设和社会体制改革的内容则包括教育、就业、居民收入、社会保障、人民健康、社会管理，等等。在2017年党的十九大报告中有关“民生”的社会建设或社会体制改革的论述及具体建设和改革对象也都有相似的阐述。

显然，强调“民生”为重点的社会建设或社会体制改革更集中于有关民生事务的论述，更明确、更聚焦于与民生息息相关的社会事业，因为社会体制改革创新与社会事业体制改革创新是相互联系的。社会领域是人们日常生活的领域，也是人们的共同兴趣、共同利益得以实现的领域，而基本的衣食住行、就业、医疗、养老和社会参与等活动形成的社会关系体系和制度，是社会体制的基础①。为此，也有学者把社会体制区分为两种基本类型，即民生体制和社会治理体制，它明显比西方国家常用的“福利制度”的说法更加具体明了，但又比西方国家常用的“公共服务”的说法更有概括力②。如果再进一步细分，那么，相对而言，就业、医疗卫生、社会保障、社会管理主要是关系人民生存权的领域，而人民的发展权主要包括教育问题、社会公平正义问题等。

事实上，自党的十八大以来党和政府始终高度重视“民生”问题和与“民生”相关的社会体制建设与改革，习近平总书记在各种不同场合对此都有重要指示，如在2013年3月召开的第十二届全国人民代表大会第一次会议上指出：我们要随时随刻倾听人民呼声、回应人民期待，保证人民平等参与、平等发展权

① 王思斌：《社会体制改革创新的含义及切入点》，载于《中国机构改革与管理》2015年第2期。

② 王道勇：《构建具有中国特色的现代社会体制》，载于《高校马克思主义理论研究》2016年第1期。

利，维护社会公平正义，在学有所教、劳有所得、病有所医、老有所养、住有所居上持续取得新进展，不断实现好、维护好、发展好最广大人民根本利益，使发展成果更多更公平惠及全体人民，在经济社会不断发展的基础上，朝着共同富裕方向稳步前进[①]。2013 年 12 月习近平在中央经济工作会议上的讲话中又指出：要继续按照守住底线、突出重点、完善制度、引导舆论的思路，统筹教育、就业、收入分配、社会保障、医药卫生、住房、食品安全、安全生产等各方面，切实做好改善民生各项工作。要根据经济发展和财力状况逐步提高人民生活水平，政府主要是保基本，不要做过多过高的承诺，多做雪中送炭的重点民生工作，引导和鼓励广大群众通过勤劳致富改善生活，政府不能包打天下。要注重制度建设，花钱买制度而不是简单花钱买稳定，着力解决地区差异大、制度碎片化问题[②]。2013 年习近平在会见世界卫生组织总干事陈冯富珍时强调：我们将迎难而上，进一步深化医药卫生体制改革，探索医改这一世界性难题的中国式解决办法，着力解决人民群众看病难、看病贵，基本医疗卫生资源均衡配置等问题，致力于实现到 2020 年人人享有基本医疗卫生服务的目标，不断推进全面建设小康社会进程[③]。

习近平总书记的指示不仅指出“民生”后面蕴含的价值理念及其应该的追求，也涉及与民生有关的社会体制及其改革和完善，同时还具体论述了以民生为重点的社会体制实际指称的对象和内容，这些极其重要的论述和思想从研究的结构、研究的进路、研究的分析视角乃至具体的研究内容，如社会体制改革或社会政策完善及其价值取向、具体的社会体制组成部分，等等，全面地指引了本研究的深入开展。

第三节　社会体制改革研究创新

诚如上所述，自 2006 年党中央首次正式提出“社会体制”概念以来，学界对此的研究兴趣和热度持续上升，并且大约从 2015 年起进入了社会体制研究领域中更加细分、更加微观和更加具体的研究主题。迄今为止，已经形成了一些比较成型的或较为固定化的社会体制改革研究类型。

---

①② 中共中央文献研究室：《习近平关于全面建成小康社会论述摘编》，中央文献出版社 2016 年版。

③ 习近平：《在会见世界卫生组织总干事陈冯富珍时的讲话》，载于《人民日报》2013 年 8 月 21 日。

一、社会体制改革研究的基本类型

梳理已有的有关社会体制改革或以民生为重点的社会体制改革的研究出版成果，发现已有的研究成果大致可以划分成为两种基本类型，即全景式的研究模式和专题式的研究模式。前者按照党中央文件的相关论述，对所有涉及社会体制的部分全都做一分析与讨论，而后者则择其社会体制的部分构成环节着重予以深入的探讨。

（一）社会体制改革全景式的研究模式

这一类研究采用面面俱到的研究思路，对社会体制的每一个组成部分都予以完整和全面的扫描与探究，涉及的领域广，探讨的话题多，表 1－3、表 1－4 可以视为这种研究类型的代表成果。

表 1－3　　全景式社会体制改革研究的代表成果之一

<table>
<tr><td>书名</td><td>中国的走向：社会体制改革</td><td>作者</td><td>张强、武力</td><td>出版年份和出版社</td><td>2014 年，人民出版社</td></tr>
<tr><td colspan="6">主要内容</td></tr>
<tr><td colspan="2">一、深化教育领域综合改革
1. 坚持立德树人导向：促进德智体美全面发展
2. 促进教育公平：坚持教育公益性、普惠性
3. 改革考试招生制度：从根本上改变“一考定终身”
二、健全促进就业创业体制机制
1. 健全促进就业公平的体制机制：着力消除就业歧视
2. 做好高校毕业生就业：促进青年就业成才
三、形成合理有序的收入分配格局
1. 多渠道增加居民财产性收入：普遍提高人民富裕程度</td><td colspan="3">2. 完善慈善捐助减免税制度：激励社会各方参与公益事业
3. 规范收入分配秩序：逐步形成橄榄型分配格局
四、建立更加公平可持续的社会保障制度
1. 整合城乡居民基本养老和医疗保险：实现城乡居民在制度上的平等
2. 健全住房保障和供应体系：推动实现“住有所居”
3. 加快建立社会养老服务体系：积极应对人口老龄化问题
五、深化医药卫生体制改革
1. 健全全民医保体系：逐步实现医保全覆盖</td><td>2. 深化基层医疗卫生机构综合改革：更好满足居民基本医疗卫生服务需求
3. 启动“单独两孩”政策：逐步调整完善生育政策
六、改进社会治理方式
1. 从管理到治理：理念和路径的新变化
2. 政府：切实发挥主导作用
3. 社会：增强自我调节功能
4. 居民：深化参与和自治
七、激发社会组织活力
1. 加快向社会组织购买公共服务：创新社会组织培育扶持机制
2. 加强在华境外非政府组织管理：优化社会组织国际合</td></tr>
</table>

续表

书名	中国的走向：社会体制改革	作者	张强、武力	出版年份和出版社	2014 年，人民出版社
主要内容					
作与交流环境 八、创新有效预防和化解社会矛盾体制 1. 畅通诉求表达机制：引导合法理性表达利益诉求		2. 健全权益保障机制：有力维护人民切身利益 九、健全公共安全体系 1. 健全食品药品安全监管机制：确保最严格和覆盖全过程			2. 完善安全生产监管制度：有效遏制重特大安全事故 3. 健全防灾减灾救灾机制：更加从容应对自然灾害

资料来源：根据相关资源整理。

上述论述从教育、就业、收入分配、社会保障、医疗卫生，到社会组织、矛盾化解、公共安全等，比较全面地讨论了这些社会体制的“构件”的建设和改革方向，事实上它讨论的对象全都与“民生”休戚相关。

表 1－4　　全景式社会体制改革研究的代表成果之二

书名	构建共享型社会：中国社会体制改革 40 年	作者	宋晓梧	出版年份和出版社	2017 年，人民出版社
主要内容					
第一章　教育体制改革 第一节　我国教育体制改革历程 第二节　我国教育体制改革的主要成就 第三节　我国教育体制改革面临的主要问题 第四节　深化教育体制改革的总体思路和改革展望 第二章　医疗卫生体制改革 第一节　我国医疗卫生体制改革历程 第二节　我国医疗卫生体制改革取得的成就 第三节　我国医疗卫生体制改革面临的主要问题 第四节　医疗卫生体制改革未来展望		第三章　劳动就业体制改革 第一节　我国劳动就业改革历程 第二节　劳动就业体制改革的主要成就 第三节　劳动就业体制改革面临的困难和挑战 第四节　劳动就业体制改革未来展望 第四章　收入分配体制改革 第一节　我国收入分配体制改革历程 第二节　收入分配体制改革的主要成就 第三节　收入分配体制改革面临的挑战 第四节　收入分配体制改革未来展望			第五章　社会保障制度改革 第一节　社会保障制度改革历程 第二节　社会保障制度改革的主要成就 第三节　社会保障制度改革面临的问题和挑战 第四节　社会保障制度改革未来展望 第六章　养老服务体系改革 第一节　养老服务体系改革历程 第二节　我国养老服务体系改革取得的成就 第三节　养老服务体系改革发展存在的问题 第四节　养老服务体系改革未来展望

续表

<table>
<tr><td>书名</td><td>构建共享型社会：中国社会体制改革 40 年</td><td>作者</td><td>宋晓梧</td><td>出版年份和出版社</td><td>2017 年，人民出版社</td></tr>
<tr><td colspan="6">主要内容</td></tr>
<tr><td colspan="2">第七章　基本公共服务体系建设与完善
第一节　基本公共服务体系发展历程
第二节　基本公共服务体系建设的主要成就
第三节　基本公共服务体系的主要问题
第四节　健全基本公共服务体系的总体思路</td><td colspan="3">第五节　健全基本公共服务体系的展望
第八章　社会治理体制改革
第一节　社会治理体制改革的历程
第二节　社会治理体制改革的主要成绩
第三节　社会治理体制改革面临的主要问题</td><td>第四节　社会治理创新面临的挑战和机遇
第五节　社会治理体制改革的战略思考
第六节　社会治理体制改革的展望</td></tr>
</table>

资料来源：根据相关资源整理。

表 1-4 所呈现的论述结构和主要内容与表 1-3 呈现的基本相似，只不过前者将养老服务体系从基本公共服务体系中分列出来单独予以重点阐述，此外，前者还有意识地采用“体制”“体系”和“制度”等字眼来表示社会体制中不同构成部分的形态与状态。

与上述同一种类型的研究成果还有《社会体制蓝皮书：中国社会体制改革报告（2020）》，等等，其中，《社会体制蓝皮书：中国社会体制改革报告（2020）》共分五个篇章，包括总报告、社会治理体制篇、基本公共服务篇、现代社会组织体制篇、公共安全与应急管理篇，主要对 2019 年社会体制改革情况进行回顾和总结，对 2020 年的改革走向进行分析，提出相关政策建议。限于篇幅，本部分不再赘述。

（二）社会体制改革专题式的研究模式

这一类研究采用的是集中几个突出的议题加以深入探究的研究思路，它涉及的话题相对聚焦，研究的内容较为深入并且尝试在探讨的主题之间建立清晰和明确的逻辑关系，表 1-5、表 1-6 和表 1-7 可以代表此种研究类型。

表 1-5 所呈现的研究成果是从科学发展观的视角切入来研究社会体制改革，所以，科学发展、社会管理和社会组织及其与社会体制改革的相互关系等，是其研究的核心内容。

表 1－5　　　　专题式社会体制改革研究的代表成果之一

<table>
<tr><td>书名</td><td>社会体制改革与科学发展</td><td>作者</td><td>魏礼群</td><td>出版年份和出版社</td><td>2012 年，北京师范大学出版社</td></tr>
<tr><td colspan="6">主要内容</td></tr>
<tr><td colspan="2">第一篇　主旨演讲
深化社会体制改革与促进科学发展
深化社会体制改革推进首都科学发展
加快法治政府建设是加强和创新社会管理的基础和关键
从网络风波看中国社会组织的改革与发展
第二篇　社会体制改革与科学发展
努力创新社会服务管理加快推进社会体制改革
加快建立中国特色社会管理体制
当代中国社会体制的改革与创新
关于深化中国社会体制改革的几点思考
浅析社区服务创新与社会体制改革
资本市场与社会管理科学化
第三篇　社会管理创新与社会建设
从战略高度探讨社会管理中的多元机制创新
科技创新要更好地服务于社会管理创新
加强和创新社会管理的新进展、新任务
中国社会管理创新路向思考：基于社会建构的思维方式
基于政府社会性规制的社会管理创新研究
试论官民“二元”图谱中的社会管理创新</td><td colspan="2">社会建设语境下的政府重塑和社会赋权
发展权视角下的社会管理法治创新
中国社会管理研究回顾与展望
新时期完善中国社会管理格局初探
运用法治推进社会管理创新的几点思考
第四篇　基层社会管理创新理论与实践
基层社会管理创新的探索与思考
利益分化与居民参与：转型期中国城市基层社会管理困境及其理论转向
多元共治与基层维稳运行机制之完善
自治互助共建共享：朝阳区探索老旧小区准物业管理新模式
从四川省绵竹市社会管理创新综合试点实践看新农村社会管理体系建设
论城市精神在天津创新社会管理中的作用及意义
城乡基本公共卫生服务非均等化的水平测度及对策分析
城市业主委员会的兴起与发展
北京市西城区社区公共服务社会化实践研究
第五篇　社会组织和虚拟社会管理
加快社会组织管理体制机制改革的若干思考
加强科技社团党建工作　推进社会管理创新</td><td colspan="2">政府管理与支持社会组织的国际经验及对我国的启示
传统民间水利组织的复兴与农村社会管理机制的创新
海淀社会管理新模式——社会组织网元化
网络群体性事件中个体行为解构与建模分析
“舆情倒逼模式”的内在逻辑及出路
从互联网舆情看社会管理创新
提高虚拟社会管理科学化水平研究：以治理网络谣言问题为例
第六篇　劳动就业和特殊人群管理
社会身份歧视、社会权利建构与社会管理改善
对中国集体合同立法的必要性、重要性之认识及其难点的思考
就业问题：战略与思考
新生代农民工的社会困境与社会融合
农民工随迁子女教育公平的财政实现机制研究
新形势下推进劳动关系多方治理结构建设
老年人社会参与政策研究
老年人精神需求的社会支持网论析
深化社会体制改革的思考与建议</td></tr>
</table>

资料来源：根据相关资源整理。

表 1-6　　专题式社会体制改革研究的代表成果之二

书名	中国就业和社会保障体制改革 40 年	作者	蔡昉、高文书	出版年份和出版社	2020 年，经济管理出版社
主要内容					
绪论　改革开放 40 年与中国经济发展 一、中国经济增长的复利效应 二、中国经济奇迹并不是无意识的行为结果 三、人口红利是中国经济增长的必要条件 四、必须通过改革释放和开启潜在增长能力 第一章　劳动力市场制度改革 一、城乡间劳动力市场的发育 二、城市劳动力市场转型 三、建立统一的劳动力市场制度框架 四、新时代劳动力市场制度建设 第二章　农村劳动力配置机制、发展及展望 一、改革开放以来中国农村劳动力配置的基本历程 二、未来 15 年将是农村劳动力资源配置的关键时期 三、深入推进农村劳动力转移面临的挑战 四、启示与政策建议 第三章　工资决定机制的转变与劳动力成本变化 一、工资决定机制的变化 二、制造业单位劳动力成本变化的总体趋势 三、分产业的单位劳动力成本		四、分省份和分区域的单位劳动力成本 五、劳动力成本上涨与产业升级和资本深化 六、结论与政策含义 第四章　中国的最低工资制度 一、中国最低工资制度的立法过程 二、中国最低工资标准的水平 三、中国最低工资制度的执行情况 四、中国最低工资制度的改革方向 第五章　户籍制度改革 一、户籍制度改革的发展历程 二、党的十八大以来户籍制度改革进展 三、户籍制度改革的症结 四、户籍制度改革的方向 第六章　中国收入分配格局变化的回顾与展望 一、引言 二、功能性分配的变化：收入分配格局变动的趋势 三、规模性分配的变化：基尼系数真的下降了吗？ 四、总结与思考 第七章　农村劳动力流动与城乡居民收入差距 一、中国农村劳动力流动的历史沿革 二、中国农村劳动力流动的现状 三、中国城乡之间的收入差距		四、中国城乡居民内部的收入差距 第八章　养老保障改革与展望 一、养老保险制度改革进展 二、养老保险制度的关键问题与挑战 三、新时代养老保障制度改革方向与政策建议 第九章　中国医疗保障的发展变迁、特点和面临的挑战 一、城镇医疗保障制度的变迁与发展 二、农村医疗保障制度的变迁与发展 三、医疗保障制度变迁过程中的重要特点 第十章　中国生育保险制度改革 一、生育保险制度的含义和基本内容 二、生育保险制度的发展和改革历程 第十一章　中国最低生活保障制度的设计与实施 一、引言 二、相关文献总结与评述 三、世界银行社会救助制度评价的核心原则和角度 四、低保制度的演变与主要政策特征 五、低保制度的设计与实施现状以及面临的挑战 六、主要结论与政策建议

续表

<table>
<tr><td>书名</td><td>中国就业和社会保障体制改革 40 年</td><td>作者</td><td>蔡昉、高文书</td><td>出版年份和出版社</td><td>2020 年，经济管理出版社</td></tr>
<tr><td colspan="6">主要内容</td></tr>
<tr><td colspan="2">第十二章　中国住房社会保障制度的发展
一、近市场化住房制度改革
二、住房货币化分配制度
三、市场和保障并重的住房供应体制建设
四、新时代住房制度建设
第十三章　进城农民工市民化
一、进城农民工与本地市民的权益保障差距及其变化
二、进城农民工市民化的政策演变及进展
三、推动进城农民工市民化的政策建议
第十四章　改革开放以来的教育体制改革</td><td colspan="3">一、20 世纪 70 年代末至 80 年代初：拨乱反正
二、20 世纪 80 年代中期至 90 年代初：确定教育体制格局
三、20 世纪 90 年代：落实教育改革政策
四、21 世纪第一个十年：促进公平
五、21 世纪第二个十年：提升教育质量
六、40 年来教育改革成就
七、40 年来教育改革问题
八、总结
第十五章　人口红利的贡献、变化趋势和对策建议
一、改革开放以来中国人口转变及其对经济增长的影响</td><td>二、改革开放以来中国人口红利的贡献
三、人口转型使全要素生产率也开始下降
四、改革对中国长期经济增长的影响
五、政策建议
第十六章　应对人口老龄化
一、中国人口老龄化的发展历程和特点
二、中国应对人口老龄化的主要举措
三、进一步应对中国人口老龄化的建议</td></tr>
</table>

资料来源：根据相关资源整理。

显然，上述研究对社会体制中的重要组成部分——就业与社会保障体制进行了专题性的深入探究，其研究触角涉及就业和社会保障（包括医疗保障、住房保障、生育保险、最低生活保障等），它在这个领域里的相关“体制”研究已经触及较深的层面，不少研究发现和研究结论具有发人深省的作用。

表 1－7　　　　专题式社会体制改革研究的代表成果之三

<table>
<tr><td>书名</td><td>社会体制改革构想</td><td>作者</td><td>黄文平</td><td>出版年份和出版社</td><td>2017 年，人民出版社</td></tr>
<tr><td colspan="6">主要内容</td></tr>
<tr><td colspan="2">第一部分　社会体制的基本框架
1. 关于现代社会治理体系建构的理论思考
2. 怎样理解社会体制改革</td><td colspan="3">3. 供给侧结构性改革与社会资源配置效率
4. 社会建设的主体角色及相互关系
5. 社会体制改革的认识视角</td><td>6. 社会体制改革创新的含义及切入点
7. 加强社会建设的两项重点
8. 关于社会体制改革的几点思考</td></tr>
</table>

续表

书名	社会体制改革构想	作者	黄文平	出版年份和出版社	2017 年，人民出版社
主要内容					
9. 关于社会体制相关问题的五点认识 10. 借鉴国际有益经验 推动社会体制创新 第二部分 社会组织体制改革 11. 改革和完善中国社会组织管理制度 12. 社会组织体制改革的目标和着力点 13. 社会组织发展面临的突出问题 14. 现代社会组织体制的国际比较及中国的战略 15. 社会体制和社会体制改革的核心问题 16. 人民团体的基本问题 17. 人民团体改革路径 18. 更加注重社会组织的质量 19. 改进社会组织监管的初探 20. 加强社会组织和社区建设 21. 建立社会组织参与社会服务的核算标准体系 22. 完善治理结构 推动政社分开 23. 优化政社合作关系 24. 政社合作视角下的社会治理 第三部分 社区治理体制改革与基层社区治理创新 25. 社区治理体制改革的基本问题与实践		26. 城市社区治理体制改革的思考 27. 当代中国基层社会重构与社区治理创新 28. 在新的历史背景下理解社区和社区治理 29. 社区建设和社区治理体制改革 30. 清河实验：基层社会治理创新研究 31. 对上海市新一轮基层社会治理改革的分析与思考 32. 北京市街道社区管理体制改革的实践与思考 33. 发展社会组织 激发社会活力——北京市东城区建国门街道培育社区社会组织推进社会治理的探索 34. 北京市海淀区铁西社区建设现状及存在的问题和改革思考 35. 应急救援的全面进步与前景展望 第四部分 公共服务体制改革 36. 公共服务体系改革与发展的若干问题 37. 事业单位分类改革：成效、问题与对策 38. 公共服务体制改革的关键是明确政府与市场的边界 39. 公共服务体系改革中需要形成共识的几个问题 40. 应对全球治理危机的新理论新方法			41. 依据社会规律推进社会建设 42. 对社会政策内涵及其发展的认识 43. 关于社会政策的几点思考 44. 对社会服务改革发展的思考 45. 深化社会保障与公共服务制度改革 46. 民族地区的公共服务 47. 医疗卫生体制改革要坚持公益性方向 48. 试论服务属性分化及公共政策价值取向 49. 公共服务提供的五个重要问题 50. 加强中观层面的科技体制改革设计 51. 公共服务：公众需求的风险评估与供给建议 第五部分 社会法建设的现状、问题和框架 52. 中国社会立法现状分析 53. 关于社会领域立法的几个问题 54. 社会法建设现状、问题及展望 55. 社会法建设的滞后与发展 56. 社会立法问题的五点思考 57. 强调社会法在社会领域中的优先地位 58. 准确认识我国社会法的定位

续表

书名	社会体制改革构想	作者	黄文平	出版年份和出版社	2017 年，人民出版社
主要内容					
59. 社会法建设要关注中国社会转型中自身的问题 60. 学习“十三五”发展规划纲要　推动社会法立法向前发展		61. 社会立法的进展与前瞻 62. 社会领域立法应注意的几个问题 63. 社会立法和社会政策的八个问题		64. 对社会法建设的思考 65. 社会稳定风险评估立法的要点 66. 社会法立法迫切需要理论研究支持	

资料来源：根据相关资源整理。

表1－7所呈现的研究类型其实介于全景式和专题式之间，因为其讨论的议题虽然也包括社会组织体制改革、社区治理体制改革、公共服务体制改革，等等，但是，这些体制改革的探讨并不因循成就、问题、挑战和未来改革的“套路”，而是具体深入到诸如“建立社会组织参与社会服务的核算标准体系”“当代中国基层社会重构与社区治理创新”“试论服务属性分化及公共政策价值取向”“公共服务体系改革中需要形成共识的几个问题”等这些有关社会体制的专题性的议题，并且专辟第五部分“社会法建设的现状、问题和框架”，专事探讨社会法和社会体制建设的相互关系以及社会法对社会体制改革的重大意义，从而一改全景式社会体制改革研究的固定模式与局限，也拓展了专题式社会体制改革研究的视角和思路，对本研究产生较大的启示意义。

二、社会体制研究拓展和创新

（一）研究主题的选择

以民生为重点的社会体制主要包括教育体制、就业体制、居民收入分配体制、社会保障体制、医疗卫生体制以及社会治理体制，等等，而社会体制改革无疑就是这些社会体制重要“构件”的改革与完善。此外，社会保障体制又由养老保障体制、失业保障体制、社会救助体系等一系列子系统所构成，而社会治理体制也同样包含了许多组成部分，宋晓梧就此认为，社会主义社会治理体系是中国特色社会主义制度的有机组成部分，与社会主义市场经济体制、政治体制、文化体制相对应。社会主义社会治理体系是一个包括价值取向、治理目标、治理主体、治理对象、治理方式、治理投入等内容的逻辑整体（见图 1－4）①。

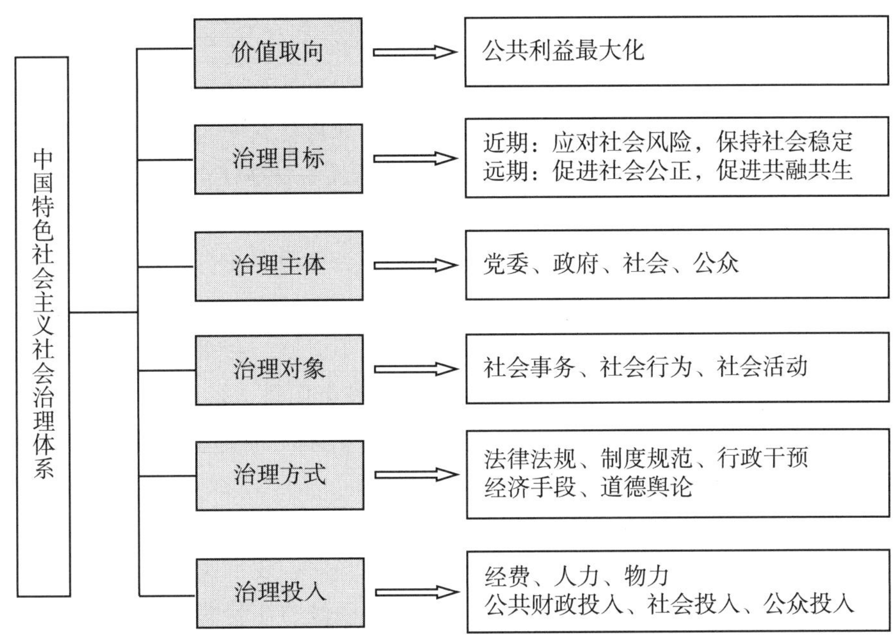

图 1－4　中国特色社会主义社会治理体系结构

既然社会治理体制的建设和改革如此重要，故而，本研究从中选取两个关键的议题，即作为治理主体之一的社会组织在治理体系中的作用、意义和参与的机制等，以及作为治理对象的公共危机事件（社会行为）发生的机理和应急管理机制建设与改革，等等，来作为研究以民生为重点的社会体制改革的切入口。此外，基于社会体制专题研究模式和研究领域的拓展与创新，本研究不再采用教育体制、就业体制等面面俱到的研究思路，而是另辟蹊径，精心选择两个有关民生的社会体制改革的研究议题，即：有关民生的社会政策及其价值取向变化的研究，以及“区管社区”的城市治理体制研究。之所以如此选择，主要理由如下：

第一，有关社会体制面面俱到的研究及其成果已经很多，本书以上已做列举。纵观这类研究，虽然它涉及的主题面广点多，探讨的问题似乎也遍及社会体制的每一个组成部分，但是，不少研究仍然是浮光掠影，缺乏深入的思考和分析，以及在全面、完整的经验资料分析的基础上对相关社会体制的状况及改革和未来发展趋向进行科学探究和深入考量，等等，这些都是这类研究呈现出来的明显的不足之处。

① 宋晓梧：《构建共享型社会：中国社会体制改革 40 年》，人民出版社 2017 年版，第 56 页。

第二，所有社会体制的“构件”都涉及社会政策，故而有人从社会建设的角度讨论社会体制改革出发，认为社会建设主要包括两个部分：一是以社会保障和公共服务为核心的社会事业，或可称之为“社会政策”。其核心是防范公民的经济与社会风险、实现收入再分配、提升国民生活质量及社会认同；二是社会治理，其核心是以综合方式促进社会关系和谐，实现社会有序运行。我国的社会政策建设（或者说社会事业发展）近些年面临的挑战主要是社会保障体系保障功能不足，再分配功能也不足。各种公共服务的公平性低，且与户籍紧密挂钩，城乡二元结构尚未打破的同时又形成了新的城市内二元结构。社会政策尚未发挥应有的作用。社会政策要解决的问题主要是市场失灵或市场难以发挥作用的领域。在社会领域，应特别强调政府责任，突出公平性，不能简单套用经济领域及企业改革的做法①。也有人认为，社会体制包含了政府社会职能、社会政策、社会治理、社会保障、社会福利、社会服务、非政府组织、非营利组织以及国家与社会关系等基本要素②。

显然，作者将社会事业等同于社会政策，而每一项具体的社会事务如教育、就业、社会保障等都涉及社会政策的制定及价值导向、政策执行和政策评估等一系列具体议题，所以，总体社会体制构成的具体领域的体制的社会政策研究就显得至关重要。

第三，2012 年党的十八大报告《坚定不移沿着中国特色社会主义道路前进　为全面建成小康社会而奋斗》中强调：加快形成政府主导、覆盖城乡、可持续的基本公共服务体系，加快形成政社分开、权责明确、依法自治的现代社会组织体制。2019 年，党的十九届四中全会强调：“加快推进市域社会治理现代化。推动社会治理和服务重心向基层下移，把更多资源下沉到基层，更好提供精准化、精细化服务。”2020 年《中共中央关于制定国民经济和社会发展第十四个五年规划和二〇三五年远景目标的建议》中再次重申：加强和创新社会治理。完善社会治理体系，健全党组织领导的自治、法治、德治相结合的城乡基层治理体系，完善基层民主协商制度，实现政府治理同社会调节、居民自治良性互动，建设人人有责、人人尽责、人人享有的社会治理共同体。

对上述文件精神可做如下解读，其一，形成政府主导、覆盖城乡、可持续的基本公共服务体系无疑是社会体制改革的重要任务，但是，建设基本公共服务体系需要同时建设该基本公共服务体系承载和传递的架构，就城市社会而言，20 世纪八九十年代以后的公共服务体系和公共服务输送一直依据着传统的“市—

---

① 李利平：《社会体制改革与社会治理创新的观点综述》，载于《中国机构改革与管理》2015 年第 1 期。

② 徐永祥：《社会体制改革与和谐社会建构》，载于《学习与探索》2005 年第 6 期。

区—街道—居委（社区）”的行政管理体制，几十年未曾改变。那么，如何减少政府层级、提高办事效率、减少政府干预、提高社区居民的自治能力、实现政府与社会多元合作治理、培育社会组织等[①]，对现代基本公共服务体系建设而言既是一个非常重要的任务，在理论上也有急需予以深入探究的必要性和迫切性。

其二，对于党中央提出的“加快形成政社分开、权责明确、依法自治的现代社会组织体制”的战略部署，对城市社会来说，可以有两层意思的理解，一是发展具有现代意识的社会组织来承接基层社会的基本公共服务，二是从城市社会如何更有效地被组织起来的角度考虑，改革和创新城市社会的组织体制，尤其是创新城市社会的现代基本公共服务传输体系和城市基层社会治理体系，真正实现党中央制定的“政府治理同社会调节、居民自治良性互动，建设人人有责、人人尽责、人人享有的社会治理共同体”目标。其中，非常现实的有关城市社会治理的组织体制的问题之一是，从省市到基层社区，究竟怎样的运行机制包括治理结构或治理层级才是有助于社会体制改革，有益于中国特色的社会主义建设的？经验表明，城市社会治理体制与社会治理的运行机制有着密不可分的联系，二者的有机结合，有利于提高社会建设和管理的效率。可喜的是，多年来国内一直有“区管社区”的城市社会治理体制和运行机制的实践探索，已经积累和形成了丰富的成功模式与可汲取的经验教训，因此，理论上的研究和探讨就是一项不可忽视的重要工作。

（二）研究主题之间的相互关系

本研究由四个主题构成，即国内有关民生的社会政策及其价值理念探究、国内城市社会体制的组织架构转变分析、国内枢纽型社会组织社会参与机制研究，以及社会危机事件应急管理处置机制研究。

上述选题研究采用的是社会体制改革专题式的研究思路，而且选题都与以民生为重点的社会体制及其改革具有紧密联系，在此基础上，对相关从民生为重点的社会体制改革领域和议题进行拓展和深耕，以期在此议题上有所发现、有所发展和有所创新。

首先，诚如上所述，社会政策是社会体制的重要组成部分，每一项具体的社会体制如教育、就业、社会保障，等等，其运行和实施都与相应的社会政策有关，换而言之，每一项具体的社会政策及其执行充分体现了相应的社会体制的基本特征、主要内容、服务对象，等等，更加反映了其背后蕴藏的价值取向。近年来，有关几项内容的研究已经很多，而对于后者的研究仍有很大的空间。事实

① 陈月刚：《“区直管社区”：城市社区管理体制创新与限度》，华中师范大学硕士学位论文，2012 年。

上，以习近平同志为核心的党中央在许多重要场合中都重申了“民本”的价值理念。如，2016 年 1 月在省部级主要领导干部学习贯彻党的十八届五中全会精神专题研讨班上习近平指出，治国有常，而利民为本。以人民为中心的发展思想，不是一个抽象的、玄奥的概念，不能只停留在口头上、止步于思想环节，而要体现在经济社会发展的各个环节。2017 年党的十九大报告强调，中国共产党人的初心和使命，就是为中国人民谋幸福，为中华民族谋复兴。这个初心和使命是激励中国共产党人不断前进的根本动力。全党同志一定要永远与人民同呼吸、共命运、心连心，永远把人民对美好生活的向往作为奋斗目标，以永不懈怠的精神状态和一往无前的奋斗姿态，继续朝着实现中华民族伟大复兴的宏伟目标奋勇前进。同时要求全党必须牢记，为什么人的问题，是检验一个政党、一个政权性质的试金石。带领人民创造美好生活，是我们党始终不渝的奋斗目标。必须始终把人民利益摆在至高无上的地位，让改革发展成果更多更公平惠及全体人民，朝着实现全体人民共同富裕不断迈进。对此，李培林认为，党的十八大以来，以习近平同志为核心的党中央坚持以人民为中心的发展思想，着力改善民生。在统筹推进教育、就业、收入分配、社会保障、精准脱贫、医疗健康等方面都作出深刻论述和全面部署，带领人民创造幸福生活①。基于党中央和学者对社会体制及相关社会政策背后的价值取向的高度重视，故而，本研究把相关社会政策及其价值取向的探究放在统领的位置，深入探讨与民生有关的社会政策背后的价值观变迁轨迹以及对以民生为本的社会体制改革的意义。

其次，公共服务的输送需要有载体和运行机制，同样，社会治理体系无论“由上而下”还是“由下而上”，或者是政府主导的社会治理还是基层社会共同参与的社会治理，其治理体系一定需要有一个运行的承载体和机制，那么，对城市社会尤其是中小型城市基层社会而言，如何打造一个纵向的高效的、惠及全民的公共服务的输送体系和运行体系，以及如何建设一个纵向的、能够吸纳多方合作与平等参与的社会治理运行架构，并且这样的运行体系和组织架构能够非常有效地连接城市管理的最高层与城市生活最基层的社区，这是本研究十分关注的一个研究议题，同时，该议题本身不仅涉及价值取向问题，还牵涉下面的一个重要议题，即社会治理体制及其改革中的社会组织参与。

再次，根据党中央重要文件论述，现代社会组织建设和“激发社会组织活力”也是社会体制及其改革的重要组成部分，从以民生为重点的社会体制改革的角度看，公共服务体系的建设与服务的输送都需要社会组织的大力参与。此外，党的十九大报告指出，要“加强社会治理制度建设，完善党委领导、政府负责、

① 李培林：《全面深化改革推动社会建设迈上新台阶》，载于《人民日报》2019 年 1 月 8 日第 7 版。

社会协同、公众参与、法治保障的社会治理体制，提高社会治理社会化、法治化、智能化、专业化水平”，从而“打造共建共治共享的社会治理格局”。作为社会治理的重要力量和组成元素，社会组织在共建共治共享的社会治理格局和社会治理体系中具有不可忽视的地位与作用，而枢纽型社会组织是社会组织的一种类型，它在日益复杂的社会变化中和在我国社会主要矛盾已经转化为人民日益增长的美好生活需要与不平衡不充分的发展之间的矛盾的情况下，比一般的社会组织更加关注各级政府与基层社会之间的关系协调，更加注重协助政府、企业、民间等单位对民众的社会资源的合理配置与输送，更加强调对“共建共治共享的社会治理格局”的营造和对“实现政府治理同社会调节、居民自治良性互动，建设人人有责、人人尽责、人人享有的社会治理共同体”的建设的全力投入。因此，在新时期中国特色社会主义现代化建设和社会体制改革不断深化的进程中，极其需要对枢纽型社会组织的特征、作用、地位和发展趋势等进行深入的探究。

最后，矛盾多发是我国随着社会转型和社会建设逐渐深入以后出现的一种较为显著的社会现象，为此，党中央在许多重要的会议和文件中每当论述社会体制改革和社会治理体制改革时，必然会论及社会矛盾处置和公共安全体系建设等议题，如，2006 年在党的十六届六中全会报告中，党中央提出：统筹协调各方面利益关系，妥善处理社会矛盾；完善应急管理体制机制，有效应对各种风险；加强社会治安综合治理，增强人民群众安全感。2012 年在党的十八大报告中，党中央再次提出“加快形成源头治理、动态管理、应急处置相结合的社会管理机制”。2013 年党的十八届三中全会报告中党中央又一次提出：创新有效预防和化解社会矛盾体制；健全公共安全体系，等等。在近年的重要文件中党中央都提出了类似论述，用以指导全国社会治理体系建设。

从上述的描述已经可以看出，以民生为本的社会体制改革包括众多内容，涉及学有所教、劳有所得、病有所医、老有所养、住有所居，等等，其中，社会治理体制建设也是重要的组成部分，而社会治理体制建设又包含许多对象与任务，但党中央提出的“完善应急管理体制机制，有效应对各种风险”“创新有效预防和化解社会矛盾体制；健全公共安全体系”等，无疑是其中非常重要的建设内容，就学术探索而言，社会矛盾可能产生的社会危机以及由此带来的应急管理处置机制研究，同样是在中国特色社会主义现代化建设的背景下需要高度重视和深入探讨的议题。

第二章

研究基础

社会体制改革是我国改革开放以来一直被提及的话题，党的十六届六中全会提出了“推进社会体制改革和创新”的任务，党的十八大报告更是明确指出：“加强社会建设，必须加快推进社会体制改革。”社会体制改革成为国家全面改革的重要内容之一，社会体制改革与经济体制改革、政治体制改革及文化体制改革同等重要，既需要独立设计，又需要协同推进，而增进社会公平和社会福利则是社会体制改革的重要目标。党的十八届三中全会做出“创新社会治理体制”的战略部署后，“社会体制改革和创新”的问题得以具体化，并且将“创新社会治理体制”作为“推进国家治理体系和治理能力现代化”的重要组成部分。党的十九大报告再次提出“提高保障和改善民生水平，加强和创新社会治理”，再次把社会体制改革、社会治理创新和民生保障联系起来。所以，探讨以保障和改善民生为重点的社会体制改革，不仅具有理论意义，更有实践上的重要性。

第一节 研究背景

一、社会体制改革滞后对社会发展和建设的阻碍

自20世纪50年代开始，我国建立以计划经济为特征的社会体制，虽然，

20 世纪 80 年代借鉴发达国家的经验对传统的社会体制进行了一些改革，但是，迄今为止，社会体制仍然具有浓厚的计划经济时代的色彩或特征：刻板、僵硬、高度集中、缺乏弹性和灵活性、不能快速地回应民众的需要和社会本身发展的需要，等等，因此，目前社会管理中的诸多难点问题都与社会体制改革滞后有关。21 世纪中国收入差距的不断扩大以及伴随而来的越演越烈的贫富分化，基本公共服务分配、享用和提供等方面的利益冲突，伴随人口流动而产生的社会群体的社会排斥、社会认同问题，等等，无一不与现有的社会体制形态具有紧密的联系。从表现出来的问题看，社会体制的改革和创新已到了迫在眉睫的关键时刻。

二、“风险社会”雏形的出现和社会危机现象的挑战

随着社会快速转型，现代社会越来越充满了诸多人为不确定性因素，社会生活结构、制度以及人际关系朝着更为偶发、复杂的状态转变，产生了现代意义的“风险”并出现了现代意义上的“风险社会”雏形。这体现在两点：一是风险的“人化”。随着人类活动频率的增多、活动范围的扩大，其决策和行动对自然和人类社会本身的影响力也大大增强，从而风险结构从自然风险占主导逐渐演变成人为的不确定性占主导；二是风险的“制度化”和“制度化”的风险。现代国家建立的各种制度则为人类的安全提供了保护，但同时自身带来了另外一种风险，即运转失灵的风险，从而使风险的“制度化”转变成“制度化”的风险。

无疑，风险会带来混乱和危机，事实上目前已经显现端倪，从理论上思考，目前的社会运转正在出现这样一种状态，即“一般社会问题：行为失范→关系失调→制度失灵”正在转向“社会危机：制度失效→关系失衡→行为失控”。

显然，这样的社会状态对社会管理尤其是传统的管理方式带来了严重挑战，为此，迫切需要通过社会体制改革和改良，建立起一套新的有序的制度和规范，既能增加对风险的预警又能对社会风险进行有效的控制，而创新社会体制的组织架构形式、推动社会组织参与社会管理和服务机制的建设与建立，无疑是防止或减少社会风险的一项重要制度途径。

三、和谐社会建设和社会管理创新的迫切需要

经济和社会需要协调发展越来越成为当今全社会的一个基本共识，面对社会建设明显滞后于经济发展这样一种态势，党和政府不断重申加强社会建设的重要

性以及转变传统的社会管理与方法的迫切性。转型时期社会管理的基本任务包括协调社会关系、规范社会行为、解决社会问题、化解社会矛盾、促进社会公正、应对社会风险、保持社会稳定等方面。做好社会管理工作，促进社会和谐，是全面建设小康社会、坚持和发展中国特色社会主义的基本条件。

党的十七大明确提出了以民生为重点的社会建设，它表明我们国家的社会建设开始自觉地和有规划地超越政治逻辑和经济逻辑，越来越重视现代化背景下政治、经济和社会相对分离的要求，把公平正义作为社会建设的目标诉求，把社会主体对公共产品配置的参与和协商作为和谐社会的基本运作逻辑，并努力以此为参照来重组社会生活，建设新的社会体制。党的十八大更是从结构性支持和可有效操作的角度，具体提出了从社会管理体制、基本公共服务体系、现代社会组织体制和社会管理机制四个方面着手，加快推进社会体制改革。这意味着中国共产党和中央政府已经开始从深层次上重视新时期社会体制改革的组织、制度环境和支持系统的问题①。

然而，在现实中已有的社会管理，无论是在体制、机制方面，还是在方法、手段方面，均已显得陈旧、滞后，面对急剧转型的社会所出现的价值取向、行为趋向、生活方式等各个环节的多元化、趋利化、突变性等态势，往往显得力不从心甚至无所适从。为此，迫切需要通过改善社会管理及其创新来促进社会发展、完善社会制度、妥善处理社会风险和推动社会现代化进程，而社会组织的有序参与则是改善、强化社会管理的重要环节。

四、社会组织协同社会治理局面的开拓

在社会越来越趋于复杂、多元和不确定性因素快速增加的背景下，完全由政府来全盘、高效地管理所有的社会事务，则越来越成为不可企及的事情，由此，为了实现和增进公共利益，迫切需要政府与社会其他力量通过合作、协商、伙伴关系，确定共同目标，实现对社会事务分工合作的治理，而社会组织就是社会治理的一支重要力量。

自 1995 年世界妇女代表大会以后，中国的社会组织有了长足的发展，根据民政部的统计资料，截至 2017 年底，全国共有社会组织 76.2 万个，比上年增长 8.4%（见图 2－1）。

① 李友梅：《深刻认识当前中国社会体制改革的战略意义》，载于《探索与争鸣》2013 年第 3 期。

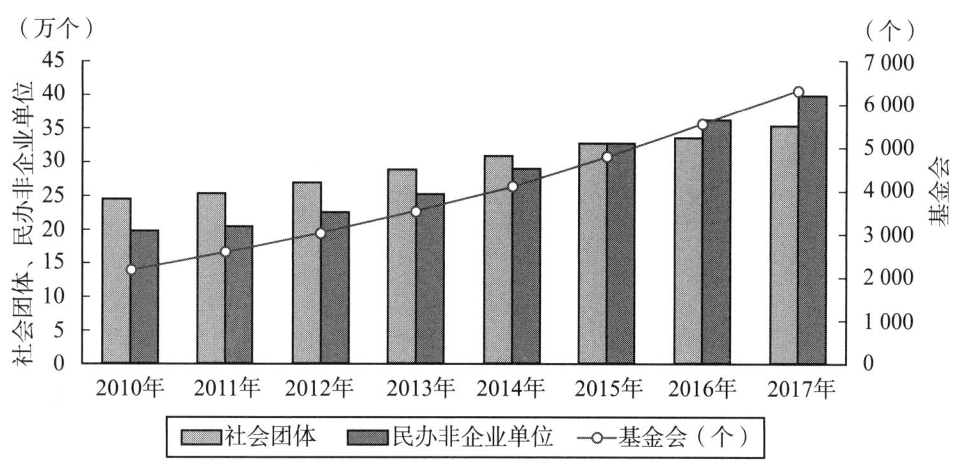

图2-1　2010~2017年中国社会组织数量变化情况

从总体上看，我国社会组织近些年来虽然在总量和规模上都有了强劲的扩张，但社会组织参与社会管理和公共服务主体意识的提升还非常有限，社会组织活动资金来源的设计还没有纳入政府、市场以及社会本身的重视范围。社区层面快速发展起来的社会组织，大多仍停留于“自娱自乐”层次，或仅提供“俱乐部产品”，而没有发挥表达群体诉求、参与公共管理或提供公共产品等积极功能。中国社会组织发展的如此状态其实不仅不利于政府职能转变，也无助于社会体制改革加快推进。国内已有一些实践向我们显示，现代社会组织不仅可以成为社会公共产品的重要供给主体之一，而且还是吸纳公众参与、反映社会多元需求的重要组织载体。社会体制改革的推进不仅有赖于相关制度环境的完善，而且需要匹配度高且富有活力的社会组织参与其间。因此，党的十八大进一步明确提出，要“加快形成政社分开、权责明确、依法自治的现代社会组织体制”。这里所提到的“现代社会组织体制”不仅涉及培育社会组织，而且涉及社会组织成长的制度支持环境、能力提升环境、功能培育环境，乃至社会组织之间的相互合作与自我完善的社会责任，因而涉及一系列复杂的社会政策创新①。

由此而言，迫切需要通过固定化的机制容许和鼓励社会组织的进入并积极有效地发挥作用，从而不断地壮大自己的力量和提升自己参与社会管理的能力，最终真正形成“党委领导、政府负责、社会协同、公众参与、法治保障的社会管理体制”。在这里可以将“社会协同”视为一个整合性的机制，它是在我国现代社会治理体制有序构建过程中，在科学界定政府与社会组织关系的基础上，政府与社会组织在结构、职责、功能等诸要素上的组合及相互关系，及其对权力、资

① 李友梅：《深刻认识当前中国社会体制改革的战略意义》，载于《探索与争鸣》2013年第3期。

源、价值和信息等的整合与运行方式。其中包括政府主导机制、社会自治机制、分工合作机制、平等协商机制、运行保障机制和监督评估机制等。

第二节 研究意义和研究价值

深入探讨社会体制改革尤其是探索社会体制改革对民生保障和改善的重要作用，无论在理论上还是在实践方面均有重大意义。

一、研究意义

本研究聚焦于社会转型时期社会体制改革和机制建设及其首先需要进入的重要层面，遵循“党委领导、政府负责、社会协同、公众参与”的基本格局，以文化价值层面、组织结构层面、社会参与层面以及具体的危机事件处置层面作为探索主线，研究我国社会政策的价值理念及其演变，社会管理的组织结构的现状分析和改革及其途径，社会组织尤其是枢纽型社会组织包括人民团体、行业协会、社会团体、民办非企业单位等实体社会组织参与社会管理和服务的过程及互动方式，以及社会危机事件的紧急处置和紧急动员机制等一些重要议题，基于此，本研究的研究意义如下。

（一）总结和概括本土经验

在政府的大力倡导和支持下，国内已有“区管理社区”的实践经验，也有不少社会组织开始积极参与社会管理和提供社会服务，尤其是东南沿海城市以及西南地区的许多社会组织通过各种途径和形式，为各类社会群体提供扶弱、助老、济残、帮困、社区矫正等众多服务，并且已经形成了一些颇具特色的本土经验，因此，通过本项研究总结这些经验并归纳上升为具有一定普适性的模式，对推动国内社会体制组织架构的改革以及社会组织的发展和参与机制的形成具有较强的现实意义。

（二）考察社会组织参与的社会环境

“总体性社会”和“单位制”社会的逐渐瓦解，让真正意义上的社会有了发育和成长的可能性，从而也为社会组织进入社会服务和社会管理等相关领域提供了良好时机，但是，不可否认的是，基于中国国情以及政府的强势性，社会组织的广泛参与仍然需要很多的努力，尤其是枢纽型社会组织作为一种新话题和新型的社会组织形式，其生存和发展更是面临着许多不确定性，因此，通过本项研究考察社会组织包括枢纽型社会组织参与的外在环境，尤其是制度、文化、社会组织与政府连接的结构、生存的空间等，对改善社会组织的参与有促进作用。

（三）探寻和反省已有的社会政策价值理念的适宜性

已有的实践表明，目前有一些社会政策其价值理念存在着比较明显的偏差，突出的表现是它并不以民生为重点或核心，实施结果不仅无助于弱势群体生活状况的改善，相反是对他们的一种损害。因此，通过本研究来探寻社会政策的合理性，反省社会政策背后价值理念的适宜性，对其他以民生为重点的社会政策的制定乃至公共资源的配置，等等，都有一定的助益。

二、研究价值

（一）学术价值

在海外社会组织/非政府组织等相关学术领域中，市民社会理论、法团主义理论、政府与非政府组织之间目标和策略手段的理论模式、竞争与合作的理论模式、政府和非政府组织伙伴关系的理论论述，等等，对政府和社会组织关系、社会组织参与社会管理、社会组织提供社会服务，以及在社会治理的过程中，政府和社会组织的各自定位及关系等议题，都有深入的解释且具有较强的理论说服力，比较之下，目前国内尚无成熟或完善的理论，就现有的文献资料而言，目前国内有关研究比较多的或者是采用抽象思辨的研究方法，因而容易陷入泛泛而谈；或者套用西方的理论对中国的现象做生硬的解释；同时，许多研究缺乏理论透视和理论支撑。此外，对社会政策上升到价值理念的文化层面进行比较深入的讨论，在国内政策领域内还不多见，因此，本研究希望通过深入细致的研究以及扎实的研究成果以体现以下学术价值：

第一，通过分析当代中国社会政策的各种价值基础，揭示社会政策、价值理念和实施效果之间的相互关系，从而补充国内有关社会政策研究的理论成果。

第二，通过深入的调查和研究，呈现多种类型的社会组织社会参与的环境条件和保障条件，从而引发有关社会组织与公民社会、法团主义等解释框架之间更深入的讨论，进而发展符合中国国情和包含本土经验的新的理论或新的分析概念。

第三，在对“区管理社区”案例进行深入、全面分析的基础上，尝试提炼出城市社会体制的组织结构改革以及具有创新意义的运行模式，并通过与其他模式的比较，提供社会体制改革的理论依据。

（二）应用价值

本书的应用价值主要在于：第一，通过对枢纽型社会组织参与社会管理和服务现状的描述、分析以及相关机制运行模型的建立，为政府部门制订有关政策措施提供理论依据和参考意见。第二，通过研究撰写社会管理、社会服务的公共资源合理分配标准、社会组织服务成效评估标准等文件与文本资料，为政府职能部门及社会组织开展相关工作提供切实有效的帮助。第三，通过对社会危机事件的研究，形成危机事件处理办法，为相关的实际部门开展具体的实践活动或者进行具体的服务，提供一定的支持。

第三节　主要概念界定

一、社会体制

虽然学界对“社会体制”研究的兴趣持续不断，但尚无统一界定，本书倾向于龚维斌提出的定义，即社会体制是满足社会需求、规范社会行为、协调利益关系并且是围绕社会权利构建的一套制度体系。它与社会结构、社会管理体制、社会政策密切关联，社会体制是构成社会诸要素及其关系被安排和调整的制度体系，它既包括社会管理体制的全部内容，也包括通常意义上的社会事业体制和公共服务体制，是一个积极主动的制度安排体系，它包含了社会政策同时后者又是前者形成和变化的重要影响因素。社会政策与其他相关的社会保护、协调利益关系的公共政策、实现这些政策的组织机构共同构成了社会体制，同时社会体制还需要伦理道德、法律制度等多种社会规范来建构和维系①。而社会体制改革则是指社会行动主体通过对社会各个子系统进行结构性和功能性调整，从而使社会系统在结构上保持合理化状态，在运行上保持有序化状态的一种制度变迁过程，其

① 龚维斌：《社会体制的溯源及其内涵》，载于《中国行政管理》2013 年第 10 期。

近期目标指向就是形成党委领导、政府负责、社会协同、公众参与、法治保障的社会管理体制；政府主导、覆盖城乡、可持续的基本公共服务体系；政社分开、权责明确、依法自治的现代社会组织体制；源头治理、动态管理、应急处置相结合的社会管理机制。

二、社会组织

国内目前尚无统一的关于社会组织的定义，分别按性质和体制、法律地位、制度和价值等不同标准，形成了许多不同的定义。本研究融合国际上通行的标准以及中国的文化、价值、社会环境与已有的判定框架，认为社会组织具体是指除政府机构和企业组织之外，以实现社会目标为宗旨，以维护社会有序运行为己责，以体现公益性、互益性、福利性为指向，履行民生服务、表达民众正当诉求、解决群众具体困难以及倡导进步理念等的制度化组织形态。

三、社会管理

对于社会管理目前国内也无统一的定义，鉴于社会建设的实际情境，本书比较赞同以下的界定，即在党委领导、政府负责、社会协同、公众参与的格局下，政府和社会组织为促进社会系统协调运转，对社会系统的组成部分、社会生活的不同领域以及社会发展的各个环节进行组织、规划、协调、服务、监测、评估的过程。从狭义上说，社会管理的基本任务包括协调社会关系、规范社会行为、解决社会问题、化解社会矛盾、促进社会公正、应对社会风险、保持社会稳定等方面。

四、社会服务

社会服务是以提供劳务的形式来满足社会需求的社会活动。国内将社会服务的定义划分为狭义和广义两种，狭义指直接为改善和发展社会成员生活福利而提供的服务，如衣、食、住、行、用等方面的生活福利服务。广义的社会服务包括生活福利性服务、生产性服务和社会性服务。生产性服务是指直接为物质生产提供的服务，如原材料运输、能源供应、信息传递、科技咨询、劳动力培训等。社会性服务是指为整个社会正常运行与协调发展提供的服务如公用事业、文教卫生事业、社会保障和社会管理等。社会服务按服务性质可分物质性服务和精神性服务。

本书倾向于将社会服务定义为公益性与福利性的满足社会成员需求的社会活动，目的在于改善和发展社会成员的生活福利，以及维系社会的稳定和有序运行。

五、社会治理

国内学界对于社会治理的概念并不统一，本书倾向于窦玉沛提出的界定，即“社会治理”是指在党的领导下，在政府主导下，政党、政府、社会组织、企业和公民等各类主体遵循社会发展规律，秉持“以人为本”理念，坚持公正和人道等原则，为增进公共利益、促进社会系统协调运转和人际和谐，齐心协力对社会系统的组成部分、社会生活的不同领域以及社会发展的各个环节进行组织、协调、服务、监督和控制的过程①。

六、机制

该概念原指机械的构造和工作原理，在生物学上则指生物机体结构组成部分的相互关系，以及其间发生的各种变化过程的物理、化学性质和相互关系，引用至社会领域中，则指社会现象内部组织和运行变化的规律。在任何一个系统中，机制都起着基础性的、根本的作用。而社会组织参与社会管理和服务机制则关注社会组织在参与的过程中与主导元素、保障因素以及其他各个影响因子之间良好的互动关系及有效的耦合状态，并在外部条件发生不确定变化时，能自动地迅速作出反应，调整原定的策略和措施，实现优化目标。

第四节　文献综述

本书涉及政策的价值理念、城市社会体制的组织架构、枢纽型社会组织、社会危机事件等多个议题，但是，这些议题的核心指向则是社会体制，而社会管理和社会治理则是社会体制的关键内容，所以，本书对于已有研究现状的落脚则在

① 窦玉沛：《从社会管理到社会治理：理论和实践的重大创新》，载于《行政管理改革》2014 年第 4 期。

于社会体制、社会管理和社会治理的研究成果上。

一、关于社会体制研究

近年来，学术界就当代中国社会体制的讨论日趋热烈①②③④⑤⑥，这种状况的出现与当前中国的社会转型仍在加剧、社会结构和社会利益格局尚处于动态演变之中，等等，具有密切的关系。当前国际上正逢全球化、信息化、现代化进程加快的时刻，在如此复杂的历史和时空条件下，势必表明影响中国社会体制改革的“变量”众多，且诸“变量”间常有交互影响。正因为如此，引发许多学者投入对中国社会体制及其改革的研究。

学者李友梅基于T. H. 马歇尔对公民权的历史学的阐述，认为马歇尔所讨论的社会权利及其实现的制度安排是同一个目标的两个层面，与中文世界所讨论的社会体制有相近的内涵。为此，作者提出必须对社会的根本诉求、社会体制的基本功能，以及社会体制与政治体制、经济体制之间的依存关系有一个比较清晰的梳理⑦。根据上述思路，作者回顾了改革开放前后中国社会体制状况及其改革的脉络及特点。改革开放的前30年中，我国社会体制在主要原则上处于对政治逻辑的适应和附庸的状态。而根据改革开放以后20多年的历史进程，可以发现这一时期的社会体制建设出现了两个比较明显的特征：第一个特征是“社会市场化”取向；第二个特征是政府的相关公共资源配置部门开始出现了快速的分化。它们带来了不少预料之外的社会后果，其中包括，政府实际上已经很难从整体上有效规划公共资源的配置，因此也很难从总体战略上依据社会分化水平和普遍社会需求提供公共资源。由此，中国社会团结的内在机制进一步受到了更新的挑战，社会矛盾的复杂化程度也随之不断加重，以至于对政治稳定和经济可持续发展产生了越来越明显的影响。因此，探索社会生活自身的目标诉求以及与之相适应的社会运行逻辑，在组织和制度上构建政治、经济和社会之间的相互照应关

①⑦ 李友梅：《深刻认识当前中国社会体制改革的战略意义》，载于《探索与争鸣》2013年第3期。

② 李培林：《厘清社会体制改革的核心议题》，载于《北京日报》2014年9月15日第17版。

③ 王思斌：《新常态下积极托底社会政策的建构》，载于《探索与争鸣》2015年第4期。

④ 黄晓春：《从多维视角探寻国家治理的复杂逻辑》，载于《中国社会科学报》2017年12月27日第5版。

⑤ 丁志刚、王杰：《中国行政体制改革四十年：历程、成就、经验与思考》，载于《上海行政学院学报》2019年第1期。

⑥ 毛佩瑾、马庆钰：《我国社会组织参与协商民主的要素研究》，载于《中共中央党校学报》2019年第1期。

系，将成为我国推进新一轮社会体制改革的题中应有之义[①]。当然，作者也清醒地指出，中国社会体制改革也许会面临至少三个来自深层次的瓶颈问题，首先，由于社会体制与政治体制（包括政府行政体制）在改革领域和改革进度上均不衔接也不同步，社会公共产品配置的关键决策的治理层级缺乏多元主体参与，进而影响了公共产品的配置与社会需求之间的吻合度。其次，公共性的缺失进一步增加了公共产品公平配置的难度。最后，社会组织低水平的发展现状成为社会体制改革进度的掣肘[②]。

学者李培林也认为当前社会体制改革已经刻不容缓，他指出，改革开放 30 多年的今天，和经济、政治方面的情况相对比社会问题多发凸显，其主要的原因是经济、社会发展不平衡，特别是社会发展滞后于经济增长，社会体制改革滞后于经济体制改革。因此，社会体制改革具有很大的紧迫性和必然性。这种紧迫性和必然性可以从以下三点来考虑：第一，社会结构转型必然推动社会体制改革；第二，生活需求提高必然要求社会体制改革；第三，利益格局失衡必然倒逼社会体制改革[③]。

丁志刚和王杰在讨论中国行政体制改革历程时，指出：社会体制改革与经济体制改革、政治体制改革一样，是改革开放的重要组成部分。但是至少存在两个方面的原因造成中国社会体制改革步履的滞缓。一方面是在改革开放初期，党和国家以经济建设为中心。另一方面是因为在改革开放初期，人民群众的经济生活差异较小，许多社会矛盾和问题还没有显现出来。因此，党的十四大以前，与社会体制改革有关的内容主要是收入分配制度，党的十三大提出：实行按劳分配为主体的多种分配方式和正确的分配政策。从党的十四大开始，随着社会主义市场经济体制开始建立，社会也开始步入迅速转型时期，社会结构快速分化、社会问题不断涌现、社会矛盾急剧增加。党和国家开始在社会体制的多个方面进行改革，以满足人民群众的需求、适应社会发展的需要，这包括深化分配制度和社会保障制度改革、大力发展教育、搞好社会治安等。随着认识的不断深入，社会体制改革的力度也不断加大，科教兴国战略、健全社会保障体系和扩大就业等深入展开。从党的十七大开始，社会建设作为一个独立部分开始在党的全国代表大会报告中出现，社会体制改革显得越发重要和越受重视，改革在教育、就业、收入分配、社会保障、人民健康水平以及社会管理等多个方面持续发力，人民生活不断改善。在此基础上，党的十八大、十九大继续深化社会体制改革，党的十八大提出要在改善民生和创新管理中加强社会建设，党的十九大提出推动社会发展，

①③ 李培林：《厘清社会体制改革的核心议题》，载于《北京日报》2014 年 9 月 15 日第 17 版。

② 李友梅：《深刻认识当前中国社会体制改革的战略意义》，载于《探索与争鸣》2013 年第 3 期。

提高保障和改善民生水平，加强和创新社会治理，打造共建共治共享的社会治理格局[①]。丁志刚等进一步指出，社会体制改革取得的成绩与行政体制改革是密不可分的。行政体制改革的一系列措施有力地推动了社会体制的改革和发展，包括：通过简政放权，把一些属于市场和社会的权利从政府剥离，鼓励和支持作为市场主体的企业和社会组织的发展；通过转变职能，不断推动政企分开和政事分开，以权力清单制度、责任清单制度和负面清单制度等措施为抓手，明确政府与市场和社会的边界；通过不断深化事业单位改革，强化事业单位的服务和公益属性，来推动社会各项事业的进步和发展；通过持续加强行政法治建设，来不断规范政府行政行为，从制度上加强政府为企业和社会组织服务的能力[②]。

当前，党中央已经从社会管理体制、基本公共服务体系、现代社会组织体制和社会管理机制四个方面，提出了加快推进社会体制改革的任务和战略部署，因此，从整体的角度看，在改革方案和实施改革方案的前瞻性、整体性和可操作性、资源配置（如公共财政、公共设施、人力资源等）的公平公正性及机制建立，以及监测机制的科学合理等环节，都迫切需要通盘考虑和规划。总之，如何有效地推进当前的中国社会体制改革，显然是一个十分重要的系统工程。

二、社会管理体制的内涵

（一）社会管理的概念

虽然这几年各界都对社会管理这一方面有所研究，但是都没有对社会管理的概念做出一个确切的统一。不同领域对社会管理有不同的定义。在社会主义社会管理学界中，把社会管理看作研究对象，指出："对社会实行科学管理，是社会主义社会的重要特征，也是社会主义社会向前发展的必然要求"，于是把社会管理学纳入了科学社会主义的基本范畴[③]。从一般意义上来理解社会管理，"社会管理是管理主体对社会系统的有科学根据的影响，为的是使系统实现它面临的目标和任务"[④]。

许多学者对社会管理也有不同的定义。其中具有代表性的为下面几种观点：李程伟认为，广义的社会管理是指政府及非政府公共组织对各类社会公共事务

①② 丁志刚、王杰：《中国行政体制改革四十年：历程、成就、经验与思考》，载于《上海行政学院学报》2019 年第 1 期。

③ 张孝先：《一部深具学术价值和应用价值的力作——评王兰垣等著"社会管理学纲要"》，载于《理论与现代化》1995 年第 11 期。

④ A. M. 奥马罗夫：《社会管理》，王思斌等译，浙江人民出版社 1987 年版，第 29 页。

（包括政治的、经济的、文化的和社会的）所实施的管理活动，实际上与人们通常所说的公共管理是同等范畴的概念。狭义上的社会管理，一般与政治管理、经济管理相对，指的是对社会公共事务中排除掉政治统治事务和经济管理事务的那部分事务的管理与治理。狭义社会管理所涉及的范围一般也就是社会政策所作用的领域①。郑杭生认为，在市场经济条件下，社会管理就是政府和社会组织为促进社会系统协调运转，对社会系统的组成部分、社会生活的不同领域以及社会发展的各个环节进行组织、协调、服务、监督和控制的过程②。俞可平认为，社会管理的概念可以界定为：政府通过制定专门的、系统的、规范的社会政策和法规，管理和规范社会组织，培育合理的现代社会结构，调整社会利益关系，回应社会诉求，化解社会矛盾，维护社会公正、社会秩序和社会稳定，孕育理性、宽容、和谐、文明的社会氛围，建立经济、社会和自然协调发展的社会环境③。

综上所述，社会管理是以社会协调运作、向前发展为目的，政府、组织以及公民一起参与的社会生活、互相监督、活动和控制的过程。

（二）社会体制和社会管理体制

“社会体制”与“社会管理”一样，没有一个统一的概念。这一概念比较权威的文本提法，出自2006年10月党的十六届六中全会通过的《中共中央关于构建社会主义和谐社会若干重大问题的决定》。其第二部分提出：“适应社会发展要求，推进经济体制、政治体制、文化体制、社会体制改革和创新……建立健全充满活力、富有效率、更加开放的体制机制。”秦德君认为，社会体制的本质是社会结构。社会结构（social structure）是社会体系各组成部分以及诸要素之间相对持久、稳定的相互联系模式。一个比较完整意义上的“社会体制”，包含了五个方面的构成类别：社会运行体制、社会组织体制、社会保障体制、社区构成体制和社会管理体制。

与社会管理体制相比，社会体制虽与社会管理体制内容大致相同，但是它们还是有所区别的。第一，从性质上来看，社会管理是一种行为和其过程，而社会体制是一种“客观结构”；第二，从特点上来看，社会管理是公共管理的一个“品种”，而社会体制则不同于经济体制、政治体制（政府体制）、文化体制等类别，是一个社会的已运行的“体式”；第三，从内容上来看，社会管理是“管理系统”，而社会体制包括的是“结构体系”；第四，从主客体上来看，社会管理

① 李程伟：《社会管理体制创新：公共管理学视角的解读》，载于《中国行政管理》2005年第5期。
② 郑杭生：《走向更讲治理的社会：社会建设与社会管理》，中国人民大学出版社2006年版，第33页。
③ 俞可平：《改革和完善社会管理体制的八大原因》，载于《北京社会科学报》2007年第6期。

具有自身主客体，而社会体制不存在“主客体”，它主要是系统性的“结构模式”，并具有多元性；第五，从形态上来看，社会管理具有“行为性”和“动态性”，社会体制则具有“结构性”和“静态性”①。

综上所述，社会体制与社会管理体制有本质上的区别，社会体制是一种“结构系统”，它的构建需要社会管理来完成，两者虽然密不可分却不能混为一谈。

三、当前我国社会管理体制的研究

改革开放以来，经济体制、政治体制和文化体制等的变化，使我国的社会管理体制面临着前所未有的挑战：公共性的缺失、社会问题频发、公众对掌握公权力的人的信任的缺失等。这一系列问题时时刻刻影响着社会的协调，阻碍了社会更好更快地向上发展。因此，社会管理不断被提上议程。但是从2004年以来，我国社会管理的改革并不如人意，一些地方在推进社会管理创新过程中出现了一些偏差，更有些地方甚至陷入了误区，季建林等指出这些偏差“具体表现为十‘重’十‘轻’：重强化轻改革，重维稳轻根本，重管理轻服务，重形式轻内容，重标准统一轻条件差异，重全面控制轻激发活力，重政府责任轻社会参与，重权力延伸轻村居自治，重现代技术轻群众工作，重属地管理轻上级责任”②。

包心鉴指出，我国现在社会管理面临的困境主要表现在“管理理念偏狭、管理体制僵化、管理手段陈旧、管理成本超重”四个方面③。

邹学认为我国的社会管理体制的现状为“处在社会转型期”，“我国传统的社会管理模式是政府与社会高度合一的集中管理模式，它导致社会缺乏自我管理和自我发展的能力，最终影响到社会的协调、健康发展。同时，这种管理模式还使政府部门机构臃肿、层次重叠、人浮于事、效率低下、管理成本高。虽然在近年来进行了一些改革，但从整体上看，仍滞后于经济与政治方面的改革，其现状已远不能适应市场经济的发展及社会全面进步的要求”④。总而言之，我国现在社会管理体制的现状并未达到预期的效果。

由此可见，在社会转型的时期，我国的社会管理体制并没有顺应转型时期的

---

① 秦德君：《社会体制与社会管理：一种社会学规范分析》，载于《中国浦东干部学院学报》2010年第2期。

② 季建林、戚小倩：《十“重”十“轻”：当前我国社会管理创新建设中的误区分析》，载于《中州学刊》2011年第6期。

③ 包心鉴：《我国社会管理面临的困境和体制的创新》，载于《理论视野》2011年第3期。

④ 邹学：《中国特色社会管理体制若干问题的研究》，苏州大学研究生论文，2008年。

具体情况做出调整，以政府为主导的社会管理模式已经不符合现在的社会状况。我国现代社会首先缺乏自我管理的能力和观念，所以仅仅依靠政府主导的社会管理体制，单一地以政府为主线，以从上而下的管理方式，这样的方式一方面力不从心，不能达到社会协调发展的目标。另一方面，我国发展不平衡，情况较为复杂，而社会管理体制的标准往往一致，但一致的标准并不顺应所有地方的实际情况，这样一来，为了盲目地达到指定的标准，许多政府组织和官员就会产生应付心理，就会造成形式主义，社会管理体制并未发挥它应有的效应。

对此，学者李友梅提出了当前社会管理体制创新的基本思路。她认为，从组织学研究的视角，结合当前中国创新社会管理的基本理论共识，我们可以把社会管理的主要构成看作两种基本的组织机制：一种是纵向的秩序整合机制；另一种则是横向的秩序协调机制。前者以科层制管理系统著称，后者则包括了广为人知的民主协商制度等。而改革或创新的基本思路之一是，形成上下贯通的多层级复合“共治”结构，或许是促成当前中国纵向秩序整合机制与横向秩序协商机制有机衔接的重要路径。近五年来，北京、上海、广州等大城市基本上都探索了在基层治理的层面（街道、居民区）形成多方参与的共治结构。这种改革的实质是把政府（及其代理部门）和社会多方主体共同纳入一个横向秩序协商的治理框架之中，从而可以更好地汲取社会意见并通过协商方式使多方诉求得以沟通和协调。瞻望未来，改革探索者如果能够在更高层面（如区和市层级）建立起与基层共治平台相衔接的多层级共治结构，那么则有可能开创一种新的社会管理格局：一方面，在每个共治层级中都因为有社会多方代表的参与而形成了有效的横向秩序整合；另一方面，由于不同治理层级之间又存在着一定的权威等级结构，因此纵向社会整合也有可能通过这一渠道而实现。换句话说，这种多层级复合“共治”结构既在一定程度上发挥了纵、横两种机制的整合效力，又使两者间的张力得到了一种制度性的舒缓。实际上，从国际经验的角度来看，德、意等国在这种多层级复合共治结构的建设方面都有不少较好的经验可资借鉴[①]。

社会管理体制应该是政府、非政府组织和公民一起参与到社会活动中。因此，在社会转型时期，在人们从“单位人”转变为“社会人”的今天，政府应该放开社会管理的权利，赋予公民权利，鼓励公民自治。下面描述社区管理和非政府组织社会参与两种社会管理的创新方式。

葛延风依照三个背景下探讨中国社会管理体制的调整和改革，这三个背景具体指：一是单位制的功能弱化和公社的取消，导致社会管理的基层组织依托几近丧失；二是改革开放带来利益分化，增加了社会管理的难度；三是大规模的人口

① 李友梅：《深刻认识当前中国社会体制改革的战略意义》，载于《探索与争鸣》2013 年第 3 期。

流动，给公共服务提供和社会秩序维持带来了巨大压力。正因为如此，文章提出了应对策略，一是使基层社会重新组织化。包括社区自治和社团自治；二是推进利益表达和利益协调机制建设，包括除完善人民代表大会、政治协商会议等基本政治制度外，还需要进一步建立和完善信访制度、社团，特别是行业协会及职业团体的利益表达制度、听证会制度、人民调解制度，以及吸纳服务对象参与公共服务机构的治理的机制，等等，如在劳动关系领域，2001 年，我国正式建立了政府、工会、企业三方协调机制，以解决劳动关系方面的重大问题。这些都是有效的利益协调机制，也是完善社会管理的积极尝试①。

四、社区管理体制的探讨

社区管理体制是基层社会管理体制的重要方面，在城市人口占我国总人口一半以上的今天，创新城市社区管理体制显得尤为重要。

社区管理简而言之就是“管理社区”，然而对管理人、管理内容、管理性质等，国内学者们的观点并不一致。吴亦明认为：“社区管理是指一种旨在维持社区生活有序运行，促进社区发展，实现社区工作目标的管理活动，它是一个历史的范畴，其性质、主体、特征和管理手段等因生产方式和社会制度的不同而不同。”② 吴开松认为：“社区管理是一个历史性的范畴。社区管理也可称之为社区行政，主要是指一定的社区内部各种组织，为了维护社会的正常秩序，满足社区居民物质生活、精神生活而进行的一系列的自我管理或行政管理的活动。”③

学者们对社区管理体制的观点也不尽相同。徐永祥认为：“社区管理体制，亦称社区管理制度，是由社区发展动力、利益主体、权力结构、运行机制和监督机制等多方面内容构成的综合性、系统性的管理制度。”④ 侯玉兰认为：“社区管理体制是由社区发展动力、利益主体、权力结构、运行机制和监督机制等多方面内容构成的综合性、系统性的管理制度。”⑤ 叶南客则指出：“城市社区管理体制有广义和狭义之分，广义的城市管理体制范围很广，包括社区的政治管理、财税金融等经济管理以及科教、文化、卫生等管理体制；狭义的城市管理体制则主要是指当前城市发展、建设的主导指挥部门——城市社区行政管理机构体系。”⑥

① 葛延风：《我国社会管理体制改革与创新》，载于《中国机构改革与管理》2011 年第 2 期。

② 吴亦明：《现代社区工作——一个专业社会工作的领域》，上海人民出版社 2003 年版，第 85 页。

③ 吴开松：《城市社区管理》，科学出版社 2006 年版，第 46 页。

④ 徐永祥：《社区发展论》，华东理工大学出版社 2002 年版，第 49 页。

⑤ 侯玉兰：《城市社区发展国际比较研究》，北京出版社 2000 年版，第 73 页。

⑥ 叶南客：《我国城市社区管理体制的转型》，载于《南京化工大学学报》（哲学社会科学版）2000 年第 2 期。

国外已经实行的城市社区管理方式及经验可以有所借鉴，因为他们的城市发展得比我们早，城市社区管理井然有序，相比之下拥有更多的经验。比如，在新加坡，社区内主要有三个组织：居民顾问委员会、社区中心管理委员会和居民委员会。其中居民顾问委员会地位最高，主要负责安排和管理社区内的公共福利，协调另外两个委员会和其他社区内组织的工作。社区中心管理委员会负责社区中心运行并制定从计算机培训到幼儿体育活动的一系列计划。社区中心管理委员会下设妇女委员会、青年组等组织，这些组织对社区内居民完全开放。居民委员会是社区的第二层次组织，相当于我国城市中的居委会，它主要承担治安、环卫（专业工作由服务公司完成），组织本小区内的活动等任务，同时也为居民顾问委员会和社区中心管理委员会提供人力帮助并反馈信息。从社区管理中的政府行为看，无论是西方较为松散的社区管理模式，还是日本、新加坡等国较为紧密的管理模式，无一例外都要体现政府的意志和其倡导的社会价值观。仍以新加坡为例，首先，政府通过对社区组织的物质支持和行为引导，把握社区活动的方向。国家住宅发展局配有全日制的联络官员负责与各居民委员会的沟通，它为居民委员会提供办公场所和设施。其次，国家发展局还通过一系列培训计划加强对社区、社团组织领导人的培训，用政府的要求来统一社区活动组织者的思想。最后，社区相当一部分活动本身就是政府发起的，其中某些环节还受到政府的资助。在新加坡，社区三个委员会的工作者的工作完全是兼职和义务的，这样也节省了大量的费用。

曾鹏等在参照新加坡的经验后，认为我国社区管理可以在以下几个方面汲取经验，第一，开展社会教育重建价值体系，增强人们的自我约束能力；第二，创新社会政策，强化家庭成员之间、邻里之间和干群之间的传统纽带；第三，激励社会参与以增进居民、群体和干群之间的交往机会；第四，发展社会团体来协助政府加强族群团结、干群团结①。

五、社会治理的相关探索

在社会转型和经济快速发展的过程中，党和政府逐渐认识到社会协同发展的重要性和必要性，2012 年，党的十八大报告提出：加强和创新社会管理，提高社会管理科学化水平，引导社会组织健康有序发展，并首次在党的文件中使用“国家治理”一词。2013 年，党的十八届三中全会中第一次提出了“社会治理”

---

① 曾鹏、陈剩勇：《如何促进社会团结？——新加坡促进社会团结的社会管理经验及其启示》，载于《浙江社会科学》2011 年第 6 期。

的概念，强调要加快推进社会领域制度创新，推进基本公共服务均等化，加快形成科学有效的社会治理体制，确保社会既充满活力又和谐有序。由此，在国家层面上，社会治理理念的正式提出，无疑表明我国开始更加注重政治、经济、社会和文化各领域的协调发展。深化社会体制改革，改革收入分配制度，保障和改善民生，促进社会公平正义，等等，将开始成为中国与经济发展同等重要的社会发展和社会建设的核心内容。

（一）治理含义的探讨

20 世纪末，国内学者已经开始对治理理论进行研究。毛寿龙将治理与统治、行政和管理相区分，认为治理一词介于负责统治的政治与负责具体事务的管理之间，它是对于以韦伯的官僚制理论为基础的传统行政的替代①。俞可平认为治理是指官方的或民间的公共管理组织在一个既定的范围内运用公共权威维持秩序，并在各种不同的制度关系中运用权力去引导、控制和规范公民的各种活动，以最大限度地增进公共利益，满足公众需要②。

在党中央首次提出“社会治理”的概念后，窦玉沛比较系统地阐述了“社会治理”的含义，他认为，“社会治理”是指在党的领导下，在政府主导下，政党、政府、社会组织、企业和公民等各类主体遵循社会发展规律，秉持“以人为本”理念，坚持公正和人道等原则，为增进公共利益、促进社会系统协调运转和人际和谐，齐心协力对社会系统的组成部分、社会生活的不同领域以及社会发展的各个环节进行组织、协调、服务、监督和控制的过程③。显然，社会治理旨在建立一种国家与社会、政府与社会组织、公共机构与私人机构等多元主体协调互动的治理状态，是在科学规范的规章制度的指引下，强调各行为主体主动参与的社会发展过程。因此，李强认为，社会治理更强调“双向互动”及多元参与的特点、合作协商的特征、法治的理念，更重视公开透明的治理方式、体制机制上的创新④。

（二）社会治理与社会管理区别的讨论

不少作者从时间连续谱的角度论述社会管理的理念与实践的变迁，窦玉沛认

---

① 毛寿龙：《治道变革：90 年代西方政府发展的新趋向》，载于《北京行政学院学报》1999 年第 1 期。

② 俞可平：《经济全球化与治理的变迁》，载于《哲学研究》2000 年第 10 期。

③ 窦玉沛：《从社会管理到社会治理：理论和实践的重大创新》，载于《行政管理改革》2014 年第 4 期。

④ 李强：《创新社会治理体制》，载于《前线》2014 年第 1 期。

为，新中国成立之前漫长的历史时期实行的是“统治型”的社会管理，新中国成立至1978年期间实行的是“管控型”的社会管理，改革开放以来实行的是“党政主导型”的社会管理，而党的十八大以来则开始实施社会治理①。

对于封建时代的“统治型”社会管理，其特点是，一方面，突出皇权垄断国家的一切权力，由上至下形成了严格的等级制度和集权管理体制。在集权的基础上进行适当的分权，建立行政管理机构，实行郡、县两级统治；设立基层组织，加强基层社会管理，同时，依靠宗法制度在乡、里一级对基层社会进行统治。长老和乡绅在社会矛盾的调节和基层社会秩序的维护方面发挥着重要作用。另一方面，统治阶级还注重通过道德教化实施社会管理。在封建社会占有统治地位的儒家思想，为社会成员设计了一整套的规范体系。此外，在统治型社会管理时期，各种形式的民间结社逐渐兴起，并在社会运行中发挥着一定作用。

对于“管控型”的社会管理，它明显具有以下几个主要特征：第一，实行政府全能的社会管理。第二，实行以“单位”为基础的从业人员管理。第三，实行以“街居”为基础的城市社会人员管理。第四，实行以单位制度、户籍制度、职业身份制度和档案制度为基础的社会流动管理。而“党政主导型”社会管理，它的特点是：首先，以促进社会和谐稳定为出发点；其次，以建立现代社会管理体制为目标；再次，以保障和改善民生为重点；最后，以强化社会服务为依托。党的十八大以来则在“党政主导型”社会管理基础上又有创新发展，社会治理明显不同于原来的社会管理。就治理主体而言，社会治理是多元参与的过程，其主体应当包括政党、政府、社会组织、企业和公民。就治理对象而言，“社会治理”中的“社会”是与经济、政治、文化等并列的一个领域的概念，对这个领域的治理就是社会治理。就治理过程而言，社会治理是基于对社会的认识，为了实现社会群体的共同目标，而对社会领域自觉地进行规划、组织、协调、服务、监督和监控的活动。就治理目的而言，是为了维护最广大人民根本利益，最大限度增加和谐因素，增强社会发展活力，确保人民安居乐业、社会安定有序。就治理方式而言，必须坚持系统治理、依法治理、综合治理、源头治理。就治理手段而言，应该是法律规范、经济调节、道德约束、心理疏导、舆论引导等多重手段的综合运用。因此，窦玉沛认为，社会治理与社会管理相比，表现出以下显著特点：更加强调多元主体合作共治、更加强调社会自治、更加强调多种手段的综合运用、更加强调协商互动②。

郁建兴和关爽则认为，新中国以后实行的都是社会管控，而改革开放以来的

①② 窦玉沛：《从社会管理到社会治理：理论和实践的重大创新》，载于《行政管理改革》2014年第4期。

实践表明，国家对社会的控制逐渐从单纯追求“维稳”走向对公民“维权”的认可，并强调建立一套与经济和社会转型相匹配的利益协调机制，通过柔性管治维护社会秩序。同时，社会力量在社会事务中逐渐主动参与并扮演更加积极的角色，为建设社会提供了良好的社会基础。当前的中国国家与社会关系，正处在一个从社会管控走向社会治理的发展过程中。其中，国家与社会的互动状态体现为国家既存在通过社会建设维持控制机制，强化社会稳定与社会秩序，实现管理目标的管控意图，也正在通过制度建设和治理策略调整为社会发展提供空间，从而达到“建设社会”与提升国家治理体系的有效性与合法性的双重目标。与此同时，社会力量一方面通过迎合国家以获得合法性，另一方面能够利用机会和行动空间，通过各种生存策略，表达、维护自身利益以赢得自身的成长与发展。因此，当代中国国家与社会的互动关系，一方面表现出国家管治与国家主导下的社会治理共存的局面，另一方面凸显出走向社会治理的可能性①。

在“从社会管控到社会治理”的新分析框架下，郁建兴和关爽两位学者进一步指出“社会管控”和“社会治理”的区别。“社会管控”是指这样一种管理模式：(1) 在主体上，政府占有绝对主导地位；(2) 在手段上，管理手段与方式相对单一，主要以行政手段管理社会，重在行政控制；(3) 在管理过程上，政府的管理行为倾向于消极管理，以应对“危机”处理社会问题，以管为主，防控结合，事后处理；(4) 在内容上，重点在于社会治安、摆平纠纷和矛盾、平息群体性事件等方面；(5) 在结果表现上，盲目、片面地追求社会稳定与社会秩序，维稳成本较高，管控效果不明显。从根本上说，“社会管控”体现了政府以行政为主导的维稳思路，以及自上而下管理社会的行为模式。相应地，“社会治理”是指：(1) 在主体方面，政府在治理过程中发挥主导作用，并致力于形成多方参与社会事务的治理格局。(2) 在手段上，治理手段多样化，并向多种手段综合运用转变。(3) 在过程上，治理过程本身不在于控制，而在于协调。基于治理逻辑，政府与公民、社会组织由社会管控模式中的管理与被管理、控制与被控制的关系，变成了一种进行沟通、协商的双向互动模式。而且，社会治理过程注重运用“法治思维”解决社会问题。(4) 在内容上，重在利益表达、增强社会自我调节、推动社会自治秩序等一系列体制机制的构建等。(5) 在治理目标上，促进社会公平正义，培育社会力量，并形成了一系列制度化推动多元主体共同参与的社会治理新机制②。上述这种差异可以从表 2 - 1 得以一见。

①② 郁建兴、关爽：《从社会管控到社会治理——当代中国国家与社会关系的新进展》，载于《探索与争鸣》2014 年第 12 期。

表 2-1　　社会管控和社会治理的区别

	社会管控	社会治理
主体	政府绝对主导	政府主导，强调多元主体作用
手段	单一；消极、被动；行政手段	多样化；积极、主动
过程	以管为主；防控结合；行政逻辑	协调；双向互动；法治思维；治理逻辑
内容	社会治安，摆平纠纷和矛盾	利益表达、社会自我调节、社会自治秩序
结果	维稳；管控成本高；效果不明显	培育社会力量，促进公平正义；社会治理新机制

资料来源：摘自郁建兴、关爽：《从社会管控到社会治理——当代中国国家与社会关系的新进展》，载于《探索与争鸣》2014 年第 12 期。

不少研究者都直接比较了社会管理与社会治理的不同，认为社会治理区别于传统的社会管理理念，二者在治理主体、治理目标和治理方法上有着明显的区分。“社会治理蕴涵了服务至上和公正至上的管理理念，它既要将政府从包揽一切的财政重负中解脱出来，又要谋求社会多个主体、多种力量的协商合作；既要增强私营部门、公民社会的活力和自主性，又要保证私营部门和公民社会对具体意义上的公众负责；既要提高社会管理的效率，又要保证社会管理过程和结果的相对公正。”①

第一，在治理主体上不同。社会管理主要是以政府为单一行为主体的管治行为，它以政府为权力中心，是行政权力对管理对象的单项管理，缺少灵活性和互动性。社会治理则强调主体的多元化，包括政府、社会组织、自治组织、部分私人部门以及直接参与公共生活的公民都将成为新的治理主体。他们在社会公共事务治理中发挥着不同的作用，通过彼此间的分工与协作、沟通与配合，结成社会治理的立体性交叉网络②。社会治理网络的形成与作用的发挥，需要多个行为主体的自觉互动，而不能靠外部力量的强加。在互动过程中，各个行为主体结成平等互助的合作关系，促使各方主动参与治理，最终实现利益共享。

第二，在治理目标上不同。社会管理主要是为了改变管理者的管理技巧，丰富管理手段，更好地实现社会控制。社会治理则强调效率、公平和利益共享，而不是简单地追求效率或照顾某一群体的特殊利益。它希望达到一种“善治”的治理状态，即实现治理的合法性、法治、透明性、责任性、回应性、有效性、参与、稳定、廉洁与公正。治理目标的多元化和公共性，可以将不同民众的需求意愿转化为有效的政策选择，将多元的社会利益转化为统一的行动。

---

① 孙晓莉：《西方国家政府社会治理的理念及其启示》，载于《社会科学研究》2005 年第 2 期。

② 何威：《治理共同体建构：城市社区协商治理研究》，华东师范大学博士学位论文，2018 年。

第三，在治理方法上不同。社会管理的方法是靠政府的权威力量制定相应的社会政策，以此来规范和管理社会事务。而社会治理则强调发挥多主体的共谋作用，在更加规范科学的规章制度的引导之下，鼓励参与者在沟通协商的环境中，形成符合民众整体利益的社会政策，谋求社会整体发展。社会治理强调权力的平行化与制度的规范化。通过适当的赋权与制度的约束，实现治理主体的主动有效参与，依靠集体力量解决社会矛盾，并为民众提供更丰富的公共产品和服务。在社会治理的理想情境之中，传统自上而下的权力运行方式将趋于平行化，政府不再是合法权利的唯一来源，各个治理主体都会以平等的姿态参与到社会事务的管理过程中。各治理主体的治理权限都源于法律的规定，治理内容和治理手段都必须符合法律要求，任何超越法定职权范围的社会治理都会被视为无效。同时，社会治理功效的发挥有赖于各种正式制度和规则的制定和实施，也需要民众认可的，并符合公共利益的各种非正式的制度安排①。

（三）社会治理理论研究

自党的十八届三中全会首次提出“社会治理”以来，学界从理论上来探讨“社会治理”的研究文献逐渐增多。

丁元竹着重探讨了习近平关于社会治理的重要思想。他认为，基于党的十六届六中全会以来党在“社会治理”领域的思想创新和理论创新成果以及各地社会治理的创新实践，在一系列讲话和谈话中，逐步形成了习近平关于社会治理的重要思想，这些思想包括：遵循社会发展规律，坚持以人民为中心；加强和完善社会治理体制，提高社会治理水平；加强国家安全法治保障，提高防范和抵御安全风险能力；加强网络空间建设，培育人民共同的精神家园；加强城市常态化管理，狠抓城市管理顽症治理；从最广大人民根本利益出发，努力实现社会公平正义②。

学者李友梅认为，中国社会治理转型虽然在很长一段时期里缺少适应自身的整体性制度安排，但其实践并没有效仿和照搬西方发达国家的模式。在此，可以发现将社会治理转型推向纵深的三个重要机制：一是倒逼机制，其与中国现代化发展进程的“冲击—反应模式”和深埋于中国文化基因的“内在发展冲动”紧密联系，由具体问题和实践压力逆向地推动社会治理体制的持续改革与不断完善；二是预期引领机制，其与中国政治体制所倡导的群众路线、政治协商制度以及各种基层民主制度等相吻合，在了解人民群众困难、需求和期待的基础之上引

① 向德平、苏海：《“社会治理”的理论内涵和实践路径》，载于《新疆师范大学学报》（哲学社会科学版）2014 年第 6 期。

② 丁元竹：《习近平新时代中国特色社会主义社会治理思想研究》，载于《国家行政学院学报》2018 年第 3 期。

导社会心态和形成改革共识；三是转危为机机制，其沿袭了中国共产党长期以来具有的背水一战、大破大立、狭路逢生的辩证意识，使我们主动从各种困难处境中找寻到突破的可能性，进而将原有的劣势转化成为进取性和开创性的力量。在这三种机制的共同作用下，中国社会治理转型不仅具有了冲破旧有体制束缚的方向引导，而且得到了可供迂回和调整的弹性空间。在我们看来，上述三种机制对改革开放以来中国社会治理转型实践的引导发挥了独特的重要作用①。

马庆钰认为，共建共治共享作为我国社会治理格局的理想目标，体现了党对治理认识的不断深化过程。其中，共建即共同参与社会建设。共建包括三个方面：社会事业建设、社会法治建设以及社会力量建设。共治即共同参与社会治理，包括：第一是要改善多元治理，补齐结构短板，要推进社会治理真正的社会化；第二是支持社会力量在供给侧发力，将社会组织培育成为其中的重要一元，发挥社会组织和其他供给主体的协同作用；第三是基层社会治理中发展基层自治能力。共享即共同享有治理成果，而要达成这一点，作者认为：其一是党有决心；其二是政府有思路；其三是国家要有共享的制度保障②。

王思斌从社会工作的角度探讨介入社会治理的可能性与贡献度，他指出，社会工作参与社会治理的模式是服务型治理。社会工作的服务型治理具有价值观念优势、参与身份优势、深入民众生活、专业工作方法和目标取向优势。服务型治理反映了新的治理机制：同时考虑解困和秩序双重目标、促进服务对象的参与和发展、实施政策和倡导政策改进、中介性与促进多方合作关系。同时，服务型治理通过改变政府独揽权力和治理责任，变自上而下的管理为多方合作，缓解经济困境、心理疏导和社会关怀相结合，以及发展服务对象的参与治理能力而对创新社会治理体制做出贡献③。

（四）社会治理实践研究

在国内关于社会治理的研究，理论阐述和概念辨析等方面的研究成果居多，而运用社会治理的理论概念进行深入的经验研究则匮乏许多，在为数不多的研究中，一些研究发现和研究成果对于思考社会治理的实践具有重要的启示作用。

王阳认为，曾几何时，“精细化管理”在政府的现代化过程中扮演了重要角色，它既提升了政府的社会管理效率，也使国家治理深入到生活的方方面面。但不断强化的政府“精细化管理”运动却产生了一种“过度制度化”危机，并进

① 李友梅：《当代中国社会治理转型的经验逻辑》，载于《中国社会科学》2018 年第 11 期。
② 马庆钰：《共建共治共享社会治理格局的意涵解读》，载于《行政管理改革》2018 年第 3 期。
③ 王思斌：《试论经济发展新常态下积极的社会政策托底》，载于《东岳论丛》2015 年第 3 期。

一步造成社会治理结果的失准，“精准化治理”正是在此基础上提出，期望通过制度精简和多元参与，在强化政治引导的前提下，尽可能激发基层活力，建立以社会问题和社会真实需求为靶向的社会治理方案。王阳进一步指出，2014年上海市启动“创新社会治理、加强基层建设”课题调研，研究城市社会治理的综合改革方案，由此拉开“精准化治理”的序幕。2015年上海市出台的《关于进一步创新社会治理加强基层建设的意见》，以及《关于深化本市街道体制改革的实施意见》等六个配套文件，基本上确定了上海市社会治理改革的基本内容，并在全市进行推广改革。从各地的改革内容来看，上海市的社会治理改革方案体现了从“精细化管理”向“精准化治理”的理念转变，对推进国家治理体系和治理能力现代化具有重要的启示意义。这些改革措施可以概括为以下几个方面：强化政治引导，鼓励多元参与；转变政府职能，强调服务群众；精简机构设置，破除条块分割；坚持重心下移，增能基层组织；加强居民自治，解决社会矛盾①。

徐选国、徐永祥认为，社会在具体实践中以国家、市场以外的各种追求社会理性的社会力量构成，在基层社会治理场域中，这些社会力量包括社区、社会服务组织、社会工作者（以下简称“三社”）等具体行动主体。该研究通过对近年来深圳市H社区“三社联动”的经验反思发现，“三社联动”已成为基层社会治理的重要命题，其在本质上体现了国家与社会在基层治理实践中的互动逻辑，内含着明显的政社互动关系。“社区”作为关键要素重塑了地方国家与基层社会的关系格局，在实践中促进了国家与社会从二元对立向二重共生的关系转变；社会工作在基层社会治理中的整合性建构不可或缺。研究者进一步认为，“三社联动”促进从“脱嵌的社区”状态向“社区的再嵌入”转变，进而形成一种基于政社分开与团结基础上的基层社会治理机制②。

曾本伟以党的十八届五中全会提出的要“加强和创新社会治理，推进社会治理精细化，构建全民共建共享的社会治理格局”为研究视角和分析框架，通过对珠三角地区的调查研究，发现改革开放以来，中国基层治理现代化的基本特点体现在五个方面：一是完善制度规范，突出基层党组织在基层治理中的领导核心作用；二是积极探索基层治理网格化的新思路，推进基层治理精细化；三是不断完善基层党组织服务群众的方式方法，助力居民幸福生活；四是转变基层党组织在基层事务治理中的工作方式，引领基层自治；五是注重培育推动基层社会组织发展，多方参与构建基层治理生态。基于此，在共建共享格局下推动中国城市基层

---

① 王阳：《从“精细化管理”到“精准化治理”——以上海市社会治理改革方案为例》，载于《新视野》2016年第1期。

② 徐选国、徐永祥：《基层社会治理中的“三社联动”：内涵、机制及其实践逻辑——基于深圳市H社区的探索》，载于《社会科学》2016年第7期。

治理现代化需要从以下六个层面着力：第一，理顺权力关系，完善组织体系。第二，健全工作机制，创新工作方法。第三，做实网格治理，夯实治理基础。第四，引领基层民主，推动基层自治。第五，强化干部队伍管理，提升服务能力。第六，加强信息化建设，打造基层智慧治理①。

刘安的研究将我国早已实施的网格化管理置于我国城市基层治理体制从单位制、街居制到社区制的历史发展脉络之中，同时将其视作社会结构持续深入转型背景下社区制以及社区建设运动的完善。在此基础上，文章通过对N市Q区的实地调查，分析网格化管理的运行逻辑，进而说明当前我国城市基层社会治理体制的实践特征，也即秩序整合过程中国家、社会、市场等主体的互动关系及其制度与组织表现形式。研究发现，近年来兴起的网格化管理完善和优化了我国以社区制为核心的城市社会治理体制，同时也影响了城市基层的政治社会结构，形塑了秩序整合过程中国家与社会和市场间的关系及其制度与组织表现形式。它通过划分网格重构了基层社会治理单元，下沉党政资源的同时激发了社会和市场资源。网格化管理构建起了一种刚性与弹性并济的目标责任制，并通过考核评定来保障其有效实施。此外，网格化管理还创新了基层党政组织的运作方式，增强了党政系统对社会利益诉求的回应与满足，从而有利于秩序稳定。但网格化管理也表现出了“科层化”倾向和“压力型体制”的特征，导致了国家的“内部分化”以及国家与基层社会联结的“非均衡性”与“不稳定性”。这使基层政府无限承担了社会治理责任，却降低了行政管理效率，同时制造了城市基层治理体制内在的结构性紧张②。

黄晓春等以上海街道体制改革作为研究对象，探讨社会治理创新的重要议题。他认为，基础社会体制创新应以公共服务和社会组织发展为切入口，形成区域化党建引领共治的闭环工作流程。在街镇承担的公共服务领域，探索以区域化党建引领共治机制来构建自下而上需求导向型的公共服务供给模式；以党建联建机制拓展公共服务资源；以社区党组织引导下的社会评估机制持续优化公共服务效能，从而使党建引领和多元共治贯穿公共服务实施的所有环节。在社区社会组织发展领域，逐步改变街镇部门投入、部门决策和部门评估的碎片化购买社会组织服务模式③。

---

① 曾本伟：《共建共享视域下中国城市基层治理现代化的内在逻辑与实践路径——基于珠三角核心城市典型案例的研究》，吉林大学学位论文，2017年。

② 刘安：《当代中国城市基层的国家与社会关系研究及其学理反思——基于政治社会学视角的分析》，载于《社会学评论》2015年第5期。

③ 黄晓春、嵇欣、虞锦美、程培：《上海社会治理创新中街道体制改革研究》，载于《科学发展》2017年第12期。

六、非政府组织和公民参与的研究

20世纪70年代末，以经济体制改革为先导的改革开放，使我国社会发生了巨大变化，引发了全方位的社会变革。现代政府的职能，不仅体现在通过制定一系列法律规范和社会政策，对社会组织和社会事务进行管理，而且更多地表现在提供公共产品和公共服务上。

在计划经济时代，我国的社会管理主要通过行政手段来实现。随着改革开放的深入，这种用行政手段进行社会管理越来越不合时宜。但是，由于我国正处于社会转型期，各种社会矛盾在逐渐积累并日趋复杂。面对这种日益复杂的利益诉求和矛盾冲突状况，一些地方重走以计划经济行政手段主导社会管理的老路，不适当地将政府作为社会管理的唯一领导机构和责任主体，在社会管理中承担着无限责任。这种“一竿子插到底”的社会管理看起来效率很高，但是由此付出的政治、经济、社会的成本也会很高。因此，有学者提出，“要努力解决政府在社会管理中包揽一切、将所有责任和矛盾都集中在自己身上的问题，解决政府在社会管理中的错位和缺位问题，形成政府主导、多方参与、共同治理的社会管理新格局”①。

姚华平认为“社会管理主体演变的一个重要趋势，是介于政府与市场之间的民间组织，包括城乡自治组织、行业组织、社会中介组织以及公益慈善和基层服务性组织在迅速发展。据统计，2005年民间组织的总数是1997年的1 176倍。发挥这些社会组织在提供服务、协调利益、化解矛盾、反映诉求方面的积极作用，是社会主义民主政治建设的组成部分”②。

包心鉴认为社会管理体制的创新，“必须充分发挥社会自治组织参与社会管理的重要作用”。伴随着市场化改革的大发展和社会多元化，非政府组织在促进社会管理与发展中的作用将愈益凸显，政府没有必要包揽一切社会事务，也不可能解决社会成员的一切诉求，许多事情可以依靠非政府组织去处理，通过社会自治组织凝聚公民参与社会管理和治理。“这就迫切要求，在新的形势下，必须进一步加快政府职能转变，大力扶持和促进社会自治组织的成长，给社会自治组织以更充分的信任和更宽广的空间。这样，必然会大大激发民间力量参与社会管理和社会建设的热情，发挥社会自治组织在化解社会矛盾、促进社会关系协调中的

① 季建林、戚小倩：《十“重”十“轻”：当前我国社会管理创新建设中的误区分析》，载于《中州学刊》2011年第6期。

② 姚华平：《我国社会管理体制改革30年》，载于《社会主义研究》2009年第6期。

独特作用。"[①] 像恩派等许多非政府组织之所以具有旺盛的生命力，之所以能在促进社会稳定和平安发展中发挥经久不衰的作用，归根到底在于这一新型社会组织具有自治性、广泛性、权威性、组织性、互动性、公益性等特点，顺应了社会发展大趋势，切合了社会变革大方向。

此外，学者还认为，在我国推进政府职能改革的过程中，必须大力培育民间组织，改善民间组织生长发育的法治环境、经济环境和社会环境，形成政府调控机制与社会协调机制互联、政府行政功能与社会自治功能互补、政府管理力量和社会调节力量互动的社会管理网络，这样，才能走向"小政府，大社会"的政府体制。因此，非政府组织参与社会，赋予公民自治的权利，才应该成为社会管理体制的创新之路。

第五节 研究思路

经济建设和社会建设协同发展是改革开放 40 多年以来越来越引起人们高度关注的一个经验，也是国内中央政府和广大民众逐渐达成的一个共识。党的十七大报告中提出，要加快推进以改善民生为重点的社会建设，并对此作了明确的战略部署：必须在经济发展的基础上，更加注重社会建设，着力保障和改善民生，推进社会体制改革，扩大公共服务，完善社会管理，促进社会公平正义。党的十八大报告再次强调：加强社会建设，必须以保障和改善民生为重点。

一、总体研究框架

已有不少论述专门讨论如何关注民生和改善民生以及以此为重心的社会建设，比如，有人认为，关注民生，改善民生，要融入深厚感情，坚持万事民为先；要健全保障制度；要发展惠民之实，全面落实人民群众的经济、政治、文化、生态、健康、安全等诸多方面权益，不断拓展"惠民"的内容，提升"惠民"的层次，充分激发全社会的创造活力，构建社会主义和谐社会。

也有研究指出，全力保障和改善民生，开创构建和谐社会局面，必须以加强体制机制建设为重点。具体进入的方向是：一是建立健全领导机制，将民生工程纳入经济社会发展规划；二是建立健全投入机制，为民生事业发展提供强有力的

① 包心鉴：《我国社会管理面临的困境和体制的创新》，载于《理论视野》2011 年第 3 期。

财力保障；三是建立健全管理机制，不断提升政府服务民生事业的能力和水平；四是建立健全监督机制，确保民生事业造福于民。

本研究认为上述观点仍然囿于传统的思考框架，没有以前瞻性或开创性的视角来探索社会建设以及民生改善等议题，因此，基于党的十七大、十八大报告中关于保障和改善民生与社会建设、社会治理的精神，基于改革、创新的理念，本研究主张需要从全新的角度来探讨以保障和改善民生为重点的社会及其体制建设，包括社会体制建设和改革的价值理念创新、社会体制建设和改革的组织架构创新，以及社会体制建设和改革的参与机制创新。鉴于中国地域广阔，城乡差异巨大，而一个课题难以涵盖城市和农村所有的复杂状况，故而，本研究涉及的地域范围以大城市为主，中等城市为辅。根据上述思路，本研究的总体框架如图 2－2 所示。

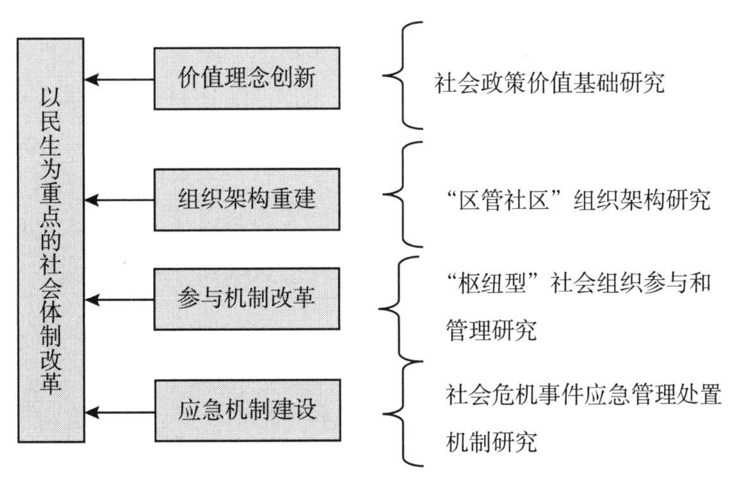

图 2－2　课题研究的总体框架

（一）研究总目标

本研究以建立、完善和丰富以民生为重点的社会体制改革的理论和实践为总目标，着眼于以民生为重点的“社会体制的价值理念创新”“社会体制的组织架构创新”以及“社会体制的参与机制创新”等重要方面，重点考量社会体制重要组成部分社会政策的价值基础及其改善、区管理社区的组织结构改革和路径，以及枢纽型社会组织参与社会管理和社会建设的机制创新、进入途径、实施方式等重要议题，因此，通过深入研究尝试达成以下具体目标：

1. 充分把握目前国内社会政策在价值取向上的状况及实施成效

通过研究，把握目前有关民生的社会建设和社会管理的社会政策在价值理念方面的取向，尤其是社会政策的成效以及呈现出来的问题与不足，从而为进一步探索奠定可靠的基础。

2. 总结、提炼和充实国内城市区管理社区的本土经验知识

通过研究，探寻国内部分省市和地区正在实践的区管理社区的经验、特色与模式，分析区改革的动因、过程、基础条件、外部环境的影响因素，等等，从而为中国城市以民生为重点社会体制的组织结构与机制的建设、改善和形成提供新的经验知识，同时，据此来比较国内各种城市区和街道（镇政府）社会管理的异同与管理和服务的总体水平，形成探索和完善国内区管理社区的机制建设对策设计的经验依据。

3. 系统分析并设计社会组织参与社会管理和服务机制建设的可行策略和实施途径

通过研究，在充分借鉴海外社会组织参加社会管理和社会服务的发展历程、相应机制产生和演化的经验和教训，以及充分依据中国社会发展的现实需求和对中国社会组织发展的经验把握及问题分析的基础上，提出具有可行性和前瞻性且比较完整的枢纽型社会组织参与社会体制机制建设的基本策略及进入途径，从而有助于优先公共服务，改善民生环境，提高政府执政能力，促进社会秩序和谐。

4. 探讨社会危机事件应急处置的方法

通过研究，摸索一整套面对危机事件的应急管理和处置的基本流程与有效的应对方法，从而降低危机事件的危害和减少社会风险。

（二）研究的核心问题

由于以民生为重点的社会体制改革涉及各个方面，故而本研究着重探讨其中的价值基础尤其是社会体制的重要构成部分社会政策的价值理念的变革，已有的城市社会管理体制和组织架构向“区管社区”的格局转变，政府、枢纽型社会组织和一般社会组织的连接机制建设，社会公益事业发展和社会组织枢纽式管理等核心议题。

在政治体制改革和社会建设的双重要求下，政府逐渐让渡空间以及社会组织有序地进入社会事务领域以及伴随而产生的政社分开及各自定位、原有的社会体制向以保障和改善民生为重点的方向改革等议题，越来越成为当前社会转型和现代化建设中不能回避的重大问题，因此，本研究着力探讨或解决的核心问题是：

（1）现有的涉及民生服务等的重大社会政策，其背后究竟有怎样的价值理念作为指导或理论基础？以这样的价值理念作为指导的社会政策实施的效果究竟如何？

（2）现有的“市—区—街道—居委会”的城市社会体制有何利弊？而“区—社区”的城市社会体制的改革有何意义和经验？又有怎样的进入途径？

(3) 在参与的过程中，为了保障社会组织的有序参与和持续参与，政府、枢纽型社会组织以及一般社会组织联结成枢纽式的网络关系，是不是可以成为一种有效的保障民生的社会管理和社会体制建设的方式或途径?

(4) 面对不断涌现的社会问题，在社会体制建设过程中如何设置相应的机制以应对突发的社会危机?

(5) 从更高一个层面上考量，根据“党委领导、政府负责、社会协同、公众参与”新的管理格局，应该建立怎样一个符合中国实情，即：既能保持政府的权威又能充分提供一个空间让社会组织能够自主、独立地参与社会管理和服务来发挥应有的作用，进而形成两者和谐有序的互动模式及相应论述，以替代目前并不符合中国国情的有关“公民社会”的话语论述和相应做法?

(三) 研究的基本内容

本研究的主线是，基于民生保障为重点，从“价值理念—组织架构—参与机制”的逻辑线索，具体探讨以社会政策的价值理念、社会体制的组织架构以及枢纽型社会组织参与社会事务为内容的社会体制改革和创新，并尝试在理论和技术上对机制建设和形成予以解释与支持。本研究分成四个专题分别展开研究，研究内容具体如下。

1. 国内有关民生的社会政策及其价值理念的探究

本专题采纳四个维度进行研究，即：民本主义、官本主义、人本主义、事本主义，通过运用各种研究方法来分析与民生密切联系的相关社会政策，如社会救助政策、廉租房政策、婚姻政策，等等，评价它们背后蕴含的价值理念，探究在这些价值理念支配下的社会政策实施的成效或利弊得失，为本研究的主要研究目标——社会体制改革的探讨提供价值和观念的依据。

2. 国内城市社会体制的组织架构转变的分析

本专题着重探讨在“主导—协商—共治”的理论框架下，城市社会体制如何从“市—区—街道—居委会”的单线架构转变为“市—区—社区中心”的复合结构，通过概括已有的经验，探索后者的组织结构对保障和改善民生的意义与作用，并且进一步摸索这种社会体制的组织架构改革的可行性以及进入的有效途径。同时，从资源配置（如公共财政、公共设施、人力资源等）的角度来探讨在社区中心运作的过程中，政府采用何种方式公平地分配资源并以制度化的方式固定下来从而保障社区中心正常有序地运行起来的各种保障机制，如公平公正的分配机制、科学合理的监测机制等环节的改革、建设的方向与路径。

3. 枢纽型社会组织社会参与机制研究

本专题依据法团主义（又译“合作主义”）的理论视角，基于授权、控制和垄断性等核心概念，深入研究枢纽型社会组织在社会组织与政府之间的连接方式与机制，进而探索以民生为重点的社会体制运行的秩序性，探讨社会组织参与以民生为重点的社会管理和社会服务的有效性。

4. 社会危机事件应急管理处置机制研究

本专题主要研究社会危机事件生成演化的一般机理以及社会危机事件处置的机制，最终形成切实可行的处置流程，为各类危机事件应急处置预案完善提供可行方法。

（四）研究的主要创新之处

本研究在以下几个方面有所创新，即：

1. 研究议题创新

本研究把“推进以保障和改善民生为重点的社会体制改革研究”具体分解为：社会体制的社会政策部分的价值基础研究、社会体制的组织架构变革研究、枢纽型社会组织社会参与及其机制研究，等等，此种研究思路尚属本研究的首创。

2. 概念创新

本研究创立了两对概念，即“官本主义和民本主义”以及“事本主义和人本主义”，用于分析主要的社会政策背后的价值理念以及变迁，进而探讨社会体制的价值基础及其演变，这是其他社会政策研究不曾采用的分析概念。

3. 观点和理论创新

关于政府和社会组织的枢纽式连接机制，本研究将法团主义理论的核心概念运用于政府与社会组织相互关系的分析，更重要的是，本研究将立基于中国实际的社会环境，尤其是“强政府—弱社会”这样一个具体情境，进行法团主义理论与个案分析有机结合的有益尝试，从而试图修正理论、建构新的概念或者发展出在中国文化背景和历史脉络之下的“特殊的法团主义模型”，以及推动有益于社会组织参与社会体制改革和政府与社会组织连接机制的形成。

二、四个研究专题的基本结构和研究内容

（一）“国内有关民生的社会政策及其价值理念的探究”的基本结构和研究内容

本书的研究专题尝试采纳“民本主义、官本主义、人本主义、事本主义”四个维度来分析诸如社会救助政策、廉租房政策、婚姻家庭政策等与民生密切联系

的相关社会政策，评价它们背后蕴含的价值理念，探究在这些价值理念支配下的社会政策实施的成效或利弊得失。在上述思路的基础上，本研究方向的基本结构如图 2－3 所示。

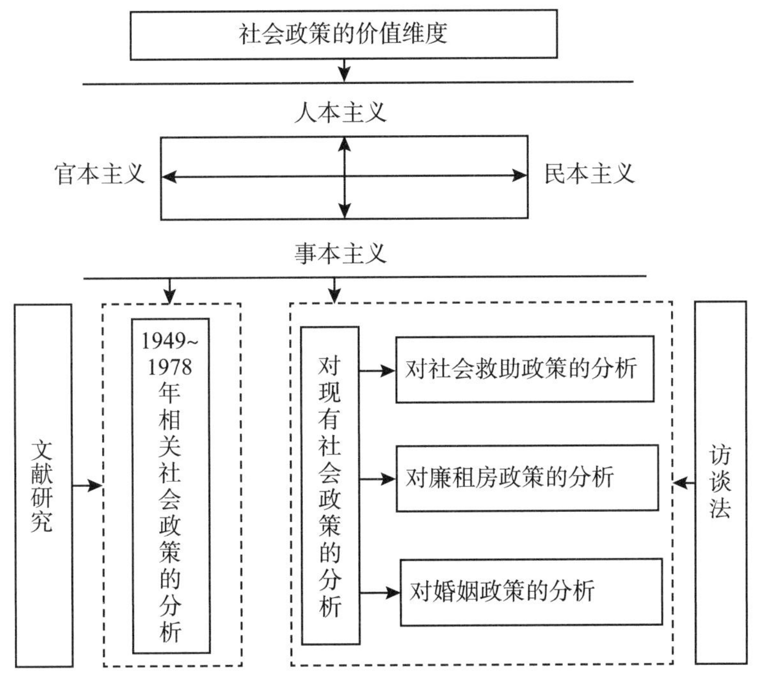

图 2－3 “国内有关民生的社会政策及其价值理念的探究”的研究框架

如图 2－3 所示，本书的研究方向主要采用文献研究和访谈的方法，着重涵盖以下几个方面的内容。

1. 1949～1978 年国内有关社会政策和价值取向的关系探讨

价值就是指一个社会及其成员对社会所面临的问题所持的基本态度与信念——特别是对事物好恶、取舍或决定如何优先选择的原则和决定整体社会取向的指导原则①。那么，什么是社会政策？“社会政策是以对于维护并增进社会的物质依存关系的贡献为其本质的政治努力及方法。”② 简而言之，社会政策是一个政党或国家，为实现某个历史时期的路线、任务，达到一定目的而在社会生活和社会活动方面实施的有关行动准则③。但是，追溯历史可以了解，最早的社会政策发源于解决社会问题的实践活动，是一种中性的或趋于中性的功能化工具，

① 李钦涌：《社会政策分析》，台湾巨流图书公司 1994 年版，第 82 页。

②③ 张敏杰：《社会政策及其在我国社会经济发展过程中的取向》，载于《浙江社会科学》1999 年第 6 期。

而并非只是政府或国家的专权，还必须加入其他的社会组织，所以，也有专家坚持认为“社会政策是一定时期、一定区域内的各种社会力量为解决社会问题的协调的成果”[①]。

无论概念的界定有多少区别，观点有多大差异，大家对于社会政策的功能或目的的看法基本趋于一致，即引导社会变迁，改革经济体制，缔造社会平等，通过实行资源支配权的再分配，以保证全体公民生活的安全，增进生活质量和促进社会公平。从这些功能的目的中可以看到，社会政策浸润着某种价值体系，两者之间的关系密不可分，因此有学者认为，价值在“制订社会政策过程中不断发挥影响力支配社会政策取向”。这些价值“协助参与决策者衡量是否有价值去达成某些目的，审核是否应干某些事情；指出优劣好坏；以及知道如何分配社会资源、服务、财富、权力和机会等”[②]。事实上，价值与社会政策的关系不仅限于此，也不只静态地反映一个时期的社会价值体系。当一个国家的价值体系发生了重大变迁，则国家的政策亦必随之而发生变动。17 世纪以来科技革命的工业化，在推动整个人类社会进入现代化的同时，也带动了价值变迁，在不同的程度上，变迁后的价值系统的确也会塑型、影响政治、社会、经济、文化、思想及文学等人生的各个不同层面，因而导致了现代社会政策上的变迁[③]。

研究发现，可以归结出四种社会政策的价值类型，即民本主义、官本主义以及人本主义和事本主义。民本主义就是在社会政策的订立和执行过程中把民众放在中心位置，强调全体民众在经济利益、政治权力等各个方面上分配的参与和享受的一种社会价值观。显然，高度关注平民在社会发展和社会生活各个环节中的权利、作用、地位和损益，是民本主义的核心思想[④]。与民本主义对应的是官本主义，所谓官本主义就是在社会政策制定的过程中始终把官僚或官僚行政机构的地位居于首位，强调和确保所有官僚在社会各种分配体系中的实际利益和优先位置的一种社会价值观念。在一定程度上，也可以“以政府为本”的概念来替换官本主义。

人本主义就是一切以人为中心，一切为了人的利益，强调人是社会政策思考的逻辑起点的一种社会价值体系，它关注的是社会政策的制订和实施的根本出发点是为了人的权利、尊严、需要、成长、发展以及最终实现人的价值。在西方社会思想史上，人本主义与神本主义相对立[⑤]，但是后者与本研究分析社会政策这一主题似乎关系不大。然而从实际的社会政策运作过程中，可以发现另外一种价

---

① 杨团：《社会政策的理论与思索》，载于《社会学研究》2000 年第 4 期。

② 崔德成：《社会政策的分析架构》，引自颜文雄主编：《香港社会政策的回响》，香港集贤社 1987 年版。

③ 李钦涌：《社会政策分析》，台湾巨流图书公司 1994 年版，第 82 页。

④ 王思斌：《论民本主义的社区发展观》，“社区建设与发展”全国理论研讨会论文，2000 年。

⑤ 袁华音：《西方社会思想史》，南开大学出版社 1988 年版，第 56 页。

值倾向与人本主义相对应，即事本主义。所谓事本主义就是在制定社会政策中处处以事为中心，以考核为目标，以达标为动力，诸如此类。

由此而言，价值和社会政策的关系密切，因而，可以用这两对概念来分析1949～1978年我国的社会政策及其价值基础以及两者的相互关系，探讨1949～1978年我国的社会政策及其价值理念的历史演变以及对当今中国以民生为重点的社会体制及其价值基础的重要影响。

2. 国内现有社会政策价值基础及实施后果分析

基于民本主义、官本主义、人本主义、事本主义四个社会政策的价值维度，分析现有有关民生的社会政策及其制定的价值基础，探讨不同价值理念指导下的社会政策的实施后果。

（二）“国内城市社会体制的组织架构转变分析”的基本结构和研究内容

本部分的研究着重探讨在“主导—协商—共治”的理论框架下，社会体制的组织架构如何从“市—区—街道—居委会”的单线架构转变为“市—区—社区中心”的复合结构，其研究结构如图2－4所示。

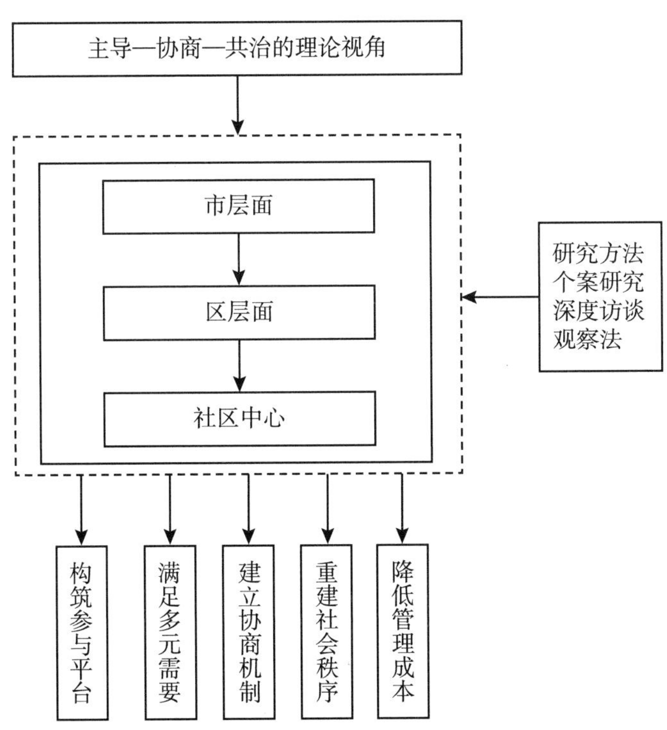

图2－4 “国内城市社会体制的组织架构转变分析”的研究框架

1. 探索现有“市—区—街道”社会体制的组织架构改变的可能性及其实现途径

经验表明，现有“市—区—街道”社会体制和治理体制存在有效率低、回应慢、成本高以及参与空间有限等不足，因此，研究者认为，需要打破目前这种非常刚性的社会体制和治理体制，需要首先在体制的末端嫁接新的元素或者新的内容，以创造空间和激发活力。现有“市—区—街道”社会体制改变后的“市—区—社区中心”社会体制（见图2-5）。

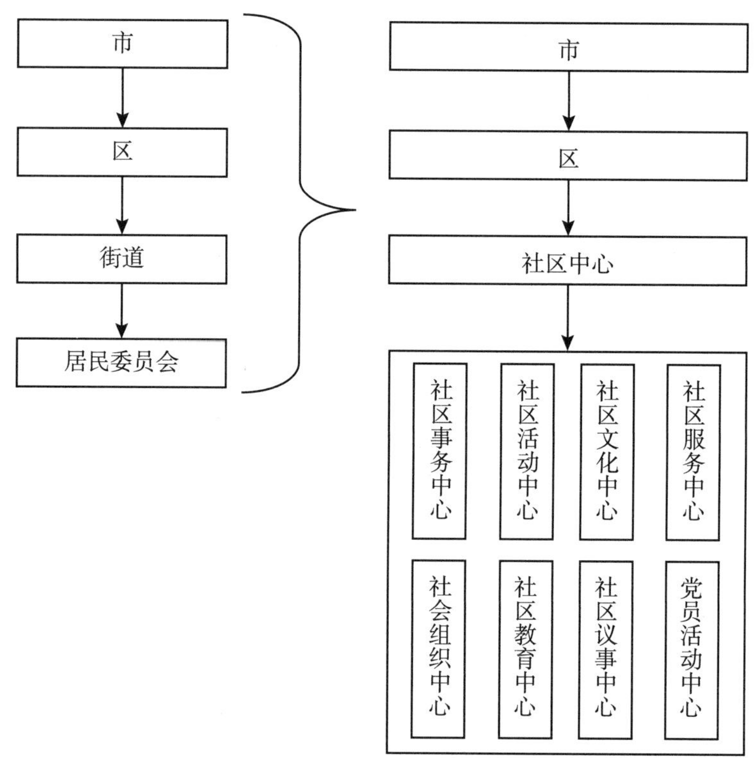

图2-5　社会体制的组织架构改变

2. 研究社区中心运作和发展的公共资源分配和资源管理方式

如果上述社会体制的组织架构可行，在社区中心运作的过程中，政府采用何种方式公平地分配资源并以制度化的方式固定下来，从而保障社区中心正常有序地运行起来，这是亟须研究和解决的问题。

本研究专题拟从“需要”出发，在实践经验概括、总结的基础上，考察政府的需要、社区的需要、民众的需要以及社会组织的需要，在“需要”相互平衡的基点上，探讨公共资源包括公共财政、公共场所空间及相关设施和设备，以及相关的社会服务的人力资源等通过什么方式、原则、途径分配给社区中心？以此如何形成和完善社区中心运作和管理中的资源配置机制，拓展社区资源来源的空间，满足政府和社区的需要，达到互惠互利？由此制定了研究方向的基本结构（见图2－6）。

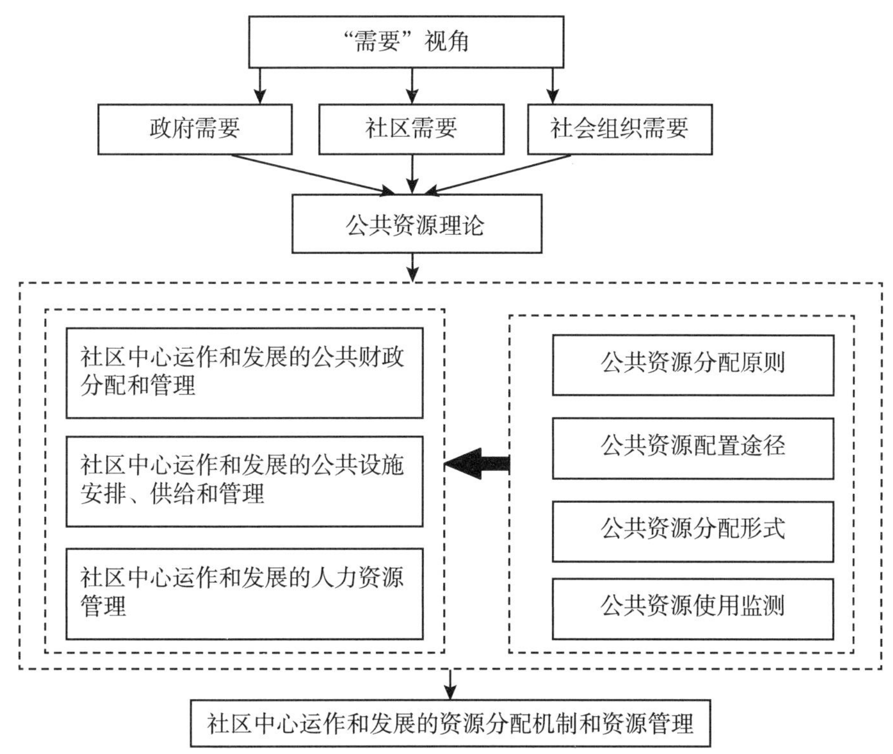

图2－6 “需要”视角下的公共资源配置

（三）“枢纽型社会组织社会参与机制研究”的基本结构和研究内容

本研究专题是枢纽型社会组织社会参与机制研究，探讨政府—社会组织在社会体制中连接机制和关系管理的创新与改革，研究结构如图2－7所示，重在分析法团主义理论背景下，政府和社会组织之间枢纽式连接机制和相互关系的建设与建立。

政府和社会组织枢纽式连接机制与枢纽式社会组织这个概念具有密切的联系。枢纽式社会组织是指在党和政府与各个领域中一般社会组织之间发挥着桥梁和纽带功能作用的组织。枢纽型社会组织在政治上发挥引领作用，在业务上发挥引导作用，通过接受政府委托、购买、外派等方式和社会化运作的形式，以去行政化、去科层化和扁平化的管理模式，采用有效的服务促进社会组织的社会化、专业化，引导社会组织实现自我管理、自我服务、自我发展和自治自律。上海市颁布的文件中也已经指出：要充分发挥工会、共青团、妇联和社联、文联、残联等群众团体的桥梁和纽带作用，团结、联系相关领域的社会组织，逐步形成社会组织管理和服务枢纽；鼓励和支持市经济团体联合会、市商业联合会、市体育总会等若干具有枢纽作用的社会组织，搭建社会组织党的建设、业务建设和合作共治的平台，逐步形成社会组织自我管理、自我服务和自律自治的运作机制。由此可以发现，在上海市、区县和街镇层面都有此类性质的社会组织，它们分别发挥着程度不同的社会功能，具体分布见图2－8。

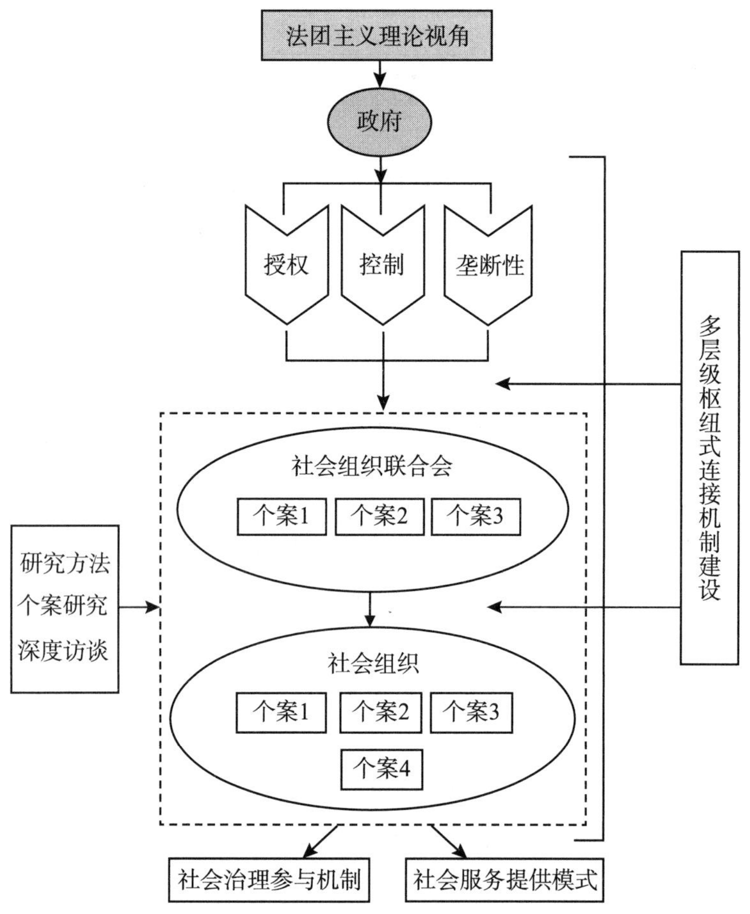

图2－7 “枢纽型社会组织社会参与机制研究”的研究结构和框架

因此，在理论运用和分析以及对经验资料探索的基础上，本专题主要研究的内容如下。

1. 探索不同类型的枢纽型社会组织与政府互动关系

国内的枢纽型社会组织类型繁多，并且也通过不同的方式与政府建立关系和联系，因此，需要梳理枢纽型社会组织的类型以及与政府的关系类型，以考量枢纽型社会组织在何种机制下进入以民生为重点的社会服务领域及其途径。

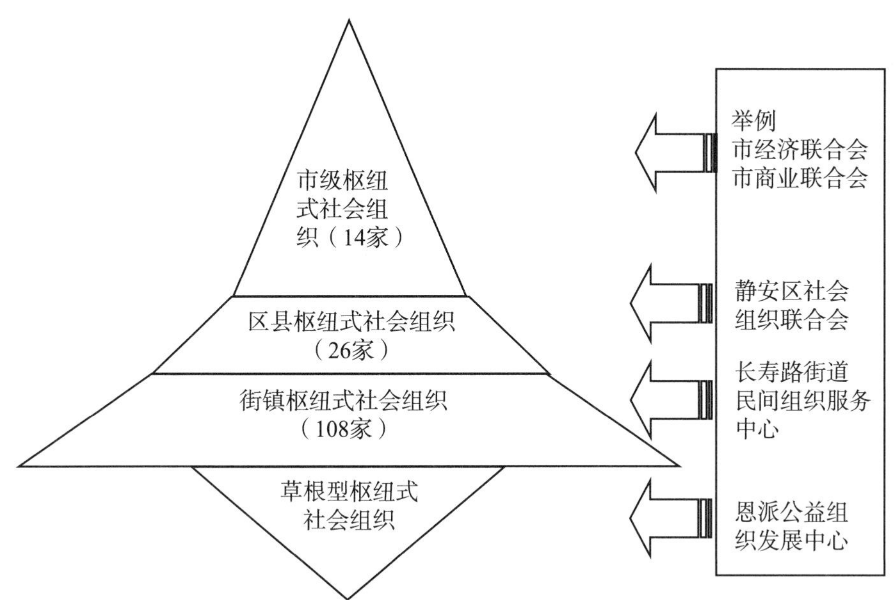

图 2 – 8　上海市枢纽型社会组织的分布

2. 归纳符合中国国情的枢纽型社会组织与政府连接的模式

国内不少城市如深圳、昆明、北京、上海等地的枢纽型社会组织已有与政府联结成良好互动关系的成功经验，因此，本研究专题尝试从丰富的实证或经验材料中尝试归纳、概括和提炼出一个符合现实的枢纽型社会组织与政府相互连接的模式并予以推广。

基于法团主义理论，在目前党委领导、政府负责、社会协同、公众参与的社会建设的基本格局下，尤其需要探讨目前已经出现的几种枢纽型社会组织协同及与政府连接的方式，考察其优劣以及对社会体制建设、改革和社会管理的作用。

（四）“社会危机事件应急管理处置机制研究”的基本结构和研究内容

本研究专题主要探讨两个方面的议题：一是社会危机事件生成演化机理研究；二是社会危机事件处置机制研究。前者主要研究两大类危机事件，即公共卫生和公共安全危机。整个研究过程划分为两个层次：第一层次应用个案研究和焦点小组等方法，深入探寻危机事件发生的诱发因素和触发条件，以及突发事件发生前后的社会状态；第二层次通过对经验资料的理论归纳，最终寻找社会危机事件的一般规律和构建突发事件生成演化模式。其结构如图 2－9 所示。

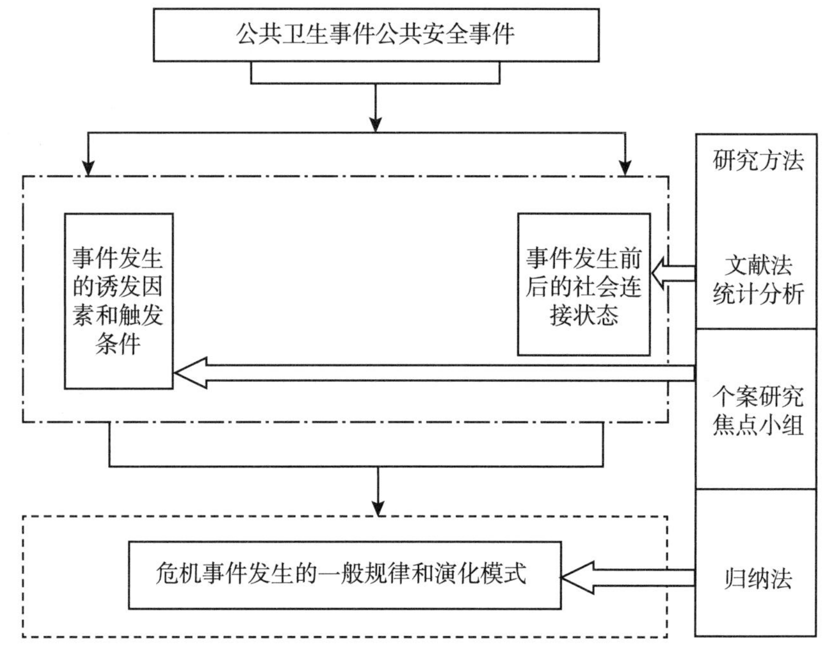

图 2－9 “社会危机事件应急管理处置机制研究”的研究框架 1

社会危机事件处置机制研究主要运用应激理论建构基于心理和生理响应特征的各类主要危机事件的应激—应对模型，在此基础上分析各类危机应急处置机制，特别针对应急处置中的决策问题，对现有流程进行优化，最终形成切实可行的处置流程，为各类危机事件应急处置预案完善提供可行方法。其结构如图 2－10 所示。基于上述研究框架和研究目标，社会危机事件生成演化机理研究的主要内容或研究问题主要围绕以下三个方面展开：

（1）在突变理论等背景与视角下，探寻国内各类危机突发事件发生的诱发因素和触发条件，并且详细讨论这些诱发因素和触发条件在何种内在和外在环境作用下会产生相互强化或叠加效应。（2）在丰富的实证资料的基础上，探寻国内各类危机突发事件的主要类型、基本特征、表现形式，等等，并且从理论上提供合理的解释，或者从中建构新的理论解释和分析概念。（3）在对定量研究资料和质性研究资料进入进行统计分析与叙说分析的前提下，探寻国内各类危机突发事件的一般发生规律，并且通过建立生成演化模型来提供干预、控制和防止突发事件发生的思路或途径。

社会危机事件处置机制的研究内容如下：

(1) 建构基于心理和生理相应特征的各类危机事件的应激—应对模型；(2) 确定各类危机典型突发事件的应急处置目标、普遍原则、最优处置流程，寻找关键节点，以及解决关键问题的方案；(3) 构建各类危机突发事件的应急决策模型和优化应急决策方案。

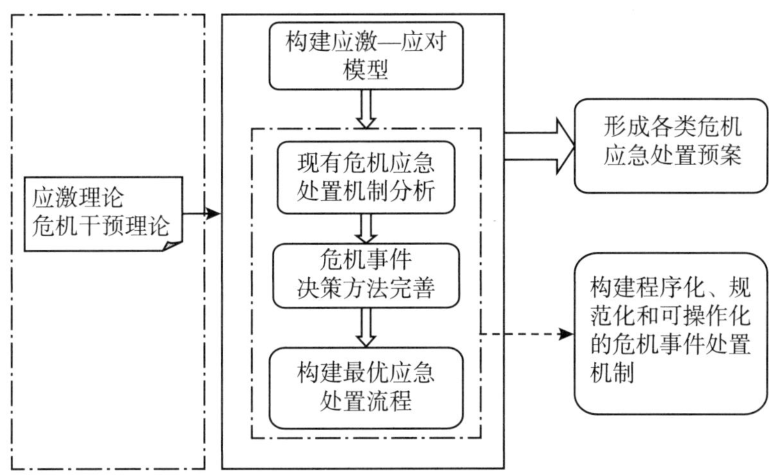

图2-10 "社会危机事件应急管理处置机制研究"的研究框架2

第六节 研究方法

由于推进以保障和改善民生为重点的社会体制改革研究具有相当的复杂性，所以对其深入研究必须运用多学科的理论与方法。贯穿于本研究的方法是个案研究方法，四个研究专题基本上都是基于对案例分析整理的基础上进行的。除此以外，本研究还采取文献研究、焦点小组等研究方法，在丰富资料收集的基础上进行资料的集成、分析、呈现、比较，从中验证假设、论证问题，归纳结论，概括模式、发展概念和理论。

一、具体研究方法和资料分析

四个研究专题根据各自的研究内容，将分别运用质性研究手段，包括焦点小组法、文献研究法等，以及定量研究手段，包括对数据资料的统计分析等，进行资料收集和展开研究（见图2-11）。

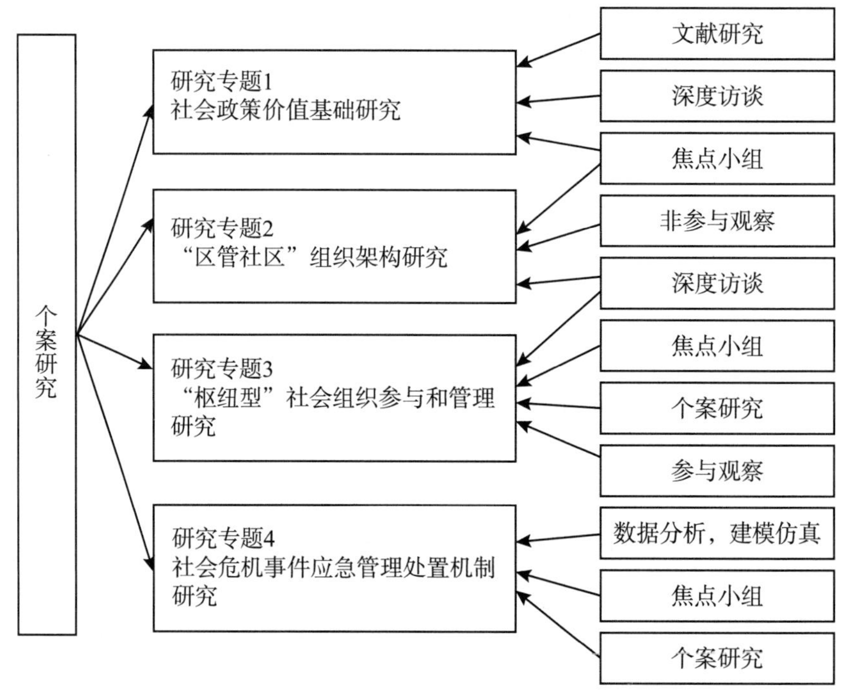

图 2－11　研究方法和研究手段

本研究采用质性研究和定量研究两种主要的研究方法，前者以研究者本人为研究工具，通过对文献研究、焦点小组等收集而来的资料进行深入的分析，然后发现新结论，归纳新概念，发展新模式。

简言之，把上述通过文献研究、焦点小组等方法收集而来的资料进行归类、编码以及主题聚焦，等等，每一个步骤都是一个概念化和类型化的过程，目的在于推动研究最终导向概念发展、理论建构以及对研究资料和研究问题的更深入的描述、理解和分析。这样的分析过程实际上也是资料收集、资料展现、资料浓缩、获取结论以及重回资料循环互动的过程。

对于定量研究，研究成员利用专门的知识和技术展开问卷的设计、调查、输入、数据处理等一系列研究程序，对研究资料进行深度挖掘和进一步追踪，以有利于高级统计方法的运用，以及对研究的问题或假设的深入探索。

二、研究对象选择

根据研究设计，不同研究专题分别采用了不同的研究方法，但主要以质性研究方法为主，通过深度访谈的方法进行资料收集和分析，辅助以文献研究和焦点小组的方法。研究专题一“社会政策价值基础研究”采用了访谈法和文献研究开展研究，由于是政策研究，访谈对象的选择主要是政策制定部门及相关人员。研究专题二“‘区管社区’组织架构研究”采用了深度访谈法和非参与性观察法开展研究工作，访谈对象和观察地点的选择主要基于是否采用“区管社区”这种组织架构进行社区管理或治理，安徽铜陵市朝阳社区、贵州贵阳市明珠社区与白岩区大山洞社区、贵阳市委群众工作处、江苏南京市白下区等社区中心和区级主管社区管理部门及相关工作人员等，因其典型性或特殊性而成为本次研究的访谈对象。研究专题三“‘枢纽型’社会组织参与和管理研究”采用了深度访谈法和非参与性观察法开展研究工作。考虑到最近几年“枢纽型”或支持型社会组织在全国发展迅速，以及社会组织发展的地区差异性与各地发展的不平衡，所以，选择的访谈机构所在城市的分布大致为昆明、广州、宁波、北京、上海、深圳等地。研究专题四“社会危机事件应急管理处置机制研究”采用深度访谈法和非参与性观察法开展研究工作。

此外，考虑到社会组织的多样性和复杂性，所以在选择具体的社会组织时，研究专题三的研究对象选择主要基于以下三个维度予以考量（见表2-2）。

表2-2　社会组织个案选择的维度

<table>
<tr><td colspan="6">1. 社会组织选择的第一个思考维度：多个案研究</td></tr>
<tr><td colspan="3">整体性个案</td><td colspan="3">嵌入性个案</td></tr>
<tr><td colspan="6">2. 社会组织选择的第二个思考维度：国家法律规定</td></tr>
<tr><td colspan="2">民办非企业单位</td><td colspan="2">社会团体</td><td colspan="2">准社会组织</td></tr>
<tr><td colspan="6">3. 社会组织选择的第三个思考维度：与行政体系的关系</td></tr>
<tr><td colspan="3">官方背景的个案</td><td colspan="3">民间背景的个案</td></tr>
</table>

同时，考虑到枢纽型社会组织分布在不同的领域以及行政层级上，所以，在选择不同枢纽型社会组织进行研究时，研究专题三的对象选择还将关注：

（1）以发挥的功能来选择。

以此标准至少可以列出以下一些类型：第一，政治类枢纽型社会组织；第二，经济类枢纽型社会组织；第三，公益类枢纽型社会组织；等等。

（2）以行政层级的位置来选择。

以此标准至少可以列出以下一些类型：第一，市级枢纽型社会组织；第二，区县级枢纽型社会组织；第三，街镇级枢纽型社会组织；等等。

根据上述标准以及基于研究的科学性与合理性等因素考量，本研究所选择和收集资料的各类访谈机构或单位如表2-3所示。

表2-3　主要访谈机构一览

城市	社会组织	政府部门	事业单位
北京	中关村社会组织联合会	中关村国家自主创新示范区社会组织登记管理处	朝外地区社会组织综合服务基地
		民政局基政处	
广东	广东省社会工作师联合会		
	广州市社会组织协会		
	广州市天河区家庭综合服务中心		
	中山大学甄鹤服务社		
贵州	贵阳明珠社区服务中心	贵阳市委群众工作处	
	贵阳白岩区大山洞社区服务中心		
	贵阳观山湖区社区服务中心		
四川	成都公益组织服务园		成都市慈善基金会
	“爱有戏”服务社		
	成都光华社会治理中心		
	“尚明公益”服务社		
	成都大同社会工作服务社		
	成都市“云公益”		
	武侯区心航社会工作服务中心		
深圳	鹏新社会工作服务社		
云南	连心		
	携手困难群体创业服务中心		
江苏	南京爱德基金会		
	南京市栖霞区社会组织服务中心		
	南京市白下区淮海居委会		
浙江	宁波市海曙区社会组织服务中心		
山东	济南社会工作者协会		
	基爱社工服务中心		
	山泉社会工作服务社		

续表

城市	社会组织	政府部门	事业单位
上海	杨浦区社会组织促进会	上海市民政局社团管理局管理处	共青团社会工作处
	浦东新区公益组织项目合作促进会	杨浦区民政局社会工作科	
	静安区社会组织联合会	杨浦区五角场镇自治办	
	普陀区长寿路街道社区服务中心		
	上海恩派公益组织发展中心		
	卢湾区五里桥街道社会组织服务中心		
	浦东新区社会工作者协会		
	静安区社会工作者协会		
	浦东新区公惠社会工作发展中心		
安徽	铜陵市朝阳社区服务中心		

第三章

有关民生的社会政策及其价值理念探究

价值是社会政策的灵魂、核心，是政策追求的终极目的。对社会政策价值的过往研究进行回顾和梳理，不但可以了解该领域的研究内容和动态，而且有助于我们从价值视角体察中国社会政策发展的各种影响因素及其之间的复杂互动。

第一节 引　言

社会政策在社会主义和谐社会建设和构建“人人有责、人人尽责、人人享有的社会治理共同体”中具有重要地位，一个好社会一定需要好的社会政策。所以，在党中央有关社会建设、社会事业发展和社会体制改革论述的重要文件中，多次提及社会政策建设和完善。

一、研究背景

（一）社会问题和政策问题

伴随着经济快速增长和社会急剧转型，中国的社会问题也大量涌现，基于社会政策与社会问题之间的实质性关联程度的角度考虑，可以将社会问题划分为前政策型社会问题和政策型社会问题。当人们的共同体出现社会功能失调，但始终未能进入政策过程的社会问题是前政策型社会问题，而在政策过程中表现出的社会问题，是所谓的政策型社会问题。它又可以分为两种类型：第一种是由前政策型社会问题演变成的政策型社会问题；第二种是因制度失调或政策偏差而获致的社会问题。中国经常遇到的是第二种政策型社会问题，即在政治改革、经济转轨、社会转型过程中因制度失调或政策偏差而获致的政策问题，如计划生育政策与独生子女问题和失独家庭问题、户籍政策和劳工政策与农民工问题、收入分配改革与贫富差距问题、产业政策与失业和环境问题，等等，上述政策型社会问题因政府及其社会政策在其生成中扮演着极为重要的角色，很容易成为社会舆论焦点。

虽然，从中国12个“五年计划”的制定、执行和评估的演变过程中，可以看到对经济发展、环境友好和社会发展之间关系的逐步认识。但是，对社会政策所生成的社会建设、社会成长和社会质量的忽视，一直是当前中国社会问题的政策致因。

（二）政策执行偏差及其后果

何谓政策执行偏差？国内学界虽然有不同的定义，但是核心的含义基本相同，即政策执行偏差是由于人、体制利益因素导致的政策执行的变形，或者是指执行者在实施政策过程中，由于主客观的作用，其行为效果偏离政策目标并产生不良后果的政策现象，它们都强调了在政策执行过程中所导致的政策效果与初始政策目标之间的差异。研究发现，常见的政策执行偏差有以下三种形式：

第一种是选择性政策实行，这是最为常见的一种政策执行偏差状况，包括：一是选择性地实施政策，即政策的执行者们根据自己的利益或者需求，对上级传达下来的政策任意地、有目的地选择，执行对其有利的政策，减少执行甚至不执行对自己无益的或者有害的政策，进而使政策无法彻底实施，收到与预期不同的效果；二是有选择性地进行均衡实行，即执行者既不按照上级传达下来的政策彻底实施，也不根据自己所需进行选择实施，而是在两者之间寻找一个平衡点去实施。

第二种常见的政策执行偏差是政策变通，即在原政策实行期间，政策执行单位（个人或部门）擅自改变原政策的部分内容，使实行形式或者目的产生不同程度的偏差的行为。政策变通不能贯彻落实原政策，从而得到与原计划不同的预期效果，也可能得到与预期相反的效果。

第三种是政策空传。它主要包含三个方面：一是通过文件传递的方式在多级传递的环境下中央政府文件的权威性必然会逐渐减弱；二是当前政策实施者只能通过电子政务的方式进行复制与传播，因此无法将政策任务转化为符合自身实际情况的任务；三是虽然现阶段政策实施机关对于政策文本进行了再生产，但没有采取实际行动。

然而，在现实的政策实践场域中，政策执行偏差的表现形式远不止以上三种，有学者将其概括为主要的六种形式：附加式执行（又称扩大范围执行政策或政策扩大化）、象征式执行（又称政策虚化、政策敷衍或政策表面化）、照搬式执行（又称机械执行或政策复制）、选择式执行（又称政策缺失或政策截留）、替代式执行、抵制式执行（又称抗拒性执行或政策抵制）。以外，还有观望式的执行、规避式的执行、投机式的执行、走调式的执行等①。

本研究非常关注政策执行偏差带来的后果，因为，有些后果非常严重甚至不可预期，经验表明，一些群体性的突发事件即与此有关。概括起来说，政策执行偏差带来的后果是：第一，政府信誉受损。第二，政府职能变异，即指政府实有职能的扩张和应有职能的萎缩。所谓实有职能，就是政府在运转过程中实际承担的职能。所谓应有职能是指政府必须承担提供诸如国防、治安、基础教育、基础设施建设等公共产品和公共服务的职能。第三，公共利益受损②。

进一步观察和研究发现，政策执行偏差的危害还包括：一是政策执行偏差有碍于政策目标的实现；二是政策执行偏差破坏正常的政策秩序；三是政策执行出现偏差会严重削弱执政党和政府的合法性；四是严重地损害了政策的严肃和权威，降低了政策受益对象对于社会公共权威的信任，甚至危及政府统治的合法性基础；五是容易引起政治经济社会生活的无序和混乱③。

为什么会出现政策执行中的偏差问题？不少研究都从技术层面或者行政架构的层面来探究原因，如政策执行计划缺乏可行性、对政策的理解偏差和目标的模糊导致后续执行实施中的方向性偏差④，等等，较少有研究探讨政策制定和政策执行过程中的价值认知冲突，较少有研究认识到现代化理念在政策执行过程中的冲突带来的价值困境，而这正是本研究需要深入考量的问题。

（三）社会政策研究深化

目前国内政策科学领域里的研究多见于整体性的社会政策一般讨

---

① 黄冬梅、陈星林：《公共政策执行偏差研究综述》，载于《法制与社会》2012 年第 4 期。

② 康靖：《地方政府政策执行的自利性研究——以宣恩县特色民居建设为例》，华中科技大学硕士学位论文，2012 年。

③ 贺庆鸿：《利益博弈视角下公共政策执行偏差问题研究》，西北大学硕士学位论文，2008 年。

④ 李旭旦：《当代中国公共政策执行绩效评估研究》，上海师范大学硕士学位论文，2011 年。

论[1][2][3][4][5][6][7][8][9]，其中，王思斌认为，在经济发展新常态需要建立积极托底的社会政策，这种社会政策不同于传统的社会政策之处在于，积极托底的社会政策具有伦理的视角、经济的视角、政治的视角、社会的视角以及发展的视角，从而保证社会政策能够保障和改善基本民生、促进就业和社会参与、培育健康的社会氛围和社会心理、预防底层群体的社会沉淀和社会结构固化以及支持经济发展转型[10]。另一位学者李迎生则指出，社会政策研究要以中国特色社会主义进入的新时代为背景，以社会主要矛盾转变为视角，全面深入地分析新时代中国民生需求的新变化与社会福利事业发展不平衡不充分的矛盾，由此提出需要社会政策创新发展，而目前的重点是以缓解当下最迫切的民生问题为突破口，长远目标是立足国情并借鉴国际经验，构建中国的发展型社会政策，实现社会政策与经济发展的协调，在更高水平的发展中满足人民的美好生活需要[11]。

更多的研究针对一项具体政策的实施、成效和调整及成败原因等层面讨论[12][13][14][15][16][17][18][19]；也有部分研究从“公正”“民主”“平等”“效率”等几个抽象

---

① 吴忠民：《从平均到公正：中国社会政策的演进》，载于《社会学研究》2004 年第 1 期。

② 张乐：《公共政策与社会政策：一个系统论的比较》，载于《天津行政学院学报》2007 年第 2 期。

③ 王思斌：《积极托底的社会政策及其建构》，载于《中国社会科学》2017 年第 6 期。

④ 林卡：《社会政策、社会质量和中国大陆社会发展导向》，载于《社会科学》2013 年第 12 期。

⑤ 熊跃根：《作为社会治理的社会政策实施：技术理性与政治实践的结合》，载于《江海学刊》2015 年第 4 期。

⑥ 毛寿龙、李锐：《社会治理与社会政策的秩序维度》，载于《中国行政管理》2017 年第 4 期。

⑦ 关信平：《当前我国社会政策的目标及总体福利水平分析》，载于《中国社会科学》2017 年第 6 期。

⑧ 颜学勇、周美：《社会风险变迁背景下中国社会政策的调整：价值、内容与工具》，载于《广东社会科学》2018 年第 4 期。

⑨⑪ 李迎生、吕朝华：《社会主要矛盾转变与社会政策创新发展》，载于《国家行政学院学报》2018 年第 1 期。

⑩ 王思斌：《新常态下积极托底社会政策的建构》，载于《探索与争鸣》2015 年第 4 期。

⑫ 邵芬、谢晓如：《我国社会救助制度的发展和完善》，载于《云南社会科学》2004 年第 1 期。

⑬ 高美红：《新时期我国老年人社会福利政策制定的依据研究》，载于《新疆社科论坛》2008 年第 2 期。

⑭ 万经纬：《经济发达城市廉租房政策适用对象研究》，汕头大学硕士学位论文，2008 年。

⑮ 张齐武、徐燕雯：《经济适用房还是公共租赁房？——对住房保障政策改革的反思》，载于《公共管理学报》2010 年第 4 期。

⑯ 周晓红：《上海市廉租住房制度发展及问题研究》，载于《建筑学报》2010 年第 3 期。

⑰ 何灵、郭士征：《廉租住房保障退出机制：现状、问题与对策——以上海市为例》，载于《华东经济管理》2010 年第 2 期。

⑱ 冀慧珍：《可持续生计理念下的社会救助政策改革》，载于《中国行政管理》2012 年第 1 期。

⑲ 刘林：《中国城市老年人长期护理政策若干问题研究》，华东师范大学硕士学位论文，2012 年。

的概念出发，一般化地讨论社会政策的价值意涵①②③④，但是，通过政策文本解读来分析一种社会政策显现的或隐含的社会价值、社会政策变化中反映出的价值变迁以及两者之间的相互关系的政策过程研究并不多见。其实，着重于这样的政策过程的分析和考察，可以引导我们探寻特定的价值和社会政策的耦合关系与发展轨迹，引导我们思索价值体系的变迁推动下的社会政策的变迁及其走向，最终帮助我们反思政策的实际功效和完善政策体系。

正是基于上述的研究背景，本研究提出自己的研究问题，进入需要深入探讨的政策研究领域，展开自身的研究逻辑。

二、研究目的和意义

自20世纪50年代以来，中央政府和地方各级政府颁布了许多有关民生的社会政策，尤其是改革开放以来，不断制定和实施的各项以民生为指向的社会政策，对发展经济、和谐社会、稳定民心、促进进步、迎接小康，等等，都具有举足轻重和无可替代的作用。而党的十九大报告指出："中国社会主要矛盾已经转化为人民日益增长的美好生活需要和不平衡不充分的发展之间的矛盾"；"完善公共服务体系，保障群众基本生活，不断满足人民日益增长的美好生活需要，不断促进社会公平正义"，以及在党的十九大之前就明确提出："人民对美好生活的向往，就是我们的奋斗目标。"这些表述明确了满足人民的美好生活需要与促进社会公平正义的互动关系，更加为以社会公平为目标的社会政策理论发展提供了更为宽阔的视野和空间。因此，从纵向探索中国社会政策及其价值观的沿革，探索不同价值取向下的社会政策实施及其效果，对未来社会政策的制定与实践来说都是一件非常重要的工作。

具体而言，研究意义主要体现在下述两个方面。

（一）理论意义

第一，通过研究，把握目前有关民生的社会建设和社会管理的社会政策在价值理念方面的取向，尤其是社会政策的成效以及呈现出来的问题与不足，从而为

① 陈第华：《社会政策的公平价值取向研究——以"新医改方案"为例》，福建师范大学硕士学位论文，2010年。

② 李晓红：《市场化导向下社会政策公平性的缺失与回归——中国医疗改革政策的价值分析》，载于《理论观察》2011年第3期。

③ 王蕾：《以公平为基点反思我国住房保障政策》，载于《华东政法大学学报》2011年第6期。

④ 杨延冰：《社会公平：我国城市住房政策走向的伦理解读》，载于《开发研究》2012年第5期。

进一步探索奠定可靠的基础。

第二，对社会政策上升到价值理念的文化层面进行比较深入的讨论，在国内政策领域内还不多见，因此，本研究希望通过深入细致的研究以及扎实的研究成果分析当代中国社会政策的各种价值基础，揭示社会政策、价值理念和实施效果之间的相互关系，从而补充国内有关社会政策研究的理论成果。

（二）实践意义

已有的实践表明，目前有一些社会政策其价值理念存在着比较明显的偏差，突出的表现是它并不以民生为重点或核心，实施结果不仅无助于弱势群体生活状况的改善，相反是对他们的一种损害。因此，通过本研究来探寻社会政策的合理性，反省社会政策背后价值理念的适宜性，对其他以民生为重点的社会政策的制定乃至公共资源的配置等，都有一定的助益。

具体而言，本章通过深入探索，为进一步完善相关的社会政策，尤其是涉及千千万万民众及其生活的社会救助政策、婚姻家庭政策、住房政策等，提供了一定的参考价值。

三、主要研究内容

本章的研究主要采用文献研究辅助于深度访谈的方法，着重研究以下几个方面的内容。

（一）1949~1978 年国内有关社会政策和价值取向的关系探讨

价值就是指一个社会及其成员对社会所面临的问题所持的基本态度与信念——特别是对事物好恶、取舍或决定如何优先选择的原则和决定整体社会取向的指导原则[①]。那么，什么是社会政策？“社会政策是特以对于维护并增进社会的物质依存关系的贡献为其本质的政治努力及方法。”[②] 说得更明了一些，社会政策是一个政党或国家，为实现某个历史时期的路线、任务，达到一定目的而在社会生活和社会活动方面实施的有关行动准则[③]。但是，追溯历史可以了解，最早的社会政策发源于解决社会问题的实践活动，是一种中性的或趋于中性的功能化工具，而并非只是政府或国家的专权，还必须加入其他的社会组织，所以，也

---

① 李钦涌：《社会政策分析》，台湾巨流图书公司 1994 年版，第 82 页。

②③ 张敏杰：《社会政策及其在我国社会经济发展过程中的取向》，载于《浙江社会科学》1999 年第 6 期。

有专家坚持认为“社会政策是一定时期、一定区域内的各种社会力量为解决社会问题的协调的成果”①。

但是，无论概念的界定有多少区别，观点有多大差异，大家对于社会政策的功能或目的的看法基本趋于一致，即引导社会变迁，改革经济体制，缔造社会平等，通过实行资源支配权的再分配，以保证全体公民生活的安全，增进生活质量和促进社会公平。从这些功能的目的中可以看到，社会政策浸润着某种价值体系，两者之间的关系密不可分，因此有学者认为，价值在“制订社会政策过程中不断发挥影响力支配社会政策取向”。这些价值“协助参与决策者衡量是否有价值去达成某些目的，审核应否干某些事情；指出优劣好坏；以及知道如何分配社会资源、服务、财富、权力和机会等”②。事实上，价值与社会政策的关系不仅限于此，也不只静态地反映一个时期的社会价值体系。当一个国家的价值体系发生了重大变迁，国家的政策亦必随之发生变动。17 世纪以来科技革命的工业化，在推动整个人类社会进入现代化的同时，也带动了价值变迁，在不同的程度上，变迁后的价值系统的确也会塑型、影响政治、社会、经济、文化、思想及文学等人生的各个不同层面，因而导致了现代社会政策上的变迁③。

（二）国内现有社会政策价值基础及实施后果分析

基于民本主义、官本主义、人本主义、事本主义四个社会政策的价值维度，分析现有的有关民生的社会政策及其制定的价值基础，探讨不同价值理念指导下的社会政策的实施后果，具体而言，主要分析以下一些重要的社会政策以及实施效果，即：

第一，现有的社会救助政策的价值理念、演变以及实施效果；

第二，现有的廉租房政策的价值理念以及实施后果；

第三，现有的婚姻政策的价值理念以及实施成效。

四、重要概念界定

在本研究中经常需要提及一些重要概念，所以，在正式论述之前有必要对这些概念予以简要界定。

---

① 杨团：《社会政策的理论与思索》，载于《社会学研究》2000 年第 4 期。

②③ 崔德成：《社会政策的分析架构》，引自颜文雄主编：《香港社会政策的回响》，香港集贤社 1987 年版。

（一）社会政策

国内外有关社会政策的定义具有多样性，按照 T. H. 马歇尔（Marshall）的说法，社会政策是指政府所采取的一系列透过提供服务或资金直接影响公民福利的行动，其核心成分包括社会保险、公共援助、卫生福利服务和住房政策。英国学者肯·布莱克默（Ken Blakmore）认为社会政策就是为了达致提高人们的社会福利的目的和意识，由政府的法律、规章等所构成的规范性文本；同时，社会政策还包括决策和合法性的过程[①]。基于研究和操作化的角度考虑，本研究采用下述定义，即社会政策是一个政党或国家，为实现某个历史时期的路线、任务，达到一定目的而在社会生活和社会活动方面实施的有关行动准则[②]。

（二）社会政策价值

社会政策价值指某一特定社会政策内部所蕴含的价值，即该政策对政策目标进行设计，对政策资源进行收集、分配，对政策行为进行控制的指导思想、原则、基本态度和信念。

（三）民本主义

所谓民本主义就是在社会政策的订立和执行过程中把民众放在中心位置，强调全体民众在经济利益、政治权力等各个方面上分配的参与和享受的一种社会价值观。显然，高度关注平民在社会发展和社会生活各个环节中的权利、作用、地位和损益，是民本主义的核心思想[③]。

（四）官本主义

所谓官本主义就是在社会政策制定的过程中始终将官僚或官僚行政机构的地位居于首位，强调和确保所有官僚在社会各种分配体系中的实际利益和优先位置的一种社会价值观念。在一定程度上，也可以“以政府为本”的概念来替换官本主义。

---

① ［英］肯·布莱克默：《社会政策导论》，王宏亮等译，中国人民大学出版社 2009 年版，第 135 页。

② 张敏杰：《社会政策及其在我国社会经济发展过程中的取向》，载于《浙江社会科学》1999 年第 6 期。

③ 王思斌：《论民本主义的社区发展观》，“社区建设与发展”全国理论研讨会论文，2000 年。

（五）人本主义

所谓人本主义就是一切以人为中心，一切为了人的利益，强调人是社会政策思考的逻辑起点的一种社会价值体系，它关注的是社会政策的制订和实施的根本出发点是为了人的权利、尊严、需要、成长、发展以及最终实现人的价值。在西方社会思想史上，人本主义与神本主义相对立①，但是后者与本研究分析社会政策这一主题似乎关系不大。然而从实际的社会政策运作过程中，可以发现另外一种价值倾向与人本主义相对应，即事本主义。

（六）事本主义

所谓事本主义就是在制订社会政策中处处以事为中心，以考核为目标，以达标为动力，诸如此类。

除此之外，尚有一些概念会在行文中随时予以解释或说明。

第二节　关于民生的社会政策及其价值研究文献综述

国内外关于民生的社会政策及其价值的研究文献较多，如救助、就业、教育、医疗、住房、家庭、老年、青年等，本节尝试将其划分为两个部分，即总体社会政策价值研究和特定社会政策价值研究，并分别予以讨论。

一、国外关于民生的社会政策及其价值的研究文献概览

（一）总体社会政策价值的讨论

无论是社会政策还是公共政策，其蕴含的价值及其对政策实施和效果的影响，一直是海外相关学者高度关注的一个重大问题。

1. 政策和相关价值的讨论

英国学者肯·布莱克默（Ken Blakmore）在《社会政策导论》一书中明确指出，社会政策的基本原则指的是制定社会福利政策、教育政策、健康政策等社会

① 袁华音：《西方社会思想史》，南开大学出版社1988年版，第69页。

政策的基本指导思想，而“原则”经常包含道德或伦理的涵义，因此，社会政策反映了社会的道德和价值观①。

在肯·布莱克默看来，这些道德和价值观包括平等、公平、需求、自由和权利，等等。平等是在社会政策讨论中占有中心地位的一个原则，公平拓展了平等的涵义，而机会平等则是平等的另一种有用的表述，它首先可以运用于就业领域，可以帮助政策制定者排除歧视，拓展工作、教育和培训的渠道。其次，机会平等原则也可以改善健康和社会服务的渠道和效用。但是肯·布莱克默进一步指出，机会平等对不同的人来说意味着不同的结果。保守主义者和左派更赞成均等的机会，而右派则强调机会平等。这种不同的解释会使机会平等政策的实施产生完全不同的结果。肯·布莱克默将这种差异称为“相对均等机会”和“绝对均等机会”，并且通过图表将它们的差异描述出来（见表3－1）。

表3－1　　平等机会战略

最小干预原则	最大干预原则
平等政策的目标是确保每个人被公平对待或在一个相同的基础上被对待。基于性别、种族、残疾或其他不相关标准的歧视在多数情况下是非正义和不合法的	平等政策的目标是实现均等的结果。政策和法律应当比禁止不公平或消极的区别对待要进一步，必须肯定地鼓励或区别对待以使少数民族和其他弱势群体从制度或工作机会中获得均等的待遇
在水平相当的领域里“公平竞争”是这种途径的基本特征。结果应取决于其价值或需求	根本不存在一个水平相当的领域，一些处于控制地位的人享有历史优势，而这意味着他们决定如何定义价值和需求。即使价值很重要，仍然需要重新定义它，以使女性、残疾人等免受既有成见
个体应被同等对待。结果不均等，但却是公平的。任何积极或消极的区别对待都不应被允许	个体应根据他所属的社会群体和类型而被区别对待。积极行动或积极性区别对待都是必要的。其目的是让弱势群体获得利益或工作，而不是像以前那样被排斥
配额制、预备一定数量的工作、针对少数民族或弱势群体成员的教育场所或服务是非正义的	配额制可以按比例使各种群体都有所得，这可以使少数群体（女性、残疾人等）获得就业、教育和福利，如果没有这种制度，少数群体的境况就不会有所改变

① Ken Blakmore. *Social Policy*: *An Introduction* [M]. McGraw－Hill Australia Pty Ltd, 2003.

续表

最小干预原则	最大干预原则
最小干预原则最适合自由或保守的原则和价值观	最大干预原则是最适合社会民主和平等主义原则的，即便在右派占主导地位的美国也可以发现强硬的平等机会政策

资料来源：Ken Blakmore. *Social Policy*：*An Introduction* ［M］. McGraw – Hill Australia Pty Ltd，2003.

需求及其取舍也是社会政策蕴含的重要的价值观，肯·布莱克默引用学者布拉德肖（Bradshaw）的观点，认为政策对象的需求可以从四个主要维度予以定义①。

（1）感受性需求。这种需求即是人们可以感觉到的某种需求，它普遍存在，但可能是因为人们不想说出来，也可能是因为某种权力妨碍了这种需求的表达，所以，并不是所有的需求都可以被说出来。

（2）表达性需求。这是大家都知道的需求，它不是那种被隐藏起来的需求而是现实的，也非受到权力压迫而不愿表达或无法表达的需求。

（3）标准需求。这是由某种专业标准衡量的需求，比如，社会工作者有责任为孤儿寻找寄养家庭，此时他需要判断那个家庭是否能够满足这个孩子的需求，这个时候的需求即是有专业标准来确定的。

（4）比较性需求。该需求指的是一群人和与自己相关的另一群人进行比较而显示出来的需求，它涉及公正问题，如果有两个相似的群体，但只有一个获得某种利益或服务，没有得到福利的群体这时被不公正地剥夺了并处于相对需求之中。

“自由和权利”也是社会政策中核心的价值理念，肯·布莱克默首先以问题的方式表明自由的重要性，即：社会政策的历史说明社会政策主要围绕这样一个问题展开，那就是政府在缓和以市场和竞争为基础的社会状况中应走多远？政府在保障公民自由和安全方面该走多远？政府如何保证公民享有消极自由和积极自由？也即怎样才能使人们既享有免受歧视和伤害的自由，又有接受一定程度福利的自由，从而使人们过上符合一定标准的生活？肯·布莱克默引用学者马歇尔将权利和自由相区分的思路，赞同把权利划分为公民权利、政治权利和社会权利，认为社会政策应该保障社会成员享有其中的一种或多种权利。

马歇尔的权利分类的具体内容如下②：

---

① Blakmore K.，Boneham M. *Age*，*Race and Ethnicity* ［M］. Buckingham：Open University Press，1994.

② Marshall T. H. *Social Policy* ［M］. London：Hutchison，1970.

（1）公民权利。这是法律保护的基本权利，比如不受歧视的权利、不被随意拘留的权利、结社和公开发表言论的权利、出版自由权等。

（2）政治权利。这是和选举、加入政党、支持政府和民主制度相关的权利。

（3）社会权利。这种权利包含多种不同的层次，它涉及对资源和相关权利的承诺，比如教育、社会福利和社会保障，换言之，社会权利是得到福利制度提供的利益的权利。

2. 政策价值体系讨论

不少学者研究认为，社会政策或公共政策包含了一组具有逻辑关系的价值体系，说到底是一种内含不同结构与功能的政策创新体系。保罗·萨巴蒂尔（Paul A. Sabatier）等认为，公共政策的价值是一个由不同价值因素构成的动态系统，它由"深核（核心价值）""近核（政策价值）"和"次级方面（具体的行为价值）"三个层面的价值构成。一般而言，当某一政策系统发生变化时，相应的政策价值取向也会发生变化，它首先反映在政策信仰子系统的"次级方面"，如果它能够成功地回应外部条件变化，则"次级方面"依然如故或稍作调整；若不能成功，则说明仅在"次级方面"调整已经不能满足客观社会变化的需要，这时价值变化一般会上升至"近核"。"近核"是某一政治系统价值发生变化的上限，许多政策问题都可以在这一层面上获得解决。如果"近核"仍然不能成功回应外界巨大的变化，那么"深核"层面上的价值取向变化就会出现①。而"深核"价值的变化则相当于托马斯·库恩（Thomas S. Kuhn）在《科学革命的结构》一书中所指出的"科学革命"。在对"次级方面"→"近核"→"深核"的逐层推进过程中，政策价值由外向内、由表及里不断发生变化及演进。

（二）特定社会政策价值的探析

除了总体上讨论政策价值的议题外，海外更多的文献围绕着具体政策及价值展开深入探究。关于社会救助政策及其价值历来是海外学界讨论的重要议题之一，如美国学者哈罗德·丁·伯尔曼明确指出，"社会保障权是弱者的权利，是国家给予弱者的帮助和救济，是国家对于弱者的一种仁慈，仁慈是正义的女儿；它是从正义中生出，并且不能与正义作对"②。"社会成员中总有一部分人群没有过错却由于运气不佳而不能过上一般水平的生活，社会如果不能给他们福利救助

---

① Paul A. Sabatier, Hank C. Jenkins – Smith. *Policy Change and Learning* [M]. Colorado: Westview Press, Inc., 1993.

② ［美］哈罗德·丁·伯尔曼：《法律与革命》，贺卫方译，中国大百科全书出版社1993年版，第57页。

他们，是极大的不公正。”[①] 其他学者如罗伯特·诺齐克、罗纳德·德沃金等也对社会政策中的权利与正义的问题进行了精彩论述。

家庭政策也是社会政策的重要构成部分，但是对于家庭政策中持守怎样的价值取向，各国制定的政策不尽相同。国外学者研究表明，国外社会政策制定对家庭的关注表现出了四种态度，并深刻影响着社会政策的内容安排：第一，支持家庭生育的社会政策取向，以意大利、西班牙、希腊、葡萄牙等为代表；第二，支持传统家庭的社会政策取向，以法国、德国、奥地利、荷兰等为代表；第三，支持家庭两性平等的社会政策取向，以瑞典、丹麦、芬兰、挪威等为代表；第四，支持家庭但不干预的社会政策取向，以美国、英国、澳大利亚、加拿大等为代表。在国外社会政策话语中，总是强调家庭是社会的基础，应该得到保护和支持，但是在研究和实践中，很少系统地把家庭置于中心位置之上，而仅是作为一种考量因素，在制定、实施和评估政策时，把家庭纳入考虑，权衡社会政策的选择。而美国的社会政策从 20 世纪 70 年代开始关注家庭，到了 21 世纪，在政策制定过程中，家庭同经济、环境等领域一样，得到了社会政策的重视，具体详见表 3－2。

表 3－2　　国外社会政策制定对家庭的关注和政策取向

对家庭的关注	社会政策的取向
支持家庭/支持生育模式（pro-family/pro-natalist model）	主要关注的是低生育率，认为支持家庭生育更多的孩子是政府的主要责任。它更多地采用现金补贴、产假和儿童保育等政策措施，用于减少家庭生育的障碍。虽然它不鼓励女性外出工作，但是政府也创造了条件，使就业不会成为儿童抚育的障碍。自愿选择成为父母的原则被普遍接受，所有的家庭都有权自由选择家庭的规模，即让大家庭更受到政府支持
支持传统家庭模式（pro-traditional）	主要关注的是保留传统家庭。政府部分肩负支持家庭的责任，同时鼓励传统的男性养家糊口的家庭模式，相信家庭、社区和慈善组织在支持家庭方面发挥着主要作用。虽然对外出工作的母亲提供某些福利，但是女性就业障碍的持续存在，反映了传统的性别分工模式更受到期待。这种模式给儿童保育提供的支持也很少，没有给妇女提供轻易兼顾就业和家庭责任的机会。相反，政府更倾向于延长儿童保育假期，这样母亲就能够在工作获得保障的同时有更多时间和幼儿待在家中

① R. Plant. The very idea of a welfare state. In P. Bean, J. Ferris and D. Whynes. *In Defence of Welfare* [M]. London: Tavis-tock, 1985: 15.

续表

对家庭的关注	社会政策的取向
支持家庭两性平等模式(pro-egalitarian model)	主要关注和促进两性平等。政府承担了所有支持家庭的责任，特别是对工作父母提供支持，这和支持传统模式形成了鲜明对比。为了促进更为平等的性别角色的形成，政府创造各种条件和机会使妇女能够更容易地兼顾就业和家庭，促使父亲在儿童保育方面扮演更为重要的角色。有关育儿假期的立法是这个模式的核心之一。诸如照顾生病幼儿的假期和大量的儿童保育设施等福利，也成为促进男女平等的方法
支持家庭但不干预模式(pro-family but non-interventionist model)	政府有责任提供支持的家庭只是那些低收入的、贫困的等需要帮助的家庭。这种政策模式并不是不鼓励女性参与劳动力市场，但是政府在这方面给予的支持非常有限，而传统的家庭仍然受到高度赞赏。政府相信家庭能够自给自足，相信市场的优势，国家给所有家庭提供的支持保持在最低限度。这些国家很少采用普惠制的福利。产假的水平也非常低，因为政府认为不应该给雇主增加额外的限制和负担，提供产假等福利不是私营雇主的责任，政府对这个领域的干预维持在最低限度。政府也没有责任提供儿童保育设施，但是鼓励雇主提供非正规的安排和服务

资料来源：摘自王阳：《社会政策融入家庭视角的国外经验与我国借鉴》，载于《上海城市管理》2015 年第 6 期。

二、国内关于民生的社会政策及其价值的研究文献探讨

（一）总体社会政策价值的讨论

在国内，不少文献将公共政策和社会政策交叉起来予以讨论，这种情况的出现，大概源于这两个学术研究领域有重叠之处，所以，本节在讨论相关议题的时候，在重点选择社会政策文献的前提下，有时候也会涉及部分公共政策领域里的研究文献。

1. 关于社会政策价值的内涵

一般而言，价值是指一个社会及其成员对社会所面临的问题所持的基本态度与信念——特别是对事物好恶、取舍或决定如何优先选择的原则和决定整体社会

取向的指导原则[①]。由此，社会政策价值含有两层含义：一是政策本身的价值，具体是指作为价值客体的社会政策或公共政策对作为价值主体的个人、团体、社会的需要和利益的满足，是对主体的存在和发展所具有的积极作用和意义[②]。二是政策的价值取向，它包含有三种意思：第一，社会政策的价值态度和价值取舍模式，主要指在一定的价值观支配下的决策者的社会政策或公共政策价值分配的利益倾向与选择[③]；第二，政策制定者以及其他涉及政策决策过程的人共有的偏好、个人愿望和目标[④]；第三，对社会资源的提取和分配以及对行为管制的选择，即对政策系统行为的选择[⑤]。

综合上述各种解释，本章认为，社会政策价值是指社会政策或某一特定社会政策所蕴含的价值，即该项政策对政策目标进行设计，对政策资源进行收集、分配，对政策行为进行控制的指导思想、价值原则、基本态度和信念，它们对政策的实施及其效果的显现具有很大的影响。

2. 关于社会政策价值的意义

许多文献都涉及讨论社会政策价值意义的议题，概括起来可以把这些论述划分成两大类，即关于社会政策价值对社会政策自身意义的讨论，以及社会政策价值对社会发展的影响的讨论。

（1）社会政策价值对社会政策自身的意义。

社会政策价值是社会政策的出发点和最终归宿，对社会政策自身具有重要的指导和决定性作用。政治系统论创立者戴维·伊斯顿（David Easton）认为，社会政策“就是对全社会的价值作权威的分配”[⑥]。徐道稳则将“价值选择”喻为社会政策的灵魂，并将其作为社会政策四维视角的实质内容[⑦]。归纳起来，在这方面的观点主要体现在以下两点：

第一，政策价值成为指导社会政策制定及实施的基本依据。

虽然学者对社会政策的界定不尽相同，但对其功能和目的却有共识，就是通过社会资源的再分配，提升所有社会成员的生活质量，并引导社会发展和变革、促进社会平等和公平。由此可见，作为政府进行社会管理及服务的一项制度与实践，社会政策的功能和目的本身就已经蕴含了发展、平等、公平等价值观。在此

---

① 李钦涌：《社会政策分析》，台湾巨流图书公司 1994 年版，第 82 页。

② 樊蕾：《当代中国公共政策价值取向研究：演进轨迹与发展逻辑》，山西大学硕士学位论文，2010 年。

③ 赵映诚：《公共政策价值取向研究》，现代教育出版社 2008 年版。

④ 王立鹏、赵丽丽：《中国社会转型时期公共政策价值理念转变创新》，载于《边疆经济与文化》2015 年第 4 期。

⑤ 陈振民：《政策科学》，中国人民大学出版社 1998 年版，第 68 页。

⑥ ［美］詹姆斯·安德森：《公共政策》，唐亮译，华夏出版社 1990 年版，第 24 页。

⑦ 徐道稳：《社会政策的四维视角》，载于《社会科学研究》2005 年第 3 期。

前提之下，社会政策的制定、实施及其实施过程中具体问题的处理等所有的具体操作，都必须将价值作为基本依据。因此，有学者总结说，社会政策价值是“社会政策的灵魂，自始至终贯穿于政策的整个环节，像是一只‘无形的手’，时刻指导着政策的实施和执行”[①]。

第二，政策价值成为约束和调整决策者行为的基本规范。

社会政策价值是决策者评估、选择其决策行为，决定如何运用和分配社会资源的基本原则、价值标准和行为规范。特定的政策价值取向对决策者的行为具有某种原则性的要求。只有当决策者的行为符合这些原则要求时，才能被社会公众所接受，并通过政策的实施被实现。当他们的行为违背或超出这些原则时，公众的反映则可能是反面的。另外，社会政策价值也可以帮助决策者不断调整自己的行为，以保障其外在行为和内在价值系统相一致。价值对决策者的规范和调节能够使政策过程与政策原初的价值原则保持理性和一致，而不至于前后矛盾，在具体的实施过程中偏离原来的预设目标和追求[②]。

（2）社会政策价值对社会发展的影响。

现代社会政策理论的创始人蒂特马斯（Richard Titmuss）认为，“在社会福利体系之内，人们无法逃避各种价值选择”[③]，也即社会政策与其所处的社会环境密切相关。一方面，社会政策天然地渗透着社会价值，其价值深受社会价值的影响；另一方面，“社会政策隐含的价值观也会对社会发展自身产生深刻的影响”[④]。总结过往的研究成果，这种影响主要表现在以下几个方面：

第一，政策价值指引和引导社会发展的方向。

因为社会政策的主体会根据该政策的价值取向指导自己的行为，所以社会政策价值决定了它的内容，以及制定、实施等各个环节的实践过程。而通过社会政策的实施和推广，社会政策价值会对社会政策过程中所有参与者的价值产生影响，并可能会慢慢得到社会的普遍认同，从而指引和引导社会发展的方向。基于此，有学者认为，社会政策价值对“社会发展和进步具有方向指南的作用”[⑤]。

第二，政策价值影响公众道德观念和社会道德风尚。

因为社会政策或公共政策的主要功能是管理社会公共事务的工具和手段，是社会不同利益的调节器。它的制定及实施涉及的是公共利益，因而影响者甚众，而且它本身渗透、代表或体现着主流价值观念。在其运用自己的价值标准和原则

---

① 徐小路：《中国公共政策制定过程中的价值取向分析》，南京师范大学硕士学位论文，2013年。

② 樊蕾：《当代中国公共政策价值取向研究：演进轨迹与发展逻辑》，山西大学硕士学位论文，2010年。

③ ［英］蒂特马斯：《社会政策十讲》，江绍康译，商务印书馆（香港）有限公司1991年版。

④ 熊跃根：《社会政策：理论与分析方法》，中国人民大学出版社2009年版，第49页。

⑤ 罗建文、李静：《民生时代我国公共政策的价值选择》，载于《中国行政管理》2011年第6期。

解决社会问题、化解社会矛盾的过程中，社会政策或公共政策价值会影响到很多人，乃至于全社会的道德观念和道德风尚。因此，有学者认为，通过具体的实施过程，社会政策或公共政策蕴含的价值理念会对社会公众的道德价值观念和社会道德风尚产生直接、巨大的积极或消极影响①。

3. 关于社会政策价值的内容

关于社会政策价值的内容，不同的学者从不同角度提出了不同观点。虽然各有侧重，但也有相同之处。总体看来，较多被研究提及的社会政策价值的内容有平等、公平、公正、人本、民主、秩序、自由、福祉、民生、和谐、公共利益、团结、利他、效率、共享、幸福、和谐等。对此，本研究选择过往研究论述较多的几个方面进行梳理。

（1）公平。

沈训芳认为，公平既具有客观性，也具有主观性。首先，它是政治、经济等各种社会利益在全体社会成员之间的合理分配，是可以客观衡量和评估的，也是由制度安排、社会结构等社会环境决定的。另外，公平也是一种主观感受，在一定程度上取决于社会个体对社会公平的主观感受和评价②。王顺达也明确强调其主观性，认为公平、公正是主体对社会关系状态的主观认同③。但多数研究都较重视公平的客观性，认为公平是政策对社会资源的合理配置或分配④。

在此基础上，学者进一步讨论公平的内涵层次问题。沈训芳认为，公平包括三个层面的涵义：一是政治权利的平等性；二是伦理人格的平等性；三是利益分配的合理性。夏文斌认为，社会政策或公共政策的内容是处理政治、经济和社会事务，因此公平就有政治公平、经济公平和伦理公平三种形态；从社会政策或公共政策的实践走向来看，它通过一定的规则和秩序实现公平，因此，社会政策或公共政策的公平可以分为规则公平、程序公平和实质公平⑤。

公平对社会政策的本质维护及具体实施具有重要意义。首先，社会政策的本质和基本价值目标在于维护社会公平，所以失去公平的价值核心，社会政策就会彻底沦为理性工具，而成为无根之木、无源之水⑥。其次，公平是绝大多数社会

---

① 王正平、李耀锋：《论社会公共政策的道德价值》，载于《上海师范大学学报》（哲学社会科学版）2012 年第 3 期。

② 沈训芳：《政府必须维护市场经济条件下的社会公平》，载于《学术月刊》1996 年第 6 期。

③ 王顺达：《从价值观的作用和发展趋势看经济社会政策的价值引导》，载于《重庆工商大学学报》（社会科学版）2011 年第 4 期。

④ 苗振国、王家斌：《论我国公共政策价值取向的三维建构》，载于《四川行政学院学报》2007 年第 5 期。

⑤ 夏文斌：《公平、效率与当代社会发展》，北京大学出版社 2006 年版，第 89 页。

⑥ 李发戈：《现代政府公共政策的价值取向》，载于《成都行政学院学报》2010 年第 1 期。

成员对社会政策的期待，只有坚持公平的价值，社会政策才能获得公众对政府和政策的信任，才能减少行政主体与公众之间的摩擦[①]。

（2）公正。

以往的研究普遍认同“社会公正”是当代社会政策的核心价值观念之一，而且都认为公正涉及伦理价值判断，是道义层面的是非标准问题。关于公正内涵的具体界定，可以分为两大类。

第一类较为看重人本身，孔凡瑜的观点具有代表性[②]。这一类观点认为公正就是公平与正义，是所有人在人格上，以及生存权和发展权上的平等；作为道德上的一种善，公正意味着以平等之心对待所有人，尊重和维护每个人的个人尊严和生命价值的品质。公正包括两个层面的问题：一是公正是一种良性的价值追求，具有一定的未来性；二是公正离不开现实的社会土壤，受特定的经济社会条件的影响。

第二类较为强调资源、权利义务的分配。比如，杨芳认为，政策层面的公正是依据正当合理的原则所进行的正义安排[③]。陈静认为社会政策是公正在社会领域的具体化；其目的不是要消灭社会差别，而是期望通过良好的制度安排，合理有序地调节社会成员的权利和义务[④]。文勇、刘新庚则认为，公正就是采纳同一套评判标准对社会财富进行分配，是社会成员在社会分配关系的相对比较中获得的一种价值评判，其本质是在一定的社会生产条件下，对社会主体间财富分配关系的一种直接反映，社会生产关系的性质决定公正的程度与性质[⑤]。

（3）人本。

“人是一切价值的出发点，也是一切价值运动的归宿。无论价值现象多么复杂，多么变异不定，多么扑朔迷离，它的源、它的根、它的本就在人这里，抓住了人也就是抓住了价值问题的根本，只有抓住了人才能找到和猜对价值之谜的继底。”[⑥] 学者们普遍认同价值问题的根本在于“人”，都同意将人本作为社会政策的核心价值之一。

---

① 邝光裕、杨芳：《当前公共政策多元价值取向的探讨》，载于《辽宁行政学院学报》2012 年第 11 期。

② 孔凡瑜、周柏春：《公共政策价值的甄别与选择：民生、公正、效率》，载于《前沿》2011 年第 19 期。

③ 杨芳：《公共政策价值谱系及其实现路径》，载于《中山大学学报》（社会科学版）2014 年第 2 期。

④ 陈静：《社会政策中的“社会公正”价值取向》，载于《法制与经济》（下旬刊）2009 年第 10 期。

⑤ 文勇、刘新庚：《伦理视角下公共政策“公正”的核心价值》，载于《甘肃社会科学》2012 年第 2 期。

⑥ ［美］马斯洛：《动机与人格》，许金声、程朝翔译，华夏出版社 1987 年版，第 151 页。

人本，即“以人为本”，就是强调社会政策应该以人的价值为核心，把不断满足人的各种需要，促进人的平等、全面发展作为社会政策的出发点、落脚点、最终归宿和最高价值目标①②。这里的“人”不只局限于具备某种特定条件的“少数人”，而是指“所有人”，没有阶层、民族、地位、收入等方面的差别。具体来说，全面发展包括：第一，不断提高文化生活水平和健康水平；第二，尊重和保障人权，包括公民的政治、经济、文化权利；第三，不断提高人们的思想道德素质、科学文化素质和健康素质；第四，就是要创造人们平等发展，充分发挥聪明才智的社会环境③；第五，不但强调人民的义务、责任和奉献，而且强调人民权利、利益和价值的实现④。

不同学者还从不同角度论述了将“人本”作为社会政策核心价值的意义和必要性。徐小路从社会政策的本质和目的的角度出发，认为社会政策的本质和目的在于为人服务，如果忽视人的需求和发展，社会政策即失去了存在的根本意义⑤。只有在制定和执行的各个环节中坚持“以人为本”，尊重和实现所有人的权利和利益，才能获得人们的认可，才能始终焕发活力和生命力。廖江华将“以人为本”作为正确处理效率与公平间矛盾的最终依据、构建和谐社会的必要前提和重要保证⑥。邝光裕则认为，强调以人为本有助于兼顾社会各个不同阶层的利益，促进和谐社会的建设和发展⑦。

（4）民主。

在西方，良好的社会政策或公共政策必须同时达到两个目标：一是保证行使决策权及避免决策权的行使不受限制；二是能够由此产生优秀的公共产品和服务⑧。而要保障这两大目标的实现，政策民主是重要前提。所谓民主，是指在政策制定过程中广泛征求民意，提高公众参与政府决策和管理的可能性和现实性，集思广益，从而形成对广大公众有利的政策⑨。

将民主作为政策的核心价值有助于：第一，保障政策获得民众的认同和支持；第二，保障公共权力的公共性质；第三，增加民众参与决策的机会，从而避免权力的滥用、降低政策风险；第四，维护民众的自身利益，提高政策效率和社

---

①③⑤⑨ 徐小路：《中国公共政策制定过程中的价值取向分析》，南京师范大学硕士学位论文，2013年。

②④ 李庆浩、苏建宁：《论公共政策评估标准的价值取向——从“以人为本”的角度出发》，载于《企业导报》2011年第11期。

⑥ 廖江华：《以人为本应成为我国公共政策的核心价值取向》，载于《延边教育学院学报》2010年第4期。

⑦ 邝光裕、杨芳：《当前公共政策多元价值取向的探讨》，载于《辽宁行政学院学报》2012年第11期。

⑧ 于兆波：《立法政策论》，北京大学出版社2005年版，第70页。

会的民主程度[①]；第五，提高政府的执政能力[②]。

（5）民生。

民生是指人民的生活及生计问题，包括民众的衣、食、住、行、用，生、老、病、残、死等方面。民生构成社会生活的最基本内容，也是国家和社会组织活动的重要目的[③]。具体而言，民生主要包括三方面的内容：一是生存权，就是保证公民最基本的生活需要；二是尊严权，就是保证公民个体在社会生活中能够得到较为一致的尊重，不因行业、出身、能力、财富等的差异给公民自身带来评价性伤害；三是就业权，从根本上说就是赋予公民个体生存的机会和位置，使其能够就业并得以安生[④]。无疑，这三方面内容都凸显了一个重要的价值理念，即以"民生为本"的思想。而国内许多具体的社会政策，如社会救助政策、廉租房政策、老年人保护政策、婚姻家庭政策等，无一不与民生问题有关，因而这些政策是否包含了"民生为本"的理念，就是一个非常值得深入探讨的议题。

值得关注的是，还有一些研究文献分析了特定的时代背景和社会条件下，社会政策价值应该强调的核心内容。比如，刘福敏认为，社会政策的价值体系包括效率、公平、公正、自由、秩序等，而科学发展观中的"以人为本"则是更高层次的价值追求，所以，应该将"以人为本"作为科学发展时代的社会政策核心价值，并以此统合公平与效率二者之间的矛盾[⑤]。王庆华则分析了价值博弈在我们目前所处的利益博弈时代所具有的重要意义，认为科学发展观规定的"以人为本"是社会政策的核心价值；富裕、和谐与自由反映了人在物质、社会、政治三个层面的需要，也是社会政策价值的最终指向[⑥]。罗建文认为，中国目前的社会发展已经进入民生新时代，在这种时代背景下，社会政策或公共政策的基本价值目标应该是"不断改善民生、不断提高民生质量，实现人的全面发展"[⑦]。周柏春则分析了在目前的社会条件下，将民生作为社会政策或公共政策价值基点的必要性，以及理论与实践缘由[⑧]。王立鹏认为中国的社会政策或公共政策价值理念

---

① 徐小路：《中国公共政策制定过程中的价值取向分析》，南京师范大学硕士学位论文，2013 年。

② 余曙光、邓浪：《我国政府决策科学化民主化的探索》，载于《西南民族大学学报》（人文社科版）2005 年第 8 期。

③ 曹文宏：《民生问题的政治学解读：一种民生政治观》，载于《探索》2007 年第 6 期。

④ 孔凡瑜、周柏春：《公共政策价值的甄别与选择：民生、公正、效率》，载于《前沿》2011 年第 19 期。

⑤ 刘福敏：《科学发展观指导下我国公共政策价值取向的有效整合和贯彻》，载于《毛泽东思想研究》2011 年第 4 期。

⑥ 王庆华：《利益博弈时代公共政策的价值取向》，载于《吉林大学社会科学学报》2010 年第 2 期。

⑦ 罗建文、李静：《民生时代我国公共政策的价值选择》，载于《中国行政管理》2011 年第 6 期。

⑧ 周柏春、孔凡瑜：《民生与公共政策价值基点的重塑》，载于《湖北社会科学》2011 年第 4 期。

经历了从“以物为本”到“以人为本”的转变，在目前的社会转型期，应该将“以心为本”作为社会政策或公共政策的价值理念。“以心为本”强调人内在的心灵的自觉，具体包括公共治理、公共和谐、公共幸福三方面的内容①。

21 世纪初始，包容性社会政策的概念和讨论在国内学界开始兴起，包容性社会政策的实质与目标就是保障发展成果由全体社会成员共享。为此，有学者在省思中国社会政策发展的历史轨迹的基础上，比较深入地探讨了价值与社会政策的关系以及包容性社会政策的构建。作者认为，基于历史的维度，1949 年以来，中国的社会政策经历了两个主要发展阶段。

第一阶段为 1949～1979 年，以计划经济体制为中心的社会政策模式。在这个阶段，由于社会政策初步形成，且主要服务于政治政策，因此，价值取向是朴素的平等主义、平均主义以及虚构的集体主义，在社会政策上表现为重政治追求与集体发展，轻物质刺激与个人福利。而且，中国传统社会“崇公抑私”的价值观得以继承和发扬，并深刻影响着当时的社会政策，社会福利处于从属地位，个体的利益和权利被忽视。

第二阶段为 1979 年至今，建立在社会主义市场经济体制改革基础上的社会政策转型模式。在这个阶段，社会政策开始服务于经济政策，处处以经济建设为中心，这个社会倡导的价值取向是效率优先、兼顾公平，表现在社会政策上则倾斜于特殊区域、行业等群体，激发了社会成员的积极性和能动性，但也带来了社会分化以及群体之间的矛盾与冲突。正因为如此，面对新常态和新情况，作者进一步指出，中国社会政策需要新的调整和发展方向，即建构包容性社会政策，与此同时，也要重塑新的价值取向。包容性社会政策的选择既要基于事实判断，又需要明确的价值取向指引。具体而言，包容性社会政策必须遵循基础价值取向——秉持社会公正；核心价值取向——尊重多元化选择；根本价值取向——以社会整体性为本；目标价值取向——共享社会发展成果②。

2013 年起托底社会政策的讨论成为热门话题。托底社会政策所倡导的公正，应体现着正义、平等与公共理性；托底社会政策所追求的共享，应是社会成员普遍性的、补偿性的、可持续性的共享经济社会发展成果；托底社会政策所解决的需要应以个人的生命周期为基础，再以此制定、完善相应的社会保护政策③。

---

① 王立鹏、赵丽丽：《中国社会转型时期公共政策价值理念转变创新》，载于《边疆经济与文化》2015 年第 4 期。

② 王芝华：《构建包容性社会政策价值取向的四个维度》，载于《求实》2016 年第 9 期。

③ 张世青、王文娟：《公正、共享与需要：托底社会政策的价值定位》，载于《济南大学学报》（社会科学版）2018 年第 1 期。

（二）特定社会政策价值的探析

相比较对于具体社会政策的制定、实施、评估等研究文献，国内有关特定或具体的社会政策价值探讨的研究成果则少得多。在数量有限的文献中，大致可以划分为以下三个研究主题：

1. 对已经实施的具体社会政策价值的探讨

王海娟梳理了1949～1978年中国孤残儿童社会政策的内容体系，并对其进行了价值分析，认为该时期孤残儿童社会政策的价值取向有三种特点：（1）注重公平正义。新中国成立之前的孤残儿童社会政策主要是贯彻平均主义；新中国成立之初，建立在互助基础之上的孤残儿童社会保障政策体现出鲜明的公平特征。（2）强调社会控制。以家长主义为基本价值取向，国家对孤残儿童的各种福利需求采取一系列包揽政策。（3）重视集体主义。强调从虚幻的集体主义（“大跃进”和“文革”时期）转换为真实的集体主义，忽视孤残儿童的个人福利和个人利益[①]。作者认为，当今的孤残儿童政策应该兼顾公平与效率，并将自由与控制相结合、个人与集体相统一。

邓斌分析了中国廉租房政策的出台背景及具体内容，认为该政策是中国公共政策公平价值取向的具体体现。因为它既是对人性公平权利的肯定（社会层面），也体现了中国政府民本的治理观念（政府层面）及社会成员对住房的基本需求（个人层面）[②]。

林卡、侯百谦从社会公平、社会公正、社会正义三个价值理念出发对退休人员继续缴纳医保费用这一政策提议展开讨论，认为退休人员缴纳医保费用这一提议既有违公平、公正原则，又与社会发展大势背道而驰，且无益于解决医保费用缺口问题。通过对这一政策的价值分析，强调价值理念在社会政策分析中所具有的功用[③]。

2. 具体社会政策实然价值和应然价值的比较

谢宇、谢建社以贫困救助政策为研究对象，首先提出了发展型社会政策视角下的支出型贫困概念，它是指家庭收入虽位于贫困线之上，但由于刚性支出的存在，家庭在进行消费决策的时候，通过减少弹性较大的发展性支出，使总体消费

---

① 王海娟：《1949～1978年我国孤残儿童社会政策的价值研究》，河南师范大学硕士学位论文，2015年。

② 邓彬、陶叡：《基于公共政策价值分析视野下的中国廉租房政策分析》，载于《湖北广播电视大学学报》2013年第5期。

③ 林卡、侯百谦：《基于价值理念对社会政策项目的讨论和评估——由退休人员医保缴费的论争说起》，载于《浙江大学学报》（人文社会科学版）2016年第6期。

水平压低至贫困线以下，或家庭支出长期高于收入，导致家庭实际生活水平处于绝对贫困状态的现象①。经过研究，作者认为支出型贫困中的支出类别进一步划分为两种类型，即维持性支出——指家庭及其成员为了维持基本生存所需要的消费开支，包括基本的衣食住行、医疗救治、养老殡葬、突发灾害事件等维护基本生存所必须支付货币支出的总和，以及发展性支出——指家庭及其成员为了实现自主脱贫、寻求发展所需要的消费开支，包括子女教育、就业培训、健康保健等促进发展所需要支付货币支出的总和。

在此基础上，笔者详细比较了支出型贫困与传统收入型贫困救助的差异。与传统的收入型贫困相比，支出型贫困在救助理念、救助目标、救助形式、救助对象及覆盖人群等方面存在很大的不同。其中，在救助理念（价值）上的不同是，从解决个人温饱到改善社会福利。收入型贫困救助的核心理念在于，强调政府对国民公共福利的有限责任。在此之下，贫困问题大部分时候等同于无法满足温饱需要，而社会救助及措施则仅限于解决温饱问题。支出型贫困救助的核心理念主张社会投资导向型的社会福利政策。社会政策不仅要关注贫困人口的生存问题，更要关注其发展性需要。通过投资于就业、创业计划、人力资本及公共卫生医疗保健等领域，消减贫困人口经济和社会参与的障碍，从而改善他们的福利状况，实现充分就业和社会融合，并最终改善广大社会成员的整体福利。

3. 对未来具体社会政策应该具备的价值的探讨

部分研究文献对未来具体社会政策应该具备的价值进行了描述与展望，蔡新霞认为，随着城市化进程的推进，农民工的价值诉求正由基本生存向发展层面转变，农民工社会政策的价值取向也应从生存保护向发展促进转型。首先农民工社会政策需要一个破除城市权威的平等语境。在平等的社会政策语境下，一方面推进农民工进城落户安居，实现市民化转型；另一方面正确引导农民工返乡创业，实现向新型职业农民转型②。

徐道稳认为，中国《城市居民最低生活保障条例》的颁布实现了三个方面的价值转变——对家庭而言，是从无限责任到有限责任；对个人而言，是从施恩论到权利论；对政府而言，是从特殊主义到普遍主义——讨论的基础上，认为家庭的有限责任、权利论和普遍主义价值追求预示了中国社会救助制度的发展方向③。与社会救助价值转变同样重要的是价值建设，所谓社会救助的价值建设是指把法

---

① 谢宇、谢建社：《发展型社会政策视角下的支出型贫困问题研究》，载于《学习与探索》2017年第3期。

② 蔡新霞：《发展促进型价值取向的农民工社会政策探讨》，载于《福建广播电视大学学报》2015年第5期。

③ 徐道稳：《论我国社会救助制度的价值转变和价值建设》，载于《社会科学辑刊》2001年第4期。

律规定中所体现的现代价值（应然的）转化为实际工作者和广大民众所信奉的价值观念和行为准则（实然的）的过程。社会救助的价值建设涉及三个方面的问题。

第一，价值建设的内容。如重视人的价值和尊严；承认人的潜能和权利；人与人之间相互依存并具有相互的社会责任；每个人都有权利参与社会活动并通过合适的手段实现自己的基本权利；社会有义务促进个人的自我实现；社会通过个体成员的贡献有权利变富；等等。

第二，价值建设的主体。价值建设是一个长期的复杂的文化互动过程，需要政府的积极推动以及民间组织和广大公民的广泛参与。政府在价值建设的过程中起着主导作用。首先，政府是社会救助的主要责任者，其价值观念直接影响社会救助行为；其次，政府是大众传媒的垄断者，其价值观念左右传媒的宣传导向，从而影响广大群众的价值观念的转变。

第三，价值建设的渠道。价值建设的渠道至少有三条，即专业杂志、大众传媒和专业工作者，它们对价值建设都有不可推卸的社会责任。

（三）国内关于社会政策价值变迁和价值偏离的讨论

除了上述将已有的研究文献划分成整体性的社会政策价值讨论和特定的社会政策价值讨论之外，还有一小部分文献专事探讨国内社会政策价值变迁这一重要议题。如前文所述，社会政策价值必然会受到社会环境及社会价值的影响。随着社会的发展变化，中国内地的社会政策价值也在不断调整和变化。不少学者注意到了这一现象，并对其从不同角度，按照不同线索进行了不同的呈现和分析。

1. 以价值内容为线索

范明林综合分析了世界各国社会政策的演进，将其总结为四种社会价值类型：民本主义、官本主义、人本主义和事本主义。民本主义就是在社会政策的订立和执行过程中把民众放在中心位置，强调全体民众在经济利益、政治权力等各个方面的参与和享受；官本主义就是在社会政策制定的过程中始终把官僚或官僚行政机构的地位置于首位，强调和确保所有官僚在社会各种分配体系中的实际利益和优先位置；人本主义就是一切以人为中心，一切为了人的利益，强调人是社会政策思考的逻辑起点，关注人的权利、尊严、需要、成长、发展以及最终实现人的价值；事本主义就是在制订社会政策中处处以事为中心，以考核为目标，以达标为动力。根据这种分类，他又对中国社会政策的价值取向进行了分析，认为中国社会政策价值的发展经历了三种形态：（1）身份制下的官本主义（1949～1978 年），社会成员被“身份等级制”分成不同等级，级别越高的成员的权利和待遇就越高，而低等级弱势群体的利益和感受不被高层级的决策者们重视和考虑；(2)“就事论事”的事本主义（20 世纪 90 年代到 21 世纪初期），过度注重“事”而无视对“人”的考虑和关注；(3) 民本主义和人本主义意识的初步觉醒（20 世纪 90 年代后期）[①]。

王立鹏、赵丽丽认为中国公共政策的价值理念经历了两次转变。第一次是 20 世纪 80 年代的“以物为本”，政策价值从以政治革命和阶级斗争为纲转向以经济建设为中心，提出“效率优先，兼顾公平”的决策原则。第二次是 21 世纪以来倡导的“以人为本”，改变了公平与效率的关系，强调注重公平，帮助全体人民共享改革和建设成果，促进所有人的全面发展[②]。

2. 以价值目标为线索

张海波以失地农民政策为例，分析了中国社会保障政策价值的转变和发展，认为它经历了三个阶段，从集体主义、平均主义到效率优先、兼顾公平，又到社会公平和正义的基本过程（见图 3-1）[③]。

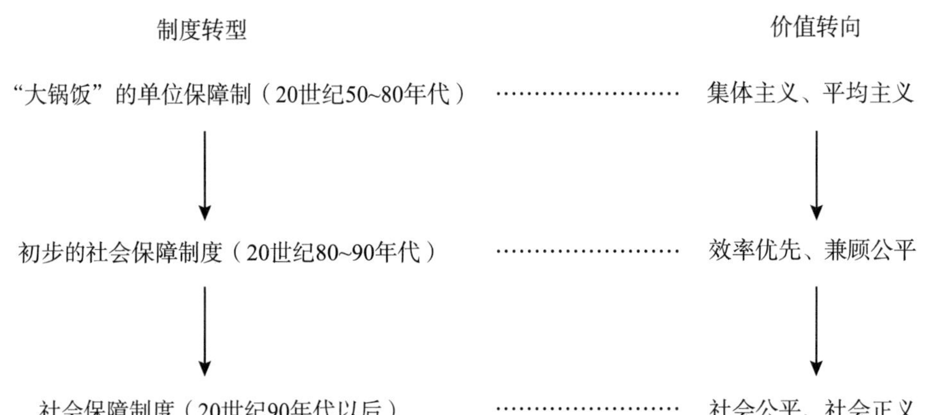

图 3-1 我国社会保障制度的转型及价值转向

资料来源：张海波：《从失地农民社会保障看我国社会保障政策设计的价值转向》，载于《公共管理高层论坛》2005 年第 1 期。

樊蕾也认为中国社会政策或公共政策的价值取向经历了平均主义—效率优先兼顾公平—社会公平三个阶段的发展，只是阶段的时间划分略有不同[④]。前者的时间分期为：第一阶段从新中国成立到改革开放；第二阶段从改革开放到党的十

① 范明林：《从社会政策的过程观谈社会政策的价值取向》，载于《社会》2002 年第 2 期。

② 王立鹏、赵丽丽：《中国社会转型时期公共政策价值理念转变创新》，载于《边疆经济与文化》2015 年第 4 期。

③ 张海波：《从失地农民社会保障看我国社会保障政策设计的价值转向》，载于《公共管理高层论坛》2005 年第 1 期。

④ 樊蕾：《当代中国公共政策价值取向研究：演进轨迹与发展逻辑》，山西大学硕士学位论文，2010 年。

六大召开（2002 年）；第三阶段为党的十六大以来。刘福敏则把新中国成立以来中国社会政策或公共政策价值取向的转变分为四个阶段：（1）改革开放之前，侧重公平；（2）1978～1991 年，以经济效益为中心；（3）1992～2001 年，效率优先，兼顾公平；（4）2002 年至今，以人为本，注重公平，科学发展①。

3. 以价值体系为线索

徐道稳从元价值观念、基本价值观念和价值取向三个层面，总结了从新中国成立至 21 世纪初期（2008 年），中国社会政策的价值转变和发展，发现元价值观念的转变是从崇公抑私到公私兼顾；基本价值观念的转变表现为两个方面——从虚幻的集体主义到真实的集体主义、从平均主义公平观到公正的公平观；价值取向层面的转变主要是从差别性的家长主义到差别性的剩余主义②。

4. 以社会政策价值偏离为线索

探究发现国内有些社会政策在一个短暂的时间里会发生变化，有些变化甚至偏离了原来的价值目标，本研究认为，它无疑也是社会政策变迁的一种形式，是短时期内社会政策变迁的不良形态，故而，也将此类研究文献在此做一扼要阐述。

在现实生活中，社会政策的多元价值及其各种影响因素之间经常会出现矛盾和冲突。如果决策主体对这种矛盾和冲突处理不当，做出了非理性的选择，就可能会导致最终的价值偏离。根据过往研究的分析，中国社会政策的价值偏离主要表现为：

（1）重工具理性（经济发展），轻价值理性（社会公平和持续发展）。

工具理性是通过精确计算功利的方法最有效达至目的的理性，就是通过实践的途径确认工具（手段）的有用性，从而追求事物的最大功效，为人的某种功利的实现服务。在工具理性的指导下，公共政策追求的核心目标经常是具体问题的解决，人的需要的暂时满足。与之相反，价值理性所诉求的合目的性，既是指合乎人的目的，更是指合乎人本身这个目的，与它相联系的是人性、信仰、信念、关怀、德行等目的性的价值。在价值理性视野中，所有的公共政策都应该以人为本，考虑人的终极目的和价值关怀，旨趣在于保护人、发展人、促进和提升人的生存和生活环境。章荣君认为，过去很长一段时间里，中国社会政策或公共政策发展的一个明显趋势就是工具理性扩张而价值理性式微，甚至丧失。公共政策成为纯粹的解决当下具体问题的工具，为了解决眼前的经济

---

① 刘福敏：《科学发展观指导下我国公共政策价值取向的有效整合和贯彻》，载于《毛泽东思想研究》2011 年第 4 期。

② 徐道稳：《建国以来我国社会政策的价值转变》，载于《中南林业科技大学学报》（社会科学版）2008 年第 2 期。

发展问题而不惜破坏生存环境。这种偏离的客观结果就是各种公共政策失灵、失败或走样[①]。

孔凡瑜则更加明确地指出，新中国成立以来，中国的社会政策或公共政策的核心目标就是追求快速有效的经济发展，忽视了自己本应具有的社会公平的应有价值，从而导致生态环境恶化、两极分化严重等各种社会问题[②]。姜尔林从发展主义价值取向角度，分析了中国政策的价值偏离。他认为中国当代的公共政策具有鲜明的发展导向型特征，在相当程度上体现了发展主义的价值取向。而发展主义公共政策的价值目标过度重视经济增长，从而导致了一系列严重后果[③]：

第一，政策主体伦理责任的削弱，难以持守公平公正等政策的根本价值；

第二，过分重视物质的价值，人的价值被忽视，“人成了经济增长中的一种资源，沦为实现发展的工具”；

第三，不重视经济增长所付出的社会代价；

第四，市场化政策在社会领域的推行，加快了社会的分化与疏离，最终形成波兰尼所说的“市场社会”。而所有这些价值偏离，最终导致政策实施的一系列不良后果——贫富分化严重、社会公平缺失、生态环境恶化、人际关系疏离等。

（2）内在性侵蚀公共性，政策主体私益化。

章荣君将政府代表的利益分为三个层次：政府工作人员的个人利益、政府机关或部门的“团体意志”、社会公共意志和公共利益。政府的内在性是指政府具有的自我服务的倾向和寻求自身利益最大化的属性，它具体表现为政府官员的自利性和政府组织的自利性[④]。在过去的几十年中，中国政府的内在性不断扩张，公共政策成为实现个人利益的工具，对政府工作人员个人及其团体的利益追求远远强于对公共利益的追求。这最终导致公共政策最本质的伦理价值——公共性、公平、正义等受到严重侵蚀甚至丧失殆尽[⑤]。孔凡瑜则从两个方面分析了政策主体私益化、公共政策内在性侵蚀公共性的原因：一是政策主体作为“经济人”所具有的贪欲和本能；二是限权制度体系建设不充分，外部约束不足以帮助政策主体控制自己的贪欲和本能[⑥]。

---

①⑤ 章荣君：《公共政策伦理价值的偏离与矫正》，载于《云南社会科学》2010 年第 4 期。

②⑥ 孔凡瑜、周柏春、娄淑华：《公共政策价值伦理的偏离与调适》，载于《广西社会科学》2015 年第 5 期。

③④ 姜尔林：《发展导向型公共政策的价值困境与实践反思——基于对“发展主义”的分析》，载于《行政论坛》2012 年第 3 期。

（四）已有研究文献评价

上述文献深入地讨论了社会政策及价值的含义、功能，社会政策共有的核心价值内容以及与社会变迁相伴随和相呼应的社会政策价值内容的变化与更新，等等，概括而言，这些研究和思想，第一，强调价值对于社会政策制定、实施的重要性以及社会后果；第二，比较清晰地描绘了国内相关社会政策价值的发展轨迹；第三，探讨了社会政策价值实际或应该包含的价值以及与社会发展、社会转型质量的相互关系。

上述研究为本研究的开展与深入奠定了基础，启发了思路，这些启发主要有：

（1）虽然公正、正义、民主等价值可以或应该成为社会政策的价值内涵，但是，从具体的研究出发，仍然需要将这些高度抽象的概念具象化和操作化；（2）目前，国内关于社会政策价值的讨论落在“应然”的议题上的仍然居多，但基于科学研究的角度，此类研究思辨性多于科学性，科学研究的严谨性仍有待进一步提升；（3）已经有少部分文献开始探讨以“人”为核心价值的社会政策，以及以“物”为本的社会政策，这些初步的研究成果与本研究的思路不谋而合，但是这些研究只是浅尝辄止，并没有依据实证资料进行深入的分析，同时，也缺乏根据相应的价值维度对社会政策时序性的考察。

第三节　研究思路

一、分析框架

诚如上所述，价值和社会政策的关系密切，因而，本研究将采用“民本主义和官本主义”及“人本主义和事本主义”两对概念来分析 1949 ~ 1978 年中国的社会政策及其价值基础以及两者的相互关系，探讨 1949 ~ 1978 年中国的社会政策及其价值理念的历史演变以及对当今中国以民生为重点的社会体制及其价值基础的重要影响。

同时，本研究仍将尝试采纳“民本主义、官本主义、人本主义、事本主义”四个维度来分析诸如社会救助政策、廉租房政策、婚姻政策等与民生密切联系的相关社会政策，评价它们背后蕴含的价值理念，探究在这些价值理念支配下的社会政策实施的成效或利弊得失。对这一部分的研究，将是本研究的核心部分。

在上述思路的基础上，本研究的基本结构如图 3－2 所示。

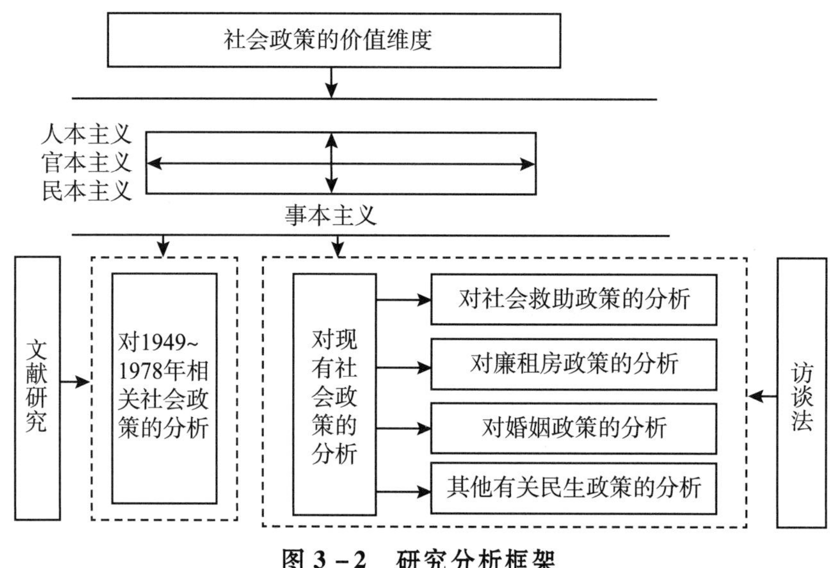

图 3－2 研究分析框架

社会政策浸润着社会价值，但它不仅仅只是静态地反映一个时期的社会价值体系。当一个国家的价值体系发生了重大变迁，则国家的政策亦必随之而发生变动。17 世纪以来科技革命带来的工业化，在推动整个人类社会进入现代化的同时，也带动了价值变迁，在不同的程度上，变迁后的价值系统的确也会塑型、影响政治、社会、经济、文化、思想及文学等人生的各个不同层面，因而导致了现代社会政策上的变迁①。急剧转型的当代中国带来了社会价值体系的巨大变化，也催生了许多新的价值观念，社会政策研究领域里也是如此，对此，已有少许学者从“民生”“人本”等价值原则的角度来探讨中国现有的社会政策及其未来走向②③④⑤⑥⑦。

在此基础上，本研究根据经验观察和文献研究另外增添两个价值原则，即“官本”和“事本”，试图建立起一个社会政策及其文本分析的逻辑框架（见图 3－3）。

---

① 李钦涌：《社会政策分析》，台湾巨流图书公司 1994 年版，第 82 页。

② 吴海燕：《中国社会保障政策的人本主义价值取向》，吉林大学硕士学位论文，2006 年。

③ 朱秦：《我国公共政策发展中的民生价值取向》，载于《云南行政学院学报》2010 年第 2 期。

④ 廖江华：《以人为本应成为我国公共政策的核心价值取向》，载于《延边教育学院学报》2010 年第 4 期。

⑤ 罗建文、李静：《民生时代我国公共政策的价值选择》，载于《中国行政管理》2011 年第 6 期。

⑥ 马家柱：《论以人为本的公共政策核心价值取向》，安徽大学硕士学位论文，2011 年。

⑦ 徐博论：《民生视角下的教育公平问题研究》，吉林大学硕士学位论文，2014 年。

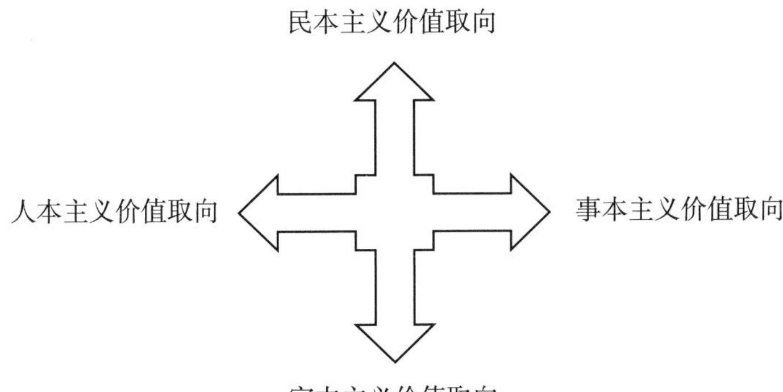

图 3－3　社会政策四个维度分析框架

政策从酝酿、制定到具体实施是一个复杂的系统工程，尤其是在政策实施的过程中更是牵涉到各种力量的拉扯或者博弈，同时，在中国这样一个规则弹性巨大的社会中，经验表明，政策实施“漂移”的现象时有发生甚至成为常态。此处，本研究借用赛车运动的术语，漂移是指让车头的指向与车身实际运动方向之间产生较大的夹角，使车身侧滑过弯的系列操作。但是在很多情况下，漂移的结果使运动的物体完全偏离了原先设定的目标和方向。基于此，本研究的分析框架可以进一步完善为如图 3－4 所示。

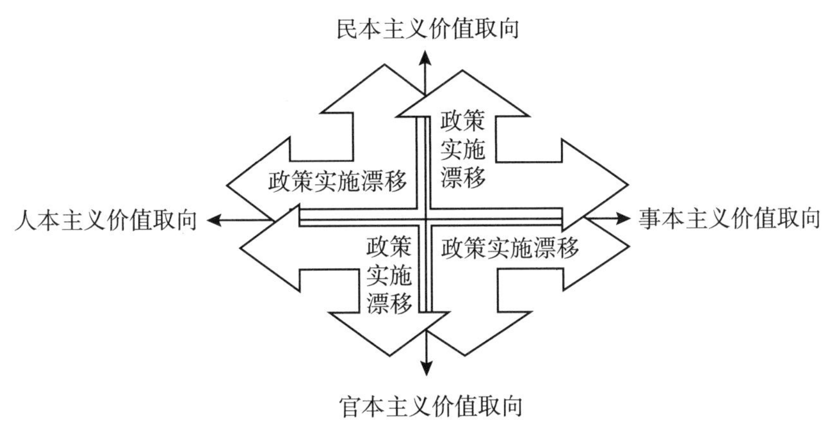

图 3－4　修正的研究分析框架

本研究尝试以上述四种（或两对）相互对应的价值观念，通过文本分析的研究方法来分析中国社会政策，尤其是社会救助政策、住房政策、婚姻政策等政策文本所蕴藏的价值原则，以及政策和价值变迁轨迹，从中探寻社会政策的应有之义以及已有社会政策的改善空间。

二、具体研究方法

本研究具体运用以下两种研究方法展开探究和讨论。

（一）文献研究

资料收集涵盖自20世纪50年代以来民生的社会政策，如救助政策、住房政策、婚姻家庭政策，以及老年人政策等，进行深入的文本解读和文本分析，从而探寻这些社会政策制定、颁布和实施所倚赖的价值理念及其变迁的轨迹。

（二）访谈法

基于代表性、典型性和特殊性等几个基本原则，研究者选择了民政部门、社保部门、房屋管理部门的工作人员以及部分法律专家等进行深度访谈，以深入了解和把握相关社会政策制定和实施与其蕴含的价值观之间的相互关系乃至互相角力的过程。

第四节　中国城市社会救助政策价值取向及实践分析

社会救助是国家为了保护公民的基本生存权利，通过法律加以保障的一种制度。在公民生活水平低于基本线时，国家按照相关法律的规定，向公民提供最低生活物质帮助。社会救助制度可从三个方面界定：第一，公民获取生活救助是国家法定的一项基本权利；第二，社会救助的目标是消除贫困；第三，社会救助制度为保障最低生活需求而提供资金援助。

社会救助体现了国家的责任和社会的义务，所以它一定浸润着国家、政府、社会、人民对救助及救助对象的态度与看法，不同时代及社会背景下的态度与看法通过各种渠道成为当时当地的社会救助政策的重要依据，形成一定历史时期的社会救助政策的价值倾向，因此，深入探讨社会救助政策的价值内涵及价值取向的变动，对完善社会救助政策、增进政策成效、提高救助对象的生活质量和对生活的幸福感受，应该都有所助益。本研究囿于选题规定及篇幅，在此只限于讨论面向城市范围的社会救助政策及其价值取向的变化。

一、中国城市社会救助政策的演变和分析

20 世纪 50 年代起中国早期实施的社会救助内容包括孤寡病残救助、临时性的救助、紧急救助制度、失业救助、贫困户救助，等等，这些早期救助内容简陋、粗糙、单一。随着经济发展、国力增强和社会转型，中国城市社会救助政策从面对特殊群体的临时性紧急生活救助，发展到定期定量的经常性救济，再到改革开放以后以城市最低生活保障制度为核心，以医疗救助、住房救助、教育救助等专项救助为辅助，以临时救助、社会帮扶为补充的新型城市社会救助体系，初步实现了从生存救助向生活救助的发展，成为我国社会保障体系不可或缺的组成部分。

对于自 20 世纪 50 年代起的中国城市社会救助事业主要经历的阶段，不同学者有不同的界定与划分，刘旭东认为，我国的救助制度从建立到现在，经历了不同的发展阶段，由最初的残补性举措发展成一项重要的现代社会制度，并且推动社会发生重大变化。这几个阶段是：从救急型举措向扶贫型救济转变、从道义性救济向制度性救助转变、从城市低保制度向全国性低保制度转变①。

在政策文件分析和研究论文阅览的基础上，本研究以重要的救助政策文本颁布为分水岭，将中国城市社会救助政策的发展与演变划分为以下五个阶段。

（一）救助政策逐渐建立和专项政策探索阶段（1949~1981 年）

在这个阶段，国家陆续颁布了《关于生产救灾的指示》《救济失业工人暂行办法》《关于调整全国高等学校及中等学校学生人民助学金的通知》《关于安置改造城市游民工作的指示》，灾害、就业、教育、流浪乞讨人员和特殊人员的救助政策逐一建立，并在实践中逐渐改善。在这个阶段，一个社会救助政策的重要事件是，在《1956 年到 1967 年全国农业发展纲要》（草案）（1956 年 1 月提出——笔者注）中，“五保”概念第一次被提出；1956 年 6 月在全国人大第一届第三次会议通过的《高级农业生产合作社示范章程》中，对“五保”政策进行了重申。

我国社会救助制度建于 20 世纪 50 年代初，是在计划经济体制下建立起来的一套以城镇单位保障和农村集体保障为基础、以中央财政作为基本经济来源的单一政府救助制度。因为脱胎于计划经济体制，所以政策深受“救济”“施恩”等传统思想影响，这种影响甚至不能说时至今日已经完全消弭。

① 刘旭东：《我国社会救助制度的历史演进及其社会意义》，载于《社会主义研究》2007 年第 5 期。

（二）社会救助政策沉寂和强化控制阶段（1982～1992年）

虽然，在整个20世纪80年代，民政部门在国家规定的职责范围之内对救灾、救济、五保和扶贫等社会救助工作进行了一系列的改革，然而，在这个阶段，以国务院政令和通则或者以部委政令和通则颁布的社会救助政策凤毛麟角，仅在1982年国务院出台的《城市流浪乞讨人员收容遣送办法》和民政部、公安部联合印发的关于《城市流浪乞讨人员收容遣送办法实施细则（试行）》，则是一件非常重要的事件。

收容遣送的起源可以追溯到20世纪50年代初。60年代初，大量灾民进入城市，收容成为救济灾民的一项主要任务。80年代开始，流动人口剧增，开始出现逃避计划生育、乞讨为生、逃婚、逃债的人。1982年，国务院发布《城市流浪乞讨人员收容遣送办法》，将乞讨者和“其他露宿街头生活无着落的人”列为收容遣送对象。1991年国务院发布《关于城市遣送工作改革问题的意见》，将收容遣送的对象扩大到三证（身份证、暂住证、务工证）不全的流动人员，政策目的着眼于强制惩戒，救助主体中公安部门介入，整个收容遣送的流程具有强烈的管制特征①。

（三）社会救助政策拓展和综合现代转型阶段（1993～1999年）

在这个阶段，中共中央、国务院和相关部委出台了不少指导改革的纲领性文件，如《关于深化城镇住房制度改革的决定》《关于卫生改革与发展的决定》《关于开展法律援助工作的通知》《关于在全国建立城市居民最低生活保障制度的通知》等，这些指导性文件有力地推动了社会救助政策在住房、医疗、法律、城市最低生活保障专项救助领域进行开拓性的政策创新，促进社会救助向综合现代的方向转型，其中一个里程碑性质的事件是，城市最低生活保障政策的出台和实施，以及由此产生的重大影响和重大意义。

1993年6月上海市率先发布了《关于本市城镇居民最低生活保障线的通知》，建立城市居民最低生活保障制度，开始了解决城市贫困问题的探索。1997年9月《国务院关于在全国建立城市居民最低生活保障制度的通知》发布，要求1999年底全国所有城市和县政府所在地的镇都要建立城市居民最低生活保障制度。1999年9月国务院颁布了《城市居民最低生活保障条例》。该条例对我国享受城市低保人员资格认定、社会保障资金的划分、低保标准等内容的确定，以及

① 缪燕子：《新中国成立以来社会救助政策变迁研究——基于间断—均衡理论的解释》，载于《中国行政管理》2017年第11期。

对社会保障管理、审批等方面的运作都作了详细规定。该条例的颁布实施，标志着城市“低保工作”正式走上法治化轨道，对贫困人口的救助成为各级政府的法定责任，促进了“低保制度”的发展和完善。

（四）社会救助政策剧烈更新和关注权利保障阶段（2000～2007年）

在这个阶段，国家社会救助政策改革不断向纵深发展，救助政策革新是其显著表现，如，废止流浪乞讨人员的收容遣送制度、原《农村五保供养工作条例》、原城镇廉租住房政策，并颁布新的《城市生活无着的流浪乞讨人员救助管理办法》及其《实施细则》、新修订发布《农村五保供养工作条例》和《城镇最低收入家庭廉租住房管理办法》，同时于2000年起，先后发布《国务院关于印发完善城镇社会保障体系试点方案的通知》、《关于进一步加强城市居民最低生活保障工作的通知》、《关于实施农村医疗救助的意见》、《建立城市医疗救助制度试点工作意见》（2005年民政部、卫生部、劳动保障部、财政部联合颁布）、《关于进一步建立健全临时救助制度的通知》、《在全国建立农村最低生活保障制度的通知》，以及《关于解决城市低收入家庭住房困难的若干意见》等政策。

流浪乞讨人员的收容遣送制度的废止和《城市生活无着的流浪乞讨人员救助管理办法》及其《实施细则》的颁布与实施，无疑是这个阶段社会救助政策的一个重要的里程碑事件，新政反思和纠正了原有政策与宪法相违背的地方，开始重视公民社会权利的保障。

（五）社会救助政策规范化和法治化阶段（2008年至今）

在这个阶段，政府先后出台了《城市低收入家庭认定办法》《关于进一步完善城乡医疗救助制度的意见》《社会救助暂行办法》等重要政策。《城市低收入家庭认定办法》，为社会救助工作公平、公正实施提供了科学依据。而2014年具有里程碑性质的《社会救助暂行办法》的颁布，是1949年以来关于社会救助的首部综合性条例，法律效力级别最高，首次对社会救助问题进行了全面系统的规范，标志着社会救助在法治化规范化上达到新高度。

中国社会救助事业经过60多年的建设与发展，时至今日已经初步形成比较完整的救助体系和政策体系（见图3-5），对中国的社会建设事业和社会治理起到了不可替代的巨大作用。

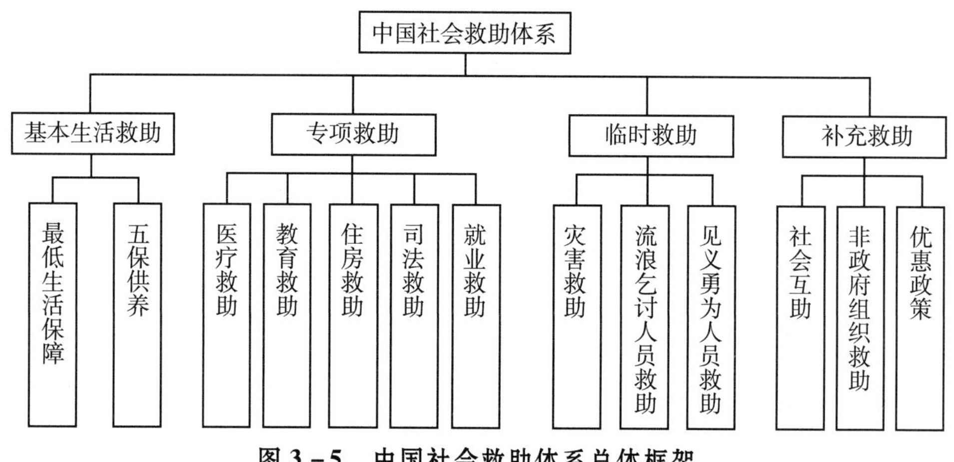

图3-5　中国社会救助体系总体框架

资料来源：林闽钢：《中国社会救助体系的整合》，载于《学海》2010年第4期。

二、中国社会救助政策的价值内涵和实践偏差探析

从图3-5中可以看到，中国社会救助已经形成体系雏形，其中包括不少涉及众多领域的社会救助的具体政策，由于篇幅限制，本小节只对城市流浪乞讨人员的社会救助政策和城镇居民最低生活保障政策等文本进行探讨和分析。

（一）社会救助政策的价值取向分析

1. 城市流浪乞讨人员救助政策价值取向探析

中国城市流浪乞讨人员的救助及管理可以追溯到20世纪40年代末期，由于长期战乱、经济凋敝和政权更迭，当时城市流浪乞讨人员人数众多，群体复杂，散兵、游勇、妓女、吸毒者、灾民、难民等人群成为流浪乞讨人员的主力军。针对此类人群的具体情况，政府通过组织劳动改造，使其转化为从业人员并予以安置。1949年11月起，政府组织开展生产教养工作，对不同类别的乞讨人员给予不同方式的改造教育，使其重新树立生活信心、学习劳动技能以达到自食其力的效果。1950~1960年的十年中，全国共有生产教养院900多所，统一管理流浪乞讨人员40多万人次。与此同时，为尽快达到安定社会、发展经济、巩固政权的目的，各地根据中央提出的“以生产自救、劳动就业为主，政府救济与社会互济相结合”的指导方针，有计划有步骤地将大批来自农村的灾民和难民重新疏散到农村去，据南京、上海、武汉、广州等8个城市的粗略统计，到1950年底，共遣送回乡110多万人，这对于稳定城市社会起到了重

要作用①。因此，可以将这一阶段称为“城市流浪乞讨人员教养救助阶段”。20世纪60年代初的三年自然灾害，60年代中期“文化大革命”爆发，社会矛盾凸显，人民群众的生活受到严重影响，一些地方开始出现新的流浪乞讨人员。而1978年以后农村土地承包责任制的实施极大地解放了农村劳动力，久被封闭在农村的人口再次开始大规模向城市流动，造成城市秩序的混乱。流浪人口的增多再一次引发了城市问题。

正是基于上述时代背景，1961年，中共中央批转了公安部《关于制止人口自由流动的报告》，决定在大中城市设立收容遣送站，以民政部门为主，负责将盲目流入城市的人员收容起来，遣送回原籍。1982年，国务院颁布《城市流浪乞讨人员收容遣送办法》，办法的初衷带有福利性，是为了救济和帮助无家可归的流浪乞讨人员，缓解和消除社会矛盾。随着改革开放的不断深入，越来越多的农村劳动力进城务工、经商，并以每年8 000万人的规模涌入城市生活。随着城市国有企业的改革，下岗失业人员日益增多，在一定程度上也造成了闲散人员在城市间流动。为了加强对流动人口和社会治安的管理，1991年5月，国务院印发《关于收容遣送工作改革问题的意见》，扩大了收容范围，要求对不属于社会救济对象的被收容人员及其家属，应当收取食宿费、遣送费、城市增容费等。1995年7月，中央综治委《关于进一步加强流动人口管理工作的通知》又一次将收容对象扩大为“三无”人员（无合法证件、无固定住所、无稳定收入），居住3天以上的非本地户口公民必须办理暂住证，否则将被视为非法居留。由此，城市流浪乞讨人员进入“收容遣送阶段”。

2003年的“孙志刚事件”催生了我国管理流浪乞讨人员制度的改革。2003年6月20日，国务院发布《城市生活无着的流浪乞讨人员救助管理办法》，并自2003年8月1日起正式实施，宣告肇始于1961年，制度化于1982年，历时40余年的强制性的收容遣送制度终结。新制度以“自愿受助，无偿救助”为基本原则，为城市生活无着的流浪乞讨人员提供生活救助，保障其基本生活权益，维护其人格尊严，补充完善了我国的社会救助体系。由此，开启了城市流浪乞讨人员的“救助管理阶段”。

研读上述两个城市流浪乞讨人员管理文件，不难发现两者之间有较大的区别，而文本条款差别背后真正的差异就是价值取向的根本不同及价值取向下的政策指导思想的区别。

1982年，国务院颁布《城市流浪乞讨人员收容遣送办法》（以下简称《收容

① 刘喜堂：《建国60年来我国社会救助发展历程与制度变迁》，载于《华中师范大学学报》（人文社会科学版）2010年第4期。

遣送办法》)，该办法第一条规定："为了救济、教育和安置城市流浪乞讨人员，以维护城市社会秩序和安定团结，特制定本办法。"由此可以看出，收容遣送制度的功能有二，其一在于"救济、教育和安置城市流浪乞讨人员"，其二在于"维护城市社会秩序和安定团结"。但是通观政策文本的表述和条款的优先次序与重点，无疑在这两种功能中，对流浪乞讨人员的救济、安置和教育的目的实为手段，目的性功能在于"维护城市社会秩序和安定团结"，最终乃是为稳定社会的秩序。而稳定秩序所采取的具体办法是对于那些可能影响城市社会秩序和安定团结的流浪乞讨人员和"三无"人员、"三证"不全人员实行强制收容和遣返回乡。显然，政策文本和实际的政策执行只是指向一个"事本"：治安管理和稳定秩序。政策文本的其他条款也始终围绕着这个中心，比如：

《收容遣送办法》第二条规定的收容遣送对象包括："一，家在农村，流入城市行乞的；二，家在城市，但流落街头乞讨的；三，其他露宿街头的生活无着的人员。"

《收容遣送办法》第五条规定："收容遣送站应当及时了解被收容人员的姓名、身份及家庭住址等情况；安排好他们的生活；加强对他们的思想政治教育；及时把他们遣送回原户口所在地。"负责收容遣送工作的是民政部和公安部门。

《收容遣送办法》第六条规定被收容遣送人员必须"服从收容、遣送"以及"遵守收容遣送站的规章制度"，等等。

所有这些政策条款都是以稳定社会秩序、维护社会治安为目的，强调的是治安管理，而非以"人"为中心的社会救助。显然，《收容遣送办法》的基本价值取向从立法之初就体现了秩序本位或者"事本主义"的主导思想。

1991 年，国务院发布了《关于收容遣送工作改革问题的意见》，此后许多地方政府先后制定了诸如"收容遣送办法"的地方实施办法或规定，如北京市政府发布的《北京市收容遣送管理规定》、上海市人大常委会制定的《上海市收容遣送管理条例》、广东省人大常委会制定的《广东省收容遣送管理规定》等，种种举措使得"收容遣送制度"逐渐从维护城市秩序演变为限制外来人口流动的管理制度，在性质上，收容遣送变成单纯的治安管理手段，与收容审查越走越近。虽然，收容制度最初在制度设计上是一种救济制度，但在特定的历史条件下，它逐渐演变成了一项限制公民权利的制度，并最终异化为以维护城市社会秩序为其唯一目标和一项严重威胁人权的惩罚性、强制性政策措施[①]。

2003 年 6 月，国务院发布《城市生活无着的流浪乞讨人员救助管理办法》

① 赵银翠：《"城市生活无着的流浪乞讨人员救助管理办法"的制度解读——以流浪乞讨人员获得救助权为视角》，载于《河南省政法管理干部学院学报》2007 年第 6 期。

(以下简称《救助管理办法》),同年7月民政部公布了《城市生活无着的流浪乞讨人员救助管理办法实施细则》,与救助管理办法同时施行。

仔细研读和比较《收容遣送办法》与《救助管理办法》这两份政策文本,不难发现两者之间存在着根本性的区别,意味着政府应对流浪乞讨问题的工作的立足点由社会控制的“事本”向社会救助的“民本”及“人本”转折。对此,不妨把两个文件的相关条款做一简单比较评析。

《收容遣送办法》第一条就列明了“为了救济、教育和安置城市流浪乞讨人员以维护城市社会秩序和安定团结,特制定本办法”,体现的是一种强制收容、教育改造和救济安置相结合的思想。而《救助管理办法》第一条也列明“为了对在城市生活无着的流浪、乞讨人员实行救助保障其基本生活权益,完善社会救助,制定本办法”,体现的是一种公民生活权益和社会救助的思想,目的是救助和保障个人权益。

《收容遣送办法》第二条规定,对下列人员,予以收容、遣送:(1)家居农村流入城市乞讨的;(2)城市居民中流浪街头乞讨的;(3)其他露宿街头生活无着的。而《救助管理办法》第一条则规定,城市中的流浪乞讨人员只要符合“生活无着”这一条件,就有获得国家和政府救助的权利,并且在第七条中明确指出,这种救助涵盖了食物、医疗、交通等方面的权利。例如,受助人员有权获得符合食品卫生要求的食物及符合基本住处的权利、受助人员在站内突发急病的,有获得及时送医院救助的权利,对没有交通费的受助人员,返回其住所或者所在单位,有免费获得乘车凭证的权利。第十二条还规定,受助的残疾人、未成年人、老年人有获取照顾的权利;对无家可归的流浪者,有获得其所在地的人民政府妥善安置的权利。显然,政策条文的制定和表述明确表明了政府对生活无着的流浪乞讨人员所处困境的充分关注,而不是基于“有罪推定”的思路将他们看成是问题人口,从而进行收容、遣送等限制或管制。

《收容遣送办法》第五条规定,收容遣送站应当及时了解被收容人员的姓名、身份及家庭住址等情况;安排好他们的生活;加强对他们的思想政治教育;及时把他们遣送回原户口所在地。第七条规定,收容遣送站对被收容人员应当及时遣送,不得无故延长留站时间。而《救助管理办法》第六条、第十一条等条款规定,凡符合条件的,只需如实提供本人的姓名等基本情况,均可根据自愿原则,决定是否接受救助,且来去自由。显然,《救助管理办法》采用了被动接受求助的方式,流浪乞讨人员是否申请救助完全由自己决定,任何人和任何机关不能强迫其进入救助站接受救助;届满前,受助人员可以随时自行决定离开救助站,救助站不得限制。除此之外,《救助管理办法》还增加了原来《收容遣送办法》没有的条款,如,第八条规定“救助站为受助人员提供的住处,应当按性别分室住宿，女性受助人员应当由女性工作人员管理”，第九条规定“救助站应当保障受助人员在站内的人身安全和随身携带物品的安全，维护站内秩序”，第十条规定“救助站不得向受助人员、其亲属或者所在单位收取费用，不得以任何借口组织受助人员从事生产劳动”，等等。

对上述政策条文的解读，可以很清晰地令人感受到《救助管理办法》以尊重受助者自由意志、自由权利和防止国家权力滥用为核心，政策制定背后的价值取向有一条由“官本主义”或权力本位向强调个人利益的优先性和至上性的“民本主义”或“以人为本”价值转变的轨迹。对此，可以从表3－3的比较中更加清晰地观察到这种变化。

表3－3　　流浪乞讨人员社会救助模式比较

项目	强制收容模式	自愿救助模式
产生背景	缓解城市人口压力	完善救助政策，体现对基本权益的尊重
政策文本	《收容遣送办法》	《救助管理办法》
政策预设	人员自由流动不具合理性	人员自由流动具有合理性
政策对象	各类流浪乞讨人员	生活无着的流浪乞讨人员
工作原则	强制收容、遣送	自愿救助
主要目的	稳定城市的生活秩序	保障流浪乞讨人员的基本生活权益
救助方式	强制救助，有偿救助	自愿受助，无偿救助
救助机构	公安部门收容遣送站	民政部门救助管理站
出站方式	强制遣送	自愿离站，救助期满离站
负责部门	公安、民政	民政
主管角色	执法者	服务者
政策价值	事本主义，官本主义	民本主义，人本主义

资料来源：根据《收容遣送办法》和《救助管理办法》编制。

不过也需清楚地看到，虽然《救助管理办法》彰显了人的自由权利，确立了个人人身自由大于社会秩序的价值的理念，但是这种理念的真正落实，还有待于进一步的完善。比如，民政部通过的《救助管理办法实施细则》第五条规定中的“对拒不如实提供个人情况的，不予救助”、第九条规定中的流浪乞讨人员救助时应当如实提供本人“随身物品的情况”，这两条规定与个人自由和尊严的原则还是有矛盾的。对此，有研究者认为，其一，不提供个人情况不能构成不救助的理由，人的生存权是最基本的权利。当个人的生命受到饥饿、寒冷等威胁时，不提供个人情况就不施予救助，有违“以人为本”的原则和宪法的精神。其二，个人的有些情况属于隐私，个人拥有一些物品，只要是合法的，就是宪法所保护的财产，因此，这种规定对于保障个人的私有财产和隐私权是不利的[①]。

2. 城市最低生活保障政策价值取向探析

中国城市最低生活保障政策的产生，源于20世纪80年代末至90年代初大规模的国营企业与集体企业的改革、改制所造成的大量下岗和失业人员，由下岗、待岗、失业人员及其家属形成的城市新贫困群体人数急剧增加这一严峻背景，于是，1993年5月，上海市民政局、劳动局、财政局、人事局、社会保险局、总工会联合下发《关于上海市城镇居民最低生活保障线的通知》，由此正式拉开了中国城市最低生活保障政策制定和实践的序幕，中央和地方政府在实践中逐渐制定与修订相关政策，共同推进中国城市最低生活保障政策的不断完善（见表3－4）。

表3－4　　中国城市最低生活保障政策制定和演进

时间	文件名称	主要内容	备注
1993年5月	《上海市民政局、劳动局、财政局、人事局、社会保险局、总工会关于上海市城镇居民最低生活保障线的通知》	对低保家庭收入调查、资格认定、标准测算、资金发放等做了初步探索	1995年底，上海、厦门、福州、大连、广州、沈阳、本溪、抚顺等11个城市建立了城市低保制度
1997年	《中华人民共和国国民经济和社会发展“九五”计划和2010年远景目标纲要》	将建立城市低保制度写进纲要，成为“九五”期间国家重点推进的工作之一	
1997年9月	《国务院关于在全国建立城市最低生活保障制度的通知》	规定了城市低保制度保障对象的范围、保障标准、资金来源等政策界限	标志着城市低保制度在中国的正式确立
1998年6月	《中共中央　国务院关于切实做好国有企业下岗职工基本生活保障和再就业工作的通知》	要求普遍建立再就业服务中心，保障国有企业下岗职工基本生活加大政策扶持力度，拓宽分流安置和再就业渠道；加强劳动力市场建设，强化再就业培训；确保国有企业下岗职工基本生活保障和再就业工作顺利进行	

① 郭伟和：《“城市生活无着的流浪乞讨人员救助管理办法”解读》，载于《中国民政》2003年第10期。

续表

时间	文件名称	主要内容	备注
1999 年 1 月	《民政部关于加快建立与完善城市居民最低生活保障制度的通知》	要求确保全面建立城市居民最低生活保障制度；科学制定保障标准；加强最低生活保障与其他保障措施之间的衔接；建立健全基层社会救济工作机构，实行科学化和规范化管理	
1999 年 8 月	《劳动保障部　民政部　财政部　国家计委　国家经贸委关于做好提高三条社会保障线水平等有关工作意见的通知》	提高国有企业下岗职工基本生活保障水平；提高城镇居民最低生活保障水平；补发拖欠企业离退休人员养老金、提高养老金水平所需资金的补助额度	
1999 年 9 月	《城市居民最低生活保障条例》	对低保制度的保障原则、保障对象范围、保障标准确定与调整、管理体制、资金来源、行政程序、具体的发放、监督以及工作人员的职责和处罚办法等都做了较详细的规定，明确了低保制度主体和客体的法律责任	这是我国社会救助领域第一项法规性制度，是传统社会救济向现代社会救助的转型，具有里程碑意义。它的颁布，标志着我国城镇最低生活保障制度正式确立，并成为一项长期、基本的国家政策，也标志着我国城镇最低生活保障制度走上法治化进程
2000 年 1 月	《民政部关于深入贯彻〈城市居民最低生活保障条例〉进一步完善城市居民最低生活保障制度的通知》	通知要求各地切实解决应保未保问题	扩宽城市低保覆盖范围，实现应保尽保成为各地方政府的重点工作
2001 年 11 月	《国务院办公厅关于进一步加强城市居民最低生活保障工作的通知》	规定城市居民最低生活保障工作贯彻属地管理原则；加大财政投入力度，管好用好城市居民最低生活保障资金；建立健全法规制度，推进城市居民最低生活保障工作的规范化管理	

续表

时间	文件名称	主要内容	备注
2003 年 12 月	《建设部　财政部　民政部　国土资源部　国家税务总局联合发布〈城镇最低收入家庭廉租住房管理办法〉》	规定城镇最低收入家庭廉租住房保障水平、保障方式、工作实施指导和监督的主体、保障对象的条件和保障标准、资金来源和管理，以及违反相关规定的惩处办法等	
2004 年 4 月	《民政部关于进一步加强和规范城市居民最低生活保障工作的通知》	明确要求各地尽快推进分类施保	
2007 年 12 月	《建设部　民政部等九部门联合发布〈廉租住房保障办法〉》	规定对城市居民最低生活保障家庭，可以按照当地市场平均租金确定租赁住房补贴标准；对其他城市低收入住房困难家庭，可以根据收入情况等分类确定租赁住房补贴标准	
2008 年 10 月	《民政部会同有关部委（局）联合发布〈城市低收入家庭认定办法〉》	对城市低收入家庭的认定标准、认定程序、认定方法以及民政部门的职责任务等作出明确规定	
2010 年 8 月	《民政部关于进一步加强城市低保对象认定工作的通知》	规范城市低保对象的识别问题	
2011 年 5 月	《民政部关于进一步规范城乡居民最低生活保障标准制定和调整工作的指导意见》	规范各地科学制定城市低保标准问题，切实加强和改进最低生活保障工作	
2012 年 9 月	《国务院关于进一步加强和改进最低生活保障工作的意见》	提出了七大政策措施：完善最低生活保障对象认定条件、规范最低生活保障审核审批程序、建立救助申请家庭经济状况核对机制、加强最低生活保障对象动态管理、健全最低生活保障工作监管机制、建立健全投诉举报核查制度、加强最低生活保障与其他社会救助制度的有效衔接等	

续表

时间	文件名称	主要内容	备注
2012 年 12 月	《民政部印发了关于〈最低生活保障审核审批办法（试行）〉的通知》	进一步细化了低保对象资格认定、家庭财产调查、申请受理等具体内容	

资料来源：作者根据民政部网站相关文件资料整理而成。

城市居民最低生活保障政策自 1993 年启动以来，20 多年来不断完善和发展，迄今已经成为成熟度较高、与世界接轨较好且受到普遍赞誉的社会政策之一（另一为《城市生活无着的流浪乞讨人员救助管理办法》）。

细读《城市居民最低生活保障条例》（以下简称《低保条例》），可以很清楚地看到，该条例开宗明义地宣称，制定的目的是规范城市居民最低生活保障制度，保障城市居民基本生活（《低保条例》第一条），城市居民最低生活保障制度是由政府根据本地的经济发展水平和人民生活水平，合理制定并确定当地最低生活保障标准线，对家庭人均收入低于保障标准的公民给予差额补助，并且“凡共同生活的家庭成员人均收入低于当地城市居民最低生活保障标准的，均有从当地人民政府获得基本生活物质帮助的权利”（《低保条例》第二条）。政策文件中有几个非常重要的关键词句：

第一，低于当地城市居民最低生活保障标准的公民可以从当地人民政府获得基本生活物质帮助，意味着《低保条例》强调帮助生活低于一定标准的城市贫困居民，是当地人民政府应尽的主体责任，并且将赋予国民基本生存权以条款形式纳入到政府责任范围之内，从资金投入、审批程序、服务工作、保障标准及保障范围等方面确立了各级人民政府的权利与义务。

第二，获得基本生活物质帮助是公民的权利，意味着《低保条例》关注目标对象无偿接受帮助是其应有的权利，并且这种救助权利是法定化的，是从制度层面赋予的公民平等受助的生存权利。

显然，《低保条例》订定的基调即是以公民的需要为出发点，以保障公民的相关权益为指导原则，与以往基于人道主义的社会救济相比，低保制度强调居民拥有满足其基本生活需要的权利。因此，“民本主义”和“人本主义”的价值倾向在该条例中表现得十分明显，此种情形在条例的其他部分也时有体现。

《低保条例》第三条规定，城市居民最低生活保障制度遵循保障城市居民基本生活的原则，坚持国家保障与社会帮扶相结合、鼓励劳动自救的方针。第十一条则指明，地方各级人民政府及其有关部门，应当对享受城市居民最低生活保障待遇的城市居民在就业、从事个体经营等方面给予必要的扶持和照顾。《低保条例》不仅强调公民平等救助的权利，同时重视救助对象“劳动自救”和自主开业，表明政策关注救助对象的个人主动性和能动性，以及鼓励救助对象在脱贫过程中的多样性选择，这里，无疑能够让人看到条例背后“以人为本”的价值取向元素。

《低保条例》第四条规定，城市居民最低生活保障制度实行地方各级人民政府负责制。县级以上地方各级人民政府民政部门具体负责本行政区域内城市居民最低生活保障的管理工作；财政部门按照规定落实城市居民最低生活保障资金；统计、物价、审计、劳动保障和人事等部门分工负责，在各自的职责范围内负责城市居民最低生活保障的有关工作。第五条规定，城市居民最低生活保障所需资金，由地方人民政府列入财政预算，纳入社会救济专项资金支出项目，专项管理，专款专用。这些条款明确规定了低保制度是由地方人民政府负责的制度，也就是由地方政府出钱的制度，各级地方政府是实际的责任主体，强调了地方政府要从经费、项目和管理等各个环节上“以民为本”和承担根本责任。

《低保条例》第六条城市居民最低生活保障标准，按照当地维持城市居民基本生活所必需的衣、食、住费用，并适当考虑水电燃煤（燃气）费用以及未成年人的义务教育费用确定。该条款的重要意义之一是，它已经考虑救助对象的救助内容不仅仅只是基本物质所需，还需包括救助家庭尤其是子女的教育和发展的需要。这是《低保条例》中最具“人本主义”思想的条款之一，它对救助家庭摆脱贫困、阻断贫困的代际传递都有十分重要的意义。虽然，各地在政策执行的时候并未认真予以履行，那就成为本研究另外需要讨论的议题。

（二）社会救助政策实践偏差探析

社会救助政策在实践过程中也时有走偏的情况发生，这在收容遣送制度的实施中尤为突出，1991 年国务院将无合法证件、无固定住所、无稳定收入的人员，即“三无”人员纳入收容遣送范围。而在实际的执行中，“三无”原则却被一些地方执法人员操作化为身份证、暂住证、务工证“三证”缺一不可。更有甚者，因为利益的驱动，一些地方还出现了下达收容指标任务、强迫收容对象劳动、收取各种费用，甚至发生收容机构之间买卖收容对象等违法行为，收容遣送变成了不少相关人员借以充实小金库或个人发财的工具，不少公民的政治、经济、人身权利受到严重侵害。

而在《收容遣送办法实施细则》中，虽然对被收容人员的留站待遣时间做了具体规定：省内人员一般以十五天为限，外省人员则是一个月，但又可以根据情况适当延长。如此一来，在实际操作中，一些收容遣送站可以将那些没有触犯法律，但被划为“三无”或缺少“三证”的人员扣押在收容遣送站一个月甚至更长时间。这不仅严重违反了公民的人身自由权，同时这也为一些行政部门迫使被遣送人员“自愿”缴纳“赎身费”提供了便利。这些政策实践偏差甚至严重违背政策目标的行为，无不与政策执行的制定思想——“事本主义”和“官本主义”具有密切的联系。

相比较而言，《低保条例》在实践过程中发生偏差的程度要小很多，这反映了该政策在酝酿和制定过程中深思熟虑的程度。即便如此，我们仍然能够发现在政策实施中的偏差现象等存在，究其原因，它们都与“事本主义”价值原则指导具有关联，具体表现在：

第一，按照《低保条例》的规定，低保对象“在就业年龄内有劳动能力但尚未就业的城市居民，在享受城市居民最低生活保障待遇期间，应当参加其所在的居民委员会组织的公益性社区服务劳动”。这个规定在一定程度上体现了权利与义务对等的原则，但在实际工作中往往被作为发放低保金的附加条件之一①。

第二，《低保条例》实施以后，我国陆续出台了不少诸如医疗、教育、住房等领域的配套救助政策，因此，救助对象一旦拥有了“低保身份”，就可以获得附带的福利，即贫困家庭获取低保资格以后可以获得一系列低保救助之外的其他补助。这使得尽管每月领取的低保金数额较少，但家庭在医疗、教育、住房等领域获得的救助却使得低保的“含金量”递增。这样的政策安排和实践，对于那些收入接近低保救助标准的贫困家庭来说非常不公平，因为除去在医疗、教育、住房等领域的支出，这些家庭的生活条件往往比低保家庭还要差很多；另一方面，这也使得一些低保家庭成员明显地失去就业意愿和就业行为。

在国外特别是福利体系完善的国家，公民并不是只有在不能维持基本生活时才能享受国家福利。美国除了公共救助制度，还设有专门的贫困家庭补助金项目，向由单身母亲和子女组成的家庭提供救助，即 AFDC；日本政府对国民生活的保护主要包括七个方面：生活扶助、教育扶助、住宅扶助、分娩扶助、医疗扶助、就业扶助、殡葬扶助，符合条件的求助者通过申请，可获得其中一项或多项；韩国的生活救助包括生计救助、医疗救助、妇产救助、教育救助、丧葬救助、职业训练以及就业安排，同样的，符合条件的救助者可以申请其中的一项或多项。换而言之，在这些国家，并不是只有最底层的贫困者才能享受到政府的福利，只要在生活的某一方面存在突出困难的居民都可以申请和享受与之相对应的福利。而我国的“低保身份化”虽然从表面上看是福利的集中化和完善化，但这种福利的获取要建立在一个固化的身份之上，没有这种身份的贫困者就没有权利享受。

---

① 洪大用：《试论中国城市低保制度实践的延伸效果及其演进方向》，载于《社会》2005 年第 3 期。

有学者认为，上述问题的出现，固然与我国的福利资源匮乏有关，但是，我国部分地区民政部门和工作人员的政绩观也是“低保身份化”产生的人为原因。近年来，由于国家对城市低保制度的重视度越来越高，低保制度的落实及完善程度也逐渐成为各地民政工作成功与否的重要标志。有些地区的民政部门为了提升自己的低保工作成绩，不断扩大低保的覆盖范围并增加“配套设施”，于是低保制度的配套福利越来越多，但由于财政资金的限制，“配套设施”基本上只有广度而缺乏深度①。由此，我们又可以看到政策的“事本主义”或“官本主义”的价值观的作用与影响。

第三，社会成员中有部分人是由于社会原因陷于暂时贫困的，借助一定条件，他们是可以依靠自身的努力摆脱贫困的。对于这些人的救助重点就是使其重新参与到社会经济活动中，因此要加大这部分人必要的医疗和子女教育费用以及创造就业机会的投入，但是，目前在政策实践中，低保家庭的教育和发展等方面的需求并没有获得高度的重视，也没有相应的激励举措。

第四，我国城市居民最低生活保障制度的准入资格除了家庭人均收入外，各地在执行中还人为设置了一些经济门槛和道德标准等排除性条款。如鄂州市出台的《城市低保审批二十三不准》，详细规定“家庭有高于当地低保标准3倍的馈赠、礼金支出的；家庭成员经常性在营业性餐馆、娱乐场所消费的；家庭人均月水电费或人均月通信费超过城市低保标准12%的；家庭人均租房支出超过城市低保标准15%的”均不能领取低保。此外，还设立政策道德类的排除性条款将违反城市居民最低生活保障条例或其他国家政策的后果与剥夺低保申请资格相挂钩，把社会所定义的“不道德、不值得救助”的人群排除在外，等等，对于这些条款，一方面我们会发问：随着社会的发展，一些现在认为的“高档商品、电器”是否可成为生活必需品（如空调）、教育必需品（如计算机）走入寻常百姓家，特别是低保家庭？另一方面也可以从这些政策制定和执行情况背后看到那些限制性甚至歧视性政策条款后面的价值取向的烙印。

第五节　中国保障性住房政策价值取向及实践分析

住房政策自20世纪90年代起越来越成为社会政策和公共政策的重要组成部分，因为它涉及千家万户的生存状态和福祉。1998年国务院发布《关于深化城

① 崔凤、杜瑶：《城市最低生活保障“身份化”探析》，载于《江海学刊》2010年第6期。

镇住房制度改革加快住房建设的通知》，明确指出，以不同收入家庭实行不同的住房供应体系，最低收入家庭租赁由政府或单位提供的廉租住房；中低收入家庭购买经济适用房；其他收入高的家庭购买、租赁市场价商品房。限于社会政策的议题，本研究只对廉租房政策及其实施的社会价值意涵进行深入讨论。

一、中国的廉租房政策的演变和分析

在计划经济时代和“整体性社会”时期，中国城市中除了极少部分为自建住房外，绝大部分社会成员都由单位福利分房，房屋属性均属国家所有，由此形成具有中国特色的福利分房政策，这种政策是指由政府或单位统一投资建设住房，并以实物形式无偿或收取较少量租金而分配给职工使用的一种住房政策。福利分房政策中，单位将扣除基本生活支出以后的职工工资进行归集，作为建设公共住房的一部分资金，大约只占住房建设总资金的10%。政府从财政收入中拨付剩余的90%。建房资金到位之后，由政府或单位按照统一的标准建设住房。住房竣工后，由政府按照职工的工龄、家庭人口数、级别、有无住房等因素，对住房进行统一分配。享受福利分房政策的家庭按照统一的租金标准缴纳房租，其缴纳的租金远不及建造成本。由此可见，计划经济时期推行的福利分房政策，实际上剔除了住房的商品属性，仅保留其福利性，在很大程度上受计划经济时期思想认识的限制①。

中国福利分房政策建立于20世纪50年代，直到1998年《关于进一步深化城镇住房制度改革　加快住房建设的通知》颁布，才宣告福利分房政策终止，城市居民住房制度开始改革，廉租房政策由此走上历史舞台。概括起来，中国廉租房政策经历了如下几个阶段。

（一）起步阶段：1998年7月～1999年5月

1998年7月3日，国务院颁布《国务院关于进一步深化城镇住房制度改革加快住房建设的通知》，这是中国住房政策改革一个具有里程碑性质的文件。在文件的第一部分“一、指导思想、目标和基本原则”和文件的第二部分“二、停止住房实物分配，逐步实行住房分配货币化”等章节多次提到：“稳步推进住房商品化、社会化”“逐步实行住房分配货币化”以及“逐步实行住房分配货币化”等文字，意味着在全国范围内，长期实施的影响到全国千千万万城市家庭生活的福利分房制度行将被废除，而由此埋下“土地财政”等问题的伏笔。

① 李晶：《城市化进程中公共住房政策演变研究》，沈阳师范大学硕士学位论文，2013年。

不过，《国务院关于进一步深化城镇住房制度改革加快住房建设的通知》基于当时的社会发展条件，还是非常关注城市更多的中下层社会成员的生活境遇，所以，在文件的第三条“三、建立和完善以经济适用住房为主的住房供应体系”中，强调“对不同收入家庭实行不同的住房供应政策。最低收入家庭租赁由政府或单位提供的廉租住房；中低收入家庭购买经济适用住房；其他收入高的家庭购买、租赁市场价商品住房”，以及“调整住房投资结构，重点发展经济适用住房（安居工程），加快解决城镇住房困难居民的住房问题”。

（二）逐步推广探索阶段：1999 年 5 月～2004 年 3 月

1999 年 5 月 1 日中华人民共和国建设部施行《城镇廉租住房管理办法》，该文件根据《国务院关于进一步深化城镇住房制度改革加快住房建设的通知》，为了建立和完善多层次的住房供应体系，解决城镇最低收入家庭的住房问题，所以，该文件的宗旨和目标对象仍然和《国务院关于进一步深化城镇住房制度改革　加快住房建设的通知》的精神一脉相承，即城镇廉租住房是指政府和单位在住房领域实施社会保障职能，向具有城镇常住居民户口的最低收入家庭提供租金相对低廉的普通住房。分析该政策文本，有两处特别值得关注，一是廉租房具有社会保障职能，二是目标对象为具有城镇常住居民户口的最低收入家庭，这意味着政策具有较强的扶贫助弱的性质，政策的视野中仍然有城市贫困居民作为“人”的影子。

（三）逐步完善健全阶段：2004 年 3 月～2007 年 12 月

2004 年 3 月 1 日起建设部、财政部、民政部、国土资源部、国家税务总局联合颁布和施行《城镇最低收入家庭廉租住房管理办法》，文件的宗旨仍然是“保障城镇最低收入家庭的基本住房需要”（文件第一条）和“城镇最低收入家庭廉租住房保障水平应当以满足基本住房需要为原则”（文件第三条）。认定该阶段为“逐步完善健全”时期，是因为经过几年实践，文件开始对廉租住房保障面积标准、保障方式、申请流程、审核方法、违规处罚，等等，都作出了明确规定。此外，规定了该文件不再强调廉租房具有社会保障职能，以及“城镇最低收入家庭人均廉租住房原则上不超过当地人均住房面积的 60%”和“租赁住房补贴由申请对象到市场上租赁住房”等规定，因在执行过程中与实际状况不相符合而遭受批评。

（四）快速推广发展阶段：2007 年 12 月～2013 年 12 月

2007 年 12 月 1 日起建设部、民政部等九部门联合发布和正式实施《廉租住房保障办法》。该文件精神仍然延续《城镇最低收入家庭廉租住房管理办法》的主要思想并加以扩充和完善，此外，它也增加了以下明显不同于以往文件的内容：

第一，文件第三条明确规定，“市、县人民政府应当在解决城市低收入家庭住房困难的发展规划及年度计划中，明确廉租住房保障工作目标、措施，并纳入本级国民经济与社会发展规划和住房建设规划”。

第二，文件第九条说明了廉租住房保障资金的多种渠道筹措。

第三，文件第十条规定“提取贷款风险准备金和管理费用后的住房公积金增值收益余额，应当全部用于廉租住房建设”。

第四，文件第十三条申明“廉租住房建设用地，应当在土地供应计划中优先安排，并在申报年度用地指标时单独列出，采取划拨方式，保证供应”。

第五，文件第十四条规定“新建廉租住房，应当采取配套建设与相对集中建设相结合的方式，主要在经济适用住房、普通商品住房项目中配套建设”。

上述条款对廉租房政策做了非常详细、明确的规定，其优点是有助于政策指导、实施和监督，不利之处在于引导了政策执行部门只是关注廉租房的具体事务和事项，而忽视廉租房政策的实质所在。

廉租房政策的变迁，可以通过表 3 - 5 有一个比较直观的认识，从中可以清晰地感受到中国廉租房的建设和发展过程。

（五）并轨发展阶段：2014 年 1 月至今

根据《国务院批转发展改革委关于 2013 年深化经济体制改革重点工作意见的通知》和《国务院办公厅关于保障性安居工程建设和管理的指导意见》等文件精神，2013 年 12 月 2 日住房和城乡建设部、财政部及国家发展和改革委员会发布了《住房城乡建设部　财政部　国家发展改革委关于公共租赁住房和廉租住房并轨运行的通知》，规定从 2014 年起，各地公共租赁住房和廉租住房并轨运行，并轨后统称为公共租赁住房。在文件的第四部分“四、健全公共租赁住房分配管理制度”中，对于廉租房曾有如下规定：“已建成未入住的廉租住房以及在建的廉租住房项目建成后，要优先解决原廉租住房保障对象住房困难，剩余房源统一按公共租赁住房分配。”除此之外，文件基本上对廉租房及其对象的社会保障特性再无提及。

事实上廉租房保障的对象和经济适用房等公共租赁住房保障的对象，在生活状况与救助性质等各方面均具有很大的区别，在实际访谈中，具体负责廉租房申请、审核等工作的基层主管部门工作人员不止一位指出，对于廉租房的保障对象而言，即便经济适用房价格再便宜，这部分贫困对象仍然绝对不可能有能力购买

表 3-5　　**1998~2009 年中国廉租房政策变迁**

	1998年	1999年	2000年	2001年	2002年	2003年	2004年	2005年	2006年	2007年	2008年	2009年
发展阶段	←			酝酿期			→	←	整顿期	→	←	推行期
国务院通则	关于进一步深化城镇住房制度改革加快住房建设的通知							关于切实稳定住房价格的通知 关于转发建设部等部门关于做好稳定住房价格工作意见的通知	转发建设部等部门关于调整住房供应结构稳定住房价格意见的通知	关于解决城市低收入家庭住房困难的若干意见	关于促进房地产市场健康发展的若干意见	
部委政令		城镇廉租住房管理办法				城镇最低收入家庭廉租住房管理办法				廉租住房保障办法		
部委通则								城镇廉租住房租金管理办法等3部通则	建设部通报城镇廉租住房制度建设和实施情况等5部通则	廉租住房保障资金管理办法等4部通则	关于加强廉租住房质量管理的通知等2部通则	2009~2011年廉租住房保障规划
保障对象	最低收入	同左				同左		同左	同左	低收入	同左	同左
保障方式	实物配租	同左				租金补贴（主） 实物配租（辅） 租金核减（辅）				租金补贴 实物配租	实物配租 租金补贴	同左
保障标准		地方政府制定				当地人均住房面积的60%				建筑面积<50平方米		建筑面积13平方米/人 建筑面积<50平方米
住房来源	原公房 新建	原公房 新建 购置 捐赠 其他渠道				以现有旧房为主，限制集中兴建				新建、收购 原公房 捐赠 其他渠道		新建 购置 改造等

资料来源：转引自万经纬：《经济发达城市廉租房政策适用对象研究》，汕头大学硕士学位论文，2008年。

或租赁。既然如此，为什么还要并轨运行？其重要原因之一为并轨运行有利于政府管理和降低管理成本。

二、廉租房政策的价值内涵和实践偏差探析

（一）廉租房政策的价值取向分析

1998 年 7 月 3 日发布的《国务院关于进一步深化城镇住房制度改革加快住房建设的通知》第一次提出了“廉租住房”概念，明确提出“对不同收入家庭实行不同的住房供应政策。最低收入家庭租赁由政府或单位提供的廉租住房”。通知中指出了廉租房的适用对象是“最低收入家庭”，当时实行的是“双困”准入机制，即集“民政低保”和居住困难于一体的困难家庭。该文件在“指导思想、目标和基本原则”以及以下多个条款中明确指出：“建立和完善以经济适用住房为主的多层次城镇住房供应体系”，而且规定：“新建经济适用住房原则上只售不租。”对于最低收入人群的住房需求，政策要求：“最低收入家庭租赁由政府或单位提供的廉租住房”；“廉租住房可以从腾退的旧公有住房中调剂解决，也可以由政府或单位出资兴建。廉租住房的租金实行政府定价”。

这里，面对住房分配货币化和福利分房制度终结的形势，政府预料贫困人群的住房需求和自身购置住房的能力与条件的低弱，所以，在“对不同收入家庭实行不同的住房供应政策”中设计了廉租房供应并且主要由政府主持和承担的政策环节，显然，廉租房概念的提出以及相关政策的安排和实施，其初衷体现了政策为老百姓考虑的价值意涵，或者说多少已经显现了民本主义价值取向。

1998 年以后国家又陆续制定和实施了多项廉租房政策，如：2004 年制定的《城镇最低收入家庭廉租住房管理办法》，2007 年建设部、民政部等九部门联合发布的《廉租住房保障办法》，2009 年住房城乡建设部、国家发展和改革委员会、财政部联合制定的《2009～2011 年廉租住房保障规划》，以及 2013 年上述三个部门再次联合发布的《关于公共租赁住房和廉租住房并轨运行的通知》，等等，这些政策一方面继续延续了民本主义的价值取向，如继续强调廉租房是政府和单位在住房领域实施社会保障职能，要求“新建廉租住房主要在经济适用住房、普通商品住房和城市棚户区改造项目中配建”，“廉租住房项目要合理布局，尽可能安排在交通便利、公共设施较为齐全的区域，同步做好小区内外市政配套设施建设”，同时，规定政府对于新建的廉租住房建设在用地、行政事业性收费、税收优惠等众多方面予以大力支持。其中，2007 年颁布的相关廉租房政策与之前的廉租房政策相比，有两个十分显著的改变，即：

第一，2007 年颁布的政策中，廉租房保障对象由“城市最低收入家庭”变为“城市低收入家庭”，虽然仅一字之改，却反映出政策开始关注更多的不同类型和不同情况的城市住房困难居民的住房需求与保障对象。

第二，2007 年颁布的《国务院关于解决城市低收入家庭住房困难的若干意见》提出，“以廉租住房制度为重点、多渠道解决城市低收入家庭住房困难的政策体系”，取代了 1998 年文件规定的“以经济适用房为核心”的住房保障体系建设思路。政策对廉租房建设的强调实际上是对之前以保障住房产权为导向的经济适用房制度的纠正，强调居住权的保障成为今后住房保障的重点。这个重点的重新确立，应该是与我国最终确定住房政策的目标具有联系（见表 3-6）。

表 3-6　住房政策目标比较

国家、地区或组织	住房政策目标
联合国人居署	保障享有适当住房的权利得到全面、逐步实现
美国	让每一个家庭都能在适宜的居住环境拥有一个舒适、安全和清洁的家
英国	让全体居民以力所能及的价格拥有适宜的住房
新加坡	居者有其屋
中国香港	帮助所有家庭入住合适和可以负担的住屋，以及鼓励市民自置居所
中国大陆	住有所居，安居乐业

资料来源：根据相关文件整理而得。

对上述政策条文的解读，可以明显地感受到政策的倾向性：

第一，保护是廉租住房制度中最基本，也是最重要的政策功能。廉租住房建设的根本目的是保护社会弱势群体的住房需求，保障住宅消费的最低收入家庭的权益。

第二，廉租房是公共产品，因而也就具有公共性的政策特征。公民具有住宅权，满足公民的住房要求是政府的责任。提供廉租房给最低收入家庭是政府应该承担起的重任。

第三，廉租房的开发建设与商品房、经济适用房的开发建设不同，后者仍然都是以获取利润为目的。而政府建造廉租房并不是为了利润，是为了保障最低收入家庭的基本住房需求，租金以成本为限。

第四，政策关注人的需要，关注社会弱势者的需要，并且从中延展到更广泛的社会贫困群体的住房需要，无疑，政策一定包含着“以人为本”和“以民为本”的价值理念。

廉租房政策在中国实施了将近20年，在城镇低收入家庭的住房保障方面取得了巨大成就，但是，毋庸置疑，不断修正的廉租房政策仍有不少问题值得深入探讨，这些问题有的来自政策文本本身，有的则出自政策实践偏差。从价值的维度来考察，这些政策中的事本主义和官本主义的价值倾向也开始不断显露端倪。

从政策文本而言，在不断颁布和不断修正的廉租房政策中，不难发现政策在内容上乃至内容所反映的价值取向上的不足或缺陷，具体表现在：

第一，《国务院关于进一步深化城镇住房制度改革加快住房建设的通知》强调"建立和完善以经济适用住房为主的住房供应体系"，"重点发展经济适用住房（安居工程）"。很显然，该政策的着眼点是城市居民住房所有权。然而，在中国大多数低收入居民居住需求尚未得到满足的情况下，政府应将有限的财力用于保障低收入居民的居住需求，因此，住房保障体系建设的重点应当是保障最广大低收入群体"住有所居"（即居住权）而非"居者有其屋"。

第二，《国务院关于进一步深化城镇住房制度改革加快住房建设的通知》和2007年施行的《廉租住房保障办法》，都只将城市最低收入家庭和城市低收入家庭作为廉租房住房保障的唯一目标对象，如2007年施行的《廉租住房保障办法》第一条规定："为促进廉租住房制度建设，逐步解决城市低收入家庭的住房困难，制定本办法。"然而，就社会保障体系的对象而言，廉租对象不仅包括具有本地城镇户口的"城镇居民"，还应包括城市中大量"流动"但常驻城镇的"农业人口"和外地"城镇居民"。更加不容忽视的是，该办法未将城市中既买不起房又达不到规定的城市低收入标准的"夹心层"列入廉租住房的保障范围之内，而这类"夹心层"群体在中国各个城市里大量存在，他们的收入、住房、就业等各方面同样需要政府的高度关注和扶持。

第三，在2004年颁布的《城镇最低收入家庭廉租住房管理办法》中，删去了"廉租房具有社会保障功能"这一点，而2007年颁布的廉租房政策又恢复重申了廉租房的社会保障功能。

第四，建设部等五部门2004年发布实施的《城镇最低收入家庭廉租住房管理办法》第三条规定，"城镇最低收入家庭人均住房保障面积标准原则上不超过当地人均住房面积的60%"。这个划分标准在具体操作中不能起到保障基本住房需求的目的。例如，中等城市人均住房建筑面积按15平方米计算，两口之家的保障面积为18平方米。但是，在大多数城市的住房租赁市场上，已经很难找到能满足基本生活条件的18平方米住房。结果是，低收入住房困难家庭在拿到住房货币补贴后，在市场上找不到与补贴价格相适宜的住房，或者由于地点过于偏远或居住条件过于简陋而无法居住。显然，政策的就事论事倾向非常明显，而在这种倾向后面无疑有价值理念在起重要作用。

探寻中国廉租房政策及其背后价值理念的变化、发展轨迹，可以看到，人本主义、民本主义和事本主义的价值观均在其中起到一定的支配作用，它从上述讨论的廉租房相关条款及变迁的过程中可窥一斑，并且，从历史时序上来考察，不少廉租房政策就是在人本主义和事本主义、民本主义和官本主义的价值支配下来回摆动之中逐渐前行。

（二）廉租房政策的实践偏差探析

研究发现，价值理念的作用不仅体现在廉租房政策的制定和文本本身，也体现在廉租房政策的执行和实践过程中，探究政策实践偏差的原因，无论如何都可以看到人本主义和事本主义价值取向或民本主义和官本主义价值取向的影响印记。

基于文献研究发现，保障住房政策的实践偏差又可以划分为两种主要类型，即消极的政策实践偏差和积极的政策实践偏差。前者是指政策执行主体被动地应付、敷衍政策要求，以及以最低的标准执行政策规定，以致造成政策执行以后的实际效果与政策制定的目标、价值相偏离的状况；后者即指政策执行主体有意地歪曲政策规定，以及专事寻找政策的漏洞，通过钻政策空子来谋取私利，以致政策成效严重偏离政策目标的状况。

研究发现，在廉租房政策实施过程中，消极的政策实践偏差有多种表现形式，但最常见的主要有：

第一种是减少对象和降低标准。《国务院关于解决低收入家庭住房困难的若干意见》第五条规定“廉租住房保障对象的家庭收入标准和住房困难标准，由城市人民政府按照当地统计部门公布的家庭人均可支配收入和人均住房水平的一定比例，结合城市经济发展水平和住房价格水平确定”。由于廉租房制度的实施会给地方财政增加压力，为了减缓廉租房建设给地方财政带来过多的负担，于是出现一些地方政府尽量减少廉租房保障对象、降低保障标准的现象，造成不少地方的廉租对象一般都是被民政部门特别确定的住房困难户，而其他的住房困难户因资金问题常常被地方政府以各种理由排除在廉租房保障之外。

第二种是把廉租房建设视为“面子工程”。在廉租房政策实施中，中国还没有建立起对廉租房制度开展情况的奖惩和考核机制，也没有被纳入地方政府政绩的考核范围，导致部分地方政府对廉租房制度并未给予足够的重视，仅仅作为短期的“面子工程”来对待，有的地方政府仍将廉租房制度建设停留在方案上，尚未付诸实际；还有的地方政府甚至没有把这项制度提上政府的议事日程，仍未起步，中国廉租房建设存在地方政府的职能缺位现象。相反，廉租房与市场房价呈负相关关系，廉租房的供给每增加5%，就会使房价下降3%～4%。这样使得不少地方政府为保持当地经济发展而放弃廉租房制度建设。

第三种是廉租房建设选址偏远。许多城市市区的住房建设已近饱和，而城郊土地价格远低于中心区，政府往往选择将廉租房集中建设在城市边缘地带，这一行为导致了许多社会问题。生活配套设施的不完善、交通的不便使廉租住户生活成本增加，因远离工作的市中心，住户需付出大量的时间、精力和金钱，生活负担加重，完全背离政策制定的初衷和宗旨。

上述情况的出现，受利益、本位等因素影响，但深究下去，又无一不与事本主义的价值取向密切关联。

第六节　中国婚姻政策价值取向及实践分析

婚姻政策在我国是一项重要的社会政策，它对于家庭关系的调整、社会健康有序的发展、人类文明的传承等方面，都具有不可替代的作用。需要说明的是，一般而言，政策是指以政府和政党为代表的公共权力机构为了解决公共问题，实现一定的政治、经济、文化目标，通过一定的程序制定的行动方针和行为准则，它的表现形式包括方针、路线、战略、规划、规章、条例、决定、办法、法律、法规等。从中可以看出，法律是政策的一种表现形式，也属于政策的范畴，当然，法律由国家的法律机关制定与颁布，具有最高的强制性与合法性。本节在论及婚姻法的时候，将交替使用“婚姻法”与“婚姻政策”这两个词。

一、中国婚姻政策的历史变迁和启示

1950 年新中国颁布的第一部法律为婚姻法，由此可见当时党中央和中央政府对婚姻家庭的重视程度。

（一）1950 年颁布的《婚姻法》

该部法律奠定了我国婚姻家庭制度的基本准则，它以新时代的要求对婚姻家庭关系进行了整合和规范，尤其是在破除旧式婚姻制度、建立并推行新型婚姻家庭关系等方面进行了重大的制度安排。首部《婚姻法》第一条开宗明义就明确规定“废除包办强迫、男尊女卑、漠视子女利益的封建主义婚姻制度。实行男女婚姻自由、一夫一妻、男女权利平等，保护妇女和子女合法利益的新民主主义婚姻制度”。为了彻底肃清封建婚姻制度的残余，《婚姻法》还明确规定“禁止重婚、

纳妾、收童养媳、干涉寡妇婚姻自由、借婚姻关系索取财物”，摒弃了旧社会的婚姻观念。政策目标非常明确：废除旧式封建婚姻制度，体现新制度下的婚姻家庭观念，确立适合社会主义制度需要的新型婚姻家庭关系。

（二）1980 年颁布的《婚姻法》

1980 年《婚姻法》是改革开放初期国家对婚姻家庭关系进行的新的整合和规范。该法律除了将“夫妻感情确已破裂、调解无效”作为判决离婚的法定条件和确定“计划生育的基本原则”这两项主要内容之外，更加注重公民的婚姻自由权利。比如，《婚姻法》第二条明确规定，“实行婚姻自由、一夫一妻、男女平等的婚姻制度。保护妇女、儿童和老人的合法权益。实行计划生育”。1980 年《婚姻法》是对过去 30 年的婚姻家庭关系，尤其是对整个“文化大革命”10 年期间被破坏的家庭关系和被扭曲的婚姻形态的调整、规范与指导。

（三）2001 年颁布的《婚姻法》

2001 年颁布的《婚姻法》是针对中国经济转型时期婚姻家庭出现的一系列新问题的回应，也是新世纪之初国家通过法律手段对婚姻家庭关系进行的再次规范。针对当时社会出现的甚至比较严重的社会现象，如，婚姻中第三者插足、家庭暴力、老年人受虐，等等，该《婚姻法》增加了“禁止有配偶者与他人同居”“禁止家庭暴力”“夫妻应当互相忠实，互相尊重；家庭成员间应当敬老爱幼，互相帮助，维护平等、和睦、文明的婚姻家庭关系”等内容。该法另一个较大的修改是对离婚时的财产分割、离婚后子女的抚养和教育以及违反《婚姻法》的法律责任等问题做出了更加明确和具体的规定。

（四）《婚姻登记条例》和《婚姻法》司法解释

1.《婚姻登记条例》

为了配合《婚姻法》实施，我国原内务部后改为民政部，曾在 1955 年、1980 年、1986 年、1994 年和 2003 年先后颁行过 5 个婚姻登记办法或条例，规范婚姻登记。概括而言，这些法规在反对和消除封建婚姻余毒、建立社会主义婚姻制度和规范新时期婚姻缔结程序等各个方面，具有重大的贡献。尤其是 2003 年的《婚姻登记条例》对我国婚姻登记制度进行了重大变革，核心是强调“婚姻自由”的原则、“权利”的原则和“政府减少干预”的原则，主要体现在：一是立法主旨发生变化，《婚姻登记条例》从名称到内容去掉“管理”二字，强调缔结或解除婚姻是公民的基本权利，也说明政府对婚姻干预的功能逐渐弱化；二是强调权利、义务对等，公民在婚姻自主的同时，也强调公民的法律意识和法律责任。比如，婚前无须再提交所在单位、村居委会开具的介绍信，只需要意愿相当的双方到民政部门办理相关手续即可，但必须对自己的声明负责。三是不再强制性地约束新婚人士必须到相应医院做婚前健康检查，只要双方履行婚后的相关法律义务，国家不再强行介入。四是改革婚姻登记体制，对于维持了50多年的婚姻登记由乡镇人民政府和城市街道办事处办理的体制进行了调整，明确民政部门婚姻登记执法主体地位，从而有利于实现高效、透明的政府行政管理，更好地保护当事人的合法权益。当前，我国婚姻登记法律体系是以《婚姻法》第八条为重要核心内容，以《婚姻登记条例》《婚姻登记工作暂行规范》等其他法规制度为辅，共同构建了我国婚姻登记制度的框架。

2.《婚姻法》司法解释

作为婚姻领域里的“准法律”，《婚姻法》司法解释对婚姻行为、家庭关系以及实际工作部门的相关实践活动等，都具有极为重要的影响。迄今为止，我国最高人民法院先后发布了数个《婚姻法》司法解释，而影响最大、涉及面最广、争论意见最多的则数2001年颁布《婚姻法》之后，分别于2001年、2004年以及2011年实施的《最高人民法院关于适用〈中华人民共和国婚姻法〉若干问题的解释的（一）、（二）、（三）》（以下简称《司法解释》）中的《司法解释（三）》。

2001年颁布的《婚姻法》，由于婚姻效力制度的规定较为原则化，因此，最高人民法院在关于适用《中华人民共和国婚姻法》若干问题的解释（一）里又用十个条文对申请宣告婚姻无效的主体和请求撤销婚姻的主体、审理案件的程序及法律效力予以司法解释，以确保婚姻效力制度的依法适用。

《婚姻法》第四十六条明确规定了离婚损害赔偿的法定事由，并将离婚损害赔偿请求权的主体界定为无过错方。为确保该制度的实施，最高人民法院在关于适用《中华人民共和国婚姻法》若干问题的解释（一）、（二）中进行了补充解释，从而使离婚损害赔偿制度更为细化。

《司法解释（三）》共有19个条文，重点解释了两个大类六个方面的议题，即：

第一，身份关系的确认，包括婚姻登记瑕疵的身份确认问题、亲子关系的身份确认问题等。

第二，财产分割，包括婚姻存续期间财产的分割问题、夫妻婚后财产增值情况的分割规定、父母出资购房的房屋归属分割问题、婚前按揭房的分割归属问题等。

此外，《司法解释（三）》还解释了关于属夫妻共同财产的房屋，一方擅自出售的问题，以及关于夫妻双方的赠与协定反悔认定问题，等等。众所周知，《婚姻法》的重要功能既包括调整婚姻家庭中的人身关系，也包括调整婚姻家庭中的财产关系。从《司法解释（三）》的规定来看，其中大部分条款是关于夫妻财产关系的规定。显然，该“准法律”主要是为了能够积极回应在日常生活中不断涌现的婚姻和家庭问题尤其是家庭范围内的经济利益问题，能够有效指导在司法实践中涉及婚姻家庭中的财产关系问题的裁定。

通过上述对我国《婚姻法》历史演进的简单梳理，从立法的角度可以为我们带来如下启示：

第一，《婚姻法》日益脱离政治，走向民间，更多地从法律角度来规范婚姻行为，关注婚姻家庭发展中自身问题的解决。

第二，《婚姻法》的几经变迁，反映了人治与法治之争以及依法治国进程的加快和被关注。

第三，《婚姻法》虽然在尝试积极回应大环境急剧变迁下婚姻家庭领域里不断涌现的社会问题，然而，有些已经大量出现的现象，如非婚同居、同性结合、生物技术对婚姻家庭伦理与法的影响、家庭扶养责任，以及未成年人群体保护，等等，都没有或较少涉及，而这些议题对现在与未来的中国婚姻家庭势必会产生巨大影响。

但是，从价值的角度来考量，对现有的婚姻政策或立法背后的价值取向，同样有必要做一番深入讨论。

二、中国婚姻政策的价值取向分析

毋庸置疑，从1950年第一部《婚姻法》到2011年《司法解释（三）》逾70年的中国婚姻政策或法律、法规的发展脉络，不难发现，婚姻政策的制定与实践是某些价值指导的结果，而这些价值之所以渗入至婚姻政策中，又与当时当地的社会思潮紧密扣连，是社会思潮的反映或者政策制定部门理解的社会思潮的折射。如果运用本研究的价值四维度框架予以分析和概括的话，则可以比较清晰地看到国内婚姻政策的价值走向。

（一）1950年《婚姻法》双重价值取向的显现

诚如前所说，1950年《婚姻法》颁布的直接的社会背景有二：一是巩固新政权，消除包括婚姻领域内的反动思想和封建余毒；二是解放妇女，建立适合新民主主义建设与新秩序的婚姻关系和家庭环境。这些背景或者成为思潮或者成为行政诉求进入婚姻政策，具体在《婚姻法》中体现出来，不少条款都有明确的指向：一个是“事”，一个是“人”。

1950 年《婚姻法》第一条就开宗明义表明：“废除包办强迫、男尊女卑、漠视子女利益的封建主义婚姻家庭制度。实行男女婚姻自由、一夫一妻、男女权利平等、保护妇女和子女合法权益的新民主主义婚姻制度。”第二条则重申：“禁止重婚、纳妾。禁止童养媳。禁止干涉寡妇婚姻自由。禁止任何人借婚姻关系问题索取财物。”新中国首部《婚姻法》的基本原则表明其基本精神是破旧立新。《婚姻法》第三条规定：“结婚须男女双方本人完全自愿，不许任何一方对他方加以强迫或任何第三者加以干涉。”这些规定是对婚姻自由进行立法。

研读上述《婚姻法》条款，运用四维度价值分析框架可以看到，废除封建主义婚姻家庭制度和实行新民主主义婚姻制度的规定明显是基于“事本主义”价值取向出发，而“男女婚姻自由”“男女权利平等”“保护妇女和子女合法权益”等法律规定，则十分显著地把焦点指向婚姻平等和婚姻自由，而在当时的社会背景下，无疑更是关注和强调女性的婚姻自由和婚姻平等。这些有关个体婚姻平等和婚姻自由在《婚姻法》的其他部分还时有体现，如关于婚姻平等，《婚姻法》第七条至第十二条规定：（1）“夫妻为共同生活的伴侣，在家庭中地位平等。”（2）“夫妻有互爱互敬、互相帮助、互相扶养、和睦团结、劳动生产、抚育子女，为家庭幸福和新社会建设而共同奋斗的义务。”（3）“夫妻双方均有选择职业、参加工作和参加社会活动的自由。”（4）“夫妻双方对于家庭财产有平等的所有权与处理权。”（5）“夫妻有各用自己姓名的权利。”（6）“夫妻有互相继承遗产的权利”，等等。概括起来，1950 年《婚姻法》中贯彻的男女平等原则主要体现在以下三个方面：其一，男女权利平等，是指妇女在经济、政治、文化、社会、家庭中的地位与男子一样，享受平等的权利；其二，男女义务平等，是指男女要共同承担义务，如抚育子女的义务、照顾父母的义务、相互帮助的义务等；其三，男女夫妻关系的平等，是指夫妻之间要建立相互尊重、平等对待的关系，构建和睦、民主的家庭，禁止出现虐待妻子、打骂妻子、抛弃妻子以及侵犯妇女权利的行为。这些法律规定为新型婚姻家庭关系的确立提供了基本保障，有利于建立男女平等的家庭关系。

此外，《婚姻法》在强调结婚自由的同时注重对离婚自由的保障，如，《婚姻法》第十七条至第十九条规定：（1）“男女双方自愿离婚的，准予离婚。男女一方坚决要求离婚的，经区人民政府和司法机关调解无效时，亦准予离婚。”（2）“女方怀孕期间，男方不得提出离婚；男方要求离婚，须于女方分娩一年后，始得提出。但女方提出离婚，不在此限。”这几个条款是对婚姻自由做出的明确规定。

显然，1950 年《婚姻法》及其条款在试建立新的婚姻规范和新的家庭秩序乃至社会秩序的同时，力图将长期遭受父权压迫和封建规范束缚的女性解放出来，赋予她们更多的自由、权力和平等的机会，因此，着眼于女性发展的“人本主义”价值倾向十分强烈且明确。

（二）1980年《婚姻法》“事本主义”价值取向的突显

如果说1950年《婚姻法》是一部“废旧立新”“奠定基础”的重要法律，那么，1980年《婚姻法》则是一部“拨乱反正”和“巩固发展”的法律①。从《婚姻法》修订和颁布的社会背景来看，所谓“拨乱反正”的一方面原因缘于10年“文化大革命”对家庭秩序与功能的冲击和破坏，离婚诉求急剧上升；另一方面原因是整个20世纪70年代的中国是一个处处政治挂帅的时期，婚姻家庭领域也不例外，当时结婚、离婚等行为都带有政治色彩，结婚或离婚是必须通过向组织汇报、组织审查、批准后才能登记注册结婚或注销婚姻。而所谓“巩固发展”则是一方面要保留和传承1950年《婚姻法》中的优良条款，另一方面则要发展出面对不断涌现的、严峻的社会现象比如如何节制大量人口生产的新的社会规范。

正因为如此，1980年《婚姻法》在内容上进行了必要的修改和补充。首先，在总则上增设了两条重要内容，即：(1)“实行计划生育”；(2)“保护妇女、儿童和老人的合法权益”。前者基于当时中国人口基数大的考虑，必须用法律来制约人口问题；后者基于保护弱势群体的考虑，在婚姻家庭关系中，妇女、儿童和老人都是弱者，所以更需要法律保护他们的合法权益。同时，这条法律的增订也表明我们社会传统的家庭结构及有关家庭的价值观念已经发生了变化。

1980年《婚姻法》的许多条款是围绕着上述总则的第二条内容展开的，在离婚方面，1980年《婚姻法》第二十五条规定：“男女一方要求离婚的，可由有关部门进行调解或直接向人民法院提出离婚诉讼。人民法院审理离婚案件，应进行调解；如感情确已破裂，调解无效，应准予离婚。”这条规定明确了法定离婚标准，对1950年《婚姻法》作出了修改，将1950年《婚姻法》中的“婚姻破裂”代之以“感情确已破裂”作为新的离婚条件。由此可以看出，情感婚姻取代了政治化婚姻，法律也对此进行了反思，并在条文规定中体现出来。

在家庭成员权益保护方面，1980年《婚姻法》规定“禁止家庭成员间的虐待和遗弃”，修改了1950年《婚姻法》中规定的“父母子女之间均不得虐待和遗弃”，显然，1980年《婚姻法》向世人明白地宣告，家庭是通过血缘、姻缘或收养关系组合成的社会生活基本单位，因此，婚姻法实际上适用于所有家庭成

① 巫昌祯：《解读中国婚姻法六十年》，载于《中国法律》2011年第6期。

员，更加保护了妇女、老人、儿童的合法权益。

在婚姻财产方面，1980 年《婚姻法》第十三条规定“夫妻在婚姻关系存续期间所得财产归夫妻共同所有，双方另有约定的除外。夫妻对共同所有的财产，有平等的处理权”。在离婚财产的分割上，第三十一条规定“离婚时夫妻的共同财产由双方协议处理；协议不成时，由人民法院根据财产的具体情况照顾女方和子女权益的原则判决”，该条把男方婚前财产归男方所有的精神增添了进去。第三十二条规定“离婚时原为夫妻共同生活所负的债务，以共同财产偿还。如该项财产不足清偿时，由双方协议清偿；协议不成时，由人民法院判决”，该条明确了夫妻共同生活所负的债务由夫妻双方共同偿还。虽然，1950 年颁布的婚姻法规定：夫妻双方对家庭财产有平等的所有权与处理权，确定了女性作为财产权主体的地位。但是，1980 年颁布的婚姻法对此又进行了进一步的规定，在夫妻财产制上规定了法定财产制与约定财产制两种，以法定为主，约定为辅，进一步明确了夫妻共同财产的内容。

1980 年《婚姻法》的立法原则之一是保护弱者，如妇女、儿童和老人的合法权益（这个原则似乎是发达国家婚姻家庭法律的通则），在这一点上它做得比 1950 年《婚姻法》更好，远远超过 2001 年《婚姻法》，但是，只因它太“事本主义”价值导向，结果，这些原则不仅没有很好地落实，反而产生了诸多政策实施意料之外的后果。

对于“计划生育”，《婚姻法》总则中将“实行计划生育”作为婚姻法的一项重要原则。在家庭关系中进一步规定“夫妻双方都有计划生育的义务”，计划生育被作为法律规定下来，并成为每对夫妻必须遵守的义务。《婚姻法》关于计划生育的规定，试图从法律上将女性从无节制的生育中解放出来，但是，此项法律也使社会上重男轻女的传统凸显了出来，“生男生女”成了家庭普遍关注的问题，女性作为生育的载体，往往成为计划生育政策和重男轻女思想冲突的牺牲者，生育女孩的女性更容易遭遇不公平的待遇。与此同时，计划生育工作具体开展所采取的避孕节育措施，几乎都用在妇女身上，因而女性比男性更多地承担了生育控制以及妇科疾病等健康问题。

对于女性的财产性权利，1980 年《婚姻法》虽然做了一些规定，也超前性地提出和规定了夫妻财产制中的约定财产制，这是因为从法律的角度看，财产权是人格权的基础，同样，财产也始终是婚姻关系中的重要部分，平等的财产权利关系是平等的婚姻家庭关系的基础。

但是，1980 年《婚姻法》规定的家庭财产权利，几乎形同虚设，这是因为，第一，当时人们的财产权利意识仍然模糊不清（主要缘于改革开放初期，整个社会普遍财富贫乏，大多数家庭的财产量少、经济关系简单，家庭收入除维持家用外剩余财产很少——笔者注）；第二，没有充分考虑到20世纪80年代初期的中国家庭中，女性的收入通常低于男性，而离婚时大多数孩子会跟随母亲，抚养费对母亲与孩子的生活及孩子的成长就十分重要。然而，1980年《婚姻法》关于家庭财产权利的规定过于原则化，缺乏具体操作和实施的细则。这种对财产权利的忽视表现在离婚财产分割与抚养费上，往往出现损害女性和儿童利益的现象，例如，对共同财产处理得不公平或不加处理、判给女方的子女抚养费数额偏低；又比如，有些离婚案即使经过法院判决，由于当事人没有提出财产权利的主张，按照不告不理的原则，法院也就不过问。执法机关漠视了当事人尤其是弱势一方妇女的财产权利，实际上对女性带来了很大的伤害，一个典型的社会现象是，离婚单亲女性家庭贫困问题严重。

（三）2001年《婚姻法》双重价值取向的纠结

中国婚姻法治和婚姻政策的发展变迁最根本的动力来自改革开放和经济发展，在计划经济体制下，国家对社会全方位的大包大揽的控制也直白地显示在《婚姻法》的制定、颁布和实施上。随着经济体制的转轨和对外开放，政府对个人生活干预的方式也发生了变化。赋予个人更多权利，使个人有了更多的活动空间，政府对社会控制方式的变化也必将促使婚姻家庭朝着更加有利于人的自由、平等的方向发展，从以往《婚姻法》制定中的国家主导逐渐变为2001年《婚姻法》制定中的民众广泛参与，则可以明显地觉察这一特点[①]。

因此，2001年《婚姻法》的两个主要基调：一是关注社会成员的婚姻自由、婚姻平等以及婚姻过程中的权利保障；二是试图因应改革开放以后越来越复杂的社会环境、越来越多样化的社会需求、越来越急剧下坠的道德水平以及越来越层出不穷的婚姻社会问题，制定出琐细、详尽的规则以重新巩固婚姻秩序和规范婚姻行为。显然，上述两个焦点一个是关注婚姻中的“社会成员”，另一个是关注婚姻中因人而产生的“家庭事项”。

细读2001年的《婚姻法》，关于婚姻关系中的“人”及其地位平等、权利和自由等各方面都做了非常完整的规定与强调，如第一条规定“本法是婚姻家庭关系的基本准则”。第二条规定“实行婚姻自由、一夫一妻、男女平等的婚姻制度”。第五条规定“结婚必须男女双方完全自愿，不许任何一方对他方加以强迫或任何第三者加以干涉”。在“第三章家庭关系”中，从第十三条到第十七条，又分别强调了夫妻在家庭中地位平等，夫妻双方都有参加生产、工作、学习和社

---

① 刘维芳：《试论“中华人民共和国婚姻法”的历史演进》，载于《当代中国史研究》2014年第1期。

会活动的自由，一方不得对他方加以限制或干涉，夫妻双方都有实行计划生育的义务以及夫妻在婚姻关系存续期间所得的财产（包括工资、奖金；生产、经营的收益；知识产权的收益；继承或赠与所得的财产，一方专用的生活用品除外；其他应当归共同所有的财产）归夫妻共同所有，夫妻对共同所有的财产，有平等的处理权。

此外，2001 年《婚姻法》还有一些条款对家庭成员的权利保护具有重要意义，比如，与 1980 年《婚姻法》第十三条将法定夫妻财产制界定为婚后所得共同制，并在人格独立平等的基础上可进行夫妻财产约定。该规定使没有财产收入仅有家务贡献的夫妻一方能平等地依据婚后所得共同制获得相应的财产，从而使家务贡献体现出权利义务相一致的精神。而 2001 年《婚姻法》为了保护在离婚时处于弱势一方的利益，进一步体现家务劳动的价值，实现法律的实质正义，第四十条明确规定："夫妻书面约定婚姻关系存续期间所得的财产归各自所有，一方因抚育子女、照料老人、协助另一方工作等付出较多义务的，离婚时有权向另一方请求补偿，另一方应当予以补偿。"法律首次增设了离婚家务劳动补偿制度、离婚损害赔偿制度，完善了原有的离婚困难经济帮助制度，构建起较为完整的离婚救济制度。家务劳动补偿制度规定了采取分别财产制的夫妻，离婚时，因抚育子女、照料老人、协助另一方工作等付出较多义务的一方，有权向另一方请求补偿，另一方应当予以补偿。离婚损害赔偿制度则明确规定了因重婚、有配偶者与他人同居、实施家庭暴力、虐待、遗弃家庭成员导致离婚的，无过错一方有权请求损害赔偿。离婚困难经济帮助制度则规定离婚时，如一方生活困难，另一方应从其住房等个人财产中给予适当帮助。所谓生活困难，包括离婚后依靠个人财产和离婚时分得的财产无法维持当地基本生活水平或离婚后无法居住。可以说，离婚救济制度是对那些因离婚遭受损害或面临经济困难者所提供的救济方式，以减少或补偿受损害方和无过错方在精神和物质上所遭受的损失。对形式上平等的夫妻关系在实质上予以矫正，以保护婚姻中处于弱势的一方，特别是从事家务劳动较多，经济收入较低的女方①。如此规定，进一步明确了家务贡献的价值。通过创设财产补偿机制，使分别财产制下的夫妻关系在恪守人格独立的基础上遵循了权利义务相一致的原则。

再比如，2001 年《婚姻法》第三十条规定："子女应当尊重父母的婚姻权利，不得干涉父母再婚以及婚后的生活。子女对父母的赡养义务，不因父母的婚姻关系变化而终止。"法律明确规定了老人的再婚权利，从而充分体现了对老人

① 巫昌祯、夏吟兰：《改革开放三十年中国婚姻立法之嬗变》，载于《中华女子学院学报》2009 年第 1 期。

婚姻自由的尊重和合法权益的保护。

2001 年《婚姻法》（修正案）第三十八条规定："离婚后，不直接抚养子女的父或母，有探望子女的权利，另一方有协助的义务。"探望的方式、时间由双方协议，协议不成时，由人民法院判决。如果父或母探望子女不利于子女身心健康的，由人民法院依法中止其探望的权利。法律首次规定了父母对子女的探望权利，使父母对子女的抚养教育的权利和义务能够得到落实和保障，既体现了法律的人文关怀，也填补了我国婚姻家庭立法上的空白。

总之，2001 年《婚姻法》在总则章中保留了婚姻自由，一夫一妻，男女平等，保护妇女、儿童和老人的合法权益，实行计划生育等原则，同时增设了夫妻应当互相忠实，互相尊重，家庭成员间应当忠实，互相尊重，家庭成员间应当敬老爱幼，互相帮助以及应当维护平等、和睦、文明的婚姻家庭关系等。1980 年《婚姻法》中仅有禁止重婚、禁止虐待家庭成员的规定，《婚姻法》（修正案）对此作了重要的补充，明令禁止有配偶者与他人同居，禁止家庭暴力。这就从立法上增强了维护一夫一妻制、保护家庭成员人身权利的力度。同时也为通过其他法律措施防治此类违法行为提供了依据。

关于婚姻关系中的"家庭事项"，2001 年《婚姻法》在属于分则性质的各章中，增设了若干具体制度和具体规定，如婚姻的无效和撤销，法定夫妻财产制中有关共同财产和个人财产的列举规定，夫妻间的财产约定及其效力，离婚法定理由的具体化，离婚时的过错赔偿制度等，这些必要的补充增补了过去的立法空白，丰富了我国婚姻家庭立法的内容，使我国的结婚制度、家庭制度和离婚制度较前更加完善。此外，对于离婚时的财产分割、离婚后子女的抚养和教育，2001 年《婚姻法》的规定也比原来的《婚姻法》的规定更加具体详细。

比如，为了加大对重婚等破坏一夫一妻制行为的打击力度，新增加的第五章"救助措施与法律责任"第四十五条规定："对重婚的，对实施家庭暴力或虐待、遗弃家庭成员构成犯罪的，依法追究刑事责任。受害人可以依照刑事诉讼法的有关规定，向人民法院自诉；公安机关应当依法侦查，人民检察院应当依法提起公诉。"另外，根据《婚姻法》（修正案）第四十六条的规定，因重婚导致离婚的，无过错方有权请求损害赔偿。这就从立法上加重了有过错方的法律责任，为打击和遏制重婚等违法犯罪行为，坚持我国的社会主义婚姻家庭制度，维护我国社会主义的婚姻家庭秩序提供了有力的法律武器。

又比如，适当放宽了一方要求离婚的法定条件。2001 年《婚姻法》第四章除坚持将"感情确已破裂，调解无效"作为准予离婚的原则性条件外，还结合司法实践经验并吸收司法解释的规定，增设了若干列举性、例示性的规定。第三十二条规定："有下列情形之一，调解无效的，应准予离婚：（1）重婚或有配偶者与他人同居的；（2）实施家庭暴力或虐待、遗弃家庭成员的；（3）有赌博、吸毒等恶习屡教不改的；（4）因感情不和分居满2年的；（5）其他原因导致夫妻感情破裂的情形。”还规定：“一方被宣告失踪，另一方提出离婚诉讼的，应予准许。”在立法上适当放宽了离婚条件，并使原先过于原则化的离婚标准得以具体化，使离婚的法定条件更具有针对性、公开性和可操作性，也更加人性化。

再比如，对于男方在女方怀孕期间和分娩后1年内离婚诉权的限制，补充了“中止妊娠后6个月内”的规定，符合司法实践中出现的实际情况，有利于全面保护妇女的身心健康和合法权益。

但是，对于2001年《婚姻法》的讨论、争议和反思最激烈的不是《婚姻法》文本本身，而是《司法解释（三）》，并且集中在其中有关亲子关系、夫妻财产等条款上。

1. 有关“亲子关系”条款的“事本主义”价值取向分析

《司法解释（三）》第三条规定：“对婚姻关系存续期间所生育的子女，夫妻一方向人民法院起诉请求确认亲子关系不存在并已提供必要的证据予以证明，另一方没有相反证据又拒绝做亲子鉴定的，人民法院可以推定请求确认亲子关系不存在一方的主张成立。非婚生子女起诉请求确认亲子关系的，如果非婚生子女一方提供的证据能够证明双方可能存在亲子关系，另一方没有相反的证据又拒绝做亲子鉴定的，人民法院可以推定非婚生子女一方的主张成立。”

上述规定了亲子鉴定以当事人自愿为原则，并规定了亲子关系的推定制度，填补了法律空白，但是，这一规定从根本上来说是从有利于诉讼的角度规定，它的好处就是简单明了，在必要的时候使用推定的办法，可以大大地减少当事人的举证负担，也有利于法院处理案件①。显然，此项规定的“事本主义”的倾向十分明显，它的主旨就在于指导法官面对事情，完成任务。然而，众所周知，亲子关系是一个伦理关系，在处理此类问题时不得不把握“真”与“善”的平衡。所谓“真”即案件的真实、真相，审案要以真相为基础，所以，在特定的情况下，运用推定的方式确定案件事实是必要的。但是，在追求“真”的同时，法律、法规不能忘却“善”，尤其在处理婚姻家庭案件时，更应该体现社会利益倾向和社会伦理价值观，更应该弘扬“以人为本”的价值取向。

联系到本条款，最大的“善”就是对未成年人权益的保护，从人权和伦理的角度来看，对未成年人权益的保护应优先于对某些事实的认定，亲子鉴定的适用及亲子关系的推定或否认必须坚持子女最佳利益原则。世界上许多国家在将亲子

① 郭丽恒、李明舜：《对婚姻家庭中人身关系规定的几点思考——评析婚姻法司法解释（三）中的相关规定》，载于《中华女子学院学报》2011年第2期。

鉴定用于亲子关系证明时，受到“子女最佳利益”的限制。当真相有可能损害到未成年子女的利益时，法律应当倾向于保护未成年子女的利益，而这样的做法恰恰最能够体现“人本主义”的价值原则。

2. 有关“夫妻财产”条款的“事本主义”价值取向分析

在《司法解释（三）》中，有关“夫妻财产”条款的内容占了近一半比重，共有九条之多，分别是第六条至第八条、第十一条至第十三条、第十五条至第十七条等，它们大致涉及四种问题，即夫妻个人财产在婚后的归属、父母资助财产的归属、夫妻继承财产的归属和婚姻期间债务的负担等。

这些条款虽然响应了夫妻分别财产制度中的积极因素，也试图在婚姻关系中赋予女性财产权利，等等，但是，实际效果却事与愿违。究其原因，首先，仍然是“事本主义”的价值观在起主导作用。《司法解释（三）》制定了不少关于财产分割的细致规定，最终目的是降低法官认定事实的难度并因此极大减少法官的工作量，而对家庭、家庭关系、夫妻财产等元素的意义、价值和社会功能，等等，却被忽视或不做考量。其次，家庭稳定首先依赖“家庭共有财产”这种物质性纽带，但以摧毁家庭共有财产为立法目标的现行婚姻法以及随后的《司法解释（三）》，秉承着用“个别财产制”逐步取代“家庭财产制”的思路，正不断瓦解着“家产制”这一维持家庭稳定的财产纽带。《司法解释（三）》更是将“谁投资，谁收益”的资本主义原则，从家庭之外的企业注入到家庭之内的房产。这种试图在家庭中建立资本主义式个人财产制的立法意图完全有悖于家庭伦理，而这本是婚姻家庭关系中扶养、抚育和赡养义务的法理基础①。

这些对中国传统财产分割惯例进行挑战和撼动了中国大部分家庭财产维系纽带的条款，在制定的过程中较少或并没有深入地考量以下一些重要因素，一是现阶段中国女性还处于相对弱势，若单以房产作为男女平等的标准，岂不是直接忽视了女性在家务及养儿育女方面所做出的非物质性贡献。尤其是农村女性，房屋基本上是由男方提供，一旦离婚就意味着净身出户，这对她们而言是极不公平的。二是过多运用市场化原则处理家庭房产问题，一定程度上忽视了婚姻家庭属于伦理实体，夫妻财产对夫妻关系具有依附性，即有了夫妻身份才有夫妻财产。三是法律对家庭财产等内部问题过多介入，实际是在破坏家庭的自我恢复及维系能力，使得家庭成员过多依赖并不是每个家庭都可快速适用的法律条款②。

基于政策价值四维度的分析框架来看，就婚姻家庭政策而言，不分法域和国别，该政策对社会成员的婚姻稳定和家庭安全的追求应该是普世共享的价值，而

① 赵晓力：《中国家庭资本主义化的号角》，载于《文化纵横》2011年第1期。

② 陈友华、祝西冰：《家庭发展视角下的中国婚姻法之实然与应然》，载于《探索与争鸣》2012年第6期。

目前却并非如此，法律法规的就事论事倾向甚至偏离了广大人民的利益诉求和实际状况，偏离了中国传统家庭伦理和家庭观念及其在当代社会的延续性，偏离了家庭文化的普遍性和民族性，这样的婚姻政策就可能会破坏夫妻之间应有的信任，会在长期内逐渐侵蚀家庭安全和婚姻稳定的地基，导致更多本不应有的离婚，更可能破坏夫妻间应有的合作、减少本应由家庭承担的社会产出（比如良好的子女教育），最终导致更多的社会问题①。

① 艾佳慧：《简约规则抑或复杂规则——婚姻法解释三之批评》，载于《法律和社会科学》2013年第1期。

第四章

城市社会体制的组织架构转变分析

本章的研究方向着重探讨在“主导—协商—共治”的理论框架下，城市社会体制如何从“市—区—街道—居委会”的单线架构转变为“市—区—社区中心”的复合结构，通过概括已有的经验，探索后者的组织结构对保障和改善民生的意义与作用，并且进一步摸索这种社会体制的组织架构改革的可行性以及进入的有效途径。

第一节　研究背景

早在党的十七大及之前，党和政府就在基于经济体制改革取得巨大成功的基础上，明确提出中国社会体制改革的思路和方案。近些年来，中国政府不断更新思路推进社会体制改革，并努力使之更适应中国经济与社会发展的实情。但是，社会体制既是一个自成体系的复杂系统（表现为其有独立的价值、要素、运作逻辑和制度载体），又与其他相关体制互为犄角。如何有效地推进当前的中国社会体制改革，显然是一个十分重要的系统工程[①]，也是一项异常复杂的社会重大事业。

① 李友梅：《深刻认识当前中国社会体制改革的战略意义》，载于《探索与争鸣》2013 年第 3 期。

一、研究问题的提出

（一）建设新时代中国特色社会主义的需要

自20世纪50年代开始，我国建立以计划经济为特征的社会体制，虽然，20世纪80年代借鉴发达国家的经验对传统的社会体制进行了一些改革，但是，迄今为止，社会体制仍然具有浓厚的计划经济时代的色彩或特征：刻板、僵硬、高度集中、缺乏弹性和灵活性、不能快速地回应民众的需要和社会本身发展的需要，等等。随着市场经济的发展和社会转型的深入，在社会越来越趋于复杂、多元和不确定性因素快速增加的背景下，已有的陈旧的社会管理体制机制、方式手段在解决日益复杂的社会问题上都逐渐呈现出低效或失效的问题，因此，目前社会管理中的诸多难点问题都与社会体制改革滞后有关。21世纪中国收入差距的不断扩大以及伴随而来的越演越烈的贫富分化，基本公共服务分配、享用和提供等方面的利益冲突，伴随人口流动而产生的社会群体的社会排斥、社会认同问题，无法有效及时地应对社会危机现象等，无一不与现有的社会体制状态具有紧密的联系。由此可以看出，社会体制的改革和创新已经到了迫在眉睫的关键时刻，迫切需要通过改善社会管理及其创新来促进社会发展、完善社会制度、妥善处理社会风险和推动社会现代化进程，其中转变城市社会体制的组织架构则是改善、强化社会管理的重要环节，改变原来由政府来全盘管理所有社会事务。

党的十九大报告中提出，经过长期努力，中国特色社会主义进入了新时代，这是我国发展的新的历史方位。在这一时代定位下，我国社会主要矛盾已经转化为人民日益增长的美好生活需要和不平衡不充分的发展之间的矛盾。提高保障和改善民生水平，加强和创新社会治理，其中强调要打造共建共治共享的社会治理格局。这一治理格局为“加强社会治理制度建设，完善党委领导、政府负责、社会协同、公众参与、法治保障的社会治理体制，提高社会治理社会化、法治化、智能化、专业化水平”。“打造共建共治共享的社会治理格局”的实现要求党纵览全局、协调各方的政治优势同政府的资源整合优势、企业的市场竞争优势、社会组织的群众动员优势有机结合起来，形成强大的社会合力，使社会治理的成效惠及全体人民，提高社会治理社会化、法治化、智能化、专业化水平。并强调要加强社区治理体系建设，推动社会治理重心向基层下移，发挥社会组织作用，实现政府治理和社会调节、居民自治良性互动。这一治理理念的提出为在新时代加强和创新社会体制改革和构建指明了方向，对解决新时代的主要社会矛盾和社会问题具有重要意义，也是习近平同志新时代中国特色社会主义理论的重要组成部分。

（二）突破城市社会体制改革障碍的需要

从新中国成立到现在，城市社区作为基层社会的基本单元，其社会体制和管理结构几经变迁。改革开放以前，中国处于计划经济体制下，为了加强对社区居民的管理和联系，1954 年 12 月全国人民代表大会常务委员会第四次会议通过《城市街道办事处组织条例》及《城市居民委员会组织条例》，从法律上将街道办事处作为一级政府的派出机关纳入我国政治制度，从而正式确立了我国以单位制为主、以街居制为辅的城市基层管理体制。由此，政府主要通过单位制进行社会组织和城市管理，街道居委会发挥面向无单位人员的补充性的管理功能。改革开放以后，我国由计划经济体制向市场经济体制转型，由农业社会向工业社会转型，城市的现代化进程的推进，单位体制逐渐瓦解，社区规模膨胀、人口聚集，社区组织与管理逐步社会化的要求日益强烈，从而推动了基层社区的社会体制随之进行新的探索和调整，街居制不断调整自身的组织架构和街—局内外部关系，以回应不同社会主体多元需求带来的治理挑战。1989 年 12 月 26 日第七届全国人民代表大会常务委员会第十一次会议通过《中华人民共和国城市居民委员会组织法》，首次把社区服务的概念引入法律条文，明确了“居民委员会是居民自我管理、自我教育、自我服务的基层群众性自治组织”的组织性质，同时规定“不设区的市、市辖区的人民政府或者它的派出机关对居民委员会的工作给予指导、支持和帮助。居民委员会协助不设区的市、市辖区的人民政府或者它的派出机关开展工作”。在此基础上，我国城市普遍实行“两级政府、三级行政、四级落实”管理体制，即在市、区政府之下设置街道办事处作为派出行政机关，并依靠社区居委会协助开展相关工作。社区治理机制逐渐成为协调社会关系、规范社会行为、化解社会矛盾、推动社会全面发展的重要制度。

然而，随着经济形势的变化、社会结构的转型趋势、公民自主意识的提升，以及社区居民自身诉求的多样化，“国家—社会”关系不断调整，“街居制”逐渐不适应上述发展变化而身陷困境，街道办事处法律地位不明确、角色定位多重化、管理体制不合理等问题使其在基层治理中的功能发挥受限。特别是一直以来，社区居委会开展工作的各项资源，包括资金、人事安排等实际上都来源于街道办，就导致了居委会的自主性和自治性减弱，使两者实质上成了领导与被领导的关系，居委会成为行政体系的“神经末梢”，从而使得社区行政化色彩严重，使得现行的城市四级管理体系呈现出层级过多、授权含糊、分工不清、效率低下、居民参与程度低、社区缺乏认同感等弊病，也使得对“街居制”城市社会体制的改革进行思考和探索变得越来越需要。从 20 世纪 90 年代开始，我国就尝试在城市推行社会管理体制改革，主要的做法是部分政府权力下放到社区，鼓励公众、非营利组织、辖区单位参与社区治理。然而，中国城市社会管理体制改革虽有进展，但居委会受限于资源依赖和行政绩效导向，基层社区治理领域始终存在强化行政属性与推进居民自治间的张力和冲突。

（三）总结和发展已有城市社会体制改革实践模式的需要

为了回应上述难题，近年来，北京、南京、贵阳、黄石等城市都在探索撤销街道办事处的做法，推行“市区两级政府，市—区—居委会三级落实”体制，由区政府直接面向社区提供公共服务。早在 2002 年，南京市白下区就对街道管理体制进行了改革试点，该改革试点撤销了淮海路街道办事处，建立了淮海路社区行政事务受理中心，旨在强化党工委工作和社区自治功能，成为全国第一个由“街道办改社区”的试点。但是在各种阻力下，2009 年后该社区又重新划分进五老村街道。此后，仍然有不同城市开展了撤销街道办的尝试。但 2009 年，白下区在全区范围内进行行政区域调整，“独立”了近 7 年的淮海路社区被划归街道。2003 年，北京建立了第一个“街道级”社区——鲁谷社区，被称为“鲁谷模式”，然而此次改革效果不尽如人意。2010 年 7 月，铜陵市主城区铜官山区率先试点撤销了全区 6 个街道办事处，将原来的 49 个社区合并为 18 个大社区。此后，该举措在全市推广，铜陵市也因此成为我国第一个全部撤销“街道”的地级市。2011 年 7 月底，铜官山区被民政部列为“全国社区管理和服务创新实验区”，其改革模式也被总结为“铜陵模式”。2011 ~ 2013 年，贵州贵阳市也开展了“区直管社区”的改革，并于 2013 年取消了全市所有街道办事处，成立了 93 个直管社区，形成了“市—区—社区”三级管理格局。此外，这期间广东省东莞市和中山市、黑龙江省佳木斯市、湖北省黄石市、安徽省地级市的部分区县、山西省阳泉矿区均启动了“区直管社区”体制改革的试点工作。

在城市基层社会体制的组织架构转变过程中，撤销街道办事处有利于提升基层办事和公共服务效率，也顺应了行政组织扁平化发展的基本趋势。但是，仍然出现了上述不成功的情形，从而引发了实务界和学术界的广泛讨论。

（四）具体研究问题

本研究专题是教育部哲学社会科学研究重大课题“推进以保障和改善民生为重点的社会体制改革研究——以城市社会体制改革为例”之一，在政治体制改革和社会建设的双重要求下自定位、原有的社会体制向以保障和改善民生为重点的方向改革等议题，越来越成为当前社会转型和现代化建设中不能回避的重大问题。课题中，以民生为重点思考的社会体制改革涉及各个方面，其中本研究专题主要关注已有的城市社会管理体制和组织架构向“区管社区”的格局转变这一核心议题。研究的主要问题包括以下两个：

（1）现有的“市—区—街道—居委会”的城市社会体制有何利弊？

（2）“区—社区”的城市社会体制的改革有何意义和经验？又有怎样的进入途径？

二、研究目的和意义

（一）研究目的

本研究作为“推进以保障和改善民生为重点的社会体制改革研究——以城市社会体制改革为例”的专题之一，延续主课题建立、完善和丰富以民生为重点的社会体制改革的理论和实践的目标，深入探索以民生为重点的社会体制的组织架构创新，重点描述和分析区管理社区的组织结构改革和路径，深入总结、提炼和充实国内城市区管理社区的本土经验知识。

（二）研究意义

自20世纪50年代开始，街居制、群团制、单位制、户籍制、工厂制以及农村的集体化与人民公社制，共同从组织、社区、社区各个层面构架的中国社会的基本社会制度（毛丹，2018）不断发生变化，特别是市场经济发展以来，在社会转型背景下，社区服务功能的变迁、社会主体及其需要的多元、国家社会关系以及权力结果的变化，促使作为城市基本社会管理制度的街居制不断调整改变以回应这些挑战和诉求。个别省市开展的撤销街道办、区直管社区的做法对调整城市基层社会管理体制、减少，开展深入的实地调查、提炼改革经验，研究条件和途径对我国城市社会体制的组织结构转变、政治社会体制改革都具有一定的理论和现实意义。

第一，从理论角度说，本研究涉及“国家—社会”关系这一现代社会学研究的重要命题，通过分析城市体制的组织架构的转变，在特定方面讨论国家意图与社会生活需求之间存在的张力，分析国家与社会之间的权力分配，回答公民社会的实现途径及条件、环境与制度变迁等理论问题。这对社区社会体制的制度安排、城市社区结构变迁的发生过程做了细致的分析，对于创新城市社会体制、完善社区管理理论、转变政府职能、提升社区自治能力等都具有重要意义。

第二，从现实意义来说，如果要完成建构新时代社会治理新格局的要求和任务目标，就需要在传统的国家和私人领域之外，通过居民自治培育公共领域中多元化的社会力量，使得社区、自治组织、非政府组织以及社区居民逐步发挥社会治理的主体作用，促进形成共治共享的良性互动的治理结构，推进城市政治体制和社会体制的变革，以协调社会关系、规范社会行为、化解社会矛盾、满足多样的社会生活需求，促进社会团结。在城市社会体制改革的举措中，撤销街道办、构建区直管社区的做法及形成的社会治理模式，无疑是具有创新性和想象力的有益尝试。对其经验的分析与提炼，对不同做法的比较和评估，对改革环境与条件的分析，深入分析该社会体制改革中的困境和挑战，把握其发展变化脉络和实现路径，对当前我国城市社会体制改革、促进形成社会治理新模式和社区建设发展具有一定的借鉴意义，进一步促进了社会和谐。

三、主要研究内容

本研究专题着重探讨在“主导—协商—共治”的理论框架下，城市社会体制如何从“市—区—街道—居委会”的单线架构转变为“市—区—社区中心”的复合结构，通过概括已有的经验，探索后者的组织结构对保障和改善民生的意义与作用，并且进一步摸索这种社会体制组织架构改革的可行性以及进入的有效途径。同时，从资源配置（如公共财政、公共设施、人力资源等）的角度来探讨在社区中心运作的过程中，政府采用何种方式公平地分配资源并以制度化方式固定下来从而保障社区中心正常有序地运行起来的各种保障机制，如公平公正的分配机制、科学合理的监测机制等环节的改革、建设的方向与路径。

有研究指出，中国的创新社会管理实际上同时面临着两条相互影响的主线：第一条主线是如何适应当前社会分化的客观情境，发展出有中国自身特色的横向秩序协调机制。这个问题的复杂性远远超出诸如“发育社会组织”之类的简单理论预设。第二条主线是如何在纵向秩序协调机制几近高峰的当代中国建立起一种纵横结合的秩序整合新框架。在很大程度上，解决这个问题遇到的挑战并不在于如何设计一些形式上的保障制度，而在于如何在实践中找到一种理性克制纵向秩序整合机制无限自我强化的现实路径①。毫无疑问，发展出一种纵横交错的社会协调机制是社会体制和社会管理体制创新的目标，但是，如果要达成这个目标，仍然需要跋涉一段相当漫长和比较艰难的道路，因为在目前，既无“发展出有中国自身特色的横向秩序协调机制”的“客观情境”，更缺乏有效和相对强大的力量来“克制纵向秩序整合机制无限自我强化”的现实与趋势。相对可行的思路

① 李友梅：《关于社会体制基本问题的若干思考》，载于《探索与争鸣》2008 年第 8 期。

是，在现行的社会体制和社会管理体制上加以改良、改善或者进行嫁接。因此，本研究专题的主要内容有以下几点：

（一）探索现有"市—区—街道"社会体制组织架构改变的可能性及其实现途径

经验表明，现有"市—区—街道"社会体制和管理体制存在效率低、回应慢、成本高以及参与空间有限等不足，因此，研究者认为，需要打破目前这种非常刚性的社会体制和社会管理体制，需要首先在体制的末端嫁接新的元素或者新的内容，以创造空间和激发活力。对此，在本书的第二章"研究基础"部分已有涉及，可以参见图 2－5。

（二）研究社区中心运作和发展的公共资源分配和资源管理方式

如果上述社会体制的组织架构可行的话，在社区中心运作的过程中，政府采用何种方式公平地分配资源并以制度化的方式固定下来从而保障社区中心正常有序地运行起来，是亟须研究和解决的问题。

本书拟从"需要"出发，在对已有的实践经验概括、总结的基础上，考察政府的需要、社区的需要、民众的需要以及社会组织的需要，在"需要"相互平衡的基点上，探讨公共资源包括公共财政、公共场所空间及相关设施和设备，以及相关的社会服务的人力资源等通过什么方式、原则、途径分配给社区中心？以此如何形成和完善社区中心运作和管理中的资源配置机制，拓展社区资源来源的空间，满足政府和社区的需要，达到互惠互利？对此，本研究的基本框架在本书的第二章"研究基础"部分已有论及，可以参见图 2－6。

四、重要概念界定

（一）社会体制

本书倾向于龚维斌提出的定义，即社会体制是满足社会需求、规范社会行为、协调利益关系并且围绕社会权利构建的一套制度体系。

党的十八大报告明确提出"必须加快推进社会体制改革"，加快形成党委领导、政府负责、社会协同、公众参与、法治保障的社会管理体制。社会管理体制是社会体制的重要组成部分。党委领导就是要坚持党委领导的核心作用，总揽全局、把握方向、整合力量、统筹各方，提高引领社会、组织社会、管理社会、服务社会的能力。政府负责就是要发挥政府的主导作用，强化政府的社会管理和公共服务职能，建设服务型政府，提高服务型管理能力。社会协同就是要发挥人民团体、基层自治组织、各类社会组织和企事业单位的协同作用，推进社会管理的规范化、专业化、社会化、法治化。公众参与就是要发挥群众参与社会管理的基础作用。扩大基层民主，扩大公民有序政治参与，保障群众知情权、参与权、表达权、监督权，动员和组织群众依法理性有序参与社会管理和公共服务。法治保障就是要坚定不移地落实依法治国基本方略，加强社会领域立法和执法，建设公正高效权威的社会主义司法制度，把社会管理纳入法治化轨道。

（二）社会管理

社会管理即在党委领导、政府负责、社会协同、公众参与的格局下，政府和社会组织为促进社会系统协调运转，对社会系统的组成部分、社会生活的不同领域以及社会发展的各个环节进行组织、规划、协调、服务、监测、评估的过程。

（三）社会服务

对社会服务的定义前文已有相关表述。本书倾向于将社会服务定义为公益性与福利性的满足社会成员需求的社会活动，目的在于改善和发展社会成员的生活福利，以及维系社会的稳定和有序运行。

（四）街居制与社区制

1954 年 12 月全国人民代表大会常务委员会第四次会议通过《城市街道办事处组织条例》及《城市居民委员会组织条例》，从法律上将街道办事处作为一级政府的派出机关纳入我国政治制度，从而正式确立了我国以单位制为主，以街居制为辅的城市基层管理体制，单位制管理有工作单位的职工，街居制管理没有工作的居民。2009 年 6 月废止了施行了 50 多年的《城市街道办事处组织条例》，进一步促进了社区制的发展。

1989 年 12 月 26 日第七届全国人民代表大会常务委员会第十一次会议通过《中华人民共和国城市居民委员会组织法》，首次把社区服务的概念引入法律条文，明确了“居民委员会是居民自我管理、自我教育、自我服务的基层群众性自治组织”的组织性质。2000 年，社区建设正式展开和推进，社区制作为社会管理体制的内涵基本形成。

第二节　关于城市社会体制的组织结构转变研究文献综述

在社会转型的历史进程中，深具动态性、变化性以及探索性的社会体制改革，特别是城市社会体制改革，一直是社会学、政治学、公共管理学领域的重要议题，截至2018年9月10日在中国知网上以“社会体制”为关键词的检索结果为5 000余篇，其中城市社会体制的研究成果约占1/5，主要涉及经济、社会、政治等社会制度研究以及城乡社会发展的比较分析。街居制作为城市社会体制中发挥重要作用的一项制度，笔者用“街道管理体制”“社区街道”为主题词进行搜索，得到5 003条记录，剔除与本研究无关的研究，与本研究领域相关的文献有3 500余篇。然而，与前面三个主题词搜索得到的文献记录相比，笔者以“街居制”为关键词进行检索时，得到相关记录73条，用“区直管社区”主题词进行检索，仅获得15条文献记录，且集中在2011～2014年，2015年仅出现一篇专门研究“区直管社区”的文献，2016年至检索日期之间无记录（见图4－1）。

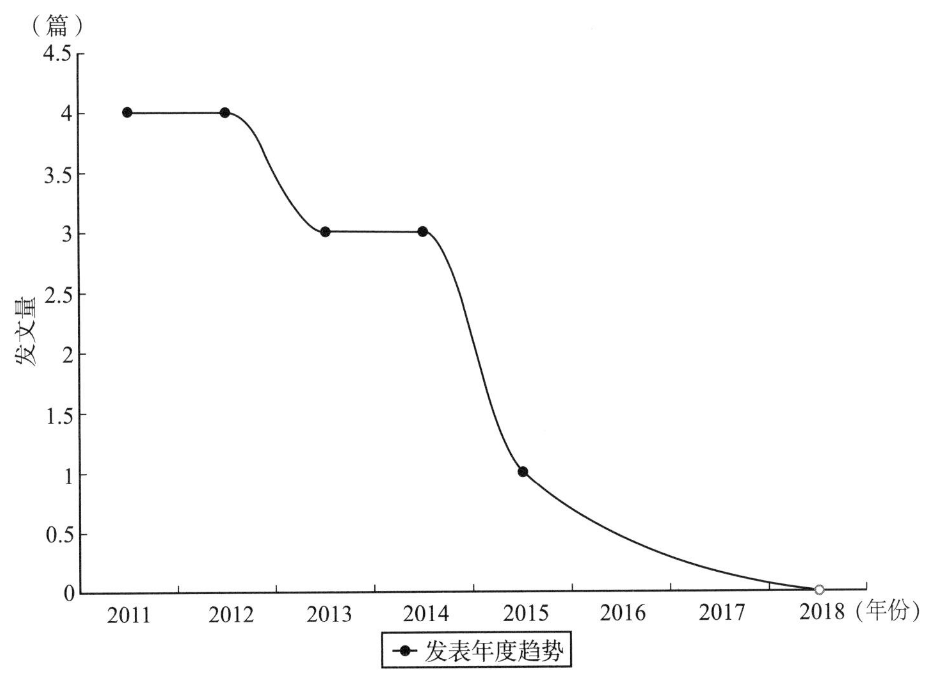

图4－1　“区直管社区”主题词检索结果

资料来源：根据2018年9月10日对中国知网的统计整理。

需要说明的是，学术研究成果的上述情形与现实实践相一致。特别是2011年安徽铜陵的“撤（街道办）建（区直管）社区”的改革基本完成之后，一时之间引发了学界的高度关注，学者们纷纷对铜陵及贵阳等其他地区的改革开展了具体深入的观察和研究，于是，该阶段的研究成果也较为丰富。但是，截至目前，该做法仅仅出现在个别城市而没有得到全面推广，进一步分析，对于该问题的研究在学界普遍追溯至社会转型过程中的街道办事处改革、城市社会体制由街居制向社区制的脉络当中，而撤销街道办、建立“区—社区”的管理制度常被视作街道管理体制改革、推动社区自治发展的一种颇具创新性的尝试，从而构成了城市社会体制改革中一个重要的组成部分。深入分析现有的文献成果，呈现以下特点。

一、对于“撤街直管社区”的具体经验研究普遍存在两个争议

在回顾和分析现有文献资料的过程中，出现了两个争论的焦点，一是街道办该不该撤销，即街居制的存废之争。二是撤销街道办之后哪些做法是合适的，存在哪些问题和风险？“撤街”之后该选择哪种管理模式和制度安排。针对上述两个争论，学界开展了较为广泛的个案研究，众多学者总结了铜陵[①②③④]、贵阳[⑤⑥]、南京[⑦]、北京[⑧⑨]、黄石[⑩⑪]等不同城市的具体措施和做法，以期对实践有

① 陈圣龙：《区直管社区：城市基层社会管理体制的实践分析——以铜陵市铜官山区为例》，载于《城市观察》2011年第5期。

② 王永香、李景平：《中国城市社区管理体制改革的未来走向——以安徽“铜陵模式”为例》，载于《华东经济管理》2013年第3期。

③ 郭晓敏：《城市基层社会管理体制改革问题探讨——基于铜陵市撤销街道办事处的实例分析》，载于《中共合肥市委党校学报》2012年第3期。

④ 张曦赟：《区直管社区体制下的社区自治——以安徽省铜陵市“铜陵模式”为例》，载于《南京工程学院学报》（社会科学版）2015年第2期。

⑤ 吴贵洪、胡海兰：《贵阳市街道办事处与社区服务中心的角色比较研究》，载于《管理观察》2014年第23期。

⑥ 王树翠：《贵阳市街道办社区治理改革探索》，载于《新西部》（理论版）2015年第3期。

⑦ 孙学玉、凌宁：《城市基层行政管理体制的重理与重塑——对南京市白下区街道办事处改革的分析》，载于《中共南京市委党校南京市行政学院学报》2003年第4期。

⑧ 陈雪莲：《从街居制到社区制：城市基层治理模式的转变——以“北京市鲁谷街道社区管理体制改革”为个案》，载于《华东经济管理》2009年第9期。

⑨ 尹志刚：《从中国大城市基层政府管理体制改革看城市管理及社会治理（下）——以北京市街道办事处管理体制改革为例》，载于《北京行政学院学报》2006年第6期。

⑩ 袁方成、王明为：《城市基层治理的结构调适及其反思——以黄石市街道体制改革为样本》，载于《城市观察》2014年第4期。

⑪ 陈国申、李媛媛：《街道办撤销对居民自治的影响探析——基于皖鄂黔三省三市的考察》，载于《江汉论坛》2017年第6期。

所启示。

（一）争议一："撤街建区"改革引发的街居制的存废之争

事实上，在城市社会体制改革过程中，关于街道和居委会的职能定位、权责界限、发展方向以及其相关关系的讨论一直长兴不衰[①]。"区直管社区"改革的实施，特别是铜陵模式撤销街道办的做法完成之后，又引发了新的思考，主要包括三种看法。

第一，少数学者认为铜陵模式中撤销街道办的做法并没有发生实质性的改变，只不过是将街道边融化到增加了的大社区之中，其根本运行机制没有发生变化[②]。

第二，大部分学者都认为废除街道办事处有利于降低行政运行的层级和管理成本，有利于提高服务质量和效率[③④]。这主要有以下原因：一是从街道—居委会的组织性质来说，该体制面临着街道办事处运作缺少法律依据，而街道办事处普遍存在"责大权小"问题，以及"街居制"管理与居委会的法定地位存在矛盾等现实问题[⑤]。二是服务从资源配置来说，街道办事处作为政府派出机构掌握了人、财、物等资源，但大量的社会管理事务特别是直接为民服务的事务却下放到社区，由社区来完成，这就造成社区可能由于资源有限而影响了服务效果，同时层级较多而造成了办事效率低下、行政资源浪费，并且社区由于缺乏民众监督，做出的决策难以反映民意[⑥]。三是从居委会发展自治能力来说，社区居委会日趋严重的"行政化"倾向的问题越来越突出，政府行政管理与社区居民自治之间的关系较为紧张[⑦]。

第三，街道办事处的撤销是有现实前提和制度条件的。这是因为撤销街道办可能会面临社区无力承担许多街道办职能、人员分流难度大，源于混岗操作复杂，人员福利、职级待遇、观念转换等困扰改革，缺少相关配套改革以及受管理幅度限制，可能削弱区（市、县）政府行政管理能力的困难和障碍[⑧]。由此，推行"撤街建区"改革需要具备以下制度条件：一是推进政府职能转变和大部门体

---

① 周平：《街道办事处的定位：城市社区政治的一个根本问题》，载于《政治学研究》2001 年第 2 期。

② 陈月刚：《"区直管社区"：城市社区管理体制创新与限度》，华中师范大学硕士学位论文，2012 年。

③⑤ 杨宏山：《街道办事处改革：问题、路向及制度条件》，载于《南京社会科学》2012 年第 4 期。

④ 卢珂：《街道办事处的定位与变革趋向》，载于《云南行政学院学报》2012 年第 1 期。

⑥⑧ 郭晓敏：《城市基层社会管理体制改革问题探讨——基于铜陵市撤销街道办事处的实例分析》，载于《中共合肥市委党校学报》2012 年第 3 期。

⑦ 陈圣龙：《"区直管社区"：我国城市社区管理体制的改革探索——基于铜陵市铜官山区"区直管社区"的实践分析》，载于《中共浙江省委党校学报》2011 年第 6 期。

制改革，否则“撤街”以后政府职能部门开展工作将失去承受层和落实层；二是调整行政区划和社区规模，以适应社区管理的幅度和能力；三是培育社会组织，推行公共服务供给侧改革；四是要完善社区治理结构，有可能会弱化党的领导，社区居民也可能受制于物业公司等市场主体[①]。由此，有学者认为“撤销街道在中小城市是必要的方向，但在直辖市或较大的城市没有可行性，应该把较大城市的街道做实，较小城市可把区以下的街道一级取消”[②③]。

（二）争议二：“撤街”之后该如何建“区直管社区”体制：铜陵模式、贵阳模式、其他模式？

在现有研究中，学者在总结不同地区的“区直管社区”综合体制改革经验的基础上，开展了深入的对比研究[④⑤⑥]。“撤街建社区”改革中具有代表性的模式包括铜陵模式、贵阳模式和黄石模式，此外还有学者总结了南京和北京两地的改革经验。本研究选取了安徽铜陵和贵州贵阳两地作为主要的调查对象，就此，回顾上述两者的相关研究成果。

1. 铜陵模式的主要做法

第一，撤销街道办事处，合并社区，实现社区管理体制的中观变革。一是整合条块力量，明确区直部门与社区的职责分工。二是加强组织协调，建立公共事务进入社区“准入制”。铜陵市铜官山区将6个街道办之下设立的49个社区居委会，改为区—社区两级体制，原来的49个小社区被整合为18个大社区。

第二，建立“一个核心三个体系”的社区组织架构，实现社区内部的微观再造。在社区内部建立以社区党工委为核心，社区居委会、社区公共服务中心和社会组织三个体系为支撑的社区组织架构，如图4-2所示。

第三，理顺关系、明确职能，完善工作运行机制。将原街道办事处负担的工作按照性质不同，分别交给区直部门和社区。按照“统一核算、集中管理”和“财随事走、费随事转”的原则，健全社区财务、资产管理新机制[⑦]。

---

① 卢珂：《街道办事处的定位与变革趋向》，载于《云南行政学院学报》2012年第1期。

② 史卫民、娄兆锋：《第五章　社会政策调整与社会体制改革》，载于《中国公共政策分析》2015年。

③ 袁方成、王明为：《城市基层治理的结构调适及其反思——以黄石市街道体制改革为样本》，载于《城市观察》2014年第4期。

④ 田恒：《论城市基层治理分权化改革——基于撤销街道办事处的分析》，载于《中州学刊》2013年第9期。

⑤ 李媛媛、王泽：《“一社一居”抑或“一社多居”：撤销街道办改革的模式选择——基于安徽铜陵和贵州贵阳街居制改革试点的比较》，载于《学习与探索》2018年第5期。

⑥⑦ 陈国申、李媛媛：《街道办撤销对居民自治的影响探析——基于皖鄂黔三省三市的考察》，载于《江汉论坛》2017年第6期。

图 4－2　铜陵市铜官山社区组织架构

第四，巩固和强化网格化管理，建立社区运行新机制[①]。按照每人服务 300 户的标准划分网格，实行 AB 岗工作制和一岗多责，健全网格化考评体系，为居民提供多样、有效的服务。

第五，加强社区工作者队伍建设，妥善安排分流人员。加强社区人员配备，推动社区居民自治。搭建了居民自治平台、社会组织培育平台、社区服务平台、选人用人平台和区域化党建平台在内的“五大平台”，充分发挥居民、社会组织和党组织的作用[②]。

2. 贵阳模式

贵阳市试点城市基层管理体制改革开始于 2010 年，到 2013 年在全市范围内撤销了全部 49 个街道办事处，新成立了 93 个社区服务中心。其主要做法包括以下四点。

第一，撤销全市的街道办事处，原有的居委会范围不变，重新划定社区范围，成立社区服务中心，其服务范围不止一个居委会，强化社区服务中心的服务职能。

第二，调整工作职能，将原来街道办事处承担的经济职能和行政审批职能交给区级相应职能部门，将服务职能下放给社区，使社区服务中心变成一个服务机构。

第三，在社区成立“一委一会一中心”的运行架构，即社区大党委、居民议事会、社区服务中心相互协调、各司其职，共同完成社区治理工作。其组织架构见图 4－3。

第四，居政分离，即居委会去行政化，将居委会的行政职能全部撤销，建立居民议事制度。

2013 年贵阳制定了全国首个有关社区工作的地方性法规——《贵阳市社区工作条例》，进一步以制度形式确定了社区建设与治理、社区服务与管理、社区

① 陈圣龙：《“区直管社区”：我国城市社区管理体制的改革探索——基于铜陵市铜官山区“区直管社区”的实践分析》，载于《中共浙江省委党校学报》2011 年第 6 期。

② 陈国申、李媛媛：《街道办撤销对居民自治的影响探析——基于皖鄂黔三省三市的考察》，载于《江汉论坛》2017 年第 6 期。

工作保障等方面。此后，贵阳市积极调整社区组织结构，社区设立党政工作部、社会事务部、城市管理部、群众服务部和公共服务大厅，其职能被定位为：指导居民委员会自治，协调社区单位，为居委会和社区单位提供服务，承接区政府交付的行政性任务等。为了促进社区社会组织的发展，贵阳市还在区政府成立了社会组织孵化中心①。

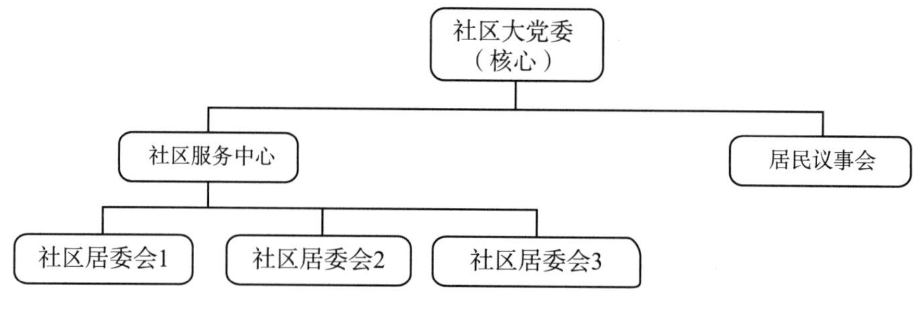

图 4-3 贵阳市直管社区组织架构

进而，有学者归纳了上述两个治理模式并进行了比较分析，以探索操作性较强的做法。从效果上看，不论是何种模式都体现出公共资源增多，社区服务能力得到提升；办事流程简化，社区办事效率得到提高；行政化倾向有所削弱，社区自治功能得以回归②。但是，同时也出现若干问题，包括服务半径加大致居民办事难度增加；运行一段时间后，行政色彩加重致使居民自治弱化；同工不同酬致使社区工作深受影响；社区改革中的资金投入不足③。与此同时，两者的差异性体现在，铜陵模式是“一社一居”，即指一个社区服务中心对应一个居委会；贵阳模式是“一社多居”，是指一个社区服务中心对应多个居委会；进而认为社区服务中心与居委会的关系模式及功能发挥，是影响改革效果的关键因素之一。铜陵“一社一居”：效率提升和赋权增能初见成效；贵阳“一社多居”：服务体系优化与参与形式创新④。然而，尽管改革的目标主要是应对社区“行政化”倾向的问题，但是这一倾向依然存在，进而改革存在适应性和限度问题。此外，学者们更加关注总结改革的经验和效果，对于改革的过程分析并不多见，本研究通过

---

① 陈国申、李媛媛：《街道办撤销对居民自治的影响探析——基于皖鄂黔三省三市的考察》，载于《江汉论坛》2017 年第 6 期。

② 郭晓敏：《城市基层社会管理体制改革问题探讨——基于铜陵市撤销街道办事处的实例分析》，载于《中共合肥市委党校学报》2012 年第 3 期。

③ 王素侠、汪桥：《“区直管社区”模式存在的问题及改进途径》，载于《城市问题》2014 年第 6 期。

④ 李媛媛、王泽：《“一社一居”抑或“一社多居”：撤销街道办改革的模式选择——基于安徽铜陵和贵州贵阳街居制改革试点的比较》，载于《学习与探索》2018 年第 5 期。

对贵阳、铜陵、南京等城市改革的全景透视和分析，深入探讨社会体制组织架构的转变所蕴含的内涵以及影响。

二、从街居制到社区制："撤街建社区"的城市社会体制改革实践研究

上述研究在一定程度上回答了"撤销街道办事处、建立区直管社区"改革模式的一些具体议题，为本研究确定研究内容和研究重点提供了重要参考，但是要回答和解释具体改革实践所涉及的社会体制创新及其组织架构的合理性及可行性等一系列问题，仅仅回顾改革模式的观察描述和经验总结是不够的。很多学者已经注意到这一问题，他们大多从历史制度主义的视角，回顾了从街居制到社区制的城市社会体制的发展历程，从而把握和解释改革所带来的结构性转变和实践逻辑①②③。这类研究主要侧重两个方面。一是通过探究街居制到社区制的发展脉络，分析"撤街、建立区直管社区"改革的结构动因。这类研究主要通过对城市社会体制的变化过程进行阶段式的划分，将街居制到社区制的制度变迁过程划分为若干个阶段，强调街居制产生的社会结构原因和历史脉络，分析其制度的作用和功能，描述城市基层治理的组织结构变化，认为社会变迁的因素是推动制度变化的决定因素，单位制式微后，街居制成为城市基层治理中的一种核心运作机制，但随着经济转轨和社会转型，特别是改革开放以来城市结构的快速变化，基层社会治理环境和管理重心也随之转换，社区制是顺势而生的城市社会体制④⑤⑥。

但是这类研究将动态过程通过阶段划分的方式往往转换成了静态分析，并通过比较街居制和社区制两个理想类型的概念内涵及特征，将社会制度的理论分析对立起来并将其变迁过程割裂开来。另外一个侧重点从街居制到社区制的转变实质上是从"国家—社会"关系的变化的角度出发的，从街居制到社区制的城市社会体制变化，体现了国家权威体制运行、国家意图和治理目标实践、与公民社会发育所交织在一起的协商与冲突过程，这类研究多从权力的角度分析"国家—社

① 陈家喜、刘军：《街道办事处：历史变迁与改革趋向》，载于《城市问题》2002年第6期。

②④ 夏建中：《从街居制到社区制：我国城市社区30年的变迁》，载于《黑龙江社会科学》2008年第5期。

③ 吕方：《街居制到社区制：变革过程及其深层意涵》，载于《福建论坛》（人文社会科学版）2010年第11期。

⑤ 孙秀艳：《城市社区治理创新的探索与启示——基于福州市鼓楼区的实践分析》，载于《福建论坛》（人文社会科学版）2014年第11期。

⑥ 李媛媛、王泽：《"一社一居"抑或"一社多居"：撤销街道办改革的模式选择——基于安徽铜陵和贵州贵阳街居制改革试点的比较》，载于《学习与探索》2018年第5期。

会"的关系变化，强调社区自治的培育和发展[①②③]。不同的学者在研究这种权力关系的互动时存在着不同的观点和看法，例如赵守飞认为街居制和社区制的变化是政府行政与社区自治权力的争夺和让渡[④]，但是更多学者通过考察社会体制的组织关系以及实践逻辑，认为政权建设、社会管理和社会自主性发育是一个相互结合的过程，在城市基层社会管理的场域中，存在多种组织主体和实践主体，"党的群众工作系统、城市基层行政管理系统、社会生活服务系统和社区居民自治系统"是并存的[⑤]，可能存在"一方面城市基层的国家力量增强，行政力度加大，另一方面社会组织网络也在政府扶持下不断扩展，这同时也促进了社会自治空间的生长"[⑥]，这种互动方式逐渐转变为"协商式的双向服从"的模式[⑦]，由此重构了基层社会权力秩序。这类研究大多强调了其制度主义的立场，在此视角下，尽管也有涉及"撤街、建立区直管社区"这一制度变化，但是主要是概括其主要做法，较少深入讨论这一制度构建及其改革的具体措施，对较为细致的实践过程及其条件、影响、不同主体的互动过程及其重构的权力互动关系缺乏关注和深入分析。

第三节　研究思路

一、理论视角和研究分析框架

（一）"主导—协商—共治"的理论框架

本研究着重探讨在"主导—协商—共治"的理论框架下，社会体制的组织架

---

① 孟荣芳：《国家与社会关系视角下的我国城市基层管理体制变迁分析》，载于《兰州学刊》2013年第6期。

② 郑晓茹、刘中起：《近年来我国城市社区权力秩序的研究述评（2011～2016）》，载于《上海行政学院学报》2018年第5期。

③ 张虎祥、梁波：《街居制的制度演化及其实践逻辑——基于上海经验的研究》，广西师范大学出版社2013年版，第37页。

④ 赵守飞：《行政与自治：社区体制改革中的权力关系研究——以铜官山区社区综合体制改革为例》，华中师范大学博士学位论文，2013年。

⑤ 徐中振、徐珂：《走向社区治理》，载于《上海行政学院学报》2004年第1期。

⑥ 朱健刚：《城市街区的权力变迁：强国家与强社会模式——对一个街区权力结构的分析》，载于《战略与管理》1997年第4期。

⑦ 李友梅：《基层社区组织的实际生活方式——对上海康健社区实地调查的初步认识》，载于《社会学研究》2002年第4期。

构如何从“市—区—街道—居委会”的单线架构转变为“市—区—社区中心”的复合结构，其研究结构见图4-4。

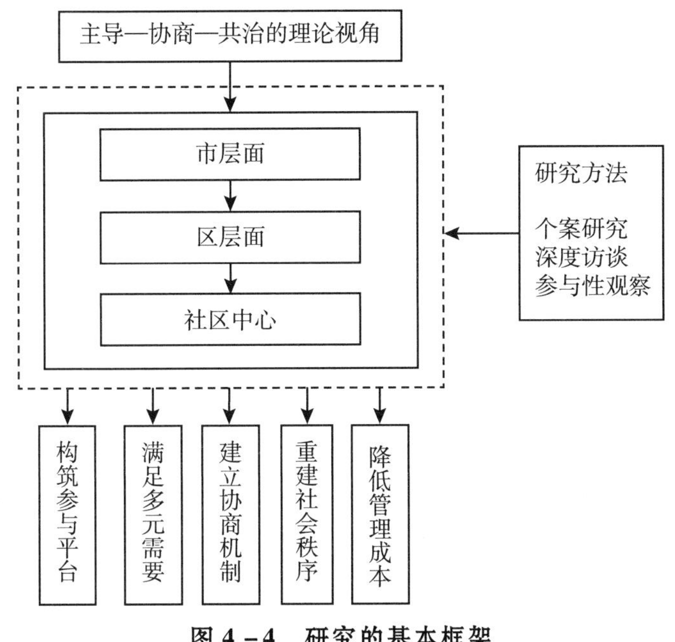

图4-4 研究的基本框架

本研究探讨的是撤销街道办、建立区直管社区这一城市体制改革的动态过程，然而，现有的研究表明，讨论该问题大多会回到国家与社会关系的层面，采用不同取向的理论视角。但是无论是哪一种理论立场，都较难表达和描述一个动态的变革过程。为了能够更好地呈现和分析内在和外在的变化过程，本研究抽取了“主导—协商—共治”三个重要的理论概念形成新的理论解释框架，并确定三个方面的研究重点。一是改革是如何发生的，以及主要的推动力是什么，在改革过程中谁占主导位置。这一方面描述改革前后以及制度变迁过程中，在社区层面的行动主体，特别是政府部门和社会部门之间的权力秩序和结构是怎样的。二是分析改革过程中，国家和社会以及上下行政部门的协商机制是如何构建的，进而揭示什么样的制度和机制维护了上述权力秩序。在协商过程中，各行动主体形成了怎样的内外部共同利益、如何表达自己的诉求以及社会体制所维护的治理实践如何在行动目标上达成一致。三是讨论城市基础社会体制改革最终迈向的方向，即共治状态的实践和探索。本研究认为共治是社会体制改革的根本性目标，社区自治的发展是探索一种达到国家和社会关系的稳定平衡的路径。在具体问题上，本研究试图总结撤销街道办事处、设立区直管社区的改革的有效经验，并讨论这一变革所遭遇的问题，以及讨论该做法的适用性等问题。可见，“主导—协商—

共治”的理论框架能够深入地解释和分析社会体制制度变迁的动态过程，清晰地描述其实践逻辑。本研究以组织结构的转变为切入点，透视改革过程的影响因素、动力、条件以及挑战等方面，探讨在社区层面上不同的组织，包括政府社区管理机构、社区自治机构和社区协商机构如何相互协调、达到稳定？构建出何种权力秩序，以满足国家意志、政府的治理目的和社区自治发展等不同的行动目标，并运用何种制度维护这种关系，以期实现共赢合作。

（二）“需要—满足”的理论视角

“需要”这个概念最初来自经济学，随着社会科学的不断的结合，逐渐成为社会政策研究当中一个重要的分析单位。同时，在社会福利及公共政策的领域，满足社会成员的需要也是制定社会福利制度和公共政策的一个重要目标。本研究将其视为解释不同行动主体的实践逻辑的基点。需要与动机有着紧密的关联，需要是作为一个行动个体积极行动的基础，简而言之，由需要产生动机，当不同的行动者通过感受某种需要来确定相应的行动目标，从而推动具体行为的发生。通过直接提供人们满足需要的资源，特别是面向那些弱势群体，通过完成和开展参与社会福利服务和行动项目等方式提升行动者满足需要的能力，以及通过改善制度环境、给予便利政策等方式帮助社会成员获取资源、克服困难等途径，社会制度则提供了这些行为发生的机会。

本研究不仅从客体的角度解释撤销街道办、建立区直管社区这一城市体制改革的动态过程，还试图从主体性角度，理解不同行动主体的行动意图、行动策略和决策过程。引入“需要”视角即为了完成这一研究目标和任务。本研究运用需要这个概念，搭建“需要—满足”的分析框架，讨论在不同的社区层面或者是城市基层社会治理的层面，不同的行动者为了满足自己的需要采取的行动。社会体制的组织结构转变的一个重要考量依据，即政府、社区、社会组织、社区居民等行动主体之间是通过何种制度保证来满足自身的生存和发展需要的。从需要的视角出发，本研究能够在“主导—协商—共治”的分析框架下，解释和分析更加微观的现象和问题，重点关注以下三个方面。一是城市社会体制改革作为一次具有先创性的制度变迁，该过程中，不同行动者表现出何种诉求？这些需要带来的行动目标怎样进行协商以达至一致？二是在行动者表达和满足需要的过程中，公共资源以何种方式提供给行动者？根据什么原则和标准来分配公共福利资源？对上述问题进行了怎样的制度安排以保障不同行动者目标的实现？三是社区成员在获取资源，满足自身生存和发展需求时遇到怎样的障碍。社区居民作为具体的单个的行动者如何形成集体性的公共需要，成为一个有组织性、群体性的行动者，并形成社区自治的基础力量以实现共治目标。

二、具体研究方法

本研究采用质性研究的具体方法，以研究者本人为研究工具，通过对深度访谈、焦点小组、参与观察等收集而来的资料进行深入的分析，然后发现新结论，归纳新概念，发展新模式。

（一）资料的收集

深度访谈。深入访谈是质性研究中最重要的资料收集方法，也是本研究的主要方法，因为访谈可以帮助研究人员通过与研究对象的语言沟通，进一步地了解他们的处境及思想。访谈的方法可以避免对别人的控制，在人与人之间建立一种联系。本研究对资料收集工具即访谈提纲进行了精心的设计。

焦点小组。本研究组织与“撤街建区”改革有关的社会组织管理人员、区政府工作人员、社区工作者等人员开展了多次和多个焦点小组，集中讨论改革的做法、影响以及困境和障碍等议题。

非参与观察。研究者在开展“撤街建区”改革试点的城市和社区进行实地观察，收集资料，并致力于运用研究发现为新的政策和制度设计提供参考。

本研究选择了贵州贵阳、安徽铜陵、江苏南京以及上海市的社区进行了实地调查，通过立意抽样的方法，重点选择并考察了“撤街建区”改革试点的安徽铜陵和贵州贵阳两地的四个社区，对当地的区政府主管人员、社区党工委书记、社区工作人员、社区居民等不同身份的相关人员进行了16次深度访谈，设置了3个焦点小组，按照人数整理出19份访谈记录。引用了原访谈记录进行论证分析，访谈记录编码方式为“城市名称拼音首字母+社区名称首字母+访谈对象身份名称首字母+序号”，例如第一位贵阳明珠社区工作者的访谈资料编号为“GYMZGZZ1”，第二位则为“GYMZGZZ2”，以此类推。具体编码表如表4－1所示。

表4－1　访谈对象基本情况

	名称	代码	名称	代码	名称	代码
城市	铜陵	TL	贵阳	GY	南京	NJ
社区	朝阳社区	CY	明珠社区	MZ	淮海居委	HU
			大洞山社区	DSD		

续表

<table>
<tr><th colspan="2"></th><th>名称</th><th>代码</th><th>名称</th><th>代码</th><th>名称</th><th>代码</th></tr>
<tr><td colspan="2">社区</td><td>朝阳社区</td><td></td><td>金华元社区</td><td>JHY</td><td></td><td></td></tr>
<tr><td colspan="2" rowspan="2">访谈对象身份</td><td>政府主管人员</td><td>ZFZG</td><td>社区居民</td><td>JM</td><td>居委主任</td><td>ZL</td></tr>
<tr><td>社区党工委书记</td><td>DGWSJ</td><td>社区工作者</td><td>GZZ</td><td></td><td></td></tr>
<tr><td rowspan="3">具体访谈对象</td><td>铜陵</td><td colspan="6">（1）TLZFZG1；（2）TLCYGZZ2；（3）TLGYJM1</td></tr>
<tr><td>贵阳</td><td colspan="6">（1）GYDSDDGWSJ、GYDSDDGWSJ1、GYJHYDGWSJ1、GYJHYDGWSJ2、GYMZDGWSJ；（2）GYZFZG1、GYZFZG2、GYZFZG3；（3）GYJHYGZZ1、GYJHYGZZ2、GYJHYGZZ3、GYDSDGZZ1、GYDSDGZZ2、GYMZGZZ1、GYMZGZZ2</td></tr>
<tr><td>南京</td><td colspan="6">NJHUZL</td></tr>
</table>

（二）资料的分析

质性资料分析主要遵循以下步骤：第一，把个案访谈录音加以整理和转录，誊写成为文字稿；第二，进一步阅读访谈记录、观察笔记和有待分析的文献，同时撰写笔记和备忘录，并就分类和关系提出初步设想；第三，在文字稿上以句或段为单位进行区隔，对访谈内容在详细解读的前提下予以原话或原意摘要；第四，在上述基础上予以含义概括或以简要的措辞予以主题标题，然后寻找标题之间的相互关系或者上下层次上的区别，进行结构的分类；第五，把在所有的访谈稿中浮现出来的主题以一定的顺序排列，然后寻找各个主题之间的关联性，予以主题聚焦或类型化，即把具有相同性质或含义的主题归为一类，进行内容的分类；第六，在已经完成聚焦或归类的主题的基础上，以一个新的概念化的标题命名每一类主题，然后找寻这些概念之间的逻辑关系，尝试进行理论的分类。

简言之，上述每一个步骤都是一个概念化和类型化的过程，目的在于推动研究最终导向概念发展、理论建构以及对研究资料和问题的更深入的描述、理解和分析。这样的分析过程实际上也是资料收集、资料展现、资料浓缩、获取结论以及重回资料循环互动的过程。

第四节　城市社会体制组织结构转变研究——以铜陵市和贵阳市为例

本研究聚焦城市社会体制的组织架构转变，以“撤街”（“区直管社区”）改革为主要研究内容，选取了在改革当中极具代表性的安徽铜陵和贵州贵阳两座城市为研究的场域，并深入改革积累时间较长的基层社区开展实地调查，社区工作人员、政府主管干部、社区党工委书记以及社区居民进行了深度访谈和焦点小组。对深入到改革的，基层社区如何进行改革的与在改革过程当中，社会体制的组织架构转变是怎样发生的？需要何种条件？存在什么样的障碍和问题？并进一步考察改革的适用性和推广性，以期从组织结构的角度探讨城市社会体制改革创新中可供参考和借鉴的经验和做法。

一、研究选取的社区样本的基本情况简介

（一）贵阳白岩区大山洞社区

贵阳白岩区大山洞社区于2012年开始进行“区直管社区”改革，原大山洞街道办事处包含9个居委会，其中有5个城区居委会，4个居委会远离街道办，属于空旷区，按照现在城市基础改革的要求，2~3平方千米服务人群2万~3万人，5个城区居委会成立了一个新的大山洞社区，另外4个居委会组建另一社区。整个白岩区将原城区范围仅有的4个街道办事处，改为现在的6个社区、6个社区服务中心，从规模来说，比原来的街道略小。

（二）贵阳观山湖区金华园社区

贵阳观山湖区金华园社区的“区直管社区”改革启动于2011年，原街道办事处管辖面积10多平方千米，管理人口将近7万~8万人，成立社区以后，办事处改成9个社区，其中3个农村社区、6个城市社区，现在的地域只有两点多平方千米，常住人口是1~2万人，改成社区以后地域和人员相对缩小很多。机构变革之后，配备的编制是25个，实际在编在岗的人员是21人，正式上班在岗的工作人员为17人。

（三）贵阳花溪区明珠社区

该社区于2012年4月28日开始改革，改革后，社区面积为5.1平方千米，有将近8万名常住人口，有溪北、朝阳两个居委会，4所大学。目前，在编的工作人员是22个编制，在岗20人，分为四个部，分别是党政工作部、社会事务部、城市管理部、群众工作部。

（四）铜陵铜官山区朝阳社区

安徽省铜陵市位于安徽南部、长江下游南岸，南与青阳县、南陵县交界，西南与池州市贵池区毗邻，西北一江之隔是无为县、枞阳县。面积1 113平方千米。常住人口74万人，辖属三个区。人均GDP常年位于安徽三甲，是安徽省经济较为发达的城市。本次调研的朝阳社区是铜陵市模范社区，也是全国模范社区，从2010年7月起，区委、区政府实行区直管社区体制改革，朝阳社区是由原杨家山街道朝阳社区、杨东社区、杨家山社区合并而成。新社区是以社区党工委为核心，社区居委会、社区公共服务中心、各类社会组织为支撑的整体架构。社区位于铜陵市中心地段，环绕于淮河南路、金山东路、义安南路、长江二路之间，辖区面积0.6平方千米，住户6 178户，网点经营户695家，总人口22 000人，辖区主要单位19家，下辖6个村1个小区。社区共有51个党支部，1 256名党员。其中包括10家非公企业党支部，12家非公企业联合党支部。社区先后荣获全国文明单位，全国文化先进社区，安徽省第一届、第二届、第三届文明社区，市级文明社区，市级创先争优先进基层党组织，市级充分就业先进社区，市级计划生育工作先进集体，市级安全生产先进集体，市级双拥先进单位等荣誉称号。

本研究的重点是贵阳市三个新旧不同程度的社区，课题组成员在贵阳调研时间较长，获取的调研资料较丰富，因此，对此有较为深入的分析和讨论。

二、“区直管社区”社会体制改革的过程分析

任何改革都不会是一帆风顺的，何况是涉及国家治理、行政管理以及社会民生系统的复杂的社会体制改革。撤销街道办事处，建立区直管社区，是社会体制改革当中非常具有开创性的一项举措。撤销街道办事处给整个社会治理系统都带来了深远的影响。本研究通过分析贵阳市“区直管社区”的改革历程，结合安徽省铜陵市的实地调查资料，探索改革当中的关键性问题及其解决方案，分析区直

管社区改革的适用性范围，以探讨改革过程中的动力机制和遭遇的结构性挑战。根据实地调查，贵阳市开展区直管社区改革，经过三年全面实施，撤销了原有街道办事处，新成立93个社区，其改革历程大致可以分为以下三个阶段。

（一）第一阶段是改革的启动和形成建制阶段：2010年2月至2011年底

这一阶段是“区直管社区”的启动阶段，也是整个改革的重中之重，其核心任务是撤销原街道办，重新规划成立新社区。由于贵阳市从2010年开始将全市的街道办事处分成3批推行改革，所以这一时间界限并不是固定的，例如笔者所调查的明珠社区就是2012年开始进行改革的。

该阶段的主要做法正如花溪区明珠社区所描述的那样，包括“减、转、分、合”四项工作。书记告诉研究人员：“减”，减层级，原来是四级，现在变成三级，四级是“市”“区”“办事处”“社区（居委会层面）”，现在变成了“市”“区”“社区”。没办事处了，减层级了，更加直接地面对老百姓。“转”，转变职能，刚才已经把职能的转变讲了，围绕那四个目标，不是以经济为杠杆来做。“分”，把原来办事处和居委会（居委会也承接一些政府的职能——签字、盖章等）的一些职能进行分离，都重新归位，该政府做的就政府做，该居委会自治就自治。有一个居民自治法，但是没有行政权力。“合”，整合社会的各项力量，社会组织、部门的力量，还有个人的力量。（摘自GYMZSQSJ1访谈稿）

1. 具体做法

第一，结构转变。原来的作为枢纽的街道办撤销之后，贵阳市的城市社会体制就从原来的“市—区—街道—社区”四级社会管理体制变成“市—区—社区”三级管理体系。在社会体制改革中重新进行区划调整，打破原来的行政区划，根据地域特征、地理面积、居民人数重新进行安排。

贵阳最大的一个特色就是从管理体制方面，打破了以前的，贵阳彻底把原来的体系打破了，从根子上来变，当时就是按这个来做的，2010年开始试点。（摘自GYDSDDGWSJ访谈稿）

行政管理层级减少以后，带来的是系统性的整体性的变革，涉及社会管理方式的转变以及治理模式的各个方面。除了在社区服务中心观察与访谈，笔者还与前来办理业务的社区居民进行了短暂交流，他们最大的感受就是办理业务更加便捷了。“未改制前，很多业务办理都要从居委会再到街道，有时甚至还要去区政府那里，现在基本都能在社区服务中心解决了，而且现在社区服务中心就是以前居委会的办公地点，很多业务本来需要几天的时间，改制后，当天基本就能完成，另外一个感受就是反映一些问题更加便捷，社区权利提升，可以让居民更直

接地反映意见。”（摘自 TLCYJM1 访谈稿）

贵阳市探索的“区直管社区”的城市社会体制改革并不是简单地调整组织结构，撤销街道办、建立新社区而已，它涉及社会管理体制的系统性变革，比如：“新的社区的职能职责如何定，主要开展哪些工作，新型社区对上对下的关系怎么样，新社区的干部的身份，机构的性质，干部人员的流转进退，还有工作方式方法的转变、工作作风的转变”等问题。（摘自 GYZFZG2 访谈稿）

第二，职能转移。在组织架构变化之后，发生的最明显的改变就是社区职能发生重要改变，工作重心更加贴近社会民生问题，与居民的关系更为贴近了。在我们的调查中，每一位社区书记、社区工作人员和居民都表达了这种变化，也得到广泛的认同。

在我们贵阳市来说是最高一级了，包括在区县这一级和社区没有层级了，社区这里和群众也没有层级了，虽然居委会也在，但是居委会只是参与做一些辅助工作，居委会自治法规定了事项。社区这一层面和群众比较近嘛，从地理面积、人口规模这些来说很贴近基层，这是我们改革的主要措施。（摘自 GYZFZG1 访谈稿）

原来是他上门找我们要服务，现在是我们把服务送下去，这是最大的差别，另外是服务质量和服务意识的转变和提升，这个在我们这边是比较明显的……在服务职能上我们提高了，把原来的“衙门作风”改成了现在老百姓来这里是在家，来家做事情的一个模式，原来的乡镇和办事处是七站八所，中层干部就分别是 15 个、16 个，它的工作非常细化，分工非常明确，改社区后我们是分成 4 个部，一个是党政工作部，相当于办公室，就是党建、工青妇，民生事务部就是针对民政、救助这一块，还有城管部，就是针对市容市貌、城市管理，群众工作部针对信访维稳等一系列工作，现在这 4 个部就涵盖了原来除经济职能的七站八所，这边还有一个成功的经验就是，原来我也是在办事处工作，原来的办事处是 10 多个平方千米，管的人口将近 7 万人、8 万人，管理的面积比较宽，现在改成社区以后，一个办事处改成 9 个社区，3 个农村社区，6 个城市社区，改成社区以后我们的地域和人员相对缩小了很多，比如现在的地域只有二点多平方千米，常住人口是 1.2 万人，就是人口和地域都缩小以后相对来说让我们的服务职能更加贴近群众，老百姓也深刻体会到更加方便了，他们有什么想法、困难，基本上都能得到解决。（摘自 GYJHYDGWSJ1 访谈稿）

具体来说，调整社区管理组织职能，经济职能外移，将政府的行政审批和执法类权力回归区政府职能部门，将社会管理和服务职能下沉到社区，由社区实现自我管理和服务，改变了以经济为核心的职能及指标化的人员考核体系，例如贵阳将经济职能在区的层面成立城经办，承担原来的经济职能，使其与社会服务、社会治理职能在社区层面彻底分开。此外，对于涉及社区事务的执法权力等上移权力，重新分配上下级的职能分工，理顺上下级关系，建立协同治理机制，以适应新的组织结构的变化，也使得原来的管理工作的作风向更加人性化、服务化的方向变化，下述贵阳市某社区工作人员的访谈记录以城管职能的转变为例清晰地描述了这一变化。

以前办事处的时候主要的职能是经济，那么民生的部分，关注点不在百姓的需求上面，让他们自己去解决，不是很大的事情办事处是不会去管的，没有这个精力去管，它主要以建设方面为主。现在去经济了，以民生为主，倒过来了。以前的职能，比如建房、办理一些审批的手续的权力，就被职能部门收回去了，收回去之后社区是给他们进行审核，代办。以前办事处的一些职能，比如办理修建房屋可以审批，还有一些就业的手续等。就是我们在改革的过程中，刚刚书记介绍的那个“减转分合”，就是把过去的经济职能整个切掉了，还有就是行政执法和行政审批不是社区做的，而是上升到职能部门，行政执法包括卫生、城管的执法权，都收回到职能部门，由职能部门行使，我们主要的工作还是服务。（摘自GYMZDGWSJ 访谈稿）

显然，被访者强调了社区体制、机制改革后，它的主要功能就是服务，让社区姓“社”，是这位被访者十分清楚地表达出来的意思，另一位被访者也有相同的想法。

从职能方面来讲，可能除了经济职能，剩下的职能基本上全都在，以前街道可能更侧重于抓经济，比如财政税收、固定资产投入啊等这些，包括招商引资，现在这块就彻底脱离了，然后我们白岩区采取的方式就是成立城经办，城区经济发展办公室，城经办把以前办事处这块接管了，这是一个体制，还有一个就是成立片区办，片区办和开发办，现在就成立了片区办，这个片区有一个开发办，开发办就接手专门做经济方面的事，招商、安商这块事情，现在从社区的角度来说，第二个变化就是经济职能彻底没有了，职能发生变化，但是更突出了社会治理方面的职能。（摘自 GYDSDGZZ1 访谈稿）

上述被访者的陈述突出了社区管理部门“去经济化”后，社会治理功能的显现和重要性，而下述被访者则明确指出城市建设管理体制改革后社区服务的主要内容。

城管这块社区和街道办的区别在于行政执法职能，社区现在没有行政执法职能，社区的执法是依靠区级的综合执法大队下层的执法人员到社区来，比如说每个社区是有一位下层人员的，社区需要执法的时候是依靠这个执法人员的，整改通知啊，是依靠综合执法大队的名义去执法，例如市容市貌、门前三包这块是社区负责的主要职能，门前三包这些社区要管好，这块涉及执法的不是很多，即使要执法，也是执法大队下整改通知书，日常管理以社区队员为主，情节比较严重的，需要下执法文书的，还是需要执法大队下这个文书，相当于我借他的执法职能，但是日常管理以我们为主。涉及违建这些（违章建筑），完全就是他们的执法文书，一开始发现，然后下发执法文书，大的这些，小的以社区为主。改变的好处在于，现在我们社区的城管队员和他们是不一样的，他们的城管队员是招进来统一培训，并且他们的城管队员是只管城管，我们的城管队员是综合的，所有的都管，我是城管部的，所有的工作都要会，不光是城管。城管是管市容、违建这些，但是我现在城管做的是消防、安全，城管队员是多面手。他们的城管队员只做城管工作。在街道办事处它可以执法，主要以管理为主，而在社区，在城市建设管理体制改革以后，改为社区以后，我们就要以服务为主了。从哪些方面服务呢，一个是宣传、教育，包括像我们社区远程的5星级教育站点，我们都会定期地向城市管理的商铺，对计生的对象，进行一些讲座啊，宣传啊，这些方面的，以提高对他们的服务，包括对他们进行政策法规的宣传，来感染他们、号召他们、凝聚他们，从服务到凝聚，来达到管理的效果，管理的目的达到了，整个社区落脚点就维稳了。（摘自 GYMZGZZ2 访谈稿）

第三，社区自治体系逐渐完善。组建社区党工委，扩大党委委员的人员构成；建立居民议事自治制度，社区主任的产生实行民主选举，孵化社会组织，社区服务的自主性逐渐增加。原来社区居民委员会的经费来源、人员配置、工作布置、考核等都严重依赖街道办事处，改革后，由居民直选组成的居委会必须以具体行动来获得居民的认可，对社区居民负责，社区权力也更多依靠社区居民自治，社区居民对社区事务参与的积极性、主动性、自主性都明显提高，进而激发了社区自治力量的发展，逐渐向多元的治理主体格局拓展。

从党委的体制来说，现在我们这个体制实行的是区域化大党委，区域化大党委的话和以前，我们以前都是党工委，或者区里面直接任命的党委这种情况，现在有一个变化就是实行的是直选，就是选举，整个辖区的党员代表来选我们党委委员，然后居民代表来选社区的主任、副主任，所以这个选举方式也产生了变化，向民主方面来推进，但不会像西方那样民主。所以以前是任命制的，现在是选举制的，这个方式也发生了变化。（摘自 GYDSDDGWSJ 访谈稿）

我们做的都是一些点，就是社会组织怎么来参与整个社区的建设，现在中央提出，党委负责，党委牵头政府来参与，社会治理的这块工作，包括社会工作，就是一个治理体系，必须参与，如果不是多元化的治理，肯定就是“一头热”，所以我们这块到时候要向你们请教一下，包括到上海看一些社会组织，我们现在做的一些和谐促进会，和谐促进会是我们辖区一些企业来参与，他们来捐资捐款成立的和谐促进会，这些钱就是扶贫帮困，还有一些矛盾，现在有一些社会矛盾、矛盾纠纷，它在于法的层面是根本解决不了的，有些是有理有法，有些是违法但又有理，有一些工作没有办法解决，但是他家庭确实很贫困的，这种情况只能通过和谐促进会来帮他一把，因为从法律的原则上来讲，国家没有办法给你解决，那通过和谐促进会，从生活的角度让你走起来，让你自主创业等做这块工作，做起来之后就减少了社会矛盾，所以现在我们和谐促进会就在做这些事情，一些社会组织，公益类的、慈善类的，我们也在做这块的一些探索。（摘自GYJHYDGWSJ 访谈稿）

2. 该阶段遭遇的主要挑战

作为初始阶段，在“区直管社区”的改革中遭遇了最大的阻力，特别是在改革启动时，街道办事处的工作人员不支持、社区居民不了解给改革带来了很大的挑战。具体而言，改革的阻力主要涉及两个难点问题：一是解决原街道办人员的思想负担，处理好人员的流转、安置问题；二是明确社区组织结构及其职能，理顺上下关系的问题。

第一，关于人员的问题，一方面是经济收入减少，另一方面是身份转换的问题。正如贵阳市群众工作委员会负责人所描述的那样：“原街道办事处主任、书记、副主任，领导干部和其他干部的思想问题，因为改革社区剥离了经济职能，他们很多奖金就没有了，那么在思想上就缺乏了对改革的支撑和积极性。从身份上来说，以前街道办事处是行政机构，是区政府的派属机构，是行政的，现在社区是事业的，它就是金饭碗和银饭碗，所以大家思想上有波动。”（摘自 GYZFZG1 访谈稿）

在处理人员的问题上，贵阳市实施行政编制不变、级别不变、待遇优待的政策。通过建立新制度，基本保证身份上的稳定和待遇上的稳定。

市委组织部、人社局联合发行了很多文件，对干部实行实名制管理，原来街道办事处的公务员身份，现在到事业单位了，担心身份转变问题，我们帮他建了一个库，你是行政身份到事业单位上班，你的身份也没有变，我们社区原来也是科级单位，和以前的街道办事处是一样的，所以他的职级还是不变，保留原职待遇，这样就解决了他最关心的问题。在奖金方面肯定不能发这么多了，但是我们还是出台了政策，就是要优于其他职能部门，就有一个系数。如果其他职能部门系数是1，那么社区干部年终奖金有1.2的，有1.5的，有2的，就是要比其他的，比如人事局、组织部，比如民政局这些职能部门要高一些，社区的工作压力的确要大一些，它工作烦琐，情况也比较特殊，每年他们拿的奖金可能比其他部门领导要高几千块。（摘自 GYZFZG1 访谈稿）

第二，关于理顺上下关系的问题，重点是合理划分“区—社区”的权责界限以及明确职能定位。贵阳市群工委负责人将这一问题描述为“改革的深水区”，新的社区成立以后，工作方式、职能范围以及组织定位都与原来的街道办事处有区别。街道办事处原来处于行政体系的末端，具有明确的地位和合法职能，变为社区之后，改变了其在行政体系中的位置、上下关系，与其他职能部门、与社区内其他相关部门的关系均需要重新调整理顺。

应对这些挑战，贵阳市制定了四项保障性措施以确保改革的正常运行。一是改变社区性质，明确工作职能。将社区机构纳入事业单位机构管理，原来的居委会仍然是自治组织，社区作为新的事业机构。二是人员安排上，下拨编制，稳定人员。每个社区按照人口、地域面积核定编制数，大致上每个社区有 30 名左右的编制人员。同时，原街道办事处工作人员仍然保留行政编制，保留级别不变，待遇实行优待原则。三是经费保障，除了人员和工作经费以外，每个社区大约有 100 万 ~200 万元的公益事业项目经费。四是推行网格化管理，将社区划分为更小的网格单元进行管理。以上四项措施保障了在改革初期，“撤街，设区直管社区”改革的基本秩序和有效运行。此外，贵阳市还通过立法程序，推动人大出台并实行了贵阳市《社区工作条例》，从法律层面上确定了社区的性质定位、核心组织结构的职能指责，从而将社会体制的组织架构改革的框架明确和固定下来，减少了后期改革可能出现的波动，并减少了人为性的主观因素的影响，使得改革的目标和方向得以持续。

（二）第二个阶段是规范阶段：2011 年底至 2012 年底

该阶段是在社区成立的基础上，深入推进改革的阶段，改革进度不同的社区进去这个阶段的时间也有所不同。这一阶段的主要任务是规范社区的运行，即建立和完善网格化管理体系。最核心的目标是“确保社区规范运行，让老百姓都知道以前是街道办事处和居委会，现在主要到社区这个层面”。（摘自 GYZFZG2 访谈稿）贵阳市在 2012 年初开始推行网格化管理试点，此后不断进行修正和完善。其中包括以下具体做法，即：

1. 划分网格

在贵阳市，社区按照人口、居委会下面的地域状况，200 ~ 400 户左右划分为一个小格，居委会就由若干个网格组成，而每个社区由若干社区组成。在安徽铜陵市，在以 300 户为一个网格实行管理的基础上，将网格细分为居民住宅网络、商业网点和驻区单位网络、社区公共设施网络。

2. 配备专人负责

贵阳市在每个网格上配备 1 ~ 2 名网格管理员，至少一名网格警员，与铜陵市相同，网格负责人由社区党委书记、社区服务中心主任以及社区服务中心各部门负责人担任。铜陵市根据不同网格的类型配备负责人，每个网格除了第一负责人之外，每栋楼还会有负责人，各个单位和商铺也会有负责人，负责定时向第一负责人提供网格内的一些基本信息以及突发事件，方便社区能够及时了解辖区居民资料，有针对性地开展活动。专人负责机制有效地动员起社区居民的力量，从而开展具有适切性的社会治理工作。“网格人员到底是怎么服务的，每天入网，要登记，要清楚人家家庭的情况，还有民情反映的情况，都要清清楚楚。”（摘自GYMZGZZ1 访谈稿）

还有我们网格里面做的其他一些工作，包括平安社区这块，现在主要做的就是这块，像各个网格里面为什么现在配一警两员，配一警两员，他们的工作就是边服务边巡逻。像我们最近正在做的一个工作，叫民生实困，我们网格里面哪些是薄弱环节，哪些地方是黑灯巷，哪些地方是能够修一些围墙的，能够封闭管理的，就让他自我管理，哪些地方技术手段跟不上，或者防盗门啊、锁啊，平安一些的技术手段没有上的等等这些，他就做这块的分析。我要做的平安网格的事情就这么几桩：第一个，有哪些薄弱环节，我要梳理出来，要通过政府的力量完善。第二个，我要在我的网格里面做发动，因为群防群治，不能光依靠专业力量，一家做这些事，很多群防群治的事情还是要依靠老百姓自己，免得大家都互相不管，这方面就要动员三支力量，巡逻队、守护队、监督队，我在网格里面就把这三支队伍成立起来，来巡逻，像这些老大妈戴红袖章，义务的，就坐在院子里面，看有没有陌生人，有我马上给格警讲，是什么情况，包括监督的、巡逻的，现在不是我为人人守一夜，人人为我守一月，他就是推行这种理念；还有一个就是幸福网格心情好，它现在主要做的是精神文明方面。（摘自 GYJHYGZZ3 访谈稿）

3. 按岗核定考核内容和方式

以铜陵市朝阳社区为例，社区工作人员有 A 岗和 B 岗，所谓 A 岗，即自己所从事的业务工作，B 岗为网格化责任区域，A 岗和 B 岗都作为工作人员的考核指标，与绩效工资挂钩。社区各部门除了负责自己的业务工作，还负责定时更新自己网格内居民的信息，包括社区全体居民的情况、社区居民的主要需求、社区内需要治理的重点问题等信息，并且承担及时的上下通报反馈、现场处理等工作。

每个网格人数比较多，这样庞大的人数如何做到信息全面了解？开始阶段是觉得这样庞大的人数想要来个全面了解都需要很长时间，更别提定期更新了，但是不这么去了解是不行的，于是他们就将自己的网格继续进行网格化划分，第一是从党员入手，全面了解党员信息，让党员带头负责自己住的整栋楼的信息，第二是和清洁工保持联系，对于一些公共设施的情况进行及时更新，第三是加强和派出所的联系，网格化管理受到派出所的大力支持，方便了派出所各项便民服务的开展，与社区合作一举两得。其实，这样一个类似于人口普查的工作按照这样的方式进行，一个季度不到的时间就完成了，也就是第一次信息了解在2010年底就完成了，这样迅速地完成他们自己也没想到。（摘自TLZFZG1访谈稿）

4. 工作方式注重信息化和扁平化

每个网格员均配备装有App的手机，及时发现问题，报告情况，也方便从上到下指令的传达。推行建立与社区居民面对面的工作方式，例如贵阳市社区开设“板凳会”“广场会”等议事形式，相比而言，第一，直管社区相对于以前的街道加居委会的管理方式，工作人员减少了很多，因此需要通过网格化这种分工管理方式来弥补工作人员缺少的问题；第二，这种网格化管理，使得每个部门负责人都有明确的职责，能够及时了解到居民的实际情况，能够较为深切地体察民情，A岗和B岗这样的考核方式，让每个工作人员都要各尽其责；第三，区政府和居民能够联系得更加紧密了，一些突发事件发生时，区里可以直接定位到某个网格内，并能够及时了解到居民信息。网格化管理体系的建立，不仅能够将管理任务和目标传达给每一个社区居民，同时也能将服务下沉，推向每个有需要的居民，也使原来社会管理与治理中的重点问题和困难问题成为服务的重心，更加有效地开展治理。

建立网格以后，服务职能比以前提高了很多，因为现在的服务范围、半径、人群比以前缩小得多，比如说以前一个工作人员要面对将近几千号人的服务，你肯定就是服务不好，现在是一个社工包一个网格，一个网格只有百来户人家，百来户人家不一定都在这里住，有的可能是流动人口，实际上可能我一个社工只对口几十个人服务，这个服务就比较密切，我们的老百姓、居民也能感受到服务、社工的贴心，不是口头上的，而是行动上的。（摘自GYJHYGZZ1访谈稿）

一个居委会有一千多户，一千多户分了五六个网格，他除了有物管以外，我们给他分了6个网格，这6个网格已经很细了，每个网格的人员情况、家庭情况，我们居委会清清楚楚，一般常态化的正常居民我们按照正常的管理就行了，这1 000多户里面的特殊群体，比如说老年人、妇女儿童、军转、不稳定因素，比如说吸毒、劳教的，这些人员相对来说作为重点管理和服务对象。（摘自GYJHYGZZ2访谈稿）

以流动人口管理为例，贵阳市花溪区明珠社区总结他们的管理方式为“以房管人、以证管人、以业管人”。“以房管人就是根据他的房子情况来管理。以证管人就是流动人口管理办公室和计生部门来负责，要办居住证，通过办理居住证的情况来管理。以业管人是通过就业来管理，但是我们结合社区和基层实际情况发现这三种“管人”虽然设想很好，但都有空白点，比如说以房管人，合法建筑可以管，但是违法建筑和没有房产证的是被漏掉的，而且这个比例不小。第二个是以证管人，有的人来办有的人不办，特别是我们的综治重点，他本来就是有案底的，通缉在册的，更加不愿意办居住证，所以这一块也被漏了。第三个是以业管人，他只管合法就业，合法签订劳动合同的，但是没有就业的就管不了。所以综合分析下来，这三种管人模式并没有达到真正的管理目的。然后我们就分析贵阳市提出这三个管理模式的目的是什么，是了解流动人口的信息，所以我们提出了一个以建筑物管人，就是说不管就业失业，不管住的是合法或违法建筑，不管有没有办居住证，只要来了就必须找地方住，只要这个房子在，我们就可以把这个信息归档。”（摘自 GYMZGZZ2 访谈稿）

在充分进行社区调研的基础上，深入研究了流动人口的特点，然后将任务分解到网格上，但是一个网格员服务 400 多户是任务艰巨的，社区协助网格员建立下面的联系，“包括房东、企业商铺、物业公司、楼栋长、公益岗位、热心群众、用人单位等，包括在院内打扫卫生的等等，所有这些就可以在一个星期之内反馈到网格员，所以网格员在一个星期之内会了解到所有情况”。（摘自 GYMZGZZ1 访谈稿）

不仅流动人口如此，其他方面的重点社会治理问题也是这样，这就使得网格员能迅速传递信息给社区，从而加强社区层面管理的有效性。

（三）第三个阶段是发展阶段：2012 年底至今

这一阶段是巩固成果、深化改革的阶段。“新的社区运行正常以后，贵阳市在考虑如何让社区作用更好地发挥出来。”（摘自 GYZFZG1 访谈稿）贵阳市结合社会治理的目标，提出“三创一强一提升”工作作为工作目标和任务，即“三创”是创建文明社区、绿色社区、平安社区，“一强”是建强社区党组织，“一提升”是提升居民满意度，以此推动发展完善制度创新，保障改革方向。该任务的提出可以看到，社区建设在以“精神文明、环境保护、社会安全”为主的国家治理目标下，一方面强化党的领导机制，加强管理能力和水平，另一方面以社区服务为工作重点，能够满足居民具体的需要，才会使得居民满意度持续上升。在实施国家社会治理的任务下，政府管理目标和社会服务目标以此种方式有效地结合起来。

我们也是结合一个背景吧，当时国务院出台了一个支持自治法的意见嘛，当然贵阳也是很大一部分，还有一个背景是贵阳成为全国生态文明示范城市嘛，就是小康社会建设，这几个背景之下就考虑社区的建设发展问题，就提出了“三创一强一提升”的主要建设目标吧。（摘自 GYZFZG3 访谈稿）

社区根据当地发展的特点，设定具体的发展目标，表达了适应当地居民需要的各自的发展愿景，并且开展了各有特色的社会发展、社会治理实践，为社会协商制度的落实、社区自治力量的增长提供了机遇和平台。下面以贵阳市明珠社区开展的工作加以说明。

今年，怎么样更加精细化、扁平化、科学化地为老百姓提供服务呢？今年，我们对817户的2 306人进行调研，设计了一个问卷表格，从吃、住、行、教育、卫生等各个方面了解民生，问他们觉得需要什么，觉得哪些地方政府做得还不够。利用节假日进行调查、归类、分析，然后得出结论。“四型”社区“七个工程”化。“四型”是指“学习型”“示范型”“高效型”“堡垒型”。“七个工程”是指“攻坚工程”“乐民工程”“利民工程”“畅通工程”“善治工程”“绿色工程”“健康工程”，通过这七大工程来完成我们的工作。我们成立了25个志愿队，跳舞的唱歌的，随叫随到。比如有的老百姓家水管烂了，我们有一个维修志愿队，只收材料费。我在这儿当书记感到很欣慰的是，基本上没有邻里之间的纠纷，如果发生了什么事，网格社工就会出面处理，处理不好就到居委会，居委会就整合。我们通过这七个工程让老百姓更加快乐。(摘自GYMZGZZ2访谈稿)

三、城市社会体制组织架构转变的结构分析

撤销街道办事处，建立区直管社区，从“市—区—街道—居委会”四级社会体制到“市—区—社区中心”社会体制的改变（如图4－5所示），首先，从结构上，行政管理结构和社会管理体制都趋于扁平化，降低了管理层级和管理成本，提高了行政效率，并且自上而下的距离缩小了，便于上传下达，国家治理和政府管理的理念和任务能够更便捷、准确地向下传达，基层社区的声音和诉求能

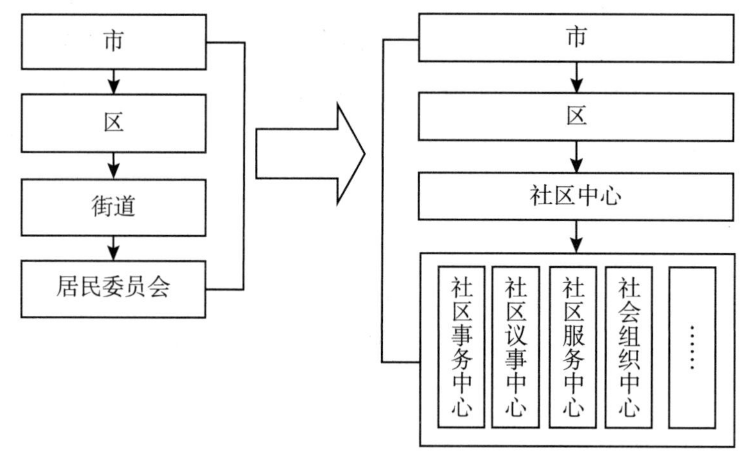

图4－5　社会体制的组织架构改变

够更直接地向上表达。从而，能够形成在政府主导下，上下沟通的协商机制。其次，社会制度的改变不仅仅是组织结构的调整，同时附着在组织上的功能也随之发生改变，从而带动整个社会体制发生系统性的调整，并重新塑造政府与基层社区之间的关系，改变原先单线治理方式和自上而下的权力传导机制，形成新的迈向多元化的治理结构和互动协商的权力关系。于此，从社会体制改革的目的和现实效果来看，社区有了更大的权力空间，更加有利于发展自治自主的能力，从而推动实现多元共享共治的社会治理结构。

从上述结构的转变，审视城市社会体制的组织架构所蕴藏的逻辑后设，事实上，城市社会体制是一种具有持续性的组织规则、制度安排和以资源配置为核心的权力关系；围绕制度设计，重塑了社会资源，尤其是公共资源的配置机制和流动过程，形成了不同城市社区治理的主体在治理过程中以满足自身生存和发展需求出发的行动选择，从而构造了城市社会管理和服务运行中不同主体的相互协商的互动关系，具体以安徽铜陵市铜官山明珠社区和贵阳市直管社区组织结构为例，对城市社会体制的组织架构的变化做一分析。

（一）改革后铜陵市铜官山明珠社区组织结构及内部组织关系

研究发现，改革后铜陵市铜官山明珠社区内部组织结构包括社区党工委、社区居委会、社区公共服务中心和社会组织四个组成部分，组建了“一个核心三个体系”，即以社区党工委为核心，以社区居委会、社区公共服务中心，以社会组织为支撑的组织构架，其中，社区党组织发挥“总揽全局、协调各方”的指导作用，隶属区委管理，正科级建制，由 5～9 人组成，设党工委书记、副书记，由区委任命，社区党工委的成员不仅包括各社区公共服务中心的领导干部成员，还扩大到社区辖区各单位的党组领导等，并与社区公共服务中心合署办公。社区居民委员会直选产生，成立社区居民代表大会和议事委员会，民主协商讨论本居民小组的公共事务，依托居民小组、楼栋等载体健全各类群众性组织；剥离不属于居委会的职能，明确社区居民委员会及下属各专门委员会、居民小组长和楼栋长的职责，吸引居民参与。社区公共服务中心是区政府设在社区的基层行政管理和公共服务机构，履行社会管理、服务居民的职能，是政府为方便居民办理日常事务在社区设立的接待机构，参与、协同社区管理和服务。社区公共服务中心正科级建制，设主任 1 名，由社区党工委书记兼任，实行区委委任制或聘任制，内设包括综合事务办公室、综治维稳办公室、民政事务服务站、人口计生服务站、劳动保障服务站等在内的“四办三站”（见图 4－6）。

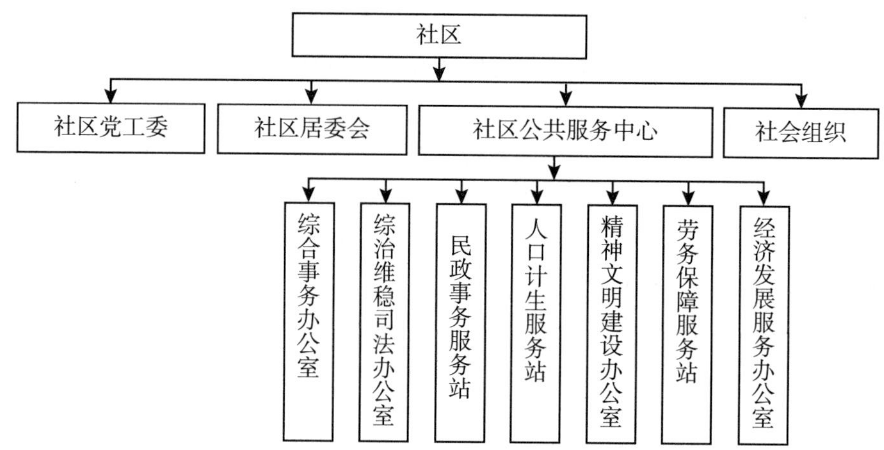

图 4-6　安徽铜陵市铜官山明珠社区组织结构

根据《铜官山区区直管社区综合体制改革实施方案》及《关于进一步做好社区公共服务中心“三定”工作的通知》等文件，依照《社区公共服务中心内部岗位及主要职责》规定，社区公共服务中心内部组织结构分为七个部门。

（1）综合事务办公室：负责党务、群团、武装、中心内部管理、协调等方面工作。

（2）综治维稳司法办公室：负责社会治安综合治理，维稳平安创建信访，民族宗教安全生产等方面工作，负责人民调解，社区矫正，法律宣传，法律援助，安置帮教等司法有关工作。

（3）民政事务服务站：负责城市低保，慈善救助，居家养老，社会救助，防灾救灾，双拥优抚，老龄工作，廉租房和经济适用房初审，住房困难家庭认定，补贴办理等事务及对残疾人服务工作。

（4）人口计生服务站：负责常住流动人口的人口和计划生育服务及协会工作，做好居民的计划生育服务，计生档案的建立，各类信息管理服务系统的信息录入等方面的工作，协助做好生殖保健服务证，流动人口婚育证明等证件办理工作。

（5）市容城建卫生服务站（精神文明建设办公室）：负责市容环境，社区卫生文明创建，文化体育，爱国卫生，城市管理，城市建设，环境保护，物业管理等工作，协助做好食品安全，动物防疫和突发性公共卫生应急等工作。

（6）劳动保障服务站：负责公共就业服务，人才服务，社会保险，服务，退休人员社会化管理服务等工作。

（7）经济发展服务办公室：协助做好项目建设，招商引资，协税护税，企业服务，统计及科技等经济服务工作。

社区公共服务中心分为上述7个部门，每个部门各有一位主要负责人，每个部门由2~3人构成。同时，社区公共服务中心设置服务大厅，实行窗口一站式服务，每个部门均轮流安排一名工作人员在服务大厅办理各项业务及提供行政代办业务。为了保证改革目标的实现以及上述组织架构的运行，铜陵市铜官山社区还推行社区网格化管理，并建立了民主评议制度。

（二）贵阳市区直管社区组织结构及其内部关系

根据《贵阳市社区工作条例》规定，贵阳市推行撤销街道办事处、“区直管社区”改革以“社区建设和治理，服务和管理，应当建立政府负责、社会协同、公众参与和法治保障的体制，坚持以人为本、利民便民，居政分离、因地制宜，公开高效、强化监督，维护居民权益和扩大基层民主”为组织原则，形成了“一委一会一中心”的贵阳市区直管社区组织架构（如图4-7所示），并在《贵阳市社区工作条例》中明确规定各个组织或部门性质及职能，具体说明如下。

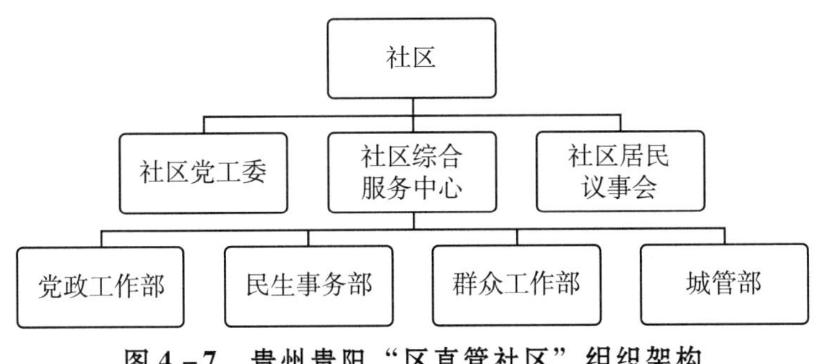

图4-7　贵州贵阳“区直管社区”组织架构

（1）社区党工委：推行党的治理理念和政策，领导社区综合服务中心。

（2）社区综合服务中心：社区服务管理机构，开展社区公共服务和社会管理相关工作，是区（市、县）人民政府在社区设立的从事公共服务和社会管理的机构，直接受区（市、县）人民政府领导。区（市、县）人民政府相关职能部门依照职责，对社区综合服务中心进行业务指导。社区综合服务中心负责做好社区内的民生保障、社会治安、计划生育、城市管理、人力资源、教育、卫生、体育、统计、民政、科普、老龄、残疾人、民族宗教、侨务和流动人口管理等社会事务，并协调做好社区内的社会管理综合治理、精神文明建设、国防教育、信访维稳、社区矫正和禁毒等综合性管理事务。此外，社区综合服务中心还需配合政府相关职能部门做好社区内涉及公安、工商、税务、安全生产、劳动监察、市政建设、市容环境、物业管理、绿化、环保、水务、交通、质监、食品安全、文化市场监管、森林防火、抢险救灾、应急和消防等社会专业管理事务。社区综合服务中心主要负责人按照公开推荐、民主选举的方式产生，具体办法由上级人民政府制定。贵阳市社区综合服务中心下设四个部门：党政工作部、城管部、群众工作部和民生事务部，这四个部门的主要工作任务大致如金华园社区工作者告诉我们的那样："党政工作部，相当于办公室，就是党建、工青妇，民生事务部就是针对民政、救助这一块，还有城管部，就是针对市容市貌、城市管理，群众工作部针对信访维稳等一系列工作。"（摘自 GYJHYGZZ3 访谈稿）

与铜陵市相同，社区综合服务中心设置了集中办事服务大厅，各部门在服务大厅设置办事服务窗口，窗口实行办事公开、一站办理和首问责任等制度，根据群众需要，可以采取错时、预约等灵活多样的服务方式和手段，满足社区居民的需求。

新型社区就是全部都有服务大厅，到社区第一眼看到的就是服务大厅，综合窗口很多事情都在里面办了，能办的当时就办，当时如果需要相关部门审批的，或者需要一些时间的，就在前台收件，后台办理，用这种方式避免到处找人。内部机构是按照 4 个工作部来统一设置的。（摘自 GYMZGZZ1 访谈稿）

在社区工作人员考核机制方面，对社区综合服务中心实行双向考核机制，制定以群众满意度为主要标准的考核办法和指标体系，将社区工作纳入年度考核目标，重点考核社区为民服务、社会管理、社会稳定和社会保障等方面的工作。对社区工作者的考核，将工作成效、群众满意度列入考核指标，考核结果作为工作实绩认定和职务晋升的重要依据。

（3）社区居民议事会是社区议事协商组织，其成员由社区居民、驻社区单位、其他组织的代表和居（村）民委员会主要负责人组成，通过公开报名和民主推荐相结合的方式产生。社区居民议事会负责围绕地区性、群众性和公益性问题，听取和反映社区居民、驻社区单位和社会组织的意见，监督社区服务管理机构工作。例如贵阳市社区居民议事会制定议事规则，召开意见收集会、议题讨论会和议事决策会，建立了板凳会、广场会等灵活多样的协商议事形式，定期在公共场所或社区公共空间公开议事，社区管理人员与社区居民面对面征求意见、解释政策，聚焦解决社区居民中原先未关注到的重点难点问题，畅通社区居民诉求表达、利益协调和权益保障渠道。由居民代表通过的决策结果以"决议公开—实施结果公开"的方式保证社区居民的知情权与参与权，真正做到"决策有程序，结果有依据"的良性决策参与机制。

我们现在做得很好的就是广场见面会，我们做的是小板凳见面会，每个格警和网格员都有一个折叠式小板凳，我讲的每天 3 点，板凳放到哪里我就坐到哪里，居民区在吹牛，在跳舞，放在那里就和他们吹，了解情况，所以小广场托起大民生，包括我们社区，我们每两周都要到广场去，谁的职务最大，谁就是主持人，在那个地方，老百姓直接提问题，提问题以后，当场能解决的就解决，不能解决的我们现在实行的就是问题导向法，挂号制。居民住在这个小区，提了问题，扶手烂了或者什么情况是不是我能解决的，那我就是问题导向法，挂号制，实行消号制，下一次开广场见面会的时候，我就要回答你这个居民，你提的这个问题，我是怎么办的，现在办的情况怎么样，就想通过这种互动的方式，让这种问题解决在基层，解决在萌芽，不要让他产生这种矛盾，然后同时也是体现一种服务，这种精细化的服务，面对面的服务，人家不是说“最后一公里”的问题，实际上对于我们社区来说，不是“最后一公里”，应该是面对面和心贴心的一个过程，所以只有通过这种方式来做。（摘自 GYDSDDGWSJ 访谈稿）

（4）社区居委会，根据有关规定，在一个社区范围内，应当根据人口和地域等情况依法建立居（村）民委员会。居（村）民委员会在区（市、县）人民政府和社区服务管理机构的指导下，依法开展群众自治活动。居（村）民委员会依法协助政府职能部门、社区服务管理机构开展工作，应当有必要的经费和工作条件。

（5）社区网格是与“区直管社区”改革实行的配套管理措施，建立和推行网格化管理方式，社会综合服务中心按照服务管理便捷、无缝衔接、全社区覆盖的要求，结合居（村）民委员会的设置，科学划分社区网格，合理配置网格工作人员，建立社区服务管理网络，实行网格化服务管理。网格工作人员由社区综合服务中心统一管理、使用和考核。网格工作人员实行一岗多责，负责采集基础信息，收集社情民意，服务居民群众，宣传法律政策，排查化解矛盾纠纷，突发事件应急管理等基础工作；负责采集和报告生态文明建设监督信息；指导、监督社区社会组织、业主委员会和物业服务企业开展工作；协助政府有关职能部门在社区开展与居民密切相关的各项工作。

（三）各组织结构之间的内部关系

本研究在梳理撤销街道办事处、“区直管社区”改革后社区组织结构的基础上发现，社会体制转变之后，组织结构之间的管理层级和权力划分通过两条相互交叉的路径构建，一条是组织领导的路径，区级党组织自上而下领导社区党工委，社区党工委领导社区综合服务中心开展工作，并且通过联合党支部和兼和党支部的方式领导区内居委会、社会组织、楼宇等各级党支部、党小组等组织。一条是行政管理的路径。区级人民政府领导社区综合服务中心，区级以上人民政府设立或者确定的职能部门，负责对社区工作的具体指导和协调。社区综合服务中心指导社区内居民委员会依法开展自治活动，组织社区居民驻社区单位和社会组织共同参与社区建设和治理。

区政府还是全方位的领导关系，区级各部门对我们主要是以指导为主。我们和居委会的关系是这样子的。在党委这一块对居委会是直接的领导，在政务是指导的关系。日常工作是比如说一项工作下来了，我们社区先研究，是全社区的还是某个居委会的，然后把某个社区的负责人或某项工作的负责人找过来商量，商量怎么样把这项工作落实下去，以指导为主。（摘自 GYJHYDGWSJ 访谈稿）

社区内部组织的两条管理路径具有交叉性的特点，主要体现在人员的交叉上。一是社区综合服务中心主要负责人、社区党工委主要负责人、居委会负责人在人员上常常重合。上述资料的提供者既是社区党工委书记又是社区综合服务中心主任，其他学者在研究铜陵市改革中也发现原街道层面的领导到了社区，基本上还担任领导。而居委会主任一职，虽说是由居民直接选举出来，但铜陵市 23 个社区的居委会主任也是由原街道的工作人员担任。至于原来小社区的书记和主任，到了大社区后，最多只担任副书记或副主任。铜陵市铜官山区的一位负责人对此的解释却是街道办的工作人员经常下社区，群众基础比较好，再加上工作能力相对强一些，在居委会主任的选举中，更受居民认可（王巍，2009）。二是社区工作人员也多出现交叉，特别是社区网格工作人员与社区居委会工作人员也多出现重合，例如贵阳明珠社区的工作人员介绍，这部分人员的重合率大约为 60%。

在上述两条管理路径的实现过程中，推动自下而上的社区自治力量及其影响力的增加，一方面社区党工委以及各级党组织、社区居民议事会通过民主选举制的实施、扩大成员的性质和范围等方式，使得社区居民的民声越来越受到重视，诉求表达更加通畅，同时对社区集体决策的影响力也越来越大。另一方面，鼓励社区居民、驻社区单位和社区社会组织，参加社区服务管理，对社区建设、治理、服务和管理提出意见、建议，监督社区工作的开展，并优化培育培力社会组织的制度环境，推动社会组织参与社区治理。

“居民议事会”中的成员有老板，有医生，有教师，有统战、侨联的家属，有居民，还有退休的老领导，他们收集民情，我们根据民情，老百姓“点餐”，我们就去“做菜”，很高效。（摘自 GYMZGZZ2 访谈稿）

综上所述，无论铜陵还是贵阳的做法，撤销街道办事处、设立区直管社区之后，重新组建的社区组织架构都改变了原来从上至下单线性的结构，力图再构建一个横纵交互的复合性、扁平化的管理结构，这使得组织结构更加具有弹性，能够随着社区人群的服务需求和社区管理服务组织的运作特点进行调整和扩展。从而，使附着其上的功能弱化了管理的色彩，突出了服务的职能，不仅使公共服务和社会服务更加精细化，而且便于提高社区参与、整合社区力量。

（四）改革后城市社会体制组织架构转变的“需要—满足”分析

在讨论组织内外部关系的基础上，进一步对城市改革后城市社会体制组织架构转变的“需要—满足”分析，其蕴含着不同社会主体之间重要的关系转变和重新组建。撤销街道办事处之后，新建的社区组织结构，无论是从铜陵还是贵阳的改革措施来看，调整了原来自上而下的单一的管理体制及方式，重新构建了更为精简、能有效满足社会治理中不同主体多元化需求的组织体系。这主要体现在以下三个方面。

一是社区党工委满足国家政治意志传导的需求，保证有效稳定的社会整合。在社会体制的组织架构的转变中，社区党组织发挥了重要的结构整合力量，成为国家权力能够向下延伸的主要机制，也成为新建的社区组织结构能够在坚持改革目标和方向的前提下持续、完整、有效地运行的组织保障。在取消了街道办事处这一级起枢纽作用的组织之后，政府和基层社会的连接以及为了实现国家意图需要进行的社会动员就通过社区党组织系统来完成，例如贵阳市区级以下党组织系统包括“区党委—社区党工委—居委会党支部—网格党小组”，所以在社会体系体制的组织架构转变中，社区党工委的作用就特别凸显出来。在社区组织结构生存和运行的角度来说，以社区党工委为领导的社区党组织系统成为了自上而下的组织体系和管理体系，使得国家的权威体制能够向下传导，国家的相关政策和治理目标也能够落实到基层社会，并且通过参与管理、评估、监督社区工作人员的工作绩效来有效地保证改革后的社区组织及社会体制有效运行。同时，社区党工委中成员的扩展，不仅使其成为管理体系的组织结构的一部分，同时也依靠其政治动员的权力和方式，整合资源并成为另一个不同主体协商的平台和机制。

现在就是区域化大党委，改变了原来的任命制，改为选举制，整个辖区的党员代表都可以参选党委委员……现在我们党委的构成，现在社区要做社会治理，做社会工作方面的，你必须要调动各方面的力量来整合，就不能是条状的，必须是块状的，条块结合，除了我们本身的社区主任和副主任这些是党委委员之外，现在按照市里面的要求，我们其他的都在合进来，就包括刚才看到的社区银行的行长，就是我们的党委委员，卫生服务中心的主任，或者是医院的副院长，这些只要是在辖区范围内的，能够将这些资源为我所用的，他都是党委委员，包括马上就要进来的，工商分局的局长，城管大队的，派出所是已经进来了，还有刚看到的片区司法所的所长，这些都是大党委成员，叫作兼职党委委员，在这块方面就是他来参与，这样就使以前的“条条”变成现在的“块块”。（摘自GYDSDDGWSJ访谈稿）

加强党对基层社区的领导，这是改革开放以来历届党代会越来越重视的一项核心工作，尤其是党的十七大以来，社区党建成为社会体制改革及建设的重要任务，因此，区域化大党委的建立和建设充分考虑了党和政府的需要，不仅如此，社区党建还需要深入基础社会的基本社会单位，这样的党的领导和建设才真正有效和能够发挥作用。

现在我们每个网格都有党小组，每个党小组就直接建在连上面，比如说像刚刚看的业主委员会主任那个小区，七彩湖小区，有26个党小组，党小组建在那里发挥什么作用呢，实际上就是凝聚人心，协调推进整个网格和小区的和谐、幸福、平安，做这块的工作，比如说他那儿有个党小组，党员不多，七八个党员，他就专门成立一个党小组在那里，他的工作是什么，我这个小区有业委会，有物管，还有其他的一些居民，我就在这里面起穿针引线、凝聚的作用，所以他在这个方面就和物管联合，阵地共建，我就专门有一个地方作为我党小组的活动室，大家在这里面共建……以前那个小区里面来的都是四面八方的人，大家互相不认识，高墙阻隔，现在就为了打消这个阻隔，成立了一个七彩湖的文艺党支部，非建制的党支部……这里的活动很丰富，包括长桌宴、邻里一家亲啊这些活动。做这块工作让大家互相认识，邻里守望，做一种正能量的东西。（摘自GYMZDGWSJ访谈稿）

研究发现，社区党建的工作内容不只是阻止架构的搭建，或者离退休老人的政治学习，贵阳的研究表明，社区辖内单位的干部考核也可以成为社区党建的工作内容。

很多单位在社区里面都有嘛，很多工作，还有城管，执法队，很多工作离不开社区，但是社区对他们又没有管理权，那怎么办呢？我们就用社区党委的力量，让这些单位的一把手都作为这个社区大党委的兼职负责人，或者是委员，这个执法的问题涉及多个部门，我就把这几家单位召集来开会，分配任务，强化管理这块，光有这个机制还不行，不足以开展工作，怎么办呢？还有干部管理，这些垂直管理部门的干部本来由他们系统内部上级管理部门管理，我们现在赋予社区党委一个职责，就是要他在这个垂管单位领导干部考核，干部进退留转上必须有发言权，这些垂管单位一把手年终是评为优秀还是合格，先由社区提供意见，这样能够喊得动人，你这个派出所所长，我当社区书记给你安排工作，你工作效果不好，年终我完全可以给区县公安局建议，至少不能评为优秀，最多只能算合格，如果有提拔的机会，党委还要问社区党委意见，还要和书记谈话，就赋予他这些权力。（摘自GYJHYDGWSJ访谈稿）

上述访谈资料说明，一方面，社区党工委成为“国家—社会”权力互动中上传下达的替代性组织，在条块结合的行政组织格局中，特别是块状结构当中起到了有效的资源整合。另一方面，社区党工委作为决策机构和管理部门，包括居民代表在内的不同身份的成员通过党的会议、学习等组织方式及党内纪律等制度保障形成较为通畅的沟通渠道和更为包容的协商机制，从而实现了民主意志在决策过程中的体现和上升，有利于提升对改革和新机构的社会认同，开展更加广泛的社会动员。

二是社会综合服务中心满足了政府对社会事务行政管理及推行政治体制改革的需求，并实现了管理下沉、精简成本、精准服务的需求。扁平化管理是现代行政体制的基本诉求，它通过减少管理层次，合并职能部门和机构，在政府与公众之间建立起直接的沟通、联系和服务渠道。通过街道办事处的改革和撤销，减少了行政层级，有利于降低行政成本，有利于提升公共服务效率。从铜陵和贵阳两市的经验来看，精简机构人员，提高行政效能，减少了行政层级，打破传统管理，减少了行政管理成本，有效推动了政社分开和政市分开，推动政府职能转变。街道办事处撤销以后，对原有工作人员进行调配、流转，使得原有机构人员精简达到一半左右。同时，原街道办事处社会事务管理的主要职能进行了优化整合，有效承担了社会民生福利事业中的主要职能，对社会民生治理难点重点进行了精准化的有效治理和管理，并且通过网格化的管理方式将资源服务和行政管理下沉到社区基层。政府职能部门可以在社区直接面对群众，原有的多级办事环节得到精简，大大提高了办事效率，特别是组织职能调整后，工作重心调整，社会治理和福利服务均有较大加强，提高了管理和服务的实际效果。

以前可能我是老街的办事处的，我所在街道办事处的主任，基本上可能社会治理啊或者是刚讲的那些细节，比如说文化的，包括人头治理、政法，可能我们都不是很在意那些事情，当时的观点是，每年就那几个节点，我主要的任务就是财税收入，然后我的几大指标完成了可能就行了，但是其实对老百姓这块来说，还限于社会的发展，很多都是社会人的这块，可能关注太少，所以市里面也看到了这样的情况，社会治理的方面，所以才彻底下决心做这个事情，就是这个变化，当时这样在变了。（摘自 GYDSDGZZ1 访谈稿）

上述资料从社区工作者的角度论证了街区体制改革以后对行政机制运作的满足，而下述资料则从居民的角度说明改制后基层行政服务的效率提高，居民满意度提高和获得感增加，从而也从另一个方面表明改制后的体制对基层行政架构运作的促进和需求的回应。

未改制前，很多业务办理都要从居委会再到街道，有时甚至还要去区政府那里，现在基本都能在社区服务中心解决，而且现在社区服务中心，就是以前居委会的办公地点，很多业务本来需要几天的时间，改制后，当天基本就能完成，另外一个感受就是反映一些问题更加便捷，社区权利提升，可以让居民直接反映意见。（摘自 TLCYJM1 访谈稿）

从铜陵和贵阳两市改革的过程和经验来看，社区综合服务中心可以结合当地实际情况，有创新性地组建架构、分化职能。进而，优化该组织的组织结构，并且制定相应的配套措施和制度，以及推行具体的管理方式，以更有效地满足政府基层行政管理及政府政治体制改革的需求，是“区直管社区”改革的重心所在。

三是组建社区居民议事会、完善社区协商机制满足了多元社区治理主体发展及社区自治实现的需求。社区居民委员会作为基层群众性自治组织机构，它以居民的社区公共事务参与平台和利益表达平台的身份诞生，一直扮演着社会管理纽带的角色，连接着政府和社区居民，在传递政府的公共服务的同时反映社区居民的需求。社区居民议事会、完善社区协商机制的建立，强化了社区居委会的自我管理、自我服务、自我教育、自我监督的基层群众性自治组织的性质和功能，成为居民参与社区公共事务、表达利益和反映诉求的平台。政府的公共服务通过社区居委会有效地提供给社区居民，同时让社区居民的需求通过社区居委会得到有效的反映、困难得到及时的解决。

在居民议事及社区协商制度的影响和约束下，社区居民得以获得较为便捷、优质的行政服务和社会服务，针对社会管理和服务的薄弱环节，例如乱停车等民生实困得以有效解决，使社区服务工作范围不断扩大、公共服务的内容不断拓展延伸。通过社区居民议事协商制度，社区居民每年对社区内的政府职能部门、社区管理机构进行评议，参与到社会管理的工作中，还可以通过社区代表会议或者其他多种渠道为社区发展提供参考意见，在一定程度上监督工作人员的工作态度和工作作风，促进工作人员的服务意识的提高。

社区工作人员素质上相对以前有很大提高，对于居民的问题，都不厌其烦地解答，办事效率很高，能够当天解决绝对当天办完，对于居民也是更加关心。（摘自 TLCYGZZ1 访谈稿）

以前，我就跟税务局的、招商局的、发改委的这些部门打交道，我眼睛也不会去看底下居民的事情，有什么事情就处理一下，老百姓得不到实惠，像刚我说的文化的、设施的，你不会关心它，更不要说到一个特殊人群的点上，反正我完成指标就好，相反改了之后，这些人的待遇方面会受到一定的影响，但是其实对社会治理的推进有好处，能俯下身子，接地气了，然后在这个方面就开始关注了，以前管计生的时候，我们不是有失独家庭嘛，独生子女过世，以前谁会管你是不是失独家庭，每个群体都是像项目一样地去关注他，我是 9 户，就重点关注了，17 户是残疾儿童，17 户关注了，各个群体都分得很细致了，在这个方面你花的时间和精力就很多，因为做社会工作不像做经济工作，经济工作指标一上去，就一路飘红，就完成事情了，做社会工作可能要点点滴滴搭起来，才会有一点成效，有些东西一段时间显现不出来，但是实际上它对整个社会太重要了，它是一点一滴构成了社会的稳定，所以现在国家提的社会主义核心价值观，包括现在四中全会要讲法制，重视到这个问题，社会领域出了很多问题，所以我觉得改了也好，早点来关注这些事情。（摘自 GYJHYDGWSJ 访谈稿）

上述访谈资料很清晰地表明，体制改革后基层社区功能发生了巨大的变化，而这种变化符合党的社会建设或社会治理的要求，说到底，以民生为本的社会体制改革的核心任务之一，就是在基础社会建立起完善的公共服务体系，从而打造温馨、方便、安全、和谐的居民生活环境。

改革最强调的是服务，在我们这层体现得最明显，我们做窗口这块，民政、就业、社保、计生全部在我们这里，所有改革成果体现在我们这里，强调一竿子插到底，什么意思？是说原来很多事他要到街道、居委会，往区里走，现在压缩在我这里就可以做了，很多代办的事项在这个层面给他代办的，例如他要生二孩，他原来要到居委会去申，街道办事处去申，然后到计生局，他现在到我这里来，他提供相应的资料后这个代办的程序是我给他做，区里面审核完材料返回到我这里，我再返回给他，节约他的时间，这是“一竿子插到底”体现最明显的地方。还有一个例子就是治乱象，协调工作，以前停车也是乱的，包括我们居民以前在里面觉得很吵的，比如补习班等这些，进进出出人很杂，他们就怎么做，通过我小区实施居民公约，你这个就不应该在这小区，大家就应该一致地去劝说，11 家全部都搬出去了，还小区一个宁静的环境。（摘自 GYMZGZZ1 访谈稿）

社区自治过程中，培育多种社会治理的主体的参与意识和参与能力是社区自治的前提也是重要任务，在铜陵和贵阳的社会体制改革中最具特色也明显差异的组织结构，有学者将其总结成“一社一居”和“一社多居”的组织模式，并分类加以分析[①]。然而总体来看，该组织结构的转变是社区力量不断壮大的结果，撤销街道办事处后，社区居委会在社区事权、人权、财权、物权方面更加具有自主权，社区居民和参与热情也得到明显提高，社区志愿服务队伍和力量更加有力地组织和动员起来，社区居民的参与式管理有效激发了民主自治力量的发展，进一步推动了社区的健康发展。铜陵、贵阳两市改革经验的区别在于社区协商机制的组建过程中，贵阳的做法是成立独立的组织结构自上而下地推动建立居民议事制度，铜陵市则更多地将权力交由社区居委会，在居委会的层面建构社区居民议事会制度。但是，从改革发展的脉络来看，铜陵市原街道办的人员向居委会的流转，使得居委会在一定程度上仍具有较强的行政色彩，居民议事协商制度的产生仍然是行政意图自上而下的推动，由此，贵阳市社区协商机制的形成和做法在政

---

① 李媛媛、王泽：《“一社一居”抑或“一社多居”：撤销街道办改革的模式选择——基于安徽铜陵和贵州贵阳街居制改革试点的比较》，载于《学习与探索》2018 年第 5 期。

府主导与上下协商多元共治的脉络中，更具有现实意义和可行性。

从需要的角度分析“区直管社区”城市社会体制改革的组织结构转变，除了体现出适应政府政治体制改革的扁平化趋势以外，较为鲜明地体现出多元主体协商共治的组织特征。改革后，社区党组织体系、社区综合服务中心、社区居民议事会以及逐渐回归本位的居民委员会，结构上为社区社群和组织力量的增强提供了广为自主和自治的权力空间，从而在社区治理结构的主体关系上，政府、居民、社会组织等主体均能参与到社区治理的过程中，从而逐步形成能够满足多元需求、平等沟通协商、合作共治共享的平台和组织构成。

四、“区直管社区”社会体制改革后的资源分配和管理

本研究运用“需要”视角去探究“区直管社区”城市社会体制改革，国家社会治理意志实行的需求、政府行政管理的需要以及社区自治发展的需求交错互动，形成了复杂的上下、横纵的权力结构和惯习。社区党工委的制度设计和组织安排，作为国家意志的主要代表满足了国家社会治理目标实现的需要，党工委代表范围的扩大和民主选举的方式保证了党的方针政策的向下传导和资源的有效整合，并且也发挥了协商的作用。社区服务中心的组建及其职能的转变，以及网格化管理的配套实施，重新梳理的基层社会管理的权力归属，将经济职能和行政审批等权力回归政府部门，推行行政管理职能的同时社会民生事务下沉至基层社会，这一方面把居民服务推向了精细化、精准化，另一方面在一定程度上让渡了社区自治发展的制度空间，培育和挖掘能够参与社区治理的自组织和民间力量。居民委员会以及居民议事协商机制的建立，构筑了居民需求和利益表达的平台，提高了居民参与社区自治的热情和能力，扩大了居民能够参与决策的社会范畴，逐渐孵化出多元多种的社会治理主体，上述社会体制组织架构的转变勾连起新的社会公共权力的组织方式和团结模式，从而重新塑造了公共资源的分配方式和流动机制。区直管社区的设立以及所配套实施的一系列社会设置和社会制度安排，解决了由于街道行政层级的存在造成的行政资源浪费、效率较低以及实效较小的问题，根据人口、地域等要素较改革之前更加合理地分配公共资源，建立了更加简化的资源上下流动秩序，使得资源能够下沉到基层居民的公共服务和社会服务领域。在回溯改革的发生过程中，政府相关部门主管人员也描述了这一考量。

当时市委觉得公共资源配置，学校、社区、诊所，很多公共资源规划配置上都有问题，当时街道办的面积是很大的，市委经过多次调研后觉得如果把这些公共资源配置给街道办事处，老百姓来办事也很不方便，一直以来衙门作风很严

重，问题比较突出，不利于资源配置。如果放在居委会这个地理范围来配置呢，又太小。然后借鉴打造15分钟服务圈理念，把街道办事处撤掉，把以前的社区居委会分开，成立新的社区，一个社区下辖两到三个居委会，它就把这个概念分开了，两到三个居委会也有人口和地理位置的考虑，人口是2万~3万人，面积是2~10平方千米，按照这个范围划定新的社区。（摘自GYZFZG1访谈稿）

具体来说，撤销街道办事处、建立区直管社区之后，新的社会体制组织结构所构建和运行的资源分配方式和制度具有以下特点。

（一）政府基本资金保障

撤销街道办事处、建立区直管社区之后，上级政府承担新成立的社区服务中心运行的人、物、财等主要成本，保障其最基本的正常运行秩序，例如贵阳市规定区（市、县）人民政府应当提供与社区服务管理工作相适应的设施和设备保障，将社区服务管理机构人员经费、办公经费和公益事业经费纳入年度财政预算，并且形成逐年正常增长机制。县级以上人民政府应当将社区服务管理用房纳入城市建设规划，按照利于服务、便于管理和综合利用的原则配套建设。每个社区的服务管理用房不低于800平方米。贵阳市政府主管人员介绍说："新的机构成立之后肯定要确保他正常运行，市里面出了4个纳入的保障措施，社区机构纳入事业单位机构管理，以前社区和居委会一样是自治组织，现在我们把社区作为新的事业机构，有编制的。每个社区按照人口、地域面积核定编制数，现在普遍看下来每个社区大概有30个编制人员。人员和工作经费都是拨付的，此外每个社区大约有100万~200万元公益事业项目经费……另外贵阳有单独单项经费，一下拿出两个亿来，这两个亿是市级财政一个亿，区县匹配一个亿，我们以项目发展的方式来开展这项工作。"（摘自GYZFZG1访谈稿）具体在社区层面，通过预算确定资金的来源，主要构成是三块，第一块是人员工资，用于人力成本的支出。第二块是公益金，是基础设施和公益金，用于公共服务的成本支出，"这块就是用在老百姓身上的，那它就按照你的人口基数，在这个基数之上每个人是多少，再根据社区大小。比如说基数大家都是一百万元，在这个基数之上你的社区人口要多一点，他的少一点，体现出区分，我在这儿的白云区社区最大，我每年拿到124万元，每年有增长，这124万元就是我刚刚讲的，除了市里区里给的设施费用，可能老百姓下水管网这块啊，除了大家出钱，我也要资助一部分，那些设施，灯啊，设施方面投入就是用这个钱，还有老百姓活动的开展，我就用这124万元"。（摘自GYDSDDGWSJ1访谈稿）第三块是行政办公经费和运营经费，每个社区大约有200万元，实行包干制，由社区进行自我调控，比如聘用临时人员的工资等项目。

（二）以居民需求为依据，以项目制为服务提供方式

改革以后，社区转变资源投入方式，以居民需求为导向重新规划和实施服务项目，公共资源向社区居民生活服务倾斜。项目的产生方式通过社区居民公共议事会、社区居民申请等方式产生，大多解决社区综合治理中存在的疑难杂症。例如贵阳市总结了“变政府配餐为百姓点菜”的工作经验，改变了原来由政府规划和决策的投入方式，而是根据居民议事会收集意见来确定，并建立居民的监督机制，以确保项目公共服务目标的实现。“居民议事会就是从群众中来的代表，我们每年就请社区来牵头，到群众中去收集群众意见，以前收集群众意见肯定就是居委会几个委员就报上来了，但是现在不行，我们邀请社区的老同志和居民议事会真正到群众中去了解情况，现在我们项目中用得比较多，有院办会、板凳会，我们这个院落是八九十年代（建）的，现在要搞哪些项目，是不是通下水道啊，是不是安防盗门，还是把小区的门禁系统安了，还是把这个绿化带布置了，这些问题都是从群众中来……项目收集来之后在实施的过程中，当地的群众要组织一个义务监督团，几个热心的群众监督施工单位的施工，看当时定下来的项目是不是实施了，实施的质量如何，是不是有偷工减料的情况，他们来监督，实施完成之后呢，还要有群众参与验收，没有群众同意验收，我们是不拨钱的。”（摘自GYZFZG1 访谈稿）可见，撤销街道办事处、建立区直管社区之后，区级政府与社区在结构上的直接连接，使得上下传递互动上能够更加直接有效，资源流动和配置也能更加通畅便捷，向聚焦于民生事务、贴近日常生活条件改善和便利服务的社会基层下沉，这样让渡了更多的权力空间，使得社区能够更多基于需求而主动获取资源、分配资源。

（三）打造社区公共空间为重心，吸引社区居民参与

公共空间是社区居民社区参与、形成公共议事制度的重要物质保证。在改革初期，区直管社区大多采取了建设社区公共基础设施、营造开放的社区公共空间的措施，例如开设社区服务大厅、建设社区广场、投放健身器材、整治美化社区环境。在这一过程中，不仅通过重新规划社区面貌，整合了社区的空间资源，特别是将原先被社区居民生活杂物、垃圾、电动车等物品所侵占的空间进行了清理和改造，同时吸引社区居民逐渐走出家门、迈入社区，开展休闲、健身、交友、聚会等各类文化活动，社区居民的议事、协商活动也多利用该空间开展，从而引导社区居民的公共生活向更加丰富、健康、和谐互助的方向发展，有利于形成居民参与自治的氛围，并重塑基层社会诚信、自主、平等的公共秩序和规则。改革后，改造社区环境，营造社区公共空间成为首要的工作任务。

第一个就是居民的活动设施的问题，首先要配备一定的活动场地，以前我们这里根本没有，室内室外都没有，现在虽然我们比较简陋，但以前作为办事处，我都是经营性质，宁愿出租收钱，现在我收回来为民所用，这是第一个。第二个就是我们的室外，要方便老百姓，那我们不可能使用政府的广场、公园，有些老百姓离得很远，就做旧小区的改造，改造的同时，基本上每个小区都要建个小型的广场，或者健身的地方，让他们一出门就有个活动的地方，作为文化体育的一个场地。（摘自 GYZFZG1 访谈稿）

区直管社区的设立以及所配套实施的一系列社会设置和社会制度安排，组建了新的资源分配方式和投入方式，并维系了相对较畅通且自上而下的流动渠道。不难看出，政府仍然在资源配置的过程中占据主导地位，不仅为社区提供用于管理和运行的资源，也规定社区工作人员和组织的身份和性质，掌握资源的筹措、审批和发放的决定权。但是，改革也带来另一方面的影响，营造公共空间、增加参与机会，制定公共协商制度和评议、监督制度，明确和扩展社区居民公共事务和具体事项，由此，在资源流动过程中、在具体公共事务的决策和参与中，越来越多的居民关心他们的共同问题和利益，并逐渐形成居民的共同利益，这些公共利益成为凝结居民公共意识的社区纽带和自治发展的基础，进而推动居民社区自治精神的深入和社区自治能力的提升。

五、“撤街”（“区直管社区”）改革存在的问题及原因分析

从社会体制改革的历史过程来看，撤销街道办事处的做法不失为一个大胆的举措，设立区直管社区也在一定程度上处理了社会管理的组织合作、制度衔接等问题，一定程度上体现了我国社会体制改革的任务和要求，也顺应了我国社会体制改革的方向和趋势，但是在改革后仍出现了一些亟待解决的问题和挑战，主要表现在以下方面。

（1）组织结构设置的局部不合理造成职能衔接不通畅。改革后，社会管理职能重新分割和组织，社会管理的块状结构上的部分职能需要相关部门进行协调、配合，但是操作上仍存在一定难度，特定职能出现多头管理、整合较难的问题。例如城管等职能在改革制度设计时是通过条状管理路径执行的，但是基层社区治理的实践过程中，需要与社区进行协调共管、上下联动，增加了操作难度，从而在职能衔接上造成了一定程度的阻碍。“从这个市级层面，就是决策层面来说的话，设计得很理想，从基层层面也改得比较彻底，有时候可能是中间层面。中间层面有些问题…就是这些社会治理的工作，社区的改革必须上下联动，你才能推

动。像我们刚刚讲的一些工作，有些改了以后也不切合实际，比如城管。以前我们在办事处的时候也是委托执法，就设在这，我很多东西好管，现在改了以后城管收上去了，城管给直管了，有些东西变成两张皮了，社区没有执法权你就不好管，有些工作你就不好推。”（摘自 GYDSDDGWSJ1 访谈稿）

可见，这些条块重新分割造成的职能沟通协商障碍需要设立新的协调机制和相应的执行部门，从而调整具体的行动策略。在应对该问题时，贵阳市采取了运用党的组织体系的方式进行了整合，具体来说，“城管的、工商分局的都要进社区大党委，执行双重考核，不光是工商局考核你，年终党委对你也有一个意见，有这个意见配合工作我就好管，所以现在也在理顺这个体制的问题”（摘自 GYDSDDGWSJ1 访谈稿），这些意见作为处理门前三包、经营户的管理等综合治理和社会管理事项的主要行动依据，在治理实践中充当协调机制，但是仍有待进一步完善。

（2）社区综合服务中心资金不足、资源有限制约了服务的发展，并且加强了行政依赖的程度。改革后，社区服务中心的服务需求不仅从数量上有所增加，而且面对具体社区居民和社会群体时精细化、精准化的要求也逐渐提高，服务面向和服务种类也有所扩展，所需的社会资源也不断增加，但是在社区综合服务中心从政府部门转变为事业单位，政府公共资源配置的合法性降低，社会资源获取渠道尚未完全建立，在资源分配方式调整相对滞后的情况下，社区资源的供给不足，特别是资金不足，制约了当地居民服务需求的满足，同时也限制了社区服务中心服务的扩展。一位社区党工委书记详细具体地描述了这一情况，“以前办事处财政比较独立，有雄厚的财力保证。像我在的社区，哪一个下水道不通，哪里门头有破损，党委会、街道办事处会议就可以解决，街道掏腰包就可以了。但是现在社区是全额拨款事业单位，如果我用社区的钱，比如通下水道，墙壁破损了，我就必须挤占我的工作经费，本身我的人头经费都是很不足的，现在有 17 个人是做不完这么大量的工作的，实际操作中我们也有一些临聘人员、协管员，也有这些工作人员，我的工作经费也有挪用一部分给这部分开支，在本身工作经费都很不足的情况下，我就更没办法解决一些临时的、突发性的工作，就是我们确实心有余而力不足的情况也是比较多的，总是想把事情做好，但是总是用各方面的条件限制”。（摘自 GYMZDGWSJ1 访谈稿）

相关的政府主管人员也告诉笔者，“确实，我们社区改革以后，特别是财权这块没有自主权力，这是我们现在遇到最大的困难，我们现在也在规范经费这块，事业单位报销很多钱是吧，现在要求必须拿出一部分钱，比如说要应急的需要的费用，硬件设施需要修补的，活动的费用，区里必须拿出一部分保证，因为社区的工作有很多需要机动性的，有些事情是不能预见到的，马上发生马上就要处理的，现在我们要求各个区拿出一部分钱，保证社区有自主权，这些东西也是在推进，也是在改革过程中逐步完善的”。（摘自 GYZFGZ2 访谈稿）随之，贵阳市在社会体制改革中重新架构了上级政府部门与新建社区之间的关系，“我们群工委和社区的关系，基本上明确的是群工委市一级也有，区一级也有，群工委负责整个社区的统筹、协调包括管理，由群工委来统筹，统筹所有考核，具体内容由群工委来划分，这个很重要，当然社区压力很大，这样调整以后可以稍微减点负吧”，（摘自 GYZFGZ2 访谈稿）可见，仍然需要更宏观的政府职能部门协调资源和社区事务，并通过考核机制来对社区进行管理，这使得社区仍然对政府部门具有较强的依赖性，以保证社区机构的正常运作，但是也产生了社区行政化的风险，有些居民反映对新成立的社区服务中心不满意的地方是“开展一些活动的时候，活动还是形式化重于内容，每年活动是比较丰富，但是居民感觉很多活动没有真正满足自己的需求”。（摘自 TLGYJM1 访谈稿）

（3）社区工作人员待遇低、专业化程度低，工作任务重压力大，一定程度上影响了服务质量。除了资金不足以外，“区直管社区”面临的另外一个紧张的问题是人力资源数量不足和质量偏低的问题，无法回应优质服务的要求和不断扩展的服务需要。当直面社区居民细无巨细的需求时，社区工作人员需要应对体制改革、职能转变衍生出了大量工作任务，“说实话我感觉我们的工作效益、工作效力，还有职工辛苦指数，我感觉比以前加重得多，我们基本上是‘5+2’‘白+黑’，因为以前就是在服务职能这一块老百姓需要就来，我坐在办公室工作，现在是我要走下去了解我的居民需要什么，了解以后回来我还要想怎么解决他这个问题，比如说以前你来说什么事情，我办不了，你就走了，我就不会思考怎么样好好把你这个事情解决掉，原来是一件事情解决得了解决不了，完成得好不好，现在是必须要把这件事解决了才行”。（摘自 YGJHYGZZ1 访谈稿）

本次调研发现，铜陵市改革后的社区也是类似的情况，并在待遇方面存在较大差别，其工作人员的身份主要有三类：公务员编、事业编、聘用制。其中公务员编和事业编的工作人员都是来自原来的街道办，在工资待遇上，这三类人员存在着天壤之别。“现在社区工作人员月收入最高能达到三四千元，低的只有一千多元。”（摘自 TLCYGZZ2 访谈稿）

此外，街道办在撤销的过程中，虽然大部分工作人员转换到社区中，但是仍然存在部分人员的分流，特别是贵阳根据人口数量重新划分了社区范围，并减少了社区工作人员的数量。改革之后，各部门、岗位职能有所调整，通常是一个工作人员负责一个甚至多个单位职能，对应一个或多个上级职能部门。在此情况下，削减的工作人员、增加的工作任务、相对较低的职业待遇在一定程度上影响了服务提供的数量和质量，例如“我们辖区的特殊居民重点慰问和服务是在我们这一级来完成的，我们的压力要大一些，因为我们的工作人员比较少，原来街道办事处有民政科，有专门负责老龄工作的，有专门负责双拥的，分得很细，现在我们只有一个人，上面我要对一个局，下面要对这么多居民，压力比较大，难免会出现一些疏忽”。(摘自 GYDSDGZZ2 访谈稿)

社区综合服务中心不仅承担了原来作为街道一级基层政府的职能，还不断将具体的社区服务内容纳入工作范畴，由此，社区管理机构自身的服务与管理职能之间存在紧张，具体来说，对于基层社区工作人员来说，工作任务多、强度大，工作目标在服务和管理之间游移，从而影响了所提供的服务质量，也对工作绩效考核和服务评估造成了一定的难度。

(4) 社会组织培育不足，增加了基层社区管理部门的运作负担。社会组织和提供社会服务的社会组织和社会力量较为薄弱，志愿服务制度尚未完全建立，人力资源还是非常有限的，特别是能够提供社会服务的队伍较稳定，志愿服务的体系尚未建立成熟，而且涉及社会生活的治理目标和管理目标日益清晰和繁重，撤街之后的社区管理服务部门仍然承担着大量的行政性的工作，从而挤压了其自我服务、自我管理、自我监督的任务和能力。从社会治理主体的角度来说，城市基层社会治理的格局是一种多元治理格局，这就需要社区能够培育和提供有能力承担那些政府部门公共管理和服务职能之外的，更加精细多样社会服务的社会性主体，即优质的社会组织，然而，本次调研中发现，大部分社区仍未具备足够的符合要求的社会组织，这就使得社区层面的管理服务部门（社区综合服务中心）需要承担绝大部分的社会服务职能，增加了基层社区管理部门的运作负担。贵阳群工委负责人告诉我们：“我们社区为什么觉得现在压力这么大，很多工作做不好，一个原因是我们社会组织还没有上海、北京那么发达，做很多事情没有把社会的力量引进来，如果我们能把社会组织慢慢培育起来，包括我们的社工机构，将专业的人才用起来，可能我们以后做服务就没有现在这么费力。”(摘自 GYZFZG1 访谈稿)

可见，在推行城市基层社会体制改革的过程中，社会部门与政府部门之间需要进一步支持合作、协调发展，而不仅仅是此消彼长的对立关系。其中社会组织的发展速度和质量都会冲击整个国家与社会之间的关系，同时也对实现社会体制改革目标有重要影响。从新时代社会治理格局的要求来看，多元主体的治理格局要求有能力的社会组织来承接。

究其原因，在社会体制改变的过程中，原有体制社会管理下沉，旧有的行政的惯性仍然存在并影响着新体制组织之间的关系。虽然从行政层级上取消了街道办事处，精简了行政部门，并建立了区直管社区的直接架构。但是，政府行政管理的目标和职能仍然存在，国家治理的目标和意图、政府对社会的管控都需要通过某一组织结构完成。街道办事处撤销之后，不是由政府部门的派出机构来完成这一任务，新建的社区服务中心仍然承接了原街道办的各项职能，并完成上传下达的路径任务。特别是社区自治尚未达到一定水平时，政府行政力量为了实现治理和管理目标随着社会体制组织架构的调整不断下沉。同时，街居制和演变而来的社区制在目前情况下因内部的制度缺席，而引发一系列矛盾。由此，势必对社区自治的发展造成了一定程度的抑制和障碍，而社区的高度自治的发展是否能实现国家和政府的治理目标和意图，这仍是一个不断争议、尚待实践尝试的问题。

第五节 “区直管社区”城市社会体制改革过程的启示

通过把握“区直管社区”城市社会体制改革的历史过程，全面分析改革的主要做法和重要措施，进而研究者发现，这一社会体制的改革基于两个基础，一是“社区”概念在具象实现过程中的转变和扩展，二是改革具有其发生的重要驱动因素和力量，与此有关的第三个问题是改革的限度问题。

一、“社区”概念在具象实现过程中的转变和扩展

“社区”一词无论是在社会生活、还是在学术研究领域几乎随处可见，然而，在现实生活和学理之间似乎一直存在着一种吊诡，即社区的概念及使用在这两者之间都有着很大的差异性。“社区”一词最早见于1887年德国社会学家滕尼斯所著的《共同体与社会》一书中。滕尼斯把“社区”（gemeinschaft）界定为具有共同价值观念的同质人所组成的关系密切、守望相助、富有人情味的社会关系的社会团体。社区研究开始于第一次世界大战后的美国，学者查尔斯·罗密斯将滕尼斯的“社区”一词翻译成了英语“community”。20世纪30年代，吴文藻、费孝通等将“community”翻译为中文“社区”并引入我国，中国社区研究由此蓬勃起来。在社会学关于社区的研究中，始终沿用滕尼斯提出的社区是社会生活共同体这一意涵，具体而言，包括三个特征：一群人、共同生活的地域、从事社会活动而结成的社会关系。学者们以构建具有共同体意识和自治能力的社群作为社区建设和发展的目标。但是，在社区建设的具体实现过程中，社区建设的主导力量是国家和政府，我国社区的基点是以行政区划为基础的街道以及社区居委会的地理界限。新中国成立后的很长一段时期内，城市社区建设主要集中在街道一层，在我国的大多数城市，以“街道”作为政权建设的最基层组织建制单元。城市的

街道通常是行政区、社区的二重体：其内部的马路、弄堂或胡同一般是自然形成的，街道的建制以此为基础，将城市地域范围内不同的行政区域划分开来①。在2000年民政部23号文中规定，目前城市社区的范围，一般是指经过社区体制改革后进行了规模调整的居民委员会辖区。该规定确定了“社区”建设的基础性实践概念。由此，指向国家政权对城市基层社会管理的权力秩序和组织结构的“社区”和社会学中强调社区自治和自我管理“社会生活共同体”的“社区”存在着显而易见的差异性，特别是在学理上，“社区”概念作为理想类型，对国家力量的管理表现出一定程度的排斥性和对立态度。然而“区直管社区”改革的实施对“社区”概念的这种差异性带来了现实层面的反思：社区概念中“共同体”意涵是否意味着排斥党和政府等国家力量代表的参与？贵阳市制定的作为“区直管社区”行动纲领的《城市社区工作条例》中规定，社区是指居住在一定区域的人群所组成，并且由经批准设立的组织机构提供公共服务和管理的社会生活共同体。从制度安排来说，该规定明确了社区管理和服务的双重职能，既描述了政府管理的权力传导特性，又确定了共同体性质。

你们在贵阳这几天可能有些了解，我们现在这个社区和以前的社区是两个概念，以前的社区是和居委会在用同一个概念。当时民政部学习西方国家的社区管理经验，下发了一个文件，在居委会面前加了一个社区，就叫社区居委会。我们的社区与居委会相区分，所以，现在既不是政府部门的派出机构，又不是自治组织，而是社会事业单位性质，这是对社区的重新定位。（摘自GYZFZG1访谈稿）

因此，在实践层面上，“社区”概念发生了转换和延伸，从组织结构上表达了国家主导下发展社会事业的目标，特别通过性质的转变给作为社会性事务发展的社区组织——社区服务中心，让渡了自我管理和治理的权力空间。不过，由于社会事业单位对国家政府部门的资源依赖性，这一“社区”概念在实践中能否合理整合，以及通过何种方式能有效整合还令人拭目以待。

二、社会结构变迁、制度变迁和精英驱动是改革的三个主要推动力量

（一）社会结构发展驱动

社会转型背景下原有街居制的问题突出，构成了改革的历史条件之一。由前

① 朱健刚：《城市街区的权力变迁：强国家与强社会模式——对一个街区权力结构的分析》，载于《战略与管理》1997年第4期。

述可知，社会体制改革创新都是适应社会结构性的变化而发生的，贵阳市“区直管社区”改革也不例外，一是当时贵阳市实行的社会管理体制以街道办事处完成的经济指标为主要考核指标，并且经济激励机制也推动街道办以经济建设作为重心，同时形成了较为成熟的依赖资源，特别是以空间和土地资源为主的经济模式，街道办完成经济指标，形成了一定低难度的路径依赖，这时期社会民生问题很少涉及；然而，随着经济的发展，贵阳市的人口急剧增长、城市规模发展也在膨胀，社会问题越来越复杂，依靠居委会的力量无法应对，居民诉求得不到有效解决。地域划分不合理，街道较大、居委会又太小，公共资源分配方式不合理、居民使用率较低；街道办“衙门”作风较严重、行政命令传达不到位等问题突出，因此社会体制改革特别是调整街道体制的组织架构迫在眉睫。

这项改革当时有几项比较大的措施，把街道办事处撤掉，以前的居委会是街道办事处下的一个自治组织，我们考虑到什么呢？原来贵阳的街道办事处主要是以抓经济为主，当时街道办事处的书记、主任、干部都有创收的指标，每年要完成多少税收的任务，基本街道办事处大家都去抓经济了，当时的历史条件下是很有必要的，但是经过这么多年的发展，就贵阳市来说，街道办事处基本上抓经济不是很明显，在主城区的楼宇经济，空间和资源基本上形成了一个成熟的模式，当时大家还在抓经济呢，主要是有一个小窍门，大家抓经济完成财政税收有奖励，街道办事处书记、主任每年完成奖励基本有二三十万元，最多的有60来万元，大家都很希望抓经济啊。从近两年来看，贵阳市人口发展比较快，城市规模发展也在膨胀，基本上可以用膨胀来说，现在的城市规模，老城区和新城区，乌当和白云，在空间上已经是几何系数的增长，人口也在不断增长，随着人口增长很多社会问题出现了。街道办的管理和服务上他们有钱有资源，但是希望抓经济，老百姓的很多诉求他们没去解决。当时这些问题全是给居委会来干，居委会书记、委员大家都拿工资嘛，但是很多事情压给他们，他们又办不了，他们和群众的联系最紧密。（摘自GYZFZG1访谈稿）

（二）制度动因

制度调整为“区直管社区”改革提供了契机和保障。2009年6月废止了施行了50多年的《城市街道办事处组织条例》，在制度层面为调整城市街道办事处的设置、人员构成和职能权限“松绑”，各省市开始尝试在街道层面进行体制改革，其主要内容是扁平化的政府机构改革，贵阳与铜陵均在此背景下开启了“撤销街道办，区直管社区”改革。同时，借鉴当时“打造15分钟服务圈理念”的治理任务，为重新划分社区辖区确定了改革方向。此后，在改革深入过程中，把握社会治理目标和制度变化，使得“区直管社区”的体制改革不断完善并具有持续的生命力。

借鉴打造15分钟服务圈理念，把街道办事处撤掉，把以前的社区居委会分开，成立新的社区，一个社区下辖两到三个居委会，它就把这个概念分开了，两到三个居委会也有人口和地理位置的考虑，人口是2万~3万人，面积是2~10平方千米，按照这个范围划定新的社区。（摘自GYZFZG2访谈稿）

当时，贵阳市一个指令下去要到区县，区县到街道办，街道办到居委会，信息在传达中又走样了，在管理学上说，很多专家学者都讲要实现扁平化方式，然后我们直接把街道办事处撤了，把以前强加给居委会的行政职能剥离出来，就是直接实行区县直管社区。（摘自GYZFZG2访谈稿）

（三）精英动因

改革中，政治精英或者社会精英往往发挥重要的作用，在社会体制改革的过程中也不例外。在我们的贵阳和铜陵两市的实地调查中，几乎所有的访谈对象都特别强调了当地主要领导人即市委书记对改革的推动作用，甚至承担了改革发起人的作用。“书记多次调研，并最终确定方案。”（摘自TLZFZG1访谈稿）“能够保证改革推行下去的一个主要原因就是领导的决心和力度，在面对改革的阻力的时候，原来的街道办事处主任、副主任思想波动的时候，书记就说了，群众的呼声就是我们工作的动力，只要是群众认可的我们就要推进。”（摘自GYZFZG1访谈稿）可见，在这次社会体制改革中，政治精英是推动改革的重要力量。

当时市委书记提出要做城市基层体制改革，以前的办事处是衙门，他们是从一开始工作就在办事处，是专家中的专家了，当时街道办事处的法规也废除了，废除之后贵阳市书记觉得基层层级还是有点太多了，老百姓办事还要一层一层往上走，这样其实也是他执政的一个理念吧，觉得要把管理寓于服务之中，要用服务体现我们的管理，有这个理念当时才把街道办事处直接给撤了，成立社区，以前叫社区居委会嘛，听起来是把社区做大，其实不是，我理解的是把街道办事处和居委会资源整合了一下，变成了社区这一个品牌。你们之前去过铜陵，但是我觉得铜陵和我们贵阳差别还是挺大的，贵阳还是比较彻底的，这一届社区领导可以说是奠基人，不管是政治方面还是经济方面，他们的影响还是很大的，他们可以说是做出了极大贡献的一批人。（摘自GYZFZG3访谈稿）

三、改革的限度问题

在研究社会体制改革中，大部分学者都有这样一种关心，即“撤销街道办、设立区直管社区”的改革可以在什么范围内、何种条件下适用，其经验能否被其他城市所借鉴，特别是那些问题较为凸显、情况比较复杂的城市，这也是本研究一个很重要的核心议题。通过对“区直管社区”的改革过程的回溯分析，本研究试图从改革动力和条件方面回答这一问题。

（1）社会转型和发展所带来的社会结构的张力不一定能成为“区直管社区”这类组织架构及机制改革的催生及适应条件。尽管在我国社会转型是一种整体性的社会变迁，撤销街道办、建立区直管社区的做法也确实可以使政府行政管理机构趋于扁平化的趋势，顺应目前政府体制改革的客观要求，但是撤销街道办、设立区直管社区受到当地经济社会、人口地理的客观限制。在大城市或者超大城市，例如北京、上海，撤销街道办的做法势必加大了区一级行政机关的工作压力，使得其对人口密集、地域有限的城市社区的社会管理和行政监督向下延伸时需要负担更大的行政成本。因此，需要谨慎科学地调研，深入细致地了解居民、市民的需求，进而调整社会体制的组织架构。

我们和北京、上海的社工委……他们也到我们这边来，贵阳为什么能做这个，最重要的是和这种特大城市、超大城市还是有区别的，一个是地理范围、人口数量。他们的人口数量太大的，比如贵阳最小的一个社区在观山湖，他们感觉服务这些人群还是比较困难，还是有些力不从心的地方，如果换到上海就更困难了，像服务半径缩小以后，服务人口太多，机构设置需要很多……还有流动人口，上海流动人口数量那么大，如果变成像我们这么小的社区的话，工作起来比上面的层级更难协调，一个职能部门要对很多社区，对接街道相对省事一些。我们现在全市有93个社区，多的一个区有20多个社区，你想一个区委要管20多个社区，换做上海的话一个社区要管几十个、上百个社区……街道再把他的服务半径缩小的话，管理的行政成本、可控范围难度更大。（摘自GYZFZG2访谈稿）

（2）制度环境的变化也不一定提供“区直管社区”改革的制度空隙。贵阳市和铜陵市的“区直管社区”改革启动的时间都在2010年，正如两地工作人员介绍的一样，“当时街道办事处的法规也废除了，之前是有法律的，废除以后我们就可以做这个事情”。（摘自GLZFZG1访谈稿）2009年废止了《城市街道办事处组织条例》之后，中央政府允许地方根据当地社会经济发展状况及需要开展街道办事处体制改革，在基层社会体制改革方面，地方政府获得了较大的自由度和自主权，随着各地街道体制改革的探索及经验的丰富，也由于在变动中国家权力传导、社会治理实施的内在需求，以及社会事业单位体制改革的不断深入，近年来，中央政府在组织机构，特别是行政机构管理和事业单位设立方面管理有所收缩，原来进行“区直管社会”改革的制度空间也压缩了。

有一个问题是，现在国家在机构方面管理得很严，贵阳是在新的规定出来之前就成立了93个社区，就是在国务院规定出来之前，在机构改革之前我们3年方案全都有了，身份全都有了，其他地方如果要像贵阳这样把街道办事处撤掉成立新型社区，要看国家怎么看。（摘自GYZFZG1访谈稿）

然而，打造新时代社会治理新格局的内在要求包括公共服务下沉以及管理的精准化，如此街道办事处是否撤销并不是关键问题，而是行政管辖范围或者社会治理的地域范围缩小、服务半径缩小将是改革可能的发展举措，这样一方面有利于公共资源的配置，另一方面也能有效开展政府主导的社会治理。同时，经济职能的剥离以及以经济为主的政府绩效考核指标的改变，有利于转移工作重心，发展社区组织，形成社区自治的组织结构并培育治理能力，从而推动协商机制的建立和通畅有效运行，实现多元化共建共治共享的主体格局。

第六节 研究总结

通过上述对安徽铜陵和贵州贵阳的实地调研可以发现，组织结构转变是推动城市社会体制改革的主要路径。街道办事处作为上级政府和基层社区之间链接的枢纽组织，是社会体制改革创新的重要组成部分。组织结构的扁平化是政府机构改革、政治体制改革当中重要的一环，也是街道办事处体制的改革方向，区直管社区正是这一方向的有益尝试。

城市社会体制组织架构的"撤销街道办"、建立"区直管社区"的改革，其核心问题并不是是否要撤销街道办，而是如何架构有效连接国家与社会之间的社会体制，这种制度设计及其运行的组织安排是否以满足多元主体的需求为目标，寻找到国家治理目标与推动社区自治力量发展目标之间的平衡，从而摆脱基层社会中多元社区治理主体发展的行政性资源依赖的限制，从而削弱乃至消解居委会行政化的色彩，减轻基层社会治理结构"街道—居委会"或者"区—居委会"之间的内部紧张和冲突，这就需要建立"小而强"的政府和培育"大而强"的社会，并且能够使两者有效沟通和协同发展。国家权力的重塑与市民社会的建构是一个双向进程的民主过程，即国家与市民社会二者互相依存的转化①，这包括两个方面的任务。一方面，调整国家系统及其组织机构。在国家系统和党的系统主导下，改变现有的资源分配机制和分配方式是基层社会与政府之间相互协商得以实现的主要办法之一。这就需要改变原有的社区依赖街道

① ［美］赫尔德：《民主的模式》，燕继荣等译，中央编译出版社2008年版，第56页。

提供行政成本、人力成本，以及支付社区发展和社会社区服务资源的分配方式，减少由权力关系结构确定的旧的资源分配模式造成的习惯性的、延伸性的行政下沉等路径依赖问题，进而，在保证国家治理目标的实现情况下，能够组织社区各类对资源的分配方案、分配方式和机制进行协商，商定公共资源的使用和分配结构，保证多元主体参与决策的权利，提升自治权力和能力。在贵阳的“撤街建区”改革尝试中，社区基层党组织则充当了这一纽带，并运用政治力量发挥出社会动员和整合的功能，而安徽铜陵则通过社区服务中心承担了原来街道办的功能，以实现功能性整合。另一方面，提升多元社会主体参与治理的机会和能力。培育多元的治理主体，实质上是具有治理能力的治理主体，这些治理主体能够获取和挖掘资源、实现再生和自我生产的可持续发展，这是实现社会治理重心、社会服务向社区下沉的社会治理体制创新的重要前提。

本次研究涉及的研究对象是一个具有开创性的社会体制变革过程，它并不是在原有的社会体制的操作层面上进行调整，而是重新构建了基层社会治理的秩序和社会体制的架构。尽管它深刻地显示出不同城市所独特的经济社会环境、政府的行政管理惯习、社区文化特征以及当地的其他现实条件对社会体制的差异性影响，同时改革过程中还存在居民对改革的驱动力仍然较弱、服务需求总量的增加和与原街道办所下沉的管理任务之间存在冲突、社区管理组织服务与管理在实践目标中存在相互矛盾的内部张力、政府行政和社区自治尚未找到很好的并存方式等问题。然而撤销街道办等一系列改革仍然是社会体制改革方向的证明和预示。由此，可以看出，多元治理结构中不同主体力量的对比以及权力的博弈必然形成新的组织结构和社会体制，社会体制改革在党的领导、政府主导的社会背景和历史脉络下——这是社会体制改革需要深刻理解的前提，通过形成新的协商机制，从而形成新的资源分配机制和方式，以改变原来自上而下单一的管理方式及其形成的较为固化的资源流动方式，以在推动管理和服务下沉的政治体制改革过程中，培育和提升能够参与社会治理的多元治理主体的能力和力量，特别是破解行政资源路径依赖的困难和难题，从而形成共建共治共享的社会治理新格局。

第五章

枢纽型社会组织社会参与机制研究

激发社会组织活力和建立现代社会组织体制等是党中央在社会体制及其改革的多个重要文件中多次论及的社会事项，它们在公共服务体系和社会治理体系中都具有重要地位。

第一节 引　言

在本项目的总论部分，已经阐述了四个研究方向的基本内容、项目研究对以民生为本的社会体制改革的探索、项目研究的基本思路和研究方法，等等，本章着重对民生领域里的枢纽型社会组织的社会参与及其机制建设、枢纽型社会组织社会参与的功能及对社会体制的变革的意义等进行更加深入的探讨。

一、研究背景

随着我国市场经济的发展和政府职能的不断转变，我国社会组织得到快速发展。截至 2017 年，我国社会组织共有 759 945 家，其中社会团体 346 957 家，民办非企业单位 406 667 家，基金会 6 321 家[①]，相对于 2016 年，增长了 35 076 家，

① 中国社会组织网统计资料，http：//data. chinanpo. gov. cn/，2018 年 8 月 20 日。

并且以新的速度继续上升。除此之外，还存在着大量未登记的社会组织分布在我国经济、社会、文化、生活等各个方面，在提供公共服务和改善民生方面发挥着重要的作用。这样庞大的社会组织数量，对政府来说，管理难度也在不断增加。

党的十八大报告明确要建立政社分开、权责明确、依法自治的现代社会组织体制[①]。政府职能转变、转移在加快，而权责平衡、民主参与等领域的改革滞后于市场经济的发展和社会现实的需求，政府治理面临着“失灵”风险[②]。在社会高度分化、社会空间分层、社会结构碎片化的背景下，我国城市面临着人口大量流动、社会资源和机会配置失衡、个人的自组织性空前提升、生产要素和人力资源的抽离和空心化的困境。在这些压力之下，更加需要通过建立能够联系不同群体的组织，搭建起有效沟通和回应需求的平台，满足人们不断增长并日益多样化的利益诉求[③]。社会组织得以蓬勃发展，但仍不能满足经济社会发展的需要。更让人遗憾的是，在实际工作中，行政管理部门很难投入时间与经历来全面关注社会组织的发展，且很多社会组织只能以其他形式存在，流落在管理之外，他们找不到主管部门登记，难以联系，党组织和党的工作覆盖也十分有限。目前，社会组织的数量和能力均有待于提升，且在成长和发展过程中出现对政府的严重依赖，造成了政社不分的局面。社会组织属于新生事物，各组织间素质能力良莠不齐，普遍存在发展不规范、能力不强的问题，社会组织内部制度不健全、透明化公益化程度不高、公信力不足的情况较为突出，使自身的发展遭遇信任危机[④]，为破解社会组织发展难题，政府急需通过创新体制机制来激发社会组织活力[⑤]，这一系列都直接或者间接催化了枢纽型社会组织的诞生。

上海市在2005年提出了“以民管民”“以非对非”的思想，开始尝试打造一个具有上海特色的社会组织治理办法，在2006年提出了“枢纽式管理”；在2007年创建了以“1+5+X”为代表的枢纽治理模式，通过成立AN社会组织联合会来把全区内各区域、各条线的社会组织联合起来。2008年北京市委、市政府颁布《加快推进社会组织改革与发展的意见》，首次使用“枢纽型社会组织”这一概念。紧接着，顺应政府体制改革的要求，各地枢纽型社会组织如雨后春笋般地发展起来，社会各界期待其能大力发挥作用推动社会组织的成长和优化政社

---

① 余永龙、刘耀东：《游走在政府与社会组织之间——枢纽型社会组织发展研究》，载于《探索》2014年第2期。

② 沈荣华、鹿斌：《制度建构：枢纽型社会组织的行动逻辑》，载于《中国行政管理》2014年第10期。

③ 叶林：《“陌生人”城市社会背景下的枢纽型组织发展》，载于《中国行政管理》2013年第11期。

④ 陈姣姣：《创新社会治理结构与工会枢纽型社会组织建设》，载于《中国劳动关系学院学报》2014年第5期。

⑤ 杨丽：《“枢纽型”社会组织研究——以北京市为例》，载于《学会》2012年第3期。

之间的关系。就社会组织而言，单个组织为了积累资源，保证信息的接收，提升影响力或获得合法性和被接受性，都有加入联盟或者走向联盟的需要①。个体社会组织力量弱小，需要集结成大型的中介联合组织，与政府部门有直接的沟通、对话和互动，以争取组织生存和发展所需要的制度、政策、物质等各种资源②。而枢纽型社会组织的正向价值便是整合性、联结性、引领性、培育性与承接性功能③。通过枢纽型组织的发展搭建广大社会组织交流、沟通和发展的平台，可以协助政府合理分配公共资源，推动和实现政社分开、管办分离，让社会组织积极有效地承接政府的社会管理和公共服务职能，进一步健全"党委领导、政府负责、社会协同、公众参与"的社会管理格局④。同时，枢纽型社会组织积极发挥政治领导、业务指导、外部监管、支持扶助作用，致力于提高社会组织在筹募资金、项目运作、资源整合等方面的能力，促进社会组织规范运作、完善内部治理结构⑤。

之后，为顺应社会组织实际发展的需求，依靠前期各种实践的铺垫，枢纽型社会组织在全国如火如荼地发展起来，其功能具体概括如下⑥：

第一，发挥桥纽带作用。由枢纽型社会组织充当信息沟通的桥梁和纽带，节约信息传递的成本、增强社会组织之间的信任，提供组织建设、能力建设等社会组织成长必需的服务。

第二，整合资源，来满足个性化、多样化的社会需求。在资源整合的功能上，枢纽型社会组织主要是以需求为导向，进而根据需求整合服务所需的各类资源，打破碎片化的格局，提升资源的使用效率。

第三，推动社会组织的组织化。把分散的社会组织进行重组，但并不是为了巩固组织的行政化，而是以与社会组织建立平等的双向选择的契约关系来凝聚社会组织，实现社会组织的去行政化和再社会化，达到协同治理的成效。

第四，提供集成化的服务。从分散的、碎片化的社会服务转向集成化、整体性的社会服务，是枢纽型社会组织最应具备的核心功能。以社会需求为导向，把供需对接起来，整合社会各界的资源，采取市场化、社会化和网络化的方式，提

---

① ［美］W. 理查德·斯格特：《组织理论：理性自然和开放系统》，黄洋等译，华夏出版社 2002 年版，第 69 页。

② 彭善民：《枢纽型社会组织建设与社会自主管理创新》，载于《江苏行政学院学报》2012 年第 1 期。

③ 徐双敏、张景平：《枢纽型社会组织参与政府购买服务的逻辑与路径——以共青团组织为例》，载于《中国行政管理》2014 年第 9 期。

④ 叶林：《"陌生人"城市社会背景下的枢纽型组织发展》，载于《中国行政管理》2013 年第 11 期。

⑤ 陈姣姣：《创新社会治理结构与工会枢纽型社会组织建设》，载于《中国劳动关系学院学报》2014 年第 5 期。

⑥ 杨文欢：《我国民间枢纽型社会组织的培育机制》，载于《浙江海洋学院学报》（人文科学版）2014 年第 1 期。

供整体性、一站式的服务。除此之外，还为社会组织提供诸如办公场所、组织运营、技术服务、法律咨询以及财务服务，以及管理能力、市场开拓、人才培训、能力建设等一体化、集成化的服务。

枢纽型社会组织扮演着上述功能，积极构建和组织跨部门、跨行业和跨地区的多元主体之间的合作和协作，来弥补政府和市场供给不足，推动政府职能的转变和行政管理制度的变革，为社会提供必需的服务。枢纽式社会组织在政治上发挥引领作用，在业务上发挥引导作用，通过接受政府委托、购买、外判等方式和社会化运作的形式，以去行政化、去科层化和扁平化的管理模式，采用有效的服务促进社会组织的社会化、专业化，引导社会组织实现自我管理、自我服务、自我发展和自治自律。枢纽型社会组织权威的来源和功能发挥的前提是政府权力的下放和社会组织的认可，即获得存在的合法性和有效性，枢纽型社会组织的存在是为了加强和推动社会组织的发展和建设，而在这个过程中，关键需要处理好政府和社会的关系以及如何精准及时地连接政府和社会组织。本章将探讨政府—社会组织在社会体制中连接机制和关系管理的创新与改革，重在分析法团主义理论背景下，政府和社会组织之间枢纽式连接机制和相互关系的建设与建立。

二、研究目的和意义

本研究以建立、完善和丰富以民生为重点的社会体制改革的理论和实践为总目标，着眼于“社会体制的参与机制创新”，重点考量社会体制重要组成部分枢纽型社会组织参与社会管理和社会建设的机制创新、进入途径、实施方式等重要议题，因此，本研究通过深入研究尝试系统分析并设计枢纽型社会组织参与社会管理和服务机制建设的可行策略和实施途径，具体如下：

（1）通过文献检索，充分借鉴海外社会组织参加社会管理和社会服务的发展历程、相应机制产生和演化的经验和教训。

（2）通过研究，进一步把握中国社会发展的现实需求和分析中国社会组织发展的经验及问题。

（3）通过研究资料的归纳和整理，提出具有可行性和前瞻性且比较完整的枢纽型社会组织参与社会体制机制建设的基本策略及进入途径，从而有助于优先公共服务，改善民生环境，提高政府执政能力，促进社会秩序和谐。

三、主要研究内容

在理论运用和分析以及对经验资料探索的基础上，本研究的主要内容如下。

(1) 探索不同类型的枢纽型社会组织与政府的互动关系。

国内枢纽型社会组织类型繁多，并且也通过不同的方式与政府建立关系和联系，因此，需要梳理枢纽型社会组织的类型以及与政府的关系类型，以考量枢纽型社会组织在何种机制下进入以民生为重点的社会服务领域及其途径。

(2) 归纳符合中国国情的枢纽型社会组织与政府连接的模式。

国内不少城市如深圳、昆明、北京、上海等的枢纽型社会组织已有与政府联结成良好互动关系的成功经验，因此，本研究尝试从丰富的实证或经验材料中归纳、概括和提炼出一个符合现实的枢纽型社会组织与政府相互连接的模式并予以推广。

具体而言，本研究着重探讨以下几个方面的内容：

(1) 国内枢纽型社会组织可以划分成哪些类型？不同的枢纽型社会组织具有哪些应有功能和特有功能？这些不同类型的枢纽型社会组织又是如何进行社会参与的？

(2) 基于法团主义的理论视角，枢纽型社会组织与政府互动具有哪些特征和关系类型？它们又是如何互动的？

(3) 枢纽型社会组织的社会参与机制建设需要有哪些考虑？良性的枢纽型社会组织与政府互动应该在制度上需要有哪些安排？

第二节　关于枢纽型社会组织社会参与机制的研究文献综述

文献检索与梳理可以协助研究者确立研究的重心，通过文献里的概念和其间的关系，将其与研究资料相互参照，对于提升理论触觉有很大作用，不仅引导着研究者们在实地中的访问或观察，也能帮助研究者在检视资料时积累不同的观点，透过各项理论学说的看法与视野角度，在研究问题的探究上能有所启发。本节以枢纽型社会组织的实证研究和理论研究为重点，简单梳理如下。

一、枢纽型社会组织研究的理论依据

(一) 集体行动理论

20 世纪 50 ~ 60 年代，西方学者一般将集体行动视为一种反文化或社会失范现象，常常会出现“搭便车的”集体困境。因为公共物品一旦存在，每个社会成

员不管是否对这一物品的产生做出过贡献，都能坐享其成，所以就会造成团队中的每一个人都想让别人来为集体行动的目标而努力，而自己不去付出[①]。公共事务治理是一种典型的“集体行动”，而集体行动的困境也是客观存在的社会现象[②]。亚里士多德曾经断言：“凡是属于最多数人的公共事务常常是最少受人照顾的事务，人们关怀着自己的所有，而忽视公共的事务，对于公共事务的一切，他至多只留心到其中对他个人多少有些相关的事务。”[③]

奥尔森认为，在个人理性的支配下，个人参与集体行动并不符合收益最大化的原则，容易导致集体行动困境。当集体行动理论的解释以个人理性为出发点时，个人理性成为破解集体行动困境的关键，最终导致追求公共性，为制度建构寻找新的价值支撑。因而只有一种独立的和“选择性的激励”制度才会驱使潜在集团中的理性个体采取有利于集团的行动[④]。后来，持有该取向的学者将集体行动视为一种理性的组织化过程，并认为集体行动者的组织化程度是决定一项运动成败的关键，组织化程度越高，成功的可能性越大[⑤]。集体行动理论的价值，集体表现为突破传统制度主义囿于政治预警的研究范式，创造性地以个人理性为制度建构的逻辑起点，以彰显公共性的基础价值、导向价值、核心价值。“集体行动不是一种自然现象，而是一种社会建构”，它只有通过业已存在的组织或稳定组织系统才能得以发生。枢纽型社会组织是组织系统的一种载体，是多元社会组织的联合平台，既区别于政府也区别于一般社会组织，它是我国社会管理体制创新中的新生事物[⑥]，以专业性和权威性进而纵向联系政府和基层社会组织，横向联系各基层类社会组织，以扁平化的网络枢纽带动社会组织集体行动，消除公共资源和服务的原子化状态。集体行动理论要求枢纽型社会组织要大力培育新的社会组织，不断扩大自己的团队，并为社会组织发声，整合多方资源，为社会组织提供发展的机会、创造实践的平台和推动基层社会组织集体行动。因此，枢纽型社会组织要动员的主要是人力资本和物质资本。人力资本动员意在吸收尽可能多的支持者，通过庞大的群体规模实现社会影响力，物质资本动员则是意在积累尽可能丰富的资源条件，提高集体行动的有效性[⑦]。

---

①⑤ 冯建华、周林刚：《西方集体行动理论的四种取向》，载于《国外社会科学》2008 年第 4 期。

② 谢正富：《集体行动理论视角下的“微自治”有效性分析》，载于《云南行政学院学报》2015 年第 6 期。

③ 亚里士多德：《政治学》，吴寿彭译，商务印书馆出版社 1965 年版，第 89 页。

④ ［美］曼瑟尔·奥尔森：《集体行动的逻辑》，陈郁译，格致出版社 2011 年版，第 105 页。

⑥ 沈荣华、鹿斌：《制度建构：枢纽型社会组织的行动逻辑》，载于《中国行政管理》2014 年第 10 期。

⑦ 高春芽：《规范、网络与集体行动的社会逻辑——方法论视野中的集体行动理论发展探析》，载于《武汉大学学报》（哲学社会科学版）2012 年第 5 期。

（二）法团主义理论

法团主义在理论上认为社会与国家不是对立的，国家的权威要予以保护。“法团主义，作为一个利益代表系统，是一个特指的观念、模式或制度安排类型，它的作用，是将公民社会中的组织利益联合到国家的决策结构中”，“这个利益代表系统由一些组织化的功能单位构成，它们被组合进一个明确责任（义务）的、数量限定的、非竞争性的、有层级秩序的、功能分化的结构安排之中。这些功能单位得到国家的认可（如果不是国家建立的话），它们被授权给予本领域内的绝对代表地位，作为交换，它们的需求表达、领袖选择、组织支持等方面的行动受到国家的一定控制”①。著名的法团主义者亚当斯（Adams）认为法团主义主要有三大特征：一个强势的主导国家；对利益群体自由与行动的限制；吸纳利益群体作为国家系统的一部分。其核心就是要国家整合利益群体，让社会组织呈现成员的利益，但要受国家的控制和约束并帮助国家管理和开展相关政策②。

在实证研究方面，很多学者也认为，与强调社会自主性和横向联系的市民社会理论相比，强调国家主导控制和自上而下垂直结构的法团主义更适用于对中国的研究。索林格（D. J. Solinger）通过对武汉市商人同官员的互相依赖、融合的研究认为：国家仍然占主导权力地位，它可以在社会中建立一个垄断性的流动渠道，有时排除，有时又选择非官方、非对立的社会经济力量合作，商人根本无法操纵商业，并得出国家与社会的边界不是越来越分化，而是越来越模糊的结论③。

安戈和陈佩华（Unger and Chan）指出国家主导是中国改革的主要特征，“市民社会在中国的发育不仅是困难的，而且可能是充满冲突的，法团主义可能是一条出路，它可以继续原有社会体制的路径，同时通过法团主义团体在中国的双重地位获得自身的发展，并认为最终会形成‘社会主义的社会法团主义’模式（socialist societal corporatism），它的最终发展趋势不是从国家当中分离出市民社会，而是一种新形式的国家与社会的制度化联结，而这一模式，能够将中国改革的代价即转型所导致的冲突减少到最低限度”④。

皮尔森（Pearson）发现，后毛泽东时代的社会组织具有二重性，既不是完全自主的，也不是完全由国家所统驭，而是在国家与社会之间同时为国家和社会

---

① Schmitter, Philippe C. Still the Century of Corporatism? [J]. *Review of Politics*, 1974, 36 (1): 85.

② Adams, Paul S. Corporatism and Comparative Politics: Is There a New Century of Corporatism? . In Wiarda, Howard J. (ed.). *New Directions in Comparative Politics* [M]. Colorado: Westview Press, 2002.

③ Dorothy J. Solinger. *China's Transition from Socialism: Statist Legacies and Market Reforms*, 1980 - 1990 [M]. University of California Press, 1993: 231.

④ 安戈、陈佩华、史禾：《中国、组合主义及东亚模式》，载于《战略与管理》2001 年第 1 期。

服务的，同时，其认为“社会主义法团主义”（socialist corporatism）能更好地解释中国社会组织所具有的二重性特征①。迪克森（Dickson）从体制适应的角度分析了法团组织在中国的发展，认为为了适应新的社会经济环境，执政党也相应地转变了政治策略，不再单纯依靠强制和意识形态宣传来对社会实施控制，而是通过吸纳新生的社会精英并重建国家与社会的组织联系将新的社会要素“容纳”到体制内，以增强体制对环境的适应能力②。许慧文（Vivienne Shue）认为中国社会形成了一种“自身独特、互相分割、类似细胞状的地方结构”。这种地方结构后又被她称为“蜂巢状地方分割结构”，并认为较之市民社会，与法团主义更贴切③。戴慕珍（Jean C. Oi）在对财政改革激励下的地方政府行为进行经验描述的基础上提出了“地方性的国家法团主义”理论。她指出，“在经济发展过程中，地方政府具有公司的许多特征，官员们完全像一个董事会成员那样行动，并将这种政府与经济结合的新制度形式称为地方法团主义”④。裴敏欣（Pei）也认为，改革后产生的大量社会组织，不是完全自主的市民社会，而是带有国家法团主义的特征⑤。

国内的学者利用法团主义理论对国家与社会结构也进行了实证研究。张静认为，“研究中国的关注重点，就不应是新的社会行动者或组织的出现，以及它们如何从国家支配下获得自主性的问题，而应是原来体制中的不同部分之重新组合的问题”⑥。康晓光以青基会为案例，从转型时期权力的转移入手，指出社会组织发展的历程预示着中国正在形成类似于国家法团主义或准国家法团主义的结构⑦。在这一结构下，存在着有限度的自由民主和人民参与，统治精英对社会全面控制，因政府特许而得以存在的社会组织发挥着政府和公众之间的媒介、渠道或桥梁的作用，而政府也通过这些组织限制或控制群体的活动。在这一结构演变过程中，社会组织的地位将由官方控制逐步过渡为官民合作，最后实现民间自

① Pearson M. M. The Janus Face of Business Associations in China: Socialist Corportism in Foreign Enterprises [J]. *The Australian Journal of Chinese Affairs*, 1994, 31 (1): 25 - 46.

② Dickson, Bruce J. Cooptation and Corporatism in China: The Logic of Party Adaptation [J]. *Political Science Quarterly*, 2001, 115 (4): 517 - 540.

③ Shue V. The Reach of the State: Sketches of the Chinese Body Politic [C]. In: *Reach of the State: Sketches of the Chinese Body Politic* [A]. 1988.

④ Jean C. Oi. Rural China Takes Off: Institutional Foundations of Economic Reform [M]. Berkeley: University of California Press, 1999.

⑤ Minxin Pei. Chinese Civic Associations: An Empirical Analysis [J]. *Modern China*, 1998, 24 (3): 285 - 318.

⑥ 张静：《法团主义》，中国社会科学出版社2005年版，第163页。

⑦ 康晓光：《经济增长、社会公正、民主法治与合法性基础——1978年以来的变化与今后的选择》，载于《战略与管理》1999年第4期。

治。顾昕[①]和王旭[②]认为，《社会团体登记管理条例》《民办非企业单位登记暂行条例》的颁布和实施标志着政府对社会组织监管体系的正式建立，也为社会组织确立了法律框架，并认为政府对社会组织的监管已经完成了从国家主义向国家法团主义的转变。何艳玲使用了“权变合作主义”这一分析框架展示了城市社会社区中的国家社会关系[③]。笔者从国家法团主义理论出发，指出很多社会组织主动依赖政府，形成了“漏斗型的国家与社会关系状态，这种转变显现了国家与社会关系已经出现了模糊的分界”。徐建牛通过对大涌商会的案例研究，发现由企业自发组建和自愿参与的经济社会组织的发展并未走向独立于国家之外的市民社会，而是表现出典型的地方性国家法团主义的特征[④]。

枢纽型社会组织的理论阐释主要是基于法团主义，尤其是国家法团主义的视角。枢纽型社会组织的建立认定、组织结构和组织运行三个方面具有法团特征。枢纽型社会组织的建立体现出了国家的认可、数量有限、垄断等特点。政府部门通过一定的规则、程序或形式允许某些特定的社会组织履行一些原先政府承担的社会管理和服务职能，同时被授予政府转让出来的部分权力。正是由于国家的认可，枢纽型社会组织才能够形成并且在其领域获得垄断性地位。

崔玉开对枢纽型社会组织进行理论阐释运用的就是法团主义的视角。他认为中国的政治制度和权力结构与法团主义，特别是“国家法团主义”存在诸多相似之处[⑤]。国家逐渐意识到新兴的社会组织致力于为社会提供服务，而不是同国家展开任何形式的对抗。如果充分给予法团自主性的话，既能极大地发挥法团的整合、协调社会成员的意见与诉求的功能，又对政府所要求的政治稳定又无不利影响。这样，国家法团主义就会发展到法团主义的第二阶段——社会法团主义。法团主义的视角为“枢纽型”社会组织的产生和构建提供了有效的理论阐释。

丁凯认为枢纽型社会组织是社会建设的过渡阶段，连接着社会“被”管理与社会的“自我管理”[⑥]。在国家法团主义向社会法团主义转变的过程中，主体的社会也必将生成。枢纽型社会组织建设，可以看作社会转型的前置环节，是社会转型过程中的过渡阶段。这个阶段，就是培育孵化各类社会组织，引导它们发展

① 顾昕：《公民社会发展的法团主义之道——能促型国家与国家和社会的相互增权》，载于《浙江学刊》2004 年第 6 期。

② 顾昕、王旭：《从国家主义到法团主义——中国市场转型过程中国家与专业团体关系的演变》，载于《社会学研究》2005 年第 2 期。

③ 何艳玲：《都市街区中的国家与社会：乐街调查》，社会科学文献出版社 2007 年版。

④ 徐建牛：《地方性国家法团主义：转型期的国家与社会关系——基于对大涌商会的个案研究》，载于《浙江学刊》2010 年第 5 期。

⑤ 崔玉开：《“枢纽型”社会组织：背景、概念与意义》，载于《甘肃理论学刊》2010 年第 5 期。

⑥ 丁凯：《枢纽型社会组织与社会建设》，载于《浙江经济》2012 年第 14 期。

壮大，从而适应政府对社会管理从主导到引导的转变；就是裂变影响，不断增强社会组织独立性，从而不断激发社会活力，促进公民社会的成长；就是将现有的国家管控的社团组织培育发展成具有充分自主性，能有效地代表功能团体内的社会成员的利益的中枢组织，实现从国家法团主义向社会法团主义的转变，最终指向的是作为主体的社会的生成。

郭道久、董碧莹在法团主义视角下解析了枢纽型社会组织中蕴含的特殊国家与社会关系①。他们认为近几十年中国改革进程的重要表现之一就是全能主义政治模式逐渐消解，包揽一切的政府逐步转向有限政府。在此过程中，国家与社会的关系也发生着变化。各种社会力量获得发展空间并展示其活力。但是，这并不意味着我国传统的社会管理体制完全消失，当前中国社会也没实现真正意义上的"大社会"，国家仍然是强而有效的。

法团主义，可以说是在中国社会组织"半官半民性"事实的基础上否定了对市民社会的直线判断。它不主张像市民社会那样形成一个独立与国家之外并与之抗衡的社会，而主张两者的沟通与合作；同时在社会内部，也不主张多种社会力量的相互竞争，而主张国家赋予功能性社会组织垄断性地位。

改革后，国家虽然鼓励和支持各种社会组织的创建和发展，但并不意味着要形成一个与国家二分权力的市民社会，也不意味着在国家支持下成立的社会组织具有法团主义团体的独立性和利益代表性，它们即使表现出某些法团主义制度特征，那也只是边缘性的而非本质性的（Dickson）②。这样的观点在实证研究中也得到了证实。

福斯特（Foster）对烟台商会的研究发现，商会并不具有实质性的利益代表及政治参与作用，商会不过是国家试图将私营企业家吸纳和整合到体制中的载体，今日中国的法团主义只具其形不具其实③。贾西津也认为，法团不能解释当今中国国家与社会之间的关系："社会与国家密切合作的'合作主义'是建构在发达的利益集团博弈的基础之上的，它在一定程度上是强政府、强社会的表现，而这个基础在中国并不存在。"④

吴建平就详细总结了法团主义理论的问题指向、观念基础、制度特征和社会

① 郭道久、董碧莹：《法团主义视角下"枢纽型"社会组织解析》，载于《天津行政学院学报》2014年第1期。

② Dickson, Bruce J. Cooptation and Corporatism in China: The Logic of Party Adaptation [J]. *Political Science Quarterly*, 2001, 115 (4): 517-540.

③ Foster K. W. Embedded within State Agencies: Business Associations in Yantai [J]. *The China Journal*, 2002, 47 (1): 41.

④ 贾西津：《民间组织与政府的关系》，引自《中国民间组织30年——走向公民社会》，中国社会科学出版社2008年版，第235页。

基础，最后指出，“尽管改革以来中国的社会空间得到了较大发展，社会群体日渐活跃，并且在20世纪90年代以来日益呈现出与法团主义高度相似的制度特征，但这并不足以表明中国的国家与社会关系已经是或正在走向（国家）法团主义，因为缺乏相应的社会组织基础，这种制度相似性呈现出来的不过是一种‘形似神不似’的法团主义表象[①]。总之，法团主义作为一种国家与社会关系模式，并不适合用来理解、解释或预测中国的国家与社会关系”。

此外，国内学者也尝试创造一些本土化的概念框架来分析本土现象。例如，王颖等提出了“社会中间层”概念来描述中国社会组织的独特特征[②③]。孙炳耀提出了“官民二重性”概念，探索从国家社会关系角度解释社会组织的发生机制[④]。康晓光等还认为当前中国大陆的国家与社会关系既不同于改革前的极权主义，也不同于西方的市民社会，而是一种“行政吸纳社会”的状况：其主要方式是“控制”和“功能替代”。这种分析范式摒弃了国家与社会分离的思路，从国家与社会融合的视角考察了国家与社会的关系[⑤]。在行政吸纳社会的体制中，国家与社会不是分离不是对立，而是相互融合。康晓光等还提出了“分类控制”概念，试图从总体上来解释各种不同的国家与社会关系形态，认为政府管理社会组织的手段不是“单一的”，而是“多元的”，即对不同的社会组织采取不同的管理方式[⑥]。

尽管存在着研究对象和逻辑起点的不同，市民社会和法团主义的研究取向的学者得出的结论都有一些共通之处：即都立足于社会组织的发展而关注中国国家与社会关系的不同方面；都建立在大量理论和实证研究的基础上，似乎都能找到自己的案例；都认为国家与社会组织之间有着独特的互动。但是，我们也能发现很难在中国找到如西方般的市民社会和法团主义的国家社会关系。

虽然市民社会强调社会与国家的分离，法团主义强调社会对国家的依赖，但都是一种宏观层面上的静态结构分析，侧重于国家与社会之间的权力分配状态。概念庞大而模糊，适用于宏观分析，而对于关系如何得以生成的微观互动性分析却显出不足和缺陷。李友梅认为“市民社会理论和法团主义理论过多重视社会结构中的纵向协调机制，忽略了社会中参与者横向层面的相互协调，所以就无力在

---

① 吴建平：《理解法团主义——兼论其在中国国家与社会关系研究中的适用性》，载于《社会学研究》2012年第1期。

② 王颖、折晓叶、孙炳耀：《社团发展与组织体系重构》，载于《管理世界》1992年第2期。

③ 王颖、折晓叶、孙炳耀：《社会中间层——改革与中国社团组织》，中国发展出版社1993年版，第261页。

④ 孙炳耀：《非营利机构评估的几个理论问题》，载于《学会》2004年第11期。

⑤⑥ 康晓光、韩恒：《分类控制：当前中国大陆国家与社会关系研究》，载于《社会学研究》2005年第6期。

中观层次和微观层次上揭示复杂的因果关系和微妙的互动关系，应将宏观的层次下降到中观或微观层次，形成根据洞察力和分析效力的研究框架”①。国家与社会之间作为一种关系状态来说，既不稳定，也不明确，而且越来越呈现出多元性和模糊性。通过分析关系建构过程中的微观互动，我们才能更全面、更细致地观察到政府与社会组织之间关系的生成、发展和变化。

（三）“内嵌性”理论

“嵌入”是新经济社会学中的一个关键概念，也是学者用于分析经济与社会相互关系的理论工具。1944 年，人类学家波兰尼（Polanyi）在《大转型》一书中首次提出了“嵌入”的概念，后经美国社会学家格兰诺维特（Granovetter）的系统阐述，形成了较为完备的理论。波兰尼认为，“经济作为一个制度化的过程，是嵌入并缠结在经济和非经济制度之中的”。这一概念启发了后来的学者，在对市场经济的研究中加入了对政治因素、组织网络和社会关系等外部环境要素的考量。格兰诺维特认为，现实中行为主体既不可能脱离社会背景而孤立地行事，也不是完全受制于外部环境，而是在不断变化的社会关系制度中追求自身多重目标实现的过程。这种既融合又独立的折中思想从哲学深层与法团主义的精髓找到了契合点，也为将此理论顺利迁移到对社会组织管理体制的研究提供了可能，使“嵌入式管理体制”成为一个值得思考的学术课题。为进一步丰富“嵌入”的内涵，格兰诺维特提出“嵌入”分为“关系嵌入”和“结构嵌入”。前者指单个行为主体的经济行为是内嵌于与外界互动所形成的网络关系之中的。社会网络中的诸多要素，如“相互认同的倾向、互惠性原则、相互信任的程度，对规则的遵守等都会对行为主体的经济行为产生重要的影响”。

简而言之，在一种基于信任、文化、声誉等因素的持续性社会关系中，嵌入的主体是“个人或企业的经济行为”，嵌入的客体是“社会关系”，嵌入方式是“信任”“文化”“声誉”等作用机制。另有学者（Zukin and Dimaggio）更进一步地将嵌入式分为四种类型：（1）结构性嵌入；（2）认知嵌入；（3）文化嵌入；（4）政治嵌入。结构性嵌入指企业在网络中的具体定位和其所维系的企业关系决定了企业的生存状态；后三类则侧重从内部个体认知及外部文化和政治环境等不同角度来分析对经济行为的影响。

在枢纽型社会组织的研究中，赵霞蔚提出了嵌入式社会组织管理体制的构想，从政治性、结构性、功能性三个方面阐述了嵌入式管理的运作方式，说明政

---

① 李友梅：《中国社会管理新格局下遭遇的问题——一种基于中观机制分析的视角》，载于《学术月刊》2012 年第 7 期。

府是如何嵌入社会组织的日常活动中，对其进行有规划的引导式发展的①。尹阿雳的研究揭示了政府与社会组织双向嵌入、互动式嵌入的特点，并由此去尝试建构一种政府与社会组织双向嵌入的理想模型②。

（四）现代治理理论

20世纪90年代以来，在西方学术界尤其在政治学、经济学和管理学界，治理是非常流行的词汇，成为学术界关注的焦点问题，被广泛应用到各个领域③。治理一词区别于管理和管制，它更多是期望能够运用社会的力量来解决社会问题，满足公众的需求，规范社会行为，维系社会秩序和社会活力。因此有学者认为治理是一种包含公共权威、治理机制、治理规则和治理方式的公共管理过程和公共管理活动。现代治理理论认为，社会问题和公共事务管理日趋复杂化，因此单一性的任何治理主体都难以有效应对和解决，再加上政府、市场和志愿失灵的现实存在，迫使治理主体之间从单兵作战迈向多元主体参与和协作，以获得最大化的公共利益④。这较为符合整合社会服务的理念，即强调其整合性和联动协作性特征⑤。从单一主体管理到多元主体协同治理的过渡，既是不同利益主体的显性或隐性博弈，也是它们找寻共同目标和共性需求的过程。当多元主体协作共治成为一种共识，便会产生一种新型的国家与社会关系和社会治理体系，这就需要能够联结起不同利益相关方的互动平台和中枢纽带，以促使不同主体较为便捷地获取各自需要的信息和资源，进而形成合作关系并破解社会治理难题⑥。现代治理的主要内容与特征包括以下几个方面⑦：

第一，治理社会中，政府并不完全垄断一切合法权利，因此，承担维持秩序、调节经济和协调社会发展职能的，既有政府部门也应该有第三部门。第二，政府不应是全能的，而应该是有效的。政府职能必须从传统的直接提供公共服务的角色中转换出来，主要是“掌舵”而不是“划桨”，是服务而不是管制。因此在治理过程中，现代治理主张通过发挥政府、市场、社会以及公民个人的力量实现社会生活的多元共治。第三，治理过程中，政府和其他各种社会力量共同构成

---

① 赵霞蔚：《嵌入式社会组织管理体制研究》，华东政法大学硕士学位论文，2013年。

② 尹阿雳：《双向嵌入：社会组织与政府的互动逻辑》，华东理工大学硕士学位论文，2014年。

③ 孙涛：《现代治理理论与实践及国内借鉴》，载于《理论学习》2016年第11期。

④ 尹广文、崔月琴：《社会治理的系统论研究》，载于《社会建设》2015年第2期。

⑤ 李兵：《“整合的社会服务”：理论阐释和战略抉择》，载于《社科纵横》2014年第4期。

⑥ 卢磊：《发展基层枢纽型社会组织的新时代策略和可行路径》，载于《中国社会组织》2018年第15期。

⑦ 杨占营：《现代治理理论及其对中国治理变革的借鉴意义》，载于《湖北社会科学》2004年第5期。

了相互依存的网络体系。在这一网络中，政府是各参与者中“同辈中的长者”，不具备最高的绝对的权威，主要是承担建立指导行动的共同准则及确定大方向的任务。

在民主政治的时代背景下，现代治理理论得以诞生和发展。俞可平认为，完整的现代国家治理体系是一个包含国家行政体制、经济体制和社会体制的制度体系，有效的国家治理体系涉及谁治理、如何治理、治理得怎样三个基本问题[①]。因此，协同治理和公众参与是现代治理体系的最为基础的治理路径。而在协同社会治理中，就需要加强对社会力量的支持培育和引入市场机制进行有效的资源配置，充分带动社会组织走向专业化和行业化。枢纽型社会组织的概念提出和理论设计充实了从单一主体向多元共治过渡的具体路径，它的产生和发展是国家与社会关系重塑或调整的结果，并且是创新社会管理的一股重要力量。

（五）市民社会理论

20 世纪 80 年代，社会主义国家进入全面改革，不少西方学者开始在东欧寻找市民社会的因素，并视之为这些国家社会变迁的主要特征。苏东剧变之后，他们进而把市民社会的发育看作自由民主制度在那里得以巩固的关键。怀着同样的期待，90 年代以后，海外学者开始用市民社会理论来解释中国的社会组织的热潮，其中代表人物有怀特（White）及其同事[②③]、何包钢（He）[④]、弗洛里克（Frolic）[⑤] 等。怀特分析了萧山各类社会组织，认为随着改革在经济和社会领域的推进，社会组织正在出现且活动日益增多，与国家的界限也日益明显，他断定这是基层社会向市民社会过渡的标志，意味着国家和社会的权力平衡正在发生变化，一种新的权力平衡开始出现；他还认为“社会组织呈现半官半民性，导致市民社会处于软弱的萌芽状态，究其原因就在于改革得不充分，国家的主导地位没改变。随着经济改革的深入，国家的主导地位将削弱，一个较强大的市民社会将会出现”。

---

① 俞可平：《依法治国、公平正义和国家治理现代化》，载于《当代社科视野》2014 年第 11 期。

② White G. Prospects for Civil Society in China: A Case Study of Xiaoshan City［J］. *The Australian Journal of Chinese Affairs*, 1993（29）: 63.

③ White G., Howell J., Shang X. Y. In *Search of Civil Society: Market Reform and Social Change in Contemporary China*［M］. New York: Oxford University Press, 1996.

④ He B. G. The Making of a Nascent Civil Society in China. In David C. Schak, Wayne Hudson（eds.）. *Civil Society in Asia*［M］. Aldershot, England; Burlington, VT: Ashgate, 2003.

⑤ Frolic B. M. State – Led Civil Society. In Brook T., Frolic B. M.（eds.）. *Civil Society in China*［M］. M. E. Sharpe, Inc, 1997.

何包钢认为在中国的现实中，“政府依靠社会组织实现社会控制，社会组织依靠政府实现自身的发展，国家与社会的边界也是明显的”，虽还不是西方意义上的市民社会，但也是“半市民社会”（semi-civil society），后又将其发展为“初级市民社会”（nascent civil society）。

弗洛里克则指出中国基层社会出现的是“国家领导的市民社会”（state-led civil society），目前看来与西方意义上的市民社会有一定差距，但不能否定其有往这一方面发展的可能。可以看出，持市民社会研究取向的学者一般都承认中国社会组织及其活动所营造的市民社会不同于西方，但大多相信这种组织是通往民主的必要条件。他们普遍认为“准”市民社会或“半”市民社会正在形成，且未来会成为如西方般的独立的市民社会①②。

与此同时，在国内也有很多学者对社会组织能促进市民社会的发育持认同态度。理论研究方面，邓正来是将市民社会理论引入国内的先行者，主张用“国家与社会的二元观”来解释中国改革后社会的发展与变化，指出“中国现代化两难症结真正的和根本的要害，在于国家与社会二者之间没有形成适宜于现代化发展的良性结构。确切地说，在于社会一直没有形成独立的、自治的社会结构性领域”。“在中国改革开放必然向政治领域纵深的过程中，市民社会通过发展市场经济和培育多元自治的结社组织，能够为实现民主政治创设社会条件”，并提出要建构“良性互动的国家与社会关系”③。

在实证研究方面，朱健刚通过对上海市某街区社区权力结构的个案研究，认为在城市基层社会，国家与社会正往强国家与强社会的方向发展，中国正处于前公民社会的形态④。张磊、刘丽敏通过对某小区维权过程的分析，认为城市社区里有市民社会发育的存在⑤。夏建中通过对某业主委员会的分析认为，小区业委会在成立和运作过程中具有“公共领域”的特征⑥。

然而正当市民社会论者在研究中欣喜地发现市民社会的雏形时，对于这一源于西方、长于西方的理论框架在中国的适用性讨论却成为热点。很多学者认同市民社会是一种新的社会变迁的动力，但也对其西方式概念的直接移用提出质疑。

---

① Victor Nee. The Emergence of a Market Society: Changing Mechanisms of Stratification in China [J]. *American Journal of Sociology*, 1996, 101 (4): 908.

② Martin K. Whyte. Urban China: A Civil Society in the Making? in Arthur Lewis Rosenbaum. *State and Society in China: The Consequeuce of Reform* [M]. Westview Press, 1992.

③ 邓正来：《关于“国家与市民社会”框架的反思与批判》，载于《吉林大学社会科学学报》2006年第3期。

④ 朱健刚：《Civil society 在中国情境下的应用》，载于《西北民族研究》2009年第3期。

⑤ 张磊、刘丽敏：《物业运作：从国家中分离出来的新公共空间国家权力过度化与社会权利不足之间的张力》，载于《社会》2005年第1期。

⑥ 夏建中：《中国公民社会的先声——以业主委员会为例》，载于《文史哲》2003年第3期。

因为该理论的一个重要的假设就是，国家与社会是二元对立的，之间有一个明显的边界，并认为所有的社会和国家其实都存在着一种紧张的关系，国家是强大的，有很多天然的权力，如果不对其进行界限约束，国家很可能会干涉社会的权力；而社会应该是不受国家支配的一个领域，在这个领域中存在大量的社会组织，这些社会组织是自主的、独立的，不受任何其他权威的支配，社会还要对国家权力进行限制。从理论内涵上看，市民社会理论采取的基本上是一种以社会为主的视角，主张社会从国家那里争取权力，获得更多的资源，达到与国家的抗衡。对比中国的现实，我们会发现此市民社会非彼社会，最明显的差异在于我们的市民社会缺乏独立性，且与国家的关系是不稳定的。它的存在依赖于国家的默许，也有可能因为国家政策的改变而消失。

另外从目标导向上看，中国的经济和政治改革的基本目标的确是要改变过去那种国家对社会进行全面控制的状况，但这毕竟不能等同于在国家之外形成一个独立于国家又能向它施加压力的“社会活动空间”和“社会关系网络”。中国的现代化的特点要求国家在社会经济领域强有力的推动。这些都是该理论在解释中国社会变化发展过程中存在的重大缺陷。

一部分实证研究者也开始质疑市民社会理论的解释效力。裴敏欣[①]（Pei，1998）、布鲁克和弗洛里克（Brook and Frolic）[②]、马秋莎[③]（Ma）、内维兹[④]（Nevitt）、霍威尔[⑤]（Howell）等都对市民社会在中国的出现持怀疑态度。他们普遍认为社会组织的出现，的确改变了国家与社会关系的格局，但并不意味着一个具有自主性的市民社会已经出现，原因就在于中国社会组织不同于西方社会组织的特点及国家在社会组织发展中的作用。

（六）资源依赖理论

普费弗和萨兰奇科（Pfeffer and Salancik）[⑥]是资源依赖理论的集大成者。在其著作《组织的外部控制》一书中，提出了四大重要假设：“组织最重要的是关

---

① Minxin Pei. Chinese Civic Associations: An Empirical Analysis [J]. *Modern China*, 1998, 24 (3): 285－318.

② Timothy Brook, B., Michael Frolic. *Civil Society in China* [M]. New York: Routledge, 1997.

③ Ma Qiusha. The Governance of NGOs in China Since 1978: How Much Autonomy [J]. *Nonprofit and Voluntary Sector Quarterly*, 2002, 31 (3): 305－328.

④ Nevitt Christopher. Private Business Associations in China: Evidence of Civil Society or Local State Power [J]. *The China Journal*, 1996 (36).

⑤ Howell, Jude. New Directions in Civil Society [M]. Organizing around Littlefield Publishers, 2004.

⑥ Pfeffer J., Salancik G. R. *The External Control of Organizations: A Resource Dependence Perspective* [M]. New York: Harper and Row, 1978.

心生存；为了生存，组织需要资源，而组织自己通常不能生产这些资源；组织必须与它所依赖的环境中的因素互动；组织生存建立在一个控制它与其他组织关系的能力基础之上。”同时，资源依赖理论除了关注外部的组织资源控制，也关注内部的权力策略，并认为两者是相互关联的。

资源依赖理论关于权力的论述的主要观点包括两个方面，“一是组织间的资源依赖产生了其他组织对特定组织的外部控制，并影响了组织内部的权力安排；二是外部限制和内部的权力构造构成了组织行为的条件，并产生了组织为了摆脱外部依赖，维持组织自治度的行为”。

在实证研究方面，虞维华从资源相互依赖理论的视角出发，分析了政府与非政府组织在资源上的相互依赖关系以及不同的政府—非政府组织关系类型，认为：非政府组织在获得资源的途径方面具有结构性的差异；因此，非政府组织与政府之间的关系具有结构性的差异；非政府组织对于政府资金支持的依赖关系并不必然导致其自主性的丧失①。郭春宁从资源依赖理论和结构化的社会建构理论出发，通过考察一个社会主导型社会组织的发展历程，分析了社会组织与政府之间的非均衡依赖关系，揭示了基于这种非均衡依赖关系的政府和社会组织之间的互动模式——强势建构②，得出结论：社会组织与政府之间存在非均衡依赖关系，主要表现在政府是社会组织赖以生存的合法性资源的唯一供给者。徐宇珊在个案研究的基础上，结合并拓展资源依赖理论发展出“非对称性依赖”这一分析框架，认为社会组织可以利用政府资源发展自身，平衡好独立性和依附性，在获得发展后再去改变目前的非对称性依赖关系③。汪锦军通过分析资源依赖理论，来为浙江的政府与民间组织的互动合作搭建一个理论分析框架，然后通过对浙江实践的考察，阐述浙江的政府和民间组织是如何相互作用的，从而为浙江的政府与民间组织的互动合作提供结构性分析途径④。

在政府与社会组织互动关系这一问题上，从资源依赖理论来看，社会组织与政府在资源方面是相互需求的，但需求关系由于双方所掌握的资源和地位的悬殊而呈现不对称的状态。资源依赖理论把组织看作环境关系的一个积极参与者，关注资源对组织的强烈诱导作用以及组织与组织之间的权力安排过程。

① 虞维华：《非政府组织与政府的关系——资源相互依赖理论的视角》，载于《公共管理学报》2005年第2期。

② 郭春宁：《略论20世纪70年代以来西方国家与社会关系的变迁和非营利组织的发展》，载于《求实》2005年第2期。

③ 徐宇珊：《非对称性依赖：中国基金会与政府关系研究》，载于《公共管理学报》2008年第1期。

④ 汪锦军：《浙江政府与民间组织的互动机制：资源依赖理论的分析》，载于《浙江社会科学》2008年第9期。

（七）新公共管理与治理理论

20世纪70年代末80年代初，随着新公共管理和政府再造运动在西方国家兴起，治理理论开始被提出。90年代后，治理问题开始成为政治学、行政学和管理学等领域的热点问题。从“治理”这一基本理念出发，针对不同层面的公共事务进行提出问题、分析问题、解决问题已经成为一种普遍的分析路径，全球治理、国家治理、区域治理、城市治理、社区治理等概念由此而生。

公共行政学的新公共管理理论立基于现代经济学，主张在政府等公共部门广泛采用私营部门的成功管理方法，改变政府在公共管理和服务中的角色由划桨转为掌舵，进而通过重新塑造市场来引导私人部门参与公共管理。它也强调现代公共管理不仅要注重效率，更要重视面向公众的服务质量和顾客满意度。受此理论影响，国内研究者常常强调当前中国社会管理的改革需要以优化服务为先导，并逐步从体制机制和运行过程等环节来优化中国政府的运行，促使政府从公共物品的直接供给者向管理和服务的策划者和引导者转变。

治理理论的基本假设是：现代社会的有效治理并不取决于政府单边的自上而下的管理，而是取决于各种公共的或私人的机构共同协商参与的管理。在此理论视角下，多中心的合作治理结构是促成更有效社会管理的重心所在。社会治理的主要特征不再是监督，而是合同包工；不再是中央集权，而是权力分散；不再是由国家指导，而是由国家和私营部门合作。受此理论影响，国内许多学者指出完善“多元治理结构（机制）对于当前中国社会管理创新的重要意义，并强调在国家引导下形成多中心协商制度网络的现实必要性”①②③。

社会组织作为参与治理的主体之一，一个有意思的研究是岳金柱以美国麦肯锡管理咨询公司构建的“7S”（strategy、structure、system、style、staff、skill、shared value）系统思维模型为框架，从战略、结构、体制、风格、人员、技术和共同理念等方面分析了北京市构建枢纽型社会组织工作体系治理范式变革与创新④。其一是战略变革与创新，从严格控制到大力培育和支持发展；其二是结构变革与创新，从纵向垂直体系到横向扁平结构；其三是体制变革与创新，从双重管理到政社分开和管办分离；其四是理念变革与创新，从隶属关系到平等合作伙

① 丁元竹：《2012年进一步创新社会管理的几点思考》，载于《中共中央党校学报》2012年第1期。

② 徐治立：《科学治理多元参与政策理念、原则及其模式》，载于《中国人民大学学报》2011年第6期。

③ 马宝成：《实现县域善治需要发挥多元治理主体的作用》，载于《探索与争鸣》2009年第11期。

④ 岳金柱：《基于麦肯锡7S系统思维模型的构建枢纽型社会组织工作体系的分析及对策》，载于《社团管理研究》2010年第2期。

伴关系；其五是风格变革与创新，从行政管制到引领支持和管理服务；其六是人员变革与创新，从传统人事管理到专业化和职业化发展方向；其七是技术变革与创新，从传统手段到科技创新支撑。

杨家宁指出，政府应当从理念、机构设置、工作方式等方面分步骤开展行动，借助社会组织孵化培育基地以及公益招投、创投等的活动，将“激活社会组织”融入构建枢纽型社会组织工作体系的过程中①。政府应认定一批社会组织为枢纽型社会组织，之后由各枢纽型社会组织建立自身的对接机制和通道，最后与政府、社会、其他社会组织开展项目合作，促进行业发展。

杨丽认为枢纽型社会组织体系是依托“盘活存量，增量添彩”的思路，旨在搭建服务平台与资源整合平台、盘活闲置的社会资源、开辟多方筹资渠道、培育同领域同类型社会组织的能力、探索“以社管社”的方法②。然而，枢纽型社会组织虽然是社会组织改革与能力提升的其中一种方式，却不是唯一的方式。社会组织改革可以是自上而下的推动，但也需要尊重社会组织自身发展的规律与生态。尹志刚、李泓认为枢纽型社会组织体系应该是以“枢纽”为核心，打造成“公益理念枢纽体系、公信力枢纽体系、执行力枢纽体系、项目枢纽体系、资源枢纽体系、网络枢纽体系”③。

政府向枢纽型社会组织购买的公共服务成为枢纽型社会组织的重要的工作内容。在研究中，万军和张希发现，政府向枢纽型社会组织购买的公共服务应当包括两大领域：一是可以购买枢纽型社会组织对其他社会组织进行常规性业务指导和管理服务。这既包括对管理和服务专业岗位的购买，也包括对其所管理和联系的社会组织进行业务指导和人员培训功能的购买。二是可以购买枢纽型社会组织对其他社会组织承接的政府购买服务的监督管理服务。不难发现，政府购买的两大公共服务领域实际上就是原有的政府职能④。

二、枢纽型社会组织工作运行的逻辑和机制

可以以北京市作为案例来探讨枢纽型社会组织的运行。北京市枢纽型社会组织并不是单独开展工作，而是有相应的工作体系。首先，建立市级领导

---

① 杨家宁：《略论“枢纽型”社会组织工作体系建设》，载于《中共珠海市委党校珠海市行政学院学报》2012 年第 3 期。

② 杨丽：《“枢纽型”社会组织研究——以北京市为例》，载于《学会》2012 年第 3 期。

③ 尹志刚、李泓：《关于构建“枢纽型”社会组织工作体系的调查与思考》，载于《北京行政学院学报》2009 年第 6 期。

④ 万军、张希：《推进“枢纽型”社会组织管理体系建设的几点思考》，载于《社团管理研究》2009 年第 9 期。

机构，负责统一筹划和管理；其次，建立市级枢纽型社会组织，尽可能实现对市级社会组织的服务管理工作实现全覆盖；最后，通过认定区县的枢纽型社会组织，广泛联系和覆盖基层多个各类社会组织[①]。借此，北京市逐步建立起了由市、区（县）、街道（乡镇）相关政府部门和各种社会组织共同参与、分工协作、各司其职的枢纽型社会管理和服务体系[②]。仔细看来，构建枢纽型社会组织工作体系，实际是建立一套管理体制，对社会组织进行分类管理、分层负责。按照类别，青年组织归团委、妇女儿童组织归妇联联系，这是分类；从市“枢纽”到区“枢纽”，一层一层下来，建立层级服务管理网络，这是分层。通过这种横向分类、纵向分层的管理体系，全市的社会组织将尽可能被容纳进来，既包括登记在册的社会组织，也包括非正式登记的社会组织[③]。

而与行政组织的行政整合机制不同，社会组织的整合机制是社会网络的有机整合，即社会组织之间是完全独立、平等的，组织之间的整合机制依靠的是以人为本的神圣宗旨、公益服务的价值、自助与互助的精神、积极参与的合作理念和平等自主协商的民主意识[④]。枢纽型社会组织是介于政府与社会组织之间的“中介”，一方面与政府对话，反映社会诉求/参与民主决策，充当社会组织的代理人；另一方面与社会组织联手，整合社会组织力量，培育社会组织发展、引领社会组织建设，从而推动政社互动的良性发展[⑤]。此外，枢纽型社会组织参与政府购买服务是另一条发挥自身功能的路径。枢纽型社会组织在参与政府购买服务时，依据自身已有的组织、能力和经验等优势，接受政府授权委托，作为政府购买服务的购买主体或承接主体，为转型期政府社会组织搭建合作平台，避免政府陷入对有关社会事务的微观管理，培育支持社会组织，增强社会组织在政府购买服务中的竞争能力，实现政府职能（公共服务提供者）与社会组织职能（公共服务生产者）的耦合[⑥]。同时，为社区社会组织搭建平台、提供服务、整合资源，尤其是在公益实践、业务培训、组织建设、政策解读、党建指导等方面提供

---

①③ 李璐：《枢纽型社会组织：政府和草根社团的纽带》，载于《中国经济导报》2013 年 2 月 16 日第 B05 版。

② 郭道久、董碧莹：《法团主义视角下“枢纽型”社会组织解析》，载于《天津行政学院学报》2014 年第 1 期。

④ 尹志刚、李泓：《关于构建“枢纽型”社会组织工作体系的调查与思考》，载于《北京行政学院学报》2009 年第 6 期。

⑤ 沈荣华、鹿斌：《制度建构：枢纽型社会组织的行动逻辑》，载于《中国行政管理》2014 年第 10 期。

⑥ 徐双敏、张景平：《枢纽型社会组织参与政府购买服务的逻辑与路径——以共青团组织为例》，载于《中国行政管理》2014 年第 9 期。

支持[①]。这其中，枢纽型社会组织工作运行机制大致如下[②]：

(1) 建立统筹协调机制。市、区（县）社会建设工作领导小组及其办公室发挥统筹协调作用，通过定期召开枢纽型社会组织联席会议、工作例会、专题会议等方式，加强对枢纽型组织的统筹协调，研究解决社会组织服务管理中的有关问题。

(2) 探索建立枢纽型社会组织党建“3+1”机制。在市级枢纽型社会组织中建立社会组织党建工作委员会、社会组织联合党组织及党建工作部门，并建立健全社会组织党建工作例会制度。

(3) 建立枢纽型社会组织资源机制。市、区（县）设立了社会建设专项资金，通过购买社会组织服务项目、购买管理服务、购买管理岗位、建立“一中心、多基地”培育孵化体系，为“枢纽型”社会组织提供工作支持。

三、枢纽型社会组织发展过程中的问题

中央曾把新形势下的社会管理格局概括为“党委领导、政府负责、社会协同、公众参与”。长期以来，我们在“党委领导”和“政府负责”方面一直有传统的做法，也很有经验，体系比较完备，但社会协调、公众参与还是“短板”。从政府单一管理向社会多元治理转变还有很多工作要做[③]。在政府职能转变与转移过程中，作为政府职能重要接盘手的枢纽型社会组织，是同类别、同性质、同领域中社会组织的领军者，是社会力量集体行动的组织载体，具有整合性、联结性、引领性与培育性等正向价值。但目前我国社会经济发展并不是很充分，枢纽型社会组织囿于政府管理思维的惯性和相关制度的缺位，在实践中也容易出现一些问题和偏差[④]。

（一）枢纽型社会组织自身功能定位

目前地方确定的枢纽型社会组织中，有相当一部分还在“管理上承担业务主管职能”，从而在枢纽型社会组织与一般性社会组织间形成了领导与被领导、管

① 李培志：《规范增能与协同治理：推动建设“伙伴式”街道社区社会组织联合会》，载于《学习与探索》2017 年第 12 期。

② 刘轩：《关于“枢纽型”社会组织建设的思考》，载于《学习与实践》2012 年第 10 期。

③ 卢建、杨沛龙、马兴永：《北京市构建社会组织“枢纽型”工作体系的实践与策略》，载于《社团管理研究》2011 年第 9 期。

④ 徐双敏、张景平：《枢纽型社会组织参与政府购买服务的逻辑与路径——以共青团组织为例》，载于《中国行政管理》2014 年第 9 期。

理与被管理的关系，枢纽型社会组织的角色存在冲突。这在一定程度上会导致部分枢纽型社会组织的社会认可度和可接受度不高，枢纽型社会组织的应有作用没得到充分发挥，另一方面又因其行政因素和资源优势，可能在与一些亟须资源资金的社会组织之间形成另一种形式的“政社不分”。

（二）社会组织服务与管理方面

首先，枢纽型社会组织在实践中存在“严进入、宽监督”“重管理、轻整合”“强权力、弱权利”的问题，且枢纽型社会组织参与政府购买服务的实践显示，它们还存在自主性不强、协调机制不顺、工作经费缺口较大、组织内部机制不适应等问题。此外，枢纽型社会组织的法律地位及其职责还处于缺失状态。其次，受数字政绩观支配，政府在推动枢纽型社会组织管理模式建立的过程中，往往片面地注重宣传已建成组织的数量和覆盖面，而忽视其实际发挥作用的情况，由此导致出现一批年收入为零的“空壳组织”。

（三）枢纽型社会组织能力建设方面

枢纽型社会组织在人员素质、运行机制、对市场与服务对象的敏感性、资源获取能力等方面还存在缺陷，这些都制约了其对普通社会组织的指导、管理与服务能力。此外，随着社会组织管理体制的改变，枢纽型社会组织是否能够覆盖各种生态的社会组织，是否具备业务指导的能力，各种生态的社会组织是否愿意有一个带有行政色彩的名义上的协调机构，这些都对枢纽型社会组织自身的能力提出了挑战。

（四）与社会组织的关系方面

一些枢纽型社会组织在对普通社会组织进行指导、管理与服务方面的工作十分繁重，对于联系的社会组织，它们往往不是力争更多，而是能少就少；对于一些实力较强、发展较快的一般性社会组织，由于资源和活动上存在竞争关系，它们往往会保持警惕的态度，以防止这些社会组织取代其垄断地位。枢纽型社会组织之间缺乏适当竞争，枢纽型社会组织与其他社会组织之间的竞争也存在不平等性。

（五）枢纽型社会组织与政府的关系方面

作为行政催生产物的枢纽型社会组织，虽然可以在数量上取得快速突破，在短时间内引起社会和业内的广泛关注，但由此种“自上而下”路径产生的枢纽组织因为缺乏全面的“合法性”，往往难以发挥理想的作用[①]。枢纽型社会组织关于如何做到管理与服务并重，如何确定管理边界与管理权限，如何使枢纽型社会组织覆盖所有的社会组织，如何确保社会组织的自主性与活力等缺乏具体的法律规范。其政策倡导功能发挥不到位，未能有效扮演社会组织代言人的角色；行业内部自治自律作用发挥不足，未能充分履行行业规范制定以及监督实施过程中的职责；区域性枢纽组织与行业性枢纽组织之间的关系不协调，未能协力为社会组织提供服务；等等，致使其并不能完全脱离政府和获得政府充分的认可，与政府存在着若即若离、飘忽不定的复杂关系。

四、枢纽型社会组织的完善路径

刘洋认为枢纽型社会组织是新的社会发展阶段的产物，因此在未来需要更加注重枢纽型社会组织的合法性建设、公信力建设，并且要做好组织内部的治理工作[②]。对于合法性建设，在现代社会，权威的根基在于法律上的合法性，因此要尽快立法，明确枢纽型社会组织的合法地位和权力边界；对于公信力建设，枢纽型社会组织应该通过正确处理与利益相关者的关系来加强自身品牌建设、提升组织的知名度和美誉度，从而赢得成员组织的信任，使成员组织切实感受到加入联盟为自身发展带来的竞争优势；对于组织内部的治理工作，为了协调与控制群体的生存和发展，群体必须制定出各种关于分工和交换的制度，将群体成员间的互动制度化。

李培志认为枢纽型社会组织建设是促进社会组织改革、创新社区治理的重要媒介，因此首先要强化制度和能力建设，完善内部治理机制[③]。建立健全枢纽型社会组织扶持政策及配套实施细则，增强制度指导性和可操作性，形成一个良好的政策环境，并使之具有与其定位和职能相匹配的能力及水平。其次，要凸显服务功能，及时反映诉求。加强对社会组织的培育引导，实施分类指导，通过支持服务、联络交流、业务培训、链接资源、综合协调等方式，充分发挥服务功能。最后，坚持主业主责，突出专业优势。准确把握定位和功能，履行好赋予枢纽型社会组织所应有的职能，突出具有的专业优势和组织能力，聚焦项目开发和活动开展中的专业引领，强化专业表达，寻求内生性发展，不断拓展社区服务空间。

卢磊认为枢纽型社会组织发展需要大格局、大统筹、大机制。从长远发展来

①② 刘洋：《枢纽型社会组织的生成基础与发展路径——基于社会学的视角》，载于《学习与实践》2016 年第 12 期。

③ 李培志：《规范增能与协同治理：推动建设“伙伴式”街道社区社会组织联合会》，载于《学习与探索》2017 年第 12 期。

看，发展基层枢纽型社会组织需要大格局，应注重部门协作和力量统合，并统筹安排具体部门和专职人员负责基层枢纽型社会组织工作[①]。以项目化运作与管理为主要手段，积极建立基层枢纽型社会组织体制和运作机制在充分考虑政府职能转移、购买服务和财政资金使用要求等多重元素的基础上，项目化运作与管理是促使基层枢纽型社会组织角色落地和功能彰显的较优选择。此外，建议各区域或领域基层枢纽型社会组织应基于本地基本特点，慎重考虑自身特色，选择适合自身的发展模式，不应一概而论，照抄照搬。最后，应尽快“充实”基层枢纽型社会组织，推动示范性基层枢纽型社会组织建设。借助第三方评估机构的专业力量，引入竞争机制和考核机制，对既有基层枢纽型社会组织进行全方位评估。

余文龙、刘耀东认为在尚无全国立法的情况下，枢纽型社会组织试点的地方应当通过制定地方性法规或政府规章确立其相应地位，确保社会组织管理制度的改革在有法可依的前提下进行[②]。此外，要建立枢纽型社会组织资格获取的动态评估机制。要结合信息公开制度，逐步构建枢纽型社会组织工作考评制度。从资质认定、评估标准、评定程序、日常监管等多个环节入手，通过评估甄别枢纽型社会组织的发展情况，作为政府支持的重要参考依据。对那些作用发挥得好的枢纽型社会组织，给予政策和资金上的倾斜；而对于长期不能履行相应职责的应该予以提示和适当的调整，形成“能者上、平者让、庸者下”的动态激励机制。

徐双敏、张景平则认为枢纽型社会组织要改革内部管理机制，使之适应参与政府购买服务的要求。对于枢纽型社会组织自身而言，首先是要去“行政化”，完善独立法人的内部管理机制，才可能真正成为承接政府购买服务的主体。同时，要建立和完善内部创新激励机制，创新多样的承接项目的工作机制，适应参与政府购买服务的工作转型[③]。

五、研究述评

枢纽型社会组织把同性质、同类别、同领域的社会组织集中起来进行管理和服务，以信息平台、资源平台、互动平台自居，致力于提高社会组织间的资源共享与沟通合作，能够在减轻政府负担的同时，为社会组织生存和发展争取更多的

① 卢磊：《发展基层枢纽型社会组织的新时代策略和可行路径》，载于《中国社会组织》2018 年第 15 期。

② 余永龙、刘耀东：《游走在政府与社会组织之间——枢纽型社会组织发展研究》，载于《探索》2014 年第 2 期。

③ 徐双敏、张景平：《枢纽型社会组织参与政府购买服务的逻辑与路径——以共青团组织为例》，载于《中国行政管理》2014 年第 9 期。

政策、资金等方面的支持，带动社会组织与政府平等对话。在建设之初，不同的学者站在不同的视角对枢纽型社会组织有着不同的审视，有的认为枢纽型社会组织是顺应社会发展规律的创新之举，有的认为这种架在政府和社会组织之间的“民管民”的方式的合法性和科学性还有待于进一步的商榷，对其持有保留态度。在发展过程中，虽然枢纽型社会组织所处的社会情境不同，但都涌现出一些共性和个性方面的问题，急需要进一步的完善和处理，这在一定程度上更加重了部分学者对枢纽型社会组织的质疑。对于完善枢纽型社会组织的方法，大多数研究者仅仅只是提出了一个宏观的设想，并未有真正充分经过实践的检验。很多研究者对于枢纽型社会组织出现的问题不够具体和细致，没有凸显案例的个性化特征，造成广大读者对枢纽型社会组织一概而论，负面印象的影响不断得以传播。不同类别的枢纽型社会组织在不同的情境下是如何参与社会公共服务、如何发挥政府和社会组织的桥梁作用的，是如何促进社会组织规范性发展的，等等，需要清晰明确地描绘，并加以总结和提炼，而这些正是本章将要展开深入研究的关键内容。

第三节　研究思路

一、理论视角

本研究依据法团主义的理论视角，基于授权、控制和垄断性等核心概念，深入研究枢纽型社会组织在社会组织与政府之间的连接方式与机制，进而探索以民生为重点的社会体制运行的秩序性，探讨社会组织参与以民生为重点的社会管理和社会服务的有效性。

（一）法团主义理论思想阐释

1. 法团主义的定义

西方学者威廉姆逊（Williamson J. B.）和兰博尔（Rampel F. C.）将法团主义的概括为“从决策的层面上讲，法团主义强调两个核心，一个是合作与独立，反对冲突；另一个是以国家为基础的对劳动和商业组织成员的合法性垄断”①。

① Williamson J. B., F. C. Rampel. *Old - Age Security in Comparative Perspective* [M]. New York: Oxford University Press, 1993.

菲利普·C. 斯密特（Philippe. C. Schmitter）对法团主义的定义为：作为一个利益系统的代表，它是一个特指的观念、模式或制度安排类型，它的作用是将公民社会中的组织化利益结合到国家的决策结构中。这个利益代表系统是由一些组织化的功能单位构成，它们被组合进一个有明确责任（义务）的、数量限定的、非竞争性的、有层级秩序的、功能分化的结构安排之中。它得到国家的认可（如果不是由国家建立的话），并被授权给予本领域内的代表性垄断地位；作为交换，它们在需求表达、领袖选择、组织支持等方面受到国家的必然控制①。

维亚尔达认为法团主义是一种社会和政治的组织体系。在这个体系中，一些主要的社会团体和利益（劳工、企业、农民、军方、族群、部落、宗教组织）全部整合到政府的体系之中，而经常是以一种垄断为基础，或者基于国家的指导、定向、训导和控制，使之能够达到协调性的国家发展②。

2. 法团主义的分类

西方学者对法团主义有许多不同的划分类型：威廉姆森将法团主义分为民主型法团和专制型法团③。所谓民主型法团是指正式的或非正式的在劳动、资本之间培养协作的、经国家批准的组织架构。而专制型法团是指在独裁主义国家或者集权主义国家的背景下，法团主义的组织架构受到作为社会统治机器——政府的强烈影响，其基本特点是在增加国家权力的同时，削减各种利益集团的影响力④。

另外一种划分是把法团主义划分为国家法团主义和社会法团主义两大类型⑤。前者强调自上而下的政府对利益集团的控制，后者强调利益集团自下而上的参与⑥。对于国家法团主义，也有西方学者称之为“威权法团主义”（authoritarian corporatism），它与威权主义政权联系在一起。威权法团主义限制公民的政治参与，不许自由的政治竞争。它虽然能够容忍不同形式的反对派（这是它与集权主义和全能主义的一大区别），但也不允许威胁其统治⑦。比较之下，社会法团主义一般与议会民主和多元主义政治相联系。除了利益集团直接参与决策过程外，在先进的欧洲国家还以多方协议为代表，通过商量、谈判、妥协和合作，最终达成各方都获利的结果，两者之间的真正差别具体见表5-1。

---

①④⑤ Schmitter, Philippe C. Still the Century of Corporatism? [J]. *Review of Politics*, 1974, 36 (1): 85.

② ［美］霍华德·威亚尔达：《比较政治学导论：概念与过程》，娄亚译，北京大学出版社2005年版。

③ Williamson P. J. *Corporatism in Perspectice* [M]. London: Sage, 1989.

⑥ Wiarda H. J. Corporatism and Comparative Politics: The Other Great "Ism" [M]. New York & London: M. E. Sharpe, 1997.

⑦ Juan J. Linz and Alfred Stepan, eds. *Problems od Democratic Transiton and Consolidation* [M]. Baltimore: Johns Hopkins University Press, 1996, chs. 3-4.

表 5-1　　国家法团主义与社会法团主义的区别

特征	社会法团主义	国家法团主义
数目有限性或单一性	通过社团之间建立“政治卡特尔”或者通过竞争性淘汰过程自然形成	通过政府施加的限制来实现
强制性参与	通过社会压力、劳动合同、基本服务提供、专业资格凭证或执照的垄断性发放权力来实现	通过政府明文规定来实现
非竞争性	通过社团内部寡头趋势以及社团之间自愿达成的协议来实现	通过不断实施的国家中介、仲裁甚至压制来实现
等级化组织架构	通过社团组织内在的官僚化扩张和巩固过程来实现	通过国家明确的行业或者专业领域类别来实现
职能分化	通过志愿性协议安排来实现	通过国家明确的行业或者专业领域类别来实现
国家承认	基于自下而上的政治需要	基于社团形成与运作的前提条件
代表性的垄断	通过自下而上的努力奋斗而形成	依赖国家的同意
领导人选择与利益表达的控制	基于上下对于程序和目标达成的共识	基于国家的强制

资料来源：Schmitter P. C. Still the Century of Corporatism? [J]. *Review of Politics*, 1974, 36 (1): 85-131.

（二）法团主义经典论述对本研究的启示

采纳和运行何种法团主义类型，事实上是和国家的政治制度与社会制度密切相关联的。法团主义理论让研究者意识到：

第一，法团主义理论非常强调国家和社会利益团体之间以及利益团体之间的合作、团结、连接、协调等，或者说这些正是法团主义的构成要素。

第二，法团主义还是一种意识形态，它倡导阶级和谐，反对阶级冲突；倡导社会合作，反对无序竞争；倡导群体团结；反对社会分裂。

第三，由于经济、政治和社会的发展水平不仅相同，所以不同国家或地区所呈现出来的法团主义的形态或类型也有成熟与否的差异，也会表现出法团主义阶段性发展的特征。

第四，法团主义迄今为止仍然是一个比较普遍的政治和社会模式，这一点诚如威亚尔达所述，只要在经济上有强大的和大量的中央（集权）统制的存在，那么，在那里的社会和政治领域中也非常适合法团主义的生长[①]。

鉴于当前我国的社会组织尚处于发展的初级阶段，并未获得充分的发展，枢纽型社会组织也主要是在政府的主导下建立或被认定，因此更适于从国家法团主义的角度来分析[②]，即政府和枢纽型社会组织的互动关系更大程度上会是政府或国家占据主导地位，具体表现为“授权”“控制”和“垄断性”，等等。

二、研究分析框架

在对上述文献检索尤其是对法团主义理论的把握的基础上，本研究采用法团主义理论视角的核心概念：授权、控制和垄断性，来分析枢纽型社会组织的社会参与机制和与政府之间的互动模式，因为法团主义理论核心始终在讨论政府与社会组织相互合作的议题，并据此进行相应的制度与框架设计。从国家法团主义的视角来看，国家有目的、有计划、有选择地向社会或社会组织让渡，而作为合作的条件或者合作双方关系交易的基础，社会组织势必也需要让出一些涉及组织的独立性和自主性的部分，换言之，让渡后的政府基于安全考量一定会在某些双方合作的要素上予以一些限定或者控制，同时，为了确保这种合作关系能够较长时间得以维系和发展，合作共同体必然会阻止和排斥其他力量进入相应的领域，所以，授权、控制和垄断性是国家法团主义的核心主张，以此作为分析概念，无疑可较为深入地探讨枢纽型社会组织与政府之间的关系状况以及互动模式，具体的分析框架和研究进路在第二章“研究基础”部分已有论及，具体可以参见图 2－7。

三、具体研究方法

由于“推进以保障和改善民生为重点的社会体制改革研究”这一主题具有相当的复杂性，对其深入研究必须运用多学科的理论与方法。本研究在文献研究的基础上，选用个案研究、深度访谈、焦点小组以及参与观察的方法，来获取研究资料。

---

① ［美］霍华德·威亚尔达：《比较政治学导论：概念与过程》，娄亚译，北京大学出版社 2005 年版。

② 郭道久、董碧莹：《法团主义视角下“枢纽型”社会组织解析》，载于《天津行政学院学报》2014 年第 1 期。

（一）个案研究

罗伯特（Robert K. Yin）认为，只要研究者运用多元资料来源，深入探讨真实生活情境的社会现象，就是所谓的个案研究。他在 *Case Study Research* 一书中将个案研究定义为：研究者通过多重资料来源，对当前真实生活脉络的各种现象、行为和事件所做的一件探究式的研究。综合许多学者的观点，不难发现，个案研究具有归纳整合、经验理解、独特性、深描、启发作用和自然类推的特性①。林佩璇认为，个案研究的主要目的是探讨一个个案在特定的情境脉络下的活动性质，以了解它的独特性和复杂性。对个案研究者而言，研究的兴趣在于了解过程，而不在于结果；在于了解脉络而非一个特定项目②。

基于上述几位专家的论述，本项目研究分别在中国主要的城市——上海、北京、广州、成都等地选择了1～3家枢纽型社会组织，通过访谈、文献研究、参与和非参与性观察以及焦点小组等多元的方法，收集广泛、全面的资料，对个案展开深入的研究。

（二）深度访谈

访谈是质性研究收集资料的重要策略和方法，是以开放式反应性的问题，进行深入的沟通交谈。每次访谈皆以半结构的问题进行，访谈的时间根据资料内容的丰富程度而定，且访谈员是在建立信任的关系下，根据大致的访谈框架，获得深刻的访谈内容。研究者针对不同的访谈对象如枢纽型社会组织负责人、工作人员以及一般社会组织负责人和工作人员等设计出不同的访谈提纲，具体的内容包括：访谈对象所在组织的基本情况，如机构成立的时间、宗旨、主要服务的内容、服务领域以及组织成立的过程等；组织的运行和管理等方面情况，如如何寻找和连接资源、如何发展项目、如何开拓领域，等等；枢纽型社会组织和一般社会组织的区别、它们之间以及它们和政府之间的关系及其差异等；多年积累的工作经验和今后的发展规划，等等。具体的访谈对象和机构见表5－2。

表5－2　　被访者基本情况

被访者代号	被访者单位类型和代号	被访者单位所在城市	备注
NH	N社会组织服务中心	宁波	
NA	A基金会	南京	

① 潘叔满：《质性研究：理论与运用》，心理出版社2003年版。

② 林佩璇：《行动研究与课程发展》，研习资讯2000年版，第240页。

续表

被访者代号	被访者单位类型和代号	被访者单位所在城市	备注
DL	省 D 社工师联合会	广州	
ZL	市 Z 社工联合会	广州	
JA	J 社工服务中心	济南	
QZ	J 社工服务中心	济南	
JF	J 社工服务中心	济南	
SQ	Q 社会工作服务社	济南	
YL	Q 社会工作服务社	济南	
JS	市 S 社工协会	济南	
GL	G 社会组织联合会	北京	
SJ	BJ 社会组织综合发展基地	北京	
CS	C 公益服务发展研究中心	成都	
CD	B 社会工作服务社	成都	
CC	H 慈善基金总会	成都	
SP	P 公益促进会	上海	
SL	L 社工服务社	上海	
ST	SS 社会团体管理局	上海	
SJ	区 AN 社会组织联合会	上海	
SK	K 科学技术协会	上海	
SY	区 Y 社会组织促进会	上海	
SC	X 街道社会组织服务中心	上海	
ND	摘自文献		
HY	摘自文献		

（三）焦点小组

在研究和资料收集期间，为了更加广泛地了解信息和收集多种意见与看法，尤其是枢纽型社会组织在政府和一般社会组织中间的地位、作用和行为模式，等等，本子课题以多个受访者为小组的形式进行访谈。焦点小组举行了三次，访谈的内容包括：枢纽型社会组织的发展历程；枢纽型社会组织与相关政府的正式和非正式关系的建立、达成和延续；枢纽型社会组织与政府互动的类型和行为模式；枢纽型社会组织与政府沟通的策略；枢纽型社会组织为了确立自己的地位和合法性而采取的各种行动；枢纽型社会组织与一般社会组织的联系以及引领、指导和规范作用；等等。

（四）参与观察

参与观察法是社会研究的一种重要方法，是实地研究的核心技术，也是本子课题研究采用的方法之一。观察的场所主要选择社会组织开展服务、举办研讨会、内部各级员工会议、机构与政府的项目洽谈、机构对一般社会组织的指导等场景。具体的观察内容包括：社会组织开展服务的情形、社会组织与政府的互动方式、组织员工对机构的认同、机构与一般社会组织互动的行为模式、组织对政府各种要求的应对和处理办法、组织发展项目或拓展服务领域的机制的形成，等等。

第四节　枢纽型社会组织社会参与机制研究

枢纽型社会组织是近10年以来发展十分迅速的一种社会组织类型，它与政府达成了良好的互动和合作关系，积极参与各个领域和各种类型的社会治理，同时，它又协调、组织、联络一般的社会组织，共同为和谐社会建设贡献各自的智慧和力量。

一、枢纽型社会组织类型分析

国内枢纽型社会组织多年发展下来已经形成了多种形态，并且在参与社会建设、社会治理等方面也逐渐产生了卓有成效的经验和形成了一定的机制与模式。

（一）枢纽型社会组织分类

根据不同的标准，可以划分成不同类型的枢纽型社会组织。范明林认为，以发挥的功能为标准至少可以划分出以下一些类型：政治类枢纽型社会组织、经济类枢纽型社会组织、学术类枢纽型社会组织、公益类枢纽型社会组织，等等。以行政层级的位置为标准至少可以划分出以下一些类型：市级枢纽型社会组织、区县级枢纽型社会组织、街镇级枢纽型社会组织，等等。以官方性背景和民间性背景来划分，至少可以分为官方背景型枢纽型社会组织、半官半民型枢纽型社会组织、民间背景型枢纽型社会组织[①]。

王劲颖将枢纽型社会组织分为政府主导枢纽型社会组织、社会自发枢纽型社会组织以及资金纽带枢纽型社会组织[②]。政府主导型枢纽社会组织是指由政府扶持成立，以政府需求为主导的社会组织；社会自发型枢纽组织是指由社会自发成立、以社会需求为主导的社会组织，其通过各类社会组织服务，自然而然地成为枢纽组织；资金纽带型社会组织主要是通过募集资金，普及慈善理念，促进慈善事业的发展。本小节将按照这种划分分别来介绍枢纽型社会组织的社会参与现状。

1. 政府主导枢纽型社会组织

政府主导型枢纽型社会组织的成立一般与当时所产生的社会情境有着密切的关系，也最贴合于“同一‘地域类’、‘领域类’”的枢纽型社会组织的定义，例如本次访谈的组织：P公益组织项目合作促进会、S社会工作协会、D社工师联合会、N社会组织服务中心，等等。总体来说，这些枢纽型社会组织具有很强的官方背景，行政色彩较浓厚，成立时获得政府大量的助力。以下将从组织成立、组织功能和组织目标等几个方面予以展开分析。

第一，组织由政府推动成立。

研究发现，这类枢纽型社会组织大多由政府建议、推动甚至直接由政府主导建立。

我们发展起来是借助这样的一个背景：社区比较注重借力，不是社工直接去做居民的工作，很多是我们去培育一些团队、草根组织，然后把工作让他们去做，这样的效果很不错，所以后来我们整个区，社区草根组织发展得非常好，你说要再怎么让这些草根组织做大做强，肯定要用另外一个举措，所以当时民政局就提出了我们这个社会组织服务中心，就专门做如何把那些社会组织培育引导好，让它能够更好地参与社会治理，所以中心就这样成立了，当时成立它的性质目标还是蛮准的。（摘自NH的访谈稿）

显然，上述的社会组织完全是由政府部门倡导或直接推动而成立的，其成立的目的也显而易见。

我们组织能够成立主要是区民政社团处给予的支持，在其支持下，我们这个组织得以存在，包括我们现在做的主要业务，以前是区民政局社团处的工作的一部分，相当于政府转让了部分职能，像我们成立的愿景、宗旨、业务活动内容

---

① 范明林、茅燕菲、曾鸣：《枢纽型社会组织与社区分层、分类治理研究——以上海市枢纽型社会组织为例》，载于《社会建设》2015年第3期。

② 王劲颖：《以社会组织为载体，以社会事业为切入点，积极应对全球金融危机》，载于《社团管理研究》2009年第2期。

等，很大程度上就是政府的职能，好多人听到我们单位的名字都会问“你们是不是体制内的”，不过因为有前期政府的指导，我们定位很明确，我们就是要成为这样的一个枢纽。（摘自 SP 的访谈稿）

上述访谈资料清楚表明，不仅组织成立由政府部门支持，其业务内容及部分职能也由政府部门给予。

我们的发展主要靠政府的推动，我们配合政府主管部门，承担了全市社会工作人才队伍建设的许多具体工作。多年来，已经先后开展了社会工作专业培训、继续教育、资格认证、信息交流、专项课题调研、社会工作注册、社会工作岗位开发等。特别是 2011 年以来，协会积极承接政府购买社会服务的工作，面向全国先后招聘专职社工 100 多名，以社会工作项目服务的形式，派遣到市直有关部门和城乡社区基层等 33 个部门和单位开展专业服务，服务领域涵盖了社区建设、社区救助、社区矫治、社区科普、婚姻家庭、妇幼维权、残障康复、哀伤辅导及青少年、老年人服务等。同时，管理社工网站，整合社会工作资源，宣传国家有关方针政策，呈现本市社会工作重大政策和我市社会工作重大决定。（摘自 JS 的访谈稿）

当然，也有一部分社会组织在成为枢纽型机构之前就已经存在，并且已获得了政府的认可，但同样也是在政府的授意下转型为枢纽型社会组织，并且在政府的支持下很快建立了自己的组织体系，为发挥枢纽性功能进行实践探索。

我们是联合会，我们刚成立的时候已经有三个社协了，这三个社协是有明确分工的，当时我们通过这三个社协，来和市一级的机构联系，后来的话到今年我们又成立了二级工作委员会，即社工机构委员会，这个委员会下面有 16 个社工机构，然后这 16 个社工机构都是各个地方推荐出来的，在本地是有影响力的社工机构，那我们就能和这 16 个社工机构产生关系了，除开这 16 个机构之外的社会工作机构呢，一般通过社工协会来保持联络的，就联合会有什么消息或者什么服务，第一时间发到我们的单位会员，单位会员再去通知他们的单位会员，社协也是我们的单位会员，一般各地市的社工机构都是各地市社协的单位会员。（摘自 DL 的访谈稿）

第二，配合政府发挥功能。

不少枢纽型社会组织成立以后，积极配合政府开展协调、管理、中介等工作，替政府行使部分社会职能。

我们由民政局批准成立后，到目前协会共有单位会员 70 多个，个人会员 500 多个，协会设有秘书处、宣传教育部、督导评估部、社区工作部、基金项目部、会员工作部 6 个职能部门和社会工作者委员会 1 个分支机构，由秘书长和副秘书长统筹负责和管理，同时我们每年都会召开理事会和常务理事会来指导工作，当然最重要的还是我们的会员大会。我们坚持“根植民众、服务社会、助人自助、献身公益”的工作理念，主要从事本地区社会工作的开展与推进。(摘自 JS 的访谈稿)

当然，有些枢纽型社会组织的功能非常专一，只是在某一个方面或某一个事项上从事枢纽型服务，这与组织成立时政府对其的定位及要求不无关系。

我们现在做的主要业务，以前是区民政局社团处的工作的一部分，相当于政府转让了部分职能。(所以现在) 我们组织最重要的一块内容是协助政府购买社会服务，因此组织有一个部门叫作“供需对接·一站式服务”平台，专门对接这一部分的工作。“供需对接·一站式服务”主要是完善政府购买服务，具体分为两个阶段的内容：供需对接阶段的服务包括发布需方项目购买信息、召开项目发布会、收纳社会组织递交的方案书和资格审核、召开评审会、公布项目评审结果、拟定供需对接协议、组织供需双方签订项目购买协议；一站式服务阶段的服务内容包括委托评估机构、拟定评估次数、协助评估方做好一站式服务方案、审核评估方案、拟定一站式服务协议、方案和协议传送需方审核、召开一站式服务会议、评估跟踪监督评估方检视项目、审核评估方报告、报告反馈需方、处理报告异议、有选择性地召开项目中期反馈会和结项会议，此平台的一个小部门聚焦了政府部门（需方）、社会组织（供方）、第三方支持机构（评估方），齐力推进社会服务向前发展。(摘自 SP 的访谈稿)

从上述访谈资料中可以看到，枢纽型社会组织通过自身的职能发挥，与基层社会组织和政府之间发生互动，促进基层社会组织与政府，乃至社会之间的连接。

第三，实施政府所要的服务目的。

研究发现，不少政府背景的枢纽型社会组织在运作过程中，完成政府下达的任务和达成政府所要的服务目标，是其工作的核心内容，N 社会工作组织服务中心即是如此。

我们机构刚开始成立那会儿政府布置了一个载体，就叫公益创投，当初政府给我们 100 万元的创投经费，要做整个区的公益创投。我们做公益项目也有一个规定，就是你设置的项目必须是公共服务涵盖不了的、社会福利体系没有开展的那些个性化的需求和问题。社会组织可以提出项目，我们给你资金去运作，当初我们的一个理念就是用项目的方式去解决一些社会问题，满足一些个性化的需求，而且这些问题和需求是政府没在做的，要是重复了就不行了，这是一个，第二个我们也是想通过项目的方式给这个机构一个项目，这个资金给你，慢慢地，大家抱团去做项目，从而把这个社会组织给培育成长起来，所以我们经过几年下来，的确感觉有一些草根的社会组织还包括一些社会层面的，

用项目的方式慢慢地越做越大，现在已经能承接政府的一些服务了。（摘自NH的访谈稿）

显然，组织完成了政府交办的一部分职责。但是，作为“枢纽型”，仅仅如此，显然不够，于是，组织就谋划了第二步发展。

当时社会效益也是蛮大的，所以后来第二年的时候政府给我们加到了200万元，然后等到2012年的时候，我们也在考虑光拿政府的钱去做公益，还是不够的，我们觉得应该调动社会力量的参与，所以2012年我们把社会组织报上来的一些好的项目，编成一个小册子然后向全社会去推介，有些人没时间做公益，但是企业家可以出钱，所以我们把好的项目向企业去推荐，开始的时候很难，只有6家企业认购了8个项目，总资金只有18万元，后来我想了一下不行，没有政府背景的支持，企业也不知道你，去像讨饭一样的不行，后来我就跟部门去合作，组织部还有统战部，因为它们下面的工商联有很多企业，它们其实也要做一些有亮点的工作，不是要把企业和社会责任那块做好吗，然后通过项目的认购不是很好嘛，然后他们就去出成绩，我去得实惠，去把那些项目给推介出去，所以2013年那年我们就有62个项目，总资金有103万元，2014年更多了，有118个项目，总资金达到了155万元，所以我现在的公益项目，政府的总资金是200万元，社会资金也有将近一倍，有150多万元，那我这个平台一搭，让有爱心的企业家也能来参与公益，就我们那个平台我们的目的就是让想做公益的社会组织和愿意支持公益事业的企业都来到这个平台，专门来解决政府不能包办的那些差异性多样性的社会问题和社会需求，从而促进整个社会的和谐，这个是我们的一个宗旨。（摘自NH的访谈稿）

另外一个枢纽型社会组织——K省D社会工作师联合会同样也在从事相同的事务和完成相仿的目标，不过，它站在全省的位置上，看问题和对事务的概括则更加全面和深入。

联合会发挥的4大作用，第一个是聚集行业内的社工精英人才，第二个是联合、引领、发挥专业实务的优势，第三个是倡导和运用社会工作，第四个是创新社会组织可持续发展的道路。下面按照这4个作用具体讲解一下我们做的事情。第一个，聚集一批行业内的社工精英人才。首先，得到本省内10大高等院校专家学者的支持，包括社会工作专家库是代省民政厅来管的这样一个专家库；培训讲师团和社会工作评估团的话完全是联合会自己的，我们日常的一些培训任务、评估任务都是依靠这两个团队。评估团是由3部分组成，第一部分是高校教授，第二部分是资深社会工作者，所谓资深是指起码从事了10年的社会工作服务，第三部分是之前在处一级的街道工作的主任或处级干部，对社会服务有比较深的研究的干部，等等。其次，有一个地市的社工协会联合的平台，如果我们有一个重大决策，如开展省优秀社工评选，这个评选办法、评选规则、评选标准完全是10个协会大家共同商量出来的，包括联合会我们有重大事务的时候我们也会邀请单位会员共同参与讨论。再次，联合会是全省社工精英推动社会工作发展的平台，包括我们有社工宣讲工作，也有社会工作推介行动，然后还有一些培训，还有一些督导，我们联合会目前有一个督导中心嘛，督导中心我们就有很多机构会向联合会邀请要督导人才，这些都是我们从全省的社工师人才里甄选出来的。最后，联合会是境内外社工专家交流支持的平台，我们每一年有一个岭南社工大讲坛，讲坛里我们邀请新加坡、台湾地区、加拿大的专家，包括一些督导工作我们也会邀请这些专家做督导背后的督导，来支撑整个团队的工作。第二个是发展联合、引领、发挥专业实务的优势，我们每年会组织社工师考试的考前辅导培训，这个也是联合会经费收入的重要来源，从目前来看每一年还在逐步增加，那么在本省每一年考试的人数基本上都是全国第一，能够占到全国的1/5。我们承办了省民政厅2013～2014年的粤港社工培养计划，这个是省民政厅交代下来的，也是我们招投标中标的一个任务，它是从2013年开始的，到2015年为止，每一年要为本省输送130名一线社工，要到香港接受为期两周的实务培训，另外还要输送50名社工机构的总干事，到香港接受培训，这个要持续三年。另外是要从香港引入督导到我们这里来做督导服务，我们对社工专业教育方式的探讨，包括向一些中上培训，基本上是承接各个地市民政工作的要求做培训和训练，例如多元化的培训、实务训练、会员服务、督导服务等。第三个是积极倡导和运用社会工作，主要第一个是在响应省民政厅的号召，在危机中推动社工介入，2010年9月21日凡亚比台风肆虐广东茂名的时候，当时受灾，（广东）省民政厅召唤组织了120人次的全广东省的社工去灾区服务，当时整个服务只有3个月就结束了，但是我们在灾后引入了一个省级的私募基金会的支持，直接在灾区马贵这个地方建设了一个社工站，那个社工站是2011年成立的，到现在都还一直在运作，等于说在那边扎根了，还有一个是风灾的时候，我们也是应省民政厅的要求去做的一件事，指导当地基层的工作人员去抚慰受灾群众的家属，最后一个是创新社会组织可持续发展的道路，针对这一点我们联合会非常明确，我们的所有事情是在联合会的使命下面去做决策，包括我们要不要承接评估项目，要不要拓展新的业务，我们都会回顾“联合社工，发展专业，服务广东”这样一个使命，包括之前我们有些项目是放弃的，因为觉得和我们的使命不相符合，一定是在使命底下去做这样一个决策的，第二个是会长会议作核心决策的机制，所有的重大事情，包括一些大型的辅导项目，先召开会长会议，我们讨论应不应该去做这个评估项目，会长会议讨论通过以后，还征询了理事会的意见，他们觉得可以做，我们就做了。（摘自DL的访谈稿）

枢纽型社会组织始终扮演着一个协调、组织、管理的角色，整合行业内的专家、资金、人才等资源来激发社会组织活力，注重培训和交流，不断壮大社工人才队伍，扶持基层社会组织成长，促进社会组织不断充权。各枢纽型社会组织均纷纷发挥自身的优势来创新社会服务，从而形成有典型意义的工作经验或服务模式。传统的政府管理理念认为，政府是公共事务管理、公共服务和社会福利的唯一提供者，而随着政府职能转变，社会组织提供服务已经形成趋势，使得公共治理的主体又增加一元，并且在这个过程中开始融入枢纽型社会组织的力量，虽然，上述讨论的这一类枢纽型社会组织具有政府的背景，但它们并不是政府部门，也不可能成为行政部门，因此，在新的治理框架下，政府主导型枢纽型组织开始朝着自主管理和自我发展方向迈出重要步伐。

2. 社会自发枢纽型社会组织

社会自发枢纽型社会组织在成长过程中，因其以满足社会需求为导向，主动为其他社会组织提供有效的服务和帮助，积极替这些机构的发展出谋划策和分忧解难，从而逐渐获得认同与信任而发展成枢纽型社会组织。这类枢纽型社会组织与服务的社会组织之间建立的是合作关系或伙伴关系，但它们又和这些社会组织不同，其往往处于公益事业链的高端，在社会组织负责人的培训、公益活动的策划、社会组织的扶助等方面发挥着积极的作用[①]。它们可能和政府有关系，但是又没有非常紧密的联系。本次走访的G社会组织联合会、C公益发展研究中心、Z社工联合会，等等，即属此类社会自发枢纽型社会组织。

第一，组织自发组成。

这类枢纽型社会组织最显著的特点之一是，组织或平台都由一群志同道合的人秉承公益、服务或奉献等理念与愿望，自发、自愿所组成，经过一段时期的努力获取了一定的服务成效，然后才被政府和其他社会组织所认可。

我是去年换届8月过来的，过来的时候就把原来所在机构的一切职务全部辞掉了，我们现在规定我们的评委既不能够在任何服务点当督导，也不能当顾问，就是跟这些机构都没有关系，客观公正……我现在就是社协的秘书长，我们组建了自己的团队。我们机构产生的契机也是因为2008年汶川地震，是由地区从事和关注社会工作教育、研究和实务的专家、专职社会工作者、市（区）社会服务机构及有关团体自愿组成的一个非营利性、专业性、联合性的社会团体，我们是想做一些利于行业发展的实事的，一直秉持着“团结社工、发展专业”的宗旨，为社会工作者提供服务支持。（摘自ZL的访谈稿）

① 王劲颖：《以社会组织为载体，以社会事业为切入点，积极应对全球金融危机》，载于《社团管理研究》2009年第2期。

我们的前身是成立于2008年5月15日的"四川512民间救助服务中心"，也就是人们所说的512中心，由参与512地震救援的四川本地公益组织和来自全国各地的公益组织共同组建，并得到了有成基金会、香港曙光基金会和南都基金会的资助。512中心是中国公益界在重大公共事务中建立的第一个跨地区、跨行业、跨领域的联合体。中心成立后，不仅成为参与救援的民间和公益界信息交流、资源共享、合作学习的公共平台，也为公益界在地震救援和灾后重建中"有序参与、有效服务"奠定了基础。中心通过为公益组织提供多种形式的服务，为公益组织特别是草根组织提供了大量资源信息，成为四川最具公信力的公益信息平台。经过4年多的发展，正式注册为民办非企业，就成为目前的我们了。（摘自CS的访谈稿）

不过，调查中也发现，有些社会自发型枢纽社会组织也是从其他类型的社会组织或一般的社会组织转型过来，在这个过程中，政府或多或少地起到了一些作用。

我们的前身是协会联席会，2003年9月，协会联席会作为一种协会商会的联合机制，是由活跃在本区示范区的12家协会商会发起成立，当时完全是自发的，民间自己发展起来的。我们当时成立的时候不是想干枢纽型社会组织，那时候还没有这个概念，示范园区很大，活跃着很多很多的协会，有一些无序。在这种情况下有12家协会说"咱们搞个联席会吧"，大家定期一两个月开次会，搞个活动……联谊活动最开始的目的就是大家相互之间熟悉，比方说有的会员在这里找房子是找不到的，其他人就能帮你找到，因为有的协会会员是负责写字楼这一方面的，这也叫作资源的相互利用吧，资源整合，发挥某些协会的独特优势。那会儿主要是联席会议，比方说开展一个会议，你一个人办影响力就小，就百八十人参加，大家一起办的话，参加的人多，影响力大。后来就是园区管委会看到这个情况，就非常认同，从2004年以后逐渐给予资金支持……当时联席会发展还比较困难，人员也不够，也没有办公地点，后来我就给出了一部分，管委会找到我希望我把这件事给搞起来。而我呢，因为原来不动产商会是有地方办公的，办公地方比较大，我就拿出了一间房，免费给了协会联席会，他们办一些活动需要人力物力我就给予支持，然后就慢慢发展起来了。（摘自GL的访谈稿）

很显然，社会自发枢纽型社会组织成立的情况多是基于当时的社会情境，例如遭遇自然灾害激发出的社会力量，是基于直观的居民社会需求而形成的；或者社会组织自身对实际情况有清晰的认识，并由于长期的实践经验得到行业内的认可后自发转型；或者由于社会组织负责人有社工专业基础、有一腔热血投身于社会实践，在丰厚的学科引领下成为社会组织发展的带领者，等等，他们尽量保持“草根组织”的本色，通过建立完善的组织体系，来优化服务，保持行动的自由。

第二，组织内部治理结构建设。

虽然是自发组建的枢纽型社会组织，但是研究发现，这些组织都能够按照国际惯例，积极完善组织内部的治理结构，以推动组织的健康发展。

中心的决策机构是理事会，机构内部设置信息部、项目部、行政财务部三个部门，相对于其他组织比较简单，这也是我们根据自身需要的情况设定的，这符合我们的定位。信息部设定的原因是，我们中心致力于通过为公益组织提供多种形式的服务，为公益组织特别是草根组织提供大量的资源信息，期望能够打造最具公信力的公益信息平台。项目部，主要是我们通过培训、助力工作坊等，为社会组织提供能力建设。（摘自 CS 的访谈稿）

当然，部分社会自发枢纽型社会组织在发展中慢慢开始产生出行政化的色彩，这从它的机构内部设置可以窥见一斑。

和其他枢纽型社会组织一样，我们最高的权力机构为会员大会，会员大会每届拟任期为 3 年，延期换届最长不超过 1 年。理事会是会员大会的执行机构，在会员大会闭会期间领导协会联合会开展日常工作，对会员大会负责。监事会负责监督协会联合会开展工作，并对负责人违反法律、章程的行为予以指正。联合会下设秘书处，秘书处是会员大会的办事机构，负责处理本会日常事务性的工作。联合会下设党建办公室、会员部、社会工作部、活动宣传部、对外合作部、财务部、理论研究部、能力建设部。其中，党建办公室负责联系、服务、指导所联系的社会组织党建工作，开展党建活动；会员部负责加强示范区协会自身建设相关工作；社会工作部主要履行枢纽型社会组织职能，负责本领域社会组织业务和党建工作；活动宣传部负责对外宣传工作；对外合作部负责与相关单位沟通、联系、合作事宜；财务部负责执行财务制度、进行资产管理；理论研究部参与政府相关政策制定和课题研究；能力建设部负责推动会员加强自身建设。（摘自 GL 的访谈稿）

第三，枢纽功能的拓展。

社会自发枢纽型社会组织与政府主导枢纽型社会组织相比，它在资源的充足程度和运用方面显然不如后者，因此，不断拓展功能和创新服务就是它一直思考的问题和始终的追求。

我个人觉得“有为才有位”，我们刚开始的时候从什么都没有发展到现在，最重要的是我们真的做了一些事情。原来，协会联席会主要是以联谊为主，2007 年我接任的时候就提出来这么几点：第一，加强沟通，就是通过联谊会加强协会之间的沟通。第二，程序规范化，正规化。因为我有这个国企工作背景，我觉得就是应该正规化，原来就是非常松散，这是我当时自己琢磨的应该有的程序，就这么逐步规范化。第三，加强评比，我们每年都会举办先进个人的评比，这边评比完全是根据工作业绩……慢慢地我们协会成了我们园区的最佳（协会）。我们也评选为先进单位，不然你干好跟干坏一个样，那这就没有积极性了啊。第四，做好信息的收集和传递。比如说我们每年要评选优秀信息员，为什么呢，因为信息这东西很重要而且是通过努力获得的，比如说，要是你毕业之后进了一家比较大的企业协会，你可能不怎么努力就能做得很好，但是信息这方面你就不行，你得自己收集整理。而且我们作为协会，最重要的就是连接好政企之间的信息沟通。举个例子，2008 年金融危机，您知道是谁先知道的？我们先知道的。我们为什么会知道呢，是通过写字楼的出租率，写字楼是一个区域的"晴雨表"，写字楼出租情况好，这片区域肯定经济非常活跃，这个我们都能认识到。2008 年的时候我们对写字楼的出租率进行分析，发现了问题，2008 年下半年的时候 AMD 退出了，他们原来扩租了，但是不要了，还有一家什么企业原来增进 6 000 平方米也不要了，很多企业从甲级写字楼搬到乙级写字楼，从乙级写字楼搬到民房，后来我们就写了一份报告，就是信息汇总，就把这种情况向政府部门反映，因为我们在基层，了解基层的情况。数据反映出来我们这里的经济有问题了，我们就把材料交给了管委会，管委会就报给市政府，市政府马上要求我们加强监测，要求我们提供详细数据，分析完了以后，哦，爆发金融危机了。管委会跟着就出台了一些政策，扶持中小企业发展。第五，建立有序的内部机制，使成员单位能够有序地发展。这儿是它们的家，能够把他们更有效地联系在一起，让大家又有归属感。（摘自 GL 的访谈稿）

另外一家自发性的枢纽型社会组织——Z 社工联合会也有相似的经历，不过它的服务更加具体。

我们有培训超市，培训者可以选择课程与老师。我们还会发培训券，这个是什么呢，我们每年有"春暖花开社工聚会"，那就有赞助机构，因为租场地，我们有很多各种各样的活动，那这个都要有经费，因为我们不是政府给钱的，我们要自己挣钱，所以有的机构就自己主动来承包某一个项目，他承包了一个项目我们就以奖励的形式返还培训券，他拿了培训券，就可以到我们这里免费参加培训，这是微观的技术类型的。宏观的我们有一个大讲堂，每个月一期，是一些名家来讲，他们是志愿服务的方式。这个就是关于培训，从督导到管理人才到继续教育，就是我们的培训超市，到新入职社工，还有考前培训。那另外一块是评估，我们是不做一线服务的，因为我们在想，不能又当运动员，又当裁判员，我就两块评估……行业倡导呢，我们觉得叫尽义务的，比如说三月份的婴儿安全岛，婴儿安全岛的介入，是政府给的钱，16 万元，当时我们整合了 10 个机构，就是说一批资深的社工去守岛，但是我和会长在介入，最终我们单位是一分钱没拿的，我们就是以行业倡导的方式来贡献自己的力量……我们平时做的还有就是政府的文件起草和论证方面的工作，政府通过行业协会这个平台，去组合专家来做这个事，所以在这一方面呢，就是起草论证文件这方面是做了很多，就是行业规范方面。（摘自 ZL 的访谈稿）

社会自发型枢纽组织创建各种平台来加强社会组织建设，他们的运作更加贴合社会组织的需要，在对接社会组织的共同目标的同时，推动不同领域、地域的社会组织之间的相互依赖和协作，加深他们的凝聚和团结，实现他们的资源共享，共同生存和共同发展，推动他们参与社会治理的积极性和主动性，对所服务的社会组织，特别是新兴社会组织的创建和发展产生了积极的影响。

3. 资金纽带枢纽型社会组织

资金纽带枢纽型社会组织，顾名思义是作为资金的枢纽，目前来说，通常是指基金会。作为一个在公共服务领域中扮演着重要角色的社会组织，它的地位和作用不可忽视。我国目前的基金会在成立过程中，却大都与政府有着紧密的关系，不管是官方色彩较重的基金会，还是由个人捐资成立的基金会，都离不开业务主管单位的大力推动。很多基金会在社会化的过程中，是依靠行政化的手段达到社会化的，或者说没有行政化的方式，根本无法达到社会化的结果。本次走访的 A 基金会、H 慈善基金总会等，是资金纽带枢纽型社会组织且具有丰富的相关经验。

第一，组织发起的差异。

改革开放之后，因为我们基金会是基督徒发起成立的，为中国和国外交流提供了一个机会，这个是基金会得以成立的先决条件。从主观原因讲的话，当时的这一批基督徒非常有社会情怀，能看到中国发展的状况，那时候，我们经济条件还是比较差的，特别是和国际社会比，我们需要大量国际上无论从理念上，还是资金上也好，对我们的资助。另外从教会本身的发展来讲，基督教如何被社会所认识，去认知，基督徒如何走向社会，和社会有更好的融入，因为文化上的认知，教会遇到了很多问题，对于教会，特别是基督教，还不像佛教，它是外来的西方色彩浓厚的意识，不光是 20 世纪 80 年代，一直到现在有很多人趴在教会门外往里看，教会的人到底在做什么，基督徒是什么样的一群人，同样是信神的，他们到底在做些什么。从发起开始，它就是社会各界人士共同参与的。我们是由基督徒发起，社会各界人士共同参与的机构。（摘自 NA 的访谈稿）

另外一家资金纽带型枢纽社会组织的发起情况就与此不太相同了，它的政府背景要比 A 基金会强很多，这似乎是中国的一个特色。

全国慈善总会这个系统是政府举办的慈善组织，多数慈善总会都是基于市里面的领导退下来以后，在慈善总会任职，可能在全国这个系统创新的也不是很多，这个原因是：他们是政府创办的慈善组织，都是已经退休的政府领导到慈善总会任职，他下来以后靠他已有的人际关系，就可以募集到资金，募集到资金就可以做项目，他不需要创新、再打开什么渠道、创建平台，也可以运营得挺好的，然后比如说要开展什么大型的活动，领导去站站台，也能达到很好的效果。但是我们不一样，我们慈善总会，虽然体制上和其他城市大致一样，但是我们领导不是已经退休下来的，我们的会长是现任的民政副市长，现任的民政局局长是兼职我们的第一会长，然后分管慈善和福利的副局长是我们的常务副会长及法人代表，这三个都是兼职，不拿一分钱，主要工作还在政府那边，日常工作主要由我这个秘书长来做，我的身份也是两块，一份是慈善总会的秘书长，一份是慈善事业发展办公室主任，我们慈善事业发展办公室是民政局下面的一个事业单位。慈善总会既然是有政府背景的慈善组织，慈善事业发展办公室，又代表政府作为一个职能部门，牵头本市慈善事业的工作。（摘自 CC 的访谈稿）

由此看出，上述两个基金会的成立过程还是有区别的，他们的发起前一个是社会的力量多于后一个，且后一个明显给人的感觉是慈善组织联合会与当地的民政部门是两个牌子、一套班子，这也许是我国目前基金会管理的现状。但是不管是怎样的产生过程，他们都有自己完善的组织架构。

第二，组织所要完成任务的区别。

因为组织成立的背景有所差异，因而它们的宗旨及承担的任务也有所不同。

我们基金会的宗旨是在信仰相互尊重的原则下共同献策处理，开展同海内外的友好交往，发展我国的社会公益事业，促进社会发展，服务社会，造福人群，维护世界和平。基金会内设项目管理、社会服务、研究发展、资源发展、运营管理五个部门，包含 26 个方面的服务，例如社区发展与环境保护、灾害管理、薪火教育、社会服务、面包坊、慈佑院、社会组织培育中心，等等。（摘自 NA 的访谈稿）

对于更具体的任务，A 基金会被访者告诉研究人员：

现在我们的任务分了几大块，第一大块是国际教育的交流。这是我们最早开始的项目，国际教育交流第一个是把海外英语教师资源引进到中国来，支持国内的英语教育，特别是对大专院校的老师提供辅导支持，这个项目基金会的影响力是非常大的，应该说是让中国教育事业受益很大的一个项目。另外一个是我们会借助这样一个平台引进海外志愿者，他们到中国来做外籍教师，有些外籍教师在中国一做就是十几年，有很多人回去之后成为中国发展的传播者，他们接触到中国的情况和当地媒体接触到的中国情况相差很大，所以把中国的真实发展情况带到海外，促进了海外对中国的认同理解，有很多人回去之后带动了更多的人参与这样一项工作，有更多的人来捐款，扶持中国的发展。第二是农村的综合发展。主要针对的是中国中西部农村贫困地区，我们原来合作主要有一个标准，看联合国的贫困线，中国对贫困线的划分，这是考察当地的情况，然后从当地的水资源，解决饮水问题，种植啊，经济上的问题啊，甚至包括一些基础卫生，沼气啊，厕所啊，能源方面的改建啊，以及农业技术啊，输出啊，等等，我们叫综合发展项目，就是说看导致这个地方贫困的因素到底是哪些，通过多种不同的干预手段，整合到一个个项目当中去，促进一个地方整体发展能力的提升。第三是公共卫生。艾滋病防治与公共卫生，我们基金会应该是中国最早介入艾滋病预防、宣传，以及一些具体地区贫困家庭扶持的机构。我们在国内大批报道艾滋病之前就已经介入这项工作了。还有农村医疗卫生，农村乡村医生的培训，有上万名乡村医生都是我们培训出来的。我们还建立大量的农村卫生室，因病致贫、因病返贫的问题非常严重，所以建设了乡村卫生室。另外一个就是开展农村妇科疾病的检查，以及发放碘油丸，像亚措地区缺碘，因为缺碘导致的一些疾病，这个是预防，是促进医疗卫生网底的建设，提升的主要是意识层面，提升人们的意识、习惯，从预防角度着手，我们叫社区健康促进项目，好多社区健康促进项目是和社区综合发展项目融合到一起去的，像水的问题，既是生存的问题，同时也是贫困的问题，是致贫的因素之一，所以这些都是融合在一起的。我们介入一个地区，会综合去看，一个是看我们项目资金的能力，同时也要看地方真实的需要。第四个是助学助孤，教育的项目，这也是基金会国内筹款比较大的一块，这一块是和国家政策密切联系在一起的，和希望工程联系在一起，我们一直在做这一部分，让失学的，上不起学的小孩正常接受九年义务教育，有走进高中、对特殊女童的关怀，还有对于孤儿的关怀，全方位的救助，还有重建危校，很多的，这是从教育角度，个体关怀，从经济的资助到改建当地教育基础设施，包括现在我们网络上的筹款，小课桌项目，等等。第五个就是环境保护这个方面。我们做的环保可能和很多环保机构的环保有所区别，我们的环保是和当地的经济发展和人文建设结合在一起的。我们不单纯地去倡导一个环保议题，或者对某条河流污染进行干预，我们更加着力于社区发展基础上的环境卫生，环境问题的解决，比如西部草原的退化，我们会和当地牧民的经济发展状况结合在一起，我们有西北防护林的建设，也是和西部的水土流失问题结合起来，等等，还有广西当地的水土保持，大石山区水资源问题的解决，等等，这些我们是结合在一起的，坡改地等，可能你去看，既是一个扶贫工程，又是当地的一个环保工程。另外我们有个社会福利部门，社会福利更多是在国家福利概念里面，国家要兜底去管的这部分人，但是国家没有能力或者没有精力照顾到，比如说小儿麻痹症的救助、矫正，我们社会福利院一些人员的培养，还有双聋双哑这些人的教育啊，都在这个里面。它重点关注一些社会上的弱势的边缘人群。这些介绍过来的都属于我们基金会项目的范畴。2005 年之前基金会都是用募集资金的方式支持其他社会组织或当地部门开展服务为主，2006 年开始也建立自己的服务实体……（摘自 NA 的访谈稿）

基金会可以聚集和吸引更多的资源，并进行资源的再分配，实现业务主管单位难以实现的目的。基金会的发展依赖政府获得启动资金、人员编制等直接的、眼前的资源，政府希望依赖基金会获得长远的、预期的社会慈善资源。两者相互依赖，共同协作推动慈善事业的发展。在这方面，具有政府背景的基金会更加具有优势。

慈善组织是代表政府在做城市的慈善事业发展和推进，那么慈善办的定位就是牵头引领、培育发展、监督评估，我们不仅仅是对社会组织、慈善组织要做一些培育、发展，还要使这个城市更有爱心，更有善心，从慈善组织来说，它是政府举办的一个公共的慈善组织，过去我们更多的是自己募集资金，然后自己去承担和实施一些项目，如果我们把它定位于政府办的慈善组织，它一定有一种责任、一种义务要共同去推进慈善事业的发展，我们把定位搞清楚以后，那我们就提出：慈善总会也是一个公共平台，这种公募平台在一个城市里面，不是很多，如果你把这个公募平台建好了，你的公信力强了，你的作用发挥好了，他对推进这种慈善总会的发展有非常大的好处。如果我站在城市慈善界发展的角度来考虑的话，我要有一种责任，我有一种义务要去推进的话，那么我就不能够完全定位在我去募集点资金，我去实施一点项目，我要为这个机构自身的发展做规范。2013 年的时候在机构的定位方面我们做了很深入的探讨，我们提出来在募款的前端，就是开放我们的公募平台，鼓励更多的企业、机构来我们这儿做冠名基金，鼓励更多的个人、家庭来做冠名基金，然后我们把这个门槛降低，机构 1 万元就可以建立冠名基金，个人 100 元就可以建立，运用这个平台，让更多的人享受这个公共支持，去动员更多的资源参与到慈善事业。当初没有政策支撑，我们也不知道这合不合法，我只是觉得公募不是慈善总会所有的，我应该把这个权力拿出来，大家来享用，我当时只是觉得应该这样去做，我们之后得到了认可，去年国务院出台了促进慈善组织发展指导意见，里面就说，要去大力发挥公募平台的中间作用，媒体、个人不能擅自募集资金，如果想要募集资金，就要与公益性慈善组织合作，我当时就是想着培育更多的社会组织，倡导更多的企业、个人来建立基金、来参与慈善。（摘自 CC 的访谈稿）

上述访谈表明，组织原来是想着自己筹措资金，自己提供服务，但随着发展，这样的想法开始有了变化。

以前我们都是自己招募基金，自己做项目，如果是资助型的，我们审核过后，所有符合条件的，我们自己来做，但是我们不是专业的，专业性的组织比我们做得好啊，那为什么我们要自己去做呢，那他们就可以来购买我们的服务，一方面，我们支持了社会组织的发展，另外一个方面，他们把我们的项目实施得会更好，之后项目实施，我们会有第三方的实施机构，该做绩效评估做绩效评估，这样就能保证我们的项目更加公开透明，这就是前端我们开放公募权，后端我们把凡是服务类的项目，统统交给社会组织，我们通过购买服务的方式交出去，这两年看着效果还不错，我们的冠名基金由最初的二十几个到现在的 300 多个，这个给我们带来的问题就是，你怎么去管理这些基金，怎么做到高效运转。于是，第三，我们就需要信息平台这一块建设，网站升级，同时着手怎么和互联网企业一起来做，多做沟通交流，真正效果比较好的就是腾讯公益，从 4 月到现在我们从腾讯公益这一块做了 400 多万元，效果很好，尤其社会组织一些好的项目从我们这边发起，进行募款，另外就是有成基金会今年推进的路人甲项目，和我们签订了很多的协议，然后我们本地的一些互联网企业，像因特网，从鲁甸地震开始，我们利用这个平台一起募款。（摘自 CC 的访谈稿）

在不断创新的背景下，推动慈善事业发展和支持社会组织开展公益服务，始终是 H 慈善基金总会孜孜不倦追求的目标。

我们建立一个平台，就是本地的慈善公益联合会，实际上寻求一些资源和收集需求，实现需求和资源的对接，我们打算申请一个项目叫作慈善救助信息平台，如果建立好后，我们慈善总会也许就在专门管理这个平台。公益慈善联合会来做一些信息的收集，然后输入我的信息平台里面去，这样我们就会做到社会力量有序参与社会救助。社会资源、社会救助、慈善救助怎样与政府的救助、政府的资源对接，首先我们就需要做到有序参与的这样的一个平台。它可以逐渐培育出一些企业老板等关注这方面的社会人士一起来做，这样的话我们慈善总会一个平台，慈善办一个平台，慈善办是我们政府的慈善机构，是做牵头引领、培育发展、监督评估，以及怎样去推动这座城市政策法规的完善，比如说国务院想要制定一些政策，那么我们就需要去做一些调研，起草我们地方的实施方案。第二个是建立和完善慈善的机制和体系。第三个方面是大力传播慈善文化，改善自然生态环境，提升这个城市的慈善指数。我们不直接跑企业招募，今年我们建立了一个企业社会责任沙龙，是由我们公益慈善联合会牵头，企业社会责任沙龙，两个月 1 期，都会有一些企业和社会组织参与，他们来学习，这也是对我们慈善总会的一种宣传，我们就是搭建这样的一些平台来进行推进。无论是企业，还是社会组织，在我们这里建立基金之后，就可以去寻找更多的资源，当然，不管是企业还是机构，他们要使用基金这个钱，首先必须他们说了算，但是必须符合我们的基金管理办法，符合我们的基金要求和审批流程。社会组织如果要在我这边申请项目的话，那我要求你要在我们这边设立冠名基金，因为你要我支持你的项目，你不设立冠名基金，不和我一起做，那我为什么要支持你啊，所以冠名基金设立是必备条件，因为只有这样，我才能够把你的项目包装，共同去募款，募到款，我打到基金账户上才好去管理。我们要实施什么项目，理事会通过以后，我们会公开招标，然后开始项目评审，要看你机构的规范化程度，要看机构的级别，成立时间的长短，你在慈善总会是否建立基金，有没有入驻我们慈善总会发展办公室透明指数评估信息平台，如果入驻的话，我们就会对你的资金运用、项目运行进行监督评估，然后会自动生成透明度评分，我们看了透明指数之后，就按照招标的程序来运作。（摘自 CC 的访谈稿）

资金枢纽型社会组织资金上相对充足，有一定的自我造血功能，因此平台服务的面更广一些，发挥作用更全面。它依靠政府打开多元筹资的渠道，有效开发政府、社会、企业、公民等现有的各种资源来践行公益服务，或者依据项目制的形式，以社区现实需求，通过制度化的程序来选择设定有针对性的服务项目，然后通过招投标的方式吸引一些社会组织来竞争，并对最终承接项目的社会组织根据相关契约进行监督和管理；或者通过建立自己的服务实体来自我开发服务项目，在服务的过程中，邀请多个社会组织一起参与。不过，基金会的自主性也是有限的，政府培育以基金会为主体的资金纽带型枢纽组织，会在结构上和过程上进行不同程度的意志渗透。

（二）枢纽型社会组织类型的个案分析

本项目以 S 市社会团体管理局所属的枢纽型社会组织为案例，以 S 市为区域，对枢纽型社会组织进行比较深入的个案研究。

目前比较认同的枢纽型社会组织的定义，是指在党和政府与各个领域中的一般社会组织之间发挥着桥梁和纽带功能作用的组织。它将同类别、同性质、同领域、同地域的社会组织联合起来，通过社会组织联合体等多种形式的实践载体，服务和管理系统内或者领域内或者地域内众多的社会组织，从而在政府及其主管部门、枢纽型社会组织以及一般社会组织之间形成一个有效、有序和畅通的有机整体。

1. S 市枢纽型社会组织类型的基本分布

根据上述定义，研究发现在 S 市、区县和街镇层面都有此类性质的社会组织，它们分别发挥着程度不同的社会功能。具体分布见图 5－1。

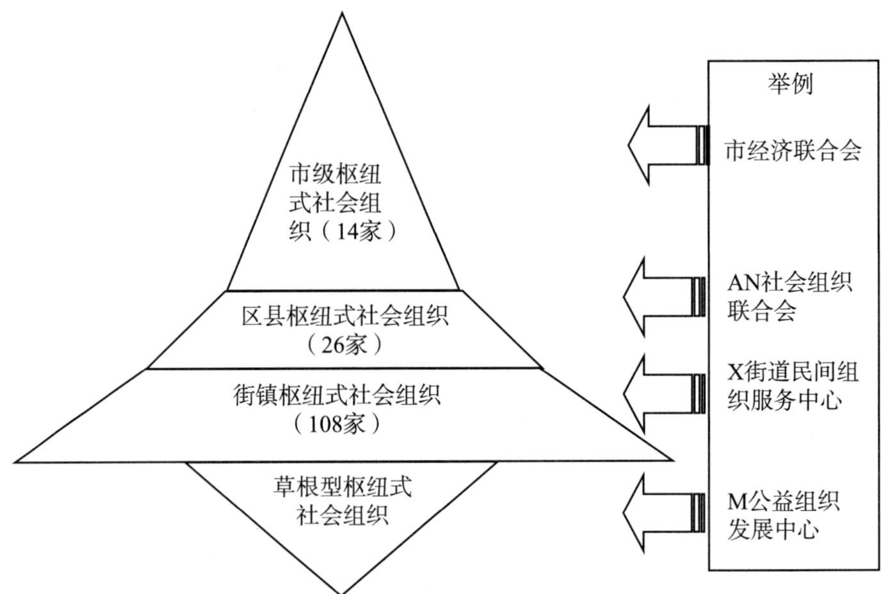

图 5-1　S 市枢纽型社会组织类型分布

资料来源：根据 2015 年 S 市社会团体管理局公布的相关数据整理。

2. S 市枢纽型社会组织的主要分类

研究发现，可以用不同的标准对 S 市枢纽型社会组织进行分类。以发挥的功能为标准来划分，至少可以划分出以下类型：第一，政治类枢纽型社会组织，如市工会、市共青团，等等；第二，经济类枢纽型社会组织，如市经济团体联合会、市商业联合会、市信息业联合会，等等；第三，学术类枢纽型社会组织，如社会科学界联合会、市科学技术协会，等等；第四，公益类枢纽型社会组织，如市残疾人联合会、市慈善总会，等等。

以行政层级的位置为标准来划分，可以划分出以下类型：第一，市级枢纽型社会组织，如市商业联合会、市体育总会、市科学技术协会，等等；第二，区县级枢纽型社会组织，如 AN 社会组织联合会、P 区公益组织项目合作促进会，等等；第三，街镇级枢纽型社会组织，如 P 区塘桥社会组织服务中心，等等。

以官方性背景和民间性背景为标准来划分，研究发现，可以划分出以下枢纽型社会组织的基本类型：第一，官方背景型枢纽型社会组织；第二，半官半民型枢纽型社会组织；第三，民间背景型枢纽型社会组织。

上述这种情境可以用图例予以表示（见图 5-2）。

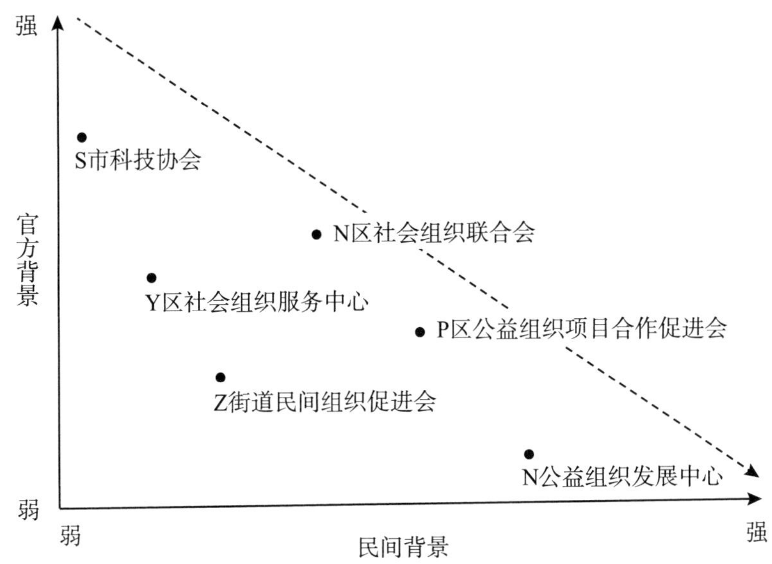

图5-2 枢纽型社会组织官方性背景和民间性背景

二、枢纽型社会组织的基本功能和社会参与

国内枢纽型社会组织的不断出现和成长，表明在社会治理、社会建设和社会秩序中它的重要性和必要性，具体体现在枢纽型社会组织的社会参与过程及其机制建设过程中，它又通过枢纽型社会组织的功能发挥和地位设置等得以显现出来。

由于枢纽型社会组织位于党和政府与一般社会组织之间的中间位置，它一端上达党和各级政府，而另一端则下联一般社会组织以及相应的社会群体，所以，无论何种类型的枢纽型社会组织，它们一定具有一些共同的功能。与此同时，由于枢纽型社会组织形成或缔约于不同的行业、不同的领域、不同的地域，甚至是不同的行政架构，因此，它们也一定具备许多本类型组织所特有的功能。

（一）枢纽型社会组织的共同功能

1. 政府管理职能延伸的触角

从政府让渡的职能及社会服务领域，行使管理、协调、监测等职责，主要担当“代理人”的角色。

2. 联合体或共同体中的调谐器

在区域或行业内的社会组织联合体以及区域内政府与社会组织联合体中行使协调、沟通等职责，主要担任“中介人”的角色。

3. 社会风险的预警栅

在基层社会里行使“防患于未然”的职责，主要担当“预防者”的角色。

4. 新社会组织的孵化平台

支持、扶助新社会组织的成长与发展，提供从政策、资源到机构管理等众多的专业服务，承担“支持者”“指导者”和“咨询者”等角色。

5. 社会矛盾冲突的安全阀

在基层社会中化解各种矛盾，平抚各种冲突，合理分配资源和利益，担当“调停者”的角色。

（二）枢纽型社会组织的特有功能

除了上述共同的社会功能外，不同类型的枢纽型社会组织还有其特有的社会功能，即：

对政治类枢纽型社会组织而言，社会控制尤其是意识形态的控制、民意诉求的输送和反映、相对应工作人群或群体状况的掌握，以及党的建设以及相关政策的宣传覆盖等，无疑是它们主要的特有功能。

对经济类枢纽型社会组织而言，经济利益的协调、产业政策的建议、行业规范的制定和执行、不端行为的监督、企业发展资源连接、引导联合体内各个机构之间的有效合作，等等，是它们主要的特有功能。

对学术类枢纽型社会组织而言，组织交流、促进学术繁荣、引导建言献策，建立信息传递平台，等等，显然是它们主要的特有功能。此次调查研究发现，上海 K 科技协会在枢纽的位置上发挥了积极的功能。

对公益类枢纽型社会组织而言，承担政府委托或转移的民生服务、协助各类社会组织参与和谐社区建设、孵化和培育基层社会组织、指导一般社会组织公益服务项目的开展、联络和规范社区群众团队，等等，这是它们主要的特有功能。

（三）上海市枢纽型社会组织社会参与个案研究

本项目以个案研究的方法，对各类枢纽型社会组织的社会参与进行了较为深入的探讨，从中发现有许多值得深思的议题。

1. 经济类枢纽型社会组织个案研究：上海 E 经济联合会的社会参与

（1）上海 E 经济联合会基本情况。

上海市 E 经济联合会成立于 1991 年 3 月。由上海工业行业协会、大中型企业（集团）、工业经济研究单位、大专院校等社团法人组成，是工业行业协会的联合组织，具有独立的社团法人地位。现有单位会员 324 个，其中经济类行业协会、专业性协会会员 150 多家，企业会员 150 多家。行业协会会员基本涵盖了包括机械、电子、汽车、计算机、通信、电器、仪器仪表、化工、生物医药、轻工、纺织、服装、有色金属、建材等上海现代工业，如宝钢集团有限公司、上海汽车工业（集团）总公司、上海烟草（集团）公司、中国石化上海高桥石油化工分公司、中国东方航空集团公司，等等，以及金融、物流、商业医药、汽车销售、信息服务、贸易、会展等生产性服务业和现代服务业。企业会员主要由中央在沪企业，以及上海各行业中有影响的领军企业和在全国知名的民营企业组成。另有三个专业委员会，即上海市E经济联合会产业损害预警工作委员会、上海市E经济联合会名牌战略工作委员会以及上海市E经济联合会生产性服务业工作委员会。

据调查发现，2011年上海E经济联合会总收入为11 438 392元，其中包括：上年度净资产5 405 376元，本年度收入6 033 016元，对于后者，其构成如图5-3所示。

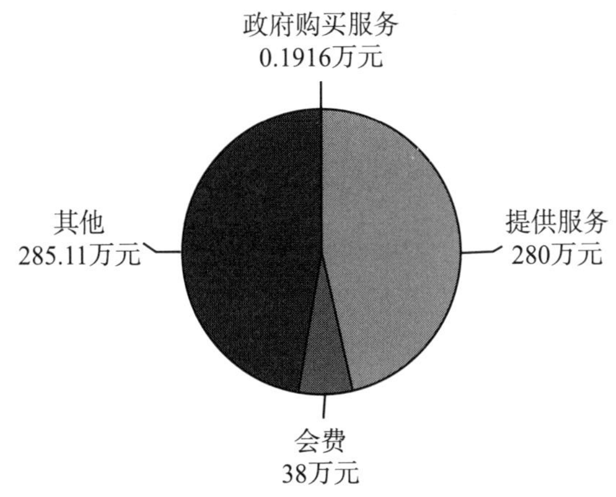

图5-3　2011年上海E经济联合会收入构成

（2）上海E经济联合会的社会参与。

观察和研究上海E经济联合会的活动，不难发现它的社会参与主要体现在下述三个方面（见图5-4），其机制及其建设也围绕这三个方面展开。

在图5-4中，上海市E经济联合会党委现有隶属管理的党组织114个，其中包括1个党委、2个党总支、4个联合党支部、107个党支部。党员总人数1 234名，其中，81个协会秘书处党支部党员数为382人；信息服务业行业协会党委所属32个党支部党员数为852人。可见，上海E经济联合会作为枢纽型组织，它在党建方面的工作出色和卓有成效。2011年，市工经联党委围绕“五个抓”，积极促进行业协会党建工作能力和水平的提升。一是抓日常学习，努力建设学习型党组织；二是抓队伍建设，提高党支部书记和党员队伍的整体水平；三是抓创先争优，有效提升党建工作水平；四是组织党庆活动，充分展示协会党员的精神风貌；五是抓党风廉政教育，强化党内民主建设。

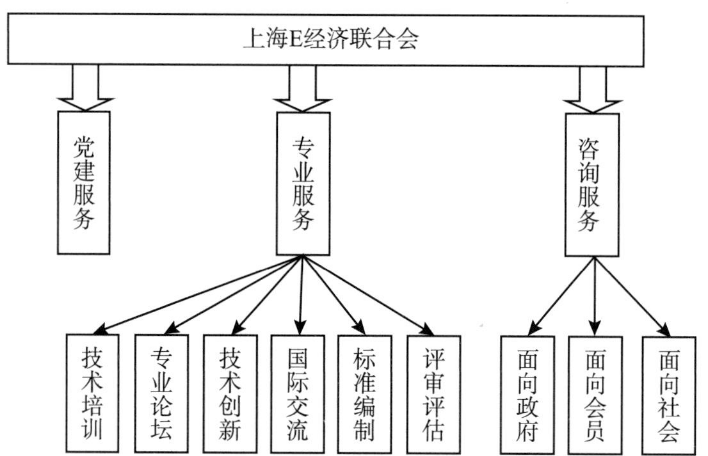

图 5－4　上海 E 经济联合会的功能和社会参与

在咨询方面，上海 E 经济联合会积极开展调查研究，形成了诸如《上海工业企业转变经济发展方式案例及研究分析》《上海高新技术产业化的瓶颈分析及对策》《上海传统产业（轻纺）的改造和提升》《促进和培育上海战略性新兴产业》等报告，对上海的经济社会发展提供了重要参考意见。此外，组织编制行业发展规划建议，设立“加强社会组织建设，促进行业协会发展”课题，积极为推进行业协会的健康发展而建言献策。

在服务方面，上海 E 经济联合会始终以“服务企业、规范行业、发展产业”为宗旨，开展了许多工作，充分体现了一个枢纽型组织的角色和作用，如：促进企业技术和管理创新；推动实施品牌战略；组织开展节能减排活动；举办各种业务培训；集聚行业信息，反映企业呼声；推进行业规范，促进制度建设；举办各种论坛，促进多层次交流；等等。

其中，促进企业科技创新活动环节包括：

第一，围绕九大高新技术产业化重点领域，组织行业协会为企业提供最新技术信息、开展技术服务、搭建行业创新基地和共性技术研发平台。第二，促进新能源汽车、节能环保、智能电网、物联网技术等科技成果走向产业化应用。第三，加大对民营企业的创新服务，推动产学研合作，帮助构建产业技术创新联盟，为企业打造成长全周期的金融服务链。第四，拓展在企业重大科技项目咨询、申报验收、知识产权的创建和保护、新产品鉴定、高新技术企业、技术中心认定、技术交易、职称认定、科技人员继续教育等领域的职能。

在举办具有品牌特色的论坛环节，包括经常性或专题性举办诸如“节能减排国际论坛”“上海生产性服务业发展论坛”“行业协会发展论坛”等研讨会和交流会，广泛联系会员，拓展为产业发展的服务功能。

（3）上海E经济联合会社会参与的机制建设。

研究表明，上海E经济联合会在社会参与的机制上致力于四个方面的建设，即：第一，健全党的领导，完善党组织架构，以党建引领社会组织发展和建设；第二，积极完善自身的组织、协调、管理、指导、支持、引导等众多的“中介”角色，筑牢和充分发挥组织在枢纽的位置上“穿针引线”“上通下达”等重要作用；第三，充分保持在枢纽位置上的极大的权威性，这种权威和行政系统的行政权威具有千丝万缕的关系，是其他领域的枢纽型社会组织尤其是公益性枢纽型社会组织难以望其项背的，上海E经济联合会社会参与及其机制建设比较充分地运用了这种权威性以及伴随而产生的特殊作用；第四，上海E经济联合会在枢纽的位置上，积极发展服务并形成具有特色的专有品牌，本着“你无我有，你有我优，你优我特”的精神，为联合体成员提供更加优质的服务，通过服务建设及品牌建设来强化参与机制建设。

2. 学术类枢纽型社会组织个案研究：上海市K科技协会的社会参与

（1）上海K科技协会基本情况。

上海K科技协会系20世纪50年代成立的颇具中国特色的人民团体，主要在自然科学和工程技术领域内从事科学技术的普及和推广、科学技术人才的成长和提高、科学技术与经济结合的促进、科学技术工作者意见的反映，以及科学技术工作者合法权益的维护和科学技术工作者的服务等工作。科协根据上海市科委的工作要求和工作计划，积极组织和协调科技社团开展服务。科协下属的科技社团数量众多，已有学会、协会、研究会184个，会员15.9万余人。组织网络还包括全市18个区县科协和100余个园区科协、企业科协、行业科协和大专院校科协。在全市288个乡镇、街道建有科协或科普协会。而从研究中发现，在如此众多的科技社团中，因经费、规模、运营状况、管理能力等诸多因素的差异，又可以划分为许多不同的类型。

（2）上海K科技协会的社会参与。

科学技术协会与工会、共青团、妇女联合会、社会科学联合会等“人民团体”一起，系中国独有的一种群众组织，它明显地不同于由国家民政部门认定的社会团体、民办非企业单位和基金会三种类型的民间组织，但长期以来它同样在独特的领域内发挥着不能替代的功能，实际行使着在科学技术领域里的“枢纽”作用。科协的这种“枢纽”作用的重要表现之一是社会参与，而它又可以划分为上向的社会参与和下向的社会参与。

就上向的社会参与而言，依照章程，上海K科技协会虽然承担了许多自身需要承担的主要职责，如开展学术交流、组织科学技术工作者为建立以企业为主体的技术创新体系作贡献、普及科学知识、表彰奖励优秀科学技术工作者，以及兴办符合上海K科技协会宗旨的社会公益性事业，等等，但是，章程在“总则”中明确宣称，它“是中国共产党上海市委员会领导下的人民团体，是党和政府联系科学技术工作者的桥梁和纽带”，而且，它也承担许多党和政府交办的任务和工作，如开展论证、咨询、政策建议、项目评估、成果鉴定、技术标准制定、专业技术资格评审和认证等任务；组织科学技术工作者参与科学技术政策、法规制定和有关事务的协商、决策和监督工作，以及对授权管理的市级学会、科技类民办非企业单位等履行业务主管单位的管理、监督职责，等等，这就意味着科协在被设计出来的时候就赋予或要求它具有良好的上向沟通及枢纽的功能和位置。

同样，上海K科技协会第九次代表大会的工作报告再次强调：“坚持‘围绕中心、服务大局’，是促进市科协事业发展的根本保证。科协是党领导下的人民团体，是党和政府联系科技工作者的桥梁和纽带。坚持中心、服务大局，这是市科协坚定正确的政治方向的重要保证。”“要加快科技思想库建设，服务党和政府的科学决策。充分发挥各级科协的组织作用，围绕经济社会发展迫切需要解决的科技问题、科技发展的体制机制问题，以及科技支撑引领经济社会发展中的突出问题，选好题目，深入调研，为党和政府科学决策提供参考……”，“要以党的组织建设和干部队伍建设为重点，提升科协工作整体合力。实施‘党建强会计划’，将开展创先争优活动和创建学习型党组织工作与转变工作作风结合起来，与推进基层党内民主结合起来，与党风廉政建设结合起来，以此带动科协班子、基层组织的思想作风建设。注重及时总结推广在学会建立党组织的成功做法，逐步实现所属学会党组织和党的工作全覆盖，发挥科协党组织的政治整合功能，坚持以党的建设带动学会建设和学会管理……”，概括而言，科协的上向社会参与主要通过社团党组织建设、科技思想库或智囊团建设、科技调研和科学决策参考意见提供等环节予以实践和体现出来。

就下向的社会参与而言，科协的主要措施有：

组织建设。包括：第一，制订会员发展计划，积极吸引著名学者、各专业领军人物，以及企业、新经济组织、归国人员中的科技工作者加入学会，不断增强学会的活力和凝聚力；第二，建立健全会员工作机构，加强会籍管理，完善学会基础数据库建设；第三，按照“分类指导，重点扶持”的原则，对学会管理制度进行梳理、修订和完善，逐步形成一套有效的管理和服务制度，建立以会员为主体、民主办会的体制结构，改革会员代表产生制度，明确会员代表的权利和职责，开展会员代表建议案、会员评议制度试点，使会员代表能够充分行使权利；

第四，开展学会理事会成员差额选举制，将具有奉献精神、较高学术水平和工作能力的优秀会员选入理事会。提高学会决策和执行能力，健全理事会（常务理事会）民主议事、民主决策、民主监督规则，防止行政化倾向。

活动建设。内容包括：第一，发展会员，提高学会对科技工作者的覆盖率；第二，准确反映科技工作者的诉求、意见，及时传达党和政府的有关科技政策（桥梁、沟通）；第三，了解、反映和关心科技工作者的生活、学习和工作中遇到的实际困难，帮助科技人员维护自己的合法权利；第四，推荐高质量的研究成果，举荐优秀科技人才；第五，提高国内外学术交流活动的水准，开展培训活动；第六，作为中介，为科技人员参与技术创新中的产、学、研互动合作活动提供服务。

沟通机制建设。包括：第一，通过各种方式完善各个层面会员的联系、沟通和交流机制；第二，在已往紧密联系上层、高级科技专家的同时，加强联系基层、一线科技人员；第三，在紧密联系科研机构、高等院校科技人员的同时，加强联系企业，特别是中小企业科技人员；第四，在紧密联系中老年科技人员的同时，加强联系青年科技人员；第五，在紧密联系公有制单位科技人员的同时，加强联系非公有制单位科技人员。

场所建设。具体建设内容包括：第一，逐步做到“有家有业”，即有数量适当的专职工作人员、有能满足工作需要的办公场所、有正常开展学会活动的经费收入；第二，建立独立域名网站，完善学会组织、会员管理以及学术、期刊、科普、咨询等各项业务活动的信息管理系统。

服务建设。具体内容包括：第一，以科技奖励、科技成果评价、行业标准制定、专业技术资格认证、科技咨询和培训教育等为重点，增强服务能力；第二，按照“会员优先、会员优惠”的原则，及时充分地满足会员的学术需求，为维护会员合法权益提供援助服务；第三，利用学会信息渠道，为会员提供择业援助服务；第四，通过各种方式协助科技工作者加强与政府相关部门、企业和其他社会机构的沟通，建立健全广大会员对经济社会发展和重大科技问题的建言献策制度，建立会员建议呈报制度等。

上述所有举措和建设内容全都围绕着市科协试图强化与其下属的科技社团的下向沟通和带领其共同投入社会参与有关，从而使这些沟通、社会参与固定化和制度化，并从中形成双方有效合作的既具常态性又具灵活性的互动模式。

从经验层面上分析，上海 K 科技协会参与机制建设从两个方面着手：一是以“为党和政府出谋划策为核心内容”的上向社会参与机制建设，多年来这方面机制建设初见成效，沟通路径顺畅，较大程度为党和政府分担了相关方面的忧难；二是以“组织、协调和服务广大科技社团为主要内容”的下向社会参与机制建设，科协在这个层面上的机制建设花费了更多的时间和精力，效果是各项制度已经建立，沟通方式已经形成，合作模式基本固定。

3. 公益类枢纽型社会组织个案研究：AN 社会组织联合会社会参与

（1）上海 AN 社会组织联合会基本情况。

2007 年，面对在经济高速发展过程中，社会建设相对滞后的局面，即：第一，民生需求日益多元化，但资源提供方式相对单一；第二，社会矛盾日趋复杂多样化，但化解方式相对单一；第三，城市现代化进程不断加速，但城区管理方式相对单一；等等。区委和区政府认识到，要加强社会建设，仅仅依靠政府行政力量和体制内的力量远远不能满足与适应加强和创新社会管理的需要，还必须整合社会资源，让“第三方力量”——社会组织更加深入全面地参与社会管理和创新。于是，在区委、区政府的直接指导和安排下，在上海率先成立了 AN 社会组织联合会，之后又相继在 5 个街道和若干个领域内成立社会组织联合会，形成了“1 + 5 + X”枢纽型社会组织管理模式，其中，“1”就是 AN 社会组织联合会，“5”是区所属的五个街道成立的社会组织联合会，2013 年以后随着社会治理和社区建设的需要，全区 14 个街道全部成立了街道层面的社会组织联合会，于是，这里的“5”就逐渐演化成“15”；“X”是劳动、文化、教育等系统成立的社会组织联合会，由此构成的基本模式或者架构（见图 5 - 5）。

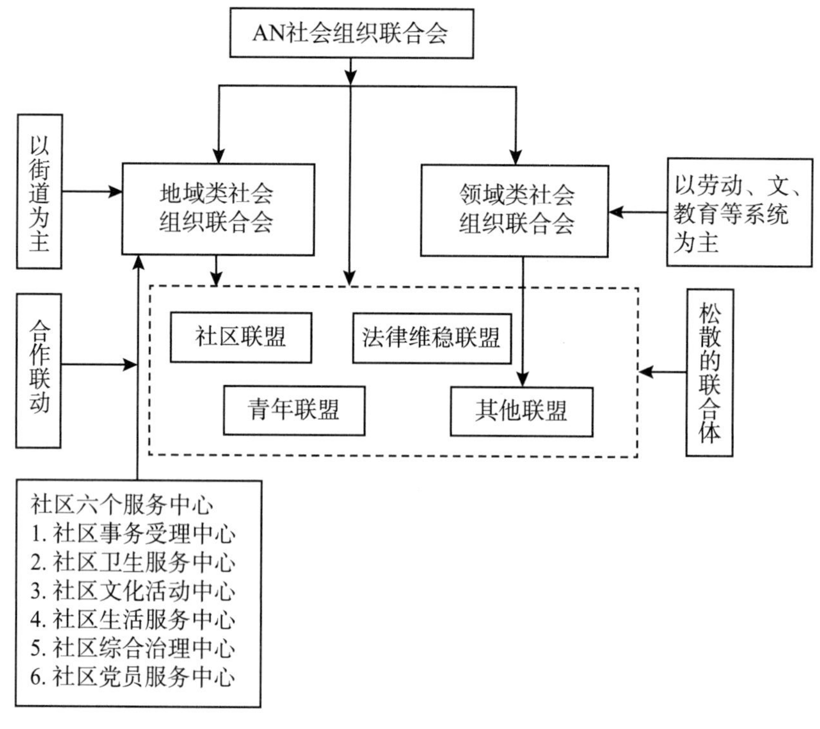

图 5 - 5　AN 社会组织联合会组织架构

（2）AN社会组织联合会社会参与机制建设。

研究发现，AN社会组织联合会运作多年以来，越来越呈现出以下五个特点：

第一，民间性。AN社会组织联合会把同类别、同性质、同领域、同地域的社会组织联合起来，以组织章程为行事和行为的原则与准则，通过政府委托，以购买服务的方式，服务和管理一个系统、一个领域、一个地域的社会组织，并通过有效的服务促进社会组织的专业化和社会化，引导社会组织实现自我管理、自我服务、自我发展、自我约束和自主治理。

具体而言，AN社会组织联合会区别于政府行政机关，它最终的落脚点是公益类专业性社会组织而非权力部门，通过它来逐步开创政社分开与社会组织自我管理的新局面。AN社会组织联合会被赋予业务主管单位职责，从民间性的角度看，能够破解新成立的公益类专业性社会组织无法找到业务主管单位的制度瓶颈，化解一些主管单位负担过重或者管理不到位等问题；同时，AN社会组织联合会作为政府管理社会组织的助手，通过实行自治自律管理，缓解政府部门的管理压力，对本地域和本领域公益类专业性社会组织的培育和发展起到引领与规范的作用。

第二，非营利性。AN社会组织联合会接受政府委托，以购买服务的方式向联合体里的其他社会组织及服务对象提供公益性或者福利性服务，这些服务基本上是免费和低收费的形式，践行着公益类社会服务组织的基本宗旨和服务目标。

第三，社会性。AN社会组织联合会的社会性主要体现在：其一，它是政府对各类社会组织进行有效有序管理的重要关节，能够把政府的意愿和社会的需求有机地结合起来开展工作。其二，它联手各个社会组织开发许多惠及民生的公益类项目，并在开发的过程中始终坚持以下三项原则，即坚持以民生需求为导向的原则；覆盖各类人群的原则；不断满足人民群众新期盼的原则。其三，它有效地发挥同类社会组织的整体合力，反映诉求，协调利益关系，参与政府决策，促进政府与公益类专业性社会组织的交流合作。

第四，同构性。AN社会组织联合会与政府行政部门或业务主管单位不是上下级关系，它和领域内社会组织和地域内社会组织也无行政隶属关系，只是后者的组织者、协调者、诉求反映者、策划者、中介者，等等，它们之间最终是在社区民生服务和公益服务的框架中的合作、配合以及相互支持的关系。

AN社会组织联合会的上述特色之所以如此突显，很大一部分原因缘于它已经建成比较完善的社会参与机制，它主要由三个重要的机制组成，即上下联结机制、服务提供机制和管理、协调机制。

就上下联结机制建设而言，首先，AN社会组织联合会配备1~2名专职党群工作者，搭建社会组织与党组织沟通交流的平台，建立重大问题向区委、区政府专报制度，社会组织党建负责人例会制度，联系区域公益类专业性社会组织制度等，以及在公益类专业性社会组织的领军人物中实施大力培养发展党员队伍等措施，等等。其次，建立起了资源共享平台，把“1 +5 + X”（后演化成“1 +14 + X”）枢纽型社会组织联合体内的社会组织统整起来，同时也把联合体外的社区六个服务中心结合进来，构建起一张全新的民生服务网络，从而在一定程度上体现和发挥了功能性“社区”的特点与优势。

就服务提供机制建设而言，AN 社会组织联合会开展建设的内容主要包括：开展调查研究，为党和政府的决策和政策提供参考或者建议；从事指导咨询，为社会组织释疑解难：提供多种形式、多种空间地域的合作交流平台，促进社会组织共同提高和发展；了解社情民意，构筑诉求渠道，反映民众意见和呼声。

就管理、协调机制建设而言，AN 社会组织联合会建设重点落实在更好地承接业务主管部门和登记管理机关转移的事务性管理职能等方面，具体表现为：开展各类培训；对社会组织创建文明单位和规范化建设评估的指导；公益类专业性社会组织年审初审；群众团队备案登记；承接政府购买服务资质初审；财务监管；履行政府购买服务合同见证方职责；政府补贴项目督导，以及业务主管部门和相关政府部门交办的其他事项；等等。

研究发现，AN 社会组织联合会比较充分地发挥社会的减压阀、润滑剂、稳定剂的作用，它以专业的知识和技能、社会组织非营利的价值取向、客观公正的态度，化解了社区各类矛盾、推动了基层社会秩序的达成和促进了和谐社会建设。

第五节　枢纽型社会组织与政府互动的理论分析

前面花费了较大篇幅从经验层面上描述了枢纽型社会组织的类型、社会参与及其机制建设，等等，但在这个过程中，始终离不开枢纽型社会组织与相关政府的互动与关系问题，对此，基于法团主义的理论视角，本研究将从理论的层面上予以解释和分析。

一、法团主义的关系特征和关系类型

对经典理论的梳理可以发现，基于法团主义理论基础建立起来的相互关系一定具有其显著的特征，而在中国文化环境和政治生态中发展和演化起来的法团主

义式的关系，又自有它的本土色彩的基本类型。

（一）法团主义的关系特征：授权、控制和垄断性

法团主义理论的核心始终在探讨政府与社会组织相互合作的议题，并据此进行相应的制度与框架设计。换言之，在此理论视角下，国家或政府首先一直在考虑的是如何让渡权力和范围以及让渡后的有效性与安全性，而对社会组织来说，保持在相关社会服务领域里的权威性、独一无二性以及获得政府的信任，等等，则是它们始终在思忖和考量的重大问题。

由此，基于国家法团主义理论的制度设计，国家有目的、有计划、有选择地向社会或所信任的社会组织让渡，而作为合作的条件或者合作双方关系交易的基础，受让方——社会组织也需要让出一些涉及组织的独立性和自主性的部分，这是国家法团主义制度设计顺理成章的逻辑。更清楚的表述是，让渡后的政府基于安全考量一定会在某些双方合作的要素上予以一些限定或者控制，同时，为了确保这种合作关系能够较长时间得以维系和发展，合作共同体必然会阻止和排斥其他力量进入相应的领域发生竞争以维持和保障其稳固状态，所以，授权、控制和垄断性是国家法团主义的核心主张，以此作为分析概念，无疑能够较为深入地探讨枢纽型社会组织与政府之间的关系状况以及互动模式。

（二）政府与枢纽型社会组织互动：庇护性国家法团主义关系类型

这类枢纽型社会组织完全脱胎于已有的行政体系，它和所属的政府部门多年来已经形成紧密的关系，向它让渡政府会有较少的风险，在国内这类社会组织仍有一定的数量，上述提及的上海 E 经济联合会即属此例。从国家法团主义的三个维度：授权、垄断地位和控制来看，组织成立由政府动议和推动，组织的业务范围由政府规定，组织的负责人由政府委派。随着时代发展，积极促进行业协会党建工作能力和水平的提升成为党和政府的要求，也是组织的一项重要工作。因此，在每一个维度上或以法规和文件，或以经费与人事安排，等等，对 E 经济联合会予以无处不在的介入，具体地说，这种介入涉及机构的筹备、组建、运作、管理和发展等各个环节，由此，政府与个案之间形成了非常紧密的保护与被保护的关系：个案是政府自己组建的，所以需要保护它；而又正因为自己是政府的延伸并帮助或代替政府行使某种职能，所以个案强烈要求被保护。对这种关系状态可以结合华尔德在《共产党社会的新传统主义》一书中的分析，予以深入讨论。

最早引进和采用“庇护关系”这个概念分析当时中国权力拥有者和民众相互关系的是西方学者奥伊（J. Oi，1985）和华尔德（A. Walder，1986），尤其在华

尔德撰写的名著——《共产党社会的新传统主义》一书中，详细地揭示了城市国营工厂内部的施恩回报关系（庇护关系），并从制度与结构的角度分析了庇护关系存在的条件，指出：(1) 指令性经济赋予下层干部在资源分配上的垄断权力。普通群众只能通过与这些干部建立庇护关系才能获益。(2) 单位的封闭性以及社会关系的感情纽带导致庇护关系的稳定性。(3) 这种庇护关系加强了国家渗透与协调社会的能力，导致人们对现有制度的认可，减弱了社会自主的集体行为的能力。可见，庇护关系是一个描述中国全能主义时期国家对社会成员全面掌控的概念，按照斯考特（J. C. Scott）的经典定义，庇护关系是一种角色间的交换关系，包含了工具性友谊的特殊双边联系，拥有较高政治、经济地位的个人（庇护者）利用自己的影响和资源为地位较低者（被庇护者）提供保护及恩惠，而被保护者则回报以一般性支持和服侍（Scott，1972）。斯考特进一步指出，这种庇护关系与其他双边关系的区别：(1) 互惠，它将庇护与纯粹强制和正式权威关系区别开来，如果庇护者拥有足够的强制力或权威，则无须互惠的交换行为；(2) 不平等，交换双方在财富和权力影响方面并不平衡；(3) 特殊主义，恩惠施予或回报的对象是与其有特殊联系的个体，而非普遍的水平群体（Scott，1972）。

如果将庇护关系和国家法团主义作一个比较，发现它们具有某些共同之处：首先，它们都重视个体双边互动的特殊联系对国家整体控制和团体行动的解析。以E经济联合会为例，政府就是通过机构的团体行动来完成国家在某一个领域内的部分职责，即对于经济领域内的社会组织的管理和控制；其次，它们都强调双方关系作为一种利益组织化途径所体现的参与和控制机制。政府同样希望利用E经济联合会建立起一种政府职能延伸以及控制的机制或途径；再次，它们都重视一种特殊主义的双边联系。E经济联合会从政府所获得的利益，包括资源和地位等，它并非具有普遍主义性质，而是如国家法团主义所说的那样具有垄断性。

华尔德当时观察和分析的是国内行政体制内的上下级庇护关系，而E经济联合会与政府貌似并没有行政隶属关系，然而形式上有所改变，实质却并没有多少变动，这是一种政府利用资源、权力和现有的行政架构对社会组织的管理、控制和干预而建立起来的一种自上而下的联系与实质上的隶属关系，一句话，这是一种带有强烈庇护性质和庇护关系的国家法团主义。E经济联合会与政府的这种关系状态可以用图5-6表示。

（三）政府与枢纽型社会组织互动：依附性国家法团主义关系类型

上海K科技协会作为人民团体，它最初的设置就是按照法团主义的原则建立起来的，如果依据法团主义的角度来考察，可以把施密特曾经指出的法团主义具有的六大特征，与科协实际的运作过程进行一番比较（见表5-3）。

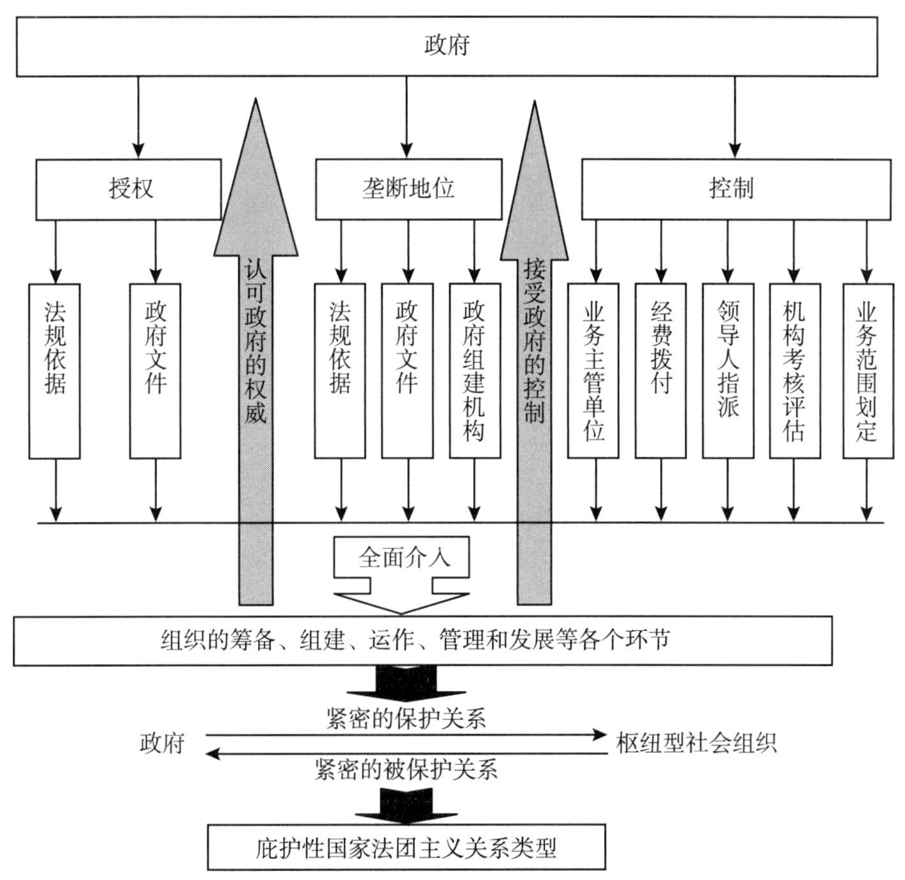

图 5-6　E 经济联合会和政府之间的互动及关系状态

表 5-3　　法团主义基本特征和科协实际运作过程的比较

法团主义特征	K 科协实际的运作过程
特征 1：在某一社会类别中社团组织的数量有限	（1）在科学技术领域内，从事管理、交流、教育、咨询、建议以及知识普及的社团数量十分有限。 （2）除了科协以外，其他社团不得进入该领域。 （3）从国家到地方，各级科协的职能有所不同和侧重
特征 2：社团组织形成非竞争性的格局	
特征 3：社团机构具有功能分化的特征	
特征 4：社团以等级方式组织起来	从国家、省市、区县到街镇，各级科协呈等级排列，国家级和省市级科协相当于“层峰组织”
特征 5：由国家组建或垄断性认可	从国家到地方，各级科协均由国家/政府出面组建并给予独特的地位

续表

法团主义特征	K科协实际的运作过程
特征6：国家行使控制权	（1）各级协会章程表明，组织是中国共产党各级市委员会领导下的人民团体。 （2）各级科协的财政基本由政府拨款。 （3）协会的领导人实质上由政府选择和任命

对照表5-3的内容，不难看出上海K科协组织设置的法团组织特征以及它与政府关系的法团主义性质。但是，因它本身并非生长、生存于政府的行政体系之内，所以，这种类型的枢纽型社会组织与E经济联合会一类的枢纽型社会组织仍有一定的不同。虽然，它也是因政府的指示而成立起来的，但它是承担一些政府不方便出面的事务而不是政府职能的延伸，如有学者认为，首先，科技社团可以组织开展科学讨论会及主办专业的学术期刊等，从而构成了庞大、正式的科学研究的社会网络，最大限度地强化国家创新体系中不同行为主体之间的相互作用，使国家创新体系内部学习机会成倍增长，甚至促进科学技术知识的跨国界流动，强有力地推动着科学的进步和发展。科技社团可以具有一种联络机制，对促进创新系统与应用系统间的良性互动具有重要作用。科技社团具有横向联系的特点，不受行业、部门、地位甚至国界的限制。其横向联系的范围极其广阔，为任何部门所不及，是实现信息的快速传递和加快研究及生产进程的有效手段，而这正是建立这种联络机制的基础，可以把科学家们创造的"私人知识"转化为可共享的"社会知识"，提供给社会丰富的知识应用组织，引导技术创新和生产应用，同时又可以通过其双向传递功能，向知识创新系统反馈应用系统的科技需求，促进两个系统间的信息流动，建立系统间的互动机制①。

正因为科技组织具有上述功能，所以，它和政府之间的定位明确，政府做重大决策或指示，科协具体操作，前者对后者采取的是一种选择性的介入策略，从国家法团主义的维度来观察，法规、文件、经费和人事安排等因素在互动中起着重要的作用，而在实际运作中，科协对政府的倚赖要远远大于后者对前者的依靠。同时，在政府对科协的具体服务内容以及它对下面科技社团的领导过程中，并不会给予事无巨细的关照。根据这样的行为模式，可以归纳出一种关系类型，即依附性国家法团主义关系类型（见图5-7）。

① 蔡瑞娜：《科技社团非营利营销探析》，载于《学会》2007年第9期。

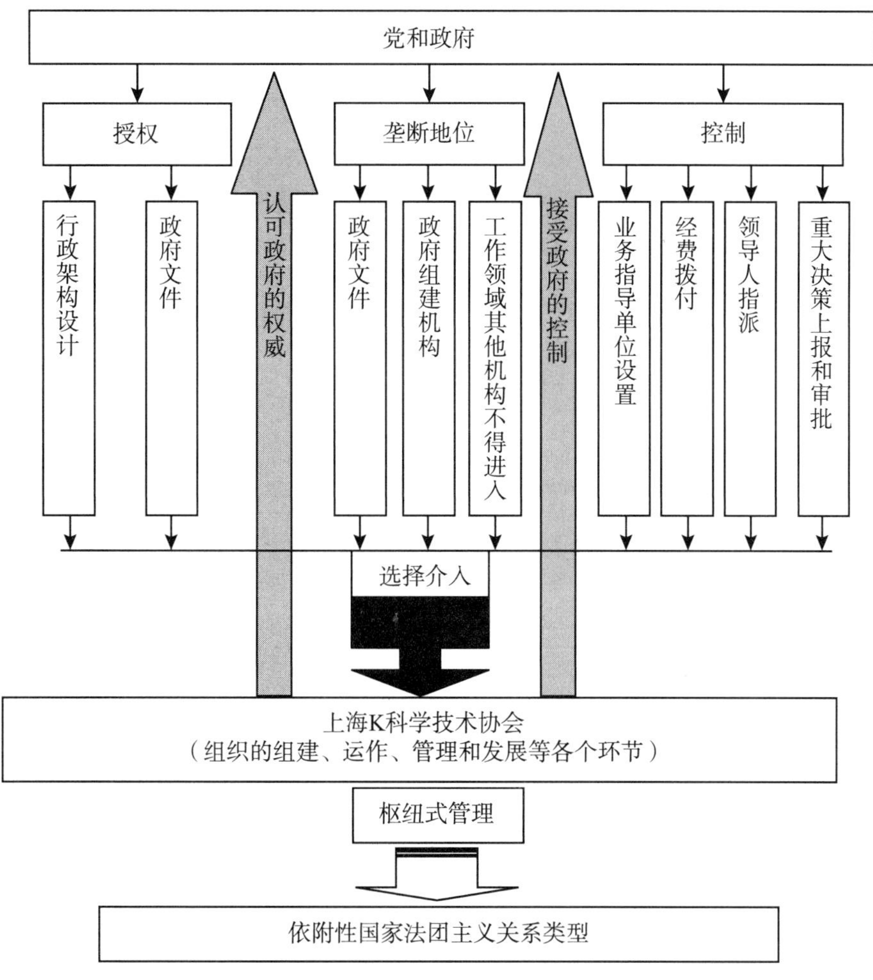

图 5－7　K 科协与党和政府之间的互动及关系状态

需要说明的是，庇护关系与依附关系具有一定的差异，庇护关系更强调的是双边关系的特殊性和双向互动。有权、有势和有地位的庇护者予以无权、无势和无地位（或弱权、弱势、弱地位）的被庇护者的过度保护，而后者则回报以支持和服从。依附关系突出了双边关系中单向互动为主的特征，即无权、无势和无地位（或弱权、弱势、弱地位）的一方主动与自愿地倚赖有权、有势和有地位的一方，希冀获取更多的资源和其他的扶持，而后者对此虽然也给予关注，但并没有达到特殊性保护的程度。

（四）政府与枢纽型社会组织互动：层级性国家法团主义关系类型

凡是枢纽型社会组织一般都有层阶的特征，因为它本身就居于各级政府与基层社会或社会组织的中间位置，但是有一类枢纽型社会组织这样的特征特别明显，缘于它从事的是地域性的社会公益事业，而在地域里的社会组织构成多样，层级丰富，从基层社会的连接、安排、组织、秩序等角度而言，枢纽型社会组织的作用尤其重要，多层级的管理、协调甚至控制乃是大型社会实际运作的真实需要，上海 AN 社会组织联合会及其与政府的关系即属此类。该枢纽型社会组织"上接"政府的指示，"下联"社区多种类型的社会组织，其枢纽和上下沟通的地位与作用十分显著（见图 5－8）。

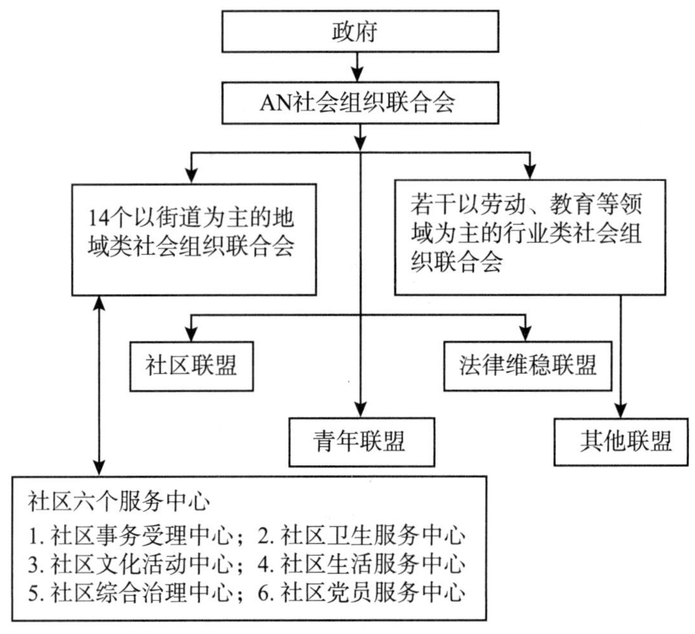

图 5－8　AN 社会组织联合会的枢纽和层级状况

北京 G 社会组织联合会也属此类枢纽型社会组织，它同样在一个特定的区域里发挥着"中介"的作用。该组织最初是协会联席会，2003 年 9 月，协会联席会作为一种协会商会的联合机制，由活跃在示范区的 12 家协会商会发起成立。访谈中联合会秘书长告诉研究者：

当时完全是自发的，民间地发展起来的……我个人觉得之所以有枢纽型社会组织，主要是政府想把活跃在园区的协会、商会、研究会、民非等这样的组织给联系在一起……政府主要是有三个方面的需求，一个就是它希望这些社会组织能够跟着政府的政策走，第二个就是希望知道这些协会的工作是怎么安排的，第三个就是希望知道这些协会能够怎么做得好，或者说这一年度他们做了哪些努力，能够证明他们做得好。反过来政府给他们什么帮助让他们做得更好。（摘自 GL 负责人的访谈稿）

经过多年的建设和努力，至2008年以后，该联合会已经取得了不小的成绩和成效，归纳访谈中被访者的话，主要体现在以下几个方面：

第一，建立了管理和协调体系。

我们就是通过会员系统，我们现在成立了体系，比如说办什么活动，我们这儿发给各个协会，各个协会就发给各个企业，因为都是免费的，现在有邮件也有微信平台。（摘自GL负责人的访谈稿）

第二，获得了主管部门的资金支持。

我们活动的资金大部分来自管委会，每年大概十之八、九的活动资金来自管委会，工作人员的工资也包括其中，政府采购嘛，都是通过财政预算。2008年、2009年的财政预算，每年大概有600万元的财政支持，到今年已经达到了1 800万元。所以管委会做得非常好。这一千多万元算是购买活动的，我们的办公设备比如电脑、桌椅等，这些也都是管政府要。当然这1 000多万元不是给我们的，是给协会的，是政府出钱购买的协会的项目。（摘自GL负责人的访谈稿）

第三，明确了与主管部门的关系。

管委会有专门的处室来负责专门的工作，目前是创新处，我们跟各个处室都有合作，因为社会组织是一个大的概念，它下面有很多的协会，协会下面有很多的企业，科技金融就跟金融处发生关系，创业就跟创业处发生关系，区域合作就跟区域合作处发生关系。我们就属于管委会负责。管委会没有行政的权利，它主要是打造一个创新创业的良好的生态系统。我们和民政局没有合作的项目，我们就只是在民政局登记，其他大部分的购买还是通过管委会。我们在社工委会有项目，科委我们也有合作……（摘自GL负责人的访谈稿）

从上述的访谈资料中可以发现，G社会组织联合会的转型和发展不仅与政府部门的建议与指导有关，而且项目与经费大多数均来自政府部门，更重要的是，它把自己定位在多层级系统中的中间部分，这种情形可以用图5-9表示。

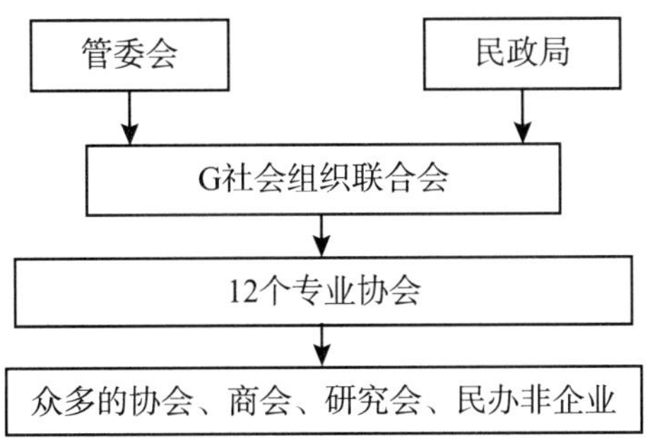

图5-9　G社会组织联合会组织架构

上述研究显示，AN社会组织联合会和G社会组织联合会的运作都呈现了如下过程：政府通过组织这样一个中间层级，在经费、项目等方面予以支持，在董事会运作或者机构领导人安排等方面予以间接性地介入，与此同时，组织接受政府的相关安排，承认政府的权威与领导，并在这种机制安排下去协调、管理下一层级的社会组织，在这个之间形成了一个相互配合和协助的体系，由此，在法团主义的三个维度之下，可以看到个案与政府之间一种比较明显的“层级性国家法团主义关系类型，”这种关系也可以用图 5－10 予以表示。

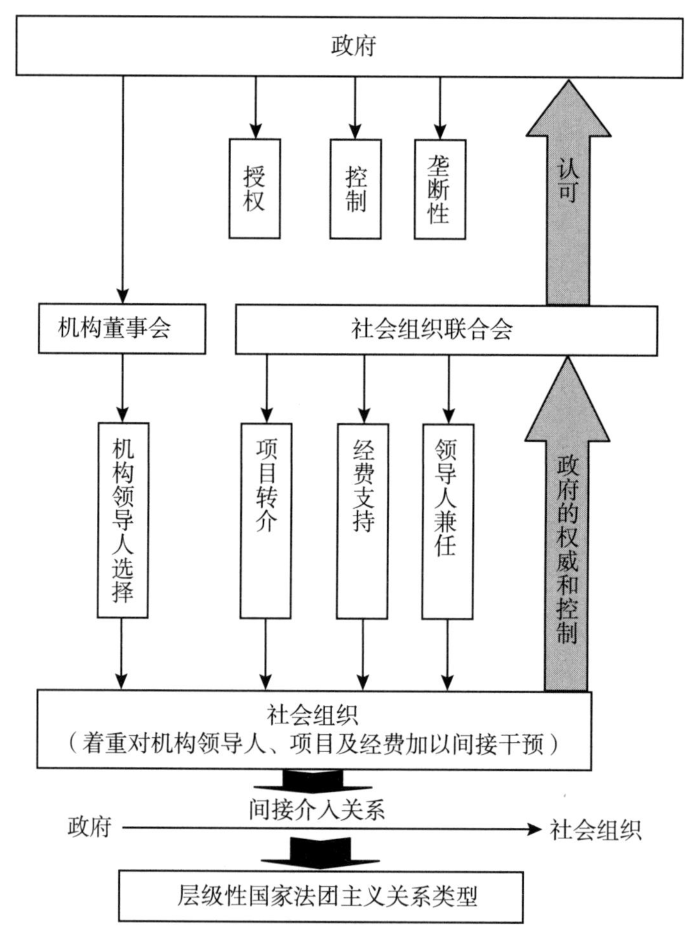

图 5－10　层级性国家法团主义关系类型

二、法团主义式参与机制建设

上述经验研究和理论分析指出了一个事实：法团主义式的参与机制是目前中国民生领域里，社会体制改革和社会力量参与社会事务的一个良好的可供选择的路径或思考的方向。

（一）法团主义式参与机制的核心：合作与控制

法团主义的核心思想是国家（政府）和社会力量需要分工、合作，但从国家法团主义的角度思考，为了避免各种风险尤其是政治风险，国家或政府需要在这个合作的过程与体系中占据主导地位，因此，在合作的大框架下就有具体的控制风险的机制设置：政府授权或让渡空间并提供和确保独占的领域，作为交换的条件或资格，受让方需要在组织的战略目标、项目甚至人事安排等方面做出相应的让步或者被控制。

在中国现有的社会环境中，实际已经实施的国家法团主义式的参与机制固然具有合作的色彩，但是控制的成分更加浓重一些，所以在实际的状态中，有庇护性的国家法团主义式的合作与控制，有依附性的国家法团主义式的合作与控制，也有层级性的国家法团主义式的合作与控制，当然，双方自主、自治的社会法团主义式的合作与控制相对比较缺乏，相信随着社会体制改革的深入，后两种法团主义式的合作与控制会有更多的涌现。

（二）法团主义视角下社会组织的选择

基于上述的理论探讨尤其是众多的案例分析，大致可以归纳出一些能够进入政府让渡出来的社会管理和服务领域的枢纽型社会组织的选择标准，它们是：

第一，枢纽型社会组织具有一定的能力和实力；

第二，枢纽型社会组织具有比较强烈的合作意愿；

第三，枢纽型社会组织愿意认可政府的权威并同意接受相应的交换条件；

第四，枢纽型社会组织具有强烈的公益服务意识；

第五，枢纽型社会组织愿意真心实意地为其他社会组织提供有效的社会服务。

第六节　枢纽型社会组织与政府良性互动的制度安排

随着党中央提出的社会治理战略方针的实施和民生领域里的社会体制改革的逐步深入，枢纽型社会组织会越来越多地被培育和发展起来，因此，从法团主义理论视角出发，枢纽型社会组织与政府关系的机制设置和制度安排，则是一个非常重要的话题。

一、多层让渡机制和社会组织筛选机制建设

由于中国社会服务领域里社会组织的多样性和不同的成熟程度以及政治、专业背景的差异，枢纽型社会组织与政府关系的制度安排之一是多层级的让渡机制和社会组织筛选机制。对此，可以用本研究的个案——上海K科技协会作为佐证的案例。

上海K科技协会处于顶层政府、区级科技协会和低层科技社团之间中层的位置，这无疑是一个“枢纽式”的位置，是上下贯通之间的一个关节点。

虽然，科技社团被定性为人民团体，但是，它基本上完全符合法团主义所描述的一切特征。对此，王名等给予了很好的解释（王名、刘国翰和何建宇，2001）①。王名等认为，中华人民共和国成立初期当时人民群众团体的出现以及他们在社会生活中的广泛作用体现了当时的国家领导机关对中国民主政治体制的设计，这种体制实际上就是法团主义的民主模式（见图5－11）。

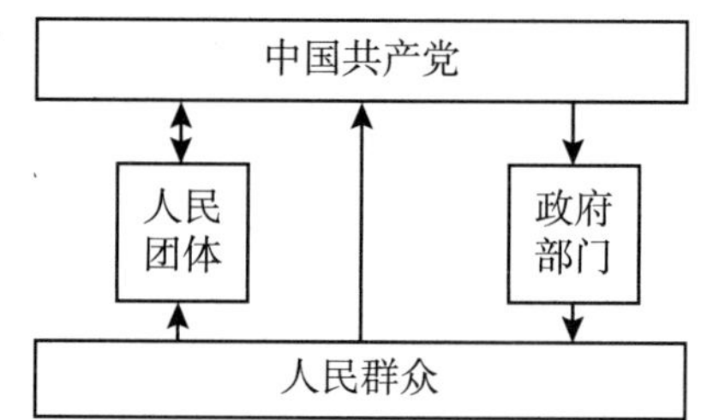

图5－11　新中国成立初期的法团主义民主模式

资料来源：王名、刘国翰、何建宇：《中国社团改革：从政府选择到社会选择》，社会科学文献出版社2001年版。

在中国，政府的行政权力受到三层制约。第一层制约是中国共产党的领导，第二层制约是法律的制约，第三层制约是群众的制约。② 人民群众团体的最初设计是同政府部门没有行政上的隶属关系，这样以便于更能发挥人民团体对政府部门的监督作用，更好地反映公民的政治要求，更有利于影响政府的决策和保护公

① 王名、刘国翰、何建宇：《中国社团改革：从政府选择到社会选择》，社会科学文献出版社2001年版。

② 王名等以为，政府权力受到的第一层制约是党的领导，因为共产党能够在非常大的程度上反映全国人民的总体要求；政府权力受到的第二层制约是法律的制约，政府部门必须依法行政；政府权力受到的第三层制约是群众的制约，但单个的公民很难同强大的政府部门进行有效的“讨价还价”，因此，公民需要组织成政治性团体。

民的合法权利不受侵犯。

人民团体在新中国成立初期确实发挥了巨大的作用，但人民团体的运作方式同政府部门大同小异，它具有同政府部门相似的行政级别，其领导人和工作人员享有同政府部门工作人员相同的福利待遇，并且负责人一般由党组织直接任命。人民团体的最高权力机关是会员代表大会，但是会员代表大会在决定自己负责的等重大问题上并无很大的发言权，到最后人民团体越来越官僚化和远离群众，最终成为中国的第二政府，即这些人民团体越来越演化成为另外一类具有准政府体制的官僚机构。研究者发现，近年来，相关政府部门和上海 K 科技协会在这方面进行了有益探索，首先是社团改革，其次是政府部分职能的让渡。

就政府部分职能让渡而言，原来由政府掌控的业务，诸如工程技术人员的资质认证、资质培训、晋升或晋级的考核和评估、工程技术各种标准制定、工程技术项目的第三方评估，等等，经过上海 K 科技协会作为在科学技术领域中科技社团的"代言人"或"层峰组织"，在与政府进行多次的互动与沟通包括申请、协商乃至"谈判"，逐渐由政府掌控通过市科协转由科技社团操作和实施，并逐渐制度化、规范化和模式化。

因此，机制建设首先需要建成政府对科协和科技社团让渡空间的机制，逐渐把负责的工作或从事的业务归还给后者，让其在这些领域中协助政府承担更多的责任并由此获得更快的成长。然而，从研究中也发现市科协下属的科技社团类型多种多样，尤其是能力和成熟程度各不相同，故而从社会秩序和社会稳定考虑，并不是所有的科技社团都能无条件地承接政府转移出来的职能，都能不考量它们的条件而进入让渡的空间。比如本研究发现，作为枢纽型社会组织的上海 K 科技协会，它下面的科技社团具有不同的类型（见表 5－4）。

表 5－4　　上海 K 科技协会下属科技社团类型

社团类型	数量估计	代表性社团举例
独立自主型的科技社团	很少数量	上海医学会
半独立半依附型的科技社团	较少数量	上海照明学会
依附型的科技社团	很多数量	上海环境科学协会

当然，如果上述分类加入"竞争"这一元素可以进行进一步的细分（见表 5－5）。

表 5-5　　上海 K 科技协会下属科技社团类型细分

主要类型	基本特征
依附型无竞争模式	学会类似于政府主管部门的内设机构或者事业单位，政府（或非政府其他主体）对学会的拨款、赞助充足，学会内部缺乏竞争，考核限于形式，与薪酬不挂钩，人员由拨款资助的政府（或其他主体）委派或指定，很少有人员流动，晋升主要凭行政职级任命
半依附半独立型无竞争模式	学会有挂靠单位，独立权有限，政府或者其他主体对学会有一定形式的有限资助，内部竞争机制和社会服务能力缺乏
半依附半独立型有限竞争模式	学会有挂靠单位，独立权有限，政府或者其他主体对学会有一定形式的有限资助，内部竞争机制初步建立但极为有限，仅限于学会内部，社会服务能力有限
独立型无竞争模式	学会无挂靠单位，独立自主，但没有建立内部竞争机制和缺乏社会服务能力
独立型有限竞争模式	学会独立自主，内部引入了有限的竞争机制，有一定的社会服务能力
独立型竞争模式	学会独立自主，在没有政府或其他主体作为挂靠单位的情况下，学会实现充分的内部竞争和外部竞争

资料来源：根据《科技社团秘书长职业化探索》一文绘制。

所以，建设一个筛选机制以推动科技社团逐步、有序及稳健的进入与参与。而这些机制的建设及形成，无疑都需要市科协在其中起到承上启下的连接、推动、协调等重要作用，一句话，在这个过程中，K 科协同样居于枢纽的位置，需要承担更多的职责（见图 5-12）。

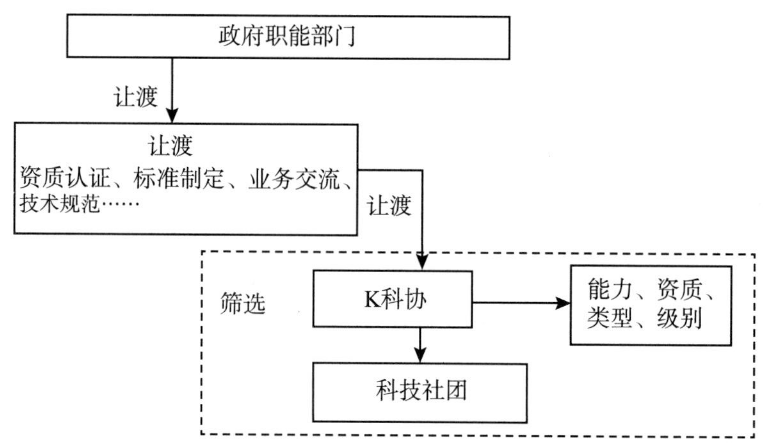

图 5-12　政府和市科协让渡与筛选机制建设

二、多层级枢纽连接机制设立

由于中国民生领域里社会组织的多样性和基层社会层次的复杂性，因此，基于中国的实际状况和管理效率，枢纽型社会组织与政府关系的制度安排之一是：多层级的枢纽连接，尤其是在对下一级的科技协会和科技社团的枢纽式管理和机制建设等环节更加重要。对此，仍然可以用本项目研究的个案——上海K科技协会，作为佐证的案例。

鉴于科技社团的数量众多以及类型多样，而科协对于科技社团的管理是众多工作的一小部分，所以，为了提高管理的有效性和拓展科技社团运作的更大空间，市科协本着“抓大放小”“抓主要放次要”以及“属地化管理”等工作要求，开始考虑建立多级枢纽分层互动架构来优化对基层科技社团的领导和管理，其基本结构见图5-13。

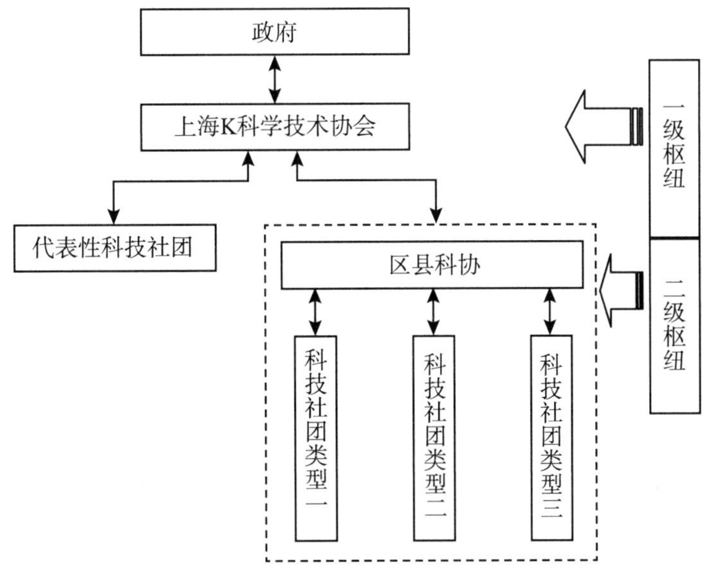

图5-13　政府、K科协和科技社团多级枢纽分层互动架构

研究发现，在实践中，一些区县科协在基层社区里对于推动科技发展、组织基层科技社团开展工作等方面起到了很好的二级枢纽作用，比如上海P区科协（见图5-14）。经过10余年的开拓，P区科协系统内形成了具有特色的双轴组织体系：一是以推动科技与经济融合为目标，建立起科技团体组织体系，包括31家分布于不同行业的学会、协会，成为科协联系企业、科研机构和科技工作者的主要纽带；二是以促进科技与社会融合，建立起三级科普组织体系，包括23

家街道、镇科协及其所属的居委科普小组、村委科普小组，成为科协服务于广大社会群众的重要基础网络。多元化的科技团体组织网络，全覆盖的科普组织网络，最终统合成为整体的P区科协组织系统和科协事业发展的内聚力。

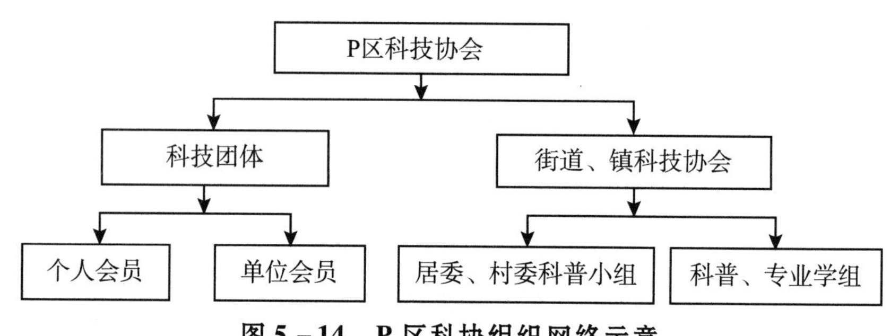

图5-14　P区科协组织网络示意

显然，P区科协即位于第二层枢纽位置上，此外，从其承担的角色而言，其枢纽的色彩也十分鲜明。P区科协紧密结合区委、区政府中心工作指导科技团体发展，承担了以下角色：

（1）孵化者。几乎每一个学（协）会的建立，都倾注了P区科协的关心指导。在与社团管理处沟通、帮助发起人建立筹备组、指导筹备组建立工作制度、召开成立大会、支持或资助协会度过初期困难等时，不论是P区科协的领导还是职能部门的人员，都随时能提供热情、及时的指导和帮助，促成学（协）会孵化成长。

（2）引导者。自2002年起，P区科协每年向所属团体下发《科协系统学（协）会工作意见》，通过工作指导方式引导和规范学（协）会发展；同时，每年下发《科协系统咨询课题资助计划》《科协系统学术活动资助计划》，公布每年的重点资助计划和资助标准，以非强制性的扶持策略间接引导学（协）会开展工作。

（3）资源整合者。政府所掌握的资源包括经费投入、办公场所等硬件设施，信息与技术的支持，核准设立非政府组织及其活动许可权等；非政府组织所掌握的资源，包括公信力、公共服务的供应与输送、信息传递与沟通、专业知识等。科协充当资源整合者，使两者的资源实现对接。如2004年起，政府开始委托5家学（协）会开展产业报告研究，就是依托学（协）会的专业知识和人力资源。由P区科协推动学（协）会担当主角的“科技沙龙”“产学研联盟”也被政府所关注。

（4）支持者。P区科协对学（协）会的支持，重点体现在通过各类平台“输出资源”上：如“重大科技、科普活动资助资金”的运作，为鼓励学（协）会开展活动提供了支撑；两年一届的科协学术年会，为学（协）会参与学术交流提供了平台；优秀论文评选，也为广大科技工作者提供了展示舞台。

(5) 沟通者。P区科协是党和政府联系科技人员的桥梁和纽带，而各种科技团体则是纽带的组成部分。通过学会、协会，了解科技企业、科技人员的需求、建议，也通过学会、协会，传达科技政策、法规，P区科协在两者之间是上传下达、下情上报的沟通者。例如P区第五次区长网上办公会，就由P区科协邀请了五家科技团体代表参加，所提的关于推进科技创新的有关建议受到区领导高度重视（上海市P区科学技术协会，2006）。

在上传下达，指导、支持和居间协调方面，P区科协扮演着枢纽的角色和发挥着枢纽的作用。

三、政府与枢纽型社会组织的互动谱系

根据社会学的知识来思考，"理想类型"至少蕴含有这样的涵义：它是对现象的高度概括而非现象本身，如果回到现象，则现象要比概括的类型更加复杂多样，往往是一种现象之内涵括有多种类型特征。此外，从动态的角度出发，枢纽型社会组织与政府的互动关系并非静止和固定不变，事实上始终是在演变和发展之中，不同的枢纽型社会组织与政府的关系类型犹如一个连续谱系上的不同节点或位置，随着环境的变迁，这种关系类型的位置也会发生改变。基于上述思想，可以把枢纽型社会组织与政府的关系类型建构成以图5-15所呈现的一个模式。

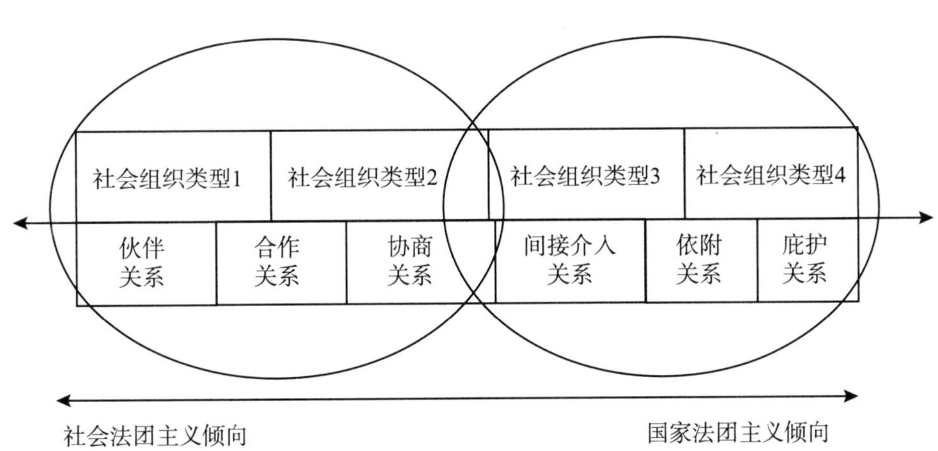

图5-15 枢纽型社会组织与政府互动关系的谱系模式

图5-15表明，不同的枢纽型社会组织在与政府互动中会采用或形成不同的关系形式，并且在实际运作过程中所运用的这种关系形式并不是单一的而是多样

化的，对枢纽型社会组织4而言，它和政府之间主要是一种庇护性的互动关系，伴之以依附性关系；对枢纽型社会组织3而言，它和政府之间主要是一种依附性的互动关系，同时伴以政府对其间接介入的互动关系；对枢纽型社会组织2而言，它和政府之间的关系主要以协商关系的方式达成互动，但因资源主要由政府掌控，所以，它们的互动关系有时也会以协商和间接介入兼具的方式出现。对枢纽型社会组织1而言，合作关系、协商关系是它与政府互动时所产生的最主要的关系形式，然而，它的目标是希望在两者之间形成真正意义的平等、独立、互惠、自主的伙伴关系。

从整合的角度来看，图5－15呈现了一个枢纽型社会组织与政府互动及其关系的谱系模式，即不同成熟程度和不同力量对比的枢纽型社会组织与政府之间会形成相应的互动关系，并且这种互动关系并非固定不变，随着政治文明和社会发展推动非政府组织与政府的不断成熟、不断理性和不断开放，那么，它们之间的互动关系也会随之发生演化。总体而言，图5－15右边大圈所囊括的互动关系基本上都是倾向于国家法团主义取向，政府对枢纽型社会组织都具有强度不等的控制，而枢纽型社会组织也具有程度不同的主动或被动的依赖倾向和依赖行为；左边大圈所包含的几种互动关系类型则主要以市民社会理论为取向，并且越朝左面演进，表明枢纽型社会组织与政府之间互动关系的市民社会因素就愈加明显和愈加丰富；在两个大圈的交叉部分，意味着枢纽型社会组织与政府的互动关系既包含国家法团主义的因素又包含市民社会的因素，说明在这个重叠的区间里，受国家法团主义和市民社会这两种因素影响的枢纽型社会组织与政府互动关系充满了张力。从社会发展趋势而言，一个好的社会应该推动与促进出现这种理想状态，即枢纽型社会组织与政府互动关系不断地从左边大圈向右边大圈所指引的方向变化和发展。

四、枢纽型社会组织发展的忧思

枢纽型社会组织虽然是社会发展和社会治理的迫切需要，在实际过程中确实也承担了重要的角色和发挥了相应的功能，但是，纵观枢纽型社会组织的发展历程，其同样存在着令人担忧之处，具体表现在下述几个方面。

（一）枢纽型社会组织实质性作用薄弱且偏离基层社会组织期待

从枢纽型组织的视角来看，其基本上已初成规模和体系，基本覆盖了各个地区，但与组织的“具体实践”和“实际期待”还有一定的差距，当然，这也可能是枢纽型社会组织还处于探索阶段所必须经历的。

我觉得它可以发挥的作用应该可以更大一些，因为它本身的背景以及拥有的一些资源，以及行业协会的初衷也好，可以发挥得更大。它现在更多做的是对接直接服务的这块，或者是有些资源的对接。我个人感觉，行业协会嘛，主要是组织的培育和支持发展。社工协会是有很多推进作用的，但是另一方面它应当更高一层次地去做一些事情，比方说社工政策的制定和倡导，还有一些行业组织内的规则制定，这种资源整合再到分配的这个过程，以及它对政府方面的影响，社会工作的相关研究工作，比如民间社工机构发展的相关研究，如何更好地培育和支持民间机构的发展，让功能能够更好地发挥。我觉得它们的资源和地位更特殊，所以我对它们的期望是更高的，但目前来看发挥的作用还比较有限，有很多都不符合我们的需求。（摘自 SQ 的访谈稿）

我们参加协会的目的和意图，和我刚才说的是一样的。第一个目的还是想建立关系，一个良好的关系。第二个，还想着影响，因为我觉得我们机构做专业社工做得比较早，不论经验成熟不成熟，对我来讲，我都会觉得，让一些良好的东西去产生影响。因为协会，它是一级协会，它把你一些良好的东西吸纳进去了，也能去影响其他的机构组织。这是我推动专业社工的一个目的。第三个，还是想征求资源。一开始我们是没有从那儿取得资源的，我们是输送资源的，后边就是说如果他有资源能够给我们。其实还是第一个、第二个目的是最主要的。当然再回过头来补充一下，就是说，我们和协会，协会给我们的另外一个东西，就是荣誉。他能认可和肯定我们，能把一些荣誉给我们，包括把我们推到全国，发挥他们推动机构发展，走向全国的这样一个作用。但目前，他们做得还不够，但是我们之间第一个目的还没有建设成。（摘自 SJ 的访谈稿）

可见，枢纽型社会组织并未成为原本设想的推动社会组织发展的纽带力量，给社会组织“心理上”带来了一定落差，这可能是政府部门对枢纽型社会组织的重视程度不够以及枢纽型社会组织缺乏专业人才导致，在业务范围和业务质量上有待改进。

感觉上就是人家是高大上，我们是小草根，有种很高的距离感。我们所期望的行业协会就像母亲一样，一些发展上的困境都可以跟它们说，给人亲近感。但目前给人的感觉它们就是管理者，就是个老板。社工的发展必须整合不同机构，社工协会能在不同的组织之间做到比较好的沟通也好，协调机制也好，这样能够引导大家凝聚起来，推动整个区域服务的发展。（摘自 YL 的访谈稿）

在访谈中，研究者可以感受到基层社会组织对枢纽型社会组织作用的发挥有着强烈的需求，基于实际情况，他们不要求与枢纽型社会组织“平起平坐”，只希望能够从它们那里获得生存和发展的技能与资源，而部分枢纽型社会组织的思维有待于转变，没有明确自己的定位，而是以“管理者”“老板”自居，政社不分、官办不分，严重挫伤了基层社会组织向其靠拢的决心，降低了基层社会组织的归属感和认同感。有时候，在同等条件下，枢纽型社会组织无法做到平衡、平等地对待，这也会造成部分基层社会组织对其有负面的评价。

（二）枢纽型社会组织自身发展不足且缺乏发展的政策保障

依据枢纽型社会组织的发展要求，各地政府纷纷出台促进枢纽型社会组织发展的政策、规范以及有关枢纽型社会组织建设的实施方案，以此希望促进枢纽型社会组织的发展，但是政策内容更多偏向行政性的要求，缺少较具实际或指导意义的可操作性要求、保障措施以及发展规划等。

它对于我们来说，感觉是可有可无。你感觉它是项目集散地，做供需对接的，但是你说我们不从他们那个平台拿项目，它对我们来说就没什么意义。它说会员去竞选项目更优先，但是你可以去看看，真正是它的会员的话，有几个去它那儿竞选项目的，它的作用也就是对于那种初创型的社会组织较为重要，对于我们这种发展到一定程度的，它已经不能满足我们的需求了。比如说，它出台一个项目管理或者财务管理的规范文件，抛开操作性不强来说，它的法律效力在哪，能够全面推广吗？除非是它协助政府做的一些要求，如果不是的话，他们做出来的东西，回应率是很低的，因为不适合。（摘自 SL 的访谈稿）

对于区一级的枢纽型社会组织和街道级别的枢纽型社会组织，一般是割裂的，彼此之间没有太多业务上的往来，一般都是各自埋头做自己的事情，这种就很不利于枢纽型社会组织的发展。像联合会那种，建立个三级体系还好，伞状地分布在各个领域，合作起来，一下子可以撬动整个区域的资源，但是现在很多枢纽型社会组织都是独立的，它没有自己的分支机构，有些事情想依靠一个机构做起来很难，况且它们也没有那个能力，它们自身整天忙于现有的事务，已经很占力气了。（摘自 ND 的访谈稿）

目前的政策不够具体，也太模糊，有些保守点的政府人员对枢纽型社会组织的发展持有保留态度，他们为求稳定，也不敢有什么大的动作，一味地去效仿，跟在别人后面，害怕出错，这样就造成枢纽型社会组织的发展跟不上基层社会组织的步伐。政府对枢纽型社会组织的重视程度不够，以至于有时候很多政策和决定由于各方面的原因都流于形式了。他们对枢纽型社会组织这种暧昧不明的态度，导致枢纽型社会组织也没有长远的目光，没有百分之百的精力去规划自己的未来，只想着顾好眼前。（摘自 HY 的访谈稿）

从统筹规划和整体布局的角度来说，基层枢纽型社会组织发展的整体规划还有待于加强。这就需要将枢纽型社会组织推向一个更高的决策平台[①]。而这项工作是需要多个政府部门和多个枢纽型社会组织联动协作的，广泛征询各枢纽型社会组织的意见和建议，为持续有序的发展奠定基础。

枢纽型社会组织需要系统化或整体设计，这样才能协调推进又能明确主体，要有“大枢纽”的概念，政府应该加大扶持力度，给予其稳定向前的信心。（摘自 SL 的访谈稿）

目前我们一直在倡导发挥枢纽型社会组织的作用，但是具体哪些是枢纽型社会组织的知晓度并不高，而且现在枢纽型社会组织服务做得怎么样，一直没有一个客观的评价标准。（摘自 JF 的访谈稿）

现在枢纽型社会组织面临的问题就是比较分散、发挥出来的功能比较弱、规范性不强，而枢纽型社会组织之间缺乏竞争机制，又难以显现发展成果，且枢纽型社会组织的基本认定、考核评估和监督机制均不健全，以及相对粗放的行政认定和资金投入，不符合精准化的治理要求，在投资和回报之间无法衡量资源的使用率。

（三）大部分枢纽型社会组织自身造血能力不足

目前枢纽型社会组织的主要资金来源还是源于财政拨付或者政府购买服务，总体来说，资金来源还比较单一、匮乏，未能满足其充分发挥资源整合、孵化培育、能力培训等枢纽功能的资金需求（资金纽带型枢纽组织除外），亟待拓宽多元化资金来源渠道。

我们组织政府购买服务平台部门里面的专职人员也是由民政局购买服务的，民政局的服务包含两名员工的工资，虽然说这个部门是我们的，但是我们自己是养不起的，不仅仅是这个部门，其他部门，我们都是靠政府的项目“养着”，没有其他资金注入，所以每年到年底续签协议的时候，都会很紧张，一旦政府取消合作，我们组织这个主要的部门可能就没了。（摘自 SP 的访谈稿）

我们虽然会通过培训、评估等方式赚取一点儿费用，但是这种收入远不及总额的 1/3，其他主要还是靠政府，所以才被动。（摘自 HY 的访谈稿）

我们作为资金枢纽，如果不是依照政府的面子去拉赞助也是不行的，现在国人的慈善观念还不高，想要获得大额的资金来运作，还是得借助政府的力量去找一些企业来募捐，或者通过政府拨款。（摘自 CC 的访谈）

“生存资源来源于政府，就得为政府服务”，依靠政府拨款的，就对政府的依

---

① 卢磊：《发展基层枢纽型社会组织的新时代策略和可行路径》，载于《中国社会组织》2018 年第 15 期。

赖性强，扮演着政府职能的延伸角色，而对会员和其他社会组织的服务性就不能做到令他们满意，因此会员的参与性也不会高。那些没有政府拨款，依靠会员来筹集资金和整合资源的“自下而上型”社会组织，其会员参加活动、参与决策的积极性则普遍较高，为会员服务的能力也更强①。目前枢纽型社会组织无法做到平衡和两全，枢纽型社会组织除“造血”功能的先天不足外，也面临着长期存在的两种治理失范的风险：一是其内部治理受到外部行政力量的干扰或影响，包括建制化的体制依附和基于官员身份的人身关系依附；二是“精英治理”现象，即行业协会、商会的负责人凭借自身的资源、威望或人格魅力，主导其内部事务的决策和执行，以及依附于行业龙头企业，被其架空②。

（四）枢纽型社会组织缺乏法治功能且容易陷入“行政化”

法治建设是立足于国家与社会的多元力量的互动推进过程，社会组织无疑是其中一支非常重要的法治建设力量。但是，近四十年来，社会组织与法治建设之间的关系，在整体上呈现出一条以国家建构为主导的路线。现阶段社会组织尽管数量很大，种类繁多，却未能在法治建设中展现其应有的角色担当。近年来，各地政府又想通过枢纽型社会组织的力量，对社会组织进行行政性构建和塑造，以使社会组织的发展能够服从国家规划秩序的整体安排。这样，社会组织的功能和作用就基本被纳入了既推进政社分开又服从体制的总体性、安定性的制度框架，主要用来满足执政战略和维护稳定的需要。然而，这一安排却限制了社会组织的自主性、代表性和治理能力的获得与提升，并导致社会公众原本对社会组织的认可度远低于政府的状况进一步固化。社会组织既要面对上述发展状态，又要给予社会发展需要和民众诉求所带来的新生动力，这就使他们不得不在与政府的双向塑造中磨合成长，形成国家构建主导与社会组织偏行脱空的复杂博弈状态，进而加剧政府和社会组织的内在张力，健康的社会治理和运行机制难以形成。

由于转型期有着维护权威、秩序和稳定的顾虑，政府让枢纽型社会组织担当起桥梁和助手的角色，因此枢纽型社会组织也就成为政府分散转型压力、落实方针政策、实现社会控制的“雇员”，而不是合作治理的“伙伴”，这无疑会加剧枢纽型社会组织的行政化、官僚化、异己化。那些基层的社会组织，则在体制外游走，与枢纽型社会组织保持着若即若离的关系，或者没有关系，而只要他们不给政府“惹麻烦”，政府就对其保持着一种默认或“无视”的态度，枢纽型社会

① 王名、陶传进：《中国民间组织的现状与相关政策建议》，载于《中国行政管理》2004 年第 1 期。

② 宋晓清：《谨防行业协会商会与行政机关脱钩过程中的三种风险》，载于《中国社会组织》2015 年第 21 期。

组织想“管”也无权去“管”。

第七节 研究总结

长期以来，双重管理体制因为“重准入门槛，轻日常管理”而导致基层社会组织发展陷入一种僵局的状态，枢纽型社会组织的出现是让基层社会组织从双重管理到单一部门管理的过渡办法，是为了更充分地激发基层社会组织活力，是能够将碎片化的社会组织“统一”起来为共同的目标而奋斗的实践载体。现阶段，我国社会组织所表现出来的“官民二重性”在枢纽型社会组织“身上”充分地表现出来，枢纽型社会组织一直相对独立于政府部门，它在接触基层社会组织的过程中，时刻被“熏陶”着社会性，在与基层社会组织的互动中发挥着应有的作用；同时，由于现实条件的限制，不得不对政府产生依赖，成为政府管理和监督基层社会组织的“好帮手”。但这种“偏政府”的行为并不完全是不可取的，枢纽型社会组织可以凭借政府的支持获得权威和资源来引领社会组织的发展，枢纽型社会组织在“两面性”特质下不断地探索适合自身发展的有效路径。

枢纽型社会组织成立后，便产生了一种新的社会治理组织架构，催动了新的社会治理模式的产生，形成了一种新的国家—社会的关系，且在这种关系的影响下，我国社会治理呈现了法团主义的特征。首先，法团主义理论强调授权。政府部门通过一定的规则、程序或形式，允许枢纽型社会组织承担原先政府某些部门的公共服务和管理的职能，借此，枢纽型社会组织获得了发展空间。法团主义强调国家与社团之间的紧密合作，在政府和枢纽型社会组织互动中最能体现的便是政府购买服务和公益园区的管理。政府退居幕后，由枢纽型社会组织来实施具体的管理和服务工作。其次，法团主义理论强调垄断性。各个枢纽型社会组织有的是在政府支持下成立的，有的是自发形成的，但他们都已获得自己的“一席之地”，在某个领域或者某块地域里只有它一个。它的地位获得了国家认可，且不会轻易变动，并在政府职能不断向其推送的过程中，其枢纽地位逐渐稳固起来。再次，法团主义理论强调控制。国家在职能交付枢纽型社会组织的同时，该组织的领导人选举和利益表达路径均让渡给国家，在政府规定的文件规范下行事，使得自身不断行政化。最后，政府通过党建工作来引领枢纽型社会组织发展，来强化其与政府之间的关系，来进一监督和指导其工作。总之，枢纽型社会组织所表现出来的授权、控制和垄断都表现出了法团主义的特征。通过本研究，进一步认识了枢纽型社会组织及未来社会组织发展的新动向。

第一，枢纽型社会组织在社会治理领域的存在，有利于重塑基层治理机制。目前社会治理的项目化运作具体为“政府—枢纽型社会组织—草根社会组织”与社区居民的多重互动，整个项目化的运作机制，促进了整个社区自治与共治能力的提升。

第二，枢纽型社会组织在社会治理领域的存在，有利于增强治理的有效性。枢纽型社会组织作为政府和社会组织之间互动的桥梁，成为自上而下资源的分配者和自下而上需求的传送者，同时是政府和社会组织之间利益的平衡者，在润化政府和社会组织关系的同时，既降低了社会治理的成本，又保证了治理的有效性。

第三，枢纽型社会组织是政府在社会治理中采用的一种更为隐蔽化的柔性控制机制。具体来说，枢纽型社会组织的存在和功能发挥，一方面体现出专业性和规范性在社区公共服务提供上的正向作用，另一方面也为间接地帮助政府控制基层社会组织提供了可操作的路径。

第六章

社会危机事件应急管理处置机制研究

党的十八届三中全会报告《中共中央关于全面深化改革若干重大问题的决定》很明确地提出要“创新社会治理体制”，并进一步指出：“创新社会治理，必须着眼于维护最广大人民根本利益，最大限度地增加和谐因素，增强社会发展活力，提高社会治理水平，全面推进平安中国建设，维护国家安全，确保人民安居乐业、社会安定有序。”而具体的战略部署包括：改进社会治理方式、激发社会组织活力、创新有效预防和化解社会矛盾体制、健全公共安全体系，等等。社会治理体制是社会体制的重要组成部分，但毋庸置疑，随着社会转型的加剧，不断出现的新问题、新现象尤其是突发的、紧急的危机事件，严重地挑战着已有的公共安全体系和社会治理体制，因此，从以民生为重点的社会体制改革的角度出发，深入研究突发的社会危机事件和有效处置机制，无疑是一项极其重要的研究议题。

第一节　引　　言

改革开放40多年，中国在取得经济发展的巨大成就的同时，社会本身也处于急剧的转型之中，社会建设滞后于经济建设而产生不良结果，开始不断地显现出来，一个典型的表现是社会矛盾纠纷的发生频率都越来越高，影响范围越来越大，破坏程度也越来越强。

诚如有人指出，原先被深藏在“冰川”之下的许多看不到的潜在风险随着改革开放不断深入和社会转型不断加强开始浮出水面，为人所发掘。整个社会的运作成本在不断增加，社会现象的波动性、复杂性增强，隐藏在经济社会发展中的各种矛盾越来越突出，使得我们更容易处在各种各样的经济、政治、生态等社会风险当中①。因此，从社会秩序的维护、社会安定的实现、社会建设的推动、社会发展的达成等角度，深入探究新时代社会主义初级阶段的社会危机发生、演化及其有效的处置方法与途径，无疑具有重大的理论与现实意义。

一、研究背景

社会转型伴随产生的诸多涉及制度或体制的社会问题，越来越引起社会的广泛关注，本研究方向主要基于以下三个重要的现实背景。

（一）转型期的挑战

改革开放以来，我国取得了巨大的发展成就。但是，较短时间内完成了西方国家百年发展历程的中国，或多或少出现“社会失范”。在我国社会发展的转型期，因为法律制度方面的漏洞、城乡二元体制的隔阂、两极差距的扩大、利益主体行为的不当逐利、片面追求经济效益、忽略生态环境保护、忽略文化发展等社会问题因素时有发生，成为诱发突发社会危机事件的因素。中国正在各个方面经历着风险社会带来的全面的和越来越具有复杂性的挑战。

从理论上思考，目前的社会运转正在出现这样一种状态，即“一般社会问题：行为失范→关系失调→制度失灵”正在转向“社会危机：制度失效→关系失衡→行为失控”。因此，深入探索法律制度完善，探索社会制度规范与社会发展的关系、经济转型发展与生态环境之间的关系、价值观念多元化与文化堕距现象之间的关系，正确认识我国转型期“社会失范”的特点、表现形式等对突发社会事件危机管理的新挑战、新要求，是当下刻不容缓的重要课题。

（二）新媒体的挑战

随着信息技术的高速发展，新媒体越来越成为社会生活中不可或缺的信息传播工具和社会成员日常交往的媒介。新媒体是指利用数字技术，通过计算机网络、无线通信网等渠道，以电脑、手机、数字电视等为终端，向研究对象提供信

① 宋佳蔓：《我国政府危机管理中的政治动员机制研究》，东北师范大学博士学位论文，2009 年。

息和服务的传播形态。

新媒体以PC和手机等移动终端为载体，以微博、微信等为主要传播媒介，以精准短小的内容为传播对象，具有“主体多元化、结构扁平化、载体移动化、内容碎片化、模式多极化、表现视频化、传播即时化、行为社交化”的特征。这种特征创造和创新了网络交流方式，使网络舆情正迅速成为新时代的信息传播来源、通道和助推器，网络媒体覆盖的大量研究对象数和便捷快速的传播方式，其威力和影响力是任何传统媒体都无法比拟的。概括而言，网络时代的舆情呈现出以下几个特征：第一，广泛性。一指参与主体广泛，二指由交流主体多元带来的议题广泛。第二，虚拟性和匿名性。网络提供了一个虚拟的空间，人们不再面对面交流，取而代之的是IP地址和网名。匿名性和虚拟性是一把“双刃剑”。网络空间的虚拟性和匿名性可以使民众表达更真实，但是匿名性也为谣言传播提供了机会和温床，盖源于虚拟的匿名社区使得责任主体不清晰、规范弱化。第三，即时性和互动性。网络舆情与现实社会联动，常常形成爆款效应，一件小事也能触动公众的神经而被不断放大并形成社会热点事件，甚至在局部的范围内引起震荡。

突发的社会危机事件作为重大事件，在新媒体的助推下各种信息迅速传播。新媒体时代人人成为传播者，但是传播的信息往往真假难辨，真假难辨的信息也很容易在匿名性网络下形成舆论风暴，舆论容易激发愤怒、容易同情弱者，舆论有时会是流言、谣言，从而使网络中的“乌合之众”现象更为凸显。因此，新媒体时代特点成为突发社会事件危机管理的新挑战，迫切需要通过社会危机应急管理体制机制改革和改良，建立起一套新的有序的制度和规范，既能增加对风险的预警又能对社会风险进行有效的控制，而创新应急管理处置机制和组织架构形式，推动社会组织参与社会管理和服务机制的建设与建立，无疑是防止或减少社会风险的一项重要制度途径。

（三）和谐社会建设和应急管理创新的迫切需要

1. 和谐社会建设的需要

经济和社会需要协调发展越来越成为改革开放40年后今天全社会的一个基本共识，面对社会建设明显滞后于经济发展这样一种态势，党和政府不断重申加强社会建设的重要性以及转变传统的社会管理与方法的紧迫性，强调和谐社会发展的急切性，而和谐社会建设的内涵必须包括以下一些重要方面：

第一，经济社会和谐发展。社会发展事实上是一个十分复杂的系统工程，只有兼顾整个经济和社会各个领域的全面的、协调的和可持续的发展，才能促进人类社会的进步。同时，要把维护社会公平放到更加突出的位置，更加注重社会公平，真正做到权益和机会公平、公正。

第二，人与自然和谐发展。人与自然的关系是人类社会最基本的关系，因此，必须坚持科学发展，努力保护自然资源的再生能力，使构建和谐社会得到文明生态的支撑和支持。习近平总书记指出：我们既要绿水青山，也要金山银山。宁要绿水青山，不要金山银山，而绿水青山就是金山银山。总书记的指示明确指出，人与自然间的良性互动，是推进和谐社会建设的根本保证。要按照绿色发展理念，坚持保护优先，把生态文明建设融入经济、政治、文化和社会建设各方面和全过程。同时强调，只有人与自然的和谐发展，才能不断提高人民群众的生活质量，并保持人类赖以生存的生态环境具有良性循环的能力。

第三，社会主体利益关系和谐发展。以人为本、重视人的全面而自由的发展，是和谐社会建设的本质和核心，因此，要把维护广大社会成员的根本利益放在第一位，将以人为本的理念体现到社会生产生活的各方面中去，切实保障最广大社会成员在工作、学习和社会生活各方面的权益，尽可能使每一个公民在履行社会义务和责任的同时，享有法定的权利，不因地域、种族和社会阶层的差异而遭受歧视或不公正的待遇。在这个过程中，就需要最大限度地化解社会矛盾，促进社会和谐、健康发展。

第四，社会环境和谐发展。促进社会公平正义是和谐社会建设的核心价值追求，因此，需要建立健全社会治安预警体系，完善对维护广大社会成员切身利益具有重大作用的各种法律制度，使社会成员真正感到权益受到了公平对待，利益得到了有效维护。同时，需要积极、有效地开展法治思想传播、法律规范宣传教育活动，弘扬社会主义法治精神，引导广大社会成员树立法治观念，涵养社会成员遵纪守法的行为准则，努力形成崇尚法治、平等友好的社会氛围与社会环境。

第五，党群干群关系和谐发展。构建和谐社会的主要内容之一是强调执政权力与人民权利的和谐互动。为此，习近平总书记指出：我们党来自人民、植根人民、服务人民，党的根基在人民、血脉在人民、力量在人民。失去了人民拥护和支持，党的事业和工作就无从谈起。无疑，始终坚持把党的事业和群众利益放在最高的位置，建立健全干部选拔、培养和任用机制，着力锻造一支开拓进取、德才兼备、一心为民的高素质干部队伍，等等，也是和谐社会建设的一项重要内容。

和谐社会建设与建成是一个长期的任务，上述五个方面的建设内容目前仍然任重道远。

2. 应急管理创新的需要

就当下转型时期社会建设而言，党中央指出，基本任务包括协调社会关系、规范社会行为、解决社会问题、化解社会矛盾、促进社会公正、应对社会风险、保持社会稳定等方面。做好这些工作，是促进社会和谐、全面建设小康社会、坚持和发展中国特色社会主义的基本条件。

虽然，近年来党和各级政府在协调社会关系、规范社会行为、解决社会问题等方面花费了大量的精力，也取得了巨大成就，但毋庸置疑的是，囿于转型时期风险社会的限制和触发，突发的社会危机事件仍然频发，而现有的应急管理体系也仍有诸多需要改善的地方。

应急管理体系是一个国家应对突发事件的理念、制度安排与各类资源的总和，其构成和演变决定了一个国家应对突发事件的能力和效率。经过近十几年的认真探索和不断实践，我国的应急管理体系从无到有，已经初步形成了"一案三制"的应急管理体系，即应急预案、应急管理体制、应急管理机制和应急管理法制。但因我国的应急管理工作起步较迟，应急管理体系的构建和完善一直以来就是我国应急管理工作的难点，就目前的体系而言，仍存在以下一些不足，即：

第一，应急管理机构内部的部门协调和府际协作不畅问题有待解决。

长时期以来，困扰我国应急管理工作的两大机构设置的因素是按行业设置应急管理机构和应急管理机构的条块分割问题。而现代社会的实际状况是，某一突发事件的发生往往会引发其他突发事件的并发，并且，随着区域经济一体化进程的加速，突发事件的发生和影响往往会超出单一行政区域的范围，因此，单纯依靠某一个应急管理部门和完全依赖某一地域的某一层级的政府应急管理机构其实很难应对跨域突发事件。

分行业设置行业应急管理机构和应急管理机构的条块分割，导致应急管理的协调和统筹难度很大，应急处置成本高、成效差。为此，2018 年 3 月通过的《党和国家机构改革方案》，对我国应急管理机构设置进行了大幅度的改革，将绝大多数的行业应急管理机构整合设置为应急管理部，原有的各行业应急管理机构之间的协调问题随之解决。但是，新的问题是，这种协调从原有的不同应急管理机构间的协调变成同一个应急管理部内部的部门之间的协调。由于现有应急管理部整合的部门较多、专业责任和权限差异较大，部门之间的协调难度也很大。同时，"分类管理、分级负责、条块结合、属地为主"依然是应急管理机构应对突发事件时的基本原则，跨域突发事件的预防与应急准备、监测与预警、应急处置与救援、事后恢复与重建等工作面临的协调难度很大，相邻地区在应急管理上的府际协作问题又进一步凸显出来。应急管理机构组成的应急管理体制是应急管理体系的载体，应急管理工作主要依靠应急管理机构来执行和维持运转，应急管理机构设置的结构直接关系到应急管理的成效，如何保证协作体系顺畅，是当前应急管理体系需要解决的一个重大问题。

第二，社会和市场力量参与应急管理的积极性明显不足。

应急管理工作面很广，涉及自然灾害、事故灾难、公共卫生事件和社会安全事件等多种类型的突发事件。目前我国的应急管理力量基本上以政府投入为主，社会力量和市场力量很少介入其中，使得政府的应急管理不仅投入大而且因应急管理主体单一导致应急管理工作的成效不佳。相比之下，西方国家在公共危机管理中，不仅政府积极参与，而且公众也通过非政府组织介入管理，形成政府、非政府组织、公众责任共担的公共危机管理体系，而我国在这方面基本处于空白状态。

第三，城乡基层的应急管理工作薄弱。

现有很多城乡社区的应急管理的体制、机制建设和应急力量与设备建设处于空白地带，即便部分城市基层社区设立了相关设备，但是大多处于没有专人管理和使用的状态，社区居民也很少有接受过专门的应急管理技能培训，因此，基本上都难以有效应对突发事件或者事件造成的后果与社会影响巨大。

第四，应急管理的法治水平急需提升。

随着《突发公共卫生事件应急条例》《中华人民共和国突发事件应对法》等法律法规的颁布，我国应急管理的法治化水平得到一定的提升。但是相对于日益复杂的突发事件以及由突发事件诱发的社会治理难题，应急管理依靠行政命令和政策文件为主的方式在部分突发事件的处置领域还比较严重，以此处理的危机事件难以起到有效遏制危机再次发生的作用。同时，我国的应急管理的法治化程度还有待改进，应急管理的法律法规的可操作性仍然有待提升。

突发的社会危机事件严重威胁着社会系统的价值规范、基本架构和共同利益，需要政府部门尤其是地方政府在极短时间内作出果断决策并迅速展开行动，并构建较为完备的应急管理体系。然而，已有的应急管理，无论是在体制、机制方面，还是在方法、手段方面，均已显得陈旧、滞后，面对急剧转型的社会所出现的价值取向、行为趋向、生活方式等各个环节多元化、趋利化、突变性等态势，往往显得力不从心甚至无所适从。为此，迫切需要通过改善社会管理及其创新来促进社会发展、完善社会制度、妥善处理社会风险和推动社会现代化进程，而社会组织的有序参与则是改善、强化社会管理的重要环节。

二、研究目的和意义

面对不断涌现的社会问题，在社会体制机制建设过程中如何设置相应的机制或环节以应对突发的社会危机事件？基于此类思考，本研究的目的在于，通过研究摸索一套应对典型社会危机事件的应急处置的基本方法和应对程序，从而减少和降低社会危机事件的危害和可能带来的风险。

具体而言，研究意义主要体现在如下四个方面：

第一，通过分析当代中国突发公共事件发生发展的来源、类型、数量、性质，等等，揭示社会危机变化及其与社会状态的关联关系，从而补充国内有关突发公共事件演化研究的理论成果。

第二，在社会危机事件系统化处置层面，研究我国社会危机事件的紧急处置和动员的组织模式这一重要议题，尝试提炼出应急组织结构改革以及具有创新意义的运行模式，并通过与其他国家应急组织模式的比较，提供应急体制改革的理论依据。

第三，通过深入调查和研究，呈现典型公共卫生事件和社会安全事件的处置策略，从而引发有关政府部门、社会组织与公民社会等协同参与突发公共事件应对的深入讨论，进而发展出符合中国国情和包含本土经验的社会危机处置理论或分析概念。

第四，通过对突发事件发生发展的数据库构建和分析，为政府部门梳理经济社会发展中的危机状态和规律提供数据支持；同时，通过对典型社会危机事件处置方式方法的提炼，形成典型社会危机事件处理办法，为政府应急职能部门及相关社会组织开展相关工作提供切实有效的帮助。

三、主要研究内容

本研究主要采用文献研究辅助于多种质性研究和定量研究的方法，深入探索社会危机事件生成演化的一般机理以及社会危机事件处置的机制，最终形成切实可行的处置流程，为完善各类危机事件应急处置预案提供可行方法。依据“社会危机事件应急管理处置机制研究”的研究主题，着重研究社会危机事件生成演化和社会危机事件处置两大方面内容。

（一）社会危机事件生成演化机理研究

社会危机事件生成演化机理研究的内容主要围绕以下三个方面展开，即：

第一，运用文献法和数据统计方法，构建我国突发公共事件研究数据支持库，探寻近年国内突发公共事件的发生和分布状态，试图通过对经验资料的理论归纳，寻找突发事件的一般规律和生成演化模式，并且通过建立生成演化模型来提供干预、控制和防止突发事件发生的思路或途径。

第二，在丰富的实证资料的基础上，探寻国内公共卫生事件的演化规律性。具体以区域长期污染监测数据为例，研究和提出综合运用相关性、回归和聚类分析的联动范围划分方法，以及基于多属性综合评价理论的联动等级划分方法，并对长三角区域 15 市 PM2.5 和 O_3 污染进行实证分析，用以解决公共卫生事件影响因子的联动治理问题。

第三，在深入分析实证资料的基础上，探寻国内社会安全事件的演进规律。具体应用个案研究和数学建模等方法，深入探寻危机事件发生的诱发因素和触发条件，以 2012 年台风“海葵”这一突发事件为例，分析突发事件中的针对性信息分享行为，以了解突发事件发生前后的社会连接状态。

（二）社会危机事件处置机制研究

社会危机事件处置机制研究的内容主要围绕下述三个方面展开，即：

第一，以应对公共卫生事件的医院安全应急管理为例，探究医院在突发事件情景下的风险场景及风险分析方法；在梳理医院业务持续管理流程及其关键组成要素的基础上，根据业务持续管理阶段时序性特征，建立涵盖突发事件事前、事中和事后应对策略的医院安全业务持续管理框架。通过整合风险管理和应急管理等核心要素，使医院安全业务持续管理策略成为新的管理方法和手段以提高医院风险或危机抵抗力和正常秩序的恢复力。

第二，社会危机事件中，由舆情引发的个体及群体性过激行为极易引发次生灾害或风险及危机，因此急需在短时间内进行及时应对和处置。因此，本研究从突发舆情事件中的个体行为与免疫机制，以及政府应对策略的影响机制及有效性分析两方面，对如何有效地干预和控制突发舆情事件进行分析，并具体以 2011 年日本核泄漏引发的碘盐抢购事件为例，通过建模与仿真分析，为政府应对突发舆情事件提出具体的对策和建议。

第三，基于上述典型社会危机事件的处置目标、普遍原则、处置流程，寻找关键应急处置组织，进一步通过构建并比较不同制度环境下，应对各类社会危机事件的国家应急组织合作系统的结构特性，特别是基于复杂网络模体方法辨识中美应急组织网络的基元同构与异构特征，进而提出应急组织网络转向功能型应急组织网络优化策略。

四、重要概念界定

在本研究中经常需要提及一些重要概念，因此有必要对其进行界定，主要如下。

（一）突发事件

根据中国2007年11月1日起施行的《中华人民共和国突发事件应对法》的规定，突发事件，是指突然发生，造成或者可能造成严重社会危害，需要采取应急处置措施予以应对的自然灾害、事故灾难、公共卫生事件和社会安全事件。突发事件可被理解为突然发生的事情：第一层的含义是事件发生、发展的速度很快，出乎意料；第二层的含义是事件难以应对，必须采取非常规方法来处理。它一般依据突发事件可能造成的危害程度、波及范围、影响力大小、人员及财产损失等情况，由高到低划分为特别重大（Ⅰ级）、重大（Ⅱ级）、较大（Ⅲ级）、一般（Ⅳ级）四个级别，并采用红色、橙色、黄色、蓝色来加以表示。

（二）社会危机事件

美国学者罗森豪尔特指出，危机是对一个社会系统的基本价值和行为准则架构构成严重威胁，并且在时间压力和不确定性极高的情况下必须对其做出关键决策的事件①。社会危机事件一般具有突发和紧急性、高度不确定性、影响的社会性和决策的非程序化的特征。

具体而言，社会危机事件爆发的具体时间、实际规模、具体态势和影响深度，是始料未及的；不论什么性质和规模的危机，都必然不同程度地给社会造成破坏，造成混乱和恐慌；而且，进入信息时代后，危机的信息传播比危机本身发展要快得多，由于决策的时间以及信息有限，往往会导致决策失误；危机事件呈快速蔓延之势，如果不能及时控制，危机会急剧恶化，使社会经济和生态遭受更大损失。

本研究定义的社会危机事件是突然发生的重大或敏感性社会事件，包括公共卫生和社会安全事件，前者如传染病疫情、空气污染事件，后者如恐怖事件、社会冲突、谣言等。

（三）应急管理

应急管理是指政府及其他公共机构在突发事件的事前预防、事发应对、事中处置和善后恢复过程中，通过建立必要的应对机制，采取一系列必要措施，应用科学、技术、规划与管理等手段，保障公众生命、健康和财产安全，促进社会和谐健康发展的有关活动。危险包括人的危险、物的危险和责任危险三大类。首

① ［荷兰］乌里尔·罗森塔尔、迈克尔·查尔斯：《应对危机灾难、暴乱和恐怖行为管理》，赵凤萍译，河南人民出版社2014年版。

先，人的危险可分为生命危险和健康危险；物的危险指威胁财产安全的火灾、雷电、台风、洪水等事故灾难；责任危险是产生于法律上的损害赔偿责任，一般又称为第三者责任险。其中，危险是由意外事故、意外事故发生的可能性及蕴藏意外事故发生可能性的危险状态构成。突发事件应急管理的内涵，包括预防、准备、响应和恢复四个阶段。尽管在实际情况中，这些阶段往往是重叠的，但他们中的每一部分都有自己单独的目标，并且成为下个阶段内容的一部分。

（四）处置机制

机制原指机械的构造和工作原理，在生物学上则指生物机体结构组成部分的相互关系，以及其间发生的各种变化过程的物理、化学性质和相互关系。引用至社会领域中，则指社会现象内部组织和运行变化的规律。

在任何一个系统中，机制都起着基础性的、根本的作用。本研究所指的处置机制是针对特殊事件、突发事件或危机事件的紧急处理机制，属于一种应急预案，事先做好防备及应对策略，避免事件进一步扩大或事态加重，使损失最大化减小。

第二节　社会危机事件演化及处置的文献综述

国内外关于各类突发事件发生发展规律性和应急处置体制机制的研究文献众多，本处尝试将其划分为两个部分，即社会危机事件演化规律性和社会危机事件处置，分别予以讨论。针对公共卫生事件和社会安全事件两大社会危机事件类型，特别是研究内容中的大气污染联动和危机舆情信息两大实例，相关研究文献综述如下。

一、社会危机事件演化规律性的研究

近年来，由于突发事件不断发生且有逐渐增多的迹象，所以，国内有关探讨社会危机事件及其演化规律性的研究文献也开始增多，这些论述大致可以分为以下几类。

（一）一般社会危机事件演化规律性的研究

张岩以非常规突发事件的态势演化规律和相关调控机制为研究对象，着重探

讨突发事件的态势演化机理、路径、模式和调控机制，突发事件状态下公众的个体行为决策模式、群体行为决策模式以及政府信息调控策略，突发事件影响的扩散模式和评估方法，承载区域和承载主体应对非常规突发事件的弹性评估及改进对策[①]。其中，突发事件演化规律的研究有如下发现或研究结论，即：

第一，突发事件态势演化是自身属性内力作用和外部影响因素外力作用共同驱动的扩散过程，态势调控是在态势演化过程中实施相关策略进行动态管控的过程，前向调控机制是政府应急处置的最优策略。文章根据承载力、破坏力和控制力的三维分析框架，把态势演化路径分为内力驱动演化路径与合力驱动演化路径两种类型，在对演化路径分析的基础上，提出基于路径差异的态势演化机理，包括转化、蔓延、衍生与祸合四种典型机理，并研究了突发事件态势的前向调控机制、同步调控机制和后向调控机制三种机制，比较了不同机制在演化持续时间、调控持续时间、态势演化损失成本、调控投入成本等方面的差异，发现前向型调控是最优的调控策略。

第二，突发事件状态下个体的行为决策受到风险态度、风险认知和政府信赖等因素的影响，政府有效的信息供给可以缩小公众非理性行为的空间集合，提高突发事件的应急绩效，但政府的信息发布和时间、公众的渠道偏好等有关。突发事件信息传播过程会带来非直接受害群体的虚拟风险体验，公众基于风险直觉和记忆回溯的风险决策存在代表性、易得性、锚定和调整等直觉偏差，往往容易诱导具有一定非理性的应激行为。而且，如果突发状态下公众的信息需求不能得到有效满足，这种个体非理性行为就会在信息约束条件下实现大范围的快速传染，从而导致集群性非理性行为的产生，这将加剧突发事件应对的复杂性。

第三，非常规突发事件影响是事件态势的函数，突发事件的影响扩散是由物理影响向社会影响的非线性蔓延过程，这一过程中信息传播、风险的社会放大起到显著的推动作用。突发事件发生后首先表现出来的是设施损毁、人员伤亡等物理影响，而随着突发事件的社会经历，即经过传播通道和个体、群体等“放大站”信息处理、行为反应等的放大效应，可能改变人们对突发事件的风险认知和应激行为，从而促使突发事件影响向社会心理、社会文化、经济发展持续性、社会秩序以及政治生态等领域蔓延，形成了突发事件影响从物理影响向社会影响的非线性扩散过程。根据突发事件影响扩散的时间序列特征和演化特征，可以把突发事件影响扩散分为即时型、突发型和舒缓型三种类型，在突发事件影响扩散函数模型中，引入表征突发事件属性的值这一参数，以此来区分事件影响的扩散模

① 张岩：《非常规突发事件态势演化和调控机制研究》，中国科学技术大学博士学位论文，2011 年。

式，是即时型扩散和突发型扩散之间的临界阈值，二是突发型扩散与舒缓型扩散之间的临界阈值①。

王涛基于耗散结构和系统动力学的相关理论，针对突发公共事件，从耗散结构的角度对突发公共事件的发展演变过程进行了分析②。文章认为，根据各种公共突发事件或状态发生概率的大小以及危害程度，可以将事件分为干扰情形、危机状态和突发事件这三个阶段，干扰情形可以通过一定的手段或方式减轻甚至完全化解。而当干扰情形没有处理或处理不当，累计达到质变的时候就会变成危机状态，危机状态进一步恶化，造成损失或伤害，并达到突变的临界值的时候就转变成突发事件。单一突发事件恶化或处置不当，就会引发多种突发事件，突发公共事件的发生演变过程如图 6 – 1 所示。

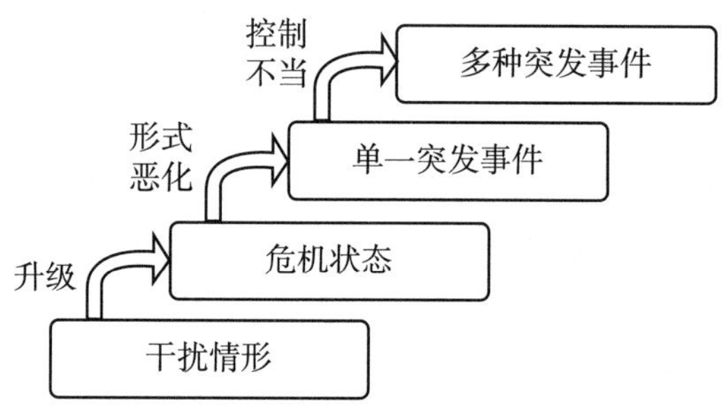

图 6 – 1　突发公共事件演变过程

图 6 – 1 揭示，起初，事件仅仅表现为对环境或社会的干扰，这段时间可长可短，例如地震的发生，基本上没有给人们留出太多的反应时间，当其中的危险因素累积到一定的程度，就会演变成事件的危机状态，危机状态往往可以被察觉或预警，此时仍然有机会进行积极的干预和处置，当干预或处置的方式方法不当的时候，危机状态可能迅速恶化，造成实际的损害时，突破临界值，危机状态便演变成突发事件。危机往往成为突发事件的先兆和前奏，或充当引发突发事件爆发的原因。突发事件的初期一般会表现为某一危机事件，然而危机事件并不一定就会引发突发事件，通过正确或及时的处理可以避免突发事件的发生。突发事件发生后，单一突发事件又可以进一步发展演化成多种突发事件，根据事件发生发展的变化方式可以分为蔓延、转换、衍生和耦合方式，突发事件发展演化过程③见图 6 – 2。

① 张岩：《非常规突发事件态势演化和调控机制研究》，中国科学技术大学博士学位论文，2011 年。

②③ 王涛：《突发公共事件元事件模型及事件演化研究》，大连理工大学博士学位论文，2011 年。

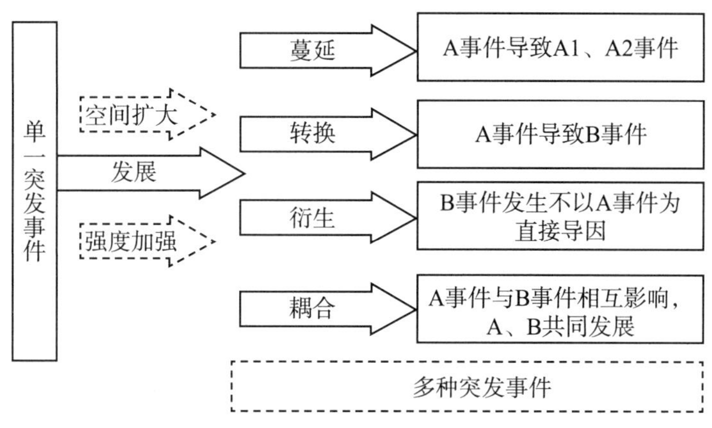

图 6－2 突发事件的发展演化过程

资料来源：转引自王涛：《突发公共事件元事件模型及事件演化研究》，大连理工大学博士学位论文，2011 年。

陈茜从环境群体性事件的角度来探讨社会危机事件发生、发展等演化规律，其文章选择了 2005～2015 年的十八起环境群体性事件，从多维视角展开了对于环境群体性事件的研究。该研究首先构建了环境群体性事件阶段演化模型，将其演化阶段分为矛盾积聚阶段、诱因引发阶段、冲突爆发阶段、冲突持续阶段、冲突消退阶段，提出群众心理扩散和信息传播以及事件参与各方的互动关系贯穿其整个演化过程。文章又将环境群体性事件分为了“阶段中止型”和“全周期演化型”，并以实际案例加以剖析。其次，环境群体性事件从酝酿到结束，每一阶段的演化机理包括：环境权益结构转变导致诱因形成，新媒体平台和政府公信力缺失导致次生事件，负面情绪积聚和政府应对不力致暴力冲突发生，积极应对有效疏导负面情绪致使冲突缓和，冲突恢复期间影响持续发生。再次，文章认为，环境群体性事件的高发领域包括：大中城市的基础设施建设、大型现代化工企业的大项目、中小城镇和农村的违法排污等领域。而环境群体性事件的领域演化存在大中城市基础设施建设引发的环境群体事件增多，化工项目引发的环境群体事件占比居高不下，安全生产事故引发流域性污染导致的环境群体性事件增多等趋势。领域规律性的成因在于：工业项目由于其行业特性成为邻避项目，区域性化工污染易引发区域内恐慌蔓延，民众对于环境保护的关注程度大幅提高，新媒体拓宽信息传播通道并加速信息传播等。最后，文章还总结了环境群体性事件的地域规律性，经济发达地区、处于工业发展中期的地区、东部沿海地区和沿江地带频现环境社会矛盾，是环境群体性事件的易发区域，存在集中爆发的现象。地域发展转移趋势存在东部沿海向中西部地区、大中型城市向中小型城市、城市向农村蔓延转移的发展态势。而环境群体性事件地域规律性的形成是由于：社会矛盾的性质差异、经济发展的地域性和不平衡性、地方政府排解环境社会矛盾的不同应对模式、经济发达地区民众较高的法律维权意识、农村地区的低成本环境污染等①。

吴国斌等从重大突发事件扩散路径的角度来探讨突发事件的演化周期。文章将重大突发事件划分为潜伏期、爆发期、衰退期三个阶段②。潜伏期是重大突发事件由事件源向事件爆发扩散的阶段，它的动力来源于自然系统或社会系统内部能量的异常聚集。在此阶段，能量的异常聚集具有隐蔽性、随机性、难以准确预测等特点，但其都会以特定的形式表征出来，即重大突发事件在此阶段可以采取有效的监测、监控等措施来判断事件源爆发的时间、地点和危害等物理特性。爆发期是重大突发事件已经发生，并已经扩散到部分次生事件的阶段。重大突发事件在此阶段的扩散具有以下特点：事件扩散的突然性比较强、事件之间的扩散速度快、扩散方式以辐射式扩散为主、扩散的影响广泛，其造成的后果以瞬发效应为主。衰退期是重大突发事件扩散路径已经基本完成，次生事件之间存在相互放大式扩散。在重大突发事件的完成期阶段，重大突发事件扩散的动力来源于次生事件之间的正反馈作用，各次生事件可造成迁移式扩散，其造成的后果以后发效应和缓发效应为主。此阶段单依靠政府的力量很难阻止事件之间的往复扩散，此阶段也需要组织来协助政府恢复社会秩序。上述周期和过程可以用图 6-3 表示。

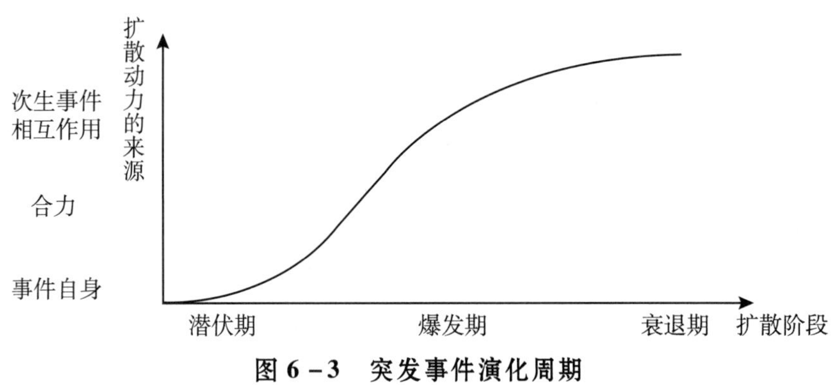

图 6-3　突发事件演化周期

资料来源：转引自吴国斌、王超：《重大突发事件扩散的微观机理研究》，载于《软科学》2005 年第 6 期。

在图 6-3 中，横轴表示重大突发事件扩散的三个阶段，纵轴表示重大突发

---

① 陈茜：《多维度视角下我国环境群体性事件演化规律与应对策略研究》，重庆大学硕士学位论文，2016 年。

② 吴国斌、王超：《重大突发事件扩散的微观机理研究》，载于《软科学》2005 年第 6 期。

事件扩散动力的来源。它表明，伴随重大突发事件的不断扩散，重大突发事件扩散的动力来源也不断变化。由此可见，重大突发事件潜伏期预警管理模式的功能主要侧重于对爆发前各因素的监测、疏导和抑制；爆发期预警管理模式的功能主要侧重于对扩散动力事先的准备，即有效的应对措施；衰退期预警管理模式的功能主要侧重于对扩散动力的抑制和阻止，即阻止此阶段次生事件之间的相互作用和对各次生事件的有效控制。

在突发事件演化周期研究的基础上，文章基于重大突发事件的扩散方式分析，总结和提炼重大突发事件的扩散演化规律或类型。文章指出，依据重大突发事件的扩散次生事件的数量和扩散路径特征，其扩散方式可以分为：辐射式扩散、链式扩散、循环式扩散、迁移式扩散四种。

（1）辐射式扩散。辐射式扩散是指由某一起事件同时引起多起事件的扩散方式。如突发事件爆发可以同时引发破坏社会正常秩序、导致社会大众心理恐慌、破坏生存环境和人工设施、危害社会大众生命健康四个次生事件的发生。以海啸为例，海啸可以同时破坏生存环境和人工设施、危害社会大众生命健康、破坏正常社会秩序、导致社会大众心理恐慌。在重大突发事件的扩散过程中，所有的次生事件都产生辐射式扩散，也受到辐射式扩散的影响，辐射式扩散极大地增强了重大突发事件扩散的复杂性。

（2）链式扩散。链式扩散是指两起或多起事件因先后次序关系而接连发生的扩散方式，如重大突发事件暴发→危害社会大众生命和健康→导致社会大众心理恐慌→破坏社会正常秩序→引发流言或谣言。链式扩散存在于重大突发事件扩散的整个过程之中，是重大突发事件扩散中最普遍的扩散方式。从整体来看，重大突发事件中的任何次生事件都处于链式扩散中的一环。

（3）循环式扩散。循环式扩散是指由某一事件的暴发能够引发若干其他事件，被引发的事件又对原有事件产生叠加效应，产生共同放大的效应，因此又可以称之为放大式扩散。如社会大众心理恐慌、破坏社会正常秩序、引发流言或谣言等多个次生事件相互作用和影响，导致重大突发事件对社会的影响不断扩大。

（4）迁移式扩散。迁移式扩散是部分次生事件通过媒介的位移，在其他地区引发新的重大突发事件。如公共卫生突发事件由于患者的位移，在其他地区扩散形成新的公共卫生重大突发事件，SARS 在一个地区暴发后，由于社会大众的心理恐慌导致其他地区的商品抢购风潮、生产停顿等社会正常秩序的混乱。如公共卫生突发事件的迁移式扩散主要通过患者的位移、社会大众心理恐慌和流言或谣言来完成；而群体性突发事件的迁移式扩散主要通过谣言或流言来实现。对重大突发事件扩散方式的分析表明，重大突发事件的四种扩散方式交织在一起，如果想阻止重大突发事件的扩散，不能仅仅阻止某一种扩散方式的发生。同时，在构建重大突发事件预警管理模式时，要从其不同扩散方式的角度出发，考虑和选取相应的预警指标体系①。

（二）公共卫生事件演化规律——区域大气污染联动规律研究

日益严重的区域大气污染问题已成为政府和公众密切关注的焦点问题。世界卫生组织研究指出，全球92%的人口生活在空气污染水平超过WHO标准地区，全球每年约有300万人死于室外空气污染，其中90%发生在中低收入国家（World Health Organization，2014）。中国是全球大气污染的“重灾区”，以细颗粒物（PM2.5）为首要污染物的大气污染已成为威胁我国人口健康的第四大危险因素。2013年以来，重度雾霾不断席卷中国大部分地区，细颗粒物（PM2.5）指数频繁“爆表”，其中京津冀、长三角、东北地区最为严重，中国大气污染呈现出明显的区域性特征。

欧美发达国家长期积累的区域大气污染治理经验表明，必须尊重大气污染跨界扩散、城市间相互影响的自然规律，必须建立区域大气污染控制联动机制，通过区域合作才能解决各国、各地区的大气污染问题。我国政府早已意识到日益严重的区域性、复合型大气污染防治已远非“一城一地”之事。自2010年5月颁布《关于推进大气污染联防联控工作改善区域空气质量的指导意见》以来，区域大气污染联防联控已上升到大气污染防治的战略新高度。我国政府相继颁布《重点区域大气污染防治“十二五”规划》（以下简称“十二五”规划）、大气污染治理“国十条”、《大气污染防治行动计划》等政策措施，努力打破行政区域的界限，以区域整体为单元，统筹区域内各地区，形成合力，通过区域联防联控机制解决区域性、复合型大气污染问题，改善空气质量。在实践中，我国多次在2008年北京奥运会、2009年上海世博会、2010年广州亚运会、2014年北京APEC会议等大型活动期间，打破行政界限，实施了污染控制省际联动、城市联动防控措施，取得联动治理短期实践的成功经验。然而，在欧美发达国家诸多成功经验、多次国内短期实践成功经验可借鉴，我国政府如此重视和大力推进的条件下，联动治理进展仍然缓慢、空气质量改善效果仍然不理想。各地区纷纷完成甚至超标完成污染治理总量减排目标，而公众感知的空气质量仍然很糟。究其原因，还需要从区域大气污染的特征、跨界污染治理的复杂性、联动范围、差异化管理工作推进情况等方面探究深层次原因。

---

① 吴国斌、王超：《重大突发事件扩散的微观机理研究》，载于《软科学》2005年第6期。

当前划分联动区域范围的方法主要有两种：一是依据某种特定大气污染特征（污染水平）进行划分，如美国最初划分的OTR、中国的SO_2与酸雨“两控区”。二是基于空气流域理论进行划分①，如美国根据空气流动特征将大气流域作为区域管理的一个划分标准，将全国划分为若干个大气流域进行管理。但这两种方法均存在固有缺陷，前者仅从某种大气污染严重程度的表象特征出发，而不考虑各地区的产业结构、能源结构、地形地貌、气候条件等影响因素，划分的联控区域对实施联防联控意义不大。第二种方法虽然更多地考虑了地理特征、气象条件等影响空气流动的自然因素，比前者更有利于解决跨区域交叉污染突出、区域复合污染严重的都市群环境污染问题，但不能兼顾行政管理体系，不利于联动治理过程中的管理和协调。更重要的是，该方法划分的联控区域能否有效实施联动治理取决于区域范围大小。对于中国京津冀、长三角等大范围且涉及多个省级行政区的跨界污染治理问题，此方法划分联动范围则会使管理和协调工作变得很难开展。关于如何制定联动等级、推进区域差异化管理模式的相关研究成果目前还没有发现。但现有的多属性综合评价理论相关研究成果值得借鉴。多属性综合评价理论的理想解逼近法（TOPSIS）被证实为一种有效工具。在环境污染治理领域，TOPSIS法常被用以水资源环境评价、工业行业污染或企业环境绩效评价、项目环境风险评价②。

（三）社会安全事件演化规律——安全事件微博信息扩散研究

回溯过去的10~15年，国内各地发生过无数起突发性社会安全事件，研究发现，这些事件刚刚发生的时候其信息和影响仅仅局限于某一个狭小的范围，然而，经过多种类型的媒介传播和扩散，最后这些社会安全事件轰动全国、影响全国，尤其是在网络上形成轩然大波。因此，深入探讨社会安全事件和信息传播（事实上信息转播在这个过程中也成为社会安全事件）的相互关系以及在此之中的信息传播的一般演化规律，无疑是一项重要的研究课题。

李志宏等对突发性公共危机信息传播的阶段与特点的研究，对本项研究不无启发。文章认为，根据信息流从不稳定到稳定的过程，突发性公共危机的信息传播可以划分为五个阶段：前兆阶段、爆发阶段、蔓延阶段、缓解阶段和终止阶段（见图6-4）。

---

① Wang J., Ning M., Sun Y. Study on Theory and Methodology about Joint Prevention and Control of Regional Air Pollution [J]. *Environment and Sustainable Development*, 2012 (5): 5-10.

② 付巧峰：《关于TOPSIS法的研究》，载于《西安科技大学学报》2008年第1期。

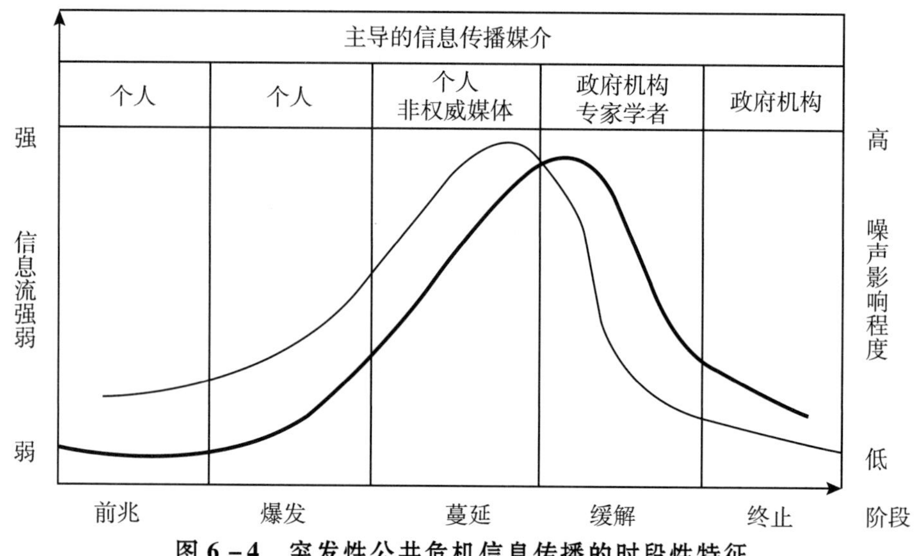

图6-4　突发性公共危机信息传播的时段性特征

文章进一步指出，在前兆阶段，突发性公共危机处于潜伏期，诱发危机的各种因素渐渐集聚，对危机区域不断施加压力。此时危机发生前的各种前兆信息处于萌芽状态，没有通过传播媒介大规模地扩散，现有的技术和观测力量不易察觉这种状态的信息。在爆发阶段，前兆阶段积聚的各种因素引发了突发性公共危机，危机事件在不可预知的时空发生，初期危害性一般不能引起普遍的关注。这个阶段的信息传播不广且具有垄断性，仅仅局限在特定的群体、传播媒介和区域。在蔓延阶段，突发性公共危机的破坏力持续作用，危害性备受关注。由于危机灾难与危险的描述冲击着公众的感观和心理，因此，信息在传播过程中如果没有得到很好的引导和控制，就会逐渐失真和泛滥。在缓解阶段，危机事件得到控制，但没有彻底解决。此时信息的传播慢慢得到控制，偏差和错误的信息得到澄清，权威的信息会通过政府部门、主流媒体传播给公众，慢慢消除公众的恐慌和阻止流言的继续传播。在终止阶段，危机事件得到完全解决，社会价值和行为准则回归到常态，公众对危机信息的需求欲望降低，危机信息传播也趋向停止①。

近年来自媒体的迅猛发展更是对社会危机事件的传播和管理带来了巨大的挑战。突发社会安全事件具有瞬时性、偶然性、危机性。微博以其实时性、便捷性、互动性等特点，使大量信息能够在短时间内得到扩散和传播，成为突发事件信息传播的主要渠道。例如在“7·23甬温线特别重大铁路交通事故”

① 李志宏、何济乐、吴鹏飞：《突发性公共危机信息传播模式的时段性特征及管理对策》，载于《图书情报工作》2007年第10期。

中，大量研究对象对事件进行了多角度深层次的报道，促进了信息的公开，为救援提供了很大的帮助。但微博中信息传播也存在由于有关人员未能及时澄清而导致网络谣言不断，产生了严重的负面影响，这些都是因为研究对象的信息需求没有得到满足，因此，研究突发事件微博内容，对了解受众的信息需求具有重要的价值。

国内外对微博文本内容的研究主要包括三个方面：话题检测、情感分析和信息分析。这三种研究方法都需要首先从微博文本中提取关键词，针对话题检测，学者们基于提取的关键词使用数据挖掘的方法进行研究，包括聚类、关联分析等[①②]。情感分析主要是对内容的情感极性进行分类，主要分为正面、中性及负面情绪，通常基于提取的关键词采用 SVM 分类器、素贝叶斯分类器来进行分析[③]。信息分析主要通过对高频关键词分类，用关联分析等方法分析微博中包含的主要信息之间的关系。姬浩等总结出高校群体性突发事件中信息的关键分类为发生时间、地点、诱发因素、处置有效性及事件影响，并使用关联分析对这些分类进行研究，发现决定事件影响大小的因素主要为诱发因素、应急处置的有效性等，其研究结果能够为突发事件的预警和预测提供指导[④]。丘等（Chew et al.）在“2009H1N1 事件”研究中，选取了 2009 年 3～12 月中每月某天的 600 条微博文本，总结出主要内容包括资源链接、个人经历、个人观点，并对不同时点、各类微博的数量进行统计，发现个人经历的两个峰值的出现分别是因为世界卫生组织宣布 6 级流感的盛行及 H1N1 疫苗到达美国[⑤]；特普斯特拉等（Terpstra et al.，2012）对“Pukkelpop 2011”这一危机事件的微博内容进行了分析，提取出了整个事件中关键的信息，总结出极端的天气情况、破坏、伤亡、救援等方面的信息是广泛分享的信息，据此了解了事件中人们所需要的关键信息[⑥]。

① 唐晓波、王洪艳：《基于潜在语义分析的微博主题挖掘模型研究》，载于《图书情报工作》2012 年第 24 期。

② 郑斐然、苗夺谦、张志飞、高灿：《一种中文微博新闻话题检测的方法》，载于《计算机科学》2012 年第 1 期。

③ 张珊、于留宝、胡长军：《基于表情图片与情感词的中文微博情感分析》，载于《计算机科学》2012 年第 3 期。

④ 姬浩、苏兵、吕美：《基于 FP－growth 算法的高校群体性突发事件关联规则分析》，载于《中国安全科学学报》2012 年第 12 期。

⑤ Chew C.，Eysenbach G. Pandemics in the Age of Twitter：Content Analysis of Tweets during the 2009 H1N1 Outbreak［J］. *PLoS ONE*，2010，5（11）：114－118.

⑥ Terpstra T.，Vries A. D.，Stronkman R.，et al. Towards a real time THOMAS H. Modelling Behavioural Contagion［J］. *Journal of the Royal Society Interface*，2011，8（59）：909－912.

二、社会危机事件应急处置研究

（一）一般社会危机事件应急处置相关研究

至1997年以来，国内有关危机事件及危机管理或危机应急处置等相关的研究成果不断增多，在2012～2015年之间达到谷峰（见图6－5）。

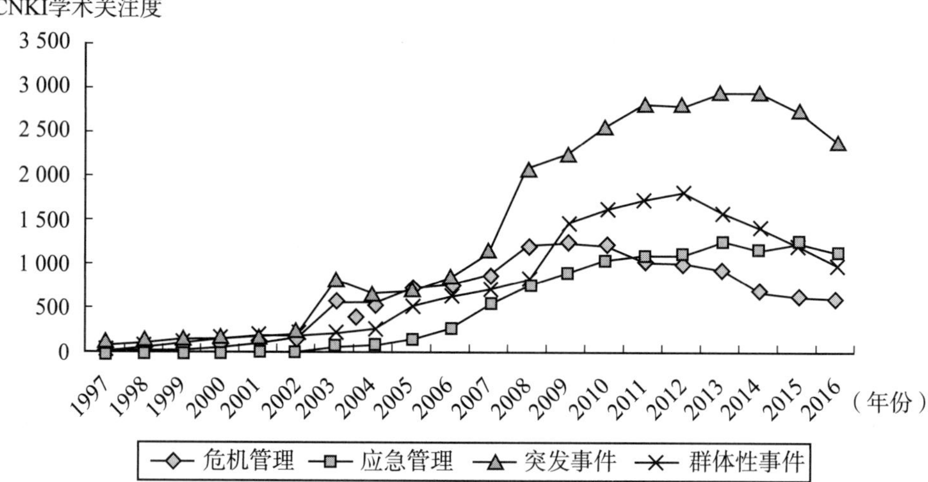

图6－5 危机研究在中国知网学术关注度态势（1997～2016年）

资料来源：吕孝礼、朱宪、徐浩：《公共管理视角下的中国危机管理研究（2012～2016）：进展与反思》，载于《公共行政评论》2019年第1期。

上述众多文献从不同层面探讨危机事件的应急管理①②③④⑤，其中，韩函岑从系统论角度并结合实际构建了群体性突发事件应急管理系统⑥。该管理系统由四个子系统构成，即信息输入系统、信息处理系统、信息输出系统、信息反馈系统。信息输入系统由预备要防机制、预测预警机制、信息沟通机制三个要素组成；信息处理系统由信息决策机制构成；信息输出系统包括公共沟通机制、联动

① 王滨勇：《我国环境危机应急响应存在的问题与对策》，山东大学硕士学位论文，2006年。

② 陈鹏程：《城市突发事件应急管理研究》，山东师范大学硕士学位论文，2012年。

③ 张蛟洋：《城镇化背景下群体性突发事件应急管理研究》，东北财经大学硕士学位论文，2014年。

④ 武林：《国外高校危机事件应急管理经验分析》，载于《徐州工程学院学报》（社会科学版）2018年第6期。

⑤ 侯飞、王明杰：《突发公共事件危机管理何以创新》，载于《领导科学论坛》2018年第13期。

⑥ 韩函岑：《群体性突发事件应急管理系统研究》，中央民族大学硕士学位论文，2013年。

执行机制、信息公开机制三个要素；信息反馈系统由调查评估机制和调查结果公开机制构成（见图6-6）。

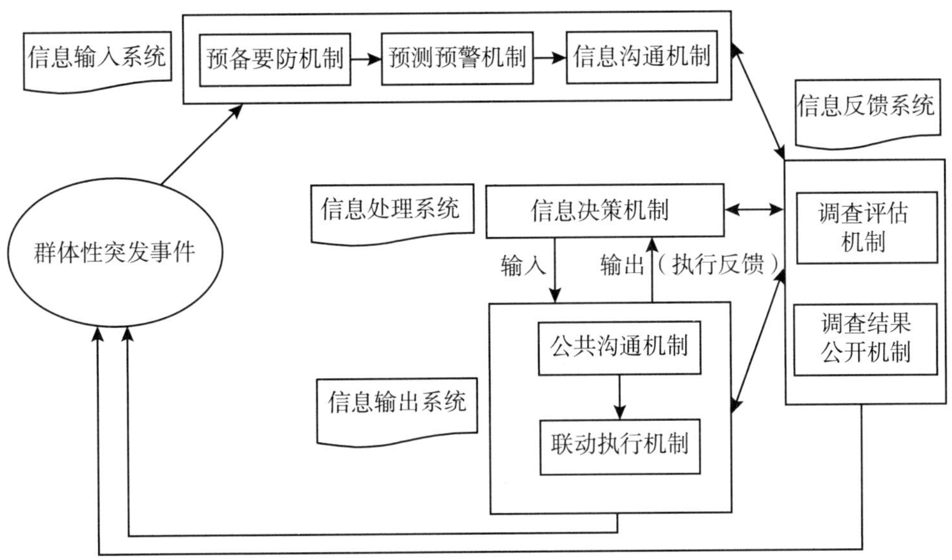

图6-6　群体性突发事件应急管理系统

资料来源：韩函岑：《群体性突发事件应急管理系统研究》，中央民族大学硕士学位论文，2013年。

张岩的研究以可行能力方法为评估突发事件的综合影响的视角，探讨通过个人可行能力的变化定量评估突发事件的综合影响。根据人类发展指数评估方法，文章提出突发事件影响指数评估模型，该模型主要包括选择能力维度和测度指标、数据处理生成指标指数、计算总影响指数、计算综合影响指数四个步骤。在实证研究时，由于数据获得的限制，本章选择突发事件中的死亡人数、受伤人数、无家可归人数以及经济损失作为可行能力的指标，对国内外发生的重大突发事件影响评估进行了案例分析和比较研究，发现突发事件的影响指数和区域承载力、经济社会发展可持续性等有关，区域的承载能力越强，突发事件的影响指数就越低[①]。此外，文章还认为，提高承载区域的机构弹性和公众的应急素质，将有助于提高突发事件的应急管理绩效，转变经济发展方式对于提高区域弹性具有显著的推动作用，我国公众的应急素质较低，无论是区域弹性还是公众应急弹性都还有较大的提升空间。区域弹性指数和经济增长速度负相关，和科技投入与产出、产业结构以及生态环境正相关，这说明单纯的经济增长并不能有效提高区域

① 张岩：《非常规突发事件态势演化和调控机制研究》，中国科学技术大学博士学位论文，2011年。

弹性指数，而经济结构的调整、科技支撑与引领作用的发挥、生态环境的保护更能提高一个区域应对各类非常规突发事件的弹性。总体来看，我国公众面对突发状态的脆弱性较高，而应对突发状态的应急弹性较低，公众综合应急能力的提升还有较大空间[①]。

周芳检[②]从大数据运用的角度来阐述突发性事件的应急处置问题。文章认为，随着大数据时代的到来，与大数据融合发展的云计算、物联网、智能感知、移动网络技术突飞猛进，为城市公共危机的协同治理带来前所未有的机遇。在大数据时代，政府、企业、社会、媒体和个人数据治理渠道得到极大拓展，数据的自动采集程度得到极大提升，应急数据结构来源得到极大丰富；数据的采集、存储、分析和传输等各个环节自动化、智能化和即时化水平大幅度跃升，应急数据的处理效率和政府城市应急的快速协同能力得到极大提升；基于大数据的预测通过建构一定的预测模型，从纷繁芜杂、零星碎片的海量数据中挖掘出事物的内在联系与规律，为事故灾难、流感疾病、犯罪活动、舆情危机等城市公共危机的事先预防提供有力保障；应用大数据强大的定位、收集、处理和深度挖掘功能，为城市公共危机的预防准备、监测预警、处置救援、恢复重建等协同治理提供服务，可以极大地提升政府部门协同应急管理的精确化程度。文章选取了国内上海、天津、北京、兰州等城市近年来发生的重大公共危机事件进行考察，同时选取国外波士顿、东日本地区、汉堡及迪拜发生的城市公共危机突发事件作为参照对象，通过认真总结国内外城市公共危机突发事件典型案例的经验教训发现，随着大数据时代的到来，数据的价值在公共危机治理领域得到了前所未有的释放，公共危机治理的成效也越来越取决于数据的分析、挖掘状况。认真汲取国内外城市公共危机治理过程中数据规范、数据联通、数据共享、数据处理和数据应用的成功经验，制定多部门协调的成套标准，构建统一的大数据应急管理平台，统筹源自不同部门的数据，进行数据抓取、关联性分析和可视化处理，搭建公众参与的开放平台，是促进城市公共危机应急跨部门协同的关键环节所在。而以“整体性思维”“共享性思维”“智能化思维”“关联性思维”为代表的大数据思维是城市公共危机跨部门协同治理的核心思维要素。在大数据时代，需要以整体性思维为统领，统筹各方目标与利益，引导城市公共危机治理方式从碎片割据向统筹整合转变；需要以共享性思维为主导，全面共享应急信息与资源，推动城市公共危机治理方式由单打独斗向共享协同转变；需要以智能化思维为牵引，高效采集处理应急信息，加快推进城市公共危机治理模式由低效粗放向精准智能转变；需要以关

① 张岩：《非常规突发事件态势演化和调控机制研究》，中国科学技术大学博士学位论文，2011 年。

② 周芳检：《大数据时代城市公共危机跨部门协同治理研究》，湘潭大学博士学位论文，2018 年。

联性思维为引领，加强知识的管理与应用，增强城市公共危机治理的预见性、科学性、系统性。而要达成上述部门协同治理，又首先需要体制完善、机制创新制度保障。具体来说，就是通过推进权力流和信息流的纵向和横向整合，打破过去城市的应急分割状态；通过推动大数据融入城市公共危机治理的预防准备、监测预警、决策处置、恢复重建关键环节，形成跨部门联防联控、联动联治的格局；利用云计算技术进一步完善平台本身的基本架构和功能，加强信息资源体系、应急数据标准、数据技术应用和人才队伍建设，加快打造应急信息平台；推动跨部门协同应急立法，建立健全大数据应急法律，等等[①]。

（二）公共卫生事件应急处置策略——公共卫生安全和安全医院应急处置研究

1. 公共卫生安全应急处置研究

2000年以来，我国发生了多起影响重大的突发公共卫生事件。各类公共卫生事件不断发生且影响范围之广、涉及面之多让公众不得不对它产生高度重视，有关应急处置的研究也逐渐增多。李玮认为，需要按照“4R”理论的四个方面——缩减管理（reduction management）、预备管理（readiness management）、反应管理（response management）和恢复管理（recovery management）[②]，在构建原则的基础上构建了突发公共卫生事件危机管理组织体系，包括预案和机制。其研究对危机管理组织体系进行各阶段的演化博弈分析，并得出结论：遵循缩减管理的目的，加大宣传力度，从思想上根本增强危机管理组织各级成员的素质和责任心，在“4R”的各阶段都需要降低 c 值；在缩减管理、反应管理和恢复管理阶段应当提高卫生应急办公室对地方卫生部门不执行的处罚力度 t 和频度；在缩减管理、预备管理和恢复管理阶段要提高卫生应急办公室监管有效所获奖励 s；在反应管理和恢复管理阶段需要加大对卫生应急办公室因监管不力受到的处罚 q，在最后的恢复管理阶段提高机遇获利收益 k[③]。

杨瑛指出，突发公共卫生事件应急机制应由三个系统组成：预警系统、指挥系统和医疗救助系统[④]。第一，预警系统至少包括覆盖全国的预警信息监控网络、完善的预警机制、预警信息处置制度。要充分应用现代信息技术，构建完整、统一的突发公共卫生事件信息监控网络，指定专门的机构负责收集、整理、分析预

---

① 周芳检：《大数据时代城市公共危机跨部门协同治理研究》，湘潭大学博士学位论文，2018年。

②③ 李玮：《基于4R的突发公共卫生事件危机管理研究》，南京中医药大学硕士学位论文，2011年。

④ 杨瑛：《后非典时期：建立应对突发公共卫生事件长效机制的思考》，载于《卫生经济研究》2003年第11期。

警信息。建立自上而下的可疑病例强制报告系统，对可能引发公共卫生事件的信息进行调查、分析、预测、评估，评估应包括突发卫生事件可能对人体健康危害程度、疾病的传播速度、影响的范围、持续的时间，以及疾病对政治、经济可能带来的影响等内容。然后根据预警的级别确定是否启动国家应急机制或局部应急方案，采取措施，及时处置。第二，指挥系统的集中领导、高效运转、统一调度是突发公共卫生事件中全社会共同支持、紧密协作的保障。按照分级负责、统一领导的原则，在全国和地方建立突发公共卫生事件指挥部，实行统一领导、统一指挥。指挥系统要能够广泛组织和动员社会力量，调动各方面的积极性，指挥系统要统一调度指挥，确保指挥系统政令畅通，高效快速地整合人、财、物等公共卫生资源，为突发公共卫生事件提供有力的人力、物力、财力保障。第三，医疗救助系统完善、快速是最大限度地减少突发公共卫生事件中的人员伤亡的保障之一。这里，一是优化公共卫生资源配置，建立完善的医疗救助网络。卫生行政部门要发挥其宏观调控和行业管理的职责。二是建设高素质的医疗救助队伍，为突发公共卫生事件提供技术指导、现场救援和医疗救护，使患者接诊、疑难病例会诊、流行病学调查、患者隔离管理、疫点消毒、患者转运等各个环节快速、有效地运转。

2. 安全医院应急处置研究

近年来，地震、火灾等各类自然、技术、人为突发事件为公共卫生系统的持续运营带来严重威胁。2015 年尼泊尔 7 级强震中，446 家综合性医院被彻底摧毁，765 所公共医疗设施受到损害①，剩余可运转的公共卫生系统不堪重负，无法有效地提供突发事件情景下的医疗救护和卫生服务功能，大批伤员和患者无处安置。为确保突发事件情景下医疗设施能够有效抵御灾害冲击，并持续性地提供医疗服务功能，世界卫生组织和泛美卫生组织重新界定了“安全医院（safe hospital）”理念，即在自然灾害发生和随后阶段依然能够在自身基础设施之上提供服务并全面运转的医疗机构②。

联合国国际减灾战略秘书处展开以安全医院为主题的全球减灾行动，建议将抗风险措施提前融入新建医院设施的设计与施工中（泛美卫生组织/世界卫生组织，2003）③；并针对现有医疗机构改造其与生命保障业务相关的关键部分，以

① 《2015 年尼泊尔地震》，世界卫生组织，http：//www. who. int/emergencies/Nepal/en/。

② 《安全医院突发事件应对》，世界卫生组织，http：//www. wpro. who. int/emergencies_disasters/documents/SafeHospitalsinEmergenciesandDisastersweboptimized. pdf。

③ 泛美卫生组织、世界卫生组织：《在灾害中保护新的医疗设施：推动减灾指南》，华盛顿 DC，联合国世界减灾运动，http：//www. unisdr. org/2009/campaign/pdf/wdrc – 2008 – 2009 – information – kit – chinse. pdf。

期达到良好的危机预防效果①。吉布斯（Gibbs T.）指出通过增加1%的投入对非结构性的核心服务进行改造即可保护医院90%以上的功能②。巴伯拉（Barbera）等提出以系统化方法建立医院灾害响应能力模型③，有助于辨识医院的内部工作流、组织参与者行为与不同功能模块之间的关联性。此外，灾害脆弱性分析和风险管理理论逐步成为医院评审的核心项目，美国应急管理部门开发的KAISER模型将突发事件的可能性与医院灾害承受能力得分进行统计学处理，得出医院可能面临的突发事件风险值④。墨西哥医疗设施安全指数法⑤用于医院设施风险评估，通过逐条检查影响安全的结构性要素、非结构性要素和组织功能性要素，将医院的安全等级量化为A、B、C三级，以实现安全医院由原先的概念型、粗放式管理向数据化、细节化管理的转变⑥。总体而言，突发事件多样性、人员行为不确定性和空间信息复杂性导致传统被动式的医院安全管理制度和模式已难以有效应对，基于安全医院理念更新和内容扩展，研究逐渐聚焦于安全医院状态及其日常业务的持续性运转能力。

（三）社会安全事件应急处置策略——突发舆情事件政府应对研究

已有研究指出，社会安全事件中的突发舆情事件自有其演化的基本历程。以红黄蓝事件为例，首先，民众的感受、经验和问题本身的性质是突发舆情风险放大的内在驱动力⑦。民众对红黄蓝幼儿园的情绪是不断积累起来的。其次，网络新媒体是舆情事件及风险放大的主要放大站和外在驱动力。最后，催化剂社会团体是产生舆论风险社会涟漪效应的催化剂。如同石头丢到水里，水波涟漪不断扩散一样，舆情危机首先波及的是少数人相关者，然而最后可能波及整个社会。在红黄蓝事件爆料初期，危机的波及方是受害孩子及家长，随着事件影响力的扩大，红黄蓝总公司的信誉和政府信誉都受到了直接挑战。但是在这个过程中，政

① 联合国世界减灾运动，https：//www.un.org/zh/unworks/emergencies1.shtml。

② Gibbs T. An assessment of turn-key contracts for the realization of capital works projects principally for public sector healthcare facilities［J］. *The Pan American Health Organization*，2008：3－4.

③ Barbera J.，Macintyre A. A medical and health incident management system：A comprehensive functional system description for mass casualty and health incident management［R］. Rep. for the Institute for Crisis，Disaster and Risk Management，2002. Washington，D. C.

④ 姚瑶、刘瑞林、李妙、袁方、陈浩、吴潇潇、张梅霞：《灾害脆弱性分析在医院应急管理中的应用研究》，载于《中国医院管理》2013年第11期。

⑤ Mexico. Applying the"Hospital Safety Index"by World Health Organization［Z］. Pan American Health Organization.

⑥ 刘庭芳：《"围评价期"医院评价理论与实证研究》，载于《中国医院》2011年第5期。

⑦ 戎晨珊：《新媒体时代舆情危机治理的机遇与挑战——以红黄蓝事件为例》，首届意识形态与舆论研究高峰论坛论文集，2018年，第49～55页。

府调查结果的不被信任、主流媒体报道的缺失，使得网络流言肆无忌惮地到处传播。政府在管理过程中为了控制言论，采用简单粗暴的删帖、删除推送等方式，却不辅之以必要的解释和说明。结果越是谣言四起，管理部门越是删帖，网民对政府的不信任越是增加。民间舆论场中对政府及官员的形象越是被丑化、污名化、标签化，甚至形成所谓的“塔西陀陷阱”①。

面对“传统媒体官僚式独白疏远民众，逐渐失去公众信任、媒体生态格局改变，自媒体成为公民申诉的假想通道、转型期社会矛盾凸显，部分领域舆情呈现负面特征、互联网空间参与主体复杂，谣言、水军、恶意推手干扰秩序”的局面，有学者提出“创新五大机制，完善管理体系”的提升国家网络舆情治理能力的政策建议，即一是内部组织机制，解决突发舆情时内外部信息准确及时传递的问题。二是外部媒体沟通机制，与主流媒体、社会媒体保持日常沟通，并建立起媒体传播团队，突发舆情时做好信息发布、舆论引导工作。三是舆情监测和分析机制，对全媒体舆情进行系统性、常态化监测分析，包括按职能、地域、源头等对负面舆情做细分分析。当舆情上升至需重点关注的事件时，立即专项监测，实时推送给“指挥中心”。四是对外口径制定和新闻发布机制，根据舆情走势和风险预判，列举出潜在风险事件，通过分类、分级等方式，制定基础口径，尤其是重大舆情事件的新闻发布工作应注意内容分级，发布时机的把握，掌控事态发展。五是重大事件预案机制，通过基础口径准备、舆情疏导准备、意见领袖和媒体资源准备3个角度，对可能发生的重大事件制定预案②。

林振通过对文献的大量检索和科学分析，总结出目前有以下几种突发舆情事件政府应对的研究成果，即：

一是“监测”的策略：挖掘与分析，该策略主要挖掘网络舆情出现、态势、演变、发展以及消亡等重要关键的节点以及特征，并对其进行技术化的动态监测和测度，在此基础上进行评价性分析、发展趋势预测以及等级预报③。由于“监测”的策略带有“技术导向”特征，在网络舆情监测和分析技术研究上通常使用模拟仿真、数据挖掘与文本挖掘等方法进行。对于监测和分析技术的研究主要分为两类：第一类是基于统计分析的模式识别，如通过分析某段时间间隔内用户所关注的信息点进行记录，把舆情内容的焦点、重点、热点等十个维度构建网络

① 戎晨珊：《新媒体时代舆情危机治理的机遇与挑战——以红黄蓝事件为例》，首届意识形态与舆论研究高峰论坛论文集，2018年，第49~55页。

② 刘怡君、蒋文静：《社会转型期我国新兴舆情风险及对策研究》，载于《智库理论与实践》2017年第6期。

③ 吴绍忠、李淑华：《互联网络舆情预警机制研究》，载于《中国人民公安大学学报》（自然科学版）2008年第3期。

舆论的走向和异常事件[①]。第二类是通过文本内容的深度挖掘，如舆情信息提取、处理、主题词挖掘、意见倾向性分析等方式进行舆情走向的研判与检测。

二是“控制”的策略：干预与操纵，该策略认为政府为了保障公共利益与维护公共秩序，在突发公共事件发生后对网络社情民意、政情甚至敌情等舆论进行控制与管控的政府行为，它基于的基本前设是：在突发公共事件发生后，非理性与情绪化言论会蔓延网络，甚至出现线上线下交互的作用，触发线下的群体性极端事件。因此，作为社会整体控制的一个部分，网络舆情的管控被认为有助于社会政治秩序的稳定，降低社会危机爆发的可能性[②]。针对控制的具体阶段，该策略提出事前干预、网上干预与线下干预三个阶段。对于事前干预，网络舆情治理的主要目标为防止相关重大议题进入网络讨论；对于网上干预，治理的主要目标为过滤、删除与重大议题相关的敏感信息；对于线下干预，治理的目标主要为从网络舆情中获得突发事件的具体信息（如事件的时间、地点、规模、活动模式等），为政府进一步应对提供必要和充分的信息准备[③]。

三是“应对”的策略：机制与引导，它主要从政府的应对机制以及引导两个层面进行分析和设计。针对政府的应对机制研究，主要关注以下六个方面：网络舆情追踪机制研究；网络舆情风险评估机制研究；网络舆情快速反应机制研究；网络舆情应对联动机制研究；网络舆情处理预案机制，以及网络民意回应机制研究[④]。除了“事中”危机管理的机制外，事前和事后的“引导”和“疏导”机制也是“应对”策略的重要组成部分。首先对政府官员的观念和意识进行“引导”，通过政府的培训和教育，让政府官员从观念上接受网络舆情，转变居高临下的表达方式，坚持平和理性的态度[⑤]。其次，针对网络信息的内容而言，主流媒体要坚守舆论主导阵地的作用，加强主流媒体在论坛、微博中的舆论领导力。应对敏感议题的谣言时，专业类平台起着关键性的影响作用。同时，针对具体互联网信息的引导实践，需加强网络舆情引导员的素质建设，采用主题词审批与正能量跟帖等方式，抵消网络偏激言论的负面影响，引导网络正面的思想讨论[⑥]。

四是“治理”的策略：共识与参与，该策略强调治理过程的协同性与不同行为主体之间的互动关系，包括：第一，网络舆情的治理研究强调多元主体的参

---

①③ 林振：《突发公共事件网络舆情协同治理机制建构研究》，载于《华中科技大学学报》（社会科学版）2019 年第 2 期。

② 王琳、韦春艳：《论政府对网络舆情的有效监督》，载于《广州大学学报》（社会科学版）2013 年第 3 期。

④ 顾小云：《我国网络舆情应对机制的完善》，载于《中共山西省委党校学报》2013 年第 1 期。

⑤ 王娟：《网络舆情的分级响应与处置》，载于《理论导刊》2013 年第 1 期。

⑥ 肖文涛、范达超：《网络舆情事件的引导策略探究》，载于《中国行政管理》2011 年第 12 期。

与、互动与合作，其中包括政府部门以及公共部门、私人部门、民众和民间社会等，促成良性互动优势互补的治理格局。在这个治理格局下，强调从单一到多元，形成协同治理局面。第二，政府应主动接受社会公众的舆论监督，充分发挥网络问政在舆情治理中的作用，并且以制度化的方式把网络问政纳入制度轨道加以管理①。第三，强调对政府权力运行的边界进行清晰的界定，切实尊重与保护公众在网络平台的知情权、参与权与表达权②。第四，改变现有的舆情管理机制，建构系统性的治理机制。新时期的网络舆情呈现跨区域的非时空性的特征，政府应该建立起上下级政府间、地方政府间以及不同政府职能部门之间的协调机制③。第五，应培养培育网民的理性参与能力，并以"社会共识的最大公约数"的理念来对待网络舆论的公众参与性问题。

在突发舆情事件中，有一种舆论迫切需要引起高度的关注和重视，那就是谣言，对谣言的传播方式、基本规律以及相关部门应对各种形式谣言的有效策略的深入探索，无疑是研究社会危机事件的一个核心内容。

谣言传播和各种猜疑往往源于真实信息的不畅通。社会安全事件发生时，由于真实信息的缺失，人们很容易产生不安、焦虑和恐慌的心理，给谣言传播提供了肥沃的土壤。

一方面，当权威信息较少时，各种不实信息和谣言容易大范围传播④。尤其是在当今互联网快速发展的时代，网络使得谣言可以通过短信、电子邮件、博客等新兴媒体在短时间内快速传播⑤。政府通过官方媒体发布应急信息可以有效消除各种猜疑、不实信息和谣言⑥。如何发布应急信息，在什么时间段内通过何种媒体以何种力度发布信息以实现预期的控制效果已经变得越来越重要。相关的研究表明，官方权威信息可以引导舆论导向，使得受众群体进行理性决策⑦。2007年，我国网络新闻的覆盖率几乎与报纸新闻的覆盖率保持相同的水平⑧。但是近

---

① 罗昊：《网络问政：网络舆情管理的主动模式》，载于《情报杂志》2013年第8期。

② 胡朝阳：《论网络舆情治理中维权与维稳的法治统一》，载于《学海》2012年第3期。

③ 苑丰：《从"公关管控"走向舆情引导——政府应对网络事件的实证剖析与反思》，载于《理论与改革》2012年第3期。

④ Liu Z. H., Wu X. Y., Hui P. M. An alternative approach to characterize the topology of complex networks and its application in epidemic spreading [J]. *Front Computer Science of China*, 2009, 3 (3): 324-334.

⑤ Silva S. L., Ferreira J. A., Martins M. L. Epidemic spreading in a scale-free network of regular lattices [J]. *Physica A: Statistical Mechanics and Its Applications*, 2007, 377 (2): 689-697.

⑥ Lee E. K., Maheshwary S., Mason J., et al. Large-scale dispensing for emergency response to bioterrorism and infectious-disease outbreak [J]. *Interfaces*, 2006, 36 (6): 591-607.

⑦ Thomas H. Modelling behavioural contagion [J]. *Journal of the Royal Society Interface*, 2011, 8 (59): 909-912.

⑧ Kenneth C., Yang C. Factors influencing internet users' perceived credibility of newsrelated blogs in Taiwan [J]. *Telematics and Informatics*, 2007, 24 (2): 69-85.

年来，众多调查表明，我国官方媒体的公信力有所下降，很多人对政府官方发布的信息产生质疑，对信息的可信度、公正性和准确性持怀疑态度，这不利于突发事件的应对①。严重的突发性群体事件促使政府进行真实信息的披露，以防止非理智行为的产生。官方信息披露是一种避免公众盲目相信、散布谣言的有效方式②。政府可以采用具有不同可信度和收视率的媒体披露真实的信息，以避免抢购等非理性行为引发负面的群体事件③。

另一方面，谣言传播容易引发突发事件。当科普知识水平较低、理性程度不高的人遭遇谣言时，很容易盲目相信谣言、快速传播谣言，尤其是在网络如此便捷的影响下，谣言传播更加快速，影响范围更广，极易引发突发性群体事件④。朱迪恩和托马斯（Judith and Thomas）认为谣言在应急管理中起到很大的影响作用，适当的谣言传播起到预警作用，能够引起人们的警惕，使得人们采取自我保护措施，大范围的谣言传播是对应急管理能力的考验⑤。如果政府不及时发布官方信息，那么谣言很可能引起一系列的突发性群体事件。有关突发事件引起的恐慌行为国内外都有一些的质性研究，但是对于恐慌心理应对措施的定量研究较少，有待于深入研究。此外，恐慌心理对谣言传播的反作用还没有得到重视。维博等（Wybo et al.）基于突发事件的传播动力学机制，建立了一个研究突发事件下群体行为特征的模型，指出突发事件应急管理体制，应重点强调应对突发事件的缓解和防范措施⑥。在应对由谣言传播引发的突发事件时，需要多个部门机构进行协同应对，以缓解突发事件的局势，减轻突发事件的负面影响⑦。放克（Funk）等从定量角度研究了由谣言传播引发的非理性从众行为产生的原因，并给出了应对措施⑧。

---

① Huo L. A., Huang P. Q., Fang X. An interplay model for authorities actions and rumor spreading in emergency event [J]. *Physica A: Statistical Mechanics and Its Applications*, 2011, 390 (20): 3267-3274.

② Luis M. A., Ariel C. A., David I. K., et al. The power of a good idea: Quantitative modeling of the spread of ideas from epidemiological models [J]. *Physica A: Statistical Mechanics and Its Applications*, 2006, 364: 513-536.

③ Li Z. X., Chen L. S. Dynamical behaviors of a trimolecular response model with impulsive input [J]. *Nonlinear Dynamics*, 2010, 62 (1): 167-176.

④ Zhang Z. L., Zhang Z. Q. An interplay model for rumour spreading and emergency development [J]. *Physica A: Statistical Mechanics and Its Applications*, 2009, 388 (19): 4159-4166.

⑤ Judith M. D., Thomas B. Rumors interplay in disaster management [J]. *International Journal of Risk Assessment and Management*, 2008, 9 (4): 334-350.

⑥ Wybo J. L., Latiers M. Exploring complex emergency situations' dynamic: Theoretical, epistemological and methodological proposals [J]. *International Journal of Emergency Management*, 2006, 3 (1): 40-51.

⑦ Jiang X. M. On the openness of governmental information on emergency control in China [J]. *Journal of Northeastern University*, 2009, 11 (1): 56-60.

⑧ Funk S., Erez G., Chris W., et al. The spread of awareness and its impact on epidemic outbreaks [J]. *PNAS*, 2009, 106 (16): 6872-6877.

（四）社会危机事件应急组织模式——国家与政府应急组织合作网络研究

近年来，SARS、冰雪灾害、地震等非常规突发事件相继爆发，其涉及领域多、波及地域广、影响程度大，且具有衍生次生事件群发、多样和耦合等复杂特征。单一突发事件的分散型应急职能部门难以应对，需要跨部门的协调和合作①②③。国家应急组织合作即政府职能部门、大型国有企事业单位、军队和行业协会等具有应急职责和能力的多个组织，通过信息互通、资源互补和人员互助等合作形式，共同实现非常规突发事件应对目标的过程④⑤。当前，多数国家形成了全灾种综合型的应急组织合作体系，并采用政府集中控制为主的管理模式⑥⑦。实际上，国家应急组织合作体系可视为多个应急组织在应对各类非常规突发事件应急响应、救援和恢复过程中所形成的大型组织合作网络系统，有别于传统的二元组织简单叠加关系，该网络系统被认为是应对非常规突发事件的有效组织形式⑧。

在社会系统中，个体或组织通过合同、情感和利益等关系连接形成合作网络，其中，个体或组织视为节点，关系视为边，网络结构决定了个体或组织之间信息联系、物质交换和能量传递的能力和效率。将突发事件应对组织及其合作关系视为大型的复杂社会网络，进而运用网络方法研究其结构特征和运行机制成为应急组织管理研究的热点。例如，卡普（Kapucu）基于组织间网络视角，评测了美国国家应急反应框架的组织网络结构演变对组织功能

---

① 刘丹、王红卫、祁超、唐攀、李明磊：《非常规突发事件应急指挥组织结构研究》，载于《中国安全科学学报》2011 年第 7 期。

② 钟永光、毛中根、翁文国、杨列勋：《非常规突发事件应急管理研究进展》，载于《系统工程理论与实践》2012 年第 5 期。

③ 武旭鹏、夏登友、李健行：《非常规突发事件情景描述方法研究》，载于《中国安全科学学报》2014 年第 4 期。

④ Granot H. Emergency inter-organizational relationships [J]. *Disaster Prevention and Management*, 1997, 6 (5): 305 - 310.

⑤ Comfort L., Kapucu N. Inter-organizational coordination in extreme events: The World Trade Center attacks, September 11, 2001 [J]. *Natural Hazards*, 2006, 39: 309 - 327.

⑥ Kapucu N., Garayev V. Collaborative Decision - Making in Emergency and Disaster Management [J]. *International Journal of Public Administration*, 2011, 34 (6): 366 - 375.

⑦ 郭雪松、朱正威：《跨域危机整体性治理中的组织协调问题研究——基于组织间网络视角》，载于《公共管理学报》2011 年第 4 期。

⑧ Kapucu N., Augustin M. A., Garayev V. Interstate partnerships in emergency management: Emergency Management Assistance Compact (EMAC) in response to catastrophic disasters [J]. *Public Administration Review*, 2009, 69 (2): 297 - 313.

和合作关系的影响[①]。摩尔（Moore）等研究了莫桑比克洪水救援中65个非政府组织的应急组织合作网络结构[②]。杜军等归纳应急网络组织所具有的一般属性和特殊属性，研究了应急网络组织的常态与战态相互切换机理，讨论了应急组织协作关系、协作过程及其治理问题[③]。苏陈朋等研究了2008年桂林雨雪冰冻灾害跨组织合作网络演化机理[④]。刘亮等基于社会网络中心性指标，分析了应对汶川地震的国家应急管理工作组合作网络中，政府职能部门、军队和大型国有企业等应急主体的个体位置优先性和重要性[⑤]。

三、已有研究文献评价

通过对上述相关研究文献的梳理，发现这些研究内容和思想比较清晰地描绘了社会危机事件发生发展的轨迹，比较深入地展现了社会危机事件萌芽、发生、发展、成熟、爆发、衰落和平息等演化的过程、规律和在每一个阶段上的特点与具体表征，尤其是有关区域大气污染联动规律的研究，突发事件微博信息扩散研究，这些初步的研究成果与本研究的思路不谋而合，但是这些研究并没有依据实证资料，也缺乏针对我国具体区域污染联动规律的研究，以及对微博信息扩散的社会连锁反应状态的研究。上述研究还全面地探讨了社会危机事件在发生中和发生后个人、团体、社区特别是各级政府部门积极或消极地应对突发事件、危机事件的方法与途径，尤其是安全医院的内涵和基本模式，突发舆情事件中的信息控制策略，以及社会危机事件应急组织模式研究，对本项目研究的思路开拓和研究深入具有极大的启发性和借鉴意义。但是，爬梳上述研究成果，可以发现目前尚未有相应处置方法的科学化系统化梳理和构建，在国家层面上的应急组织网络结构的研究也较为缺乏。

总体而言，上述研究的不足或空白，为本研究的深入提供了较为广阔的空

① Kapucu N. Interorganizational coordination in complex environments of disasters: The evolution of intergovernmental disaster response systems [J]. *Journal of Homeland Security and Emergency Management*, 2009, 6 (1): Article 47.

② Moore S., Eugenia E., Daniel M. International NGOs and the role of network centrality in humanitarian aid operations: A case study of coordination during the 2000 mozambique floods [J]. *Disasters*, 2003, 27 (4): 305 - 318.

③ 杜军、鄢波：《应急网络成员组织间的协作关系、协作过程及其治理》，载于《科技管理研究》2013年第23期。

④ 陈朋、韩传峰：《非常规突发事件跨组织合作网络结构演化机理研究——以2008年桂林冰雪灾害为例》，载于《软科学》2014年第8期。

⑤ 刘亮、陈以增、韩传峰、荣玫：《国家应急管理工作组合作网络的社会网络分析》，载于《中国安全科学学报》2015年第23期。

间。同时，相关研究思路和成果也为本研究的开展与深入奠定了基础，因此，本研究希望通过深入细致的研究以及扎实的研究成果以体现本研究专题的目的和学术价值。

第三节 研究设计

一、分析框架

本方向主要研究两个方面的议题，一是社会危机事件生成演化规律研究，二是社会危机事件处置机制研究。前者主要研究两大类社会危机事件，即公共卫生和社会安全事件。整个研究过程划分为三个层次：第一层次运用文献资料分析和数据统计分析方法，构建突发公共事件演化规律研究数据库，以探寻国内危机事件发生和分布的状态；第二层次应用个案研究等方法，分别以区域大气污染和微博信息扩散为例，深入探寻危机事件发生的诱发因素和发展状态；第三层次通过归纳典型社会危机事件，寻找社会危机事件的生成演化规律或模式，其结构见图6－7。

社会危机处置机制研究过程划分为两个方面：第一方面，主要运用案例分析和建模仿真方法，分别以应对公共卫生事件的安全医院应急管理，以及社会危机事件中个体及群体性过激行为控制为实例，分别建立涵盖突发事件事前、事中和事后应对策略的安全医院业务持续管理框架，以及突发舆情事件中的个体行为与免疫机制及政府应对策略；第二方面，通过构建并比较不同制度环境下，应对各类社会危机事件的国家关键应急处置组织合作系统的结构特性，提出应急组织网络转向功能型应急组织网络的优化策略（见图6－8）。

二、具体研究方法

本研究具体运用以下三类研究方法展开探究和讨论，它们是：

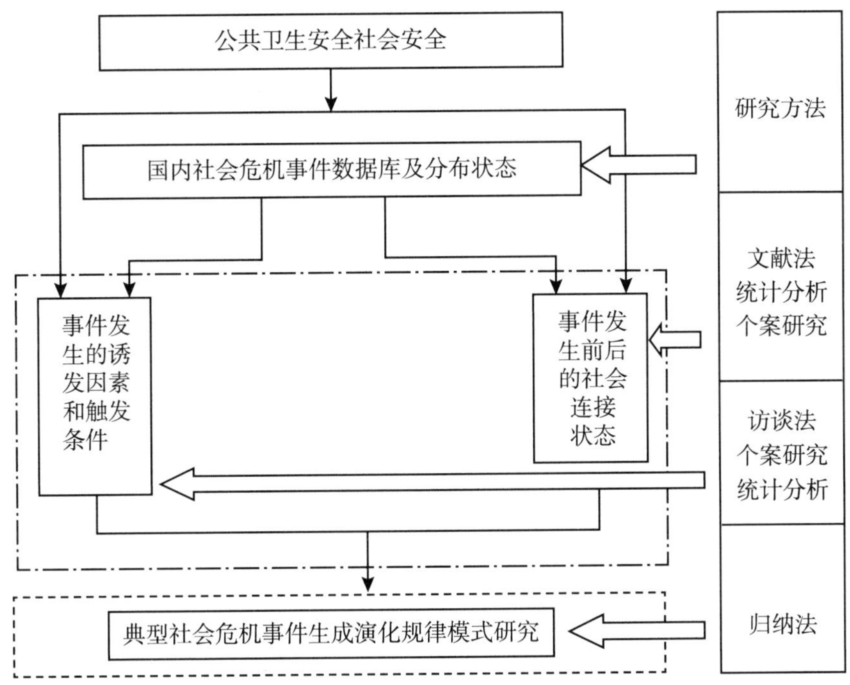

图6-7　社会危机事件生成演化规律研究框架1

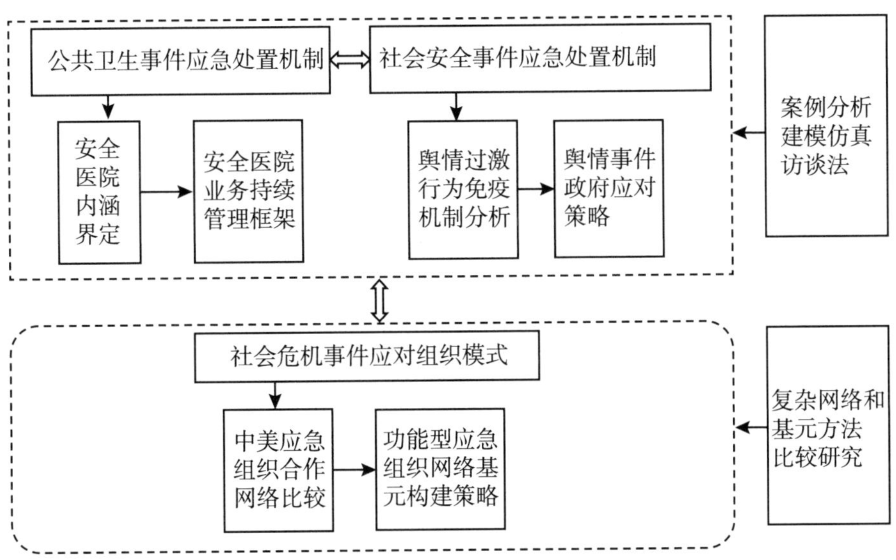

图6-8　社会危机事件处置机制研究框架2

（一）文献研究

本研究收集国内外关于各类突发事件发生发展的规律性和应急处置体制机制的研究文献，进行深入的文本解读和分析，特别针对公共卫生事件和社会安全事件两大社会危机事件类型的资料、数据和文本进行梳理和分析，建立相应突发事件分析的数据库。

（二）案例分析

本研究基于典型性和特殊性等几个基本原则，选择代表公共卫生事件的大气污染联动，以及代表社会安全事件的危机舆情信息两大实例，通过深入分析了解相关事件生成发展规律，把握真实社会危机事件的实际应急处置策略，并通过案例系统分析和比较加以提炼和概括。

（三）多学科交叉方法

本研究尝试有效结合研究团队的管理科学、社会科学和控制科学等多学科背景，综合运用相关性、回归和聚类分析等统计方法，数学建模与仿真分析方法，以及复杂网络和社会网络分析方法，就相关研究问题进行多角度多层次的研究和探索。

第四节　我国突发公共事件研究数据库构建及事件演化规律研究

一、我国公共突发事件演化规律研究数据库构建

突发事件数据库不仅可为国家和城市公共安全应急管理研究提供基础数据，更重要的是满足政府决策和相关职能部门突发事件应急管理的实际需求。目前，公共安全突发事件数据库建设已受到各级政府、职能部门及科研院所的重视。突发事件数据库建设与数据挖掘，需要应急管理、信息管理、传播学、社会学等多学科的复合型研究团队，其建设、维护与运行是一个长期的过程。

本项目研究者就我国四级以上非常规公共安全事件构建了包括基础数据、典

型案例、预案体系、统计图表四个相互关联模块的“我国突发公共事件研究支持数据库”，见图6-9。

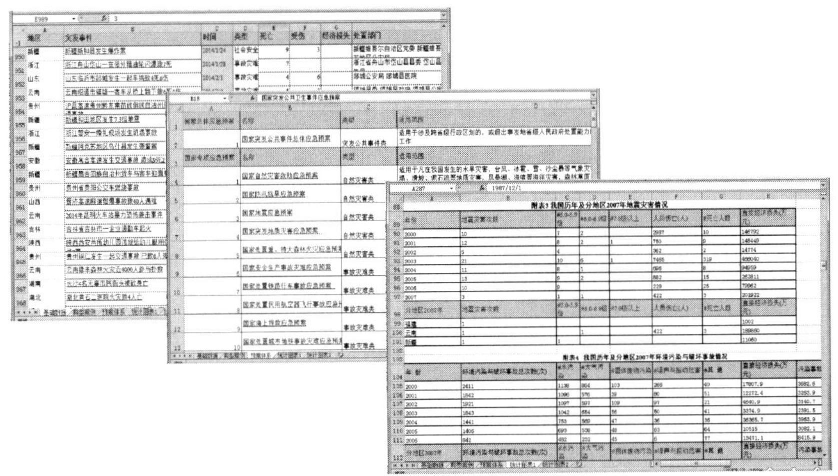

图6-9　我国公共突发事件演化研究支持数据库

（一）基础数据模块

收集和整合国家气象、民政、安监、地质等多个部门的突发事件数据资源，按名称、发生地点、死亡人数、受伤人数、经济损失、级别、类别、处置部门等要素对突发事件进行“结构化”处理及唯一性编码，以方便快捷地实现突发事件条目的多样查询和实时更新。

（二）典型案例模块

遴选典型城市公共安全突发事件应对案例，对事件自身的起因、发展和结果，以及事件应对的主体、流程、组织、资源和效果等要素进行系统分析和整理，获取典型重特大突发事件的应对经验和教训。

（三）预案体系模块

可以建立中国应急管理预案体系信息库，包括国家、省、市、县四个层次的政府及相关部门所对应的总体应急预案、专项应急预案、部门应急预案、区域应急预案、基层单元应急预案以及重大活动应急预案，并依据预案层次、适用范围、责任主体将其与基础数据和典型案例进行关联。

（四）统计图表模块

可以提取和整合国家气象、民政、安监、地质等多部门的突发事件统计数据和报告，或直接基于基础数据模块，实现分地区、分类别、分年度的城市公共安全突发事件的次数、强度、经济影响等信息的图形化或表格化查询和输出。

构建的数据支持系统不仅实现了我国公共安全突发事件的数据整合和信息统计功能，而且可以为相关的研究内容提供数据和案例支持，从而提升理论研究的定量化和决策咨询的适用性。例如，基于复杂网络和数据挖掘等方法，对“基础数据模块”涉及的各类突发事件的空间、时间、频率、程度等进行数理统计分析和建模，定量探索城市公共安全突发事件的复杂关联关系和发展趋势。或基于“典型案例模块”中的典型突发事件及应对知识，与城市公共安全突发事件特征及应急管理组织体制相结合，进行本地化和实证性探索，为政府应急组织管理顶层设计和模式重构提供决策咨询。同时，为数据支持系统后续可能涉及的应急组织体系、应急资源系统等模块留有余地，以便在必要时进行关联扩充（见图6-9）。

二、公共卫生事件演化规律——区域大气污染时空分布规律及联动范围与等级划分

近年来快速发展的区域空气质量网络及其提供的海量的、长期的区域污染数据为污染时空分布规律研究提供了现实条件。长期污染监测数据呈现的污染特征能够很好地反映区域内污染分布的各种影响因素的综合作用。一个区域大量的长期污染监测数据是其地理区域与空间位置紧密相关的数据集，并与社会经济相关的环境因子共同构成环境监测数据场。因此，若对长期污染监测“大数据”深入挖掘，即可获得各种影响因素综合作用下的污染特征和规律。

鉴于此，本研究为解决大气污染联防联控范围和等级划分问题，为区域联动治污的进一步展开奠定基础，研究首先提出利用区域长期污染监测数据，综合运用相关性分析、回归分析、聚类分析等方法划分联动范围的方法。其次在区域污染时空变化特征分析的基础上，识别区域联动治理的关键要素，构建联动等级评价指标体系，进而提出基于多属性综合评价理论划分联动等级的方法。最后，以长三角15市PM2.5和O_3污染治理为例，对区域大气污染联动范围和等级划分方法进行实证分析，提出相关对策建议。

（一）联动范围与等级划分方法

大气污染区域性特征主要源于两方面：一是区域内各地区间存在着高水平的

污染传输，导致各地之间污染特征相似；二是区域内各地区污染排放特征高度相似，因此污染变化趋势高度一致。区域大气污染治理的重点和难点在于努力降低、削弱区域内各地区之间的相互影响程度。因此，那些污染传输水平最高、污染特征最为相似或污染相关性水平最高的地区应被划分到同一个区域实施联动治理。但影响地区间污染传输水平、污染特征及相关性的条件非常多，且复杂多变，例如自然条件、地理因素、排污方式、经济发展水平、城镇化水平、产业结构、能源结构、技术水平等。联动范围的划分不仅要全面考虑各种复杂多变的影响因素的综合作用，与大气循环系统的边界一致，而且要兼顾现有行政管理体制。这是决定联动治理范围划分科学与否的关键。

联动等级的划分可归结为对各联动区域的多个关键属性的综合评价问题，可采用多属性综合评价理论中的逼近理想解法（TOPSIS）解决联动等级划分的问题。

由此，研究提出基于长期监测数据划分区域大气污染联动范围和等级的方法，具体步骤如图 6－10 所示。

一、基于长期污染监测数据划分联防联控区域

Step 1：各城市污染时空分布特征分析；
Step 2：通过回归分析确定JPCAP区域划分的候选城市；
Step 3：通过相关性分析，获得候选城市间的污染相关性矩阵；
Step 4：通过聚类分析，划分联动范围

二、基于TOPSIS法划分区域联动等级

Step 1：识别区域联动治理关键要素；
Step 2：建立联动等级评价指标体系；
Step 3：运用TOPSIS技术划分联动等级

三、分析验证

分析与验证联动范围和等级划分结果的正确性

图 6－10　联动范围和等级划分步骤

1. 联动范围划分方法

对于区域 R（包含 m 个城市）的某种大气污染 p，采用线性回归分析、相关性分析和聚类分析等方法与技术对 m 个城市的海量长期污染监测数据进行深入挖掘。以城市为基本划分单元，将 R 划分为若干联动子区域，步骤概述如下：

步骤 1：采用一元线性回归分析识别各城市对 R 区域的污染影响程度，将那些影响较大的城市作为参与联动治理的候选城市。以某城市的第 p 种污染物日均浓度（X^p）为自变量，以 R 区域的第 p 种污染物日均浓度（Y^p）为因变量进行一元线性回归，回归方程 $Y^p = a \cdot X^p + b$ 的斜率 a 越大，表明该城市的污染浓度

变化对区域 R 的影响越大。给定一个判别临界值 a_0，当回归方程的斜率 $a > a_0$ 时，对应的城市即可作为联动治理的候选城市。

步骤 2：对候选城市的长期污染数据进行相关性分析，获得城市间污染相关系数矩阵 M。基于长期污染监测数据，计算任意两城市 x 与 y 之间第 p 种污染的皮尔逊相关系数 r，r 值越接近 1，说明两城市之间的污染相关性越高，意味着它们彼此间的污染传输水平越高，或它们在污染排放特征方面存在较高的一致性。

步骤 3：以城市为变量，以相关系数矩阵 M 中的 r 为观察值，对候选城市进行聚类分析，聚类后得到的各类（Clusters）即为区域 R 的联动子区域。

2. 联动等级划分方法

为确定区域 R 的各联控子区域的 p 污染治理等级，首先对 R 区域内的第 p 种污染的空间分布特征进行深入挖掘，识别区域联动治理关键要素，在此基础上建立联动等级评价指标体系，最后运用 TOPSIS 技术为各区域确定联动等级（即污染治理的优先顺序）。

（1）评价指标设定。

首先，大气污染治理的最终目的是减少污染造成的人群健康损害。因此，应从减缓污染健康损害压力的视角，为子区域（R_i）建立治污紧迫性指标（U_i^p）。污染健康损害压力取决于 R_i 的污染水平和人口密度。若 R_i 污染越严重，人口越密集，则它面临的污染健康损害压力越大，治污紧迫性越强，越应优先治理。因此，用平均人口密度（h_i）与其第 p 种污染年日均浓度（c_i^p）之积来衡量 U_i^p，即 $U_i^p = h_i \times c_i^p$。

其次，R_i 的污染变化对 R 的影响力（I_i^p）是联动等级评价的重要依据，R_i 对 R 污染的影响力越大，越应优先治理。以 R_i 的第 p 种污染日均浓度（X_i^p）为自变量 X，将 R 的污染日均浓度（Y^p）为因变量 Y 进行一元线性回归，则回归方程 $Y^p = a_i \cdot X_i^p + b_i$ 的斜率 a_i 可衡量 R_i 第 p 种污染物浓度变化对 R 污染浓度变化的影响程度 I_i^p，即 $I_i^p = a_i$，I_i^p 越大，R_i 越应优先治理。

再次，各子区域由于地理位置、气候条件、自身污染净化条件等存在很大差异，导致它们各自的污染治理潜在空间不同。因此，将污染治理的潜在空间（E_i^p）作为 R_i 第 p 种污染物的联动等级评价指标之一。一个地区某种污染物在某段期间的变异系数可以衡量该地区污染浓度的离散程度，变异系数值越大，则该地区的污染变化幅度越大，说明该地区的污染治理潜力越大。因此，R_i 第 p 种污染的长期变异系数可用来衡量它的污染治理潜在空间 E_i^p。

最后，区域性污染特征的重要原因之一是区域内各地区间存在较高水平的污染相互传输，而地区之间的距离和相对方位是影响它们之间污染相互传输的两个重要因素。因此，综合考虑污染输出地与输入地间的距离以及它们所处地理位置的相对方位与常年主导风向的一致性程度，以主风道方向的距离（D_i^p）作为联动等级评价的指标之一，来衡量 R_i 第 p 种污染输出对 R 内其他子区域污染的恶化程度，D_i^p 值越大，表示 R_i 因污染对外传输而导致周边地区污染恶化得越严重，越应优先治理。

综上所述，区域联动等级评价指标由 U_i^p、I_i^p、D_i^p、E_i^p 构成，分别代表联动子区域 R_i 的治污紧迫性、污染治理的潜在空间、R_i 对 R 污染变化的影响力和污染输出水平的主风道方向上的距离。

（2）运用 TOPSIS 法确定各子区域联动等级。

TOPSIS 法是多属性综合评价中的一种常用的有效方法，能够根据评价对象与理想化目标的接近程度进行科学排序，从而对各评价对象进行相对优劣的综合评价。

设 $R=\{R_1, R_2, \cdots, R_i, \cdots, R_m\}$ 是区域 R 被划分的所有子区域的集合。对于任意联控子区域 R_i 的第 p 种污染的联动等级，基于 U_i^p、I_i^p、D_i^p、E_i^p4 个指标进行评价。对各子区域对应的评价指标值汇总，如表 6-1 所示。基于此，采用 TOPSIS 法确定联动等级，具体步骤概述如下：

表 6-1　TOPSIS 评价矩阵

区域（i）	U_i^p	I_i^p	D_i^p	E_i^p
R_1	X_{1U}	X_{1I}	X_{1D}	X_{1E}
R_2	X_{2U}	X_{2I}	X_{2D}	X_{2E}
…	…	…	…	…
R_m	X_{mU}	X_{mI}	X_{mD}	X_{mE}

步骤 1：指标趋同化处理，将评价指标 X_{ik} 全部转化为高优指标，并适当调整转换数据，转化为高优指标。

步骤 2：趋同数据归一化，将 X'_{ik} 归一化转化成 Z_{ik}，由此得到归一化处理后的矩阵 Z。

步骤 3：确定最优方案和最劣方案。最优方案 Z^+ 由矩阵 Z 中每列的最大值构成：$Z^+=\{\max(Z_{iU}), \max(Z_{iI}), \max(Z_{iD}), \max(Z_{iE})\}$；最劣方案 Z^- 由矩阵 Z 中每列的最小值构成：$Z^-=\{\min(Z_{iU}), \min(Z_{iI}), \min(Z_{iD}), \min(Z_{iE})\}$。

步骤 4：计算联控子区域 i 与 Z^+ 和 Z^- 的距离 ZD_i^+ 和 ZD_i^-。

步骤 5：计算各子区域 i 与最优方案的接近程度 CL_i。

步骤 6：按 C_i 值从大到小排列各联控子区域的顺序，C_i 值越大的子区域越优先治理，由此可得到各联动子区域的等级。

（二）长三角区域 PM2.5 与 O_3 污染规律实证分析

1. 实证对象与数据来源

长三角区域位于中国东南沿海，属于北亚热带季风气候，常年气候温和湿润，秋冬季多吹西北风，春夏多东南风。长三角地区不仅秋冬季易暴发严重雾霾污染，而且夏季也常暴发严重的 O_3 污染，是我国推行污染联动治理的重点区域之一。

以长三角区域内的 15 个城市为研究单元，包括上海（SH），浙江省的杭州（HAZ）、湖州（HUZ）、嘉兴（JX）、绍兴（SX）、宁波（NB）、台州（TZZ）和江苏省的南京（NJ）、苏州（SZ）、无锡（WX）、常州（CZ）、扬州（YZ）、镇江（ZJ）、泰州（TZJ）、南通（NT），他们都有着密集的人口，发达的经济、交通、建筑业等。以市政府经纬度定位的 15 市，各城市名称缩写、国控点数量、市政府经纬度、人口规模、行政区域面积等具体信息如表 6－2 所示。

表 6－2　长三角区域各城市信息

省份	缩写	城市	国控点数	（经度，纬度）	人口（万人）	面积（平方千米）
上海市	SH	上海	10	(31.2，121.5)	2 425.7	6 340.5
浙江省	HAZ	杭州	11	(30.2，120.1)	889.2	16 596
	HUZ	湖州	5	(30.9，120.1)	292.3	5 818
	JX	嘉兴	3	(30.8，120.8)	457.0	3 915
	SX	绍兴	3	(30.1，120.5)	495.6	8 279
	NB	宁波	8	(29.9，121.6)	762.2	9 816
	TZZ	台州	3	(28.7，121.4)	597.5	9 411
江苏省	NJ	南京	9	(32.1，118.8)	818.8	6 598
	SZ	苏州	8	(31.3，120.6)	1 057.9	8 848
	WX	无锡	8	(31.5，120.3)	648.4	4 664
	CZ	常州	6	(31.8，120.0)	469.2	4 375
	YZ	扬州	4	(32.4，119.4)	447	6 638
	ZJ	镇江	4	(32.2，119.4)	316.5	3 843
	TZJ	泰州	4	(32.5，120.0)	463.4	6 029
	NT	南通	5	(32.0，120.9)	729.8	8 001

长三角作为我国大气污染重点防控区之一，目前已建成覆盖区域各区县的空气质量监测网络（AQMN），能全面反映污染的总体状况和浓度水平。截至2016年6月，长三角区域共建成160多个国控点，实现了在线实时发布6种主要污染物信息，包括PM2.5、PM10、SO_2、NO_2、O_3和CO的1小时和24小时平均浓度。考虑到近年长三角区域PM2.5与O_3两种污染比较严重，超过我国环境空气质量标准（GB 3095—2012）规定的二级浓度标准（分别为75与160μg/m^3）天数较多，如图6-11所示。因此，选取PM2.5和O_3两种污染因子对长三角区域大气污染进行研究。

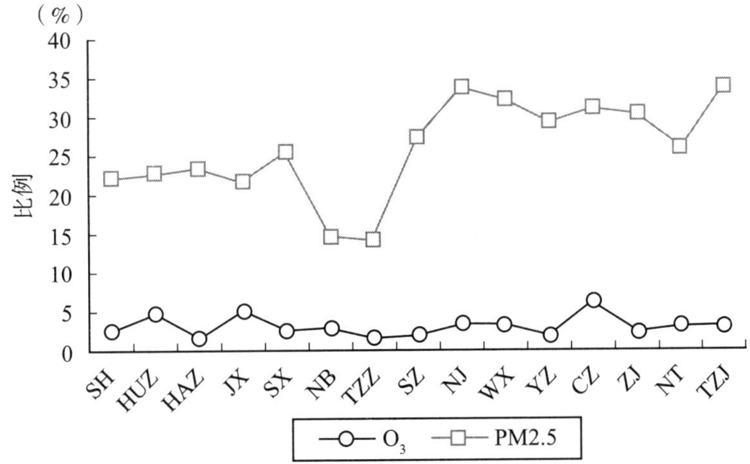

图6-11 样本期间PM2.5与O_3污染超标天数所占比例

考虑到数据的连续性和完整性，本研究对15市共91个监测站在2013年1月18日至2016年1月31日期间发布的污染浓度数据进行研究。数据采集于中国城市空气质量监测网（http://www.pm25china.net），数据整理后获得的PM2.5和O_3的1小时平均浓度有效记录分别为233.26万条和233.25万条，PM2.5的24小时平均浓度记录共计101 101条，O_3污染的8小时最大滑动平均浓度记录共计101 010条。

2. 污染时空分布特征

（1）污染的时间分布特征。

首先分析15市PM2.5与O_3的污染水平随时间变化的规律，包括污染浓度的年度变化、季度变化、月度变化、24小时变化等规律。采用2013年1月19日0:00至2016年1月31日23:00期间的整体污染监测数据进行统计分析，以消除温度、湿度、风力风向、降水等因素由于在短期内发生极端变化而带来的干扰，综合反映所有影响因素的共同作用，如污染因子自身物化特征、各地区地理特征、气候条件、特定经济发展水平、产业与能源结构下的排放源特征、城市化水平、人口特征等。图 6-12 为统计期内两种污染的年度变化。显然，长三角区域近三年 PM2.5 年均浓度有所下降，这是各城市纷纷努力的结果；O_3 年均浓度却逐年上升，呈现日益严重的态势。

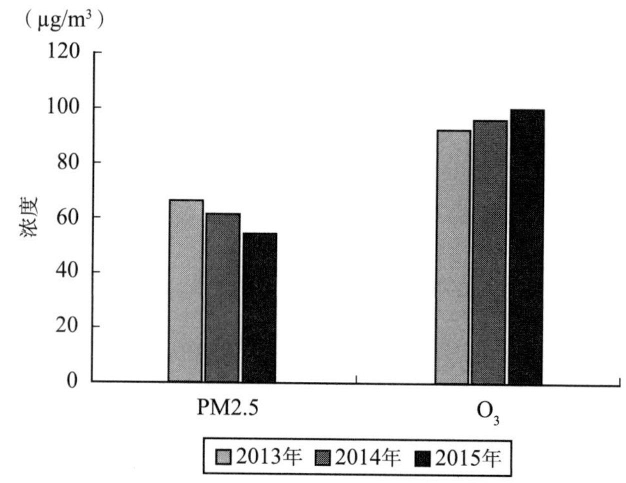

图 6-12　长三角区域 PM2.5 与 O_3 污染水平年度变化趋势

对比长三角 15 市春（3 月、4 月、5 月）、夏（6 月、7 月、8 月）、秋（9 月、10 月、11 月）、冬（12 月、1 月、2 月）四个季节的 PM2.5 平均浓度，冬季 PM2.5 污染水平最高，夏季最低，春、秋两季污染水平相当，季节性变化明显。此外，四季普遍呈现西北部 PM2.5 污染水平略高于东南部城市的态势。

根据 O_3 最大 8 小时滑动平均浓度统计四个季节 O_3 污染的变化，很明显，与 PM2.5 不同，O_3 污染最严重的是夏季，而冬季污染水平最轻，春夏污染水平显著高于秋冬两季。在同一季节中，15 市的 O_3 污染水平相当。

图 6-13 是 PM2.5 和 O_3 两种污染的月度变化趋势。显然，不论是 PM2.5 还是 O_3，15 市的月平均污染浓度变化趋势非常一致。对比两种污染因子，PM2.5 在 12 个月内呈"U"形变化趋势，而 O_3 呈倒"U"形，二者恰好相反。PM2.5 在 12 月污染最严重，在 8~9 月污染水平最低。而 O_3 则在 12 月污染最轻，在 7~8 月最严重，5~6 月 O_3 污染浓度略低于 7~8 月时的峰值。

基于 PM2.5 和 O_3 的 1 小时平均浓度数据，统计两种污染物在一天 24 小时内的变化趋势，结果如图 6-14、图 6-15 所示。显然，不论是 PM2.5 还是 O_3，15 市的变化趋势高度一致。由图 6-14 可知，PM2.5 在 24 小时内呈现出双峰变化趋势：在 0：00~7：00 期间，各城市 PM2.5 浓度基本保持不变，从 7：00 开始各城市 PM2.5 浓度开始不同程度地上升，9：00 左右出现第一个峰值，之后开始降低，直至16：00左右到达最低水平，继而再次反弹上升直至22：00左右又出现小高峰，然后回落至夜间（0：00～7：00）稳定水平。由6－15可知，O_3浓度在24小时内呈单峰变化趋势，且峰谷浓度值相差很大，15市中峰谷相差最大高达80微克/立方米，最小为45微克/立方米。O_3浓度峰值在14：00～15：00出现，低谷出现在7：00～8：00，这与PM2.5恰好相反。

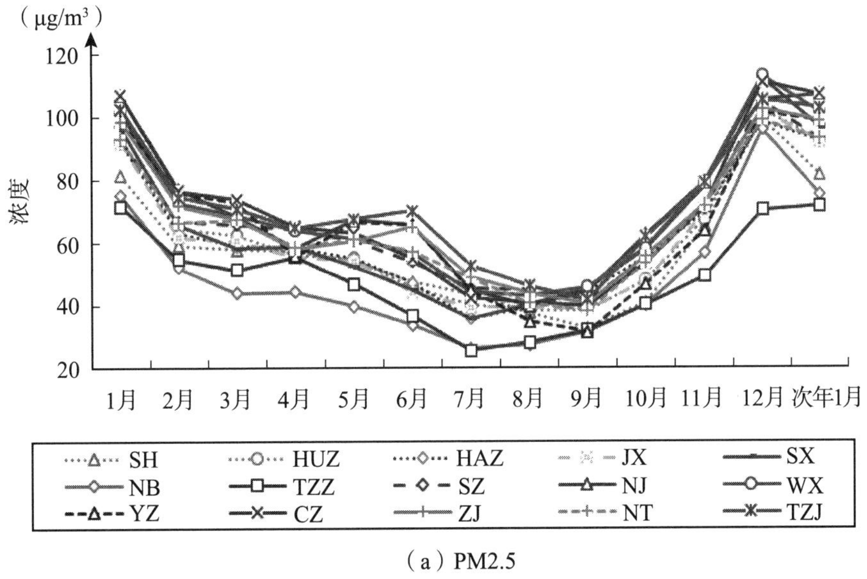

（a）PM2.5

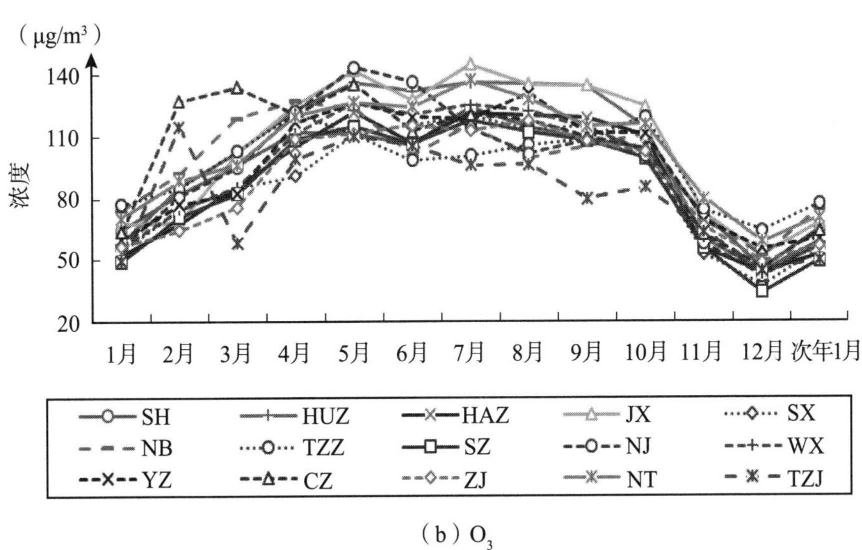

（b）O_3

图6－13　PM2.5与O_3污染的月度变化特征

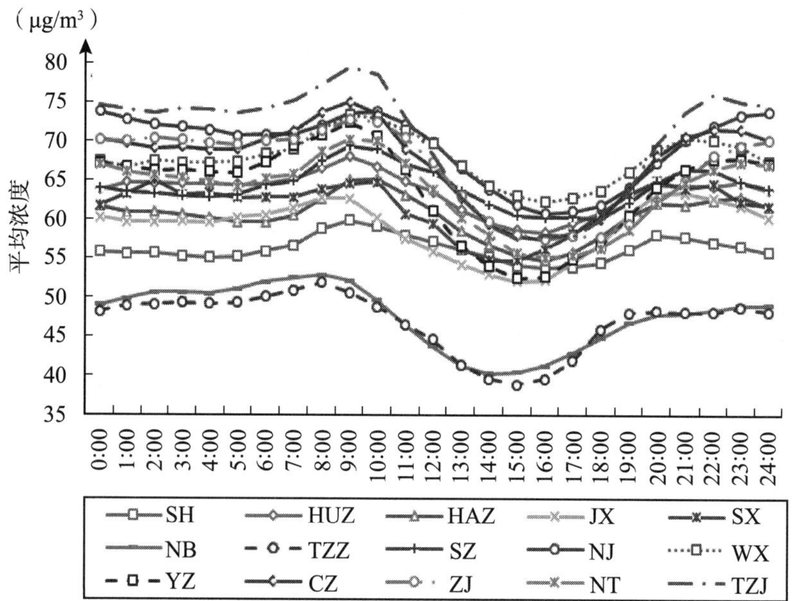

图 6－14　PM2.5 污染 24 小时变化规律

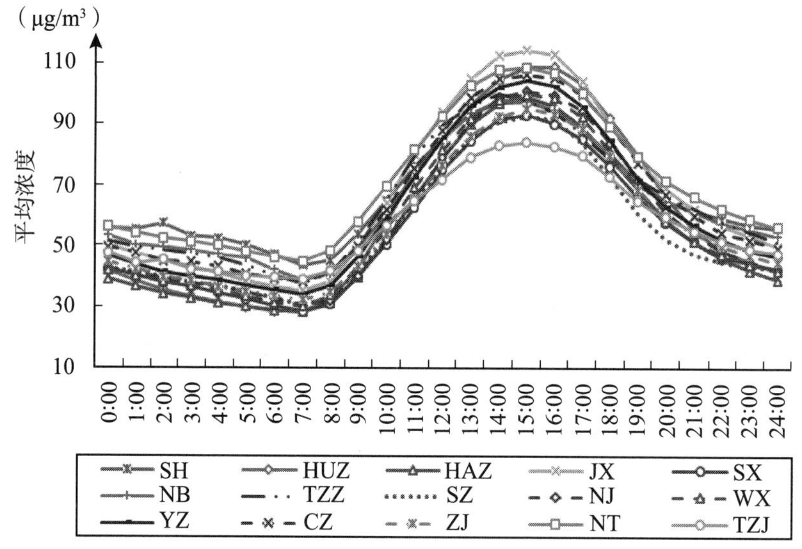

图 6－15　O_3 污染 24 小时变化规律

（2）污染的空间分布特征。

为了更精确地掌握长三角区域污染的空间分布特征，以 2015 年全年（2015 年 1 月 1 日至 12 月 31 日）PM2.5 日均浓度和 O_3 最大 8 小时滑动平均浓度数据为样本，分析城市间污染的相关性（r）及其受城市间距离（d）、城市“相对方位”（d'）等因素的影响关系。

第一，城市间的污染相关。

表6-3汇总了样本期间15市任意两个城市之间两种污染物的皮尔逊（Pearson）相关系数矩阵，对角线下方为PM2.5污染相关系数，对角线上方为O_3污染相关系数。显然，无论是PM2.5还是O_3，任意两个城市的污染相关系数均在0.01显著水平上通过检验。然而，细观两种污染因子对应的相关系数值，可以发现：有些城市之间的污染相关系数较高，大于0.8，而有些城市间相关系数则很低，不超过0.6。如浙江台州，除与杭州、嘉兴、绍兴和宁波之间PM2.5污染的相关系数大于0.6外，与其他城市的相关系数均不超过0.6。其他城市的PM2.5和O_3污染也分别存在这种差异。实际上，污染高度相关的城市之间可能存在较高水平的污染相互传输，也可能因污染源类型、排放水平等因素相仿，各自排放的污染已具备较高的一致性或相似性，因此应将这些高度相关的城市划分至一个联动子区域实施统一的联控措施，而那些污染相关程度较低的城市则不能划分到一起。至于哪些城市应被划为一个联控区尚需进一步分析。

表6-3　皮尔逊相关系数矩阵

	SH	HUZ	HAZ	JX	SX	NB	TZZ	SZ	NJ	WX	YZ	CZ	ZJ	NT	TZJ
SH	1	0.79	0.77	0.90	0.74	0.83	0.73	0.88	0.74	0.84	0.73	0.71	0.78	0.89	0.77
HUZ	0.77	1	0.91	0.90	0.83	0.79	0.70	0.92	0.86	0.91	0.81	0.82	0.82	0.78	0.80
HAZ	0.63	0.88	1	0.90	0.89	0.85	0.77	0.88	0.80	0.85	0.76	0.79	0.75	0.73	0.72
JX	0.90	0.88	0.81	1	0.82	0.88	0.77	0.92	0.79	0.87	0.76	0.78	0.77	0.81	0.75
SX	0.68	0.83	0.93	0.84	1	0.79	0.70	0.81	0.74	0.79	0.69	0.65	0.73	0.71	0.73
NB	0.80	0.81	0.81	0.88	0.85	1	0.86	0.83	0.70	0.77	0.68	0.71	0.69	0.73	0.66
TZZ	0.56	0.60	0.69	0.63	0.67	0.73	1	0.71	0.61	0.68	0.61	0.61	0.61	0.65	0.61
SZ	0.93	0.86	0.75	0.94	0.76	0.83	0.62	1	0.87	0.96	0.84	0.85	0.85	0.87	0.84
NJ	0.71	0.84	0.79	0.81	0.74	0.72	0.55	0.83	1	0.89	0.91	0.81	0.90	0.80	0.86
WX	0.89	0.89	0.78	0.93	0.78	0.82	0.58	0.97	0.88	1	0.88	0.90	0.89	0.87	0.86
YZ	0.71	0.76	0.70	0.75	0.67	0.65	0.52	0.80	0.89	0.82	1	0.82	0.89	0.82	0.90
CZ	0.84	0.86	0.77	0.88	0.75	0.79	0.59	0.93	0.90	0.96	0.89	1	0.75	0.74	0.70
ZJ	0.75	0.79	0.72	0.80	0.70	0.68	0.49	0.83	0.92	0.88	0.95	0.91	1	0.85	0.90
NT	0.92	0.76	0.62	0.84	0.64	0.74	0.55	0.90	0.76	0.89	0.80	0.89	0.83	1	0.89
TZJ	0.77	0.74	0.65	0.76	0.64	0.65	0.51	0.83	0.83	0.85	0.92	0.90	0.92	0.89	1

为进一步识别15市两种污染相关水平的特征及其影响因素，以城市为变量对表6－3中两种污染因子的相关系数为观察值进行聚类，结果如图6－16所示。显然，长三角区域PM2.5污染可按照相关性特征大致分为4个城市群，分别是A＝{苏州、无锡、常州、嘉兴、湖州、上海、南通}，B＝{扬州、镇江、泰州、南京}，C＝{杭州、绍兴、宁波}，D＝{台州}。采用与PM2.5相同的RDCC标准，按照O_3污染相关性特征可将15市分成9个城市群，分别为A＝{苏州、无锡、湖州}，B＝{杭州、嘉兴}，C＝{上海}，D＝{南通}，E＝{南京、扬州、镇江、泰州}，F＝{常州}，G＝{绍兴}，H＝{宁波}，I＝{台州}。对比所划分的O_3城市群比PM2.5的城市群更多，范围更小，但共同点是，两种污染下所划分的每个城市群内的各城市均在距离上比较靠近，因此可推断这是由于城市间距离因素（d）影响的结果。

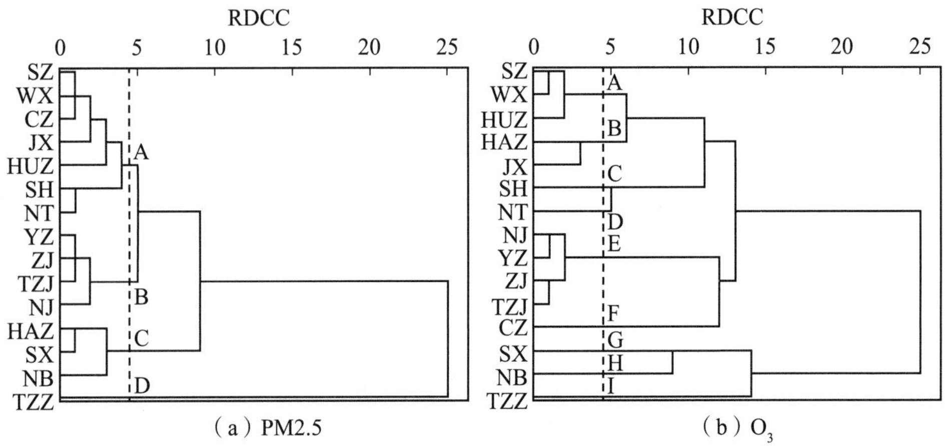

（a）PM2.5　　（b）O_3

图6－16　各城市污染相关系数聚类图

第二，d对r的影响。

以上海、南京、杭州三个省会城市为参照城市，分别考察它们与周边其他城市之间的r与d的关系，r与d值如表6－4所示。

表6－4　污染高度相关城市间的距离与相关系数

城市	上海			南京			杭州		
	d（千米）	r值		d（千米）	r值		d（千米）	r值	
		PM2.5	O_3		PM2.5	O_3		PM2.5	O_3
SH	0	1	1	271.7	0.712	0.757	165.3	0.628	0.758
NJ	271.7	0.712	0.757	0	1	1	239	0.79	0.77

续表

城市	上海			南京			杭州		
	d（千米）	r 值		d（千米）	r 值		d（千米）	r 值	
		PM2.5	O_3		PM2.5	O_3		PM2.5	O_3
SZ	85.7	0.993	0.911	189.9	0.828	0.858	121.8	0.751	0.845
WX	114.2	0.892	0.854	157.8	0.884	0.872	137.1	0.781	0.826
CZ	157.2	0.836	0.741	115.3	0.895	0.787	173.2	0.767	0.756
YZ	234.8	0.711	0.745	69.4	0.885	0.9	242	0.7	0.722
ZJ	222.6	0.752	0.789	61.3	0.917	0.887	226.7	0.722	0.727
TZJ	201.8	0.765	0.768	114.8	0.826	0.849	241.4	0.648	0.686
NT	101.5	0.916	0.87	197.5	0.76	0.791	204.2	0.621	0.701
JX	88.7	0.892	0.886	239.3	0.808	0.77	78.3	0.814	0.885
HAZ	165.3	0.628	0.758	239	0.79	0.77	0	1	1
NB	155.2	0.795	0.821	363.7	0.723	0.697	149.1	0.805	0.852
HUZ	138.5	0.766	0.804	178.9	0.843	0.826	69.6	0.878	0.871
SX	156.1	0.676	0.765	288	0.742	0.731	51.9	0.926	0.879
TZZ	288.7	0.561	0.682	456	0.55	0.602	220.7	0.691	0.758

将表6-4中的r与d进行拟合，结果见图6-17。显然，无论是PM2.5还是O_3，r与d之间均存在显著的线性负相关关系（R^2均大于0.68），证实d对r具有显著影响，即r随着d的增大而降低。对于PM2.5而言，$d<100$千米时，r几乎全部大于0.8；当100千米$<d<200$千米时，r值基本落在区间（0.6，0.8）内；而当距离300千米以上时，r的值几乎全部低于0.6。同样，对于O_3而言，d在0~100千米、100~200千米、300千米以上三个距离水平上，相关系数几乎全部低于0.7。

第三，d'对r的影响。

为识别城市之间相对方位对污染高度相关的城市群分布的影响作用，我们仍选上海、南京、杭州为参照城市，分别筛选出与之PM2.5污染相关系数高于0.8的城市，作为它们各自的PM2.5高度相关城市群（见表6-5），进而分别对这三个城市群内城市的经纬度进行拟合。显然，与上海、南京、杭州三个城市PM2.5日均浓度高度相关的城市群呈带状分布于西北—东南方向。采用同样的方法，对上海、南京、杭州三市的O_3污染高相关（$r>0.8$）城市群（见表6-5）进行拟合，O_3污染高度相关城市也呈带状分布在西北—东南方向上。据此，可初步判断长三角区域的主风道方向为西北—东南方向，其他方向为非主风道方向。但d

与 d'的共同作用是否会对 r 产生影响，仍需进一步验证。

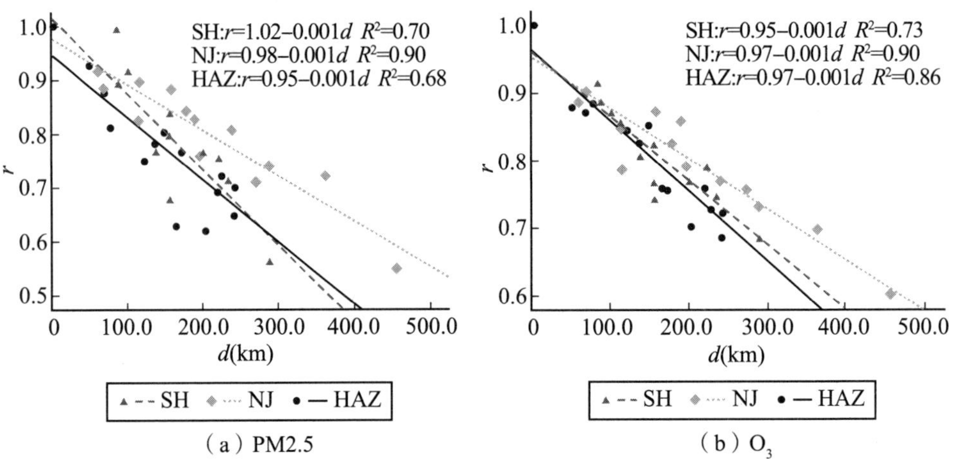

（a）PM2.5　　（b）O_3

图 6－17　城市间污染相关性与城市间距离的关系

表 6－5　与 3 个参考城市污染高度相关的城市群

污染因子	参照城市	污染高度相关城市群
PM2.5	SH	SH、JX、NB、SZ、WX、CZ、NT
	NJ	NJ、HUZ、JX、SZ、WX、YZ、CZ、ZJ、TZJ
	HAZ	HAZ、JX、SX、NB、HUZ
O_3	SH	SZ、WX、NT、JX、NB
	NJ	SZ、WX、YZ、CZ、ZJ、NT、TZJ、HUZ、HAZ
	HAZ	HUZ、JX、SX、NB、SZ、NJ、WX

第四，d 和 d'对 r 的交互作用。

为进一步探索 d 和 d'的交互作用对 r 的影响，将 d 和 d'作为 r 的两个影响因素，进行双因素方差分析，通过差异的显著性水平识别两个因素及其交互作用的影响。按照与上海、南京、杭州三个参照城市间的相对方位，将其他城市分为两组，与参照城市之间处于西北—东南方向的城市划入传输通道城市群，将其他方向的城市划入非传输通道城市群，划分结果如表 6－6 所示。将长三角区域的城市间距离 d 分为 3 个水平，即｛0～100 千米、101～200 千米、＞200 千米｝，根据各城市与参照城市之间的距离所处的水平，将它们分别划分至 3 个距离水平组，分组结果如表 6－7 所示。

表 6－6　　传输通道城市和非传输通道上的城市分组

相对方位	参照城市	城市分组
传输通道城市	SH	SZ，NJ，WX，YZ，CZ，ZJ，NT，TZJ
	NJ	SH，HUZ，JX，SX，NB，WX，CZ，ZJ，HAZ，SZ
	HAZ	SX，NB，TZZ，NJ，HUZ
非传输通道城市	SH	HUZ，HAZ，JX，SX，NB，TZZ
	NJ	YZ，TZJ，NT，TZZ
	HAZ	SH，JX，SZ，WX，YZ，CZ，ZJ，NT，TZJ

表 6－7　　三个距离水平上的城市分组

参照城市	0～100 千米	101～200 千米	>200 千米
SH	JX，SZ，NT	HAZ，HUZ，SX，NB，WX，CZ，TZJ	TZZ，NJ，YZ，ZJ
NJ	YZ，ZJ	HUZ，SZ，WX，CZ，TZJ，NT	SH，HAZ，JX，SX，NB，TZZ
HAZ	HUZ，JX，SX	SH，NB，SZ，WX，CZ	TZZ，NJ，YZ，ZJ，TZJ，NT

双因素方差分析结果如表 6－8 所示，显然，对 PM2.5 而言，城市间污染相关系数 *r* 在 *d* 的三个距离水平下存在显著差异（$p<0.05$），且在两个 *d′*水平下存在显著差异（$p<0.05$），但 *d* 和 *d′*的交互作用对 *r* 的影响不显著（$p=0.328>0.05$）。对 O_3 而言，*r* 仅在不同距离水平上存在显著差异（$p<0.05$），在 *d′*两个水平下 *r* 并无显著差异（$p=0.743>0.05$），且 *d* 和 *d′*的交互作用 *r* 的影响也不显著（$p=0.842>0.05$）。

表 6－8　　双因素方差分析结果

	PM2.5				O_3			
	Ⅲ型平方和	均方	F	Sig.	Ⅲ型平方和	均方	F	Sig.
校正模型	0.298[a]	0.099	32.895	0.000	0.136[b]	0.045	23.430	0.000
截距	23.265	23.265	7 691.464	0.000	24.706	24.706	12 724.509	0.000
d	0.240	0.120	39.754	0.000	0.027	0.013	4.609	0.047
d′	0.087	0.087	28.604	0.000	0.006	0.006	2.853	0.099
d×*d′*	0.008	0.004	1.287	0.328	0.001	0.001	0.175	0.842

续表

	PM2.5				O_3			
	Ⅲ型平方和	均方	F	Sig.	Ⅲ型平方和	均方	F	Sig.
误差	0.115	0.003				0.074	0.002	
总计	25.671				27.283			
校正总计	0.413				0.210			

注：因变量：*r*；

(a) $R^2=0.722$（调整 $R^2=0.700$）；(b) $R^2=0.548$（调整 $R^2=0.413$）。

采用 LSD 法对三个距离水平下城市群的污染相关系数进行多重比较，结果如表 6-9 所示。与 0~100 千米、101~200 千米、>200 千米三个距离水平相对应的 PM2.5 相关性依次降低，再次证实了城市间 PM2.5 污染相关性随着距离增加而不断降低的结论。对于 O_3 污染而言，100 千米范围内的城市之间污染相关性显著高于（$p<0.05$）101~200 千米和 201~300 千米两个水平，但 101~200 千米与>200 千米两个距离水平对应的污染相关性并无明显差异（$p=0.144>0.05$）。

表 6-9　　　　基于 LSD 法的多重比较结果

污染因子	(I) 距离	(J) 距离	均值差异 (I-J)	标准误	Sig.
PM2.5	0~100 千米	101~200 千米	0.112*	0.234	0.000
	0~100 千米	>200 千米	0.198*	0.238	0.000
	101~200 千米	>200 千米	0.854*	0.019	0.000
O_3	0~100 千米	101~200 千米	0.094*	0.040	0.038
	0~100 千米	>200 千米	0.140*	0.041	0.007
	101~200 千米	>200 千米	0.0457	0.029	0.144

注：因变量：*r*；

PM2.5 和 O_3 的均方差（MSE）分别为 0.003 和 0.002；

* 表示在 0.05 的显著水平上通过差异性检验。

表 6-10 汇总了 PM2.5 和 O_3 两种污染因子在两个相对方位水平下 r 的样本均值、方差、样本量信息。其中，S1 为 3 个参照城市与其传输通道城市间的污染相关系数样本，S2 为参照城市与其非传输通道城市间的污染相关系数样本。经检验，两种污染因子对应的 S1 和 S2 的总体均服从正态分布，$\xi_1 \sim N(\mu_1, \sigma_1^2)$，$\xi_2 \sim N(\mu_2, \sigma_2^2)$，$\sigma_1^2$ 和 σ_2^2 未知，但 $\sigma_1^2=\sigma_2^2$。基于此，采用 t 检验（右侧检验）

进一步比较 μ_1 和 μ_2 是否存在显著差异，原假设为 $H_0: \mu_1 - \mu_2 = 0$，备择假设为 $H_1: \mu_1 - \mu_2 > 0$。由表 6-10 可知，对于 PM2.5 污染，t 统计量为 2.868，大于临界值 $t_{1-\alpha}(40)$，因此拒绝原假设 H_0，接受 H_1，即 $\mu_1 > \mu_2$ 在 95% 的显著水平上通过检验，即传输通道城市间 PM2.5 的污染相关系性水平显著高于非传输通道城市。而对于 O_3 污染，t 统计量为 0.769，小于临界值 $t_{1-\alpha}(40)$，接受 H_0，认为 μ_1 和 μ_2 不存在显著差异，即传输通道城市间的 O_3 污染相关系性水平与非传输通道城市间的污染相关系性水平无显著差异，再次证明“西北—东南方向是长三角区域的主风道方向”的推断是正确的。

表 6-10　　基于 t 检验的成组比较结果

污染因子	样本	均值	S^2	样本量	均值相等的 t 检验		
					t 统计量	$t_{1-\alpha}$ (40)	Sig.（右侧检验）
PM2.5	S1	0.8170	0.007	23	2.868	1.684	0.005
	S2	0.7337	0.007	19			
O_3	S1	0.8113	0.004	23	0.769	1.684	0.259
	S2	0.7942	0.006	19			

注：$\alpha = 0.05$。

3. 污染联动范围规律

图 6-18 展示了 15 市两种污染浓度（X）与整个长三角区域的污染浓度（Y）的线性关系。显然，15 市对应的直线斜率在一定范围内变化，且截距各不相等。说明各城市自身的污染对整个长三角区域污染的影响力存在差异。

为筛选出对长三角区域污染影响较大的城市，分别以长三角区域的 PM2.5 浓度为因变量，以各市 PM2.5 浓度为自变量进行拟合，得到各市对整个长三角区域 PM2.5 污染的影响程度的方程，结果如表 6-11 所示。同理，拟合得到的各市对整个长三角区域 O_3 污染的影响程度的线性方程也汇总于表 6-11。

由表 6-11 可知，15 个城市对应的 PM2.5 回归方程斜率均大于 0.724，说明每个城市 PM2.5 的浓度变化对整个长三角区域的污染水平都会产生显著的影响。因此，15 个城市均可作为 PM2.5 联动治理的候选城市。对于 O_3，所有回归方程的斜率均介于 0.428 和 0.537 之间，说明各城市 O_3 浓度变化对整个区域 O_3 污染水平的影响程度较弱。为了识别哪些城市可能会被划分在一起从而组成一个新的小范围的 O_3 联动区域，本研究仍然将 15 个城市均作为 O_3 联动候选城市。

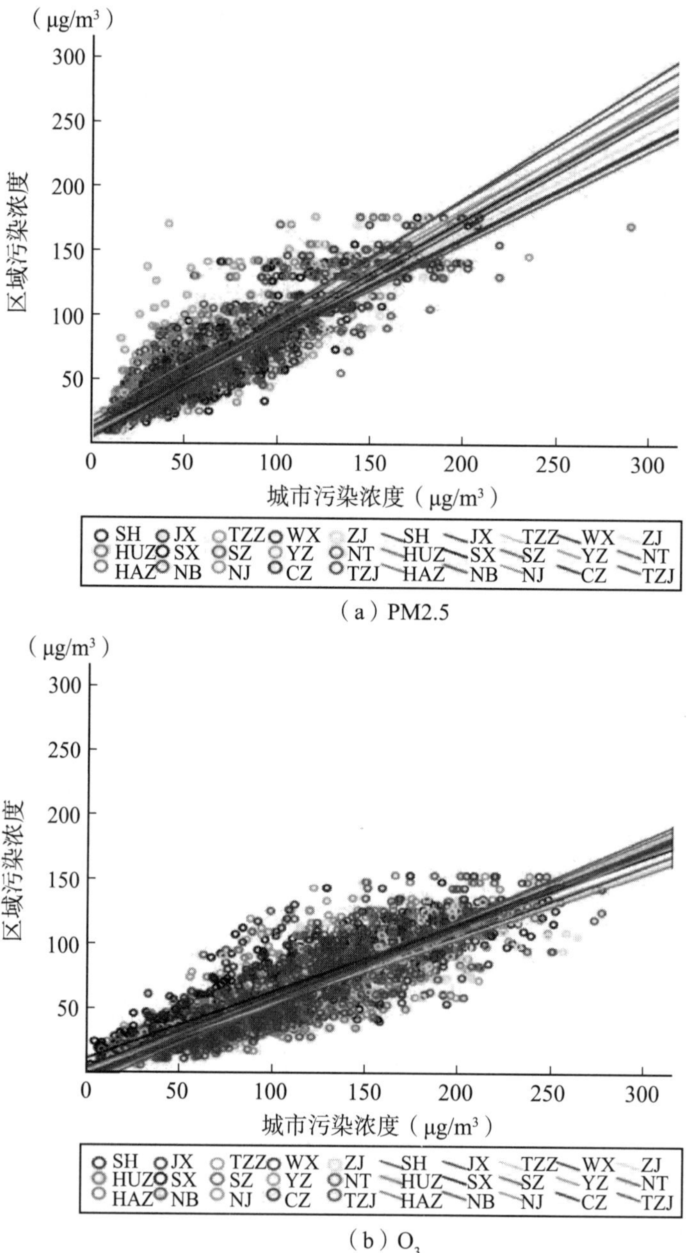

（a）PM2.5

（b）O_3

图 6－18　长三角区域与各城市污染浓度散点图

表 6-11　长三角区域与各城市污染浓度的线性回归结果

污染因子	城市	线性回归方程	R^2	Sig.
PM2.5	SH	$Y=14.290+0.757X$	0.785	0.000
	HUZ	$Y=8.133+0.861X$	0.834	0.000
	HAZ	$Y=9.772+0.828X$	0.724	0.000
	JX	$Y=5.937+0.924X$	0.885	0.000
	SX	$Y=9.827+0.821X$	0.718	0.000
	NB	$Y=16.166+0.866X$	0.755	0.000
	TZZ	$Y=21.020+0.808X$	0.458	0.000
	SZ	$Y=6.566+0.830X$	0.914	0.000
	NJ	$Y=13.189+0.734X$	0.832	0.000
	WX	$Y=4.579+0.824X$	0.937	0.000
	YZ	$Y=9.292+0.832X$	0.788	0.000
	CZ	$Y=11.095+0.740X$	0.928	0.000
	ZJ	$Y=8.570+0.780X$	0.841	0.000
	NT	$Y=12.991+0.739X$	0.818	0.000
	TZJ	$Y=10.928+0.724X$	0.796	0.000
O_3	SH	$Y=11.211+0.504X$	0.760	0.000
	HUZ	$Y=17.558+0.428X$	0.790	0.000
	HAZ	$Y=19.582+0.475X$	0.761	0.000
	JX	$Y=13.949+0.458X$	0.787	0.000
	SX	$Y=25.946+0.437X$	0.688	0.000
	NB	$Y=10.970+0.537X$	0.701	0.000
	TZZ	$Y=14.984+0.509X$	0.557	0.000
	SZ	$Y=14.983+0.506X$	0.848	0.000
	NJ	$Y=18.838+0.448X$	0.773	0.000
	WX	$Y=16.084+0.484X$	0.825	0.000
	YZ	$Y=11.387+0.489X$	0.740	0.000
	CZ	$Y=21.353+0.459X$	0.663	0.000
	ZJ	$Y=18.191+0.433X$	0.760	0.000
	NT	$Y=7.830+0.522X$	0.773	0.000
	TZJ	$Y=16.519+0.473X$	0.716	0.000

首先对 PM2.5 联动候选城市聚类，以城市为变量，以城市间污染相关系数进行聚类的结果如图 6-19 所示。当 RDCC 取值为 8 时，15 市被分成 4 组，每一组内城市间的污染相关性特征最相似，而组间相似性最小。因此，每一组就是长三角区域的一个联动子区域。由此，长三角可划分为 4 个 PM2.5 联动子区域，分别为 R_1 = {苏州、无锡、常州、嘉兴、湖州、上海、南通}、R_2 = {扬州、镇江、泰州、南京}、R_3 = {杭州、绍兴、宁波}、R_4 = {台州}。然后，采用相同的方法对长三角区域的 15 个 O_3 联动候选城市进行聚类，并同样以 RDCC = 8 的划分标准进行分组，将长三角划分为 9 个 O_3 联控子区域，分别为 R_1 = {苏州、无锡、湖州}、R_2 = {杭州、嘉兴}、R_3 = {上海}、R_4 = {南通}、R_5 = {南京、扬州、镇江、泰州}、R_6 = {常州}、R_7 = {绍兴}、R_8 = {宁波}、R_9 = {台州}，如图 6-19 所示。

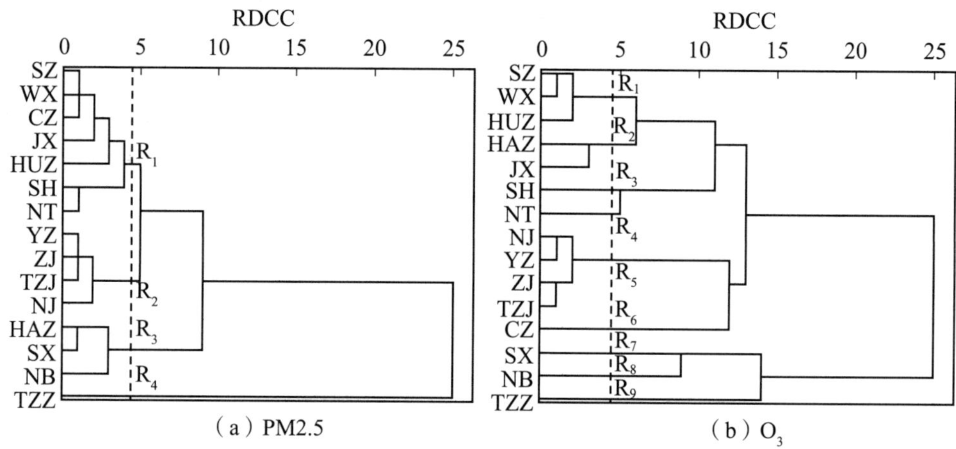

图 6-19　长三角区域联动候选城市聚类树状图

4. 污染联动等级规律

表 6-12 是 4 个 PM2.5 联控子区域 PM2.5 污染浓度的描述性统计结果。R_1、R_2、R_3 和 R_4 的 PM2.5 治理潜力指标值 E_i 分别为 0.566、0.567、0.540 和 0.583。

表 6-12　各子区域 PM2.5 污染水平描述性统计

联动子区域	均值	标准差	离差
R_1 = {SZ, WX, CZ, JX, HUZ, SH, NT}	56.87	32.21	0.566
R_2 = {YZ, ZJ, TZJ, NJ}	57.64	32.71	0.567
R_3 = {HAZ, SX, NB}	54.77	29.56	0.540
R_4 = {TZZ}	41.99	24.50	0.583

以长三角区域的PM2.5日均浓度为因变量，以各子区域的日均浓度为自变量，分别进行线性拟合，结果如表6-13所示。由此可知，R_1、R_2、R_3和R_4对长三角区域PM2.5污染的影响力指标I_i分别为0.699、0.649、0.792和0.845。

表6-13　各子区域与整个区域PM2.5浓度的一元线性回归结果

联动子区域	非标准化方程	R^2	F	Sig.
R_1 = {SZ, WX, CZ, JX, HUZ, SH, NT}	$Y = 13.053 + 0.699X$	0.775	1 248.32	0.000
R_2 = {YZ, ZJ, TZJ, NJ}	$Y = 15.404 + 0.649X$	0.688	800.39	0.000
R_3 = {HAZ, SX, NB}	$Y = 9.458 + 0.792X$	0.836	1 848.57	0.000
R_4 = {TZZ}	$Y = 17.337 + 0.845X$	0.654	687.56	0.000

注：因变量为长三角区域的PM2.5日均浓度；自变量为各子区域的PM2.5日均浓度。

在4个PM2.5联控子区域中，R_2平均污染水平最高（57.64微克/立方米），且处于冬季主导风（西北风）的上风向，比其他子区域的污染输出更多、影响更恶劣。因此，选R_2为参照区域O，以此计算R_1、R_3、R_4在主风道方向上的距离指标D_i。在计算O与R_3之间的距离时，O被视为由扬州、镇江、泰州和南京四个城市的市政府构成的平面四边形，R_3被视为由杭州、绍兴和宁波构成的三角形，两个多边形的几何重心距离则是O与R_3之间的距离，为280.0千米。同理计算得到R_1、R_4到O的距离分别为155.07千米、443.67千米。R_1、R_3、R_4与O连线相对于正北方向（90°）的相对方位分别为132.48°、152.84°和154.14°，与主风道方向——西北—东南方向的夹角分别为3.52°、17.84°和19.14°。由此，D_1、D_3、D_4指标值分别为155.36千米、294.13千米、469.60千米。D_i为低优指标，需首先对其取倒数进行趋同化后才能进行归一化处理。由于R_2区域对其自身污染的影响最大，因此，将D_2指标归一化后的值设为1。

2015年，4个子区域的PM2.5年日均浓度分别为56.87微克/立方米、57.64微克/立方米、54.77微克/立方米、41.99微克/立方米，如表6-12所示，平均人口密度分别为0.1449万人/平方千米、0.0885万人/平方千米、0.0619万人/平方千米、0.0635万人/平方千米。由此，对应的紧迫性指标值分别为5.03、8.35、3.39、2.67。表6-14汇总了4个子区域各评价指标值、按TOPSIS法计算的最优距离（ZD^+）、最劣距离（ZD^-）、与最优方案的接近程度（CL_i）以及各区域的联动等级。4个子区域的等级排列为$R_2 > R_1 > R_3 > R_4$。

表 6-14　　各 PM2.5 联控子区域的 TOPSIS 评价结果

联动子区域	U_i	I_i	D_i	E_i	ZD_i^+	ZD_i^-	CL_i	等级
R_1 = {SZ, WX, CZ, JX, HUZ, SH, NT}	8.35	0.699	155.36	0.566	0.17	0.78	0.82	1
R_2 = {YZ, ZJ, TZJ, NJ}	5.03	0.649	0	0.567	0.33	0.75	0.70	2
R_3 = {HAZ, SX, NB}	3.39	0.792	294.13	0.540	0.72	0.21	0.23	3
R_4 = {TZZ}	2.67	0.654	469.60	0.583	0.90	0.04	0.04	4

采用相同的方法确定 9 个 O_3 联动子区域的等级，由于长三角区域的 O_3 被证实为小范围的局地污染，超过 100 千米的城市间 O_3 污染相互传输非常弱，因此仅针对治污紧迫性 U_i 和污染治理空间 E_i 两个评价指标对 9 个 O_3 联控子区域的等级进行评价，结果如表 6-15 所示。各子区域的联动等级顺序为 $R_3 > R_6 > R_1 > R_7 > R_4 > R_5 > R_2 > R_8 > R_9$。

表 6-15　　各 O_3 污染浓度描述性统计与各子区域 TOPSIS 评价结果

联控子区域	均值	标准差	U_i	E_i	ZD^+	ZD^-	CL_i	等级
R_1 = {SZ, WX, HUZ}	102.22	50.226	10.569	0.491	0.638	0.129	0.17	3
R_2 = {HAZ, JX}	102.33	49.143	6.716	0.480	0.720	0.061	0.08	7
R_3 = {SH}	105.39	46.212	40.319	0.438	0.099	0.749	0.88	1
R_4 = {NT}	108.25	45.005	9.873	0.416	0.660	0.100	0.13	5
R_5 = {YZ, ZJ, TZJ, NJ}	104.43	48.171	9.245	0.461	0.668	0.095	0.12	6
R_6 = {CZ}	93.64	47.402	10.686	0.506	0.634	0.137	0.18	2
R_7 = {SX}	87.88	50.756	5.261	0.578	0.748	0.121	0.14	4
R_8 = {NB}	99.35	41.634	7.714	0.419	0.705	0.055	0.07	8
R_9 = {TZZ}	97.02	39.207	6.160	0.404	0.739	0.021	0.03	9

（三）大气污染时空分布规律及联动范围与等级划分

1. 大气污染时间变化特征

长三角区域冬季气候相对湿冷、云层较低，这种“低屋顶效应”不仅不利于颗粒物污染扩散，而且加剧了颗粒物污染堆积。另外，随着全球气候的整体恶化，长三角区域冬季极易出现湿度大、温度高的极端天气，在夜间和清晨生成大雾，为弥漫其中的颗粒物膨胀、集聚，乃至雾霾暴发提供了最佳条件。此外，冬季盛行的西北风易将内陆“脏空气”传送至长三角区域，使其冬季 PM2.5 污染更严重。相反，夏季盛行的东南风，来自海上的清洁空气有利于陆地污染扩散，同时在夏季频繁降雨的冲刷作用下，夏季 PM2.5 浓度水平较低。但夏季强烈的太阳辐射和较高的温度，为 O_3 的二次生成和累积提供了良好的条件，冬季则恰好相反，因此夏季 O_3 污染最严重，冬季最轻。

在 24 小时内，7：30 ~ 9：30 时间段的早高峰时段市民集中出行时间与在 9：00 左右出现的 PM2.5 污染小高峰吻合，说明早高峰机动车集中出行污染排放是这一污染高峰的主要原因。目前国控点主要分布在城市中心地区，出现在 22：00 左右的 PM2.5 污染小高峰则与夜间排污量较大的大型柴油货车被允许进入城市中心区有关，1 台大货车的排污量相当于 30 ~ 50 辆小汽车。因此，可采取措施鼓励分散出行，减少早高峰时段的集中出行，鼓励选取公共交通方式出行，降低机动车污染排放。14：00 ~ 15：00 是一天中光照最强的时段，而这为 O_3 的生成提供了良好的光照条件，所以出现 O_3 污染高峰。

长三角区域地势平坦，几乎没有山脉阻隔，因污染的跨界传输与城市间距离呈现出非常强的线性负相关关系，即距离越近的城市之间污染相互传输越多。长三角区域秋冬盛行西北风，春夏盛行东南风，故而主风道方向（西北—东南方向）上的各城市间 PM2.5 污染的相关性明显高于其他方向。

2. 大气污染空间变化特征

随着城市间距离的增加，由城市输出的 PM2.5 污染物会因不断沉降、扩散而浓度逐步降低，因此出现 0 ~ 100 千米、101 ~ 200 千米、201 ~ 300 千米三个距离水平下的 r 依次降低。城市间距离和主导风是影响污染跨界传输的两个关键的因素，有效开展联动治理，应充分考虑城市间距离和相对方向这两个因素的影响。

相对于 PM2.5，O_3 更多地呈现小范围局地污染特征。当城市间距离超过 100 千米后，O_3 跨界传输微乎其微。尽管 15 市 O_3 污染相关性很显著，但这并非 O_3 跨界传输的结果，而是与 O_3 前体物的排放源、光照、气温、相对湿度等条件相仿有关，从而导致 15 市的 O_3 污染呈现较高的相似性特征。长三角区域的 O_3 污染应在小范围内实施联动治理，更有助于提高成本和治污的有效性。

3. 长三角联动子区域范围划分

PM2.5 自身的物化特性决定其在空气中易长时间悬浮并随风传输，适宜在较大的区域范围内开展联动治理。在长三角的 4 个 PM2.5 联动子区域中，R_1 = {苏州、无锡、常州、嘉兴、湖州、上海、南通} 和 R_2 = {扬州、镇江、泰州、南京} 的范围均较大，R_3 = {杭州、绍兴、宁波} 和 R_4 = {台州} 范围较小，这是由于 R_3 和 R_4 污染水平相对较低，且均处于西北风向末端的临海位置，自然扩散条件较好，且受来自西北内陆“脏气团”污染输入的影响比较小。而 R_2 处于长三角区域的西北部，受西北内陆污染输入的影响较大。

与PM2.5划分结果不同，长三角被细分为9个范围较小的O_3联动子区域。快速的工业化和区域一体化进程使长三角区域内各城市资源及生态环境具有共性特征，且各城市自然地理条件相仿、生态功能特征相似，大气环境问题相近，区域内一江、一湖、一海（即长江、太湖、东海）以及纵横交错的水网将苏浙沪生态环境牢牢地嵌套成为一个“唇齿相依”的整体，这些条件也极易使O_3污染在各城市间呈现出“一荣俱荣、一损俱损”的共性特征。因此，对呈现小范围局地污染特征的O_3污染治理，我们可将具有共同污染特征的城市作为一个小范围联控子区域，针对域内各城市O_3污染的前体物污染排放源实施统一规划、统一监测、统一监管、统一评估和统一协调的管控措施，降低O_3生成率。

4. 长三角各子区域联动等级划分

运用TOPSIS法对长三角各子区域联动等级划分的结果与实际情况相符。具体而言，R_1居4个子区域之首，且R_1的污染浓度（56.8微克/立方米）仅次于污染最严重的R_2（57.8微克/立方米），人口因素和污染水平共同导致R_1的治污紧迫性远高于其他子区域。此外，R_1距参考区域R_2较近，位于长三角区域西北风向的中上游，使得R_1在主风道上的距离和对整个区域的污染影响力这两个指标上得分均较高，因此R_1被赋予了最高的治污优先等级。同样，长三角区域的9个O_3联动子区域划分的等级结果也与实际情况吻合。子区域R_3=｛上海｝由于人口密度（约3 800人/平方千米）远大于其他区域，约是第二大人口密集区域R_6的3倍，以致治污紧迫性指标在9个子区域中遥遥领先，因此应最先对R_3进行治理，以最大程度上降低O_3污染对人群健康造成的损害。以此类推，其他各子区域的O_3污染水平、治污空间和人口密度，决定了它们的联动等级。这样，在财政预算、各类资金条件有限时，可根据各子区域的优先等级相应配置资源投入，以获得最高效的治污效果。

上述分析表明，本研究提出的联动范围和等级划分新方法具有科学性和可行性。这种将过大的区域划分为若干子区域并对其联动等级进行科学评价，进而实施差异化管理的模式与当前在较大范围内实施一视同仁的联动管理模式相比，在管理协调、节约资金资源、提高空气质量改善成效等方面具有更大的优越性，可广泛应用于我国乃至全球其他区域多种大气污染因子的联动治理，如PM10、SO_2、NO_2、CO等污染。这对深化高效地推进区域联动治理，显著改善区域空气质量具有重要的现实意义，为区域大气污染联动治理机制提供了科学的决策基础和前提。

三、社会安全事件演化规律——基于微博的突发事件针对性信息分享行为规律

社会安全事件具有多种类型和表现形式，但是随着互联网的爆发式的发展，现在无论哪一种类型的社会安全事件，都伴随着巨大数量和迅速的网络信息传播，而在这个过程中，信息的安全、准确及有序无疑是一个重大的研究课题。本研究分析了2012年台风“海葵”登陆上海时的相关微博，试图总结哪些信息被广泛分享，并且应用共现分析，研究“@”与哪些信息相关度高。“@”是针对性的信息分享行为，被“@”的研究对象会收到提醒。大多数包含“@”的微博是分享给亲朋好友的，使得信息能够通过较为密切的人际关系实现快速传播，信任度更高，故研究突发事件中“@”与哪些内容有关可以了解人们在突发事件中“@”的主要信息，其中的基本规律和态势发展趋势可供有关信息发布和管理部门借鉴。

（一）微博文本分析过程

1. 数据获取

研究选取的是上海S大学学生在2012年8月1～28日期间发表或者转发的有关“海葵”这一突发事件的微博。通过爬虫软件从新浪微博进行数据采集，共收集1 127条微博，删除了重复的微博，即转发时没有进行评论的微博，最后得到518条有效微博。

2. 文本处理

本研究对获取的微博文本进行分词处理，关注那些频率较高的词语，并将其他出现频率较低而语义相同的词语与之合并，继而统计出了较高频的关键词（频次大于50），数据处理过程见图6－20。

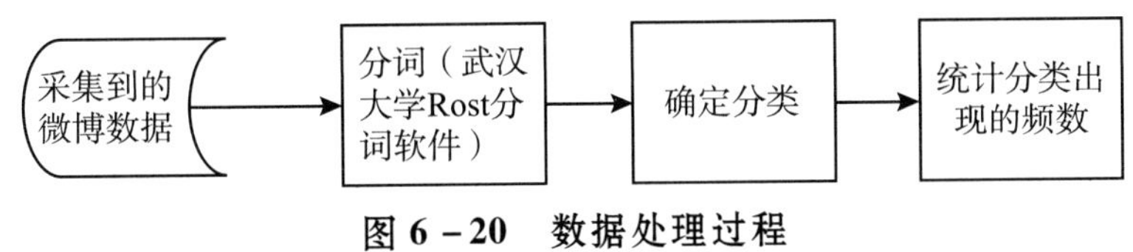

图6－20 数据处理过程

结合微博文本对统计出的高频词进行分类，进一步概括出11项一级分类：基本情况、灾难影响、有关人员、受灾地点、发生时间、政府组织、救援行为、呼吁提醒，以及微博虚拟平台特有的表情符号、图片、短链接和“@”行为，见表6－16。

表 6-16　　　　词语分类

一级类别	二级类别（词语）	一级类别	二级类别（词语）
受灾地点	上海（本市、嘉定等）	基本灾情	风（风）
	浙江（宁波、杭州等）		雨（雨）
有关人员	典型人物（一线、志愿者等）		几级（级）
	受灾群众（上海人民、万人等）		中心（中心）
受灾之物	建筑设施（景区、空调等）		路径（路径、方向等）
	交通工具（列车、航班）		减弱离开（减弱、远离等）
	植物庄稼（菜、树、农田等）		加强严重（增强、加强等）
政府组织	政府组织（企事业、政府等）	呼吁提醒	呼吁提醒（转、请、提醒等）
发生时间	月（月）	救援行为	群众救援（关爱、关心等）
	日（日、今、明）		组织救援（抢修、解救等）
	时（时）	表情图片链接	表情符号（[]）
灾难影响	停、延、改期（停工、停课等）		网页链接（http）
	破坏损失（倒、淹、积水等）		图（图）
	死伤（死、亡、伤、遇难）	针对性分享（@）	针对性分享（@）

图 6-21 中统计了一级分类所涉及的关键词在微博中出现的频次。可以看到“海葵”中基本情况（91.31%）、受灾地点（70.08%）、发生时间（57.53%）出现的频率是最高的。表情图片链接（55.98%）、“@”（43.05%）出现的频率较高，前者频率高是因为微博研究对象乐于在突发事件中传播详细的事件信息并表达自己的情绪；后者表明事件中微博研究对象会倾向于将重要的信息传递给周围人，因为灾害与研究对象的生活息息相关，需要与朋友分享这些信息，避免由于不知情而带来不便甚至意外。还有一些频率相对较小的关键信息：有关人员（39.19%）、灾难影响（38.99%）、受灾之物（36.49%）、救援行为（32.05%）、政府组织（30.16%）、呼吁提醒（29.34%），说明微博研究对象还会关心物品损坏及人员伤亡情况、政府企业等的救灾行为、官方提醒信息。综上所述，“海葵”事件中人们关注的焦点是海葵发展的基本情况和发生的地点。时间也是一个相对重要的信息，可以使研究对象知道出现某些灾情的准确时间，以做好适当的应对措施。

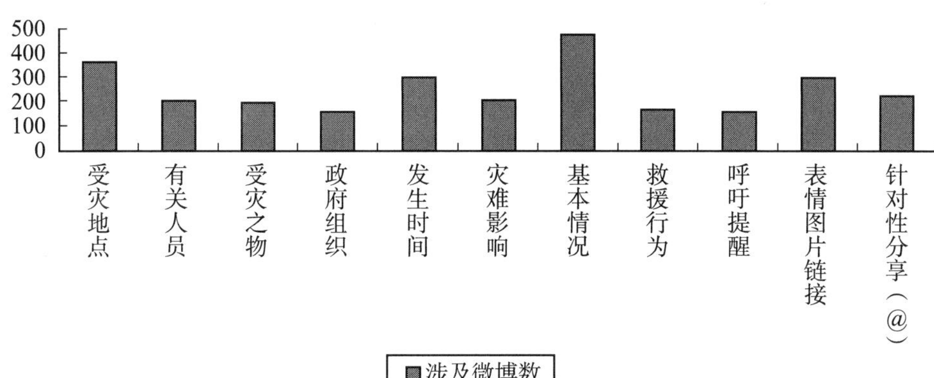

图 6-21　一级类别中每个类别对应涉及的微博数

（二）分享内容共现分析

本研究的目的是了解人们在突发事件中，会使用社会化媒体针对性地分享哪些信息，所以主要研究"@"这一行为会与哪些关键词存在较强的关联关系，以发现隐藏在大量数据信息中、不易被人察觉的关联事件。研究应用 Clementine 软件进行数据处理。

1. 一级分类与针对性分享的共现分析

基于图 6-21 的结果首先进行共现分析，本研究统计了与"@"较为频繁地同时出现的关键词，结果如表 6-17 所示。

表 6-17　一个关键词与"@"同时出现（一级分类）　单位：%

与"@"共现	基本情况 +@	受灾地点 +@	发生时间 +@	表情图片链接 +@	受灾之物 +@	有关人员 +@	灾难影响 +@	救援行为 +@	政府组织 +@
概率	38.34	33.91	25.43	23.51	17.15	16.96	16.57	13.87	12.72

表 6-17 是"@"与一级分类的共现分析，可以发现"基本情况 +@""受灾地点 +@"这两组的概率最高，都超过了 33%，说明微博研究对象更倾向于针对性地分享"海葵"的基本情况，其次也关注灾难发生的地点，因为这些是与突发事件直接相关，是大众迫切需要的，能够满足基本需求，避免造成恐慌。"发生时间 +@"组合的概率为 25.43%，可见人们也会针对性地分享时间信息，以了解事件的阶段性进展，但它与前面相比概率小一些，这是因为微博研究对象通常是在事件发生当下发布信息的，所以很多研究对象不会再特意注明时间。"表情图片链接 +@"组合的概率为 23.51%，表明研究对象针对性分享信息时图片、短链、表情等出现较频繁。"受灾之物 +@""有关人员 +@"

"灾难影响 + @""救援行为 + @""政府组织 + @"这些组合的概率依次减小，都低于 20%，说明这些信息得到了关注，但关注度不够。而"呼吁提醒 + @"的概率更是低于 10%，可见研究对象很少将这些官方的提醒信息"@"给有密切关系的人，而是通过自己的方式表达关心。

表 6－18 分别列出了两个关键词与"@"共现的情况。两个关键词与"@"共现的结果中，"基本情况""受灾地点""发生时间"中的任意两者与"@"共现的概率都达到了 22%，说明这三者与"@"的关系都很紧密。其中，"基本情况 + 受灾地点 + @"这一组合的概率最大，为 30.83%，与另两种情况相差较大，说明人们最乐于针对性地分享的是某地的基本情况信息，这将会使得研究对象了解到发生灾难的某地的风力、雨量以及严重情况等。与期望的结果不同，结果中时间相对而言比较次要，是因为微博发布具有实时性，不必特意注明时间信息。"表情图片链接 + 基本情况 + @"这一组合的概率为 21.39%，说明人们与指定的人分享的图片链接内容主要与基本情况有关。

表 6－18　　两个关键词与"@"同时出现（一级分类）

两个特征与@同时出现	概率（%）
基本情况 + 受灾地点 + @	30.83
基本情况 + 发生时间 + @	23.7
受灾地点 + 发生时间 + @	22.54
基本情况 + 表情图片链接 + @	21.39

2. 二级分类与针对性分享的共现分析

进一步研究"@"与二级分类的共现分析。选取了一级分类下与"@"关联度高的"基本情况""受灾地点""发生时间""表情图片链接"为对象，同时关注"有关人员"这一分类，因为它包括了典型人物与受灾群众两个截然不同的对象，可进一步研究研究对象的关注倾向。结果如表 6－19 所示。

"基本情况"中，"风 + @"这一组合的概率为 35.65%，显著大于"雨 + @"，说明研究对象与指定的人分享时更关注风而不是雨，这是因为台风中风力造成的影响会危害人身安全。"加强严重 + @"的概率为 18%，远大于"雨 + @"，说明当出现严重情况时，研究对象将会@这类信息。

"受灾地点"中，"上海 + @"这一组合的概率为 27.55%，显著大于"浙江 + @"的概率，因为我们选取的微博是上海地区的，必然更加关注上海的情况。

"发生时间"中，"日 + @"以及"时 + @"这两个组合的概率分别为 19.84%、12.33%，相差较大，说明研究对象每天都在关注台风的情况，因为受众需要及时地了解这些信息，来应对各种灾难，但当事件更新频率过高时（精确到时、分甚至秒），则不能时刻都关注到。

“表情图片链接”中，“表情符号+@”的概率最高，表明图片、短链、表情这三者中更关注的是表情符号，即研究对象会通过表情符号来表达自己在突发事件中的情绪并“@”给朋友，而图片及链接这些包含事件详细内容的信息关注度较低。

“有关人员”的二级分类中，“受灾群众+@”的概率与“典型人物+@”的概率相差较大，说明虽然人们在突发事件中需要正能量，但面对更需要帮助的群众时，仍然更乐于“@”紧迫的信息。

表6-19　一个关键词与@同时出现（二级分类）

一级分类	二级分类	概率（%）	一级分类	二级分类	概率（%）
基本情况+@	风+@	35.65	受灾地点+@	上海+@	27.55
	加强严重+@	18.11		浙江+@	12.52
	雨+@	13.29	时间+@	日+@	19.84
	几级+@	11.56		时+@	12.33
表情图片链接+@	表情符号+@	13.68	有关人员+@	受灾群众+@	11.36
	图片+@	9.63		典型人物+@	7.32

（三）信息分享行为规律

上述过程研究了2012年台风“海葵”突发事件的大量微博中“@”这一针对性分享行为与有关内容的相关性，具体通过对518条关于“海葵”的微博进行内容分析，借助关联分析的Apriori算法得到与“@”相关的内容。有“@”行为的微博体现了一种基于强关系的传播，传播的双方在现实中存在较为密切的联系，可能是朋友、家人、同事等，传播者希望特定的人了解到这些信息，而接受者也更容易接收并继续转发这类信息，这类研究具有较大的实用价值。

通过研究针对性信息分享行为，以了解在突发事件中研究对象与朋友分享的信息，从而揭示了研究对象的信息需求。研究发现在“海葵”这一突发事件中研究对象针对性分享的内容主要是突发事件的基本信息，包括基本情况、地点以及时间，同时还会使用多种表达方式，包括表情符号、图片、详细信息的短链接等。这对提高应对公共突发事件信息发布的有效性有借鉴作用。分析发现：

（1）人们针对性分享的信息主要是与事件本身密切相关的情况信息，包括事件的基本情况（风力、雨量、路径等）、受灾的地点、发生的时间。但比起前两者，微博研究对象对时间的关注度较少，原本时间在突发事件中是极其重要的信息，但由于微博中发布的信息具有实时性，因此很多研究对象在微博中省略了关注时间的习惯，而将精力放在别的内容上。除了这三者，研究对象“@”的内容还包括表情图片短链，说明在微博中除了文字，研究对象习惯于通过多种方式表达情绪和内容，在突发事件中更是如此。

（2）针对更细致的内容，研究对象更倾向于分享的是风力信息，因为台风中风力造成的影响会危及人身安全。研究对象会及时“@”每天的信息，但当事件更新频率过高时，精确到时、分、秒时，则不能时刻都关注到。在除文字外的多种表达方式中，研究对象倾向于通过表情符号表达事件中的情绪并“@”给朋友。有关部门可借鉴分析结果发布相关信息来引起研究对象的“@”行为，从而更好地满足研究对象的信息需求。后续研究可以在更大范围内收集与“海葵”事件相关的微博，以发现受灾地点信息与“@”之间更有意义更实用的关系。

第五节　我国突发公共事件应急处置机制和组织模式构建

伴随着“风险社会”的出现和社会转型的进一步加剧，我国各类突发性公共事件发生的概率可能也会不断增加，因此，对我国各级政府、民间组织及其他社会力量而言，建立和健全突发性公共事件应急处理的制度、机制以及领导、组织体制与模式，无疑是需要高度关注的一个重大事项。

一、公共卫生事件应急处置机制——安全医院业务持续管理框架与策略

鉴于当前安全医院管理体系缺乏对日常设施运营与业务持续性运转的考虑，本研究基于安全医院理念，将其融入业务持续管理体系并对传统的医院安全管理流程进行改进，从事前、事中和事后三个阶段，运用业务持续管理方法构建安全医院在突发事件背景下的时序性管理框架。

（一）安全医院与业务持续管理内涵界定

1. 突发事件情景下的安全医院

突发事件通常是指突然发生，造成或者可能造成严重社会危害，需要采取应急处置措施予以应对的自然灾害、事故灾难、公共卫生事件和社会安全事件。医

院突发事件是一系列动态的可能性事件，如外在力量、物理状态或生物化学因子所引发的灾害或灾难，其外在表现形式是医疗环境和业务流程的破坏，并导致医疗需求的急剧增加。从大型综合性医院到乡间诊所，数量可观的医疗设施暴露在突发事件灾害风险中。安全医院下的突发事件情景分析详见表6-20。突发事件发生前，安全医院应具备不同灾害场景下的应急处理预案，避免或降低空间、物资、人员承受的风险，待灾害发生时能够科学合理地分配医疗物资和临时修复资源。

表6-20　　安全医院突发事件种类

分类	种类	承灾主要表现形式
自然灾害	台风、强雷暴、暴风雪、海啸、破坏性地震、洪水、火山喷发、极端温度	建筑物结构性损坏、医疗事务中断、疏散时人员踩踏伤亡
人为事故	烈性传染病等突发公共卫生事件、医疗风险差错、炸弹威胁、医疗纠纷、内部危险品暴露或泄露	医患伤亡、日常营运受阻
技术事故	电力故障、供水中断、信息系统瘫痪、医疗气体中断、燃料短缺、内部火灾	医疗资源停用、医疗事务中断、病患伤亡、医疗记录丢失

安全医院作为被组织化的整体，由相互作用和相互依赖的具有特定功能的若干子系统组成。本质上看，安全医院是人、场所、服务组成的系统，通过收集系统复杂程度的信息，致力于五个关键目标：（1）对医院脆弱性的评估；（2）灾难管理计划的供资；（3）强化备灾工作和反应；（4）卫生医疗设施结构完整性的技术指导；（5）倡导安全的卫生医疗设施。因此，安全医院与传统意义上的"医院安全"不同，基于突发事件的不同风险情境，安全医院不仅关注医院建筑结构等硬性要素的安全性，还需保证组织协同且有效应对紧急事件的发生，维持正常的医院业务流程。

2. 业务持续管理

业务持续管理（Business Continuity Management，BCM）作为一种新的科学减灾和风险管理方法，着重强调业务驱动流程化，通过识别组织机构的潜在风险做出事先准备，循环往复并动态地对业务的持续状态进行管理。业务持续管理的概念最早从IT备份的灾害恢复（Information Technology Disaster Recovery，ITDR）发展而来。与传统的灾后应对为特征的风险管理和应急管理相比，BCM以"预防为主"，事先对潜在危险进行分析并有针对性地建立业务持续计划（Business Continuity Planning，BCP），以减少突发事件对企业造成的损失。它已超越传统的风险管理和危机管理的概念，需要把风险管理、灾害恢复、设备管理、供应链管理、质量管理、健康安全、知识管理、应急管理、安全管理、危机沟通和公共关系、人力资源和环境管理等多学科、多部门、多领域的方法全方位地集成和整合为一体化的过程[①]。

根据业务持续协会的定义，BCM 是一个整体性的管理流程，它能识别对组织构成威胁的潜在冲击，并提供一个建立快速恢复能力和有效反应能力的框架，从而保障关键的利益相关方的利益、声誉、品牌及创造价值的活动[②]。BCM 管理过程构成业务影响分析、恢复战略、计划开发、认识和培训、测试和演练、计划管理、风险分析和回顾八个环节的循环，而且需根据企业环境变化而适时更新并保持有效[③]。根据 BCM 的循环动态特征，BCM 的各个关键要素可以在持续改善的管理架构之中实现[④]，从 BCM 项目启动规划、风险控制与业务持续计划的执行到 BCM 执行能力评估测试与矫正措施审查管理，企业在持续管理过程中实现系统自我优化。

（二）安全医院的业务持续管理体系构建

安全医院业务持续管理的内涵是 BCM 在医院特别情境下的状态反映，是组织战略计划的一部分。研究将安全医院和业务持续管理进行结合，通过定义、管理、测量和控制医疗设施及业务功能单元，将管理过程标准化和规范化，以制度导向为基础分配资源并形成计划。

1. 安全医院业务持续管理核心要素

分析表明，根据事件（或灾害）发生的时间段和过程，各类突发事件分为事件发生前、事件进行中和事件发生后三个阶段。因此，研究将安全医院 BCM 策略时序上的执行分为包括突发事件发生前的计划预防和准备阶段、突发事件发生后第一时间的应急反应处理阶段、业务持续复原阶段[⑤⑥]，安全医院业务持续管

---

① W. J. Duncan, Valerie A. Yeager, Andrew C. Rucks, et al. Surviving organization disasters [J]. *Business Horizons*, 2011 (54): 135 - 142.

② David J. Smith. Business Continuity Management: Good Practice Guidelines [R]. Version BCIDJS 1.0. Business Continuity Institute, 2002.

③ 江颖俊、刘茂：《基于 PDCA 持续改善架构的企业业务持续管理研究》，载于《中国安全科学学报》2007 年第 5 期。

④ Botha J., Von Solms R. A cyclic approach to business continuity planning [J]. *Information Management & Computer Security*, 2004, 12 (4): 328 - 337.

⑤ Gibb F., Buchanan S. A framework for business continuity management [J]. *International Journal of Information Management*, 2006, 26 (2): 128 - 141.

⑥ 靖鲲鹏、宋之杰：《风险管理的新方法——业务持续管理》，载于《燕山大学学报》（哲学社会科学版）2013 年第 1 期。

理阶段时序图如图 6－22 所示。

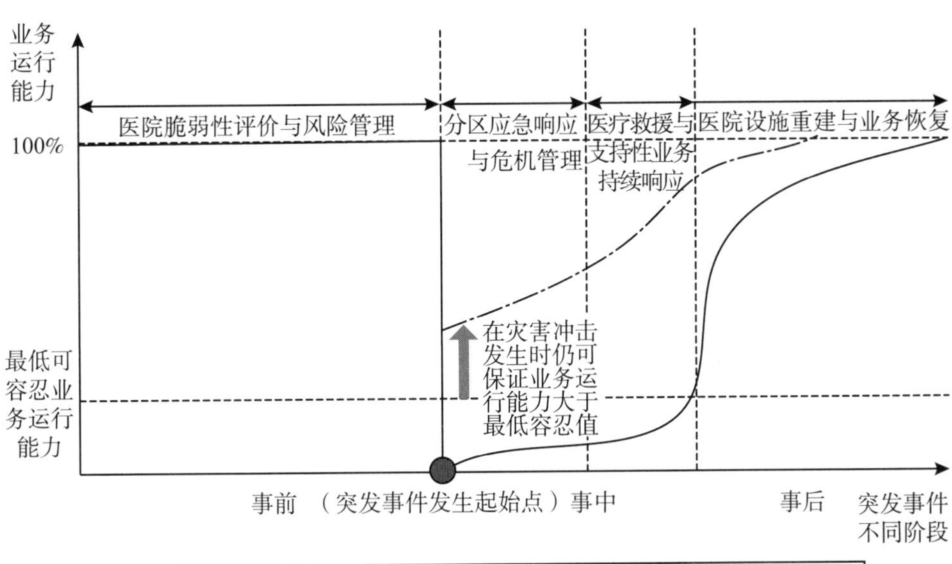

图 6－22　安全医院业务持续管理阶段时序图

BCM 是对不同管理方法的一体化整合，每个要素缺一不可。安全医院 BCM 的核心要素包括风险管理（Risk Management，RM）、应急响应（Emergency Response，ER）和危机管理（Crisis Management，CM）。RM 是通过风险辨识、风险评估和业务影响分析来有计划地管理风险；ER 一般在突发事件发生后的几分钟或几小时内启动，使得医院能够迅速作出反应，调动必要的资源并在指定时间内重新启动关键业务运转流程，需要在多主体包括政府、企业、公众、非政府组织等跨边界组织的协同参与下，往往通过网络式的决策实现上下级纵向联系和各个主体横向联系的信息行动网；CM 偏重对危机事件的处理，尤其是如何维护品牌的形象，通过加强信息的披露与公众的沟通，争取公众的谅解与支持。RM、ER 和 CM 虽然可单独基于不同事件类型得以应用，但并非彼此独立和相互排斥，在安全医院 BCM 管理过程中，它们构成一个动态、关联、耦合、联动、持续循环的复杂系统。

2. 安全医院业务持续管理体系架构

BCM 是公共事业和私营组织环境中的重要元素，适用于所有组织，具有集自然科学与社会科学、研究与管理于一体的特点[①]，鉴于公共事业和私营组织的

① 王德迅：《业务持续管理的国际比较研究》，载于《世界经济与政治》2008 年第 6 期。

本质和管理目标不同，本研究有针对性地提出安全医院业务持续管理体系架构（见图6－23）。其中，医院业务功能空间分为医疗区（如病房、门诊）、医疗服务支持区（如药房、消毒中心）和一般服务支持区（如基建处、供应管理、机械支持）。医院紧急灾害医疗救护、后勤供应、设施维护保养等业务由不同的功能区负责，以流程化的组织分工催化医院备灾工作有效有序进行[①]。此外，根据BCM过程阶段时序图，安全医院业务持续管理体系架构包括突发事件的事前、事中和事后三个组成部分，每个业务分区在不同的时段中对应相应的工作流，并相互关联形成业务持续体系。

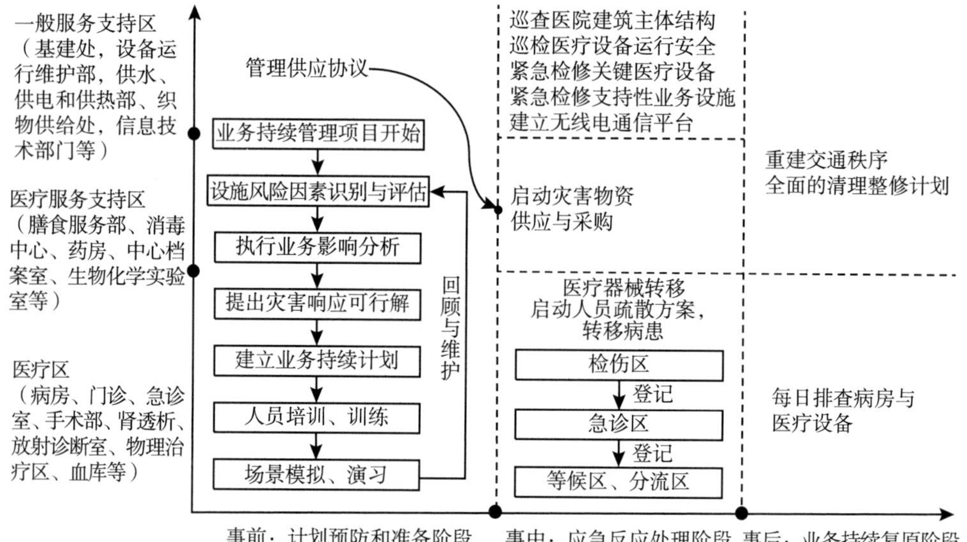

图6－23　安全医院业务持续管理体系架构

由安全医院业务持续管理体系架构的时序性阶段可知，安全医院首先对其所处环境进行分析，从可能引起业务中断的事件开始，确定内部和外部因素风险值，制订风险管理计划；其次根据可能受冲击的关键业务决定业务持续策略，通过沙盘推演或演习训练强化策略的可靠性；一旦突发事件发生后，立即启动应急预案尽最大可能抵御冲击，通过危机公关等手段维护企业形象，并按计划在要求的时间内完成最低营运水平复原工作，确保日常业务和复原作业同时执行时依旧持续有效。

总体而言，安全医院不仅保护医疗建筑设施本身，而且应保证第一时间最大

① Cox A., Groves P. M. *Hospitals and Health Care Facilities: A Design and Development Guide* [M]. Architectural Press, 1990.

限度地提供服务，应对特定情形的灾害时间执行其应急方案，以维持有序的组织运转。不论是自然灾害或是人为技术灾难，安全医院的建设需综合运用管理科学和安全科学知识，集合建筑师、工程师、医护专家的经验，从技术上、组织上和管理上全面降低医疗系统的脆弱性，提高组织的备灾应急水平，确保医疗设施的设计和建设能够抵御灾害、能保护患者和医护人员的安全，并且在紧急状况发生之后能够提供救治服务。

（三）安全医院业务持续管理策略分析

1. 设施性能风险识别与评估

医院设施及其所在场所是关键业务执行的基础资源，需要识别影响医院设施正常表现的风险因子，使用评估工具对医院内外部有形和无形的风险进行衡量。设施是指建筑物物理实体和服务的结合，建设一所医院的投资较大，往往服务功能性要素的投资占到80%以上，因此风险识别和评价所覆盖的范围包括医院建筑本身和各种服务流程。在综合分析英国ADEPT等医院设施性能评价工具与标准的基础上，可从结构性要素、非结构性要素和组织行为三个维度对医院设施表现所面临的风险进行分析①。在充分评价医院本身建筑的质量、功能以及所在场所环境的风险发生概率和大小的基础上，将结果集中于风险登记表中，管理者才能有所依据地建设保护措施，降低暴露在风险中的设施的脆弱性。

2. 制定BIA和BCP

BCM核心要素分析表明，业务影响分析（Business Impact Analysis，BIA）是BCM执行的基础环节，其目的是对组织在应对突发事件时的需求进行合理的评估和排序。安全医院的BIA分析应当从各个部门（如门诊部门、急诊部门、住院部门、行政支持部门等）和各个科室（如手术室、加护病房等）的具体的日常业务流程入手，确定哪些关键性的业务功能需要被首先恢复，列出恢复它们需要的设备、数据和资源，以及明确参与恢复工作的人员和管理职责。业务影响分析是业务持续计划的基础。BIA的功能包括：确定业务中断对组织的潜在影响；识别关键业务及其最大容许中断时间（Maximum Tolerable Period of Disruption，MT-PD）、最小业务持续目标（Minimum Business Continuity Objective，MBCO）；决定运行中断事件中，恢复业务职能和数据的先后顺序；确认业务持续必要的恢复战略、最少资源和重要记录。

在BIA记录的基础上，需撰写业务持续计划BCP，这是组织经过对业务目

---

① Rütten A.，Gelius P.，Abu - Omar K. Policy development and implementation in health promotion—from theory to practice：The ADEPT model［J］. *Health Promotion International*，2011，26（3）：322 - 329.

标、资源、文化、流程和投入成本考察后所形成的策略文件，包括业务持续利益相关者的所有角色、权责、流程、规章制度。安全医院的业务持续计划可以根据不同功能单元如重症监护室单元、外科手术室单元、肾透析单元、冠心病监护单元、药房单元、血库单元、康复设施单元等，以功能单元的关键业务受灾影响、紧迫性、负责人权责为核心，有所侧重地制定业务持续子计划，最终整合成一套全面系统的 BCP 规范报告。

3. 管理供应协议

管理并维护供应协议是为了建立、维护主要医疗设备和服务供应商的名单。在突发事件应对背景下，名单上所有的供应商都被视为是关键的。因此，医院可基于 BCP 中规定的每个业务单元 MBCO 和 MTPD，对医疗设施用品供应商进行安排和调整，与其在服务水平协议方面达成一致。医院需要提前在服务水平协议中明确供应商 BCM 的准备情况和实施意愿的条款，并强调由于医院设施用品供应中断致使关键救助保障业务受灾的程度和结果，以降低突发事件中供应商带来的供应链风险。

4. 培训、训练和演习

BCM 培训和训练演习的内容和时间根据安全医院不同业务单元不同权责人的角色设定。这些角色包括医院最高执行层领导、医院危机管理团队、各个部门科室主管、普通医护人员、医院的消防主管、医院应急办公室等。该阶段主要是通过深度讨论、培训和演习，评估和确认政策、规程的充分性与完整性。演练是对满足 MTPD 的能力和灾害恢复规程的模拟，形式上包括两种：基于讨论的演练如桌面推演和“what-if”模拟情景的分析；基于行动的演练如针对某些特定技巧的技术演习、部门小规模演练、物资装备全部上线的全面性演练等。之后对演练的实际效果进行评估分析，重新澄清医院每个相关利益人的角色和责任，开发个人表现，加强团队合作，提高医院部门间的协调等，从而强化突发事件准备程度，提高业务持续管理框架的可靠性。

5. 回顾和维护

BCM 是一个动态变化的循环过程，因此对于 BCM 的执行框架有必要定期回顾和维护以测试其响应效果，更新不适合医院动态发展的项目。医院最新引入的业务单元和流程、医疗技术应用、医护人员都会给 BCM 风险评估和持续计划带来新的要求。BCM 回顾的目标包括医院关键性业务操作流程，如 BCP 在当前情景下是否仍然有效；所有的医护人员是否都明白各自的 BCM 权责；是否有新业务流程被列为关键业务流程；是否有失效的业务流程退出 BCM？BCP 是否按计划更新（如 3 个月一次的更新）；是否有新的通信渠道可以使用等。总之，对 BCM 框架的回顾是对医院新变化和新信息的反馈，重新界定业务持续范围和优先级。

6. 应急反应处理

由不同突发事件风险场景的分析表明，医院需分别建立自然灾害专项应急预案、事故灾难专项应急预案、突发公共卫生事件专项应急预案和社会安全事件专项应急预案。突发事件发生的第一时间内启动应急预案，建立灾害应急指挥系统，应急管理与危机管理并行。由于突发事件发生时医院危险源暴露概率变大，因此人员疏散、病患安置、医疗器械转移等过程需要更高的执行效率，医院的各个部门科室或业务单元应与相关组织如消防队、卫生局、警察局等相互支援并协同作业，重建交通秩序、减弱恐慌情绪的蔓延。

7. 灾害恢复

在突发事件冲击逐渐解除后，由安全医院业务持续管理体系架构中的事后恢复阶段可知，医院应按照 BCP 中详细规定的权责内容对业务进行恢复，对受损区域进行全面的清理整修，如医疗气体、电力系统、用水系统、医疗仪器设施、建筑结构等，经过检查测试确定卫生系统运作正常，使医院迅速有效地恢复到突发事件前的正常运作程序中。

总体而言，安全医院业务持续管理框架旨在将风险管理、应急管理、危机管理融入医院的常态管理中，以动态循环的模式提升医院的抗灾能力。事前对医院设施环境进行定性定量的风险评价和业务影响分析，在此基础上针对医院的不同业务功能单元制订业务持续计划并定期回顾更新；根据计划执行响应措施并在指定时间内重启关键业务，最大程度地减少损失，逐渐恢复所有业务正常运作。因此，安全医院以预防性风险管理、业务影响分析为核心，建构应对突发事件的业务持续参考准则。

由于业务持续管理具备高可靠度特征①，安全医院业务持续管理框架能够帮助医疗设施管理者思考、优化应急操作流程、规划应对风险的方案，并通过完善的事前准备保证医疗系统在遭受灾害打击后能够快速恢复，保障医疗业务的持续性，对当前公共安全管理和经济社会可持续发展具有重要意义。

二、社会安全事件应急处置机制——舆情过激行为应对策略与处置机制

诚如前所述，当下的突发性公共事件可能会逐渐增加，如果此类事件再叠加不准确甚至不负责任的信息和舆论传播，那么，事件对社会秩序和政府管理乃至

---

① Baker D. P., Day R., Salas E. Teamwork as an essential component of high-reliability organizations [J]. *Health Services Research*, 2006, 41: 1576 - 1598.

社会成员的正常生活就极有可能带来冲击甚至威胁。因为突发事件中的突发舆情往往受众个体恐慌心理和过激行为的相互传染，它会成为一种不良的社会心理和行为的“传染性疾病”。由于突发舆情事件具有高度不确定性、信息的稀缺性和事件的紧迫性等特点，个体更容易产生非常规、非理性的行为。个体过激行为往往导致财产的损失以及社会的不稳定，在极端情况下，还会危及人们的生命，因此，对个体过激行为进行有效干预非常必要。此外，当突发舆情事件发生时，具有较高权威和公信力的政府必须及时、全面、快速掌握舆情发生的机理，并果断采取措施，才能让公众摆脱恐慌心理，减少过激行为的发生和社会财产的损失。

突发舆情事件中的个体过激行为与免疫机制和政府应对策略对事件发展的影响机制，是影响对突发舆情事件进行有效干预和处置的两个关键因素。鉴于此，本研究首先对突发舆情事件中的个体过激行为免疫作用机制进行分析，为政府对受众个体提供有效的心理危机干预和强化对个体过激行为的预警和防范提供了理论基础。在此基础上，进一步对政府应对策略与突发舆情事件发展的影响机制进行了分析，构建政府舆情应对策略有效性模型，并以 2011 年日本核泄漏引发的碘盐抢购事件为例，对各阶段政府应对策略的有效性进行了详细分析。最后，基于上述研究，从政府对个体过激行为的干预、谣言传播的应对策略和突发舆情事件的处置机制三方面提出了具体的对策和建议。

（一）突发舆情事件中的个体过激行为免疫机制分析

1. 突发舆情事件中的个体行为免疫特征

突发舆情事件中的受众个体都具有一种本能的适应性心理与防范行为，众所周知，适度的心理与行为防范对预防过激行为的发生以及突发舆情事件的发展，具有很重要的调节作用。而突发舆情事件通常会给受众个体带来身体上的伤害或心理上的冲击，如果受众个体过度防范，往往适得其反，很容易导致社会消极情绪的增长，引发更大的社会环境压力，以致产生恶性循环，使个体更加不适应社会环境。总之，只有在适度的心理与行为防范下，受众个体才能具有良好的心理与行为适应能力，更好地适应当前突发舆情事件下的生存环境。个体过激行为是恐慌心理达到一定程度之后的反应，所以要化解过激行为的反应，首先要消除受众个体的恐慌心理。

个体过激行为的发展类似生物体的有机系统，它所处的环境不仅复杂多样，而且具有很大的不确定性和难以预见性。社会系统中拥有成熟而稳定的免疫系统，个体过激行为免疫系统能够在个体过激行为发生后及时识别过激行为传染源，采取一定的措施缓解和消除个体过激行为产生的因素，以此为基础来应对类似事件的发生，从而增强个体对于过激行为的免疫能力。个体过激行为的传染率和个体自身的免疫率，是个体过激行为蔓延的主要影响因素。

突发舆情事件中的个体免疫特性，一方面体现在个体所具有的理性认知和决策素质，包括个体的性别、教育程度、年龄阶段、所处地理位置等因素。这些因素决定了受众个体在应对突发事件时对相关信息的把握，以及自身态度偏向的有效决策；另一方面体现在个体在经历过这种过激行为的传染后，通过学习与记忆功能而产生的相似过激行为源的防御和免疫特性，并对特定个体过激行为形成了预警和应对机制，包括组织中所形成的对过激行为的识别、监控、学习和记忆等管理。本研究所研究的个体过激行为免疫主要从以上两个方面来研究，一方面针对不同类型突发事件以及不同类型人群的特征，来制定有针对性的预防方案；另一方面是积极发布一些权威人物的言论或者官方媒体的消息，来及时正确引导受众个体的行为状态。

2. 个体过激行为的免疫应答作用机制

根据突发舆情事件的生命周期，可以把这个周期划分成以下几个阶段，即：

首先是潜伏期。这个时期是消除个体过激行为最容易的时期，所以政府应该敏锐地发现个体异常行为的前兆，及时观察并跟踪其发展状态。这就要求政府制定完善的个体过激行为预警机制，及时观察个体过激行为的萌发。

其次是爆发期。在此阶段个体过激行为的爆发期最短，事态急速演变恶化，这个时期对社会的冲击和危害最大。

再次是高潮期。这时公众对个体过激行为所造成的生命财产损失以及其他严重后果有一定的了解，这时的政府不仅要在经济上救助灾区，还要对突发舆情事件的原因、现状、应对措施等情况进行及时的报道来稳定民心。

又次是缓解期。处于这个阶段需要政府发动起全社会的救援力量，同时通过公关、媒体等重塑组织形象。

最后是消退期。此时事件已经趋于平息或进入尾声，此刻政府应该总结经验教训，宣传各种预防个体过激行为发生的常识，并完善相关突发舆情事件的预警机制和部门之间的应急联动系统。

由于过激行为源的刺激顺序不同，特定过激行为源初次刺激受众个体与一定时期内再次刺激受众个体相比，两次刺激过程产生的应答效果不同。可以依据时间顺序将个体过激行为的免疫应答过程分为初次应答、再次应答。学者（Saunders P. T.）在对组织免疫行为和机制的研究中指出个体过激行为的再次应答与初次应答相比，其速度更激烈，效果也更显著①。研究将个体过激行为免疫应答过

① Saunders P. T. *An Introduction to Catastrophe Theory* [M]. London: Cambridge University Press, 1980: 196 - 211.

程分为免疫识别、免疫监控、免疫进化以及免疫学习等作用机制[①]：

第一，个体过激行为免疫识别。

个体过激行为免疫系统具有强大的模式识别能力。个体过激行为免疫识别的基础是社会系统所建立的记忆库，不仅包括以往受众个体形成的相关信息汇总，还包括对当前现状相关信息的反馈、收集和整理，从而保证记忆库的随时更新，才能有效应对个体过激行为源的变异，来保证免疫识别的实时性和准确性。

第二，个体过激行为免疫监控。

个体过激行为的免疫监控主要是为了控制和消除具有威胁性的过激源，同时监视和抑制个体过激行为的传染和蔓延。当个体过激行为事件发生后，个体过激行为免疫系统会主动对个体过激行为进行监控，一旦发现异常行为或恐慌心理波动，这种识别程序将会启动，开始实时监控，并通过记忆库识别出抗原性异物。个体过激行为免疫监控贯穿个体过激行为免疫应答的整个过程中。个体过激行为免疫系统中抗体库信息的储存，针对各种特定抗原制定相应的消除方案，也称为个体过激行为风险应对惯例。而此时，免疫系统将会监控并反馈这个抗原被抗体消除的全过程，同时形成相应的个体过激行为应对新惯例，由抗体库进行存储。

第三，个体过激行为免疫进化。

免疫抗体的多样性是由免疫细胞通过基因突变形成的，用以保证生物体免疫系统对多变环境的适应性。免疫进化是通过对个体过激行为应对惯例进行创新，来形成新的应对惯例，提高免疫系统应对个体过激行为源的速度，并增大免疫系统消除过激行为源的能力。免疫进化的目的是提高免疫的适应性和持续性，从而提高社会系统对个体过激行为的免疫能力。

第四，个体过激行为免疫学习。

当突发舆情事件下的受众个体发生初次免疫应答之后，通过免疫进化，提高了现有管理对个体过激行为源的匹配程度。个体过激行为免疫系统的免疫记忆，是增强式的免疫学习过程。免疫学习通过对免疫识别、监控和进化等过程进行记录总结及修正，来达到免疫系统最优化的目的。通过免疫学习，个体过激行为免疫系统中的再次免疫应答效率将会得到明显的提升。

从以上个体过激行为的免疫应答作用机制可以看出，个体过激行为免疫系统具有自组织、自学习和自适应等特点，是动态循环式的反馈系统。同时，个体过激行为免疫不仅体现在受众个体层面，还体现在受众群体层面，乃至整个社会组织层面。总之，我们要把握突发舆情事件情景下个体行为发展与演化的规律，再

① 吕萍、王以华：《组织免疫行为和机制研究》，载于《管理学报》2009 年第 5 期。

根据具体情况进行具体的分析处理，充分发挥人的能动性，合理应对突发舆情事件。个体过激行为免疫系统类似于生物体应对抗原入侵的过程，在个体过激行为入侵受众个体的刺激下产生一系列抗体，形成了复杂的连锁反应，这就是个体过激行为的免疫应答过程。

整体而言，一个完善的突发舆情事件应对机制应包含以下四个方面的功能。第一，预警防范功能。密切监控可能导致突发舆情事件下个体过激行为形成的因素，以事先预防危机的发生。尤其是对可能引起个体过激行为爆发的潜在因素，要注意识别并及时进行处理。第二，快速反应功能。突发舆情性事件下个体过激行为一旦发生，应采取迅速而强有力的措施尽量消除或遏制其产生的根源性因素，削弱其扩散性，缓解矛盾，促使个体过激行为尽快平息。第三，后果控制处理功能。在突发舆情事件的发展过程中，特别是其达到高潮之时，要全力以赴地抑制个体过激行为的破坏性，尽可能减少其造成的损失，并努力使形势恢复到正常状态。第四，全民动员教育功能。在突发舆情事件中，对受众个体加强突发舆情事件相关知识的普及，并培养必要的应对技能。媒体可通过报道加强心理疏导，进行心理抚慰，排解负面情绪，消除不良心理倾向，把公众的情绪引导到乐观理智的方向上来。

（二）政府舆情应对策略有效性模型与仿真

1. 政府舆情应对策略有效性模型构建

针对谣言传播的政府应对策略有效性模型，是根据张（Zhang）等提出的谣言传播和突发事件相互作用模型的基础上扩展而来①。张结合了著名的三分子模型来研究谣言传播和突发事件二者之间的相互作用关系，但他们没有考虑官方信息的介入对谣言传播和突发事件发展的影响。然而经验事实表明，在研究此类社会现象时有必要将官方信息发布这一要素考虑到谣言传播和突发事件发展这一系统中来，因为当谣言传播引起突发事件时，政府及相关部门不能视而不见，必须启动应急预案，动用官方媒体发布应急信息，从而保持真实信息的透明化，使得事实得到澄清，也使谣言能够平息。

基于上述思路，本研究将政府应对策略引入谣言传播和突发事件演化机制中来，其中政府应对策略主要考虑官方媒体可信度与收视率这两个因素，从而剖析在这两种因素的影响下，谣言传播、突发事件发展状态和官方媒体报道三者之间的相互作用，并解决以下几个问题：第一，官方信息、谣言传播和突发事件演化

---

① Wan W., Zhang S., Zou W. Study on regional environmental management mechanism in China [J]. *Acta Scientiarum Naturalium Universitatis Pekinensis*, 2010, 46 (3): 449-456.

状态三者之间是如何相互作用相互影响的；第二，如何建立一个动力学模型来描述三者之间的相互作用机制；第三，如何使用该模型提取应对谣言传播和突发事件的策略方法。

官方媒体信息发布、谣言传播和突发事件演化状态三者之间具有相互影响、相互作用的关系，这三者之间相互作用的建模建立在下列简化的假设基础之上，它们的相互作用机制如图 6－24 所示。

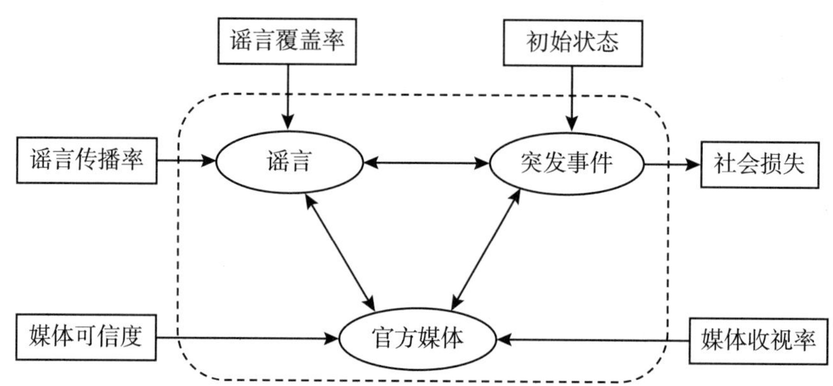

图 6－24　官方媒体、谣言传播和突发事件三者关系

官方信息发布对谣言传播和由谣言传播引发的突发事件的发展具有调节作用。谣言传播力受到谣言传播率 $V(t)$ 与谣言覆盖率 b 的影响，谣言覆盖率受到谣言传播方式的影响，例如口口相传、网络和短信等不同传播方式。官方媒体信息的影响力受到官方媒体收视率 $W(t)$ 和可信度 c 的影响。突发事件随时间的演化机制受到突发事件当前状态 $U(t)$ 和初始状态 a 的影响。字母 a、b、c 是常数，具体取值来源于相关的问卷调查。变量 $U(t)$、$V(t)$、$W(t)$ 分别表示 t 时刻突发事件发展状态、谣言传播率和官方媒体发布的应急信息的收视率，它们都是随时间变化的连续函数，为了方便起见，将上述符号统一简记为 U、V、W。本研究假设突发事件状态的演变是一个随时间连续变化的过程。

基于上述假设提出的官方媒体、谣言传播和突发事件发展状态的动力学模型可以用下面的动力学方程组表示：

$$\begin{cases} \dfrac{dU}{dt} = \lambda_1 a + \lambda_2 bU + \lambda_3 U^2 V - \lambda_4 U - \lambda_5 cU + \lambda_6 U^2 W \\ \dfrac{dV}{dt} = -\lambda_2 bU - \lambda_3 U^2 V - \lambda_7 cV + \lambda_8 V^2 W + \lambda_9 b \\ \dfrac{dW}{dt} = \lambda_5 cU - \lambda_6 U^2 W + \lambda_7 cV - \lambda_8 V^2 W \end{cases}$$

表 6－21 列出了政府应对策略有效性模型的基本参数，其中，a、b、c 代表

常数，其取值可以参考前人的研究成果，$\lambda_1 \sim \lambda_9$ 是有关官方信息、谣言传播和突发事件发展状态三者之间相互作用的参数，其中参数 a、b、c、λ_1、$\lambda_3 \sim \lambda_9$ 的取值在区间（0，1）内，λ_2 的取值在区间（-1，1）内，因为谣言既有正面作用，也有负面作用①。

表 6-21　模型的基本参数

基本参数	意义
a	突发事件的初始状态
b	谣言传播媒体的覆盖率
c	官方媒体的可信度
λ_1	初始状态 a 对当前状态 U 的影响系数
λ_2	谣言传播媒体覆盖率和突发事件发展的相互影响系数
λ_3	谣言传播率和当前状态之间的相互影响系数
λ_4	当前状态造成的社会损失系数
λ_5	官方媒体可信度对突发事件发展状态的影响系数
λ_6	当前状态和官方媒体收视率之间的相互影响系数
λ_7	官方媒体可信度和谣言传播率的相互影响系数
λ_8	谣言传播率和官方媒体收视率的相互影响系数
λ_9	谣言传播媒体覆盖率对谣言传播的影响系数

三个方程中每一项的具体含义如表 6-22 ~ 表 6-24 所示。同时考虑谣言的正面影响作用和负面影响作用。如果谣言起到了警告和预防的积极作用时，那么 $\lambda_2 \in (-1, 0)$，$\lambda_2 bU$ 表示突发事件状态的缓解。如果谣言是虚假的、恐慌的甚至是恶意的，那么 $\lambda_2 \in (0, 1)$，$\lambda_2 bU$ 表示突发事件状态的恶化。

表 6-22　$U'(t)$ 方程中每一项的意义

项	意义
$\lambda_1 a$	突发事件从初始状态到当前状态的状态转化增量
$\lambda_2 bU$	谣言传播媒体对突发事件状态的影响
U^2	谣言负面影响造成突发事件状态的加速恶化
$\lambda_3 U^2 V$	谣言对突发事件发展的负面影响

① Huo L. A., Huang P. Q., Fang X. An interplay model for authorities actions and rumor spreading in emergency event [J]. *Physica A: Statistical Mechanics and Its Applications*, 2011, 390 (20): 3267-3274.

续表

项	意义
$-\lambda_4 U$	当前突发事件造成的社会损失
$-\lambda_5 cU$	官方媒体的报道使得突发事件发展状态得到缓解
$\lambda_6 U^2 W$	官方媒体发布的最新消息造成的负面影响

表 6-23　　$V'(t)$ 方程中每一项的意义

项	意义
$-\lambda_2 bU$	谣言传播率的降低
$-\lambda_3 U^2 V$	应急信息发布造成的谣言的减少
$-\lambda_7 cV$	官方媒体可信度对谣言传播的正面影响
$\lambda_8 V^2 W$	应急信息的发布造成的负面影响
$\lambda_9 b$	谣言覆盖率对谣言传播力的影响

表 6-24　　$W'(t)$ 方程中每一项的意义

项	意义
$\lambda_5 cU$	收视率的增加与官方媒体可信度和当前状态成正比
$-\lambda_6 U^2 W$	警惕性丧失导致的应急信息收视率的减少
$\lambda_7 cV$	收视率的增加与官方媒体可信度和谣言传播率成正比
$-\lambda_8 V^2 W$	后期谣言传播率的减小造成的官方媒体收视率的降低

2. 碘盐抢购事件政府应对策略有效性仿真

2011 年 2 月，日本福岛发生了 9 级大地震，引起了核泄漏事故。核泄漏严重影响到周边国家居民的心理，导致恐慌性谣言大范围流传。在中国、美国、欧洲、韩国、菲律宾和其他周边国家，有谣言说含碘物质可以防辐射，这使得很多国家发生了抢购事件。从 2011 年 3 月 16 日起，食用含碘物质可以防辐射的谣言在中国沿海城市开始迅速传播，不法商贩趁机传言中国的碘盐储存量不足，使得市民开始购买和囤积碘盐。

碘盐抢购事件整个过程分为爆发、恶化和衰退三个阶段。爆发阶段的演化速度与谣言传播方式密切相关，通过传统的口口相传方式进行传播的谣言传播速度较慢，通过网络、微博、手机短信等进行传播的谣言传播速度和影响范围较大。相比暴发阶段，由谣言传播引起的抢购事件恶化速度非常快。在政府发布应急信息以后，谣言会迅速得到澄清，事件会迅速得到平息。突发事件的演化是一个随时间连续变化的过程，根据突发事件可能造成的危害程度、波及范围、影响力大小、人员及财产损失等情况，突发事件发展状态可以用其严重程度表示，严重程度被数值量化到范围［0，+∞）内，数值越大，意味着事态越严重。

对上海地区800名居民进行问卷调查，研究发现公众对传统媒体发布的信息的相信程度高于对官方网站发布的信息的相信程度（廖圣清、李晓静和张国良，2007）①。通过对所得的调查数据进行标准化以后，可以得到电视、广播、报纸、杂志和官方网站的可信度，具体数值如表6－25所示。

日本核泄漏危机引发了“碘盐可以防辐射”这则谣言的迅速传播，而这则谣言在中国许多城市引发了碘盐抢购事件。凤凰网对这起群体事件进行了调查，调查总人数为95 226人次。调查发现“口口相传”是这则谣言的主要传播方式，紧跟其次的传播方式为网络。调查结果显示，“口口相传”、网络和所有谣言传播媒体的覆盖率依次为0.593、0.193和0.7。

表6－25　　官方媒体可信度

官方媒体	可信度（公信力）
电视	0.858
广播	0.79
报纸	0.779
杂志	0.595
官方网站	0.522
所有官方媒体	0.7088

政府应对策略有效性模型表明官方应急信息发布可以对揭露谣言、平息碘盐抢购事件起到积极的调节作用。抢购事件暴发阶段，谣言传播率和官方媒体收视率相对较小。由于官方信息的稀缺和一定压力下群体的恐慌心理作用，谣言很容易迅速地、大范围地传播。随着抢购事件的扩大和恶化，政府会发布应急信息，使人们了解事实真相，缓解恐慌心理，达到平息抢购事件的目的。随着局势的明朗，真实信息的畅通，越来越多的人会识破之前引起恐慌的谣言，对传播谣言失去了兴趣，使得谣言传播率大幅降低。基于上述分析，本研究将分别探讨在抢购碘盐事件的暴发阶段、恶化阶段和衰退阶段发布应急信息的策略有效性问题，研究应急信息的发布对谣言传播和抢购碘盐事件是否起到了正面的影响作用。结合

① 廖圣清、李晓静、张国良：《解析中国媒介新闻可信度》，载于《新闻大学》2007年第4期。

文献中的数据①，根据 Routh 准则，首先选取模型参数，使得这些参数满足本研究中推导出来的稳定性条件。在稳定性条件前提下，官方信息发布起到了正面的调节和缓解作用。

第一，暴发阶段。

图 6 – 25 反映了在碘盐可以防辐射这则谣言引发碘盐抢购事件暴发后，官方通过电视、网络和所有的官方媒体三种手段发布应急信息对碘盐抢购事件的发展状态和谣言传播率的影响作用，相关参数为 $\lambda_1 = 0.6$，$\lambda_2 = 0.05$，$\lambda_3 = 0.02$，$\lambda_4 = 0.22$，$\lambda_5 = 0.22$，$\lambda_6 = 0.85$，$\lambda_7 = 0.42$，$\lambda_8 = 0.2$，$\lambda_9 = 0.02$。图 6 – 25（a）说明了在政府发布应急信息以后，突发事件发展状态首先逐步变大，意味着局势的恶化，随着时间的推移，突发事件发展状态收敛于一个局部平衡点，意味着官方发布的应急信息对突发事件发展起到正面的影响作用，可以使社会损失被控制在可控范围内。但是官方采用不同的媒体发布应急信息对突发事件局势的缓解作用不同，例如采用在当时中国最受欢迎的、最可信的媒体——电视，发布应急信息，首先会缓解突发事件的发展状态，然后稍有恶化，最后会趋于稳定，但是相比于可信度较低的网络和所有的官方媒体，电视发布的信息使得突发事件状态波动范围较大。图 6 – 25（b）表明，突发事件暴发后，引起了当局的关注，政府相关部门开始发布应急信息，此时公众相当于进入了潜伏期，进行理性思考，以判断应急信息和谣言哪种信息是真实的，从而使谣言传播率迅速降低，随着时间的推移，谣言传播率也暂时处于稳定状态，意味着官方策略暂时起到了积极作用。而且，相对于网络和所有的官方媒体，利用可信度和收视率较高的媒体——电视，发布应急信息时，谣言传播率的控制效果较好。

第二，恶化阶段。

图 6 – 26 表明相关部门没有在突发事件暴发阶段将突发事件平息，所以突发事件状态有所恶化，谣言传播率进一步变大。随着相关部门的介入，碘盐抢购事件暂时达到稳定状态。相对于图 6 – 25，无论是突发事件发展状态，还是谣言传播率的波动范围、波动数值、稳定数值都有所增加，其中，相关参数取值为 $\lambda_1 = 0.8$，$\lambda_2 = 0.05$，$\lambda_3 = 0.25$，$\lambda_4 = 0.3$，$\lambda_5 = 0.05$，$\lambda_6 = 0.25$，$\lambda_7 = 0.3$，$\lambda_8 = 0.05$，$\lambda_9 = 0.33$。图 6 – 26（a）表明，随着官方信息的介入，突发事件发展状态表现出螺旋式动荡变化的规律，最终，突发事件状态达到渐近稳定，动乱的局势得到相对缓和。图 6 – 26（b）表明，虽然官方发布了应急信息，但是由于前

① Huo L. A., Lan J. B., Wang Z. X. New parametric prioritization methods for an analytical hierarchy process based on a pairwise comparison matrix [J]. *Mathematical and Computer Modelling*, 2011, 54 (11): 2736 – 2749.

期的应急措施不够及时有效或措施力度不够，谣言传播率表现出先增加再减小的螺旋式增加的趋势。值得注意的是，官方发布应急信息采用的媒体类型对谣言传播率的稳定状态会产生影响。采用电视发布应急信息，其信息可信度较高，最终使得谣言传播率稳定在较低的数值。而网络和其他方式如 MSN、博客和 QQ 等手段发布的信息虽然覆盖范围较大，但是可信度相对较低，使得谣言传播率稳定在一个较大的数值。显然，面对谣言满天飞的严峻形势，电视仍然是我国引导大众舆论导向的重要工具。它说明政府还需要进行网络舆情监控，以便及早发现恶意的、非理智的谣言。采用电视、手机短信、官方网站和广播等可信度高的媒体发布应急信息，可以缓解群众的心理压力，有效防止、平息谣言引发的各种突发事件。

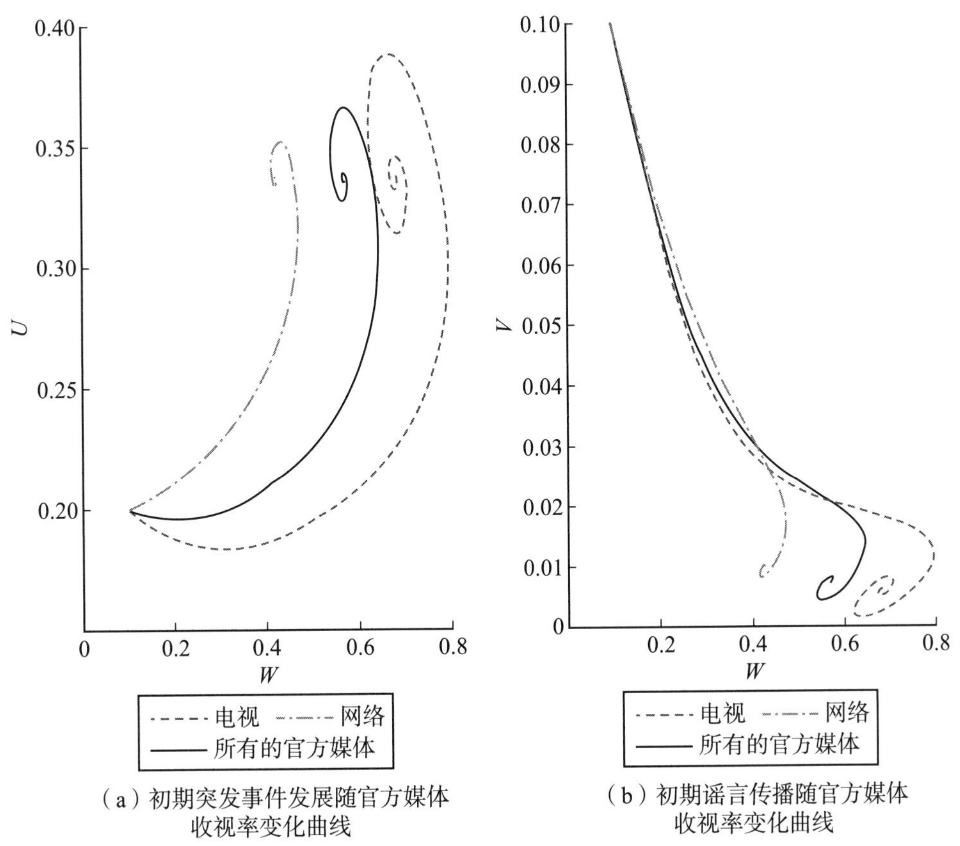

（a）初期突发事件发展随官方媒体收视率变化曲线

（b）初期谣言传播随官方媒体收视率变化曲线

图 6－25　初期突发事件发展和谣言传播随官方媒体收视率变化曲线

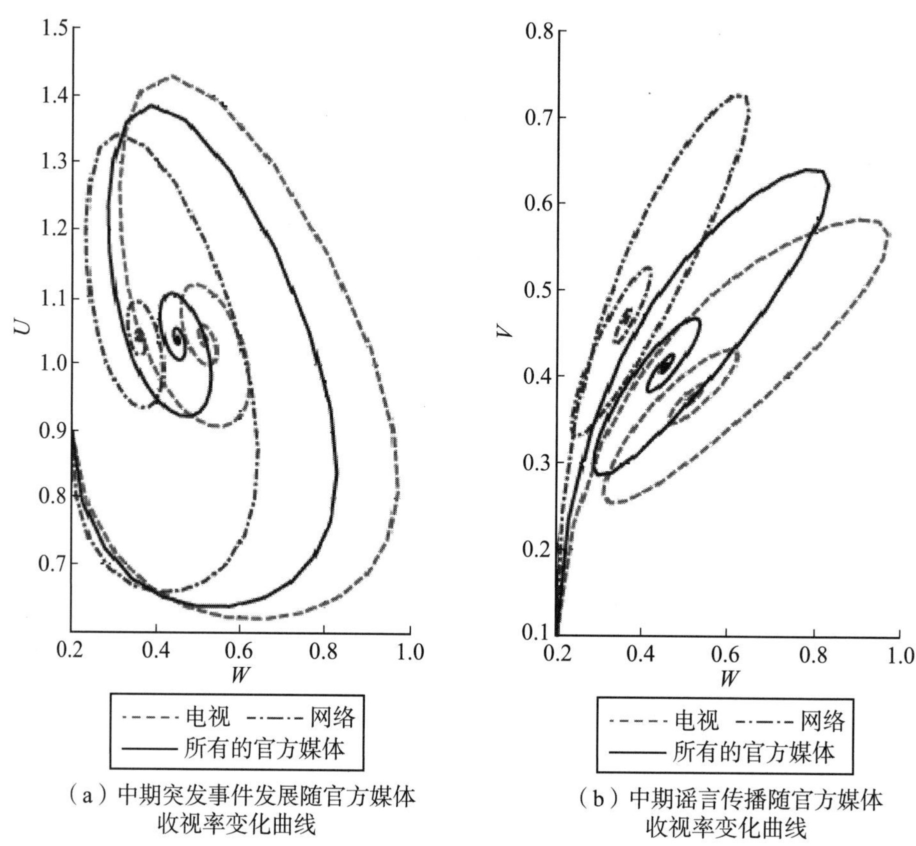

（a）中期突发事件发展随官方媒体收视率变化曲线

（b）中期谣言传播随官方媒体收视率变化曲线

图 6－26　中期突发事件发展和谣言传播随官方媒体收视率变化曲线

第三，衰退阶段。

图 6－27 表明当官方发布的应急信息赢得了受众群体的信任以后，碘盐可以防辐射、我国碘盐储存量不足等谣言便不攻自破，谣言传播率迅速降低，突发事件的发展状态急剧变小，由谣言引发的碘盐抢购事件也得到了平息，相关参数为 $\lambda_1=0.01$，$\lambda_2=0.01$，$\lambda_3=0.3$，$\lambda_4=0.05$，$\lambda_5=0.05$，$\lambda_6=0.2$，$\lambda_7=0.8$，$\lambda_8=0.6$，$\lambda_9=0.05$。图 6－27（a）表明，随着应急信息收视率的增加，突发事件发展状态先是急剧降低，然后螺旋式收敛于稳定点。图 6－27（b）表明，随着应急信息的发布，谣言传播率先是快速降低，然后螺旋式收敛于稳定点。采用网络、博客、手机短信等方式发布应急信息可使谣言传播率迅速稳定，主要在于网络媒体覆盖范围比电视要更加广泛，但是谣言传播率的局部稳定数值要低于采用电视发布应急信息时的效果，因为网络媒体可信度比电视要低。模型的模拟结果与凤凰网的调查结果相吻合。

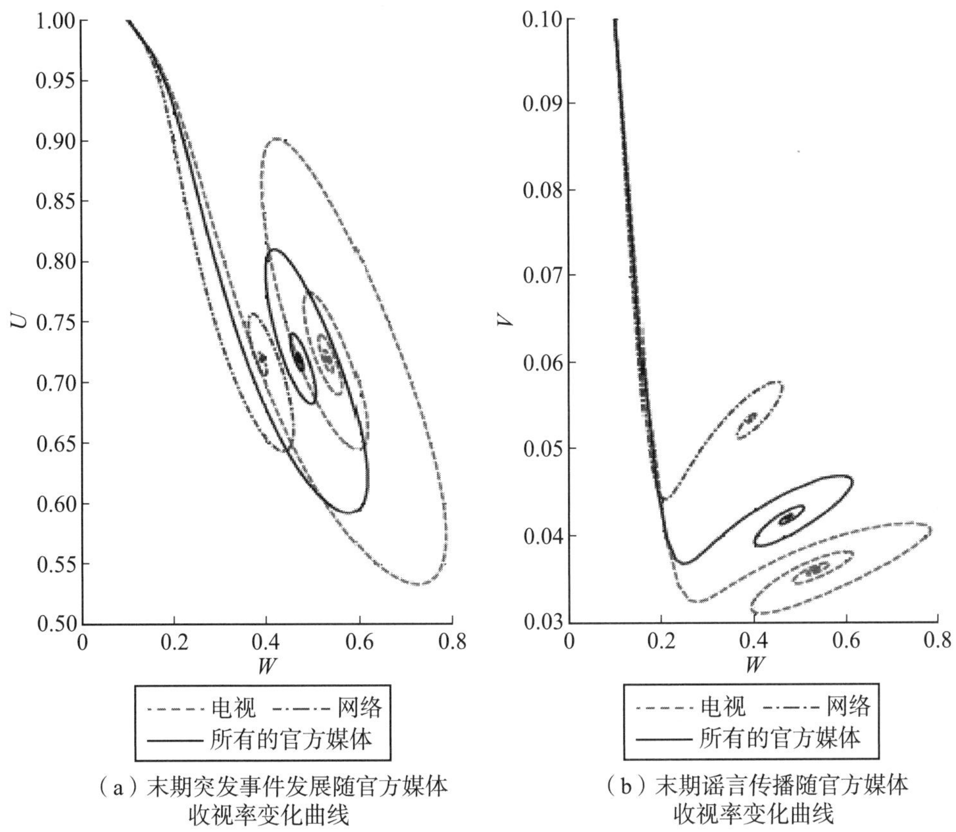

（a）末期突发事件发展随官方媒体收视率变化曲线

（b）末期谣言传播随官方媒体收视率变化曲线

图 6－27　末期突发事件发展和谣言传播随官方媒体收视率变化曲线

图 6－28 为不满足稳定性条件时，系统处于周期震荡状态时的情况，相关参数为 $\lambda_1=0.8$，$\lambda_2=0.05$，$\lambda_3=0.45$，$\lambda_4=0.4$，$\lambda_5=0.22$，$\lambda_6=0.45$，$\lambda_7=0.3$，$\lambda_8=0.05$，$\lambda_9=0.33$。图 6－28 表示的是碘盐抢购事件发展状态随着谣言传播率的变化情况。当谣言引发了碘盐抢购事件以后，相关部门会采用各种媒体发布应急信息，意图澄清谣言，但是如果发布应急信息采用的媒体的可信度和收视率不满足稳定性条件时，可能仅仅起到了延迟作用，不能抑制住突发事件的恶化。由于相关参数不满足稳定性条件，所以在平面（V，U）上出现了极限环，意味着应急信息的发布使得突发事件发展状态随着谣言传播率的变化会产生周期震荡现象，也就是说官方发布的应急信息没有发挥有效的积极作用，仅仅是对突发事件的发展起到了延迟效应，使得局势处于应急动荡状态，此时政府需要谨慎处理这种局势，因为稍有不慎，局势就有可能发生崩溃而处于失控状态。图 6－28 还表明，谣言传播方式对突发事件的演化状态会产生重大的影响作用。“口口相传”是传播碘盐可以防辐射这则谣言的主要传播方式，引发了碘盐抢购事件，网络是次要的谣言传播方式，应急信息发布后，网络上的谣言使得抢购碘盐的局势发生

震荡，但是震荡幅度远远低于"口口相传"这种方式的影响力。究其原因是不同的谣言传播方式对谣言传播力的影响作用不同。因此，面对不同传播渠道的谣言，其应对措施也有所区别。

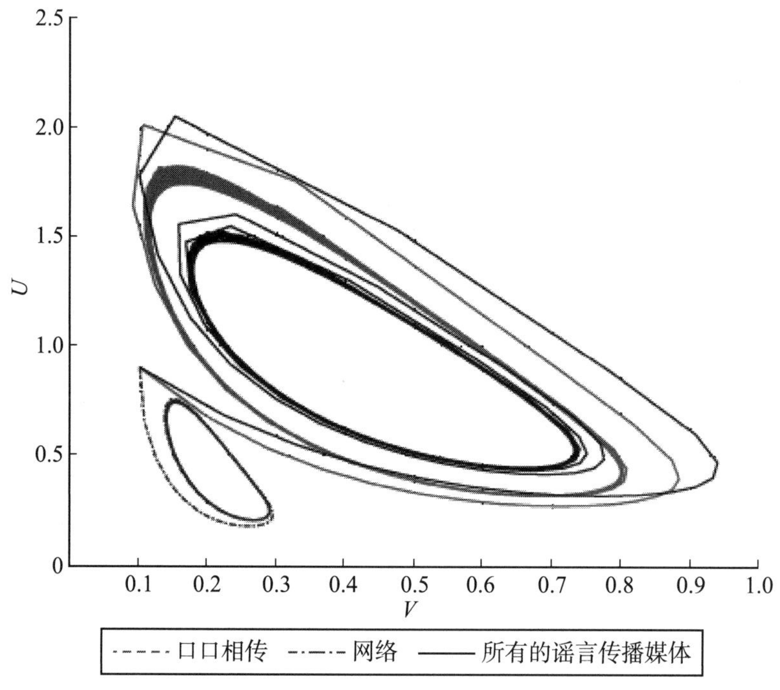

图 6－28　突发事件发展随谣言传播率变化曲线

（三）突发舆情事件应对策略与处置机制建议

1. 突发舆情事件中的个体行为免疫策略

第一，准确定位突发舆情事件的性质，是处理好整个事件的关键前提工作。政府采取的应急措施效果不明显甚至无效，很大程度上是因为对突发舆情事件的定性不够准确。因此只有对突发舆情事件进行准确的定位，才能采取合理的措施，开展应急救援工作。首先要组织人员对事件的各种现象进行全面的认识，其次要仔细分析各种现象的前因后果关系，最后要确认事件的具体性质，只有这样才能据此来制定相关措施解决问题。政府采取有力措施对个体行为进行正确引导，能带给受众群体一颗"定心丸"。例如在日本大地震当中，核辐射谣言在中国的传播导致了抢盐的热潮，但是在日本本土却并没有引起日本民众的如此恐慌，这主要归功于日本民众具有良好的地震普及知识，以及日本媒体良好的宣传。

第二，政府应加强对相关媒体的管理工作，增强突发舆情事件相关信息的透明度，使受众个体及时了解事态的发展状况。在突发舆情事件的管理与应对中，及时满足受众的信息需求，加强政府公关，消除社会上各种不实谣言，稳定民心。突发舆情事件一般都发生得很突然，很难在短时间内掌握事件的整体情况，媒体要进行准确客观及时的报道，首先可以简单明了地报道事态概要，然后再进行阶段性的深入报道。根据社会学理论，人们通常容易模仿他人的行为，来应对所面临的相似问题。这时就需要媒体通过自身特殊的地位，为受众群体树立起行为规范。在突发舆情事件下，只有坚持正确的舆论导向，准确及时地传达权威信息，媒体才能发挥其在维护社会稳定中的积极作用。政府传达信息越透明、表态越及时，并加强对突发舆情事件的正面引导，谣言就越容易被识别。这有利于政府在处理突发舆情事件的过程中获得受众群体的支持，有利于局面的及时控制，树立起良好的政府形象。因而，政府如何对突发舆情性事件进行积极的舆论引导，不仅是一个理论上的问题，更是一个具有重要意义的现实问题。

第三，个体过激行为事件发生后，政府应强化对个体过激行为产生及其传染的监控及预警。对个体过激行为进行监控预警主要有以下几个方面：

重点监视与个体过激行为事件主体具有一定联系的受众个体。突发舆情事件下个体过激行为事件作为个体行为传染的直接源头，离个体过激行为发生主体越近，越容易受到感染，即传染率越大，过激行为的发生比例越大。因此，政府在进行应急心理救援的时候，必须将这些个体或者群体作为监控的首要对象，密切关注其心理或行为状况，并进行积极的引导。

加强对个体过激行为程度及其传染过程的监控。个体过激行为按照其严重程度可以划分为低度过激、中度过激以及高度过激。政府可以建立个体过激行为影响度的评价预警体系，在特定期间采用突变模型对受众个体的影响度大小进行评估，以便于及时有效地采取相关措施应对处于不同影响程度下的个体。同时，政府还应该对个体过激行为传染的路径、方式以及范围等方面进行监控，从而有效地遏制个体过激行为的传染，以避免个体过激行为的大范围扩散与蔓延。

第四，为不同层次的受众个体提供有效的心理危机干预。应制定一系列措施以确保能及时地为不同层次的受众个体提供心理干预。本研究结果显示，不同类型个体所受影响的程度不一样，因此，在突发舆情事件发生受众个体人数很多的时候，政府相关部门应及时进行有针对性的救助与治疗。发挥好媒体的舆论引导作用才能使公众得到客观真实的信息和确保信息畅通，否则民间的传言乃至谣言就会经过短暂的孵化迅速膨胀、传播，甚至使整个社会秩序处于失控状态。政府应该转变思维方式。政府可以利用原有和新的传播技术拓展政府自有信息渠道，完善由政府直接面对公众的信息系统的建设。比如充分利用网络等信息平台推进公共信息服务，让众多政府网站真正发挥其效用，建立应对突发事件的信息传播预案制度，规范政府在自然灾害、公共卫生、群体性事件、食品安全等不同类型突发事件中的信息传播方式等。

2. 应对由谣言传播引发的突发事件策略

有效消除谣言传播和突发事件带来的负面影响，需要各级政府、媒体和公众三者齐心协力，各尽所能，共同应对。

首先，由于政府权威性比较高，处于意见领袖的角色，这就要求政府发挥领导者的作用，积极主动地建立健全信息公开机制，提高应急反应能力，增强自身的公信力。当谣言传播影响到人们的日常生活时，政府应该第一时间进行响应，充分利用各种公信力比较高的媒体发布应急信息，保持信息的透明和畅通，从而达到澄清谣言、平息突发事件的目的。首要关注应急信息的发布时间，过晚发布信息会处于被动局面，不能有效应对谣言传播。政府还应该注意应急信息发布的力度，充分调查事态的严重性、谣言的主要传播方式和谣言传播媒体覆盖率等信息，从而选择具有一定可信度和收视率的媒体发布应急信息。此外，政府应该塑造良好的形象，提高自身的公信力，这关系到应对谣言传播和突发事件的成败。

其次，对媒体来说，应该提高发布信息的可信度，树立良好的公众形象，在此基础上，增加收视率，提高自身的影响力。媒体应该充分做好与公众和政府的沟通工作，保持真实信息的畅通无阻，做到对真实疫情不隐瞒、不包容。此外，媒体还应该加强自身的道德规范，不盲目报道虚假信息，不危言耸听。

最后，公众需要提高自己的科学常识，增强谣言辨识能力，面对突发事件和大规模的谣言传播时，做到冷静思考、不盲从、不恐慌、不从众。对于虚假谣言，要进行自觉抵制，不要以讹传讹。

3. 完善突发舆情事件处置机制策略建议

第一，优化突发舆情事件多部门联合管理机制与工作流程。突发舆情事件的处置和管理涉及宣传、公安、医疗、应急救援等多个部门和单位，缺乏完善的部门合作机制将导致工作效率低下。建议在市应急委统一领导下，加强众多相关部门之间的协调与联合管理，进一步优化部门合作的工作流程。领导机构应根据已有的突发舆情事件管理计划和现实情况做出应对决策，各级政府和部门有效地协调合作，争取在短时间内控制局势。无论何种类型的突发舆情事件发生，政府组织机构将会全面承担指挥协调的职责，要求政府各部门对危机事件的相关事宜给予特别处理，力求在最短的时间内控制住事态的发展。

第二，加强突发舆情事件的分类管理和预案编制，构建程序化、规范化的处置流程。针对不同类型的突发舆情事件，加强分类管理，制定相应的处置预案。首先对不同类型突发事件进行一个准确的定位，根据突发事件对个体行为影响度的不同，来进行不同程度的预警防范。其次对于不同类型人群应该进行不同程度的关注，对个体行为影响度大的群体进行特别的关注与引导。只有通过合理的分配，才能使应急救援的效果最大化。通过研究个体过激行为传染的免疫策略，为政府应对个体过激事件及其恐慌，实现个体过激行为免疫管理提供决策支持。

第三，建设过激行为应对惯例知识库，强化对个体过激行为的预警和防范。个体过激行为的免疫惯例对于应急管理部门来说，实际上是应对个体过激行为事件及其所造成的传染性事件的方法，但是应急管理部门往往忽视了对于这些免疫惯例的记忆与学习，从而导致应急管理部门在个体过激行为事件再次或多次发生时难以应付。针对突发舆情事件下的个体过激行为，应急管理部门只有通过建立对应的风险应急管理机制，形成过激行为应对惯例的知识库或记忆库，才能够在应对个体过激行为事件时进行超前的预警和防范。同时，应急管理部门还应该从个体层面提升受众个体自身应对的心理素质，并保持其对于政府的一种向心力和信任感，从而提升应急管理部门的自适应能力和免疫能力，以维持其正常的应急管理秩序。

第四，建立健全政府信息公开机制，增强政府公信力。恐慌心理与过激行为会对突发舆情事件的控制、管理产生较大的负面影响，因此，在突发舆情事件的预案机制中，应重视针对心理恐慌的突发事件干预机制。心理干预首先是要通过宣传和教育，让公众对可能发生或已经发生的突发舆情事件形成一个正确的认识。保持信息的透明和畅通，有利于达到澄清谣言、平息突发事件的目的。另外，以往一些组织管理者由于担心负面消息造成社会震荡，片面强调正面报道。实际上越是不报道负面新闻，公众对负面事件就越缺乏心理承受能力。一旦负面事件溢出，就会造成更大的心理恐慌。正确的做法应该是及时主动地发布信息，并跟踪舆论，适时进行引导，防止出现个体过激行为事件而导致大规模的社会恐慌。

三、社会危机事件应急组织模式——应急组织合作网络结构优化

对不同制度环境下国家应急组织合作系统进行基元比较，可能获得应急组织合作全局上难以辨别但微观上较易厘清的比较规律。作为描绘组织间信息传递、资源流动及人员互动等合作关系的重要方法，网络分析方法已被广泛应用于应急组织网络的结构建模和行为辨识中。本研究以中国和美国国家应急组织合作网络系统为例，深入辨识和理解不同制度条件下国家应急组织合作网络的同构或异构特征，以期为国家非常规突发事件应急管理组织构成和机制优化提供理论依据。首先基于复杂网络模体方法，以应对各类突发事件的集成式的中国和美国国家应

急组织合作系统为例构建其组织网络。辨识中美应急组织网络的基元同构与异构特征。进一步基于模体及其改进方法，比较研究合作频度和深度不同的中美应急管理合作网络的局部网络结构，以识别非常规突发事件应急组织模式的特性和异同，深入理解和改进国家应急组织合作系统，进而提出中国事件性应急组织网络转向功能型应急组织网络优化策略。

（一）合作网络模型和基元分析方法

1. 应急组织合作网络模型

一般而言，社会合作网络呈现出典型的行动—行动者二分结构。该类网络建模通常用二分图描述，并将其投影到单顶点网络，最后应用网络参数对其进行测度。研究将模式视为一个二分网络，如图 6－29 所示。其中，方形节点为应急管理工作组（W），圆形节点为应急组织个体（E），黑色节点表明该应急组织参与多个工作组。主要考虑应急组织个体构成的合作网络，若 2 个应急组织（E）共同参与一个应急管理工作组（W），则将不同类节点之间的边（E－W）单投影至同类节点之间（E－E），由此搭接构成应急工作组组织间合作网络。

作为复杂网络建模的重要方法，二分图（Newman M. E. J.，2003）① 可以描述现实世界中广泛存在的“项目—参与者”二模网络结构，其中一类节点称为“项目”，例如突发事件，而另一类节点是其“参与者”，例如应急组织等。研究多关注同一类节点间的相互作用关系，因此将二分图向某一类节点投影得到单模式网络，此时每个项目的所有参与者节点间都存在因参与该项目而产生的连边，每个项目在投影图中则表示为一个完全图，多个完全图集合成为单模式整体网络，见图 6－29。

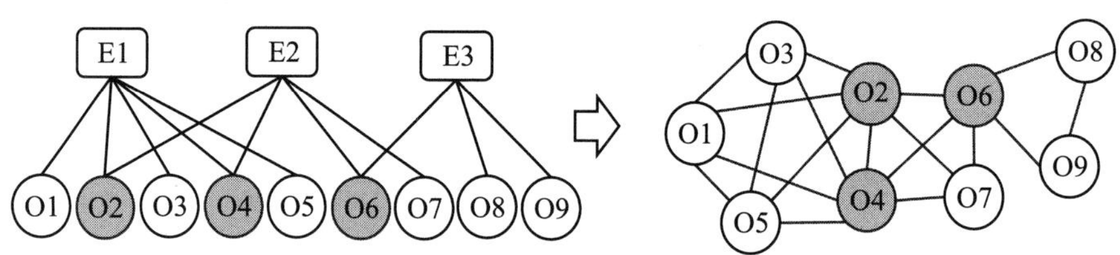

图 6－29　二分图及其投影

研究遴选中国和美国国家应急管理组织系统，构建相应的国家应急组织合作网络。其中，中国国家应急组织系统为若干个议事协调机构和联席会议制度构成

① Newman M. E. J. The structure and function of complex networks [J]. *SIAM Review*, 2003, 45 (2): 167－256.

的综合协调型系统，该系统针对 13 类典型非常规突发事件情景设置了相应的应急预案，并成立了委员会或指挥部，以及相关应急组织。例如，对于重大的突发性自然灾害，有承担抗洪救灾职责的防汛指挥部，主要由民政部、水利部、地震局等牵头管理；对于重大的灾难事故，有抗震救灾指挥部、核事故应急机构、防火总指挥部，由国家安全生产监督管理总局等牵头管理；对于突发传染病，有政府卫生行政部门、全国突发事件应急指挥部，由卫生健康委员会牵头管理；对于影响社会安全的突发事件，由公安部牵头负责。

美国国家应急组织系统则基于国家应对框架构建①。该框架界定了 39 个联邦政府部门与机构的灾害救助政策计划、响应重建和运行责任等内容，并抽象了所有灾害应对的 15 项应急通用功能，包括交通、通信、公共工程事务、消防、应急服务、人员疏散、物流支持、公众医疗服务、搜救、危险品防护、农业生活供应、能源供应、公共秩序维护、社区恢复和对外事务等。每一项应急通用功能均规定了相应的应急部门及其在该功能单元中的任务、策略和责任，从而实现应急资源、知识和能力的整合和统一，成为美国国家应急组织管理制度化系统。

基于二分图的国家应急管理组织合作网络构建如下：

中国国家应急组织网络基于“突发事件情景—应急组织”二分图投影构建，上层节点为 13 类突发事件情景，下层节点代表应急组织，即应对同一上层突发事件的下层应急组织节点及其合作关系形成一个完全图。例如，非常规地质灾害由自然资源部、民政部、财政部、住建部、水利部、地震局和气象局等合作应对，它们相互连边形成地质灾害应对完全图，13 类突发事件情景完全图集合成中国国家事件型应急组织合作网络。

美国国家应急组织合作网络基于“应急通用功能—应急组织”二分图投影构建，上层节点为 15 项应急通用功能，下层节点代表应急组织，即共同具有一类应急通用功能的应急组织及其合作关系形成一个完全图。15 项应急通用功能完全图集合成为美国国家功能型应急组织合作网络。

通常情况下，应急组织合作是相互的，且不考虑应急组织的差异性及其合作关系频次，所建网络为无向无权网络。中国和美国国家应急组织合作网络全局参数见表 6 - 26，其网络拓扑详见图 6 - 30。初步分析表明，中美应急组织合作网络宏观性质上具有极大的相似性：均具有较大的平均度和集聚系数，以及较小的

① Kapucu N. Interorganizational coordination in complex environments of disasters: The evolution of intergovernmental disaster response systems [J]. *Journal of Homeland Security and Emergency Management*, 2009, 6 (1): Article 47.

平均路径长度，网络均具有小世界特征，具体参数内涵参见文献①。

表 6-26　中美应急组织合作网络及其全局参数

网络	节点数	边数	平均度	集聚系数	平均路径
中国	69	1 535	44.493	0.875	1.346
美国	38	601	31.632	0.920	1.145

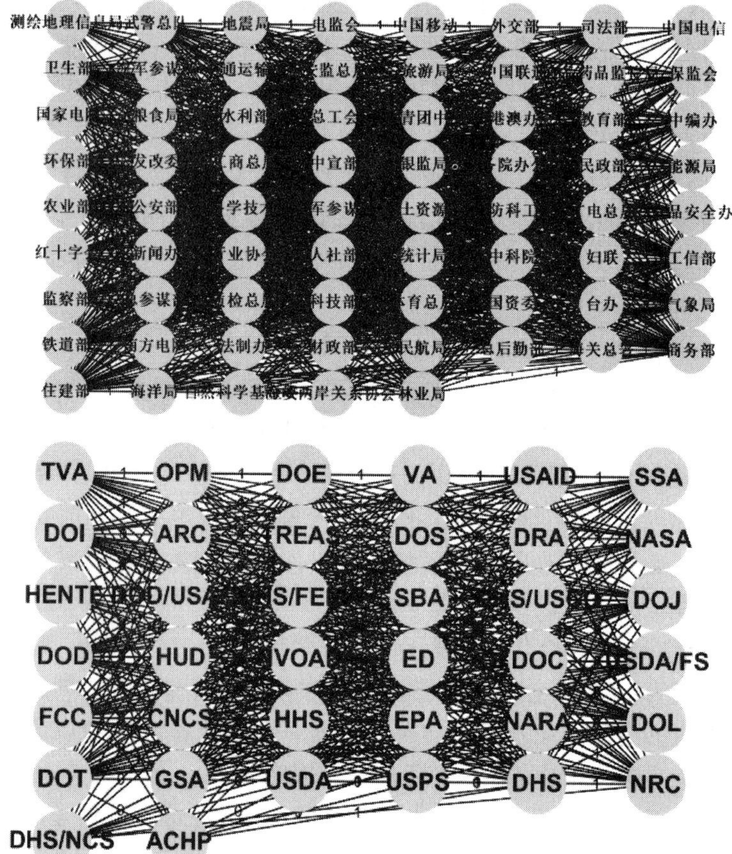

图 6-30　中国和美国国家应急组织合作网络

2. 网络基本模体分析方法

近期，统计物理学和分子生物学关于复杂网络的研究表明，具有相似全局结

① Newman M. E. J. The structure and function of complex networks [J]. *SIAM Review*, 2003, 45 (2): 167-256.

构的网络可能由于其功能特性或生成机理不同，反映出极其不同的基元结构（Milo R.，Shen－Orr S.，Itzkovitz N.，et al.，2002）①。模体从局部刻画了给定网络相互连接的特定模式，对自下而上建构全局网络具有重要作用，被誉为网络的“基元”。复杂网络基元为辨识国家应急组织系统大型化、网络化和复杂化特征提供了新思路和内容。作为真实网络中反复出现的相互作用的基本模式，模体的出现频率远高于在具有相同节点和连线数的随机网络中出现的频率。因而，为判断真实网络中的某一子图是否为模体，需要产生与真实网络对应的若干随机网络，并统计比较该子图是否为模体，详见图6－31。网络模体分析包括随机网络建模、子图搜索和模体评价三个步骤：

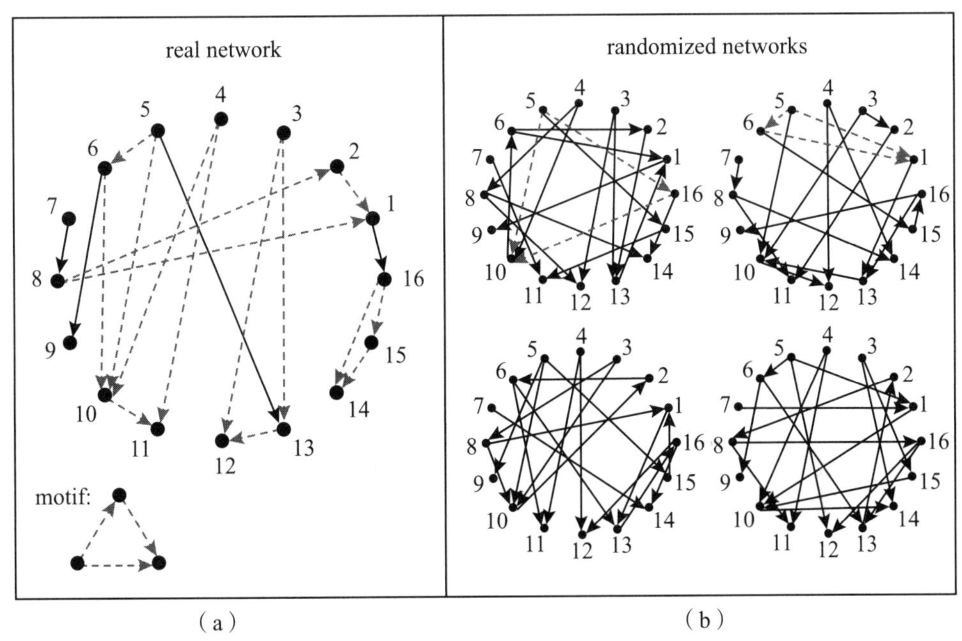

图6－31　随机网络生成和模体判断示例

第一，随机网络建模，即生成与真实网络相似统计性质（如相同度序列）的若干随机网络。基于度序列的随机网络生成算法通常采用交换算法：首先依据度序列构造一个网络，并随机选择一对边进行交换，若该交换导致了多重边或自回路，则取消该交换，最终生成若干随机网络。第二，子图搜索，即在真实网络和随机网络中搜索特定节点规模 $n(n=3\sim5)$ 的子图，确定并归类同构子图 i。通常采用穷尽递归搜索算法：即采用 $N\times N$ 的邻接矩阵表示网络，通过枚举其中所

① Milo R.，Shen－Orr S.，Itzkovitz N.，et al. Network motifs：Simple building blocks of complex networks［J］. *Science*，2002，298（5594）：824－827.

有的 $n \times n$ 子矩阵得到对应的导出子图。第三，模体评价，通过比较计算真实和随机网络中的子图 i 的 Z 值来评定 i 是否为模体。

$$Z_i = (N_{reali} - \langle N_{randi} \rangle) / std(\sigma_{randi})$$

其中，N_{reali} 表示子图 i 在真实网络中出现的频次，$\langle N_{randi} \rangle$ 和 $std(\sigma_{randi})$ 依次表示子图 i 在若干随机网络中平均出现的频次和标准差。一般而言，若 $Z_i > 0$，子图 i 为模体；若 $Z_i < 0$，子图 i 为反模体。

3. 异质和加权模体分析方法

网络的复杂性来自网络节点的复杂性和相互作用的复杂性。经典模体定义不考虑模体（子图）中的点或边的属性：如节点异质或边带权重，所搜索网络子图为简单子图。考虑真实系统中要素种类的多样性和相互关系的强弱性，可以进一步对网络子图进行细节化定义，本研究主要考虑网络异质节点模体和网络加权边模体：前者依据网络个体类型对节点分类并标记，后者依据个体间关系的权重将边分类并标记，在可视化上予以色彩区分。依据网络基本模体发现问题，识别网络异质（节点）模体和网络加权（边）模体过程仍包括随机网络建模、子图搜索和模体评价三个步骤。

随机网络建模根据真实网络的度序列注入随机特性，生成一系列随机网络。米洛（Milo）等的基本模体边交换思想是针对真实网络中的边 A－B 和 C－D，如果 A－C 和 B－D 都不存在，那么删除 A－B 和 C－D，然后添加 A－C 和 B－D 到网络中，双向边可以任意交换，并保证随机化网络的连通性。异质网络的随机网络建模有所差异：仅允许两端节点属性相同的边进行等价交换，见图 6－32。同理加权网络的随机网络建模仅允许边属性相同的边进行等价交换。经多次交换后生成的随机化网络，每个节点的度和原始网络保持一致，但是节点与节点间的度相关性发生了变化。另外，为了减少随机网络之间的相关性，在生成多个随机网络时，只有第 1 个随机网络是在原始网络的基础上通过多次边交换得到，后续生成的随机网络都是在前一个随机网络的基础上通过多次边交换得到。关于异质网络和加权网络及其随机网络的子图搜索和模体评价则仍采用基本模体的相关方法，详见前节。

（二）中美应急组织网络基元比较分析

1. 网络基本模体比较特征

中国和美国国家应急管理组织合作网络的 3～4 节点（反）模体特性及其组织合作内涵见表 6－27。研究针对中美应急组织合作网络均分别采用边交换算法生成 1 000 个随机网络，采用穷尽递归算法确定真实网络的所有 3～4 节点子图并统计为相对数量即浓度（C），模体评价采用浓度值计算。

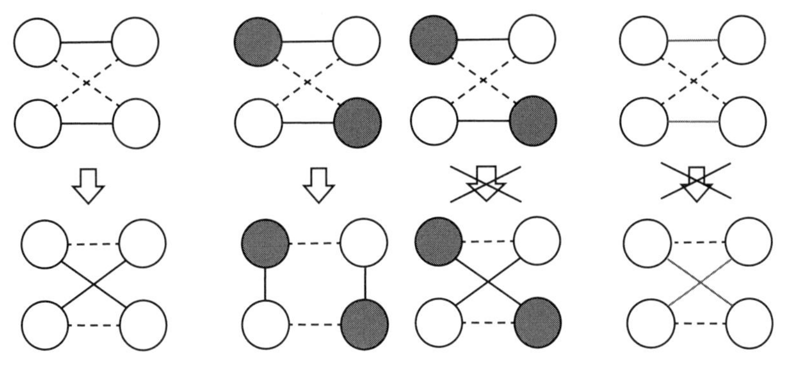

图 6-32　随机网络生成的边交换算法

表 6-27　　国家应急管理组织网络的子图分布和模体形式

子图序号	图示	组织合作内涵	网络	C_{real}/%	C_{random} ± std/%	Z	模体特性
3-1		两个不合作的应急组织分别与第三位应急组织合作	美国	24.754	26.859 ± 0.089	-23.718	反模体
			中国	41.589	47.812 ± 0.231	-26.888	
3-2		三个应急组织相互合作	美国	75.246	73.141 ± 0.089	23.718	模体
			中国	58.411	52.188 ± 0.231	26.888	
4-1		三个不合作的应急组织分别与第四位应急组织合作	美国	2.989	5.048 ± 0.134	-15.399	反模体
			中国	7.462	13.292 ± 0.381	-15.302	
4-2		两个合作的应急组织分别与另两个不合作的应急组织合作	美国	0.696	0.566 ± 0.055	2.372	不确定
			中国	3.338	4.256 ± 0.047	-19.697	
4-3		三个应急组织相互合作，第四个应急组织只与其中一个合作	美国	16.936	12.877 ± 0.207	19.605	模体
			中国	33.557	23.100 ± 0.635	16.465	
4-4		四个应急组织中，每个有且仅与两个应急组织分别合作	美国	0.017	0.447 ± 0.062	-6.927	反模体
			中国	0.027	2.019 ± 0.161	-12.381	
4-5		除某两个应急组织不合作外，四个应急组织视为两两相互合作	美国	24.444	28.882 ± 0.186	-23.882	反模体
			中国	24.367	32.070 ± 0.324	-23.774	
4-6		四个应急组织两两相互合作	美国	54.918	52.181 ± 0.114	24.074	模体
			中国	31.249	25.264 ± 0.204	29.400	

注：C 为网络子图相对数量；$Z>0$ 为模体，$Z<0$ 为反模体。

分析表明 3 节点子图 3-2（），以及三种 4 节点子图 4-3（）和子图 4-6（）在应急组织合作网络中与相应随机网络中出现的次数具有正显著性（$Z>0$），可视为应急组织合作网络的模体形式。3 节点子图 3-1（），以及三种4节点子图4-1（ ）和子图4-4（ ）和子图4-5（ ）具有负显著性（$Z<0$），为应急组织合作网络的反模体形式。子图4-2（ ）在美国应急组织合作网络中具有正显著性，而在中国国家应急组织合作网络中具有负显著性，其形式不确定。

分析3节点（反）模体，模体3-2为三个节点均相互连通的子图形式，表示应急组织合作网络中三个应急职能部门至少合作承担一项应急功能单元，注意此合作模式在实际中有两种情况：三个应急职能部门合作参与同一项应急功能单元，或两两合作参与三个不同的应急功能单元。反模体3-1表示某一个应急职能部门与其他两个不合作的应急职能部门合作承担两个不同的应急功能单元。4节点（反）模体特性及其组织合作内涵见表6-27。

应急组织合作网络的模体并不具备明晰的功能含义，即这些模体并不像生命网络行使特定信息处理功能的各模体形式，具有特殊的应急预警或处置功能。研究认为上述模体应被表述为突发事件应对组织合作的分权趋势和社会组织合作本质特征所规制的明确的、非随机的特定局部结构形式。

研究表明，集权组织在处理具有可预期性和可分析性的常规事件时，能够实现其高效、准确的目的。但是当面对不确定性和不可预期的非常规突发事件时，由于管理人员的理性思考有限，正式的官僚机构处理信息的能力也有限，使得这类组织的行动过于迟缓、缺乏灵活性，无法及时、有效地进行决策①。以网络结构阐述上述集权和分权网络在不同情景下的功效性：Bavelas② 和 Leavitt③ 定义了环形、链式、Y型和星型合作结构，见图6-33。集权式星形和Y型结构有利于组织hub节点对简单问题迅速作出正确决策，但随着问题复杂性增加，星形结构中的hub节点易被大量信息掩埋，而无法作出正确决策，而分权式环形结构则较适宜解决复杂问题情形。以3节点子图为例，子图3-1为集权式星型或Y型基元结构，其出现频次在中美应急组织合作网络中均小于相应随机网络，视为反模体；子图3-2为全连通分权式环形基元结构，其出现频次远高于随机网络出现次数，视为模体。同样，4节点子图4-6为全连通分权基元结构，其在中美应急组织合作网络中亦被视为网络模体（Z值均小于0，见表6-28），子图4-1为集权星型结构，为网络反模体。上述模体特性表征了应急组织网络理论和实践中应对突发事件不确定性所要求的组织合作从官僚层次命令式向扁平化分权合作

① Comfort L. K. Crisis management in hindsight: Cognition, communication, coordination, and control [J]. *Public Administration Review*, 2007, 67: 189-197.

② Bavelas A. A mathematical model for group structure [J]. *Applied Anthropology*, 1948 (7): 16-30.

③ Leavitt H. J. Some effects of certain communication patterns on group performance [J]. *Journal of Abnormal and Social Psychology*, 1951, 46: 38-50.

演进的趋势（Moynihan D. P.，2008；Waugh W. L. and Streib G.，2006）①②，反映于网络基元即集权和分权结构表现的反模体和模体特征。

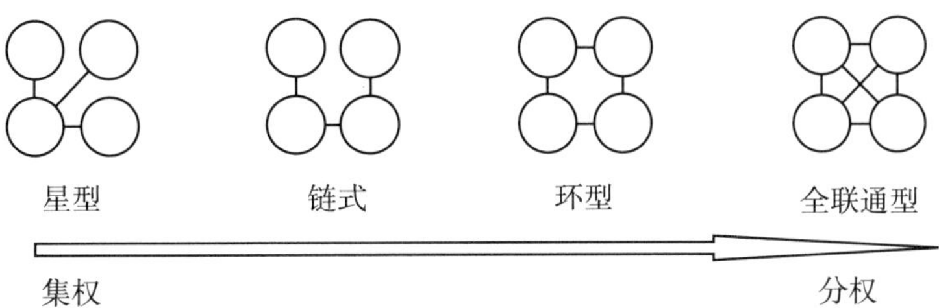

图 6-33 社会组织网络基本结构及其分权趋势

此外需要指出的是，包含模体 3-2 的 4 节点子图 4-3、子图 4-5 和子图 4-6 均具有分权构型，应被视为网络模体。但子图 4-5 在中美应急组织合作网络中的 Z 值均小于 0，为反模体形式，原因在于研究表明社会合作网络具有高聚类性，若两个个体或组织均与第三个个体或组织合作，则这两个个体或组织之间合作的概率将增加。子图 4-5 与社会合作网络的高聚类特征是矛盾的，实际上，该构型仅需增加少量成本（增加一对组织之间的联系），即可导致组织联系的稠密化，资源和信息获取极度增加，进而形成分权型的网络构型 4-6。因此模体和反模体还表达了社会个体或组织合作的高聚类特征。

以 4 节点子图的相对数量特征比较中美应急组织合作网络的不同，分析表明美国应急组织合作网络的子图占比排序为 4-6（54.918%）、4-5（24.444%）、4-3（16.936%）、4-1（2.989%）、4-2（0.696%）、4-4（0.017%）；中国应急组织合作网络的子图占比排序为 4-3（33.557%）、4-6（31.249%）、4-5（24.367%）、4-1（7.462%）、4-2（3.338%）、4-4（0.027%）。比较两网络，子图 4-1、子图 4-2 和子图 4-4 在两网中占比均较小；子图 4-5 在两网中占比相差不大；具有显著区别的是子图 4-6，它反映了政府职能部门之间合作关系的紧密性，这样的结构有利于突发事件应对中的技术传播、资本积聚和人员合作。子图 4-6 在美国应急组织合作网络中占比极高，而在中国应急组织合作网络中占比较小，这表明相较而言，中国的应急组织合作网络仍更倾向于集权，而美国应急管理网络合作度较高，倾向于分权。集权型组织结构存在非柔性（刚性）和惰性等主要问题，因此较难应对复杂多变的非常规突发事件环境。

---

① Moynihan D. P. Learning under uncertainty: Networks in crisis management [J]. *Public Administration Review*, 2008, 68 (2): 350-361.

② Waugh W. L., Streib G. Collaboration and leadership for effective emergency management [J]. *Public Administration Review*, 2006, 66 (S): 131-140.

分权型网络分权网络中的个体具有对特殊事件的专业应对和决策能力，更适用事件复杂环境。

2. 异质和加权网络模体比较特征

基于前述加权和异质网络的模体思想和分析方法，考虑实际应急主导和支持组织的性质不同，以及应急组织间合作次数的差异，本节对中国和美国应急组织合作异质网络加权网络的基元结构进行进一步分析。

第一，应急组织合作异质网络模体。应急组织合作异质网络基于主导和支持两类节点构建，并对点着色区分。3 节点构成的异质网络子图（模体）见表 6－28。

表 6－28　　基于组织类型的节点异质网络模体

网络		模体排序及特性									
美国应急组织合作	图示	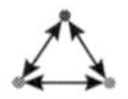	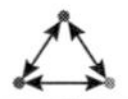	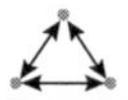	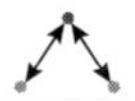	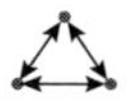	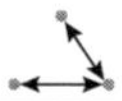	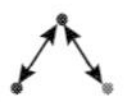	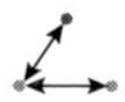	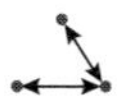	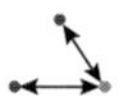
	浓度（%）	31.218	27.841	9.670	9.513	6.517	5.400	4.980	3.364	0.762	0.736
	Z	23.128	10.335	－0.347	8.011	－7.040	－14.648	－7.330	－14.145	7.343	13.067
中国应急组织合作	图示	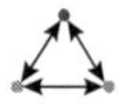	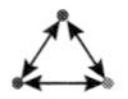	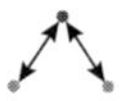	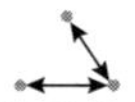	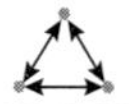	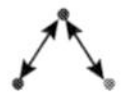	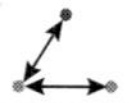	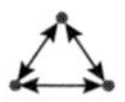	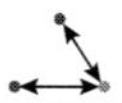	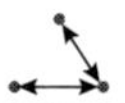
	浓度（%）	24.422	21.907	19.392	9.707	7.589	6.717	4.993	4.493	0.478	0.302
	Z	27.114	21.458	22.321	－22.698	19.975	－14.612	－30.860	－5.050	36.059	4.886

注：实点为应急主导组织，虚点为应急支持组织，边为合作关系，不考虑合作次数。

分析表明，美国和中国应急组织系统的异质子图数量均为 10，即应急主导和支持组织构成的合作模式均为 10 种。其中子图和的相对数量在中国应急组织合作网络中均居前两位，分别为 24.422% 和 21.458%，前者代表一个主导应急组织和两个支持应急组织合作应对，后者代表两个主导应急组织和一个支持组织合作应对。同样，上述两子图在美国应急组织合作网络中亦居前两位，分别为 31.218% 和 27.841%。这两种子图均相较于随机网络具有正显著性，视为应急组织合作网络（异质）模体，该两类子图是应急合作中的主要形式，可以实现多数应急基本功能，因而在网络中相对数量较大，且两类子图在美国网络中的相对数量均高于中国网络的相对数量。表明中国应急组织异质网络仍具有对局部结构进行优化的空间。有显著区别的是子图，在美国和中国应急组织网络中相对数量分别为 9.513% 和 19.392%，尽管该子图代表的“一个主导组织＋两个支持组织”的合作形式亦可承担多数应急功能，但两个支持组织的非连接可能

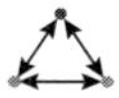

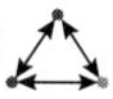

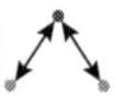

表示其合作效率仍有待提高，中国网络中的该子图相对数量大于美国网络，表明该局部结构有待进一步优化，如成为合作模式，这仅需要在两个支持应急组织间增加合作关系即可。合作关系（边）的增加可以加强分散合作、柔性合作和多样性合作。

第二，应急组织合作加权网络模体。应急组织合作加权网络以两个应急组织之间具有的同一突发事件应对数（中国）或共同承担的应急功能单元数（美国）为赋权标准，将合作关系分为强、中、弱三个程度，并对边着色区分。3 节点构成的加权网络子图（模体）见表 6－29。

表 6－29　基于组织合作次数的加权网络模体

网络	特征	模体及其浓度（%）排序										
美国	图示								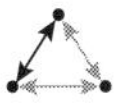			
	浓度	28.840	27.986	21.246	5.479	4.940	3.731	3.508	3.245	0.394	0.368	0.263
	Z	0.990	21.500	－25.632	31.067	31.067	7.028	4.273	31.1	31.067	31.1	31.067
中国	图示				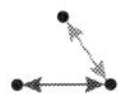		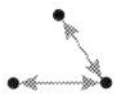		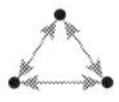	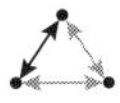		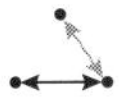
	浓度	34.59	30.895	13.653	5.733	4.386	2.582	1.603	1.474	1.456	1.413	0.904
	Z	25.786	－14.4	34.021	－25.02	17.5	－21.925	－0.15	20.593	7.593	1.7249	1.2618
	图示				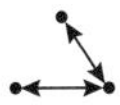	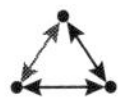						
	浓度	0.593	0.348	0.302	0.063	0.006						
	Z	－6.141	4.464	1.261	0.583	－12.018						

注：实边代表合作次数低，虚边代表合作次数中等，黑色边代表合作次数高。

分析表明，美国和中国应急组织系统的加权网络子图数量分别为 11 和 16，中国应急组织在合作次数上的变化高于美国，表明网络局部合作仍需规范化。美国应急组织网络中前三位合作模式为、和，相对数量分别为

28.840%、27.986%和21.246%，其中前两种合作模式相较于随机网络具有正显著性而视为网络模体，最后一种视为反模体。中国应急组织网络中前三位合作模式则为、和，相对数量分别为34.59%、30.895%和13.653%，模体和反模体形式同美国网络。分析表明，相对数量较大的合作模式多为合作次数较低（<3）的应急组织节点构成，反映在实际中可能表明了应急功能所要求的专业化，导致多个组织经常进行合作参与同一功能，同时由于功能的复杂性和应急组织的专业有限性，其参与的功能单元或事件数不会太大。因而具有高合作次数的应急组织形成的合作结构在两个网络中均不常见，如子图在两网中相对数量在0.3%左右。对比中美网络的加权模体发现，子图在美国网络中排名首位的子图比中国网络显著增大，该子图可能表明了多次专业化支持—支持组织合作关系（>3）与少数指挥式主导—支持组织合作关系（<3）的组合即可完成多数应急功能，提供了中国应急组织网络基元化构建的主要方向。

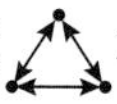

（三）功能型应急组织网络及基元构建策略

研究表明，突发事件应急组织系统为事件型应急组织网络，即针对不同类型的突发事件，由相应的行政职能部门分别管理①。中国事件型网络具有如下缺陷，首先，事件型网络中的应急主体的设置建立在突发事件的单一和线状假设基础上，网络本质上仍为分行业、分部门、分灾种的松散型②。现代社会形态、经济结构以及技术复杂，突发事件具有群发性、多样性以及链状性，以单一的突发公共事件作为预防和处置对象的松散型应急组织网络无法有效应对。其次，源于中国政府部门权责的高度分散化和非制度化，不同类型事件甚至于同类事件的应急组织结构与职能差异性较大，应急组织的设立与演变有临时性、易变性的特点，导致事件合作知识和模式无法规范化和固定化。最后，突发公共事件的分类是相对的，过分强调分类可能影响对突发公共事件复合性的认知，致使不同应急组织间的资源呈分散和凝滞状态，出现"同构"或"重复"现象，降低应急系统性，束缚机动能力的发挥。美国应急组织系统为功能型网络，即针对突发事件应对具体功能特点组合应急组织。功能型应急组织系统本质上是一种共治分权式组织网络，组织间并无明确的上下级关系，注重组织之间及与外界的信息沟通。功能型网络有利于发挥专业优势，并做到各司其职，随着与复杂突发事件的多次合作，

① 戚建刚：《"突发事件应对法"对我国行政应急管理体制之创新》，载于《中国行政管理》2007年第12期。

② 戚建刚：《我国应急行政主体制度之反思与重构》，载于《法商研究》2007年第3期。

其功能实现成本和效率将逐步优化①。

组织结构是各要素空间位置、聚散状态及其相互关系的动态体系，其本质是为实现组织战略目标而采取的一种分工协作体系，常态化、规范化和制度化构建功能型应急组织网络，有利于克服事件型应急组织的应对复合非常规突发事件初期反应慢、成本高、效率低等问题。同时，从权变观点看，不存在一个普适的、理想的组织结构，组织结构必须随组织所处环境与组织战略调整而调整。针对中国应急管理过程中相关职能部门之间权责高度分散化、非制度化，本研究基于功能化、网络化以及模体化思想，阐述应对非常规突发事件的国家应急组织功能型网络基元设计方法，主要步骤包括：事件应对功能的模块化——功能实现组织的网络化——组织网络的模体化。

第一，事件应对功能的模块化分析。由于突发事件的多样性，难以针对所有事件分别设置应急组织，基于事件应对功能的规划方式具有有限性和易扩充性特征。我国已将突发公共事件分为自然灾害、事故灾难、公共卫生事件和社会安全事件四大类，自然灾害应急功能需求包括预报预警，物资储备供给；事故灾难应急功能需求包括专业救援；公共卫生类应急功能需求是防疫、医疗救援、信息报告；社会安全应急功能需求是处置群体性骚乱和信息公开。中国应急组织功能模块化，首先建立非常规突发事件及其次生、衍生事件的应急预警预防，救援处置和灾后重建等阶段的关键功能需求。其次，须把握中国突发事件分类特征，参考美国突发事件应急功能体系，整合诸如信息通信、医疗卫生、基础设施保护、环境治理、能源供给、物资供应、决策指挥和预测预警等关键应急功能，构建若干突发事件应对的模块化通用功能，并根据突发事件的性质、程度和影响范围，规范通用功能的概念、原则、标准和程序等。

第二，功能实现组织的网络化构建。考虑政府部门职责和大部制建设要求，充分整合各类应急组织责、权、利，通过事件功能与政府公安、民政、水利、交通、安监、地震、气象等承担应急职责的政府部门之间的对应关系，实现应急功能单元的组织化。明确各功能单元的主导和支持组织，主导组织包括负责现场应急指挥和协调组织，以及直接参与救援的主导专业力量；支持组织包括非直接参与现场救援行动的应急组织，其主要职责是为现场应急指挥机构提供各类资源保障。遵循网络化原则，将应急组织按照功能归属形成若干个功能单元的应急组织合作子网络，并集成所有功能单元子网络形成应急组织合作全网络。构建基于功能的应急组织指挥协调、行动实施、计划制订、信息沟通、资源配置机制，以实

① Paton D. Preparing for natural hazards: The role of community trust [J]. *Disaster Prevention and Management*, 2007, 16 (3): 370 - 379.

现既定功能需求、提高合作效率。实际中，可以遴选与各种非常规突发事件应对关键功能关联度高的应急主导组织（如国家发改委、民政部等），将其纳入常态应急管理行政体制，着重其协调和指挥能力的建设。

第三，应急组织网络的模体化建设。多样性的团队式应急组织是灾害发生后的最有效的反应者。国家应急组织网络的模体化建设，即按照最小化功能供给要求，科学建立少数节点（应急主导组织和相关支持机构）和边（资源、信息和人员合作关系）的组合形式，共同履行突发公共事件应急基本功能。以三节点合作模式为例：一是主导组织和若干支持组织合作；二是若干主导组织合作；三是若干支持组织合作。同时，基于模体的灵活性、可扩展性和适应性，考虑不同组合完成任务的特征和效率，制定不同合作方式的适用任务和功能规范化策略，形成运转高效、反应快速、规范有序的突发事件应急组织体系，在多次事件中实现应急功能的持续改进。研究建立健全应急功能网络的组织指挥和支持，构建一个基于功能、成于模体的全面整合的应急组织网络，实现国家应急管理从被动应付型向主动保障型转变，推动应急管理体制常态化、规范化、制度化。

总体而言，组织合作网络是各要素空间位置、聚散状态及其相互关系的动态结构，其本质是为实现组织战略目标而采取的一种分工协作体系。从权变观点看，不存在一个普适的、理想的组织网络，应急组织网络结构亦必须随所处经济、社会和政治环境与组织应急战略目标适应和协调（Kapucu N.，2005）①。尽管初步分析表明中国应急组织合作网络结构需发展出有效的分布式、分权化和关系型基元，从而有效提高应对复杂多变事件的沟通与协作效率，但仍需针对中国国情和制度特征进行应急治理体制的适应性优化。

① Kapucu N. Interorganizational coordination in dynamic context：Networks in emergency response management [J]. *Connections*, 2005, 26 (2): 33–48.

参考文献

[1] 艾佳慧:《简约规则抑或复杂规则——婚姻法解释三之批评》，载于《法律和社会科学》2013 年第 11 卷。

[2] 安东尼·唐斯:《官僚制内幕》，中国人民大学出版社 2006 年版。

[3] 安戈、陈佩华:《中国、法团主义和东亚模式》，载于《战略与管理》2001 年第 1 期。

[4] A. M. 奥马罗夫著，王思斌等译:《社会管理》，浙江人民出版社 1987 年版。

[5] 包心鉴:《我国社会管理面临的困境和体制的创新》，载于《学习与探索》2011 年第 3 期。

[6] 蔡冰菲:《保障性住房建设中地方政府与中火政府的博弈分析》，载于《社会科学家》2009 年第 12 期。

[7] 蔡昉、高文书:《中国就业和社会保障体制改革 40 年》，经济管理出版社 2020 年版。

[8] 蔡禾:《从利益诉求的视角看社会管理创新》，载于《社会学研究》2012 年第 4 期。

[9] 蔡新霞:《发展促进型价值取向的农民工社会政策探讨》，载于《福建广播电视大学学报》2015 年第 5 期。

[10] 曹文宏:《民生问题的政治学解读：一种民生政治观》，载于《探索》2007 年第 6 期。

[11] 陈成文、李冰仙:《社会组织研究综述》，载于《甘肃社会科学》2004 年第 5 期。

[12] 陈成文:《社会体制改革与改善民生》，人民出版社 2016 年版。

[13] 陈第华:《社会政策的公平价值取向研究——以“新医改方案”为例》，福建师范大学硕士学位论文，2010 年。

[14] 陈国申、李媛媛:《街道办撤销对居民自治的影响探析——基于皖鄂

黔三省三市的考察》，载于《江汉论坛》2017年第6期。

[15] 陈佳俊、杨逢银：《社会转型背景下枢纽型社会组织功能定位研究——以上海市AN社会组织联合会为例》，载于《中共杭州市委党校学报》2014年第1期。

[16] 陈家建：《法团主义与当代中国社会》，载于《社会学研究》2010年第2期。

[17] 陈家喜：《2008市民社会抑或统合主义》，载于《国外社会科学》2008年第2期。

[18] 陈家喜、刘军：《街道办事处：历史变迁与改革趋向》，载于《城市问题》2002年第6期。

[19] 陈姣姣：《创新社会治理结构与工会枢纽型社会组织建设》，载于《中国劳动关系学院学报》2014年第5期。

[20] 陈静：《社会政策中的"社会公正"价值取向》，载于《法制与经济》2009年第10期。

[21] 陈圣龙：《城市基层社会管理体制的实践分析——以铜陵市铜官山区为例》，载于《城市观察》2011年第5期。

[22] 陈圣龙：《我国城市社区管理体制的改革探索——基于铜陵市铜官山区"区直管社区"的实践分析》，载于《中共浙江省委党校学报》2011年第6期。

[23] 陈书洁、张汝立：《政府社会服务观与社会公共服务改革——英美政府购买社会公共服务的比较研究》，载于《探索》2011年第4期。

[24] 陈天祥：《新公共管理——政府再造的理论与实践》，中国人民大学出版社2007年版。

[25] 陈伟东：《社区自组织的要素与价值》，载于《江汉论坛》2004年第3期。

[26] 陈向明：《质的研究方法与社会科学研究》，教育科学出版社2000年版。

[27] 陈小克：《城市社区管理体制改革模式的新探索——浅析武汉市百步亭社区推进社区管理体制改革的实践》，载于《湖北社会科学》2007年第12期。

[28] 陈雪莲：《从街居制到社区制：城市基层治理模式的转变——以北京鲁谷街道社区管理体制改革为个案》，载于《华东经济管理》2009年第9期。

[29] 陈友华、祝西冰：《家庭发展视角下的中国婚姻法之实然与应然》，载于《探索与争鸣》2012年第6期。

[30] 陈宇、谭康林：《枢纽型社会组织功能的再思考——基于社会资本理论的视角》，载于《汕头大学学报》（人文社会科学版）2015年第1期。

[31] 陈月刚：《区直管社区：城市社区管理体制创新与限度——以铜陵市铜

官山区的社区综合管理体制改革为例》，华中师范大学硕士学位论文，2012 年。

[32] 陈振民：《政策科学》，中国人民大学出版社 1998 年版。

[33] 陈振明等：《西方政府社会管理的理论与实践评析〈"政府社会管理"课题的研究报告〉之二》，载于《东南学术》2005 年第 4 期。

[34] 陈振明等：《政府社会管理职能的概念辨析——〈"政府社会管理"课题的研究报告〉之一》，载于《东南学术》2005 年第 4 期。

[35] 崔德成：《社会政策的分析架构》，引自颜文雄主编：《香港社会政策的回响》，香港集贤社 1987 年版。

[36] 崔凤、杜瑶：《城市最低生活保障"身份化"探析》，载于《江海学刊》2010 年第 6 期。

[37] 崔玉开：《"枢纽型"社会组织：背景、概念与意义》，载于《甘肃理论学刊》2010 年第 5 期。

[38] 崔月琴：《后单位时代社会管理组织基础的重构——以中间社会的建构为视角》，载于《学习与探索》2010 年第 4 期。

[39] 戴敏：《浅论社会组织发展的途径》，载于《党政干部论坛》2007 年第 4 期。

[40] 邓斌：《基于公共政策价值分析视野下的中国廉租房政策分析》，载于《湖北广播电视大学学报》2013 年第 5 期。

[41] 邓国胜：《非营利组织评估》，社会科学文献出版社 2001 年版。

[42] 邓伟志：《构建和谐社会　发挥社会组织作用》，载于《工会理论研究》(上海工会管理干部学院学报) 2005 年第 2 期。

[43] 邓伟志：《"社会管理创新"的创新》，载于《党政论坛》2011 年第 11 期。

[44] 邓志强：《社会转型对共青团参与社会管理的挑战及其应对》，载于《中国青年研究》2012 年第 1 期。

[45] 蒂特马斯：《社会政策十讲》，江绍康译，商务印书馆（香港）有限公司 1991 年版。

[46] 丁丁：《城市社区的管理体制改革——以街道办事处存废为分析视角》，载于《中共浙江省委党校学报》2013 年第 1 期。

[47] 丁福兴、周琴：《师范生免费教育的价值取向与论争——发展型社会政策的视角》，载于《当代教育科学》2011 年第 7 期。

[48] 丁惠萍：《转型期我国社会管理体制变迁的组织社会学考察》，载于《学习与探索》2011 年第 3 期。

[49] 丁凯：《枢纽型社会组织与社会建设》，载于《浙江经济》2012年第7期。

[50] 丁元竹：《当前社会体制改革的意义与重点》，载于《行政管理改革》2011年第1期。

[51] 丁元竹、江汛清：《社会体制改革目标设计及配套政策研究》，载于《新疆师范大学学报》2017年第1期。

[52] 丁元竹：《进一步创新社会管理的几点思考》，载于《中共中央党校学报》2012年第1期。

[53] 丁元竹：《习近平新时代中国特色社会主义社会治理思想研究》，载于《国家行政学院院报》2018年第3期。

[54] 丁元竹：《中国社会体制改革的目标模式和基本路径》，载于《学习时报》2012年2月19日第4版。

[55] 丁志刚、王杰：《中国行政体制改革四十年：历程、成就、经验与思考》，载于《上海行政学院学报》2019年第1期。

[56] 董娟：《关于撤销街道办事处的行政学思考》，载于《长春市委党校学报》2010年第2期。

[57] 窦玉沛：《从社会管理到社会治理：理论和实践的重大创新》，载于《行政管理改革》2014年第4期。

[58] 杜军、鄢波：《应急网络成员组织间的协作关系、协作过程及其治理》，载于《科技管理研究》2013年第23期。

[59] 杜军：《应急网络组织的概念、属性及其状态切换机理》，载于《科技管理研究》2013年第19期。

[60] 杜晓燕、李景平、尚虎平：《我国城市社区管理中的权力协调问题》，载于《城市发展研究》2006年第2期。

[61] 樊蕾：《当代中国公共政策价值取向研究：演进轨迹与发展逻辑》，载于《山西大学学报》2010年第7期。

[62] 泛美卫生组织/世界卫生组织：《在灾害中保护新的医疗设施：推动减灾指南》，2003年。

[63] 范明林、程金：《核心组织的架空——强政府下社团运作分析对H市Y社团的个案研究》，载于《社会》2007年第5期。

[64] 范明林：《从社会政策的过程观谈社会政策的价值取向》，载于《社会》2002年第2期。

[65] 范明林：《从自主性互动关系的建立和发展论中国城市社区建设》，引自古学斌：《本土中国社会工作的研究、实践与反思》，社会科学文献出版社

2004 年版。

［66］范明林：《非政府组织与政府的互动关系》，载于《社会学研究》2010 年第 3 期。

［67］范明林、茅燕菲、曾鸣：《枢纽型社会组织与社区分层、分类治理研究——以上海市枢纽型社会组织为例》，载于《社会建设》2015 年第 3 期。

［68］方勇：《柔性控制：政府主导型社区基金会的项目制运行逻辑》，载于《社会主义研究》2018 年第 2 期。

［69］冯元、彭华民：《中国社会工作政策发展的背景、动力与价值》，载于《中州学刊》2016 年第 1 期。

［70］冯志明：《共青团“枢纽型”社会组织建设浅探》，载于《北京城市学院学报》2011 年第 5 期。

［71］付巧峰：《关于 TOPSIS 法的研究》，载于《西安科技大学学报》2008 年第 1 期。

［72］高美红：《新时期中国老年人社会福利政策制定的依据研究》，载于《新疆社科论坛》2008 年第 2 期。

［73］葛延风：《我国社会管理体制改革与创新》，载于《中国机构改革与管理》2011 年第 4 期。

［74］龚维斌：《社会体制的溯源及其内涵》，载于《中国行政管理》2013 年第 10 期。

［75］龚维斌：《我国社会管理体制面临的新挑战》，载于《社会》2010 年第 2 期。

［76］龚维斌、张林江、马福云：《2016 年社会体制改革进展及未来展望》，载于《中共中央党校学报》2016 年第 2 期。

［77］顾昕、王旭：《从国家主义到法团主义——中国市场转型过程中国家与专业团体关系演变》，载于《社会学研究》2005 年第 2 期。

［78］顾小云：《我国网络舆情应对机制的完善》，载于《中共山西省委党校学报》2013 年第 1 期。

［79］顾昕：《公民社会发展的法团主义之道》，载于《浙江学刊》2004 年第 6 期。

［80］关信平：《当前我国社会政策的目标及总体福利水平分析》，载于《中国社会科学》2017 年第 6 期。

［81］关信平：《论当前我国社会政策托底的主要任务和实践方略》，载于《国家行政学院学报》2016 年第 3 期。

［82］官有垣：《第三部门的研究：经济学观点与部门互动理论的检视》，载

于《台湾社会福利学刊》2002年第3期。

[83] 官有垣：《非营利组织与社会福利：台湾本土的个案分析》，台北亚太出版有限公司2000年版。

[84] 桂勇：《邻里政治：城市基层的权力操作策略与国家——社会的粘连模式》，载于《社会》2007年第6期。

[85] 郭道久、董碧莹：《法团主义视角下"枢纽型"社会组织解析》，载于《天津行政学院学报》2014年第1期。

[86] 郭丽恒、李明舜：《对婚姻家庭中人身关系规定的几点思考——评析婚姻法司法解释（三）中的相关规定》，载于《中华女子学院学报》2011年第4期。

[87] 郭伟和：《〈城市生活无着的流浪乞讨人员救助管理办法〉解读》，载于《中国民政》2003年第10期。

[88] 郭小聪、文明超：《合作中的竞争：非营利组织与政府的新型关系》，载于《公共管理学报》2004年第1期。

[89] 郭晓敏：《城市基层社会管理体制改革问题探讨——基于铜陵市撤销街道办事处的实例分析》，载于《中共合肥市委党校学报》2012年第3期。

[90] 郭雪松、朱正威：《跨域危机整体性治理中的组织协调问题研究》，载于《公共管理学报》2011年第4期。

[91] 哈罗德·J·伯尔曼：《法律与革命》，贺卫方译，中国大百科全书出版社1993年版。

[92] 韩函岑：《群体性突发事件应急管理系统研究——基于系统论视角》，中央民族大学硕士学位论文，2013年。

[93] 何海兵：《"国家—社会"范式框架下的中国城市社区研究》，载于《上海行政学院》2006年第4期。

[94] 何海兵：《我国城市基层社会管理体制的变迁：从单位制、街居制到社区制》，载于《管理世界》2003年第6期。

[95] 何海兵：《中国的城市"街道"管理体制改革与社区发展》，载于《当代中国研究》2006年第1期。

[96] 何立军、李全伦、孔春芳：《美国社区基金会的关键特征及经验借鉴》，载于《重庆社会科学》2018年第1期。

[97] 何灵、郭士征：《廉租住房保障退出机制：现状、问题与对策——以上海市为例》，载于《华东经济管理》2010年第2期。

[98] 何威：《治理共同体建构：城市社区协商治理研究》，华东师范大学博士学位论文，2018年。

[99] 何艳玲：《都市街区中的国家与社会：乐街调查》，社会科学文献出版社 2007 年版。

[100] 何艳玲：《“社区”在哪里：城市社区建设走向的规范分析》，载于《华中师范大学学报》（人文社会科学版）2007 年第 5 期。

[101] 何增科：《我国社会管理体制的现状分析》，载于《甘肃行政学院学报》2009 年第 4 期。

[102] 贺立平：《让渡空间和拓展空间——政府职能转变中的半官方社团研究》，中国社会科学出版社 2007 年版。

[103] 贺庆鸿：《利益博弈视角下公共政策执行偏差问题研究》，西北大学硕士学位论文，2008 年。

[104] 洪大用：《试论中国城市低保制度实践的延伸效果及其演进方向》，载于《社会》2005 年第 3 期。

[105] 侯玉兰：《城市社区发展国际比较研究》，北京出版社 2000 年版。

[106] 胡朝阳：《论网络舆情治理中维权与维稳的法治统一》，载于《学海》2012 年第 3 期。

[107] 胡雪、齐鸣：《我国社团组织的现状及发展对策浅探》，载于《长春市委党校学报》2007 年第 6 期。

[108] 胡玉鸿：《以自由看待社会管理创新》，载于《法学》2011 年第 10 期。

[109] 华盛顿 DC，联合国世界减灾运动官网，http://www.unisdr.org/2009/campaign/pdf/wdrc-2008-2009-information-kit-chinse.pdf。

[110] 华伟：《单位制向社区制的回归——中国城市基层管理体制 50 年变迁》，载于《战略与管理》2000 年第 1 期。

[111] 黄崇锦：《行政伦理视角下现行公共政策执行偏差问题研究》，江西财经大学硕士学位论文，2014 年。

[112] 黄冬梅、陈星林：《公共政策执行偏差研究综述》，载于《法制与社会》2012 年第 2 期。

[113] 黄石生：《社会体制改革，路在何方》，载于《南方》2004 年第 5 期。

[114] 黄文平：《社会体制改革构想》，人民出版社 2017 年版。

[115] 黄晓春：《上海社会治理创新中街道体制改革研究》，载于《科学发展》2014 年第 12 期。

[116] 霍华德·威亚尔达著，娄亚译：《比较政治学导论：概念与过程》，北京大学出版社 2005 年版。

[117] 姬浩、苏兵、吕美：《基于 FP-growth 算法的高校群体性突发事件关联规则分析》，载于《中国安全科学学报》2012 年第 12 期。

[118] 季建林、戚小倩：《十“重”十“轻”：当前我国社会管理创新建设中的误区分析》，载于《中州学刊》2011年第11期。

[119] 冀慧珍：《可持续生计理念下的社会救助政策改革》，载于《中国行政管理》2012年第1期。

[120] 贾西津：《民间组织与政府的关系》，引自《中国民间组织30年——走向公民社会》，中国社会科学出版社2008年版。

[121] 江颖俊、刘茂：《基于PDCA持续改善架构的企业业务持续管理研究》，载于《中国安全科学学报》2007年第5期。

[122] 姜尔林：《发展导向型公共政策的价值困境与实践反思——基于对“发展主义”的分析》，载于《行政论坛》2012年第3期。

[123] 姜国洲：《城市政府社会管理和公共服务体制改革思路研究》，载于《中国行政管理》2008年第10期。

[124] 金家厚：《转型期的社会管理：我国非政府组织的发展定位与模式建构》，载于《云南社会科学》2003年第5期。

[125] 金桥：《基层权力运作的逻辑——上海社区实地研究》，载于《社会》2010年第3期。

[126] 景天魁：《创新福利模式、优化社会管理》，载于《社会学研究》2012年第4期。

[127] 景跃进：《比较视野中的多元主义、精英主义和法团主义——一种在分歧中寻找逻辑结构的尝试》，载于《江苏行政学院学报》2003年第4期。

[128] 敬乂嘉：《合作治理——再造公共服务的逻辑》，天津人民出版社2009年版。

[129] 靖鲲鹏、宋之杰：《风险管理的新方法——业务持续管理》，载于《燕山大学学报》2013年第3期。

[130] 康靖：《地方政府政策执行的自利性研究——以宣恩县特色民居建设为例》，华中科技大学硕士学位论文，2012年。

[131] 康晓光：《转型时期的中国社团》，载于《中国青年科技》1999年第10期。

[132] 肯·布莱克默著，王宏亮等译：《社会政策导论》，中国人民大学出版社2009年版。

[133] 孔凡瑜、周柏春：《公共政策价值的甄别与选择：民生、公正、效率》，载于《前沿》2011年第9期。

[134] 孔凡瑜、周柏春、娄淑华：《公共政策价值伦理的偏离与调适》，载于《广西社会科学》2015年第5期。

［135］孔繁斌：《政府社会管理改革：一个理解框架及其解释》，载于《甘肃社会科学》2012 年第 4 期。

［136］孔伟艳：《如何创新中国社会管理方式——基于社会管理方式的研究评述》，载于《学术界》2012 年第 4 期。

［137］兰建平、苗文斌：《嵌入性理论研究综述》，载于《技术经济》2009 年第 1 期。

［138］郎友兴、汪锦军、徐东涛：《社会管理体制创新研究论纲》，载于《浙江社会科学》2011 年第 4 期。

［139］黎民、陈峙臻：《保障房供给中的“负保障”现象及其消除》，载于《武汉大学学报》（哲学社会科学版）2012 年第 1 期。

［140］李程伟：《社会管理体制创新：公共管理学视角的解读》，载于《中国行政管理》2005 年第 5 期。

［141］李发戈：《现代政府公共政策的价值取向》，载于《成都行政学院学报》2010 年第 1 期。

［142］李怀：《国家与社会关系视野下的地方社会权力结构研究》，载于《甘肃社会科学》2007 年第 4 期。

［143］李建华、周谨平：《创新社会管理的政治哲学基础》，载于《马克思主义与现实》2012 年第 3 期。

［144］李晶：《城市化进程中公共住房政策演变研究》，沈阳师范大学硕士学位论文，2013 年。

［145］李军鹏：《政府社会管理的国际经验研究》，载于《中国行政管理》2004 年第 12 期。

［146］李利平：《社会体制改革与社会治理创新的观点综述》，载于《中国机构改革与管理》2015 年第 5 期。

［147］李路路：《社会结构阶层化和利益关系市场化——中国社会管理面临的新挑战》，载于《社会学研究》2012 年第 2 期。

［148］李璐：《分类负责模式：社会组织管理体制的创新探索——以北京市“枢纽型”社会组织管理为例》，载于《北京社会科学》2012 年第 3 期。

［149］李宁宁、苗国：《社会支持理论视野下的社会管理创新——从刚性管理到柔性支持范式的转变》，载于《江海学刊》2011 年第 6 期。

［150］李培林：《加快社会体制改革和创新》，载于《人民日报》2007 年 1 月 15 日。

［151］李培林：《厘清社会体制改革的核心议题》，载于《北京日报》2014 年 9 月 15 日。

[152] 李培林：《全面深化改革推动社会建设迈上新台阶》，载于《人民日报》2019年1月8日第7版。

[153] 李培林：《社会体制改革多亮点——党的十八大以来全面深化改革新实践》，载于《求是》2016年第3期。

[154] 李培林、苏国勋等：《和谐社会构建与西方社会学社会建设理论》，载于《社会》2005年第6期。

[155] 李培林：《转型背景下的社会体制变革》，载于《求是》2013年第15期。

[156] 李钦涌：《社会政策分析》，台湾巨流图书公司1994年版。

[157] 李庆浩、苏建宁：《论公共政策评估标准的价值取向——从“以人为本”的角度出发》，载于《企业导报》2011年第11期。

[158] 李冉：《打造共建共治共享社会治理格局》，载于《光明日报》2017年10月23日。

[159] 李荣娟、朱光喜：《将街道办事处建成一级政府的依据和构想》，载于《江汉大学学报》2004年第3期。

[160] 李玮：《基于的突发公共卫生事件危机管理研究》，南京中医药大学硕士学位论文，2011年。

[161] 李晓红：《市场化导向下社会政策公平性的缺失与回归——中国医疗改革政策的价值分析》，载于《理论观察》2011年第3期。

[162] 李晓燕：《超越资源依赖：社区基金会何以能发展》，载于《华东理工大学学报》（社会科学版）2018年第1期。

[163] 李旭旦：《当代中国公共政策执行绩效评估研究》，上海师范大学硕士学位论文，2011年。

[164] 李迎生、吕朝华：《“救助管理”取代“收容遣送”之后——城市流浪乞讨人员救助管理制度运行的实证分析》，载于《公共管理高层论坛》2006年第10期。

[165] 李迎生、吕朝华：《社会主要矛盾转变与社会政策创新发展》，载于《国家行政学院学报》2018年第1期。

[166] 李友梅：《当代中国社会治理转型的经验逻辑》，载于《中国社会科学》2018年第11期。

[167] 李友梅：《关于社会体制基本问题的若干思考》，载于《学习与探索》2008年第8期。

[168] 李友梅：《基层社区组织的实际生活方式——对上海康健社区实地调查的初步认识》，载于《社会学研究》2002年第4期。

[169] 李友梅：《深刻认识当前中国社会体制改革的战略意义》，载于《探索图争鸣》2013 年第 3 期。

[170] 李友梅：《深刻认识当前中国社会体制改革的战略意义》，载于《探索与争鸣》2013 年第 2 期。

[171] 李友梅：《中国社会管理新格局下遭遇的问题——一种基于中国机制分析的视角》，载于《学术月刊》2012 年第 7 期。

[172] 李媛媛、王泽：《"一社一居" 抑或 "一社多居"：撤销街道办改革的模式选择——基于安徽铜陵和贵州贵阳街居制改革试点的比较》，载于《政治发展研究》2010 年第 5 期。

[173] 李正东：《关于我国社区几个发展趋向的思考》，载于《浙江社会科学》2001 年第 6 期。

[174] 李志宏、何济乐、吴鹏飞：《突发性公共危机信息传播模式的时段性特征及管理对策》，载于《图书情报工作》2007 年第 10 期。

[175] 廖鸿、田维亚、石国亮：《社会组织参与社会管理创新的调查研究——基于全国三省一市调查的分析与展望》，载于《中国青年研究》2012 年第 2 期。

[176] 廖江华：《以人为本应成为中国公共政策的核心价值取向》，载于《延边教育学院学报》2010 年第 4 期。

[177] 廖江华：《中国社会政策人本价值思想探源》，载于《赤峰学院学报》2010 年第 9 期。

[178] 廖圣清、李晓静、张国良：《解析中国媒介新闻可信度》，载于《新闻大学》2007 年第 3 期。

[179] 林卡、侯百谦：《基于价值理念对社会政策项目的讨论和评估——由退休人员医保缴费的论争说起》，载于《浙江大学学报》（人文社会科学版）2016 年第 6 期。

[180] 林卡：《社会政策、社会质量和中国大陆社会发展导向》，载于《社会科学》2013 年第 12 期。

[181] 林淼锋：《我国社会管理创新的重点及对策研究》，中国社会科学院硕士学位论文，2011 年。

[182] 林闽钢：《中国社会救助体系的整合》，载于《学海》2010 年第 4 期。

[183] 林南：《地方性市场社会主义：中国农村地方法团主义之实际运行》，载于 *Theory and Society* 1995 年第 24 期。

[184] 刘安：《当代中国城市基层的国家与社会关系研究及其学理反思——基于政治社会学视角的分析》，载于《社会学评论》2015 年第 5 期。

[185] 刘安：《网格化管理：城市基层社会治理体制的运行逻辑与实践特征——基于N市Q区的个案研究》，载于《江海学刊》2015年第2期。

[186] 刘丹、王红卫、祁超：《非常规突发事件应急指挥组织结构研究》，载于《中国安全科学学报》2011年第7期。

[187] 刘福敏：《科学发展观指导下中国公共政策价值取向的有效整合和贯彻》，载于《毛泽东思想研究》2011年第4期。

[188] 刘国军：《网络舆情发展视阈下的社会管理理念和方法创新》，载于《战略研究》2012年第3期。

[189] 刘晔：《公共参与、社区自治与协商民主——对一个城市社区公共交往行为的分析》，载于《复旦大学学报》（社会科学版）2003年第5期。

[190] 刘继同：《由静态管理到动态管理：中国社会管理模式的战略转变》，载于《管理世界》2001年第10期。

[191] 刘亮、陈以增、韩传峰：《国家应急管理工作组合作网络的社会网络分析》，载于《中国安全科学学报》2015年第3期。

[192] 刘林：《中国城市老年人长期护理政策若干问题研究》，华东师范大学硕士学位论文，2012年。

[193] 刘少杰：《改革创新社会管理体制，化解风险型社会矛盾》，载于《科学社会主义》2010年第3期。

[194] 刘庭芳：《"围评价期"医院评价理论与实证研究》，载于《中国医院》2011年第5期。

[195] 刘旺洪：《社会管理创新与社会治理的法制化》，载于《法学》2011年第10期。

[196] 刘为民：《法团主义与中国政治转型新视角》，载于《理论与改革》2005年第4期。

[197] 刘维芳：《试论〈中华人民共和国婚姻法〉的历史演进》，载于《当代中国史研究》2014年第1期。

[198] 刘喜堂：《建国60年来我国社会救助发展历程与制度变迁》，载于《华中师范大学学报》（人文社会科学版）2010年第7期。

[199] 刘旭东：《我国社会救助制度的历史演进及其社会意义》，载于《社会主义研究》2007年第5期。

[200] 刘一纯、村夫：《论社会组织的社会管理主体地位及其法治保障》，载于《社团管理研究》2012年第11期。

[201] 刘怡君、蒋文静：《社会转型期我国新兴舆情风险及对策研究》，载于《智库理论与实践》2017年第6期。

[202] 刘祖云：《非政府组织：兴起背景与功能解读》，载于《湖南社会科学》2008年第1期。

[203] 龙宁丽：《借鉴与参考：国外社会组织管理体制的做法和经验》，载于《社团管理研究》2011年第12期。

[204] 娄胜华：《转型时期澳门社团研究——多元社会中法团主义体制解析》，广东人民出版社2004年版。

[205] 卢建、杨沛龙、马兴永：《北京市构建社会组织“枢纽型”工作体系的实践与策略》，载于《社团管理研究》2011年第9期。

[206] 卢珂：《街道办事处的定位与变革趋向》，载于《云南行政学院学报》2012年第1期。

[207] 吕萍、王以华：《组织免疫行为和机制研究》，载于《管理学报》2009年第5期。

[208] 吕孝礼、朱宪、徐浩：《公共管理视角下的中国危机管理研究（2012—2016）进展与反思》，载于《公共行政评论》2019年第1期。

[209] 吕志奎：《中国社会管理创新的战略思考》，载于《政治学研究》2011年第6期。

[210] 罗昊：《网络问政：网络舆情管理的主动模式》，载于《情报杂志》2013年第8期。

[211] 罗建文、李静：《民生时代中国社会政策的价值选择》，载于《中国行政管理》2011年第6期。

[212] 马宝成：《实现县域善治需要发挥多元治理主体的作用》，载于《探索与争鸣》2009年第11期。

[213] 马家柱：《论以人为本的社会政策核心价值取向》，安徽大学硕士学位论文，2011年。

[214] 马立：《论政府与民间组织在社区治理中的和谐运作》，载于《理论文萃》2006年第5期。

[215] 马庆钰：《共建共治共享社会治理格局的意涵解读》，载于《行政管理改革》2018年第2期。

[216] 马秋莎：《比较视角下中国合作主义的发展：以经济社团为例》，载于《清华大学学报》（哲学社会科学版）2007年第2期。

[217] 马全中：《社会管理创新的概念分析》，载于《社会主义研究》2012年第5期。

[218] 马斯洛：《动机与人格》，华夏出版社1987年版。

[219] 毛佩瑾、马庆钰：《我国社会组织参与协商民主的要素研究》，载于

《国家行政学院学报》2019年第2期。

［220］毛寿龙、李锐：《社会治理与社会政策的秩序维度》，载于《中国行政管理》2017年第4期。

［221］孟荣芳：《国家与社会关系视角下的我国城市基层管理体制变迁分析》，载于《兰州学刊》2013年第6期。

［222］苗振国、王家斌：《论中国公共政策价值取向的三维建构》，载于《四川行政学院学报》2007年第5期。

［223］缪燕子：《新中国成立以来社会救助政策变迁研究》，载于《中国行政管理》2017年第11期。

［224］P. C. 施密特、J. R. 哥诺特：《法团主义的命运：过去·现在和将来》，转引自张静：《法团主义》，中国社会科学出版社1998年版。

［225］庞凌：《权利、自由与社会管理创新的切入点》，载于《法学》2011年第10期。

［226］彭善民：《枢纽型社会组织建设与社会自主管理创新》，载于《江苏行政学院学报》2012年第1期。

［227］彭潇：《街道办事处改革与社区建设的路径选择》，载于《人民论坛》2010年第4期。

［228］浦兴祖：《特大城市城区管理体制的改革走向——兼谈“两级政府、三级管理”之提法》，载于《政治学研究》1998年第3期。

［229］戚建刚：《〈突发事件应对法〉对我国行政应急管理体制之创新》，载于《中国行政管理》2007年第12期。

［230］戚建刚：《我国应急行政主体制度之反思与重构》，载于《法商研究》2007年第3期。

［231］秦德君：《从社会体制上推进社会建设》，载于《探索与争鸣》2011年第2期。

［232］秦德君：《社会体制与社会管理：一种社会学规范分析》，载于《中国浦东干部学院学报》2010年第3期。

［233］饶常林、常健：《我国城市街道办事处管理体制变迁与制度完善》，载于《中国行政管理》2011年第2期。

［234］任慧颖：《对中国非营利组织与政府关系的研究探讨——以中国青基会为个案》，载于《山东社会科学》2005年第10期。

［235］任慧颖：《和谐社会建设视角下的社会组织研究》，载于《理论学刊》2007年第9期。

［236］戎晨珊：《新媒体时代舆情危机治理的机遇与挑战——以红黄蓝事件

为例》，首届意识形态与舆论研究高峰论坛，2018 年。

［237］桑玉成：《官民协同治理视角下当代中国社会管理的创新与发展》，载于《山东大学学报》（哲学社会科学版）2011 年第 5 期。

［238］邵芬、谢晓如：《中国社会救助制度的发展和完善》，载于《云南社会科学》2004 年第 1 期。

［239］沈荣华、鹿斌：《制度建构：枢纽型社会组织的行动逻辑》，载于《中国行政管理》2014 年第 10 期。

［240］盛广耀：《城市治理研究评述》，载于《城市问题》2012 年第 10 期。

［241］石发勇：《城市社区民主建设与制度性约束：上海市居委会改革个案研究》，载于《社会》2005 年第 2 期。

［242］石晓天：《我国枢纽型社会组织的功能特征、建设现状及发展趋势——文献综述的视角》，载于《理论导刊》2015 年第 5 期。

［243］世界卫生组织：《2015 年尼泊尔地震》，http：//www.who.int/emergencies/Nepal/en/。

［244］世界卫生组织：《安全医院突发事件应对》，http：//www.wpro.who.int/emergencies_disasters/documents/SafeHospitalsinEmergenciesandDisastersweboptimized.pdf。

［245］宋国庆、董国强：《试论一九五三年前后中国社会救助政策的调整》，载于《中共党史研究》2014 年第 9 期。

［246］宋佳蔓：《我国政府危机管理中的政治动员机制研究》，东北师范大学硕士学位论文，2009 年。

［247］宋晓梧：《构建共享型社会：中国社会体制改革 40 年》，人民出版社 2017 年版。

［248］苏陈朋、韩传峰：《非常规突发事件跨组织合作网络结构演化机理研究——以 2008 年桂林冰雪灾害为例》，载于《软科学》2014 年第 8 期。

［249］苏晨鑫：《社会组织去行政化对策探讨》，载于《知识经济》2012 年第 13 期。

［250］孙莉：《社会管理创新的过程正当化》，载于《法学》2011 年第 10 期。

［251］孙立平：《走向积极的社会管理》，载于《社会学研究》2011 年第 4 期。

［252］孙荣、许结：《政府经济学》，复旦大学出版社 2001 年版。

［253］孙晓莉：《西方国家政府社会治理的理念及其启示》，载于《社会科学研究》2005 年第 2 期。

［254］孙学玉、凌宁：《城市基层行政管理体制的重理与重塑——对南京市

白下区街道办事处改革的分析》，载于《中共南京市委党校南京市行政学院学报》2003 年第 4 期。

[255] 孙燕：《在建设和谐社会的进程中进一步改善社会组织的作用》，载于《学会》2010 年第 1 期。

[256] 孙志祥：《枢纽型社会组织的双重属性及其治理》，载于《中国社会组织》2013 年第 8 期。

[257] 唐文玉：《当前中国社会管理创新向何处去？——基于国家与社会关系的分析视角》，载于《思想战线》2012 年第 1 期。

[258] 唐晓波、王洪艳：《基于潜在语义分析的微博主题挖掘模型研究》，载于《图书情报工作》2012 年第 24 期。

[259] 田恒：《论城市基层治理分权化改革——基于撤销街道办事处的分析》，载于《中州学刊》2013 年第 9 期。

[260] 田凯：《组织外形化：非协调约束下的组织运作——一个研究中国慈善组织与政府关系的理论框架》，载于《社会学研究》2004 年第 4 期。

[261] 万经纬：《经济发达城市廉租房政策适用对象研究》，汕头大学硕士学位论文，2008 年。

[262] 王飙：《我国社区管理模式的比较与思考》，上海交通大学硕士学位论文，2007 年。

[263] 王川兰：《重新理解社会管理——基于社会政策与社会组织的视角》，载于《探索与争鸣》2011 年第 2 期。

[264] 王春霞：《中国社会管理体制的建构与完善途径研究》，河南大学硕士学位论文，2005 年。

[265] 王道勇：《构建具有中国特色的现代社会体制》，载于《高校马克思主义理论研究》2016 年第 1 期。

[266] 王德迅：《业务持续管理的国际比较研究》，载于《世界经济与政治》2008 年第 6 期。

[267] 王国华、毕帅辉：《国外社会管理的成功经验和启示》，载于《学习月刊》2011 年第 6 期。

[268] 王海娟：《1949～1978 年我国孤残儿童社会政策的价值研究》，河南师范大学硕士学位论文，2015 年。

[269] 王劲颖：《关于枢纽组织的探讨》，载于《长沙民政职业技术学院学报》2008 年第 3 期。

[270] 王娟：《网络舆情的分级响应与处置》，载于《理论导刊》2013 年第 1 期。

[271] 王蕾：《以公平为基点反思中国住房保障政策》，载于《华东政法大学学报》2011 年第 6 期。

[272] 王立鹏、赵丽丽：《中国社会转型时期公共政策价值理念转变创新》，载于《边疆经济与文化》2015 年第 4 期。

[273] 王琳、韦春艳：《论政府对网络舆情的有效监督》，载于《广州大学学报》(社会科学版) 2013 年第 3 期。

[274] 王鲁沛、马恩兵：《撤消街道办事处强化社区自治职能——南京市白下区街道管理体制改革的调查》，载于《唯实》2003 年第 2 期。

[275] 王名：《非营利组织管理概论》，中国人民大学出版社 2002 年版。

[276] 王名、乐园：《中国民间组织参与公共服务购买的模式分析》，载于《中共浙江省委党校学报》2008 年第 4 期。

[277] 王名、刘国翰、何建宇：《中国社团改革：从政府选择到社会选择》，社会科学文献出版社 2001 年版。

[278] 王名：《中国 NGO 研究 2001——以个案为中心》，联合国区域发展中心，2001 年。

[279] 王庆华：《利益博弈时代公共政策的价值取向》，载于《吉林大学社会科学学报》2010 年第 2 期。

[280] 王绍光、何建宇：《中国的社团革命——中国人的结社版图》，载于《浙江学刊》2004 年第 6 期。

[281] 王世平、毕茂东：《创新城市基层社会管理的成功尝试——铜陵市铜官山区实行社区综合体制改革的调整报告》，载于《中国民政》2011 年第 6 期。

[282] 王淑玲：《积极参与社会管理创新，做好新形势下党的妇女群众工作》，载于《中国妇运》2012 年第 1 期。

[283] 王树翠：《贵阳市街道办社区治理改革探索》，载于《新西部》(理论版) 2015 年第 5 期。

[284] 王顺达：《从价值观的作用和发展趋势看经济社会政策的价值引导》，载于《重庆工商大学学报》(社会科学版) 2011 年第 4 期。

[285] 王思斌：《论民本主义的社区发展观》，"社区建设与发展" 全国理论研讨会论文，2000 年。

[286] 王思斌：《社会工作参与社会治理的特点及其贡献》，载于《社会治理》2015 年第 1 期。

[287] 王思斌：《社会体制改革创新的含义及切入点》，载于《中国机构改革与管理》2015 年第 5 期。

[288] 王思斌：《试论经济发展新常态下积极的社会政策托底》，载于《东

岳论丛》2015 年第 3 期。

［289］王思斌：《体制改革中的城市社区建设的理论分析》，载于《社会学》2001 年第 2 期。

［290］王思斌：《新常态下积极托底社会政策的建构》，载于《探索与争鸣》2015 年第 4 期。

［291］王松：《社会组织管理体制中党建工作的外部性研究》，载于《社团管理研究》2011 年第 6 期。

［292］王素侠、汪桥：《“区直管社区”模式存在的问题及改进途径》，载于《城市问题》2014 年第 6 期。

［293］王涛：《突发公共事件元事件模型及事件演化研究》，大连理工大学博士学位论文，2011 年。

［294］王巍：《社区治理结构变迁中的国家与社会》，中国社会科学出版社 2009 年版。

［295］王向民：《工人成熟与社会法团主义：中国工会的转型研究》，载于《经济社会体制比较》2008 年第 1 期。

［296］王星：《利益分化与居民参与——转型期中国城市基层管理的困境及其理论转向》，载于《社会学研究》2012 年第 2 期。

［297］王阳：《从“精细化管理”到“精准化治理”——以上海市社会治理改革方案为例》，载于《新视野》2016 年第 1 期。

［298］王阳：《社会政策融入家庭视角的国外经验与我国借鉴》，载于《上海城市管理》2015 年第 11 期。

［299］王颖、折晓叶、孙炳耀：《社会中间层——改革与中国社团组织》，中国发展出版社 1993 年版。

［300］王颖、折晓叶、孙炳耀：《社团发展与组织体系重构》，载于《管理世界》1992 年第 4 期。

［301］王永香、李景平：《中国城市社区管理体制改革的未来走向——以安徽“铜陵模式”为例》，载于《华东经济管理》2013 年第 3 期。

［302］王正平、李耀锋：《论社会公共政策的道德价值》，载于《上海师范大学学报》2012 年第 3 期。

［303］王芝华：《构建包容性社会政策价值取向的四个维度》，载于《求实》2016 年第 9 期。

［304］魏礼群：《社会体制改革与科学发展》，北京师范大学出版社 2012 年版。

［305］魏娜：《我国城市社区治理模式：发展演变与制度创新》，载于《中

国人民大学学报》2003 年第 1 期。

［306］文勇、刘新庚：《伦理视角下公共政策公正的核心价值》，载于《甘肃社会科学》2012 年第 2 期。

［307］乌里尔·罗森塔尔、迈克尔·查尔斯著，赵凤萍译：《应对危机灾难、暴乱和恐怖行为管理》，河南人民出版社 2014 年版。

［308］巫昌祯：《解读中国婚姻法六十年》，载于《中国法律发展评论》2011 年第 6 期。

［309］巫昌祯、夏吟兰：《改革开放三十年中国婚姻立法之嬗变》，载于《中华女子学院学报》2009 年第 2 期。

［310］吴贵洪、陈笑媛：《城市社区治理角色发展研究——以贵阳市城市基层管理体制改革试点社区服务中心为例》，载于《城市管理与科技》2014 年第 2 期。

［311］吴贵洪、胡海兰：《贵阳市街道办事处与社区服务中心的角色比较研究》，载于《管理观察》2014 年第 8 期。

［312］吴国斌、王超：《重大突发事件扩散的微观机理研究》，载于《软科学》2005 年第 6 期。

［313］吴海燕：《中国社会保障政策的人本主义价值取向》，吉林大学硕士学位论文，2006 年。

［314］吴建平：《理解法团主义——兼论其在中国国家与社会关系研究中的适用性》，载于《社会学研究》2012 年第 1 期。

［315］吴开松：《城市社区管理》，科学出版社 2006 年版。

［316］吴鹏森、章友德：《城市社区建设与管理》，上海人民出版社 2007 年版。

［317］吴绍忠、李淑华：《互联网络舆情预警机制研究》，载于《中国人民公安大学学报》（自然科学版）2008 年第 3 期。

［318］吴亦明：《现代社区工作——一个专业社会工作的领域》，上海人民出版社 2003 年版。

［319］吴忠民：《从平均到公正：中国社会政策的演进》，载于《社会学研究》2004 年第 1 期。

［320］武旭鹏、夏登友、李健行：《非常规突发事件情景描述方法研究》，载于《中国安全科学学报》2014 年第 4 期。

［321］习近平：《决胜全面建成小康社会夺取新时代中国特色社会主义伟大胜利》，中国政府网，http：//www.gov.cn/zhuanti/19thcpc/baogao.htm。

［322］习近平：《在会见世界卫生组织总干事陈冯富珍时的讲话》，载于

《人民日报》2013 年 8 月 21 日。

[323] 夏建中:《从街居制到社区制:我国城市社区 30 年的变迁》,载于《黑龙江社会科学》2008 年第 5 期。

[324] 夏江旗、包蕾萍:《上海群团组织枢纽性功能建设研究——以社会组织的枢纽式服务管理为中心》,载于《社团管理研究》2012 年第 5 期。

[325] 夏文斌:《公平、效率与当代社会发展》,北京大学出版社 2006 年版。

[326] 向必灯:《社区管理模式演变趋势与实证研究》,西南交通大学硕士学位论文,2005 年。

[327] 向德平、苏海:《"社会治理"的理论内涵和实践路径》,载于《新疆师范大学学报》(哲学社会科学版)2014 年第 9 期。

[328] 项继权、耿静:《我国城市街道体制改革的实践模式及未来走向》,载于《城市观察》2013 年第 6 期。

[329] 萧瀚:《疫苗事件系制度性人祸》,载于《新世纪》2010 年第 13 期。

[330] 肖立辉:《中国基层民主创新研究》,人民出版社 2009 年版。

[331] 肖文涛、范达超:《网络舆情事件的引导策略探究》,载于《中国行政管理》2011 年第 12 期。

[332] 谢宇、谢建社:《发展型社会政策视角下的支出型贫困问题研究》,载于《学习与探索》2017 年第 3 期。

[333] 邢伟:《明确社会体制改革的目标和主要任务》,载于《中国发展观察》2013 年第 10 期。

[334] 熊跃根:《社会政策:理论与分析方法》,中国人民大学出版社 2009 年版。

[335] 熊跃根:《作为社会治理的社会政策实施:技术理性与政治实践的结合》,载于《江海学刊》2015 年第 4 期。

[336] 徐博论:《民生视角下的教育公平研究》,吉林大学硕士学位论文,2014 年。

[337] 徐道稳:《建国以来中国社会政策的价值转变》,载于《中南林业科技大学学报》(社会科学版)2008 年第 2 期。

[338] 徐道稳:《论我国社会救助制度的价值转变和价值建设》,载于《社会科学辑刊》2001 年第 4 期。

[339] 徐道稳:《社会政策的四维视角》,载于《社会科学研究》2005 年第 3 期。

[340] 徐君:《社区自治:城市基层社会管理的发展走向》,载于《国家行政学院学报》2007 年第 4 期。

[341] 徐双敏、张景平：《枢纽型社会组织参与政府购买服务的逻辑与路径——以共青团组织为例》，载于《中国行政管理》2014年第9期。

[342] 徐小路：《中国公共政策制定过程中的价值取向分析》，南京师范大学硕士学位论文，2013年。

[343] 徐选国、徐永祥：《基层社会治理中的"三社联动"：内涵、机制及其实践逻辑——基于深圳市H社区的探索》，载于《社会科学》2016年第7期。

[344] 徐珣、王自亮：《从美国网络化社会合作治理经验看社会管理体制创新》，载于《浙江社会科学》2011年第6期。

[345] 徐永祥：《社会体制改革与和谐社会构建》，载于《学习与探索》2005年第6期。

[346] 徐永祥：《社区发展论》，华东理工大学出版社2000年版。

[347] 徐宇珊：《非对称依赖：基金会与政府关系的分析》，载于《公共管理学报》2008年第1期。

[348] 徐振国：《从威权论统合论到新国家论的转折和检讨》，载于《理论与政策》2000年第2期。

[349] 徐治立：《科学治理多元参与政策理念、原则及其模式》，载于《中国人民大学学报》2011年第6期。

[350] 许健：《完善我国社会管理体制研究》，载于《国家行政学院学报》2009年第6期。

[351] 许婷：《法团主义：政府与社会组织的关系模式选择》，载于《中共浙江省委党校学报》2006年第4期。

[352] 亚里士多德著，吴寿彭译：《政治学》，商务印书馆1965年版。

[353] 阎耀军：《加强社会管理的前馈控制研究》，载于《国家行政学院学报》2006年第4期。

[354] 颜学勇、周美多：《社会风险变迁背景下中国社会政策的调整：价值、内容与工具》，载于《广东社会科学》2018年第4期。

[355] 杨彬：《社会体制初论》，载于《学习与探索》1995年第4期。

[356] 杨春福：《善治视野下的社会管理创新》，载于《法学》2011年第10期。

[357] 杨芳：《当前公共政策多元价值取向的探讨》，载于《辽宁行政学院学报》2012年第11期。

[358] 杨芳：《公共政策价值谱系及其实现路径》，载于《中山大学学报》（社会科学版）2014年第2期。

[359] 杨宏山：《街道办事处改革：问题、路向及制度条件》，载于《南京

社会科学》2012 年第 4 期。

[360] 杨军：《社会管理创新视角下对网络舆论问题的思考》，载于《青海社会科学》2011 年第 4 期。

[361] 杨丽：《“枢纽型”社会组织研究——以北京市为例》，载于《学会》2012 年第 3 期。

[362] 杨团：《社会政策的理论与思索》，载于《社会学研究》2000 年第 4 期。

[363] 杨雪冬：《走向社会权利导向的社会管理体制》，载于《华中师范大学学报》2010 年第 1 期。

[364] 杨延冰：《社会公平：中国城市住房政策走向的伦理解读》，载于《开发研究》2012 年第 5 期。

[365] 杨宜勇：《社会体制改革：现代社会治理的基础》，载于《华中科技大学学报》（社会科学版）2015 年第 4 期。

[366] 杨瑛：《后非典时期建立应对突发公共卫生事件长效机制的思考》，载于《卫生经济研究》2003 年第 11 期。

[367] 姚华平：《我国社会管理体制改革 30 年》，载于《社会主义研究》2009 年第 1 期。

[368] 姚迈新：《“枢纽型”社会组织：目标偏离与防范》，载于《广东行政学院学报》2014 年第 1 期。

[369] 姚瑶、刘瑞林、李妙：《灾害脆弱性分析在医院应急管理中的应用研究》，载于《中国医院管理》2013 年第 11 期。

[370] 叶南客：《我国城市社区管理体制的转型》，载于《南京化工大学学报》（哲学社会科学版）2000 年第 2 期。

[371] 叶庆丰：《创新社会管理方式的基本思路》，载于《中共中央党校学报》2011 年第 3 期。

[372] 尹毅霞、林栩、区凌冰：《开展灾害脆弱性分析，加强医院应急管理》，载于《右江医学》2013 年第 1 期。

[373] 尹志刚、李泓：《关于构建“枢纽型”社会组织工作体系的调查与思考》，载于《北京行政学院学报》2009 年第 6 期。

[374] 于景辉：《全球化背景下的我国社会管理机制创新研究》，吉林大学博士学位论文，2011 年。

[375] 于兆波：《立法政策论》，北京大学出版社 2005 年版。

[376] 余曙光、邓浪：《中国政府政策科学化民主化的探讨》，载于《西南民族大学学报》2005 年第 8 期。

［377］余永龙、刘耀东：《游走在政府与社会组织之间——枢纽型社会组织发展研究》，载于《探索》2014 年第 2 期。

［378］俞江：《中国函宜确立新型的家制和家产制——婚姻法解释三评议》，载于《清华法治论衡》2011 年第 8 期。

［379］俞可平：《改革和完善社会管理体制的八大原因》，载于《北京社会科学报》2007 年第 6 期。

［380］郁建兴、关爽：《从社会管控到社会治理——当代中国国家与社会关系的新进展》，载于《探索与争鸣》2014 年第 12 期。

［381］袁方成、王明为：《城市基层治理的结构调适及其反思》，载于《城市观察》2014 年第 4 期。

［382］袁华音：《西方社会思想史》，南开大学出版社 1988 年版。

［383］原珂：《撤销街道办事处的理由与可行性》，载于《人民论坛》2012 年第 9 期。

［384］苑丰：《从"公关管控"走向舆情引导——政府应对网络事件的实证剖析与反思》，载于《理论与改革》2012 年第 3 期。

［385］岳金柱、宋珊：《加快推进社会组织管理改革和创新发展的若干思考》，载于《社团管理研究》2012 年第 5 期。

［386］曾本伟：《共建共享视域下中国城市基层治理现代化的内在逻辑与实践路径——基于珠三角核心城市典型案例的研究》，吉林大学博士学位论文，2017 年。

［387］曾红颖：《社会组织参与社会管理现状、问题与对策》，载于《中国经贸导刊》2012 年第 4 期。

［388］曾鹏、陈剩勇：《如何促进社会团结？——新加坡促进社会团结的社会管理经验及其启示》，载于《浙江社会科学》2011 年第 6 期。

［389］曾永和：《培育综合性社会组织，促进社会组织管理创新——上海市推进社会组织枢纽式管理的调查与思考》，载于《社团管理研究》2011 年第 8 期。

［390］詹姆斯·安德森著，唐亮译：《公共政策》，华夏出版社 1990 年版。

［391］张大明：《静安区"枢纽型"社会组织管理模式的运作及思考》，载于《社团管理研究》2012 年第 2 期。

［392］张国祥：《农村社会管理体制的探索与思考——以社区建设创新农村管理》，载于《社会主义研究》2008 年第 6 期。

［393］张海波：《从失地农民社会保障看中国社会保障政策设计的价值转向》，载于《公共管理高层论坛》2005 年第 1 期。

［394］张虎祥、梁波：《街居制的制度演化及其实践逻辑——基于上海经验

的研究》，广西师范大学出版社 2013 年版。

[395] 张静：《法团主义及其与多元主义的主要分歧》，中国社会科学出版社 1998 年版。

[396] 张静：《法团主义》，社会科学文献出版社 1998 年版。

[397] 张静：《法团主义》，中国社会科学出版社 2005 年版。

[398] 张静：《"合作主义"理论的中心问题》，载于《社会学研究》1996 年第 5 期。

[399] 张静：《利益组织化单位：企业职代会案例研究》，中国社会科学出版社 2001 年版。

[400] 张凯：《"夹心层"群体住房保障问题研究》，山西师范大学硕士学位论文，2012 年。

[401] 张凯兰：《培育社会资本：社会管理创新的非正式制度路径》，载于《河北学刊》2012 年第 5 期。

[402] 张乐：《公共政策与社会政策：一个系统论的比较》，载于《天津行政学院学报》2007 年第 2 期。

[403] 张李军：《社会管理创新视阈中的社会风险治理探析》，载于《云南行政学院学报》2012 年第 4 期。

[404] 张旅平、赵立玮：《自由与秩序：西方社会管理思想的演进》，载于《社会学研究》2012 年第 3 期。

[405] 张敏杰：《社会政策及其在中国社会经济发展过程中的取向》，载于《浙江社会科学》1999 年第 6 期。

[406] 张齐武、徐燕雯：《经济适用房还是公共租赁房？——对住房保障政策改革的反思》，载于《公共管理学报》2010 年第 10 期。

[407] 张强、武力：《中国的走向：社会体制改革》，人民出版社 2014 年版。

[408] 张珊、于留宝、胡长军：《基于表情图片与情感词的中文微博情感分析》，载于《计算机科学》2012 年第 S3 期。

[409] 张世青、王文娟：《公正、共享与需要：托底社会政策的价值定位》，载于《济南大学学报》（社会科学版）2018 年第 1 期。

[410] 张孝先：《一部深具学术价值和应用价值的力作——评王兰垣等著〈社会管理学纲要〉》，载于《理论与现代化》1995 年第 11 期。

[411] 张岩：《非常规突发事件态势演化和调控机制研究》，中国科学技术大学博士学位论文，2011 年。

[412] 张艳娥：《是"社会本位"还是"党政本位"——对当前创新社会管理诸多理论分歧的思考》，载于《探索与争鸣》2012 年第 2 期。

[413] 章荣君：《公共政策伦理价值的偏离与矫正》，载于《云南社会科学》2010年第4期。

[414] 赵春雷：《公共政策内部价值空间的建构、结构及风险》，载于《行政论坛》2015年第3期。

[415] 赵东霞：《中国城市社区管理模式研究》，大连理工大学硕士学位论文，2004年。

[416] 赵孟营：《社会正义重建：中国社会管理创新的历史转向》，载于《中国特色社会主义研究》2012年第6期。

[417] 赵守飞：《行政与自治：社区体制改革中的权力关系研究——以铜官山区社区综合体制改革为例》，华中师范大学博士学位论文，2013年。

[418] 赵晓力：《中国家庭资本主义化的号角》，载于《文化纵横》2011年第2期。

[419] 赵银翠：《〈城市生活无着的流浪乞讨人员救助管理办法〉的制度解读》，载于《河南省政法管理干部学院学报》2007年第6期。

[420] 赵映诚：《公共政策价值取向研究》，中国出版社集团现代教育出版社2008年版。

[421] 赵圆圆：《社会组织参与社会管理和服务探讨》，载于《陕西行政学院学报》2012年第1期。

[422] 赵中源：《"弱势"心理蔓延：社会管理创新需要面对的新课题》，载于《马克思主义与现实》2011年第5期。

[423] 郑斐然、苗夺谦、张志飞、高灿：《一种中文微博新闻话题检测的方法》，载于《计算机科学》2012年第1期。

[424] 郑杭生、黄家亮：《论我国社区治理的双重困境与创新之维》，载于《东岳论丛》2012年第1期。

[425] 郑杭生：《走向更讲治理的社会：社会建设与社会管理》，中国人民大学出版社2006年版。

[426]《中共中央关于构建社会主义和谐社会若干重大问题的决定》，载于《人民日报》2006年。

[427] 中共中央文献研究室：《习近平关于全面建成小康社会论述摘编》，中央文献出版社2016年版。

[428] 中国行政管理学会课题组：《加快我国社会管理和公共服务改革的研究报告》，载于《中国行政管理》2005年第2期。

[429]《中华人民共和国突发事件应对法》，中国法制出版社2007年版。

[430] 钟永光、毛中根、翁文国：《非常规突发事件应急管理研究进展》，

载于《系统工程理论与实践》2012 年第 5 期。

［431］周柏春、孔凡瑜：《民生与公共政策价值基点的重塑》，载于《湖北社会科学》2011 年第 4 期。

［432］周本顺：《加快推进社会体制改革，加强和创新社会管理》，载于《人民日报》2012 年 12 月 10 日第 6 版。

［433］周芳检：《大数据时代城市公共危机跨部门协同治理研究》，湘潭大学博士学位论文，2018 年。

［434］周航、赵连章：《社会组织发展与社会管理创新》，载于《东北师大学报》（哲学社会科学版）2011 年第 6 期。

［435］周红云：《中国社会管理体制改革、现状、原因与方向》，载于《甘肃行政学院学报》2008 年第 5 期。

［436］周渌：《我国社会组织的作用及其发展对策》，载于《重庆科技学院学报》（社会科学版）2008 年第 1 期。

［437］周平：《街道办事处的定位：城市社区政治的一个根本问题》，载于《政治学研究》2001 年第 2 期。

［438］周澍、郑晓东、毛丹：《国外社会管理的有益经验》，载于《浙江社会科学》2011 年第 8 期。

［439］周晓红：《上海市廉租住房制度发展及问题研究》，载于《建筑学报》2010 年第 3 期。

［440］周雪光、练宏：《中国政府的治理模式：一个“控制权”理论》，载于《社会学研究》2012 年第 6 期。

［441］周雪光：《权威体制与有效治理：当代中国国家治理的制度逻辑》，载于《开放时代》2011 年第 10 期。

［442］周宇宏：《社区管理体制改革的创新与启示——以北京鲁谷社区为例》，载于《江西社会科学》2012 年第 6 期。

［443］朱健刚：《城市街区的权力变迁：强国家与强社会模式——对一个街区权力结构的分析》，载于《战略与管理》1997 年第 4 期。

［444］朱秦：《中国社会政策发展中的民生价值取向》，载于《云南行政学院学报》2010 年第 3 期。

［445］朱志伟：《联合与重构：社区基金会发展路径的个案研究——一个资源依赖的分析视角》，载于《浙江工商大学学报》2018 年第 1 期。

［446］邹学：《中国特色社会管理体制若干问题的研究》，苏州大学硕士学位论文，2008 年。

［447］Baker D. P.，Day R.，Salas E. Teamwork as an essential component of high-reliability organizations [J]. *Health Services Research*, 2006, 41: 1576 - 1598.

[448] Barbera J., Macintyre A. A medical and health incident management system: A comprehensive functional system description for mass casualty and health incident management [R]. Rep. for the Institute for Crisis, *Disaster and Risk Management*, 2002. Washington, D. C.

[449] Bavelas A. A mathematical model for group structure [J]. *Applied Anthropology*, 1948 (7): 16 - 30.

[450] Blakmore K., Boneham M. *Age, Race and Ethnicity* [M]. Buckingham: Open University Press, 1994.

[451] Botha J., Von Solms R. A cyclic approach to business continuity planning [J]. *Information Management & Computer Security*, 2004, 12 (4): 328 - 337.

[452] Carolyn J. Heinrich. Outcomes-based performance management in the public sector: Implications for government accountability and effectiveness [J]. *Public Administration Review*, 2002, 62 (6).

[453] Chan A. Revolution or Corporatism? Workers and Trade Unions in Post - MaoChina [J]. *Australian Journal of Chinese Affairs*, 1993 (29): 31 - 61.

[454] Chew C., Eysenbach G. Pandemics in the Age of Twitter: Content Analysis of Tweets during the 2009 H1N1 Outbreak [J]. *PLoS ONE*, 2010, 5 (11): 114 - 118.

[455] Comfort L., Kapucu N. Inter-organizational Coordination in Extreme Events: The World Trade Center Attacks, September 11, 2001 [J]. *Natural Hazards*, 2006, 39: 309 - 327.

[456] Comfort L. K. Crisis management in hindsight: Cognition, communication, coordination, and control [J]. *Public Administration Review*, 2007, 67: 189 - 197.

[457] Cox A., Groves P. M. *Hospitals and Health Care Facilities: A Design and Development Guide* [M]. Architectural Press, 1990.

[458] David J. Smith. Business Continuity Management: Good Practice Guidelines [R]. Version BCIDJS 1.0. Business Continuity Institute, 2002.

[459] Dennis R. Young. Alternative models of government-nonprofit sector relations: Theoretical and international perspectives [J]. *Nonprofit and Voluntary Sector Quarterly*, 2000, 29 (1): 149 - 172.

[460] Donaldson Lex. *American Anti-management Theories of Organization: A Critique of Paradigm Proliferation* [M]. Cambridge: Cambridge University Press, 1995: 130.

[461] Frolic B. M. State – Led Civil Society. In Brook T. , Frolic B. M. (eds.). *Civil Society in China* [M]. M. E. Sharpe, Inc: 1997.

[462] Funk S. , Erez G. , Chris W. , et al. The spread of awareness and its impact on epidemic outbreaks [J]. *PNAS*, 2009, 106 (16): 6872 – 6877.

[463] Gibb F. , Buchanan S. A framework for business continuity management [J]. *International Journal of Information Management*, 2006, 26 (2): 128 – 141.

[464] Gibbs T. An assessment of turn-key contracts for the realization of capital works projects principally for public sector healthcare facilities [J]. *The Pan American Health Organization*, 2008: 3 – 4.

[465] Gidron B. , Kramer R. , Salamon L. *Government and Third Sector: Emerging Relationship in Welfrare States* [M]. San Francisco. CA. : Jossey – Bass Publishers, 1992: 18.

[466] Granot H. Emergency Inter-organizational Relationships [J]. *Disaster Prevention and Management*, 1997, 6 (5): 305 – 310.

[467] Granovetter M. Economic action and social structure: The problem of embeddedness [J]. *American Journal of Sociology*, 1985, 91 (3).

[468] Göran Therborn. Does Corporatism Really Matter? The Economic Crisis and Issues of Political Theory [J]. *Journal of Public Policy*, 1987, 7 (3).

[469] He B. G. The Making of a Nascent Civil Society in China. In David C. Schak Wayne Hudson (eds.). *Civil Society in Asia* [M]. Aldershot, England; Burlington, VT; Ashgate, 2003.

[470] Huo L. A. , Huang P. Q. , Fang X. An interplay model for authorities actions and rumor spreading in emergency event [J]. *Physica A: Statistical Mechanics and Its Applications*, 2011, 390 (20): 3267 – 3274.

[471] Huo L. A. , Lan J. B. , Wang Z. X. New parametric prioritization methods for an analytical hierarchy process based on a pairwise comparison matrix [J]. *Mathematical and Computer Modelling*, 2011, 54 (11): 2736 – 2749.

[472] Jiang X. M. On the openness of governmental information on emergency control in China [J]. *Journal of Northeastern University*, 2009, 11 (1): 56 – 60.

[473] Judith M. D. , Thomas B. Rumors Interplay in Disaster Management [J]. *International Journal of Risk Assessment and Management*, 2008, 9 (4): 334 – 350.

[474] Kapucu N. , Augustin M. A. , Garayev V. Interstate partnerships in emergency management: Emergency Management Assistance Compact (EMAC) in response to catastrophic disasters [J]. *Public Administration Review*, 2009, 69 (2):

297 -313.

[475] Kapucu N., Garayev V. Collaborative Decision - Making in Emergency and Disaster Management [J]. *International Journal of Public Administration*, 2011, 34 (6): 366 -375.

[476] Kapucu N. Interorganizational coordination in complex environments of disasters: The evolution of intergovernmental disaster response systems [J]. *Journal of Homeland Security and Emergency Management*, 2009, 6 (1): 47.

[477] Kapucu N. Interorganizational Coordination in Dynamic Context: Networks in Emergency Response Management [J]. *Connections*, 2005, 26 (2): 33 -48.

[478] Ken Blakmore. *Social Policy an Introduction* [M]. McGraw - Hill Australia Pty Ltd., 2003.

[479] Kenneth C., Yang C. Factors influencing internet users' perceived credibility of newsrelated blogs in taiwan [J]. *Telematics and Informatics*, 2007, 24 (2): 69 -85.

[480] Kuhnle, Selle. *Covernment and Voluntary Organizations: A Relational Perspective* [M]. Aldershot, Hants, England; Brookfield, Vt; Ashgate, 1992: 30.

[481] Leavitt H. J. Some effects of certain communication patterns on group performance [J]. *Journal of Abnormal and Social Psychology*, 1951, 46: 38 -50.

[482] Lee E. K., Maheshwary S., Mason J., et al. Large-scale Dispensing for Emergency Response to Bioterrorism and Infectious-disease Outbreak [J]. *Interfaces*, 2006, 36 (6): 591 -607.

[483] Liu Z. H., Wu X. Y., Hui P. M. An Alternative Approach to Characterize the Topology of Complex Networks and Its Application in Epidemic Spreading [J]. *Front Computer Science of China*, 2009, 3 (3): 324 -334.

[484] Li Z. X., Chen L. S. Dynamical behaviors of a trimolecular response model with impulsive input [J]. *Nonlinear Dynamics*, 2010, 62 (1): 167 -176.

[485] Luis M. A., Ariel C. A., David I. K., et al. The power of a good idea: Quantitative modeling of the spread of ideas from epidemiological models [J]. *Physica A: Statistical Mechanics and its Applications*, 2006, 364: 513 -536.

[486] Marshall T. H. *Social Policy* [M]. London: Hutchison, 1970.

[487] Mexico: Applying the "Hospital Safety Index" by World Health Organization, Pan American Health Organization.

[488] Milo R., Shen - Orr S., Itzkovitz N., et al. Network motifs: Simple building blocks of complex networks [J]. *Science*, 2002, 298 (5594): 824 -827.

[489] Moore S. , Eugenia E. , Daniel M. International NGOs and the role of network centrality in humanitarian aid operations: A case study of coordination during the 2000 mozambique floods [J]. *Disasters*, 2003, 27 (4): 305 - 318.

[490] Moynihan D. P. Learning under uncertainty: Networks in crisis management [J]. *Public Administration Review*, 2008, 68 (2): 350 - 361.

[491] Newman M. E. J. The structure and function of complex networks [J]. *SIAM Review*, 2003, 45 (2): 167 - 256.

[492] Paton D. Preparing for natural hazards: The role of community trust [J]. *Disaster Prevention and Management*, 2007, 16 (3): 370 - 379.

[493] Paul A. Sabatier, Hank C. Jenkins - Smith. *Policy Change and Learning* [M]. Colorado: Westview Press, Inc. , 1993.

[494] Pfeffer J. , Salancik G. R. *The External Control of Organizations: A Resource Dependence Perspective* [M]. New York: Harper and Row, 1978.

[495] Polanyi K. *The Great Transformation: The Political and Economic Origins of Our Time* [M]. Beacon Press, 1944.

[496] Roger Magazine. An Innovative Combination of Neoliberalism and State Corporatism: The Case of a Locally Based NGO in Mexico City [J]. *Annals of the American Academy of Political and Social Science*, 2003 (590).

[497] Rosenbaum A. L. Introduction [A]. In Arthur Lewis Rosenbaum (ed.). *State and Society in China: The Consequence of Reform* [C]. San Francisco: Oxford, 1992.

[498] R. Plant. The very idea of a welfare state. In P. Bean, J. Ferris, D. Whynes. *In Defence of Welfare* [M]. London: Tavis-tock, 1985: 15.

[499] Rütten A. , Gelius P. , Abu - Omar K. Policy development and implementation in health promotion - from theory to practice: The ADEPT model [J]. *Health Promotion International*, 2011, 26 (3): 322 - 329.

[500] Saunders P. T. *An Introduction to Catastrophe Theory* [M]. London: Cambridge University Press, 1980: 196 - 211.

[501] Schmitter P. C. Still the Century of Corporatism? [J]. *Review of Politics*, 1974, 36 (1): 85 - 131.

[502] Schmitter, Philippe C. Still the Century of Corporatism? [J]. *The Review of Politics*, 1974, 36 (1).

[503] Shue V. *The Reach of the State* [M]. Stanford, California: Stanford University Press, 1988.

[504] Silva S. L., Ferreira J. A., Martins M. L. Epidemic Spreading in a Scale-free Network of Regular Lattices [J]. *Physica A: Statistical Mechanics and Its Applications*, 2007, 377 (2): 689 - 697.

[505] Terpstra T., Vries A. D., Stronkman R. Towards a realtime: Twitter analysis during crises for operational crisis management [Z]. 9th International ISCRAM Conference, April 2012.

[506] Thomas H. Modelling Behavioural Contagion [J]. *Journal of the Royal Society Interface*, 2011, 8 (59): 909 - 912.

[507] Twitter analysis during crises for operational crisis management [Z]. Proceedings of the 6th International ISCRAM Conference, Vancouver, Canada, April 2012.

[508] Victor Nee. The Emergence of a Market Society: Changing Mechanisms of Stratification in China [J]. *American Journal of Sociology*, 1996, 101: 908 - 949.

[509] Wang J., Ning M., Sun Y. Study on theory and methodology about joint prevention and control of regional air pollution [J]. *Environment and Sustainable Development*, 2012 (5): 5 - 10.

[510] Wan W., Zhang S., Zou W. Study on regional environmental management mechanism in China [J]. *Acta Scientiarum Naturalium Universitatis Pekinensis*, 2010, 46 (3): 449 - 456.

[511] Waugh W. L., Streib G. Collaboration and leadership for effective emergency management [J]. *Public Administration Review*, 2006, 66 (S): 131 - 140.

[512] White G., Howell J., Shang X. Y. In Search of Civil Society. *Market Reform and Social Change in Contemporary China* [M]. New York: Oxford University Press, 1996.

[513] White G. Prospects for Civil Society in China: A Case Study of Xiaoshan City [J]. *The Australian Journal of Chinese Affairs*, 1993 (29): 63 - 87.

[514] Whyte M. K. Urban China: A Civil Society in the Making? In Rosenbaum A. L. (ed.). *State and Society in China: The Consequence of Reform* [M]. San Francisco: Oxford, 1992.

[515] W. J. Duncan, Valerie A. Yeager, Andrew C. Rucks, et al. Surviving organization disasters [J]. *Business Horizons*, 2011 (54): 135 - 142.

[516] World Health Organization 7 million premature deaths annually linked to air pollution [EB/OL]. http://www.who.int/mediacentre/news/releases/2014/air-pollution/en/, 2014 - 03 - 25.

[517] Wybo J. L. , Latiers M. Exploring Complex Emergency Situations' Dynamic: Theoretical, Epistemological and Methodological Proposals [J]. *International Journal of Emergency Management*, 2006, 3 (1): 40 – 51.

[518] Zhang Z. L. , Zhang Z. Q. An Interplay Model for Rumour Spreading and Emergency Development [J]. *Physica A: Statistical Mechanics and Its Applications*, 2009, 388 (19): 4159 – 4166.

后　记

本书系教育部哲学社会科学研究重大课题攻关项目“推进以保障和改善民生为重点的社会体制改革研究”的最终研究成果。本着认真负责的态度和孜孜不倦探索的精神，数年来课题组成员不畏艰难，不辞辛劳，长途跋涉，北上北京，南下广州，西进昆明、贵阳、成都，东入上海、南京、铜陵，奔赴全国许多城市，深入开展踏实的实地调查和个案研究工作，从而收获了丰富和扎实的第一手资料，根据这些研究资料，课题组在报刊上发表了数十篇（部）研究成果，向有关政府部门递交了数份研究咨询报告，举办了数场相关主题的理论研讨会，而本书则是全体课题组成员智慧和辛勤劳动的结晶。

全书由课题组负责人范明林提出具体的研究思路、分析框架和撰写体例，以及安排全书各个章节的分工。具体而言，全书各章的撰写分工如下：

第一章：绪论，范明林；

第二章：研究基础，范明林；

第三章：有关民生的社会政策及其价值理念探究，范明林；

第四章：城市社会体制的组织架构转变分析，李羿琼；

第五章：枢纽型社会组织社会参与机制研究，马丹丹；

第六章：社会危机事件应急管理处置机制研究，赵来军、汪建、刘亮、王苛、钱颖、许科。

课题负责人范明林最后数次对全书进行细致、认真和全面的修改，在多方面严格把关。本书得以出版需要衷心感谢以下单位和个人：教育部哲学社会科学基金会，本课题组全体成员及具体撰写人，出版社编辑尤其是孙丽丽、撖晓宇老师的辛勤付出，以及在书中引用和参考过的相关研究成果的国内外学者、田野调查中众多的访谈对象，等等，再次表示诚挚的谢意。由于作者水平有限，本书一定存在许多错漏之处，恳请读者提出宝贵意见。

范明林

2024 年 11 月于上海大学社会学院楼

教育部哲学社會科学研究重大課題攻関項目

成果出版列表

序号	书　名	首席专家
1	《马克思主义基础理论若干重大问题研究》	陈先达
2	《马克思主义理论学科体系建构与建设研究》	张雷声
3	《马克思主义整体性研究》	逄锦聚
4	《改革开放以来马克思主义在中国的发展》	顾钰民
5	《新时期　新探索　新征程 ——当代资本主义国家共产党的理论与实践研究》	聂运麟
6	《坚持马克思主义在意识形态领域指导地位研究》	陈先达
7	《当代资本主义新变化的批判性解读》	唐正东
8	《当代中国人精神生活研究》	童世骏
9	《弘扬与培育民族精神研究》	杨叔子
10	《当代科学哲学的发展趋势》	郭贵春
11	《服务型政府建设规律研究》	朱光磊
12	《地方政府改革与深化行政管理体制改革研究》	沈荣华
13	《面向知识表示与推理的自然语言逻辑》	鞠实儿
14	《当代宗教冲突与对话研究》	张志刚
15	《马克思主义文艺理论中国化研究》	朱立元
16	《历史题材文学创作重大问题研究》	童庆炳
17	《现代中西高校公共艺术教育比较研究》	曾繁仁
18	《西方文论中国化与中国文论建设》	王一川
19	《中华民族音乐文化的国际传播与推广》	王耀华
20	《楚地出土戰國簡册［十四種］》	陈　伟
21	《近代中国的知识与制度转型》	桑　兵
22	《中国抗战在世界反法西斯战争中的历史地位》	胡德坤
23	《近代以来日本对华认识及其行动选择研究》	杨栋梁
24	《京津冀都市圈的崛起与中国经济发展》	周立群
25	《金融市场全球化下的中国监管体系研究》	曹凤岐
26	《中国市场经济发展研究》	刘　伟
27	《全球经济调整中的中国经济增长与宏观调控体系研究》	黄　达
28	《中国特大都市圈与世界制造业中心研究》	李廉水

序号	书　名	首席专家
29	《中国产业竞争力研究》	赵彦云
30	《东北老工业基地资源型城市发展可持续产业问题研究》	宋冬林
31	《转型时期消费需求升级与产业发展研究》	臧旭恒
32	《中国金融国际化中的风险防范与金融安全研究》	刘锡良
33	《全球新型金融危机与中国的外汇储备战略》	陈雨露
34	《全球金融危机与新常态下的中国产业发展》	段文斌
35	《中国民营经济制度创新与发展》	李维安
36	《中国现代服务经济理论与发展战略研究》	陈　宪
37	《中国转型期的社会风险及公共危机管理研究》	丁烈云
38	《人文社会科学研究成果评价体系研究》	刘大椿
39	《中国工业化、城镇化进程中的农村土地问题研究》	曲福田
40	《中国农村社区建设研究》	项继权
41	《东北老工业基地改造与振兴研究》	程　伟
42	《全面建设小康社会进程中的我国就业发展战略研究》	曾湘泉
43	《自主创新战略与国际竞争力研究》	吴贵生
44	《转轨经济中的反行政性垄断与促进竞争政策研究》	于良春
45	《面向公共服务的电子政务管理体系研究》	孙宝文
46	《产权理论比较与中国产权制度变革》	黄少安
47	《中国企业集团成长与重组研究》	蓝海林
48	《我国资源、环境、人口与经济承载能力研究》	邱　东
49	《“病有所医”——目标、路径与战略选择》	高建民
50	《税收对国民收入分配调控作用研究》	郭庆旺
51	《多党合作与中国共产党执政能力建设研究》	周淑真
52	《规范收入分配秩序研究》	杨灿明
53	《中国社会转型中的政府治理模式研究》	娄成武
54	《中国加入区域经济一体化研究》	黄卫平
55	《金融体制改革和货币问题研究》	王广谦
56	《人民币均衡汇率问题研究》	姜波克
57	《我国土地制度与社会经济协调发展研究》	黄祖辉
58	《南水北调工程与中部地区经济社会可持续发展研究》	杨云彦
59	《产业集聚与区域经济协调发展研究》	王　珺

序号	书　名	首席专家
60	《我国货币政策体系与传导机制研究》	刘　伟
61	《我国民法典体系问题研究》	王利明
62	《中国司法制度的基础理论问题研究》	陈光中
63	《多元化纠纷解决机制与和谐社会的构建》	范　愉
64	《中国和平发展的重大前沿国际法律问题研究》	曾令良
65	《中国法制现代化的理论与实践》	徐显明
66	《农村土地问题立法研究》	陈小君
67	《知识产权制度变革与发展研究》	吴汉东
68	《中国能源安全若干法律与政策问题研究》	黄　进
69	《城乡统筹视角下我国城乡双向商贸流通体系研究》	任保平
70	《产权强度、土地流转与农民权益保护》	罗必良
71	《我国建设用地总量控制与差别化管理政策研究》	欧名豪
72	《矿产资源有偿使用制度与生态补偿机制》	李国平
73	《巨灾风险管理制度创新研究》	卓　志
74	《国有资产法律保护机制研究》	李曙光
75	《中国与全球油气资源重点区域合作研究》	王　震
76	《可持续发展的中国新型农村社会养老保险制度研究》	邓大松
77	《农民工权益保护理论与实践研究》	刘林平
78	《大学生就业创业教育研究》	杨晓慧
79	《新能源与可再生能源法律与政策研究》	李艳芳
80	《中国海外投资的风险防范与管控体系研究》	陈菲琼
81	《生活质量的指标构建与现状评价》	周长城
82	《中国公民人文素质研究》	石亚军
83	《城市化进程中的重大社会问题及其对策研究》	李　强
84	《中国农村与农民问题前沿研究》	徐　勇
85	《西部开发中的人口流动与族际交往研究》	马　戎
86	《现代农业发展战略研究》	周应恒
87	《综合交通运输体系研究——认知与建构》	荣朝和
88	《中国独生子女问题研究》	风笑天
89	《我国粮食安全保障体系研究》	胡小平
90	《我国食品安全风险防控研究》	王　硕

序号	书　名	首席专家
91	《城市新移民问题及其对策研究》	周大鸣
92	《新农村建设与城镇化推进中农村教育布局调整研究》	史宁中
93	《农村公共产品供给与农村和谐社会建设》	王国华
94	《中国大城市户籍制度改革研究》	彭希哲
95	《国家惠农政策的成效评价与完善研究》	邓大才
96	《以民主促进和谐——和谐社会构建中的基层民主政治建设研究》	徐　勇
97	《城市文化与国家治理——当代中国城市建设理论内涵与发展模式建构》	皇甫晓涛
98	《中国边疆治理研究》	周　平
99	《边疆多民族地区构建社会主义和谐社会研究》	张先亮
100	《新疆民族文化、民族心理与社会长治久安》	高静文
101	《中国大众媒介的传播效果与公信力研究》	喻国明
102	《媒介素养：理念、认知、参与》	陆　晔
103	《创新型国家的知识信息服务体系研究》	胡昌平
104	《数字信息资源规划、管理与利用研究》	马费成
105	《新闻传媒发展与建构和谐社会关系研究》	罗以澄
106	《数字传播技术与媒体产业发展研究》	黄升民
107	《互联网等新媒体对社会舆论影响与利用研究》	谢新洲
108	《网络舆论监测与安全研究》	黄永林
109	《中国文化产业发展战略论》	胡惠林
110	《20 世纪中国古代文化经典在域外的传播与影响研究》	张西平
111	《国际传播的理论、现状和发展趋势研究》	吴　飞
112	《教育投入、资源配置与人力资本收益》	闵维方
113	《创新人才与教育创新研究》	林崇德
114	《中国农村教育发展指标体系研究》	袁桂林
115	《高校思想政治理论课程建设研究》	顾海良
116	《网络思想政治教育研究》	张再兴
117	《高校招生考试制度改革研究》	刘海峰
118	《基础教育改革与中国教育学理论重建研究》	叶　澜
119	《我国研究生教育结构调整问题研究》	袁本涛 王传毅
120	《公共财政框架下公共教育财政制度研究》	王善迈

序号	书　名	首席专家
121	《农民工子女问题研究》	袁振国
122	《当代大学生诚信制度建设及加强大学生思想政治工作研究》	黄蓉生
123	《从失衡走向平衡：素质教育课程评价体系研究》	钟启泉 崔允漷
124	《构建城乡一体化的教育体制机制研究》	李　玲
125	《高校思想政治理论课教育教学质量监测体系研究》	张耀灿
126	《处境不利儿童的心理发展现状与教育对策研究》	申继亮
127	《学习过程与机制研究》	莫　雷
128	《青少年心理健康素质调查研究》	沈德立
129	《灾后中小学生心理疏导研究》	林崇德
130	《民族地区教育优先发展研究》	张诗亚
131	《WTO 主要成员贸易政策体系与对策研究》	张汉林
132	《中国和平发展的国际环境分析》	叶自成
133	《冷战时期美国重大外交政策案例研究》	沈志华
134	《新时期中非合作关系研究》	刘鸿武
135	《我国的地缘政治及其战略研究》	倪世雄
136	《中国海洋发展战略研究》	徐祥民
137	《深化医药卫生体制改革研究》	孟庆跃
138	《华侨华人在中国软实力建设中的作用研究》	黄　平
139	《我国地方法制建设理论与实践研究》	葛洪义
140	《城市化理论重构与城市化战略研究》	张鸿雁
141	《境外宗教渗透论》	段德智
142	《中部崛起过程中的新型工业化研究》	陈晓红
143	《农村社会保障制度研究》	赵　曼
144	《中国艺术学学科体系建设研究》	黄会林
145	《人工耳蜗术后儿童康复教育的原理与方法》	黄昭鸣
146	《我国少数民族音乐资源的保护与开发研究》	樊祖荫
147	《中国道德文化的传统理念与现代践行研究》	李建华
148	《低碳经济转型下的中国排放权交易体系》	齐绍洲
149	《中国东北亚战略与政策研究》	刘清才
150	《促进经济发展方式转变的地方财税体制改革研究》	钟晓敏
151	《中国—东盟区域经济一体化》	范祚军

序号	书　名	首席专家
152	《非传统安全合作与中俄关系》	冯绍雷
153	《外资并购与我国产业安全研究》	李善民
154	《近代汉字术语的生成演变与中西日文化互动研究》	冯天瑜
155	《新时期加强社会组织建设研究》	李友梅
156	《民办学校分类管理政策研究》	周海涛
157	《我国城市住房制度改革研究》	高　波
158	《新媒体环境下的危机传播及舆论引导研究》	喻国明
159	《法治国家建设中的司法判例制度研究》	何家弘
160	《中国女性高层次人才发展规律及发展对策研究》	佟　新
161	《国际金融中心法制环境研究》	周仲飞
162	《居民收入占国民收入比重统计指标体系研究》	刘　扬
163	《中国历代边疆治理研究》	程妮娜
164	《性别视角下的中国文学与文化》	乔以钢
165	《我国公共财政风险评估及其防范对策研究》	吴俊培
166	《中国历代民歌史论》	陈书录
167	《大学生村官成长成才机制研究》	马抗美
168	《完善学校突发事件应急管理机制研究》	马怀德
169	《秦简牍整理与研究》	陈　伟
170	《出土简帛与古史再建》	李学勤
171	《民间借贷与非法集资风险防范的法律机制研究》	岳彩申
172	《新时期社会治安防控体系建设研究》	宫志刚
173	《加快发展我国生产服务业研究》	李江帆
174	《基本公共服务均等化研究》	张贤明
175	《职业教育质量评价体系研究》	周志刚
176	《中国大学校长管理专业化研究》	宣　勇
177	《“两型社会”建设标准及指标体系研究》	陈晓红
178	《中国与中亚地区国家关系研究》	潘志平
179	《保障我国海上通道安全研究》	吕　靖
180	《世界主要国家安全体制机制研究》	刘胜湘
181	《中国流动人口的城市逐梦》	杨菊华
182	《建设人口均衡型社会研究》	刘渝琳
183	《农产品流通体系建设的机制创新与政策体系研究》	夏春玉

序号	书　名	首席专家
184	《区域经济一体化中府际合作的法律问题研究》	石佑启
185	《城乡劳动力平等就业研究》	姚先国
186	《20世纪朱子学研究精华集成——从学术思想史的视角》	乐爱国
187	《拔尖创新人才成长规律与培养模式研究》	林崇德
188	《生态文明制度建设研究》	陈晓红
189	《我国城镇住房保障体系及运行机制研究》	虞晓芬
190	《中国战略性新兴产业国际化战略研究》	汪　涛
191	《证据科学论纲》	张保生
192	《要素成本上升背景下我国外贸中长期发展趋势研究》	黄建忠
193	《中国历代长城研究》	段清波
194	《当代技术哲学的发展趋势研究》	吴国林
195	《20世纪中国社会思潮研究》	高瑞泉
196	《中国社会保障制度整合与体系完善重大问题研究》	丁建定
197	《民族地区特殊类型贫困与反贫困研究》	李俊杰
198	《扩大消费需求的长效机制研究》	臧旭恒
199	《我国土地出让制度改革及收益共享机制研究》	石晓平
200	《高等学校分类体系及其设置标准研究》	史秋衡
201	《全面加强学校德育体系建设研究》	杜时忠
202	《生态环境公益诉讼机制研究》	颜运秋
203	《科学研究与高等教育深度融合的知识创新体系建设研究》	杜德斌
204	《女性高层次人才成长规律与发展对策研究》	罗瑾琏
205	《岳麓秦简与秦代法律制度研究》	陈松长
206	《民办教育分类管理政策实施跟踪与评估研究》	周海涛
207	《建立城乡统一的建设用地市场研究》	张安录
208	《迈向高质量发展的经济结构转变研究》	郭熙保
209	《中国社会福利理论与制度构建——以适度普惠社会福利制度为例》	彭华民
210	《提高教育系统廉政文化建设实效性和针对性研究》	罗国振
211	《毒品成瘾及其复吸行为——心理学的研究视角》	沈模卫
212	《英语世界的中国文学译介与研究》	曹顺庆
213	《建立公开规范的住房公积金制度研究》	王先柱

序号	书　名	首席专家
214	《现代归纳逻辑理论及其应用研究》	何向东
215	《时代变迁、技术扩散与教育变革：信息化教育的理论与实践探索》	杨　浩
216	《城镇化进程中新生代农民工职业教育与社会融合问题研究》	褚宏启 薛二勇
217	《我国先进制造业发展战略研究》	唐晓华
218	《融合与修正：跨文化交流的逻辑与认知研究》	鞠实儿
219	《中国新生代农民工收入状况与消费行为研究》	金晓彤
220	《高校少数民族应用型人才培养模式综合改革研究》	张学敏
221	《中国的立法体制研究》	陈　俊
222	《教师社会经济地位问题：现实与选择》	劳凯声
223	《中国现代职业教育质量保障体系研究》	赵志群
224	《欧洲农村城镇化进程及其借鉴意义》	刘景华
225	《国际金融危机后全球需求结构变化及其对中国的影响》	陈万灵
226	《创新法治人才培养机制》	杜承铭
227	《法治中国建设背景下警察权研究》	余凌云
228	《高校财务管理创新与财务风险防范机制研究》	徐明稚
229	《义务教育学校布局问题研究》	雷万鹏
230	《高校党员领导干部清正、党政领导班子清廉的长效机制研究》	汪　曦
231	《二十国集团与全球经济治理研究》	黄茂兴
232	《高校内部权力运行制约与监督体系研究》	张德祥
233	《职业教育办学模式改革研究》	石伟平
234	《职业教育现代学徒制理论研究与实践探索》	徐国庆
235	《全球化背景下国际秩序重构与中国国家安全战略研究》	张汉林
236	《进一步扩大服务业开放的模式和路径研究》	申明浩
237	《自然资源管理体制研究》	宋马林
238	《高考改革试点方案跟踪与评估研究》	钟秉林
239	《全面提高党的建设科学化水平》	齐卫平
240	《“绿色化”的重大意义及实现途径研究》	张俊飚
241	《利率市场化背景下的金融风险研究》	田利辉
242	《经济全球化背景下中国反垄断战略研究》	王先林

序号	书　名	首席专家
243	《中华文化的跨文化阐释与对外传播研究》	李庆本
244	《世界一流大学和一流学科评价体系与推进战略》	王战军
245	《新常态下中国经济运行机制的变革与中国宏观调控模式重构研究》	袁晓玲
246	《推进21世纪海上丝绸之路建设研究》	梁　颖
247	《现代大学治理结构中的纪律建设、德治礼序和权力配置协调机制研究》	周作宇
248	《渐进式延迟退休政策的社会经济效应研究》	席　恒
249	《经济发展新常态下我国货币政策体系建设研究》	潘　敏
250	《推动智库建设健康发展研究》	李　刚
251	《农业转移人口市民化转型：理论与中国经验》	潘泽泉
252	《电子商务发展趋势及对国内外贸易发展的影响机制研究》	孙宝文
253	《创新专业学位研究生培养模式研究》	贺克斌
254	《医患信任关系建设的社会心理机制研究》	汪新建
255	《司法管理体制改革基础理论研究》	徐汉明
256	《建构立体形式反腐败体系研究》	徐玉生
257	《重大突发事件社会舆情演化规律及应对策略研究》	傅昌波
258	《中国社会需求变化与学位授予体系发展前瞻研究》	姚　云
259	《非营利性民办学校办学模式创新研究》	周海涛
260	《基于“零废弃”的城市生活垃圾管理政策研究》	褚祝杰
261	《城镇化背景下我国义务教育改革和发展机制研究》	邬志辉
262	《中国满族语言文字保护抢救口述史》	刘厚生
263	《构建公平合理的国际气候治理体系研究》	薄　燕
264	《新时代治国理政方略研究》	刘焕明
265	《新时代高校党的领导体制机制研究》	黄建军
266	《东亚国家语言中汉字词汇使用现状研究》	施建军
267	《中国传统道德文化的现代阐释和实践路径研究》	吴根友
268	《创新社会治理体制与社会和谐稳定长效机制研究》	金太军
269	《文艺评论价值体系的理论建设与实践研究》	刘俐俐
270	《新形势下弘扬爱国主义重大理论和现实问题研究》	王泽应

序号	书　名	首席专家
271	《我国高校“双一流”建设推进机制与成效评估研究》	刘念才
272	《中国特色社会主义监督体系的理论与实践》	过　勇
273	《中国软实力建设与发展战略》	骆郁廷
274	《坚持和加强党的全面领导研究》	张世飞
275	《面向2035我国高校哲学社会科学整体发展战略研究》	任少波
276	《中国古代曲乐乐谱今译》	刘崇德
277	《民营企业参与“一带一路”国际产能合作战略研究》	陈衍泰
278	《网络空间全球治理体系的建构》	崔保国
279	《汉语国际教育视野下的中国文化教材与数据库建设研究》	于小植
280	《新型政商关系研究》	陈寿灿
281	《完善社会救助制度研究》	慈勤英
282	《太行山和吕梁山抗战文献整理与研究》	岳谦厚
283	《清代稀见科举文献研究》	陈维昭
284	《协同创新的理论、机制与政策研究》	朱桂龙
285	《数据驱动的公共安全风险治理》	沙勇忠
286	《黔西北濒危彝族钞本文献整理和研究》	张学立
287	《我国高素质幼儿园园长队伍建设研究》	缴润凯
288	《我国债券市场建立市场化法制化风险防范体系研究》	冯　果
289	《流动人口管理和服务对策研究》	关信平
290	《企业环境责任与政府环境责任协同机制研究》	胡宗义
291	《多重外部约束下我国融入国际价值链分工战略研究》	张为付
292	《政府债务预算管理与绩效评价》	金荣学
293	《推进以保障和改善民生为重点的社会体制改革研究》	范明林
	……